HISTÓRIA GERAL
DA CIVILIZAÇÃO BRASILEIRA

COLABORARAM PARA ESTE VOLUME

FERNANDO HENRIQUE CARDOSO *Professor catedrático, aposentado, da Universidade de São Paulo e diretor do Centro Brasileiro de Análise e Planejamento (CEBRAP)*

JOSEPH LOVE da Universidade de Illinois, Urbana-Champaign, EUA, Departamento de História

JOHN WIRTH *da Universidade de Stanford, Stanford, EUA., Departamento de História*

ROBERT LEVINE *da Universidade Estadual de Nova York, Stony Brook. EUA, Departamento de História*

MARIA ISAURA PEREIRA DE QUEIROZ *da Faculdade de Filosofia, Letras e Ciências Humanas da Universidade de São Paulo*

BORIS FAUSTO *Doutor em Ciências (História) Pela faculdade de Filosofia, Letras e Ciências Humanas da Universidade de São Paulo*

WARREN DEAN da Universidade de Nova York, EUA, Departamento de História

MARIA LÍGIA COELHO PRADO e MARIA HELENA ROLIM CAPELATO *Mestres em Ciências (História) pela Faculdade de Filosofia, Ciências e Letras da Universidade de São Paulo*

JOSÉ C. GNACCARINI *do Instituto de Filosofia e Ciências Humanas da Universidade Estadual de Campinas, SP*

PAUL SINGER *Professor aposentado da Universidade de São Paulo, pesquisador do Centro Brasileiro de Análise e Planejamento (CEBRAP)*

FRANCISCO DE OLIVEIRA *Economista pesquisador do Centro Brasileiro de Análise e Planejamento (CEBRAP)*

HISTÓRIA GERAL DA CIVILIZAÇÃO BRASILEIRA

Sob a direção de *BORIS FAUSTO*, com relação ao período republicano

TOMO III
O BRASIL REPUBLICANO

Volume 8

ESTRUTURA DE PODER E ECONOMIA
(1889-1930)

POR

Fernando Henrique Cardoso, Joseph Love, John Wirth, Robert Levine,
Maria Isaura Pereira de Queiroz, Boris Fausto, Warren Dean,
Maria Lígia Coelho Prado, Maria Helena Rolim Capelato, José C. Gnaccarini,
Paul Singer, Francisco de Oliveira

Introdução geral
Sérgio Buarque de Holanda

9ª edição

BERTRAND BRASIL

Copyright © 1997, Editora Bertrand Brasil Ltda.

Copyright © 1997, Boris Fausto (período republicano)

Capa: Evelyn Grumach & Ricardo Hippert

Ilustração: Av. Marechal Floriano, Rio de Janeiro, 1908. Foto: Mortimer.
Agradecemos ao Acervo Fotográfico da Light pela cessão da imagem.

Editoração: DFL

2022
Impresso no Brasil
Printed in Brazil

CIP-Brasil. Catalogação na fonte
Sindicato Nacional dos Editores de Livros – RJ

B83 9ª. ed. t. 3 v. 8	O Brasil republicano, v. 8: estrutura de poder e economia (1889-1930)/por Fernando Henrique Cardoso... [*et al.*]; introdução geral de Sérgio Buarque de Holanda. – 9.ª ed. – Rio de Janeiro: Bertrand Brasil, 2022. 462p.: il. – (História geral da civilização brasileira; t. 3; v. 8) ISBN 978-85-286-0508-2 1. Brasil – História – República Velha, 1889-1930. 2. Brasil – História – 1889-. I. Cardoso, Fernando Henrique, 1931-. II. Série.
97-0586	CDD – 981.05 CDU – 981"1889/1930"

Nota dos Editores

Em virtude da dificuldade de harmonizar a grafia dos nomes próprios num trabalho de equipe como este em que os diversos colaboradores têm um critério pessoal com referência ao assunto, optamos por grafar de acordo com a ortografia simplificada em vigor os nomes das personalidades citadas já falecidas, os títulos de livros e jornais, bem como as citações dos mesmos extraídas, exceto, é óbvio, em se tratando de nomes e títulos em língua estrangeira.

Coordenação dos trabalhos de edição:
ROLANDO ROQUE DA SILVA

Tradução do Capítulo II (O Poder dos Estados, Análise Regional):
OCTAVIO MENDES CAJADO

Todos os direitos reservados pela:
EDITORA BERTRAND BRASIL LTDA.
Rua Argentina, 171 — 3º andar — São Cristóvão
20921-380 — Rio de Janeiro — RJ
Tel.: (21) 2585-2070 — Fax: (21) 2585-2087

Não é permitida a reprodução total ou parcial desta obra, por quaisquer meios, sem a prévia autorização por escrito da Editora.

SUMÁRIO

Nota Introdutória 11

LIVRO PRIMEIRO
O SISTEMA OLIGÁRQUICO NOS PRIMEIROS ANOS DA REPÚBLICA

Capítulo I – Dos Governos Militares a Prudente-Campos Sales 17
Superficialidade do 15 de Novembro. – O arcabouço da sociedade brasileira durante a Monarquia. – Forma assumida pela migração estrangeira. – Crises políticas às vésperas da Proclamação da República. – Manobras políticas de D. Pedro II. – Participação política do Exército. – Posição dos militares contrária à ordem vigente. – A herança econômico-financeira da República. – Campos Sales e o "saneamento" das finanças. – Deodoro no Governo. Marginalização popular na Monarquia e nos primórdios da República. – O Governo de Floriano. – A política oligárquica.

Capítulo II – O Poder dos Estados – Análise Regional 58
1. *Autonomia e Interdependência: São Paulo e a Federação Brasileira, 1889-1937* 58
O gigantismo paulista. – O eleitorado paulista. – A força do partido situacionista. – A "aristocracia paulista". – O bandeirismo. – Empréstimos estaduais. – Penetração econômica estrangeira. – Cooperação política com Minas Gerais. – Pinheiro Machado aliado de São Paulo. – Pacto de Taubaté. – Portos e ferrovias. – Governo Federal e São Paulo. – O Imposto de Vendas e Consignações.

2. *Minas e a Nação. Um estudo de poder e dependência regional, 1889-1937* 84
Fases da política mineira. – Brecha na política do café-com-leite. – Ascensão de Benedito Valadares. – Recuo da economia mineira. – A "era do federalismo armado". – O "senso da ordem". – Unidade interna. – A elite político-econômica. – Política de coalizão com o Governo Federal. – As ferrovias em Minas Gerais. – Presença estrangeira.
3. *O Rio Grande do Sul como fator de instabilidade na República Velha* 111
Fisiografia do Rio Grande do Sul. – Colonização. – Ferrovias gaúchas. – A criação no Rio Grande do Sul. – A produção de carne. Arroz. – Crescimento econômico. – Índice de alfabetização. – Os grupos estrangeiros. – A política e o positivismo. – Mobilidade política. – O "coronel" gaúcho. – O Rio Grande e o militarismo. – Medidas para assistir a economia do Estado. – Entendimentos com São Paulo e com Minas.
4. *Pernambuco e a Federação Brasileira, 1889-1937* 139
Declínio político. Queda da produção do açúcar. – Queixas das classes produtoras. – Sudene. – Conflito entre Estados nordestinos. – O fenômeno do cangaço. Lampião. – As interventorias. – Lima Cavalcanti. Condições da força policial pernambucana. – "Recife sangrento". – Os estrangeiros no Recife. – Disparidades de interesses entre a capital e o interior. – O porto do Recife.

CAPÍTULO III – O coronelismo numa interpretação sociológica 172
1. *Introdução* 172
Linha política divisória no coronelismo.
2. *A estrutura coronelística como uma estrutura de clientela política* 175
Estrutura coronelística regional. – A barganha eleitoral.
3. *A origem da estrutura coronelística: os grupos de parentela* 183
Definição de "parentela".
4. *O fundamento da estrutura coronelística: a posse de bens de fortuna* 191
Heranças, casamentos e mandonismo. – Delmiro Gouveia, figura ímpar do coronelismo.

5. *Fatores de decadência da sociedade coronelística: crescimento demográfico, urbanização, industrialização* 200
Surto de urbanização no Sul.
6. *Conclusão* 208
O fim do coronelismo.

LIVRO SEGUNDO
ECONOMIA E FINANÇAS NOS PRIMEIROS
ANOS DA REPÚBLICA

Capítulo I – Expansão do café e política cafeeira 215
O café nos primeiros anos da República: euforia e crise. – A expansão do café no Oeste Paulista. – Caráter capitalista na exploração do café. – Crises financeiras: Brasil e Argentina. – As medidas de contenção e a hegemonia da burguesia do café. – O papel do Comissário de café. – A primeira valorização cafeeira. – Sucessão presidencial e oligarquia do café. – Os primeiros resultados do esquema valorizador. – Atuação da Cia. Prado Chaves. – A guerra mundial e o café. – O grande auge cafeeiro e a crise política. – A defesa permanente do café em choque com os interesses dos demais Estados – A defesa permanente do café em choque com os interesses norte-americanos. – O atrito entre os cafeicultores e o Governo Federal.

Capítulo II – A industrialização durante a República Velha 277
A industrialização e os imigrantes. – Força hidrelétrica e transportes. – Técnicas e maquinaria. – A metalurgia. – A industrialização em 1920. – A passagem do artesanato à manufatura. – Os pioneiros. – A posição dos importadores. – Os exportadores. – Firmas estrangeiras. – Fazendeiros e industriais. – O movimento trabalhista. Ascensão. – Efeitos da Primeira Guerra Mundial na industrialização.

Capítulo III – A borracha na economia brasileira da Primeira República 314
As três fases da economia amazonense. – O problema da mão-de-obra: a emigração nordestina para a Amazônia. – O seringal. – As

técnicas de produção. – As casas aviadoras. – Os tipos sociais. – O seringueiro. – A importância da borracha no quadro das exportações brasileiras. – A borracha brasileira e a concorrência asiática. – O plano de defesa da borracha. – O Plano Stevenson. – A concessão de terras na Amazônia.

CAPÍTULO IV – A economia do açúcar. Processo de trabalho e processo de acumulação.. 337
1. *O açúcar e o pacto colonial* 337
A disputa internacional dos mercados e a questão do livre-cambismo. – Estímulo à produção do açúcar de beterraba. – Taxas alfandegárias diferenciais. – Supremacia da produção cubana. – A posição marginal do açúcar brasileiro no mercado mundial e a supremacia dos interesses ingleses. – As duas fases do crescimento da produção nacional.
2. *O padrão de crescimento sem centralização dos capitais: conseqüências sobre a concorrência e o ritmo da acumulação* 346
Anos de queda e de elevação de preços. – A concorrência do açúcar bruto ao cristal. – Declínio da produção. – Diferenças de nível técnico. – Competição no setor produtivo.
3. *A competição pelo mercado interno e a supremacia do capital mercantil*... 358
A submissão do capital agrário ao capital mercantil. – A luta interna de tarifas e a questão da adesão ao Acordo de Bruxelas: a submissão da sociedade ao Estado. – Custos de produção. – O lucro mercantil e a formação dos cartéis comerciais. – Período de superprodução. – A nacionalização dos capitais. – Preços vigentes. – A atuação de Matarazzo.

CAPÍTULO V – O Brasil no contexto do capitalismo internacional. 1889-1930 378
1. *O Brasil e a evolução do capitalismo mundial* 378
A expansão imperialista. – O Brasil em face da economia mundial. – Crescimento da economia brasileira.
2. *O Brasil na Divisão Internacional do Trabalho* 384
A dinâmica da divisão do trabalho. – O problema da mão-de-obra no fim do século XIX. – A expansão dos produtos brasileiros nos mercados europeus. – O algodão. – A borracha.

3. *O Brasil e a hegemonia britânica no mercado mundial de capitais* 395
Capitais britânicos na América do Sul e no Brasil. – Dependência financeira do Brasil. – Objetivos do capital inglês no Brasil.
4. *O Brasil e o início da ascendência americana no mercado mundial de capitais* 406
Relações entre o Brasil e os EUA. – As atividades de Percival Farquhar. – Colapso das empresas do grupo Farquhar.

Capítulo VI – A emergência do modo de produção de mercadorias: uma interpretação teórica da economia da República Velha no Brasil 430
1. *Herança econômica do Segundo Império* 430
2. *O auge da economia de exportação* 433
3. *A divisão social do trabalho e o mercado interno* 441
4. *Burguesia agrária, reiteração agroexportadora e oligarquia antiburguesa: a dialética da sociedade da República Velha* 447

NOTA INTRODUTÓRIA

*E*ste volume – seqüência da História Geral da Civilização Brasileira – *constitui o primeiro dos tomos dedicados à História da Primeira República*. Com o risco de incorrer no formalismo, gostaria de assinalar que a incumbência de organizar a parte final da coleção, recebida do Professor Sérgio Buarque de Holanda e da Bertrand Brasil, *é literalmente uma honra*.

Na organização da matéria, assim como na escolha dos colaboradores, procurei me ater a alguns princípios básicos, em grande parte já definidos nos volumes anteriores. Entendo que uma obra desta natureza deve ter uma função didática, no bom sentido do termo. Não se trata de tentar transmitir a um leitor passivo o maior número possível de conhecimentos, na vã tentativa de reconstruir o processo histórico "tal como ele ocorreu". O didatismo, pelo contrário, consiste em dar uma visão dos núcleos fundamentais do período considerado, estimulando ao mesmo tempo a reflexão crítica do leitor.

Com este objetivo em mente, a partir de um recorte da formação social do país em diferentes níveis como recurso analítico, selecionei alguns temas centrais no interior de cada um dos níveis. Deliberadamente, dentro deste pressuposto básico, mas ao mesmo tempo bastante amplo, procurei trilhar o caminho da pluralidade de opiniões, de critérios metodológicos, de formação profissional, respeitados os limites da qualificação. Houve, portanto, o propósito de alcançar um razoável grau de homogeneidade e não de unanimidade. Uma das razões pelas quais a homogeneidade não pôde ser maior reside no fato de que a coleção se define como conjunto de trabalhos individuais e não como obra coletiva. Esta suporia um afinamento de conceitos, de pontos de vista, um esclarecimento de divergências, fruto de uma atividade intelectual que as nossas condições de trabalho infelizmente ainda não permitem. Ao longo dos *diferentes ensaios, encontram abrigo opiniões divergentes e formas diversas de abordar os vários assuntos. As distinções metodológicas relacionam-se com a inclinação de não levar demasiado a sério as especializações, convidando-se para colaborar pesquisadores de outras áreas – sociólogos, cientistas políticos, economistas, em particular.*

A fixação do ano de 1930 como um primeiro marco divisor da História do Brasil contemporâneo tem a artificialidade implícita em qualquer periodização, mas se justifica por razões que se situam além da história política ou da simples tradição. O ano de 1930 é sobretudo um momento de ruptura de um tipo de articulação da sociedade brasileira, ruptura que assinala o fim da hegemonia de uma classe social – talvez a mais integrada e consciente de toda a história do país; de uma forma de relação do que se chama eufemisticamente de centro e periferia; de um sistema ideológico, já minado nos anos 20, cujo eixo é dado pelo liberalismo elitista. Parece desnecessário lembrar que a crise apenas iniciada naquele ano, com contornos internos específicos, será parte integrante de uma conjuntura mundial da mesma natureza, quaisquer que tenham sido as distâncias episódicas entre a quinta-feira negra na Bolsa de Nova York *e o* Movimento de Outubro. *Ainda assim, não obedeci rigidamente ao limite cronológico de 1930, acolhendo no capítulo referente às relações entre a União e os Estados o critério dos Autores de tomarem o início do Estado Novo como momento de ruptura do modelo federativo.*

A História da Primeira República saiu nos últimos seis ou sete anos do domínio do desconhecido para a condição de campo privilegiado. Por muitos anos, os raros trabalhos que tinham como objeto a análise do período oscilaram, em regra, entre a restrita abordagem "événementielle" ou a grande generalização, cheia de aparentes certezas. Na maior parte dos casos, tal generalização partia de um esquema que supunha conhecidas a infra-estrutura econômica e a natureza das contradições de classe. Enquanto se enquadrava o processo histórico nesta suposição, operava-se ao mesmo tempo um reducionismo classista tranqüilizador. Conflitos, grupos, instituições pareciam ser sempre epifenômenos dos interesses de classe. Estas se comportariam de acordo com um padrão transparente de racionalidade, refletido na disputa política ou no discurso ideológico.

Por sua vez, ao menos para os pesquisadores brasileiros, a voga de um certo tipo de generalidade sociológica – pensemos em alguns estudos sobre o desenvolvimento que foram férteis na década de 50 e nos primeiros anos 60 – acabou por se converter em uma séria limitação. Nenhum lugar parecia haver para a hipótese do historiador contemporâneo que, como diz François Furet, se desloca do nível da filosofia da história para o de uma série de dados a um tempo particulares e homogêneos, tendo como horizonte a pretensão clássica de apreensão do global.

Sem dúvida, não devemos exagerar o avanço da historiografia nos últimos anos, cujos limites são demasiado evidentes. O futuro dirá, com razão, que ainda estamos em grande medida presos ao domínio do qualitativo e do impressionista, na impossibilidade de integrar a este domínio uma investigação de padrão científico mais rigoroso. Com igual razão, dirá também que as grandes linhas estruturais da história do país foram ainda muito pouco tocadas, na área do cultural e do afetivo. A temática da história das mentalidades e não apenas das idéias, da história da cultura material e não apenas da história econômica, apenas engatinha. Por que não pensar em faixas quase intocadas, como, por exemplo, o sistema penal, a doença e o sistema hospitalar, a vida quotidiana, tomadas como objeto histórico-estrutural? Mesmo no quadro dos temas cuja importância já se encontra assente, as lacunas são claras. Basta lembrar que não temos ainda um estudo integrado da empresa cafeeira, no nível do que Peter H. Smith realizou na Argentina acerca da indústria da carne.

Descontadas todas as deficiências, é certo porém que se avançou bastante. No marco da História da República, o avanço se mede tanto em termos do número de trabalhos quanto de uma melhor compreensão global do período. Fiquemos com uns poucos exemplos. O beco sem saída de formulações do gênero "exército de classe média" ou "tenentes representantes da classe média" – com o implícito estereótipo do comportamento da categoria social – foi ultrapassado pela integração do problema da composição social das Forças Armadas com um outro nível de abordagem. O interesse se voltou provisória e preferentemente para a análise da instituição militar como organização, como poderoso agente socializador de seus integrantes, agente móvel que conforma uma série de gerações militares de estilo diverso. O que é hoje uma obviedade representou a superação de um quadro muito estreito, mas enraizado de pensamento, com resultados palpáveis. Pois não estávamos condenados a buscar inutilmente as raízes de classe do conflito entre Deodoro e Floriano, sob pena de cair no mais raso relato "événementiel", demônio que se pretendia exorcizar? Não estávamos encerrados nas dobras de um indecifrável conflito entre duas expressões da onipresente classe média em São Paulo, nos anos imediatamente posteriores a 1930?

Não é segredo para ninguém que a historiografia do período beneficiou-se em grande medida da recente contribuição de historiadores americanos. (Os volumes da coleção refletem, aliás, o fato, embora haja um acidental peso maior desta contribuição no primeiro volume da série.) Por vezes, a pesquisa destes colegas veio reforçar "a frente interna das dúvidas". O estudo de Warren Dean sobre a industrialização em São Paulo, por exemplo, ao mostrar a íntima associação da classe dominante no âmbito regional, deu maior substância à tese que se opunha à chamada contradição antagônica entre latifúndio e indústria, como eixo básico da Primeira República.

É necessário ressaltar, entretanto, mais uma vez, a falsidade de uma visão do presente como ponto de chegada. A atual geração de intelectuais está fabricando consciente ou inconscientemente seus mitos e incorporando outros. Isto não nos conduz porém ao ceticismo. Um índice salutar de progresso está na recente identificação, não ocasional, de certas regularidades do processo histórico brasileiro. Assim, a busca apenas esboçada das raízes de um padrão político-cultural autoritário – vigente em quaisquer das correntes do espectro político – poderá elevar o debate histórico sobre o nacionalismo, os agrupamentos de direita e de esquerda, o estatuto do Estado.

Tenho esperança de que os volumes da série se situem neste amplo conjunto operatório, em constante elaboração. Se eles não são uma obra coletiva, pretendem expressar, em alguma medida, o nível atual de tratamento do objeto histórico, ampliando o campo de referência do leitor e estimulando novas pesquisas.

BORIS FAUSTO

O SISTEMA OLIGÁRQUICO NOS PRIMEIROS ANOS DA REPÚBLICA

LIVRO PRIMEIRO

CAPÍTULO I

DOS GOVERNOS MILITARES A PRUDENTE–CAMPOS SALES

A AFIRMAÇÃO de que existem momentos na História que precipitam e cristalizam tendências e soluções que são gestadas lentamente nas épocas anteriores é trivial. Esses "momentos", quando o corte se faz com referência às grandes épocas históricas, podem durar décadas, como, por exemplo, quando se diz que a Revolução Francesa marcou o fim do Antigo Regime. Às vezes, as mudanças são mais drásticas e rápidas, como ocorreu com os "dez dias que abalaram o mundo", da revolução russa de 1917. Em outras circunstâncias, a marcha caprichosa da História –, ou seja, a afirmação dos interesses políticos e econômicos de grupos e classes sociais em luta – faz-se mais lentamente e é entremeada por pequenos golpes palacianos, rebeliões localizadas e vaivéns que dificultam a percepção das novas linhas de força que estão a definir o contorno dos interesses dos grupos e classes envolvidos nas lutas pelo sistema de dominação.

A passagem do Império à República e a formação de um sistema de poder capaz de articular os interesses dos novos donos da situação no Brasil republicano parecem ter obedecido antes à dinâmica de uma história pouco "precipitada", se se quiser fazer uma alusão ao comportamento dos elementos químicos e simultaneamente às regras de astúcia e compromisso características da cultura política brasileira, do que ao espetaculoso corte de nós górdios que caracterizaram os grandes momentos da passagem do antigo regime à era burguesa na França ou, ainda mais drasticamente, a passagem do capitalismo ao socialismo.

Superficialidade do 15 de Novembro — De fato, mesmo no nível imediato da percepção, quase ao sabor da crônica dos acontecimentos, o 15 de Novembro apareceu como um movimento "superficial". Por um lado, na expressão consagrada de Aristides Lobo, o povo teria assistido "bestializado" à parada militar da Praça da Aclamação. Dentro do Exército, a articulação faz-se por intermédio de um punhado de oficiais jovens de baixa patente que, se estavam isolados da soldadesca – que parece não ter-se dado conta do alcance de seus atos mesmo quando reunida em frente ao Ministério da Guerra no dia 15 – também não se havia articulado, se não muito parcialmente e à última hora, com os oficiais superiores.[1]

A restringir a observação a este tipo de registro anedótico dos acontecimentos, a ordem republicana ter-se-ia instaurado por intermédio de um *putsch* militar cujo êxito pareceria repousar apenas na audácia dos jovens oficiais radicalizados e na incapacidade momentânea de reação dos condestáveis da ordem monárquica que detinham, numericamente, esmagadora maioria em comparação com os revoltosos.

Entretanto, não somente a revolta fez-se vitoriosa como, ao derrubar a ordem imperial, os jovens oficiais (aos quais a Corporação Militar aderira simbolizada por Deodoro e, de fato, articulada no plano ideológico por Benjamin Constant e no plano interno do Exército pelo Ajudante-General de então, Floriano Peixoto) abriram passo à reorganização da ordem política brasileira. Em síntese, nem a República foi mera quartelada, nem se tratou "apenas" – como se estas não importassem... – de uma mudança ao nível das instituições, que de monárquicas passaram a republicanas, mas houve, de fato, uma mudança nas bases e nas forças sociais que articulavam o sistema de dominação no Brasil.

De alguma maneira, portanto, analisar o período que vai da Proclamação à instauração do poder republicano sob controle civil (Prudente e Campos Sales) implica deslindar as fases, as forças sociais, a ideologia e as instituições políticas que, também entre nós e por analogia formal com a história européia, marcaram a passagem do Antigo Regime para uma ordem burguesa. As especificidades de ambos no Brasil deram contornos próprios aos momentos decisivos da constituição da ordem republicano-burguesa. Esses contornos e a forma assumida pela ordem política instituída pela República precisam ser mais bem descritos para que sejam

---

[1] Existem inúmeras descrições da articulação militar para o 15 de Novembro. Uma coletânea de notícias de jornais e documentos publicada em 1890 reuniu testemunhos significativos: M. E. de Campos Porta – *Apontamentos para a História da República*. Rio de Janeiro, Imprensa Nacional, 1890. Além disso, mesmo em manuais existem informações suficientes. Ver, p. ex., José Maria Bello – *História da República*. São Paulo, Ed. Nacional, 4.ª ed., 1959.

entendidos o significado da República e a implantação do sistema oligárquico no Brasil.

*
* *

O arcabouço da sociedade brasileira durante a Monarquia   Nas décadas finais do Império, a "questão social" e sua crítica puseram a nu as bases sobre que assentava a estrutura da sociedade brasileira: a escravidão e a grande propriedade territorial. A decomposição da ordem senhorial-escravocrata, embora tivesse sido acelerada, na fase final, pela ação da Coroa, acabou por abalar a instituição monárquica. Entretanto, se é certo que, no essencial, as referidas instituições e suas bases sociais – Coroa, escravidão, grande propriedade – resumem o arcabouço da sociedade brasileira na época do Império, a dinâmica delas dificilmente pode ser interpretada como se decorresse apenas dos conflitos entre estas instituições.

De fato, desde o término do tráfico negreiro e da introdução de imigrantes europeus, e especialmente depois do início da expansão cafeicultora dos anos 70, as molas fundamentais da economia imperial começaram a assentar em outras forças sociais, sem mencionar que desde a crise da Independência o papel da burguesia mercantil era importante na política. Por outra parte, a simplificação da estrutura social e de poder nos termos feitos acima deixa de lado o que Raymundo Faoro[2] chamou de "estamentos burocráticos", o principal dos quais, na época, seria o Exército. Além disso, como indicam os dados abaixo, extraídos do Censo de 1872, entre os senhores e os escravos existia uma massa apreciável de população que não deve ser simplesmente posta entre parênteses nas análises:

```
                                              %
– população livre ............................  8 419 672   (94,5)
– população escrava ........................  1 510 806    (5,5)
```

Mesmo considerando a precariedade da informação censal disponível, esta população (livre e escrava) distribuía-se entre um conjunto de profissões que indicam já uma relativa diferenciação estrutural e a presença de

---

[2] Refiro-me ao livro de Raymundo Faoro – *Os donos do poder, formação do patronato brasileiro*. Porto Alegre, Editora Globo, 1958.

estratos sociais que não se resumem às categorias sociais fundamentais da estrutura social, isto é, aos senhores e escravos (ver *Tabela 1*).

Note-se que, se considerarmos apenas as Províncias-chave para o desdobramento das crises sucessivas que se seguiram à Guerra do Paraguai e à questão servil e desembocaram na República, o peso relativo das profissões urbanas pareceria ser maior do que no conjunto do país (ver *Tabela 2*).

Embora a informação censal não permita, de fato, isolar os grupos de profissão por classe social (p. ex., entre os militares contam-se oficiais e praças de pré) nem separá-los entre as que se exerciam nas cidades e as exercidas na área rural, a concentração tão grande de profissões liberais, de comerciários e de militares no Município Neutro mostra que no terceiro quartel do século passado havia uma população urbana diferenciada, letrada e burocrática que deveria pesar na "opinião pública" da época.

Mais importante do que registrar a existência de uma diferenciação estrutural complexa que não pode resumir-se em seus setores polares é considerar que os últimos três decênios que antecederam a República de 89 marcaram importantes modificações nas bases da economia brasileira: neles tanto se dá a expansão da lavoura cafeeira na região do Centro-Sul e, mais especificamente, no Noroeste de São Paulo, como o decênio 1870/1880 caracterizou-se como um período de intensa atividade mercantil/financeira que permitiu mais um surto de prosperidade urbano-industrial. De fato, às crises de 1857 e 1864 seguiu-se – com o interregno da Guerra da Tríplice Aliança (1865-1870) – uma nova fase expansiva do ciclo de acumulação. Este, já naquela época, ativado pelo Estado e diretamente ligado ao financiamento externo, com conseqüente penetração do controle estrangeiro da economia, especialmente do capitalismo inglês, propiciou, por um lado, o avanço das instalações de infra-estrutura da economia agroexportadora, pela expansão da rede ferroviária e melhoria dos portos e, por outro, permitiu a instalação de fábricas de produtos consumidos internamente (alimentação e tecelagem) e certa expansão nos setores urbanos de serviços.[3]

---

[3] Para uma síntese, ver Caio Prado Júnior – *História Econômica do Brasil*. São Paulo, Brasiliense, Capítulos 19 e 20. Ver ainda, neste mesmo volume, o trabalho de Paul Singer – "O Brasil no contexto do capitalismo internacional".

TABELA 1

DISTRIBUIÇÃO DA POPULAÇÃO POR PROFISSÕES EM PROVÍNCIAS SELECIONADAS – 1872

Profissões	Município Neutro	São Paulo	Bahia	Pernambuco	Rio Grande do Sul
PROFISSÕES LIBERAIS					
Religiosos	264	284	288	337	139
Juízes	78	226	158	78	51
Advogados	242	333	215	186	36
Notários e escrivães	85	318	224	111	75
Procuradores	151	254	205	106	90
Oficiais de justiça	69	396	262	114	67
Médicos	394	325	281	101	77
Cirurgiões	44	73	41	16	2
Farmacêuticos	369	263	152	69	74
Parteiros	54	303	310	163	164
Professores e homens de letras	897	1 101	768	532	369
Empregados públicos	2 351	1 014	1 059	747	123
Artistas	9 428	4 295	6 454	5 152	823
SUBTOTAL	14 426	9 185	10 417	7 712	2 090
PROFISSÕES INDUSTRIAIS E COMERCIAIS					
Manufatureiros e fabricantes	822	1 578	6 824	1 375	763
Caixeiros e guarda-livros	23 481	7 952	21 670	9 842	1 212
SUBTOTAL	24 303	9 530	28 494	11 217	1 975
Capitalistas e proprietários	2 007	2 054	8 622	3 192	1 054
Militares	5 474	1 062	2 971	1 818	5 312
Marítimos	8 039	1 044	3 019	1 466	427
Pescadores	1 216	503	4 622	2 185	382
Lavradores	17 021	340 199	453 678	259 483	135 152
Criadores	–	11 403	20 651	5 474	86 954
Operários	18 091	27 329	32 730	11 398	3 768
Costureiras	11 592	29 082	76 651	20 627	27 587
Criados e jornaleiros	25 686	37 698	40 727	26 427	3 865
Serviço doméstico	55 011	99 684	169 511	82 238	24 959
Sem profissão	92 106	268 581	527 523	408 302	141 288
TOTAL	274 972	837 354	1 379 616	741 539	434 813

TABELA 2

DISTRIBUIÇÃO PERCENTUAL DA POPULAÇÃO TRABALHADORA POR PROFISSÕES EM PROVÍNCIAS SELECIONADAS – BRASIL 1872

Discriminação	Município neutro	São Paulo	Bahia	Pernambuco	Rio Grande do Sul	Brasil
Profissões não-manuais urbanas*	28,1	3,4	4,5	4,8	3,1	3,9
Costureiras	6,3	5,1	9,0	4,8	9,4	8,3
Proprietários, capitalistas e empresários	1,6	0,6	1,8	1,1	0,6	0,9
Operários	9,9	4,8	3,8	2,6	1,3	4,7
Lavradores, criadores e pescadores	10,0	62,0	56,2	61,6	75,8	56,5
Jornaleiros e criados	14,1	6,6	4,8	6,1	1,3	7,3
Serviço doméstico	30,0	17,5	19,9	19,0	8,5	18,4
TOTAL	100,0	100,0	100,0	100,0	100,0	100,0
P.E.A.** / P.T.	66,5	67,9	61,8	51,5	67,5	58,0

---

* Considerei profissões "não-manuais urbanas" as seguintes: religiosos, juízes, advogados, notários e escrivães, procuradores, oficiais de justiça, médicos, cirurgiões, farmacêuticos, parteiras, professores e homens de letras, empregados públicos, artistas, militares, marítimos, comerciantes, guarda-livros e caixeiros.
** Este percentual é o resultado da população economicamente ativa sobre a população total.

Como conseqüência, a sociedade brasileira da época dinamizou-se grandemente. No plano estrutural, os processos que mais refletiram esta dinamização foram o crescimento das cidades e as migrações. Assim, tomando-se o período de 1872 a 1920, a evolução do grau de urbanização do Brasil, segundo quadro elaborado por Juarez Rubens Brandão Lopes, foi a apresentada na *Tabela 3*.

No conjunto, enquanto a população brasileira cresceu a uma taxa média de 2,5% ao ano no período de 1872 a 1890, a população das cidades de 50.000 ou mais habitantes cresceu a 3,7, e as de mais de 100.000, a 3,1. No último decênio do século, já na República, a taxa média do crescimento global da população caiu para 2,2%, enquanto as cidades cresciam a 6,8 e 6,9% respectivamente.[4]

Para que se forme uma idéia da importância relativa do tamanho das cidades[5] brasileiras e do seu número, convém comparar a população urbana brasileira e a norte-americana.

TABELA 3
GRAU DE URBANIZAÇÃO DO BRASIL (1872-1920)*

Censo	População Total	Cidades de 50 mil habitantes ou +		Cidades de 100 mil habitantes ou +		Cidades de 500 mil habitantes ou +		População Urbana ou +		
		N	População	N	População	N	População	50 mil	100 mil	500 mil
1872	9.930.478	4	582.749	3	520.752	–	–	5,9	5,6	–
1890	14.333.915	6	976.038	3	808.619	–	–	6,8	5,6	–
1900	17.438.434	8	1.644.149	4	1.370.182	–	–	9,4	7,9	–
1920	30.635.605	15	3.287.448	6	2.674.836	1	1.157.873	10,7	8,7	3,8

* Cf. Juarez Brandão Lopes, *op. cit.*, p. 14.

A *Tabela 4* mostra que, se é certo que o crescimento absoluto da população urbana brasileira foi grande, a rede urbana apresentou, em comparação com o que ocorreu nos Estados Unidos, uma tendência a certo afunilamento: as grandes cidades passaram a concentrar mais população sem que a base da pirâmide urbana se ampliasse na mesma velocidade. Talvez por isso, o fato que politicamente era decisivo (o de que se formava nas grandes cidades uma "massa crítica") ficou em geral obscurecido nas interpretações que insistem no peso da estrutura agrária tradicional como determinante geral da sociedade brasileira.[6]

---

[4] Dados extraídos de um quadro mais abrangente organizado por J. B. Lopes – *Desenvolvimento e mudança social.* São Paulo, Ed. Nacional, 1972, p. 16.
[5] Não obstante, convém ter presente que o conceito sociológico de cidade não se resume ao de população definida censalmente como urbana. Além disso, no caso brasileiro, as cidades às vezes crescem sem supor a integração da população local ao mercado urbano regular, conforme salienta Vilmar Faria – "A Pobreza Urbana, Sistema Urbano e Marginalidade". São Paulo, *CEBRAP*, 1973, p. 19 e seguintes (mimeo).
[6] Note-se que a maioria dos analistas da evolução demográfica brasileira parece ressaltar antes a fragilidade de nossa rede urbana do que a tendência, inequívoca desde o começo do século, de uma forte concentração urbana. Os dados que apresentei aqui referem-se às cidades-capital; por isso, para eles, é de menor alcance a crítica metodológica sobre os dados relativos aos "municípios", que, em geral, possuem grande parte da população em

TABELA 4

NÚMERO DE LOCAIS URBANOS DE TAMANHOS VÁRIOS E VOLUME DA POPULAÇÃO (COMPARAÇÃO ENTRE ESTADOS UNIDOS E BRASIL EM DATAS ESCOLHIDAS)

Em milhares

Tamanho da população	Estados Unidos				Brasil							
	1850		1860		1872		1890		1900		1920	
	N.º	Habitantes	N.º	Habitantes	N.º	Habitantes	N.º	Habitantes	N.º	Habitantes	N.º	Habitantes
+ de 1.000.000	–	–	–	–	–	–	–	–	–	–	1	1.157
de 500.000 a 1.000.000	1	516	2	1.379	–	–	1	522	1	811*	1	1.579
de 250.000 a 500.000	–	–	1	267	1	275	–	–	–	–	1	283
de 100.000 a 250.000	5	659	6	993	2	245	2	286	3	557	3	654
de 50.000 a 100.000	4	284	7	452	1	62	3	167	4	274	9	612
de 25.000 a 50.000	16	611	19	670	10	315	7	237	8	312	4	143
de 10.000 a 25.000	36	561	58	884	5	115	6	125	5	76	2	43

* Cifra obtida em 1906.

FONTES: Stuart Bruchey, *The Roots of American Economic Growth*, New York, Harper Torch book, Harper & Row, 1968, pp. 76 e 77, e tabela sobre "População das Capitais dos Estados do Brasil" do Recenseamento de 1920, p. X.

São mais conhecidos os dados referentes ao crescimento da migração externa no período do último quartel do século passado e início deste e não é necessário mais do que indicar cifras globais para recordar sua importância: somente no Estado de São Paulo entraram 184 mil imigrantes na década de 1880[7] e particularmente depois de 1888 a entrada de imigrantes foi muito acentuada, especialmente para São Paulo, devido à

área rural. Para uma análise cuidadosa dos censos, ver Maria José Santos – "Aspectos Demográficos", Apêndice B do livro de Annibal Villela e Wilson Suzigan, *Política do Governo e Crescimento da Economia Brasileira*. Rio de Janeiro, IPEA, 1973, série monográfica nº 10, especialmente item 8.6 Urbanização. Não utilizei os mesmos critérios de classificação da autora porque visava a comparar com a evolução das cidades dos Estados Unidos e porque para meu argumento as restrições e críticas aos dados censais – justas – não são diretamente relevantes. Contudo, convém lembrar que o Censo de 1920, como mostrou Mortara, superestima a população, e o de 1900 a subestima.
[7] Ver Celso Furtado – *Formação econômica do Brasil*. Rio de Janeiro, Fundo de Cultura, 1959, p. 154.

lavoura do café. Assim, em dados gerais de comparação da população estrangeira com a brasileira, a distribuição censal e as cifras corrigidas dos censos ou estimadas foram as seguintes (*Tabela 5*):

TABELA 5

BRASIL: POPULAÇÃO TOTAL E POPULAÇÃO ESTRANGEIRA*
(1872-1920)

Censo	População total (1.000 habitantes)		População estrangeira (1.000 habitantes)	
	Recenseada	Corrigida	Recenseada	Corrigida
1872	10.112	10.112	383	383
1890	14.334	14.334	714	714
1900	17.436	18.200	1.279	1.296
1920	30 636	27.500	1.590	1.651

* Dados e correções extraídos de Maria José Santos, *op. cit.*, p. 263. Os dados de 1900 para o Rio referem-se ao Censo realizado em 1906, devido à anulação dos resultados do censo anterior.

Embora percentualmente o número de estrangeiros não tenha sido grande, como houve concentração da migração especialmente para São Paulo, como se vê na *Tabela 6*, eles contaram decisivamente com a força de trabalho disponível na região mais dinâmica do país.

TABELA 6

BRASIL: IMIGRAÇÃO TOTAL NO PAÍS E EM SÃO PAULO
POR PERÍODOS – 1884-1920*

Período	Brasil	São Paulo
1884/1887	145.880	53.023
1888/1890	304.054	157.781
1891/1900	1.129.315	733.335
1901/1920	1.469.095	857.149

FONTE: Dados originais do IBGE e do Departamento Estadual de Estatística de São Paulo.

* Tabela transcrita de Maria José Santos, *op. cit.*, p. 269.

O grosso da população imigrante foi recrutado para a lavoura, mas é preciso considerar que nos períodos de crise agrária havia expulsão para as cidades[8] e para outros países (o fluxo migratório em 1901 diminuiu e em 1903 o número de saídas para o exterior superou o das entradas, voltando a crescer entre 1911 e a Grande Guerra, para diminuir até 1920 e novamente encontrar um clímax em 1926), bem como convém notar que o desenvolvimento do setor de serviços e da indústria atraía os estrangeiros para as cidades, como a *Tabela 7* demonstra.

TABELA 7

BRASIL: DISTRIBUIÇÃO PERCENTUAL POR SETORES DE PRODUÇÃO DE MÃO-DE-OBRA ESTRANGEIRA NO PAÍS*

Discriminação	1872	1900	1920
Total ocupado	209.455	762.669	867.067
Agricultura	55,2	43,9	44,9
Indústria	10,1	8,0	24,2
Serviços	34,7	48,1	30,9
% de estrangeiros trabalhando sobre total de estrangeiros presentes com 14 anos de idade e mais	53,9	59,6	54,5

FONTE: Dados do Recenseamento Geral do Brasil (1920). Dados de 1872 e 1900 resumidos na Introdução, pp. VIII-XIII.

* Mais uma vez reproduzo na íntegra (apenas com alteração dos títulos) tabela do trabalho excelente de Maria José Santos, *op. cit.*, p. 272.

---

[8] A respeito das imigrações ver o artigo de Douglas H. Graham – "Migração Estrangeira e a Oferta de Mão-de-Obra no Crescimento Econômico Brasileiro – 1880-1930", in *Estudos Econômicos*. São Paulo, IPE-USP, vol. 3 (1), 1973. Neste importante artigo, Graham também ressalta a importância do crescimento urbano, especialmente por volta da mudança do século e no período anterior à Primeira Guerra Mundial, e o abandono do campo pelos imigrantes que se deslocavam para as cidades (esp. p. 44). Florestan Fernandes já havia ressaltado na análise de São Paulo, baseada no relatório de Toledo Piza, de 1854, e em dados censais, tanto o rápido crescimento urbano como o papel dos estrangeiros nele.

As migrações internas havidas no período que ora nos interessa foram menos significativas. Entre 1872 e 1890, as regiões que mais ganharam imigrantes foram as do Amazonas, o Rio (capital nacional) e os quatro Estados do Sul: São Paulo, Paraná, Santa Catarina e Rio Grande. Entre 1890 e 1900, Amazonas, Maranhão e Pará – graças à expansão da extração da borracha – tiveram um forte aumento de população devido especialmente à migração de nordestinos que fugiam das secas. O Rio continuou absorvendo migrantes, e São Paulo, apesar de seu papel na absorção de estrangeiros, também ganhou populações nacionais, embora os demais Estados do Sul tivessem perdido população, a crer nos dados – neste caso, discutíveis – dos Censos. Entre 1900 e 1920 a Amazônia (na primeira parte do período, provavelmente) continuou ganhando população, bem como o Rio e os três Estados do extremo-sul, mas em São Paulo o saldo do período no que toca aos migrantes nacionais foi negativo.

Quanto aos Estados que expulsaram população, há que destacar em primeiro lugar a grande perda do Nordeste entre 1870 e 1880 e a do Estado do Rio até 1900; por outro lado, Minas Gerais desde 1890 e Bahia (que ganhava população entre 1850 e 1900) desde 1900 perderam largas camadas de população.[9]

---

[9] Os dados sobre movimentos migratórios internos, bem como a descrição da técnica para obtê-los, encontram-se em Douglas Graham e Sérgio Buarque de Holanda Filho – *Migration, regional and urban growth and development in Brazil; A selective analysis of lhe historical record 1872-1970*. IPE, 1971. Há sérias críticas à metodologia usada, em Maria José Santos, *op. cit.*, esp. pp. 277 e 279. Não obstante, a tendência geral, resumida por mim, parece ser correta.

Não reproduzi dados porque seria fastidioso para o leitor e porque, dadas a precariedade dos censos e as hipóteses a que a técnica de mensuração obriga, sua precisão numérica é discutível. Só para que o leitor tenha em mente a ordem de grandeza, reproduzo aqui os saldos migratórios de alguns Estados:

	Períodos Intercensários de		
Estados	1872-1890	1890-1900	1900-1920
Amazonas	35.536	57.679	17.874
Pará	-31.791	55.701	91.948
Rio (Capital Federal)	63.469	81.631	47. 432
Minas	98.769	-93.185	-230. 097
São Paulo	72.649	70.997	-18.924

Extraídos de Graham e Holanda Filho, *op. cit.*, p. 98.

Forma assumida pela migração estrangeira

Para os fins deste capítulo, indicar a forma que assumiu a migração estrangeira talvez possua maior significação do que simplesmente indicar seu *quantum*. De fato, na migração estrangeira[10] foi decisiva a ação do Estado, tanto o Federal como, particularmente, o de São Paulo.

Douglas Graham mostrou, comparando o fluxo migratório para o Brasil com o que ocorreu na Argentina e nos Estados Unidos, que o processo migratório estava sujeito à influência tanto de fatores de atração (os surtos de crescimento econômico local alternativo dos três países), que podiam transformar-se – da perspectiva de cada um destes países – em fatores de desvio (se, por exemplo, a expansão argentina ou americana, em certas épocas, atraísse mais imigrantes do que o Brasil), como a fatores de impulso, originados pela oferta de imigrantes na Europa. Como instrumento equilibrador deste mecanismo, as políticas governamentais de subsídios à imigração para a lavoura, *especialmente nas etapas iniciais do fluxo migratório na década de 1890*, foram cruciais para garantir a mão-de-obra necessária à expansão da cafeicultura. Em dados gerais,[11] o peso da migração subvencionada foi o seguinte:

Período	Total de imigrantes	% imigrantes subvencionados
1888/1890	158.240	63,4
1891/1900	719.595	79,9
1901/1910	420.447	40,1
1911/1915	356.045	36,0

---

[10] Sobre a utilização de migrantes estrangeiros e não nacionais, como mão-de-obra para a expansão econômica, ver os já citados estudos de Graham e Holanda Filho e Douglas Graham, que recalcam a importância do transporte marítimo intercontinental mais barato e as dificuldades de comunicação viária interna no Brasil. Além destes trabalhos, é especialmente importante o estudo de Jorge Balán – "Migrações e Desenvolvimento Capitalista no Brasil: ensaio de interpretação histórico-comparativa", in *Centro e Periferia no Desenvolvimento Brasileiro*, São Paulo, Difel, 1974. Balán aponta a necessidade econômica de uma mão-de-obra excessiva nas áreas brasileiras que possuíam grandes contingentes populacionais da mão-de-obra nacional. Os proprietários daquelas regiões sempre se opuseram ao "esvaziamento" de suas áreas, como recurso para manter o padrão de exploração econômica em que baseavam sua existência.
[11] Dados extraídos de Maria José Santos, *op. cit.*, p. 265.

Graham mostrou também que a redução de subsídios ou sua expansão tinham efeitos diretos, no jogo atração, repulsão, desvio, sobre o número de imigrantes entrados no Brasil.[12] Até 1900 a proporção de imigrantes subsidiados era acentuada em São Paulo. Só depois desta época, quando também houve migrações de espanhóis e portugueses, é que a migração sem subsídios parece ter-se firmado. Este surto, entretanto, já não refletia apenas a expansão da cafeicultura, mas derivava de uma intensificação das atividades urbano-industriais.

*
* *

Crises políticas às vésperas da Proclamação da República

No plano político, as crises que antecederam à República ligaram-se, em parte, às transformações que vinham ocorrendo na correlação das forças sociais do país. A emergência do Partido Republicano em São Paulo e a força do movimento abolicionista – ao qual aderiram não poucos fazendeiros republicanos beneficiários da migração estrangeira – são exemplos disso.

Mas, paralelamente, existia um outro fator desequilibrador das instituições políticas imperiais: o Estado vira-se confrontado com crises políticas crescentes, como a da "questão religiosa" e a da "questão militar". Esta última se prenunciara já nos idos de 1868 quando o Gabinete liberal de 3 de agosto deu lugar ao Ministério conservador de 16 de julho. O que estava em jogo então não era apenas a "derrubada" da situação provocada pela Coroa para reequilibrar e viabilizar a continuidade do processo político-administrativo tradicional. Ocorrera um fato insólito: o Imperador, frente à pressão de Caxias, que se desgostara com as críticas açuladas pelos liberais à morosidade na condução da guerra, e pedira demissão, levou a questão ao Conselho de Estado. Este, entre o princípio do primado do poder civil e as necessidades de considerar a circunstância da guerra, tentou recusar tanto a exoneração do General como garantir a permanência do Gabinete Zacarias. Inconformado, o Imperador endereçou questão mais precisa ao Conselho de Estado:

---

[12] Especialmente entre 1850 e 1891, quando os gastos federais superavam os paulistas, a migração de italianos passou de 31.275 para 132.326. Em geral, entretanto, houve maior relação entre os subsídios paulistas e a migração. Aqueles foram grandes em 1887-1888, 1893 a 1897 e de 1901 em diante, com exceção dos anos de 1903 e 1904. Ver Graham, *op. cit.*, pp. 32 a 45.

"Qual é, segundo o Conselho de Estado, o mal menor: a demissão do General ou a do Ministério?"

A maioria do Conselho, diante da pergunta imperial, optou pela permanência do Ministério.

Não obstante, a própria insistência de D. Pedro revelava que a "derrubada" estava à vista. No episódio em tela, provavelmente o Imperador estava manobrando para atingir desígnios que, menos do que do General, eram seus. A 16 de julho convocou (depois da demissão de Zacarias por não concordar com a escolha de um Senador feita por D. Pedro) Eusébio de Queirós, Visconde de Itaboraí, para organizar novo Ministério, desta feita de velha cepa conservadora, contrário inclusive ao que as Falas do Trono do tempo de Zacarias de Góis haviam apontado como um problema a ser encaminhado: a questão servil.

Manobras políticas de D. Pedro II   D. Pedro, ao agir como agiu em 1868, não antevira o que a observadores estrangeiros parecia claro: a espada começaria a abalar o trono. Ao contrário, o Imperador agira, segundo o depoimento do Conde d'Eu e anotações do próprio monarca, visando manter tanto o sutil "parlamentarismo" coroado, como defender a posição do país frente a perigos externos. De fato, a organização política do Império dava ao Monarca uma soma de poderes muito maior do que normalmente se pensa ao mencionar o exercício do Poder Moderador. A Constituição de 24 e suas emendas deixaram sempre em aberto o limite entre a esfera do Poder Moderador e a do Executivo. Como anota Sérgio Buarque de Holanda em seu volume magistral *Do Império à República,*[13] na proposição de Benjamin Constant – o pensador francês – a distinção entre o *poder neutro* do Rei e o *poder ativo* do Gabinete era fundamental para garantir aos Ministros, que são politicamente responsáveis, um poder próprio. No Brasil manteve-se uma zona de incerteza entre o Poder Moderador e o Executivo, que, na maioria das vezes, apesar da irresponsabilidade inerente ao Poder Moderador, transformava o Monarca, de fato, em fonte de poder absoluto.

A Constituição não escrita do Império, como diz Sérgio Buarque, ou seja, a prática política, acabou por consagrar uma organização política

---

[13] Sérgio Buarque de Holanda, *H.G.C.B.* (*O Brasil Monárquico*), O Brasil Monárquico, tomo II, vol. 7, *Do Império à República*, Bertrand Brasil, Rio de Janeiro, 2005, esp. Brasil Monárquico, tomo II, Vol. 5, Cap. III, do Livro 1º, e Capítulos 1º e 2º do Livro Segundo, que constituem a melhor análise que conheço das instituições imperiais brasileiras.

que tinha uma aparência parlamentar, mas não fazia os Ministérios dependerem das maiorias da Câmara temporária, afetava conter a vontade do Imperador nos limites da soberania popular (e por isso o monarca renunciou ao uso do título de soberano...), mas não se baseava em eleições universais e honestas, permitia que o Imperador escolhesse, como agente político ativo, quem das listas tríplices seria o Senador vitalício, mas resguardava a ficção de que o Rei era irresponsável politicamente e, *last but not least*, dava ao Imperador a faculdade de dissolver, independentemente de votos de confiança, as Câmaras e convocar novas eleições, mas fazia crer que o regime se apoiava nos partidos.

Se tal sistema não descambava para o Poder Pessoal, isso se devia a que por trás dele operava o patriarcalismo tradicional (do qual não escapava, se não que o encarnava o próprio Imperador com suas virtudes que ostentavam ser a de um rei-cidadão, mas que na prática caracterizavam um rei-senhor) do qual derivara, no plano político-administrativo, o "sistema do patronato". Insistindo sobre este ângulo da organização política brasileira e, por conseqüência, sobre a importância da distribuição e do exercício dos cargos públicos para cujo preenchimento a existência de padrinhos, patronos, era essencial, é que Faoro fundamenta suas teses sobre a importância dos "estamentos burocráticos" no Império.

No ápice do sistema o papel político do Imperador era decisivo. A ele cabia dissolver as Câmaras, chamar novos Gabinetes e estes não só "derrubavam" as situações políticas provinciais e locais como nomeavam novos funcionários. O exercício da função pública confundia-se com o preenchimento das expectativas de lealdades partidárias, aberta e justificadamente aos olhos da época, graças à teoria dos "direitos próprios" da Administração para nomear "seus" homens. Como não existiam de fato "partidos de representação", posto que os eleitores eram circunscritos e as eleições faziam-se por círculos que separavam votantes de eleitores, garantindo-se, com isso, que o colégio de eleitores fosse uma espécie de clube de senhores, era decisivo o papel do Imperador para que funcionasse a rotatividade política do Império e para que se cumprisse o *ersatz* de opinião eleitoral da época. Graças às mudanças de inclinação política do Monarca, ventos novos podiam soprar e, com essa ficção de democracia parlamentarista, impedia-se que os interesses locais se eternizassem com o predomínio da mesma oligarquia. Havia sempre a ameaça de uma oligarquia emergente a disputar as preferências imperiais e que tinha chance, uma vez dissolvida a Câmara e nomeados novos Presidentes de Província pelo Chefe do Gabinete em ascensão, de refazer uma "maioria".

Participação política do Exército Entretanto, em 68, a voz de Caxias — conservador moderado e fiel ao Império — ecoava com uma força que não provinha do Paço, nem da Câmara e muito menos dos partidos. Não saía do "sistema". Vinha de uma experiência direta na Guerra onde o que o Marechal chamava de "guerra de alfinetes" da política clientelístico-partidária incomodava e irritava, mais do que cerceava. Deodoro, assim como a maioria dos oficiais-generais do fim do Império, inclusive Floriano, também haviam lutado nas campanhas do Prata ou no Paraguai. Caxias enfrentara já dificuldades enormes para mobilizar tropas no Sul na guerra das Farroupilhas e compreendera que, para ser Chefe do Exército, precisava ser também Presidente da Província, para influir junto aos chefes locais e mobilizar a Guarda Nacional, maior que o exército profissional. Com maior realismo os combatentes da Guerra do Paraguai foram dando-se conta da situação do Exército frente à política.

As maledicências — ou indiscrições — da imprensa criticando os negócios da Guerra, o patronato desmoralizante e corruptor, a "politicalha" dos Gabinetes contrastavam com as agruras da guerra, com sua morosidade (de cuja responsabilidade se acusavam os chefes militares) e com o despreparo dos soldados, em grande número, segundo o depoimento do próprio Marquês Comandante-em-Chefe, composto por escravos rebeldes que os senhores mandavam morrer pela pátria.

No regresso, depois da vitória, o que fora uma corporação secundária diante do peso da Guarda Nacional, começou a tomar consciência de si, como força à parte da politicalha. A visão de que entre a Nação e o Estado, entre as classes, os escravos e o Império havia um estamento cívico, provado na luta, que merecia respeito e queria exercer poder, começou a generalizar-se entre os oficiais. Nascia assim um sentimento de pertencer a uma espécie de ordem privilegiada, mas cujo privilégio, na ideologia de seus membros, derivava de abstinências e privações: um espírito de renúncia material que deveria compensar-se pela ampliação dos poderes de interferir "para o bem da Pátria". O *esprit de corps* militar surgia através de uma espécie de fusão mística entre a corporação e a pátria. Para que ela se objetivasse, entretanto, faltava a substância transfigurada que lhe daria o contorno real: um Estado Reformado.

A reforma do Estado significava, em primeiro e principal lugar, o fim da Monarquia e da "politicalha".

Mas não paravam aí os militares em seus arremessos cívicos. Parte deles associou-se à pregação do reformismo social contra a escravidão.

Posição dos militares contrária à ordem vigente

Datava de antes da guerra a reserva crítica dos militares à ordem social e política reinante. A tradição "acadêmica" de parte do oficialato dotara-os de senso político crítico e transformara-os na única parte da sociedade que, sendo letrada, não se solidarizava com os "bacharéis". Já em 1855 os estudantes militares que editaram o jornal O *Militar* acusavam os "srs. Legistas", os homens das leis, de desídia frente aos problemas da corporação militar e frente aos grandes problemas nacionais. Acusavam frontalmente os "legistas" de responsáveis pela ordem econômica, política e social injusta:

"Com vossas tramas e violências eleitorais, com vossa corrupção, desmoralizando o povo tendes rebaixado e adulterado a representação nacional...

"Suspendestes, sim, esse infernal tráfico (negreiro), mas por que meios fostes a isso levados?"

diziam com "repulsa" pela recordação da interferência inglesa.[14]

O mesmo periódico era favorável à Abolição, à imigração subvencionada, à reforma eleitoral, às estradas de ferro, à proteção da indústria nacional. Era, em suma, modernizador e progressista, sendo ao mesmo tempo defensor da necessidade de reorganizar, bem como treinar e equipar o Exército.

Depois da Guerra do Paraguai (ou depois da vitória de Caxias nas armas e na política), quando se cria o Clube da Reforma e em 1870 é lançado o Manifesto Republicano, Floriano Peixoto cria em 1871 o Instituto Militar para defender os interesses da corporação.

Este ânimo não desfalece mais entre a oficialidade. Em 1887 eclode a "questão militar". Essa outra coisa não foi senão a manifestação política – cívica diriam os militares – de oficiais em defesa de sua corporação e do direito de os oficiais manifestarem publicamente seu desacordo com autoridades civis e, às vezes, militares.[15]

Começava a existir, na prática, o "cidadão armado". Floriano terá sido, ainda na Monarquia, quem melhor expressou este estado de espírito. Referindo-se à solução proposta por Silveira Martins e Afonso Celso para

---

[14] O *Militar*, 25/4/1855, citado por John Schultz, "O Exército e o Império", *in* Sérgio Buarque de Holanda e Pedro Moacyr Campos (ed.) – *H.G.C.B. (O Brasil Monárquico)*, tomo II, Rio de Janeiro, Bertrand Brasil, 2005.
[15] Ver em Schultz, *op. cit.*, os pormenores a respeito.

revogar os atos do Ministro da Guerra, Alfredo Chaves, que, visando impedir a discussão pública do Coronel Sena Madureira com um Deputado, proibira os oficiais de discutirem pela imprensa questões políticas ou militares, comenta o futuro Marechal de Ferro:

> "Fato único, que prova exuberantemente a podridão que vai por este pobre país e que muito necessita a ditadura militar para expurgá-la. Como liberal, que sou, não posso querer para o meu país o governo da espada; mas não há quem desconheça, e aí estão os exemplos, que é ele o que sabe purificar o sangue do corpo social, que, como o nosso, está corrompido."[16]

Vê-se que mesmo um "liberal" como Floriano, diante das circunstâncias, tornara-se mais armado do que cidadão. E este *élan* purificador, que confundia num só plano o "brio militar" e as questões nacionais, unia tanto outros liberais, como o Visconde de Pelotas – também General e partícipe da guerra – quanto adeptos do partido da ordem como Deodoro, conservador e amigo do Imperador até às vésperas da República.

Os analistas discrepam sobre as causas do radicalismo militar. Com freqüência se atribui aos militares a condição de representantes dos "setores médios", inconformados com os interesses oligárquico-latifundiários. Das precárias informações sobre as origens de classe dos militares,[17] parece impressionar mais do que uma dificilmente definível categorização de origem de classe média o fato de que constituíam um grupo educado, que passara boa parte de sua formação nas *cidades* e que se define profissionalmente por sua relação com o Poder. À medida que os Deodoro (ele próprio ligado a família tradicional de Alagoas e tendo exercido a Presidência de províncias), os Floriano, os Sena Madureira, os Rebouças (a elite da engenharia militar no caso destes), os Benjamin Constant encampam e espelham a inquietação da oficialidade, fazem-no como sacerdotes de um culto que lhes era familiar, o do Estado. Não revolucionam, de fora, a partir das bases sociais. Propõem reformas de dentro do aparelho burocrático – berço no qual nasceram como força social ativa. E propõem-nas com certo distanciamento da outra ordem social vinculada ao Estado, a dos políticos.

---

[16] Carta de 10/7/87, inserida na biografia feita por Artur Vieira Peixoto, *Floriano*, vol. 1, Rio de Janeiro, Ministério da Educação, 1939, p. 26.
[17] Ver o mesmo Schultz e especialmente o estudo a ser publicado nesta coleção de José Murilo de Carvalho, "As forças armadas na Primeira República", que considero o melhor trabalho já feito sobre os militares brasileiros.

Não surgem para a grande cena nacional em 1889 contra a nova força social emergente na sociedade civil – a burguesia agrária do café e os representantes do capital financeiro-industrial –, mas sim contra a ordem política que impedira as reformas necessárias ou as fizera com morosidade e sem apostar muito nelas, como ocorreu com a Lei Saraiva de 1881, que fazia a reforma eleitoral, e contra os homens que a simbolizavam, os políticos do Império.

Não obstante, o radicalismo da oficialidade jovem – fosse qual fosse sua vinculação familiar direta – não poderia expressar-se e encontrar eco, se não tivesse havido a expansão do café, a urbanização, os surtos de expansão do mercado interno e, como catalisador de tudo isso, a ideologia militar de participação ativa na vida pública.

Pelo que se analisou das correntes militares de pensamento e da ação dos oficiais, se bem é certo que a influência positivista – sobretudo de Benjamin – foi grande, a crítica radical encontrava agentes ativos entre os "tarimbeiros", entre os Oficiais de Cavalaria e Infantaria, entre os que nunca haviam passado pela Escola Central, mas que compartilhavam do espírito da corporação e da crença de que algo precisaria ser feito para "purificar" as instituições. A crítica ao filhotismo, ao patronato, à farsa política irmanava tanto os discípulos dos "apóstolos da humanidade" quanto os *troupiers*, fossem eles descendentes de famílias empobrecidas – embora tradicionais – do Nordeste ou do Rio Grande, ou mantivessem ainda vínculos com a "aristocracia" rural, ou, o que era mais comum no fim do Império, fossem filhos de militares. No caso conta mais o acento em *tradicional* do que em "classe média", em ricos ou em pobres, na medida em que tradicional signifique, como se atribuía no Brasil, ligação com a coisa pública e algum grau de educação avançada, em comparação com os outros grupos sociais. Provavelmente, neste aspecto, não discrepassem, por exemplo, do "quadro de Presidentes de Província", dos funcionários da Justiça e, quem sabe, de boa parte das Câmaras, embora não do Senado, dos Ministros ou dos Conselhos do Império, para cujas funções recrutavam-se representantes não apenas das "famílias tradicionais", mas das "grandes famílias", ligadas ao poderio econômico.

O fato de serem pobres, mas estarem perto do Poder, educados, mas não "legistas",[18] dotou os militares de condições propícias à crítica política

---

[18] Embora o espírito bacharelesco e literário tenha penetrado profundamente nas Academias militares, como se vê na leitura do já referido capítulo de José Murilo de Carvalho.

e ao progressismo social, prendendo-os, não obstante, em sua ação e em suas orientações ao círculo de ferro das "revoluções dentro da ordem", na expressão cara a Florestan Fernandes, na medida em que também para eles a própria corporação militar – definida como parte do Estado – era o partido e na medida em que o povo aparecia-lhes mais como um atributo inerente à Nação do que como soberano cuja majestade devesse reluzir tanto mais quanto mais autônomo e educado fosse. Por certo, o Estado – sendo "puro" – deveria conter o povo como categoria tão indiferenciada dele quanto na Monarquia o Poder Moderador fora indiferenciado do Poder Executivo, mas não seria realmente no povo e na democracia que poderiam inspirar-se os promotores da ordem política reformada.

O triunfo republicano de 89 vai, de repente, tornar realidade o que os próprios protagonistas resistiam a crer. Deodoro, que se queria conservador e monarquista, transforma-se em Presidente, e pouco apego vai conservar às formas constitucionais que ele próprio promulgara, ouvida a Assembléia. Floriano, que se pensava liberal, terá de usar a espada para purificar a República.

*
* *

Não parece assentar em boa base, porém, a interpretação que resume à ação dos militares e à sua marginalização política anterior (que não fora tão grande no Império depois de 89) os feitos da República. Nem é certo que essa mudou apenas a organização formal do Poder.

A Constituição de 91 deixa ver que seus artífices tinham bom sentido de interesses de classes, e a política econômica dos governos militares revela também que essa terra tinha donos e que estes nem sempre foram os que ostensivamente apareciam como os donos do poder, os militares.

Não corresponde a este capítulo fazer a análise da política econômica dos Governos de Deodoro e Floriano e basta referir às linhas mais notórias para justificar a frase anterior. Mas sim corresponde analisar um pouco mais como, no âmago de um regime quase militar, em vez do militarismo fixou-se na Constituição não escrita da República, a forma específica de patronato que constituiu a oligarquia republicana.

O texto clássico para entender-se a política econômica da transição do Império para a República e a política econômica do café é o de Celso

Furtado.[19] Para fins de nossa análise, a referência às interpretações de Furtado, aos dados acrescentados por Annibal Villela e Wilson Suzigan e ao capítulo de Nícia Vilela Luz sobre "As reivindicações industrialistas sob a Primeira República"[20] é suficiente para indicar que forças sociais se moviam nos primeiros períodos republicanos.

A herança econômico-financeira da República

A pedra angular do sistema econômico-financeiro herdado pela República consistia na exportação de produtos primários – geradora de divisas – e no controle dos instrumentos de câmbio como mecanismo básico para assegurar a continuidade da produção exportadora, apesar das flutuações do preço e da demanda externos, bem como para financiar o gasto público, pois o imposto principal que cobria as despesas do Governo era o imposto às importações (em 1897 correspondeu a 73,5% da renda arrecadada pelo Tesouro, e em 1898 a 67%). O funcionamento deste sistema, tal como o descreveu Furtado, que o batizou como um mecanismo de "socialização das perdas", era simples. À queda dos preços externos reagia o Sistema Monetário Nacional por uma desvalorização do mil-réis (que, às vezes, decorria da própria expectativa de queda do preço ou volume das exportações e, portanto, antecedia a crise no mercado internacional). Com isso, mesmo inexistindo reservas-ouro, a economia exportadora dependente lograva o reequilíbrio necessário: o aumento do preço das importações contraía seu volume a médio prazo e, o que era decisivo, não se propagava o efeito do ciclo descendente dos preços internacionais para o setor produtor do país. Com efeito, havendo oferta abundante de terra e mão-de-obra, o setor produtor (no caso, o cafeeiro) continuava a funcionar, pois os cafeicultores (*em moeda local*) podiam abrigar-se das crises graças às desvalorizações do mil-réis. Por certo, os demais setores sociais – especialmente as populações assalariadas urbanas – tinham seu nível de renda afetado pelo aumento do preço dos produtos importados e dos insumos industriais. E o Governo via-se às voltas com déficits crescentes diante da perda que sofria com a diminuição das importações e com os efeitos das desvalorizações sobre um imposto de importação que se pagava em taxa fixa de câmbio. Daí, por outro lado, novos empréstimos externos e, novamente, em espiral, crescimento do serviço da dívida.

---

[19] Refiro-me à *Formação Econômica do Brasil, op. cit.* Veja-se também neste volume o ensaio "Expansão do Café e Política Cafeeira".
[20] Nícia Villela Luz – *A Luta pela Industrialização do Brasil (1800-1930).* São Paulo, Difel, 1961.

Quando a República foi proclamada em 89, o primeiro Governo teve de enfrentar os efeitos desta tendência em uma conjuntura específica. O Império lutara para reduzir o saldo de papel-moeda desde 1878 até 1888. A substituição dos escravos por trabalhadores livres tornara patente a necessidade de expandir o meio circulante, mas só na República completou-se a aplicação da lei de 1888 de auxílio à agricultura, que consistiu num empréstimo de 100.000 contos,[21] financiado metade pelo Tesouro, metade pelos bancos. Embalados pela safra recorde de 1888/1889 (6.800.000 sacas) e pelos empréstimos externos (cerca de 6.300.000 libras em 1888 e quase 20 milhões em 1889), bem como munidos de um novo instrumento de defesa do Tesouro (a cobrança em ouro dos direitos aduaneiros em 1890), os Ministros republicanos do Governo Provisório (pois Deodoro só será eleito pela Assembléia a 25/2/1891) – especialmente o da Fazenda, Rui Barbosa – lançam-se a uma política inflacionista e favorável à criação de empresas.

Rui, não sem certa ingenuidade, acreditava estar impulsionando a base econômica indispensável para o florescimento da democracia: "A República se consolidará entre nós em bases seguras, quando o seu funcionamento repousar sobre a democracia do trabalho industrial, peça necessária no mecanismo do sistema, que trará o equilíbrio conveniente para o seu regular funcionamento".[22]

Com ou sem êxito, entretanto, o fato é que a expansão dos bancos-emissores, a enxurrada de papel-moeda e de emissões de ações por parte de companhias que se formavam confirmam que entre as forças que se beneficiaram imediatamente com a Proclamação da República contavam-se setores industrial-financeiros urbanos. O período 1890/1891 – fase em que ocorreu o "Encilhamento", isto é, as emissões de moeda e de ações que geraram enormes especulações – foi marcadamente inflacionário e "industrialista".

Vale a pena recordar que não apenas durante o Governo Provisório, mas também nos Governos seguintes, até à ascensão de Campos Sales, a chamada corrente industrialista manteve-se ativa. Sua forma principal de luta consistiu na regulamentação de impostos de importação que pudessem garantir uma proteção à indústria nacional. Que a luta era renhida e

---

[21] O saldo de papel-moeda emitido em fins de 1888 ascendia apenas a 205 mil contos, cf. Villela e Suzigan, *op. cit.*, p. 103.
[22] Citado por Villela Luz, *op. cit.*, p. 106. Trata-se de trecho da exposição de motivos do decreto de 11/10/1890 sobre a nova tarifa aduaneira.

frágeis as bases de sustentação (e às vezes a própria argumentação) do protecionismo atestam-no as modificações freqüentes nas leis de tarifa:

Tarifas com orientação mais "fiscalista" que protecionista
{
1890 – Lei nº 836 sobre nova tarifa na Alfândega.
1892 – Congresso aprova diminuição de 30% na tarifa a máquinas, instrumentos de lavoura, ferramentas, matérias-primas e insumos vários para indústrias. (Note-se que a redução se faz quando, p. ex., as máquinas já estavam anteriormente isentas, o que indica a confusão da época.)

Tarifas protecionistas
{
1895 – Na qual a influência do líder nacionalista e industrialista Serzedelo Correia foi marcante. Corrigiram-se distorções fiscais, fazendo-se calcular o câmbio a 12 d. e não mais a 24 d. Houve aumento geral de 25% nas tarifas e maior aumento para artigos já produzidos no Brasil.

Fim do protecionismo
{
1897 – Por decreto de 17/12/97, o Governo de Prudente de Morais aprova a proposta tarifária de comissão presidida por Leopoldo de Bulhões, pondo em xeque, na expressão de Nícia Vilela, "o industrialismo inaugurado pelo novo regime". Em média dá-se uma redução de 25% nos impostos, mas alguns artigos tiveram os gravames reduzidos de 75 a 85%.
1900 – O Governo Campos Sales faz nova revisão tarifária, de inspiração fiscalista e tecnocrática, visando defender o Tesouro e, como conseqüência, corrige, em parte, os excessos "liberais" do decreto de 1897.

Vêem-se, pois, delineadas e confrontadas desde o início da República duas correntes distintas. À primeira, "industrializante" – e freqüentemente especulativa, inflacionista e cavadora de negócios, embora no fundamental portadora de valores de progresso tão ao gosto da época e afim, até certo ponto, com o reformismo positivista –, contrapunha-se uma segunda corrente, mais sólida e conservadora. A crítica ao encilhamento, aos déficits crescentes, à "artificialidade" da indústria nacional que importava insumos e, diziam os opositores, estafava o consumidor nacional, opunham-se os bem pensantes porta-vozes da "fonte da riqueza nacional": os cafeicultores. Homens como Rangel Pestana, Bernardino de Campos ou Morais Barros viam com suspeição o favoritismo à indústria e a repercussão de tudo isso no que havia de mais sagrado para o equilíbrio geral das consciências: o crédito externo e a taxa de câmbio.

Era-lhes fácil a crítica, pois, na verdade, em vez das bases para uma "democracia industrial", o encilhamento e as políticas subseqüentes abrigaram o protecionismo a banqueiros, como os do Banco da República do Brasil, sob pretexto da defesa de indústrias a eles endividadas. Por outro lado, a política orçamentária que fora equilibrada em 1891 (podendo absorver os efeitos inflacionários do aumento aos militares concedido por Benjamin Constant, pois estes também haviam feito a República e, de fato, ganhavam mal no fim do Império) entrou em fase de descompasso depois de 1892, por causa dos gastos militares para conter as revoltas contra Floriano.

Quando em 1895/96 se reequilibra o orçamento, vêm as dificuldades cambiais de fins de 96 e, de fato, dá-se um corte na política econômica que vai prenunciar o quatriênio Campos Sales. O Governo de Prudente concentra no Tesouro a capacidade emissora, visando unificar as moedas em circulação e, especialmente, assegurar-lhes conversibilidade total. Voltava-se, assim, ao que fora a menina-dos-olhos do Império e... dos cafeicultores. Não tem êxito o intento, porque o comércio exterior entrou em declínio, obrigando a reduzir as importações, com a coorte de efeitos subseqüentes: redução das receitas fiscais, queda do câmbio,[23] déficit orçamentário e novas emissões. Para contornar o impasse, abriu o Governo discussões sobre a Consolidação da Dívida Externa.

Campos Sales e o "saneamento" das finanças

Coube a Campos Sales "sanear" as finanças, executando as políticas a que o país se comprometeria com o *Funding Loan:* deflação, equilíbrio orçamentário, restauração do imposto pago em ouro nas alfândegas. À proporção em que se emitiam os títulos da dívida retirava-se dinheiro do meio circulante. Ao mesmo tempo, como foram proporcionados recursos externos ao Governo, este dependia menos das flutuações cambiais e, por fim, cortou-se drasticamente o gasto público, tanto o de consumo (que em 1902 estava 44% mais baixo do que em 97/98) como o destinado ao investimento público, que em 1902 reduzira-se à terceira parte dos níveis já baixos de 1898.[24]

---

[23] A taxa média do câmbio, segundo Celso Furtado, *op. cit.,* p. 203, desceu de 26 d em 1890 para 13 15/16 em 1893 e alcançou no fim do decênio 87/32.
[24] Tudo isso cf. Villela e Suzigan, *op. cit.,* p. 106

O resultado de tal contenção foi, naturalmente, uma crise interna sem paralelo na história econômica do Brasil. Não apenas se "corrigira" a euforia industrial-financeira do período militar da República, como se procedera a uma quebra de quase metade do sistema bancário e à queda de 30% nos preços.

Os sucintos elementos de juízo apresentados mostram que, além dos militares, das revoltas de 92 e seguintes e das marchas e contramarchas políticas, houve no primeiro decênio republicano uma profunda alteração no equilíbrio de forças no país. Imediatamente após a Proclamação rompeu-se o imobilismo da política econômica imperial em benefício dos agricultores que tinham que enfrentar-se com os dispêndios de uma produção assalariada – este foi o sentido dos empréstimos agrários. Em seguida, com o bafejo ideológico do progressismo positivista e do democratismo modernizante, lançou-se uma diretriz "industrialista". Com esta se beneficiaram grupos plutocráticos e se evidenciou a estreita ligação, já naquela época, entre o patronato republicano (que afastava os senhores de escravo do Império) e interesses econômicos urbanos.[25] O contra-ataque da burguesia agrário-exportadora não tardou. Nos Governos paulistas de Prudente de Morais e de Campos Sales põe-se um paradeiro a tudo isto, proclama-se a ortodoxia monetarista como norma e prepara-se a ascensão gloriosa daquele em cujo período deu-se o apanágio econômico da burguesia agrária paulista, Rodrigues Alves. Este, que fora Conselheiro do Império e arredio às idéias republicanas, quando sobe à Presidência encontra os trilhos da economia endereçados para a prosperidade agroexportadora. Sem ter de fazer face a contendores de monta o radicalismo dito "de classe média" continua a opor-se à "oligarquia", mas não tem forças para contestar o êxito econômico do Governo) espalha pelo país, a partir do Rio, uma aura de modernidade e cienticismo pragmático que daria inveja aos pruridos reformadores e progressistas dos republicanos positivistas. Só que agora, uma vez mais, a "revolução" se faz dentro da ordem e esta já não se define pelo ardor cívico de militares esclarecidos, mas pela racionalidade empresária de agricultores aburguesados. Uma nova classe constituíra-se não apenas em bloco de sustentação do Poder, mas em segmento dirigente da República.

---

[25] Ver no capítulo de Villela Luz os comentários sobre os favores, a advocacia administrativa, o prestígio social e a influência política necessários para proteger uma indústria nem sempre "nacional" no sentido que utilizava matérias-primas importadas (especialmente p. 111).

Este trânsito político foi, como se verá adiante, o que ocorreu entre 1889 e 1902, nos anos decisivos da constituição do sistema político republicano.[26]

*
* *

Já na Constituição de 1891 alguns traços do novo sistema começaram a delinear-se com clareza. O princípio federativo, apontado desde o primeiro decreto do Governo Provisório de 15/11/89, consagra-se na Constituição. O regime instaurado seria *representativo*, estaria controlado por uma divisão de poderes entre o Legislativo, bicameral, o Executivo e o Judiciário. Os congressistas gozariam de imunidades e (para corrigir as distorções imperiais das Câmaras compostas por funcionários e apadrinhados da Coroa) "não poderão celebrar contratos com o Poder Executivo, nem dele receber empregos ou comissões remuneradas (...)" (Art. 23). O Presidente seria eleito e os juízes do Supremo Tribunal nomeados em forma vitalícia, perdendo o cargo apenas por sentença judicial.

Em suma, a Constituição instituía um sistema representativo, de divisão e independência entre os poderes, cabendo ao Presidente designar livremente os Ministros ao Congresso (bem como ao Supremo), controlar e inclusive julgar, sendo o caso, o Presidente, bem como legislar sobre o orçamento, os impostos, o efetivo das Forças Armadas etc.[27]

Na prática, o arcabouço democrático-representativo da Constituição vai confrontar-se com uma situação bem diversa da que o mundo das normas abstratas supunha. Entretanto, havia um princípio, consagrado pela Constituição, que coincidia com os interesses e o perfil das realidades impostas pelos vencedores de 89: o federalismo. A prática da autonomia dos Estados não se fez esperar em matéria extremamente delicada: a contração de empréstimos externos. São Paulo, Estado líder da economia, desembaraçou-se logo das peias centrais para contrair empréstimos e para

---

[26] Sobre o período de Rodrigues Alves – que não cabe discutir neste capítulo – ver a biografia feita por Afonso Arinos de Melo Franco – *Rodrigues Alves, apogeu e declínio do presidencialismo*. Coleção Documentos Brasileiros, vol. 155, Rio de Janeiro, José Olympio, 1973.

[27] Não cabe neste capítulo discutir a inspiração americana da Constituição e os eventuais debates entre positivistas ortodoxos e liberais democratas da época. Para um comentário parcial, mas nem por isso desinteressante, ver Maria José Santos – *A Política Geral do Brasil*, São Paulo, J. Magalhães, 1930, cap. XIII, "A Constituição de 24 de fevereiro".

assegurar a mão-de-obra indispensável à cafeicultura. A política de subsídios à imigração e mais tarde as manobras de valorização do café realizadas por São Paulo e Minas fizeram-se com as reticências do Estado Federal. Apesar disso, tiveram êxito. A concessão da capacidade de emissão a bancos regionais complementou, durante os Governos militares, a autonomia regional.

Vê-se assim que, mesmo sob a "ditadura" de Deodoro ou sob o férreo controle de Floriano, o jogo dos interesses regionais foi mantido. Estes sempre se fizeram representar junto ao Governo Central, detendo pastas importantes nos Ministérios e, enquanto a energia republicana jacobina voltou-se contra setores (real ou supostamente) ligados à ordem imperial-escravocrata, o "democratismo agrário-regional" dos grandes Estados não teve por que opor-se à conduta militar.

Simultaneamente, em nível da organização política real, o desmantelamento das instituições imperiais deixava um vazio que, de imediato, só poderia ter sido preenchido, como foi, pela grande estrutura burocrática nacional que se descolava do Estado Imperial: as Forças Armadas. Especialmente no Governo do Generalíssimo proclamador da República, foi patente o desencontro entre o espírito do regime, representativo e, portanto, ansioso por uma estrutura partidária inexistente, e a prática burocrático-política, imbricada diretamente no Exército e no zelo purgatório de que se imbuíram importantes setores seus.

Assim, no plano efetivo da Constituição não escrita, desde o Governo Provisório, a questão fundamental que se colocava era a de saber quem substituiria, de fato, como força organizada, o Poder Moderador, ou seja, como se definiriam as regras do novo *establishment*.

No Governo Provisório[28] a única força capaz de exercer o poder político (e repressivo) era o Exército. Enquanto Deodoro simbolizava o Exército e, mais que isso, a unidade das Forças Armadas, a oposição, tanto a imperial como a dos burgueses agrários republicanos, teve de

---

[28] Como fiz nas partes anteriores deste capítulo, não citarei a cada passo as fontes. Refiro aqui as duas que utilizei extensamente e às quais devo muito das informações usadas, bem como pistas para a interpretação: Edgard Carone – *A República Velha (A evolução política)*. São Paulo, Difel, 1971, que constitui hoje a melhor sistematização disponível para a história da República; June E. Hahner – *Civilian-Military Relations in Brazil, 1888-1898*. Columbia, University of South Carolina Press, 1969, que é um belo ensaio interpretativo.

Adicionalmente, ver ainda José Maria Bello – *História da República (1889-1954)*. São Paulo, Nacional, 4ª ed., 1959, e especialmente, embora não lide diretamente com o período, o já citado livro de Afonso Arinos.

restringir-se à retórica. Mesmo assim, chama a atenção que o núcleo dessa oposição – Prudente, Campos Sales, Bernardino e outros. – manteve-se ativo o tempo todo. E também que a crítica na Imprensa (especialmente a denúncia de abusos de poder e de generosidades clientelísticas) mostrava a existência de uma opinião que, se não era organizada, homogeneizava-se pela disposição de um estado de espírito comum.

Deodoro no Governo O Generalíssimo (que nunca fora republicano) não parecia apto a governar segundo "princípios abstratos". Antes, para servir-me da qualificação de um diplomata estrangeiro citado por Hahner, atuava no contexto de um "governo militar, temperado pelo nepotismo".[29] Em muitas das antigas Províncias (mas não assim em São Paulo ou Minas, naturalmente, onde o elemento civil republicano controlou as rédeas do Governo) o Chefe do Governo Provisório nomeou militares. Mesmo na condução dos negócios do Estado, o Generalíssimo (e não era apenas ele) queria continuar com as práticas de favoritismo, como, por exemplo, no caso da concessão de uma "garantia de juros" à concessão de um porto no Sul, que levou Rui à demissão.

Um misto de nepotismo, compadrio e, ao mesmo tempo, furor republicano, com focos definidos de cristalização, como o Clube Militar, substituiu o antigo sistema do patronato imperial. Tampouco a tolerância – que fora cultivada com zelo pelo Imperador – foi virtude do novo Governo republicano. Se no Império a ordem patriarcal tradicional dispunha de elementos de controle suficientemente fortes para absorver a crítica da imprensa e a ironia, na primeira fase da República o ardor militar coibia, em certos casos com empastelamentos e mortes, a mordacidade crítica e as tentativas de volta atrás político.

O confronto entre o doutrinarismo dos republicanos históricos civis com os "brios militares" foi contínuo. E tanto peso tinham os interesses reais representados pelos primeiros (sempre urgindo a necessidade da institucionalização e da legitimidade para os créditos externos e a boa ordem dos negócios) que Deodoro chamou eleições a 15/9/1890.

Estas, entretanto, como não se cumprira nem com a República o sonho imperial de que as eleições deveriam refletir uma realidade inexistente (de um povo educado e livre), referendaram, graças à Lei Cesário Alvim, a "maioria" política existente. Como no Império, situação que chama eleição faz maioria. Os novos Deputados – à Assembléia Constituinte – contavam inclusive com 25% de oficiais.

---

[29] Cf. Hahner, *op. cit.*, p. 35.

Tão sério como obstáculo ao exercício de poder por parte do Presidente quanto à existência de um núcleo civil coeso (o Partido Republicano Paulista) foi o fato de que dentro das Forças Armadas começaram as disputas pelo poder. As pugnas entre Armada e Exército e entre oficiais desta última corporação aumentaram progressivamente.

Neste contexto, a eleição pela Assembléia Constituinte do primeiro Presidente eleito mostrou as primeiras fissuras sérias no poder: Prudente foi candidato contra Deodoro, e seu vice, Floriano, logrou três vezes mais votos que o vice do Generalíssimo. Por certo, a imposição militar impediria que outro, e não Deodoro, fosse o eleito. Mas o novo Presidente assumiu diante de uma Câmara indócil. Esta se constituíra, inclusive, como prolongamento da Assembléia Constituinte, que, dessa forma, evitava a dissolução e o risco de novas eleições sob o controle do Executivo. Os civis, com discreto, mas crescente apoio militar, especialmente de Floriano, vão jogar-se pelos "princípios". Assim, a votação da Lei de Responsabilidades, que o Presidente evita a custo, quase devolve à Câmara a força de um regime parlamentarista. E os comandos políticos do Senado ficaram nas mãos da oposição: Prudente de Morais fora eleito Vice-Presidente e como Floriano, que exerce constitucionalmente a Presidência do Senado, e a este não comparecia, passou a controlar aquela Casa. Campos Sales é eleito líder da oposição e Bernardino de Campos mais tarde (a 31 de outubro de 91), depois da renúncia do Presidente da Câmara, o substitui.

Praticamente todo o período de Deodoro – e é desnecessário seguir os ziguezagues das conjunturas – vai caracterizar-se pelo *impasse* até sua renúncia a 23-11-1891 (depois do "golpe de Lucena" do dia 3, quando o Generalíssimo dissolveu a Câmara, e o contragolpe, fruto da resistência generalizada no Pará, no Rio Grande, em Santa Catarina, em Minas, em São Paulo, de civis e militares).

Não se decantara qualquer fórmula política viável. No fundo, os interesses dos republicanos históricos civis e as desinteligências entre segmentos militares, se puderam ser contornados momentaneamente em algumas crises (reações monárquicas ou impossibilidade da eleição de um Presidente civil, por exemplo), não permitiram reconstituir um sistema político viável e legítimo. A história do Governo Provisório e do Governo de Deodoro é a história de desgastes sucessivos dos que estão no poder. Só não se desgastam as "forças vivas da Nação", os núcleos ligados à expansão agroexportadora (mesmo quando marginalizados do poder estadual, como se deu no caso dos paulistas, quando Deodoro nomeou Américo

Brasiliense, que contava com o apoio de apenas uma parte do PRP), ou então aqueles que se encastelaram nas "situações" estaduais, iniciando já a "oligarquização" da República, como no exemplo mais conspícuo do Rio Grande do Sul. Em alguns casos, inclusive naquele, a inspiração doutrinária da nova chefia era distinta da que alimentara as "situações" monárquicas. Mas coincidiam ambas num ponto: na crença na necessidade da prática de um férreo princípio diretivo. Eram, assim, embora umas "cientificistas" e outras apenas "tradicionais", profundamente elitistas. E em nenhum momento, *no plano político*, esteve em causa o que seria básico numa ordem política que formalmente era representativa: e o povo, como opina?, quem são os eleitores e qual sua independência real?

Marginalização popular na Monarquia e nos primórdios da República

No plano social percebe-se, com a República, presença maior do "elemento popular". Nas articulações políticas do período houve referências a greves e forças populares, chegando a haver, em contados casos, a efetivação dessa presença popular.[30] Mas, politicamente, as articulações davam-se nos quartéis, nos palácios ou nas casas aburguesadas. E a luta política distinguia-se das travadas no Império pela ausência de canais institucionalizados para resolver os desacordos entre as elites e pela presença mais constante da espada como argumento. Frágil argumento, entretanto, para conter tanto os interesses, como as aspirações do "elemento histórico", dos republicanos de partido (e de posses...).

É este aspecto que desconcerta muitos intérpretes: os setores *socialmente* novos, representados pelos militares, eram politicamente anticonstitucionalizadores; enquanto os socialmente "estabelecidos", representados pelos fazendeiros de café e pelos letrados civis, eram politicamente "progressistas", na medida em que assim possa ser qualificada a preferência por uma ordem civil formalmente democrática, que assegurava seus privilégios.

Floriano, no período seguinte (23/11/1891 a 15/11/1894), vai representar, em contraposição ao impasse político de Deodoro, a verdadeira cesura no sistema e, ao mesmo tempo, a resolução deste impasse. Só que os personagens vão atuar com o signo invertido – os mais ardorosos e jacobinos republicanos militares jogarão o peso de sua força contra a "Subversão Monárquica", ideológica ou real, que minava na Armada e em parte da tropa do Sul, enquanto os ortodoxos civis e republicanos arti-

---
[30] Ver os dois livros básicos que utilizei para verificar em que circunstâncias isto se deu.

cularão, graças ao apoio que vão prestar ao Marechal de Ferro em sua luta anti-revoltosos, a volta ao poder daqueles que na primeira fase republicana não gozavam as boas graças das Forças Armadas. A cisão entre estas, que se aprofundara, permitiu aos civis republicanos jogarem com o republicanismo como um recurso para fazer com que os "sacerdotes do Estado", como os qualifiquei antes, se auto-imolassem no altar da Pátria, tornando-se *dupes* de sua própria ideologia jacobina e entregando o poder à Moderação Republicana.

É quase impossível, nos limites deste capítulo, traçar cada passo deste processo a partir do qual o que havia tradicionalmente no Exército de inconformismo antioligárquico e "antilegista" perdeu, com a sucessão do Marechal de Ferro, o controle da República que eles próprios construíram, em benefício dos novos donos do país.

O Governo de Floriano Em síntese, Floriano sobe articulado com o PRP e são suas figuras exponenciais que exercem a Presidência da Câmara (Bernardino de Campos) e do Senado (Prudente de Morais), bem como será um homem estreitamente ligado à política de São Paulo quem irá para a Pasta de Finanças (o Conselheiro Rodrigues Alves). Mais do que isso: o problema número um que terá de ser enfrentado por Floriano (recordemo-nos da citação anterior do liberal que via no Exército a medicina para os males da Pátria) é o de proceder a uma ampla "derrubada". Restabelece o "império da lei" no Governo Federal e, ato contínuo, pela lógica implacável da política, é levado a destituir – com apoio das "novas oligarquias" – os homens de Deodoro nas situações estaduais.

A gangorra do poder oligárquico começa a funcionar sem os "princípios" da Monarquia. Não existe mais Poder Moderador a que apelar, nem se convocam de imediato eleições. Enrijece-se a pugna desvendando o que o farisaísmo imperial encobria com a ideologia política então prevalecente. Em certas circunstâncias, sob Floriano, a natureza última do poder – a força – reverbera majestática para o desespero das situações derrotadas. A "legitimidade" buscava-se na Constituição e nas Instituições do Poder Central e, para ela, o apoio do "elemento histórico" – especialmente dos paulistas – era decisivo. Não se pode negar clarividência aos chefes militares da época. O Almirante Custódio de Mello explica, enfaticamente, que uma coisa são os princípios, outra as correntes de opinião:

"fui e sou de opinião de que o Governo Federal deve sustentar os Governos eleitos pelos Estados. Este princípio, porém, não pode ser absoluto, admite exceções como todos aqueles que regulam os Governos de opinião pública."[31]

Floriano, remetendo ao Congresso o julgamento político de suas derrubadas, busca eximir-se apenas de não ter reintegrado os governadores depostos (e não de tê-los deposto). E em sua justificativa vai fundo na análise, dizendo que

> "reintegrar ao peso das armas da União os governadores depostos poderia arrastar o país a uma conflagração geral, oriunda da luta entre os governadores partidários do ato de 3 de novembro e as classes sociais que concorreram para a reivindicação dos direitos da Nação".[32]

De fato, o Marechal, naquele momento, tivera precisamente o apoio daquelas "classes sociais" e eram estas, mais do que qualquer princípio constitucional, que serviam de arrimo a um Governo forte, mas popular; republicano jacobino, mas sustentado pela nova burguesia em ascensão.

Diante da ambigüidade, e portanto da riqueza da situação política e social que assim se plasmava, os doutrinários – os "legistas da República" –, como Rui, lavam as mãos: se Deodoro ferira o Congresso, Floriano arranhava a autonomia dos Estados.

Feitas as derrubadas, sucedem-se, naturalmente, eleições e, de novo, em plena "constitucionalidade", redefinem-se as posições das oligarquias no Poder. Não, contudo, sem deixar as marcas das lutas: estão lançados os germes da prática comum na futura política republicana, as "dissidências".

O quadro político geral não se desanuviara, portanto, com a ascensão de Floriano. Persistia a ausência de um "sistema" estável para marcar os limites e as regras do jogo de poder. As Forças Armadas continuavam divididas, as dissidências brotavam, a Constituição era ainda apenas papel. Os doutrinários buscaram logo nela motivos para derrubar Floriano: a sucessão pelo vice dera-se antes de dois anos de mandato do Presidente titular. Em torno desta questão articulou-se o eixo político da oposição, e o processo culminou quando, mais uma vez, os militares envolveram-se na conspiração. O Manifesto dos treze generais pedindo eleições e apontando a desordem reinante, bem como a recusa de Floriano a acatar o pedido, seguida da reforma dos militares, começou a apontar o

---

[31] Citado por Carone, na obra referida, p. 55.
[32] *Idem, ibidem.*

caminho escolhido pelo Marechal para romper o impasse: o reforçamento do poder presidencial.

Quando os dados da política jogam-se nesta direção, não há fator estrutural que supra a necessidade imediata de uma vontade determinada de poder. Esta, que Deodoro poderia ter tido, mas não teve, foi apanágio de Floriano. Determinação e senso de objetivos não lhe faltaram. A partir dos episódios das revoltas do Sul e da Armada, essas qualidades de Floriano só fizeram crescer. Com elas deslocou-se até mesmo o apoio do jacobinismo popular, em geral antigoverno, que passou a sustentar nas ruas a ação do Presidente. Se a isso se soma o apoio invariável dos conspícuos republicanos paulistas, entende-se com que armas jogou o Consolidador para manter-se no poder.

A discussão sobre as intenções de Floriano de perpetuidade no Governo não tem significação no contexto deste capítulo. Importa salientar apenas que ele rompeu o impasse que derrubara Deodoro, reforçando ao mesmo tempo a autoridade presidencial e a aliança com os paulistas. Como toda solução política de tipo pessoal e autocrática, esta também tinha dificuldades para rotinizar-se e para controlar a sucessão.

Não espanta, portanto, que os aliados de Floriano dotados de recursos políticos mais estáveis – os republicanos paulistas – tivessem sido os beneficiários com a sucessão. Bastavam-lhes duas condições: que o Marechal ganhasse as lutas contra os revoltosos (para garantir a "situação" para ambos os lados da aliança) e que sua ascensão não se fizesse como um desafio ao César vitorioso. Floriano ganhou com empenho. Os paulistas construíram um partido – o Partido Republicano Federal –, deram a presidência dele a um homem simpático ao Marechal, Francisco Glicério, e não polemizaram, na fase sucessória, com o Presidente. Aceitaram, inclusive, sucessivas postergações – justificáveis pelas circunstâncias – das eleições para deputados e para a Presidência

O nome indicado, Prudente de Morais, não gozava das preferências do Marechal (que tentou indicar outro paulista, Rangel Pestana, e o fiel Governador do Pará, Lauro Sodré), mas não lhe era hostil. Fora Vice-Presidente do Senado sob Deodoro, exercera a Presidência da Casa sob o Marechal e respaldara, como os demais paulistas, a sua política. Apesar da frieza da transmissão de mando – também compreensível da parte de quem, sendo senhor todo-poderoso da tropa, entregava o poder a um sucessor que não fora feito diretamente por si e de quem temia perseguições a seus mais chegados amigos – o Marechal deixou o poder sem tentativas sérias de retorno.

O ressentimento tradicional dos militares contra os "legistas" de antes e agora contra os "casacas", como chamavam aos civis endinheirados, não foi suficiente para armar Floriano da tentação, quase impossível, de satisfazer-se nas circunstâncias, de, ainda uma vez, reativar o jacobinismo militar. O trato do poder deveria ter ensinado ao Marechal que César necessita de um plebiscito para subir nos ombros do povo (um povo politicamente inexistente no Brasil de então) ou do apoio de uma classe, discreta mas objetiva como aquela contra a que se bateram os Governadores do Generalíssimo. No momento em que esta chama a si o exercício direto do poder, não havendo ameaça disruptiva (e, por ironia, fora o próprio Marechal quem vencera as ameaças), os recursos políticos para permanência no poder minguam nas mãos do Príncipe. Nesses momentos, um exército vale menos que um partido. E o partido, quem o possuía — por precário que fosse — eram os paulistas e seus aliados de outros Estados.

Seria talvez um tanto parcial pensar apenas em termos de *realpolitik* para entender o recolhimento de Floriano. Permeando a astúcia matreira do Marechal havia também um lado de fervor republicano e, por estranho que pareça, de legalismo naquele que resumiu em suas múltiplas facetas a ambigüidade que mais que dele era do período e da contradição das forças que o sustentavam. Assim, Floriano, ao mesmo tempo em que foi arbitrário e despótico, foi o contrário de tudo isso: iniciador de uma mística de pureza e republicanismo. Nesta medida encarnou também a Lei.

Sem que os *Funding Fathers* de um sistema substituam na visão dos contemporâneos a pura força por um valor, o cesarismo nepotista se torna larvar na ordem política. E não foi isto o que ocorreu no Brasil republicano. O Marechal, com ou sem apoio nos fatos (para o caso pouco importa), mobilizou seus partidários contra a volta ao passado, a favor da República (confundida com a Disciplina Centralizadora e com a Pureza das Primeiras Instituições que não existiram) e com isto, ao mesmo tempo que, objetivamente, criava as condições para os focos de agitação jacobina que, às vezes mal encobriam o militarismo, limitavam também a generalização deste estado de indisciplina frente à Constituição. Ultrapassou, a cada momento, a realidade imediata das pressões de grupo, dos chamados interesses subalternos, da falta de normas políticas consensuais entre os próprios donos do poder, e redefiniu a posição dos jovens acadêmicos e militares, do Clube Militar, dos batalhões patrióticos, do funcionalismo recém-nomeado pelo favoritismo político etc., em benefício de um "Partido", na realidade utópico:

"Consolidador (da República) são o Exército Nacional e uma parte da Armada, que à Lei e às instituições se conservam fiéis (...) é a Guarda Nacional, são os corpos de polícia da Capital e do Estado do Rio (...) é a mocidade das escolas civis e militares (...) finalmente, é o grande e glorioso Partido Republicano que, tomando a forma de batalhões patrióticos (...)."[33]

O Marechal fundira o estado de espírito jacobino com um "Partido" que seria ao mesmo tempo o do Estado – o da fidelidade às leis, tal como o Marechal as interpretava – e o dos batalhões cívicos.

Por certo, isto era a ideologia. Mas as ideologias têm força. Na prática, mesmo os comentadores que mais se opõem a Floriano são obrigados a reconhecer que, uma vez empossado Prudente, o Marechal se recusou a aceitar as conspirações.

Meu argumento portanto é simples: a aliança entre os históricos de São Paulo e os jacobinos militares acabou por sedimentar, de fato, pelo menos em parte da oficialidade, algo mais que o puro ressentimento antioligárquico da corporação: um contraditório respeito às instituições e à Lei. Moreira César, arbitrário e mesmo temerário, não aceitará infringir a Constituição para derrubar o Presidente, e assim muitos outros, entre os quais o Marechal Artur Oscar de Andrade Guimarães e incontáveis "florianistas" mais.

Sem este elemento de crença numa ordem republicana,[34] a transição de Prudente seria inconcebível. Também quanto ao período deste último (15/11/94 a 15/11/98) me limitarei ao essencial para a interpretação das instituições políticas. Nele houve episódios de maior importância, como a negociação da paz com os revoltosos do Sul e o interregno, entre 10/11/1896 e 4/2/97, quando por doença presidencial assume o Vice, Manuel Vitorino, florianista radical. Nos dois casos, apesar do jacobinismo,

---

[33] Citado por Carone, op. cit., pp. 147/148.
[34] Porque a maioria dos intérpretes da formação da República atém-se ao paradigma formal da análise das instituições democráticas, escapa freqüentemente este aspecto da institucionalização republicana. Fica-se mais a lamentar que as teses de Rui – o legitimador doutrinário por excelência – tenham sido quase sempre derrotadas. Não se vê com isso que a "democracia republicana" de democracia tenha muito pouco, mas nem por isso deixava de institucionalizar-se e de ter força valorativa. Se não se entende isso, o florianismo vira uma farsa que é mera máscara para o arbítrio. De fato, parece-me, sem que se entenda a articulação real que houve (embora contraditória) entre o espírito oligárquico da burguesia agrária e o mandonismo ascético do jacobinismo florianista não se entende a passagem do militarismo a um controle civil que jamais foi realmente "civilista".

tanto se faz a paz mantendo-se o respeito à Presidência, como Prudente retomou o Poder.

Especialmente neste último episódio, a "união nacional" dos republicanos, ou seja, a capacidade de conter o jacobinismo nos limites (quase sempre arranhados) da lei no que se refere à Presidência e a tolerância dos paulistas que conciliam o tempo todo, salvou o início de rotinização do poder civil republicano.

Depois disso, o desgaste interno das Forças Armadas e a incapacidade de organização do Partido Republicano Federal como peça básica da estrutura republicana de poder começaram a desenhar os contornos que a Primeira República iria ter em forma permanente. Especialmente o caso do PRF é significativo. Floriano deixou que Glicério organizasse o Partido, mas não viu nele mais do que um instrumento de controle da Câmara. Não poderia interessar ao republicanismo militar uma estrutura concorrente ao Exército como forma de sustentação do poder. Prudente lhe segue os passos. De tal forma que o PRF, na justa caracterização de Carone, é "mais uma frente comum do que um agrupamento político-ideológico".

Não obstante, e apesar de não ser esta a pretensão de Glicério, que, de fato, quando condestável da ordem político-parlamentar parece ter aspirado à chefia de um partido real, essas funções de *clearence-house* das dissidências e oficialismos tinham que ser exercidas no Parlamento. Uma das peças angulares do "sistema" que Campos Sales vai montar e que Pinheiro Machado vai corporificar é a relação da Presidência (a Lei Maior, a Federação, o Poder Moderador do Império) com o regionalismo e a multiplicidade de interesses locais e de facções, ou seja, como podem as oligarquias articular-se para fazer o *semblant* de um partido.

A linha-dura de Glicério, florianista e centralizador, mas ao mesmo tempo chefe local do mais forte setor oligárquico restaurado do país, terminaria por provocar um choque entre o Presidente e o Chefe do Partido. A aceitar-se a linha de Glicério ter-se-ia, com o tempo, que marchar para o sistema de Partido Único e de fusão entre o Estado e o Partido, em condições tais que faltava à base da sociedade força para tanto: ela era centrípeta, localista, clientelística e dispersa. Partido único possível era só o Exército e teria de exercer o poder tirânico. Como poderiam os republicanos civis adotar uma forma política que nos limites tirar-lhes-ia o poder das mãos para concentrá-lo num só canal?

Prudente se opôs, com o tempo, à ação de Glicério e pediu a Campos Sales – Governador de São Paulo – que interviesse quando o primeiro quis impor em 1897 o nome do Presidente da Câmara. A derrota de Glicério levou-o a perdas subseqüentes, inclusive de sua posição em São Paulo, no PRP, e à fragmentação do PRF com a "dissidência" glicerista dos chamados *Republicanos*, em oposição à *Concentração*, da maioria que passou a dar base de sustentação a Prudente.

Começavam, pois, a gestar, no meio das lutas entre "florianistas" e governistas, e frente aos sérios desafios desmoralizantes da Campanha de Canudos, bem como às tentativas no Sul de militarização das polícias a um ponto tal que se inquietava o Exército com uma possível perda do monopólio da força, as bases para a institucionalização do "sistema oligárquico". Contestando os gliceristas, o Presidente eleito para a Câmara, Artur Rios, defendeu a política de Prudente, dizendo:

"é preciso afirmarmos o direito que ele tem e que não podia prescrever, à direção e à iniciativa entre os amigos políticos, que o elegeram."[35]

Repudiava-se qualquer "tutela" – parlamentar – ao Presidente. Com isso e afastada a ameaça militar direta de inspiração "florianista", especialmente depois do atentado fracassado ao Presidente e da morte de seu Ministro da Guerra no mesmo ato, o 5/11/97 (que ensejou forte repressão governamental, inclusive posterior fechamento do Clube Militar), o "Pacificador" restabeleceu o primado do poder civil e encaminhou a sucessão em termos que o tornaram, além de Chefe do Estado, chefe da política nacional.

Daí por diante o Presidente da República passa a ser, automaticamente, o Chefe do Partido, mas este não será mais a máquina sobranceira de Glicério. Antes será – um pouco como na conceituação implícita da citação que transcrevi de Floriano, mas com outro sentido – um estado de espírito que outra coisa não é senão o Grande Clube Oligárquico. A tarefa de operacionalização deste sistema coube a Campos Sales e por ele foi exercida com perfeição.

A descrição da montagem deste sistema, bem como a análise de seu sentido explícito, encontraram na pena do próprio Campos Sales o melhor expositor.[36] "Política dos governadores", será chamado o sistema.

---

[35] Citado por Carone, p. 161.
[36] Ver os extratos de trabalhos de Campos Sales publicados por Edgard Carone – *A Primeira República*. Bertrand Brasil, Rio de Janeiro.

Política dos Estados será melhor designativo, pensa seu autor. Pouco importa como veio a ser designado o sistema, de fato tratou-se de reconhecer que depois de controlados os focos abertos de oposição aos quais me referi acima, caberia organizar a política de um modo tal que as "chefias naturais" – ou seja, a expressão direta da dominação oligárquica local – tivessem mecanismos explícitos de funcionamento.

A política oligárquica   Até Campos Sales as dissidências estaduais e a divisão entre Executivo e Legislativo ganhavam contornos ásperos graças às repercussões que encontravam na tropa e ao fato de que o florianismo e demais tendências militares mesclavam-se com as oposições civis. Sujeitadas estas ao poder presidencial, a grande querela política limitar-se-ia às alianças e diferenças entre Governo Federal e Governos Estaduais ou suas oposições. Noutros termos, voltar-se-ia formalmente aos períodos em que as oposições locais poderiam transformar-se em Governo graças às derrubadas promovidas pelo Moderador. Campos Sales, consciente de que assim seria na falta de partidos e convicto de que a direção ou a orientação de um processo político "é uma função que pertence a poucos e não à coletividade",[37] propôs um "Pacto Oligárquico", capaz de dar cabida a um sistema baseado numa liderança que mais do que pessoal (como no Moderador) seria "institucional". À condição, entretanto, de que o acesso à "institucionalidade" se restringisse àqueles capazes de exercer uma "soberania diretora". Este pacto consistia basicamente no seguinte:

1º) Em matéria de teoria do Estado, "independência entre os Poderes" mas preeminência presidencial. Nem sequer se aceitavam Conselhos de Ministros como norma administrativa, para marcar que o Presidente delibera responsavelmente, como chefe, "cuja autoridade legal e moral jamais deverá desaparecer atrás dos seus ministros".

2º) O Legislativo não governa nem administra. "O Poder, que, pela natureza de suas prerrogativas, se acha em condição de esclarecer e dirigir, é o Executivo", e o Congresso tem necessidade de que sua maioria seja esclarecida, e, sob certos assuntos, dirigida.

3º) Conseqüentemente, é preciso buscar uma fórmula que solidarize as maiorias com os Executivos. Esta, no plano formal e na expres-

---

[37] Transcrito em Carone – *A Primeira República*. A mesma idéia repete-se freqüentemente no pensamento de Campos Sales. Para ele, p. ex., os partidos funcionavam quando sua organização e disciplina baseavam-se "na obediência à direção dos chefes" e as assembléias políticas deveriam "homologar" a decisão dos que exercem a "soberania diretora".

são de Campos Sales, decorreria de que o mesmo sufrágio que elege a um deve eleger ao outro poder. Na prática, o Presidente propôs que se reconhecesse automaticamente a "legitimidade" das maiorias estaduais.

4º) Com isso, ou seja, com a promessa (que não foi cumprida em todos os casos por Campos Sales) de que o Governo Federal não apoiaria dissidências locais, as situações se obrigariam a apoiar a política do Presidente.

5º) O mecanismo prático para isto foi a alteração na maneira pela qual se fazia o reconhecimento da "lisura" das atas eleitorais. Até então, como era habitual a fraude e como as dissidências apresentavam resultados eleitorais diversos dos resultados oficiais locais, as oposições podiam, com apoio federal, fazer representantes seus. Daí por diante, por acordo aprovado na Câmara, a "Comissão de Verificação de Poderes", que deveria resolver as dúvidas sobre quem havia sido eleito, passaria a aceitar as atas assinadas pelas maiorias das Câmaras Municipais (que eram as competentes para isto) e o sistema de controle parlamentar seria supervisionado pelo Presidente da Câmara anterior, de tal maneira que se evitassem surpresas que a praxe então vigente de dar ao mais idoso eleito (nunca se sabe de que facção seria o mais idoso) poderia acarretar.

Apesar de que houve casos em que Campos Sales interveio para sustentar facções opositoras, no geral seguiu essa "doutrina". Afastou, por exemplo, no Rio Grande do Sul, o comandante militar que se opunha à oligarquia dominante local, e em geral manteve as "situações" que estavam no poder.

Assim, *sem criar um Partido Único*, deixou que a multiplicidade das oligarquias locais consolidasse o poder em seu âmbito e chamou à Presidência a condução das grandes questões, para as quais contava com apoio incondicional do localismo. Grande questão por excelência num sistema deste tipo, no âmbito federal, é a da sucessão. E o teste foi plenamente satisfatório: Campos Sales encaminhou o nome de um ilustre conterrâneo, que não era "histórico", e conseguiu, graças à forma tipicamente de política de Clube de Eleitos que adotou, aceitação mais que razoável para seu candidato.[38]

---

[38] Vale a pena ler a descrição feita pelo próprio Presidente, em carta pessoal, sobre como logrou apoios para Rodrigues Alves. Ver *in A Primeira República*.

À sombra deste "sistema" floresceu o "coronelismo" da Primeira República ou, melhor – como chama a atenção Victor Nunes Leal[39] –, o coronelismo foi a base de uma possível política dos Estados. Com efeito, o coronelismo não expressa o apogeu do privatismo local, como alguns pensam, mas manifesta um compromisso entre o poder estatal que necessita de votos e o poder econômico privado (que já está em decadência na República) dos donos da terra. A eleição em níveis municipal e estadual com inexistência de partidos reais levou à transação entre o Estado (que fornecia a polícia e os juízes) e os "coronéis", que forneciam os votos de cabresto. Não era isso suficiente, como aponta o mesmo Victor Nunes a quem estou seguindo na interpretação, para impedir oposições locais, respondidas sempre pelas truculências oficiais, às vezes seguidas de vinganças. Daí, acrescento, a necessidade da fraude eleitoral aberta, feita em conluio entre os políticos e os coronéis governistas, e o rosário de oposições sufocadas e dissidências várias. As brigas nas cúpulas dos aparelhos estatais levavam os dissidentes a buscar apoios em coronéis não oficialistas momentaneamente.

A tão pobre esqueleto real reduzia-se, na verdade, a ossatura da "doutrina" Campos Sales. Com ela, entretanto, complementara-se a institucionalização do sistema oligárquico. Se este vinha do passado como uma característica local, ganhou foros de sistema nacional de dominação quando o próprio equilíbrio entre os Poderes da República passou a depender, como na concepção de Campos Sales, de uma vontade diretora cujas "bases naturais" eram a violência local e a transação entre as máquinas político-administrativas dos Estados e os interesses político-econômicos de donos de terra e de votos.

Como em toda ordem tradicional e elitista, feita abstração das bases reais de poder, a "Grande Política" dá-se como se a nódoa do pecado original do sistema de eleições fabricadas nada tivesse a ver com os verdadeiros problemas nacionais. Campos Sales lançou-se a eles de rijo: "saneou" as finanças pela forma que se viu no item correspondente, restabeleceu o crédito e a confiança do país no exterior e entregou o Governo a outro paulista que, mais do que ninguém, governará como um "administrador progressista".

---

[39] Ver o estudo clássico de Victor Nunes Leal – Coronelismo, Enxada e Voto, o *município e o regime representativo no Brasil*. Rio de Janeiro, Edição da Revista Forense, 1948, especialmente pp. 182-185.

As oposições continuarão a existir, mas à margem do sistema – pelo menos até que, em novos assédios, militares, turba urbana, dissidências históricas etc., voltem, noutros Governos, a perturbar com mais êxito a *Pax* oligárquica. Até lá, a doutrina dos "chefes naturais", da predominância do Executivo e nele do Presidente, bem como esse peculiar arranjo entre localismo, máquina estatal e clube de notáveis em vez de partidos, caracterizarão a República que, mais do que dos "coronéis", foi dos oligarcas que controlavam, além das fazendas, a máquina estatal.

CAPÍTULO II

O PODER DOS ESTADOS. ANÁLISE REGIONAL

1. AUTONOMIA E INTERDEPENDÊNCIA: SÃO PAULO E A FEDERAÇÃO BRASILEIRA, 1889-1937
(por JOSEPH LOVE)

O PAPEL de São Paulo na política federal de 1889 a 1937 foi único em razão das opções que se apresentaram aos estadistas paulistas.

Conquanto São Paulo não pudesse dominar sozinho o Governo Federal, podia geralmente agir de acordo com Minas Gerais para controlar o Executivo Federal e, através dele, todo o Governo Central. Se São Paulo perdia para alguma combinação de outros poderes, podia ainda perseguir os próprios objetivos em virtude das suas imensas rendas estaduais e do seu poder de empréstimo. Na realidade, os estadistas paulistas esperavam consideravelmente menos do Governo Federal que os de Minas Gerais. As exigências básicas de São Paulo giravam em torno de serviços que somente o Governo Central poderia proporcionar – aval para os empréstimos feitos no estrangeiro, controle da política monetária e de divisas, e representação dos interesses econômicos do Estado no estrangeiro através de canais diplomáticos. Como a economia de São Paulo avultasse sobremaneira na economia nacional, as crescentes rendas do Estado eram uma garantia de que os interesses paulistas não seriam negligenciados, fossem quais fossem as políticas do Governo no Rio. Não obstante, a história se complica não só pela mudança das "regras do jogo" depois de 1930, mas também pela natureza mudável do Governo, tanto no nível federal quanto no nível estadual.

O gigantismo paulista   Grande parte dessa mudança tem suas raízes na direção e no ritmo do crescimento das economias estadual e nacional. São Paulo é hoje o gigante econômico da Federação, e no fim da década de 1960 já se apresenta como responsável por mais de um terço do produto doméstico bruto do Brasil.[1] Já ocupava uma posição de comando durante a República Velha (1889-1930) e, por ocasião do primeiro censo econômico em 1920, respondia por mais de dois sétimos da produção agrícola e industrial do Brasil, isto é, mais que o dobro da produção da unidade que vinha em segundo lugar, Minas Gerais. Em 1939, o primeiro ano em que se conheceram as cifras do produto nacional bruto por Estado, São Paulo voltava a aparecer como responsável por mais de dois sétimos do total, porção três vezes e tanto superior à do segundo Estado, posição agora ocupada pelo Rio Grande do Sul.[2]

A situação de São Paulo no mercado de exportação era excepcional. A sua parte das exportações nacionais, por valor, ultrapassou sistematicamente a metade do total entre 1921 e 1940. Em meados da década de 1920, Santos, o principal porto do Estado, exportava três vezes a quantidade embarcada para o estrangeiro pelo Rio de Janeiro, o segundo porto em importância. De início, naturalmente, foram as exportações de café que deram a São Paulo a sua prosperidade. Em 1907, a metade do café do mundo era cultivada em São Paulo (e três quartas partes em todo o Brasil). Por volta de 1920, o Estado também era o primeiro do país em produção industrial. O fato de São Paulo passar a exportar para outros Estados brasileiros em 1931 – assim continuando dali por diante – foi uma indicação importante, conquanto indireta, do seu desenvolvimento industrial. Em 1939, a indústria suplantara a agricultura em São Paulo como fator de produção.[3]

Dada a posição econômica de São Paulo, não é de admirar que os recursos financeiros do Governo estadual fossem grandes em confronto com os dos outros Estados. Nos anos que são objeto deste estudo, São

---

[1] Instituto Brasileiro de Geografia e Estatística (daqui por diante IBGE), *Anuário Estatístico do Brasil – 1971* (Rio, 1971), pp. 515-16. (Estimativas do produto interno líquido a custo de fatores.)
[2] Estimativas relativas a 1920, calculadas com dados fornecidos por João Lyra, *Cifras e Notas (Economia e Finanças do Brasil)* (Rio, 1925), pp. 44-45. Os dados de Lyra são tirados do censo federal, que, infelizmente, não fez tentativa alguma para medir a contribuição dos serviços para o produto nacional. Os dados relativos a 1930 foram colhidos em *Conjuntura Econômica*, XXIV, 6 (junho de 1970), p. 95. Por volta de 1939, o Distrito Federal ultrapassara tanto o Rio Grande do Sul quanto Minas Gerais em produção.
[3] Sobre São Paulo exportador, veja Warren Dean, *1880-1945 The industrialization of São Paulo* (Austin, Tex., 1969, pp. 193-194. Em português, Ed. Difel, São Paulo, 1971); sobre a indústria como fator de produção do Estado, veja *Conjuntura Econômica*, p. 95.

Paulo arrecadou duas a três vezes mais do que Minas Gerais ou o Rio Grande do Sul, os dois Estados que competiam pelo segundo lugar.[4] São Paulo produzia mais de um terço das rendas de todos os Governos estaduais em 1937, apesar dos preços persistentemente baixos do café na década de 1930; e a sua renda no ano do golpe do Estado Novo foi de cerca de um quinto da do Governo Federal. Das rendas federais, quase um terço era arrecadado em São Paulo nos anos 30; nessa década o Tesouro Federal arrecadou em São Paulo seis a oito vezes o que arrecadou no Estado que ocupava o segundo lugar, o Rio Grande do Sul.[5]

Assim como se expandia a economia de São Paulo, assim se expandia a sua população. Em 1890, ainda era a terceira entre os Estados, mas passou a Bahia por volta de 1900. Ultrapassou Minas Gerais na década de 1930, e tem sido o Estado mais populoso em todos os recenseamentos decenais desde 1940, ocasião em que os seus habitantes montavam a 7.180.000.[6] Até os anos 30 o maior ímpeto no crescimento demográfico se deveu à imigração estrangeira e, na República Velha, a metade dos imigrantes da nação se estabeleceu em São Paulo. Muitos permaneceram nas áreas urbanas, e se o Rio de Janeiro continuou a ser a metrópole nacional nos anos em tela, a cidade de São Paulo se expandia, confiante, rumo à preeminência. Entre 1890 e 1900, o crescimento da capital do Estado excedeu o do Rio de Janeiro em termos absolutos.[7] Em 1920 ela já tinha mais de meio milhão de habitantes e, em 1940, mais de 1,3 milhão.

Para propósitos políticos, uma característica significativa da população de São Paulo era o índice de alfabetização, visto que somente as pessoas alfabetizadas podiam votar. Infelizmente, porém, as cifras relativas

---

[4] As rendas estaduais de Minas eram, geralmente, maiores que as do Rio Grande, embora em alguns anos das décadas de 1920 e 1930 esta última acusasse receitas maiores – IBGE, *Anuário Estatístico do Brasil: Ano V – 1939/1940* (Rio, s/d), pp. 1.412-15.
[5] *Ibid.*, p. 1.271, 1.409; São Paulo: Secretaria de Estado dos Negócios da Fazenda, *Relatório: exercício de 1949* (São Paulo, 1955), p. 72; Ministério da Fazenda: Contadoria-Geral da República, *Balanço Geral do Exercício de 1940* (Rio, 1941), p. 365. O Governo Central auferia maiores rendas no Distrito Federal do que em São Paulo, em parte mercê da renda de empresas de propriedade federal que tinham a sua sede na capital nacional.
[6] *Anuário...* 1971, p. 41. Por ocasião do censo de 1970, havia 18 milhões de paulistas, que compreendiam quase 20% da população nacional. Os resultados globais dos primeiros recenseamentos foram revisados retrospectivamente, e as cifras só são citadas aqui e mais adiante para indicar as tendências gerais e as posições relativas.
[7] Paul Singer, *Desenvolvimento econômico e evolução urbana (análise da evolução econômica de São Paulo, Blumenau, Porto Alegre, Belo Horizonte e Recife)* (São Paulo, 1968), p. 47.

ao alfabetismo não eram definidas uniformemente em todos os casos; de qualquer maneira, a taxa de alfabetismo de São Paulo estava abaixo da média nacional em 1890, mercê, em parte, da sua grande população escrava no fim do Império. Por volta de 1920, entretanto, apenas o Rio Grande do Sul possuía uma proporção maior de alfabetizados, e os dois Estados mantiveram as suas respectivas posições no recenseamento de 1940, ambos com pouco mais de 50% de alfabetização entre a população com mais de cinco anos de idade.[8]

O eleitorado paulista — Uma população grande e relativamente alfabetizada representava um ingrediente necessário à produção de grandes eleitorados estaduais. O número de eleitores em cada Estado era essencial ao processo político, visto que o Presidente se elegia pelo voto popular direto e, em muitos sentidos, o Poder Executivo controlava os outros dois poderes do Governo, podendo até intervir militarmente nos Estados mais fracos.

Organizações partidárias com base estadual monopolizaram a atividade política em suas zonas até os anos 30, e partidos coerentes e perduráveis na República Velha só existiam em nível estadual; até nos primeiros anos de Vargas organizações políticas que se intitulavam "nacionais" encontravam o grosso do seu apoio nos Estados. Eleitoralmente falando, os dois Estados mais importantes eram São Paulo e Minas Gerais; nas onze eleições presidenciais populares da República Velha, eles deram nove dos candidatos vitoriosos – São Paulo seis e Minas, três. (Em virtude de um falecimento e superveniência de uma revolução, entretanto, os paulistas governaram apenas 12 anos, e os mineiros, $10^{1/2}$.)

Visto que menos de 6% da população nacional participaram das eleições durante todo o período que está sendo analisado, a política nessa época resumia-se, claramente, numa disputa entre setores da elite política nacional. Não obstante, verdadeiras clivagens se registraram entre grupos regionalmente diferenciados com exigências conflitantes sobre as políticas federais e os sistemas de controle das nomeações políticas. Os líderes dos Estados com grandes contingentes de eleitores e organizações disciplinadas sabiam traduzir as suas aspirações em exigências. No início da

---

[8] Diretoria-Geral de Estatística (daqui por diante DGE), *Recenseamento... 1920, IV: População* (Rio, 1927), pp. x-xi; IBGE *[VI Recenseamento... 1950], Série nacional*, I: Brasil, censo demográfico (Rio, 1956), p. 257. No censo de 1950, São Paulo passou o Rio Grande em alfabetização (59,4% para 58,6% da população com mais de 5 anos de idade), e assumiu o primeiro lugar entre os Estados.

República, São Paulo e Minas já estavam à frente dos outros Estados em número de eleitores. Na primeira eleição presidencial direta, em 1894, Minas Gerais e São Paulo forneceram uma proporção quase idêntica de votos (8,8% cada um). Depois de 1906, o Rio Grande do Sul também se tornou importante Estado eleitoral, e os três Estados, às vezes, eram responsáveis por metade da votação nacional. Minas figurou em primeiro lugar durante toda a República Velha, mas, por volta de 1930, São Paulo e Minas quase se igualaram de novo (19,3% e 19,5%, respectivamente).[9] Nas eleições seguintes, realizadas para eleger a Assembléia Constituinte em 1933, o total dos votos paulistas, pela primeira vez, foi superior ao total dos mineiros, 22,1% e 21,2%. Nas eleições para o Congresso em 1934 (as últimas eleições nacionais simultâneas até 1945), a vantagem de São Paulo aumentou ligeiramente – 20,9$^{1/2}$ para 19,7%, vindo o Rio Grande do Sul em terceiro lugar (11,1%).[10] Durante todo o período, Minas comandou uma quota elevada e, depois de 1902, mais ou menos constante, da votação total; mas as quotas de São Paulo e do Rio Grande se elevaram, reabastecendo a tendência dos três Estados para dominar as eleições nacionais.

Tivesse sido a votação em São Paulo dividida entre vários partidos durante a República Velha, como o foi depois da Segunda Guerra Mundial, a influência do Estado teria sido presumivelmente menor do que de fato foi. O Partido Republicano Paulista manteve São Paulo como um Estado monopartidário desde o fim do Império até 1926, e a oposição

---

[9] Na década de 1930, os filhos de imigrantes europeus estavam atingindo a maioridade e, desse modo, não eram politicamente inertes, como o fora a primeira geração, visto que poucos membros desta última se tinham naturalizado. Apenas 3.919 estrangeiros se naturalizaram em todo o país entre os anos de 1889 e 1905, de acordo com J. P. Wileman, *The Brazilian year book... 1908* (Rio, s/d), p. 37.

[10] Em todos os casos, os dados são os da votação final apurada. Veja *Diário do Congresso Nacional,* 22 de junho de 1894, pp. 213, 217-24; 28 de junho de 1898, pp. 64-68; 27 de junho de 1902, pp. 1.037-66; 20 de junho de 1906, pp. 543-53; 1º de julho de 1914, pp. 741-54; 26 de maio de 1918, pp. 612-15; 28 de maio de 1918, pp. 645-48; 30 de maio de 1918, pp. 656-59; 10 de julho de 1919, p. 693; 8 de junho de 1922, p. 794; 9 de junho de 1926, p. 437; 21 de maio de 1930, p. 545; DGE, *Annuaire statistique du Brésil,* Ière année (1908-1912), I, p. 66 [para a eleição de 1910]; Tribunal Superior de Justiça Eleitoral, *Boletim Eleitoral,* 26 de março de 1934, p. 388; 22 de fevereiro de 1936, p. 498. Nas eleições de 1933 e 1934, o registro de eleitores em Minas era superior ao de São Paulo, embora São Paulo liderasse as eleições em número de votos depositados e validados. A diferença entre São Paulo e os demais Estados em totais de votos ampliou-se progressivamente depois da guerra. Nas eleições para o Congresso de 1970, São Paulo apresentou o dobro de votos de Minas, que continua em segundo lugar – *Anuário... 1971,* p. 816.

continuou fraca até depois da Revolução de 1930, que derrubou o PRP nos níveis local, estadual e nacional.

Até o princípio da década de 1930 os principais atores políticos de São Paulo foram concordes na importância de autonomia estadual para defender a economia paulista. Se um Presidente hostil aos interesses paulistas assumisse o poder – ocorrência rara –, teria sido despersuadido de intervir em São Paulo pela organização policial do Estado, a Força Pública. Das vinte forças policiais estaduais, São Paulo possuía a maior e a mais bem aparelhada, com um efetivo de 14.000 homens em 1925 e 1926, os anos culminantes. De fato, a Força Pública nada mais era que um exército estadual: a sua escala de pagamentos equivalia mais ou menos à do Exército nacional; tinha a sua própria academia militar e contou com uma missão militar estrangeira a partir de 1906; e na década de 1920 acrescentou a Artilharia e uma unidade aérea aos seus efetivos. Até a década de 1930 o Governo de São Paulo pouco tinha para temer do pessoal militar federal.[11]

Minas Gerais e o Rio Grande do Sul também podiam contar com forças estaduais significativas, embora inferiores à de São Paulo. Os outros dezessete Estados da Federação tinham forças muito menores, tanto em tamanho quanto em disciplina, e o Governo Federal intervinha com freqüência nessas unidades para derrubar grupos que nelas detinham o poder. Dúzias de intervenções contra detentores de cargos estaduais ocorreram na República Velha, e a intervenção federal passou a ser o processo "normal" empregado pelas forças da oposição para arrebatar o poder às organizações estaduais corruptas que controlavam as urnas.

A força do partido situacionista Enquanto os partidos situacionistas nos três grandes Estados permaneceram internamente coesos, a intervenção federal nessas unidades foi impossível. Até o fim dos anos 20 a coesão política de São Paulo era quase tão impressionante quanto a de Minas. Todas as crises no PRP até 1926 foram resolvidas suavemente, como brigas de família, lamentáveis, mas passíveis de correção. O PRP

---

[11] Sobre as escalas de pagamento, veja *Almanaque do Ministério da Guerra... para o ano de 1937* (Rio, 1937), pp. 934-35; Ministério da Guerra, *Relatório... em maio de 1909* (Rio, 1909), p. 71; *Coleção das leis e decretos do Estado de São Paulo de 1909*, tomo XIX (São Paulo, 1910), pp. 12-13. Em 1964, a Força Pública, que então contava com 30.000 homens, desempenhou papel importante na derrubada do Presidente Goulart. – Alfred Stepan, *The military in politics: changing patterns in Brazil* (Princeton, N. J., 1971), p. 200, nota 29; p. 201.

gozava manifestamente de vantagens materiais na manutenção do sistema, de que careciam outras organizações partidárias – a saber, pingues rendas estaduais para distribuir no controle das nomeações políticas e em obras públicas; a mais poderosa força policial numa área que tinha a metade do tamanho de Minas ou da Bahia (apenas 2,9% do território nacional); um sistema regular de arrecadação das contribuições para o partido; e, sustentando tudo isso, a economia, que crescia mais depressa no Brasil, e que era capaz de absorver maior quantidade de mão-de-obra do que a que São Paulo poderia fornecer internamente. As fronteiras do café (e, mais tarde, as do algodão) ajudavam indiretamente a explicar a ausência de um partido oposicionista eficaz, pois os novos títulos de propriedade imobiliária precisavam ser validados pelo Governo estadual, em que se entrincheirava o PRP; a oposição ao partido significava uma possível perda dos títulos nas áreas em que a propriedade permaneceu indefinida por decênios a fio.[12] Outro fator importante, embora indireto, de coesão do PRP era o alto conceito em que tinham a lei e a ordem os comodatários paulistas e os comodantes europeus (veja mais adiante): as dissensões poderiam significar intervenção federal, revolução e as conseqüentes ameaças à propriedade. Um fato correlato, conducente à unidade do PRP, era a convicção, amplamente partilhada, de que São Paulo representava um centro de progresso e civilização num país sul-americano desorganizado.[13]

Conquanto se tenha freqüentemente notado que o Brasil não teve partidos políticos nacionais permanentes durante a República Velha, é talvez igualmente significativo que nenhum partido formal de oposição apareceu no Estado brasileiro economicamente mais adiantado até 1926. O PRP sofreu cisões em 1891, 1901, 1907, 1915 e 1924, mas a maioria dos dissidentes acabava regressando ao aprisco. Como acontecia em outros lugares, as divisões verificadas no partido situacionista de São Paulo refletiam a interação de problemas e personalidades nos níveis local, estadual e federal, mas o controle do Governo estadual era uma questão fundamental em cada uma das divisões. A "cisão de Prudente" de 1901 parece ter

---

[12] Sobre pequenos problemas de terras, veja Alceu Barroso, "A civilização rural no sertão paulista e a revisão dos valores venais das propriedades agrícolas na Alta Sorocabana: relatório apresentado ao Tribunal de Impostos e Taxas do Estado de São Paulo", MS, 16 de novembro de 1936, pp. 774, 94, & *passim* (localizado na biblioteca da Secretaria da Fazenda).
[13] Veja Percival de Oliveira, O *ponto de vista do PRP (uma campanha política)* (São Paulo, 1930), p. 34.

envolvido a representação deficiente dos interesses comerciais no partido, e a fundação do Partido Democrático 25 anos depois talvez indicasse alguns interesses comerciais e bancários que ainda se julgavam inadequadamente representados.[14]

É possível que o PRP tivesse tido vida mais longa não fossem as políticas expressas de "desinstitucionalização" do Governo Federal. Suprimido na esteira da Revolução de 1930, ressuscitado em 1932, o PRP foi dividido pelo regime de Vargas por ocasião da sucessão presidencial em 1937, e posto fora da lei juntamente com os demais partidos. O Partido Constitucionalista, sucessor do PD, sofreu morte idêntica, em duas fases, em 1937.[15] Muito embora esses dois partidos "liberais do século XIX" estivessem internamente divididos nos meses que precederam o golpe do Estado Novo, não tinham perdido o controle do Estado em favor de grupos "extremistas". Em 1936, nas últimas eleições realizadas em São Paulo antes de 1945, o PRP e o PC conquistaram 19 das 20 cadeiras da Câmara Municipal da cidade de São Paulo, precisamente onde os partidos voltados para as classes sociais deveriam ter conseguido melhores resultados.

Vargas passou a perna nos líderes de um Estado cujos habitantes eram comumente considerados singulares, tanto na esfera psíquica quanto na esfera econômica. Já na década de 1880 emergira o estereótipo do caráter do paulista – uma personalidade coletiva séria, trabalhadora, materialista e empreendedora. Em 1885, um *expert* holandês do café descreveu o sentido de superioridade irritante, mas compreensível, dos paulistas:

"Os paulistas ganharam com méritos o epíteto de *yankees* do Brasil. São, sem dúvida, mais empreendedores, mais decididos e mais cônscios

---

[14] O programa dos dissidentes em 1901 teria suprimido os impostos de exportação, o imposto de trânsito estadual e todas as tarifas interestaduais; teria também aumentado o direito do Governo Federal de regulamentar o comércio, desnacionalizado a Marinha Mercante (porque não podia dar conta do volume existente de negócios) e limitado a aquisição de propriedades por companhias estrangeiras. Veja O *Estado de São Paulo*, 6 de novembro de 1901, pp. 1-2. Boris Fausto mostrou recentemente que o Partido Democrático era menos um partido de industriais que um partido que congregava grupos tradicionais de comerciantes, agricultores e profissionais liberais. Veja A *Revolução de 1930: historiografia e história* (São Paulo, 1970), pp. 32-38; e "A Revolução de 1930", em C. M. Mota (org.), *Brasil em Perspectiva* (São Paulo, 1968), p. 263.
[15] Sobre a habilidosa divisão do PRP e do PC, operada por Vargas, veja o Cônsul Carol H. Foster a R. M. Scotten, *chargé d'affaires*, São Paulo, 8 de junho de 1937; e Foster ao Embaixador Jefferson Caffery, São Paulo, 2 de outubro de 1937, p. 3, em *National Archives of the United States: Department of State* (daqui por diante NAUS: DS), Record Group 59: State Decimal File 1930-1939, 832.00/1037 e /1057.

das próprias capacidades do que os mineiros ou fluminenses... mas, por outro lado, são muito mais proficientes na ciência do logro."[16]

A "aristocracia" paulista. O bandeirismo.

Sem embargo disso, a elite de São Paulo não se julgava, de maneira alguma, formada de grosseiros arrivistas, *nouveaux riches*. Ao contrário, tomara como motivo de orgulho um dos paradoxos fundamentais da civilização paulista – a sua combinação de colonizadores do século XVI (famílias "de quatrocentos anos") com uma fronteira em expansão que ainda subsistia na década de 1930. O estratagema intelectual empregado na transformação do "problema" em motivo de orgulho foi o *bandeirismo* – a busca infatigável, por parte de São Paulo, da aventura e da oportunidade, desde os dias da caça aos escravos e do desbravamento do sertão, na era colonial, até o presente. Em sua forma mais erudita, os adornos do bandeirismo atingiram o seu apogeu na década de 1920, quando apareceram os primeiros volumes da *História Geral das Bandeiras* de Afonso de Taunay, como apareceu a reimpressão da *Nobiliarquia Paulistana* e os primeiros números dos *Anais do Museu Paulista*; nesses mesmos anos, o Governador Washington Luís tentou incutir no povo a consciência do passado subsidiando projetos históricos e comemorativos.

A justaposição do velho e do novo, do polido e do grosseiro, não constituiu o único paradoxo da cultura regional na década de 1920. A capital do Estado tornara-se o centro de um cosmopolitismo de procedência européia, que logo deu origem a um novo nacionalismo nas artes. Tanto a Semana de Arte Moderna quanto a *Paulicéia Desvairada*, de Mário de Andrade, hauriram inspiração no futurismo e em Dada, e foram brilhantemente bem-sucedidos na tarefa cada vez mais difícil de *épater la bourgeoisie*. A revista literária *Klaxon* (1922-23) teve missão semelhante, mas *Terra Roxa e Outras Terras* (1926) representou uma tendência nacionalista distinta,[17] como o próprio *Macunaíma* (1928) de Mário de

---

[16] C. F. van Delden Laërne, *Brazil and Java: report on coffee-culture in America, Asia and Africa, to H. E. the Minister of the Colonies* (Londres, 1885), p. 308. Sobre as expressões contemporâneas da superioridade paulista, veja *Os deputados republicanos na assembléia provincial de São Paulo: sessão de 1888* (São Paulo, 1888), p. 529; e Joaquim Floriano de Godoy, *Província de São Paulo: tentativas centralizadoras do governo liberal* (Rio, 1882), pp. 66-67.
[17] Cecília de Lara, *Klaxon & Terra Roxa e outras terras: dois periódicos modernistas de São Paulo* (São Paulo, 1972), pp. 207-08. Os acontecimentos de 1922 já representavam as primeiras fases de uma transição para o nacionalismo artístico; Wilson Martins situa o apogeu do futurismo em São Paulo entre os anos de 1917 e 1922. Veja *O Modernismo (1916-1945)* [vol. VI de A *Literatura Brasileira*] (2ª ed., São Paulo, 1967), p. 72.

Andrade. A transição da arte cosmopolita para a arte nacionalista explica-se, em parte, por estar a cultura urbana de São Paulo enfiada no mundo financeiro, comercial e cultural da bacia do Atlântico Norte e, ao mesmo tempo, por ser a cidade a residência da maior concentração da burguesia do Brasil. Na competição entre os valores nacionais e universais, a alta sociedade se inclinava para estes últimos, mas o próprio *grã-finismo* sentia a tensão.[18]

À proporção que São Paulo partia disparado à frente do país tanto no desenvolvimento cultural quanto no desenvolvimento econômico, da década de 1880 até os anos 30, crescia depressa o sentido da superioridade regional. Em 1931, um defensor do Estado contra o regime de Vargas observou, com desdém: "O Brasil, como sempre, espera que São Paulo trabalhe." A atitude implícita nessa declaração incluía um provincianismo (*bairrismo*) que nuns poucos grupos – nunca dominantes – chegou a assumir a forma de separatismo.[19] O malogro da Revolução Constitucionalista de São Paulo em 1932 foi um golpe para um povo orgulhoso, e é significativo que o Partido Constitucionalista vencesse as eleições de 1934 com o *slogan* "Tudo por São Paulo". O próprio Partido Socialista no Estado tinha por divisa: "Por um São Paulo Forte num Brasil Unido". Se bem o separatismo nunca fosse a aspiração dominante, foi-o a autonomia estadual, e emprestou-se ênfase especial à liberdade de ação do Governo de São Paulo para servir à economia regional. Antes mesmo da queda do Império, tanto os líderes liberais quanto os conservadores haviam reclamado publicamente a autonomia da Província, o que significa o implícito repúdio do regime imperial pelos ataques desfechados à sua constituição centralizadora.[20]

Empréstimos estaduais A exigência da autonomia da Província ou do Estado derivava, em parte, da percepção de que São Paulo poderia aumentar consideravelmente os seus recursos financeiros tratando direta-

---

[18] Implícito em Joel Silveira, *Grã-finos em São Paulo e outras notícias do Brasil* (São Paulo, 1945), *passim*.
[19] Vivaldo Coaracy, *O caso de São Paulo* (São Paulo, 1931), p. 160. Sobre separatismo, veja Alberto Sales, *A pátria paulista* (Campinas, 1887); Laffitte Júnior, *Pela Pátria* (Casa Branca, São Paulo, 1888), pp. 27-32 & *passim;* Tácito de Almeida, *O movimento de 1887* (São Paulo, 1934); e Alfredo Ellis Júnior, *Confederação ou separação* (2ª edição, revista, São Paulo, 1933). Como o inculca o título da última obra, o separatismo era sempre aventado como ameaça se São Paulo não obtivesse um grau suficiente de independência do Governo Central.
[20] Paulo Egídio [de Oliveira Carvalho], *A Província de São Paulo em 1888 (ensaio histórico-político)* (São Paulo, 1888), pp. 111-21.

mente com os comodantes estrangeiros, em lugar de agir através de um intermediário federal. Como a Europa procurasse mercados ultramarinos para o seu capital nos derradeiros anos do século XIX, parecia naturalíssimo que São Paulo tomasse dinheiro emprestado no estrangeiro. E o Estado não se cansou de fazê-lo, começando em 1905, quando o Governo estadual adquiriu a Estrada de Ferro Sorocabana. Um ano depois, estabeleceu o primeiro programa de valorização do café, financiado por um consórcio internacional, de modo que, por volta de 1906, São Paulo contraíra mais da metade de todas as dívidas contraídas no estrangeiro pelos 20 Estados (£9,2 milhões para £17,7 milhões).[21] Outro empréstimo concedido a São Paulo de £15 milhões em 1908, consolidando obrigações para operações de valorização e outras dívidas, enfatizava a confiança do Governo do Estado no crédito estrangeiro. Em 1909 se fundou o Banco Hipotecário e Agrícola do Estado com capital francês. Mais uma vez, na década de 1920, os empréstimos do Estado ascenderam rapidamente à medida que a responsabilidade da valorização revertia a São Paulo, depois de haver sido o programa, durante três anos, dirigido pelo Governo Central. Em 1926, o Governo paulista contratou um empréstimo de £10 milhões para a valorização, e outro empréstimo de £20 milhões para financiar o café armazenado em 1930. No orçamento aprovado de São Paulo, as verbas destinadas ao pagamento dos juros e amortizações das dívidas externas elevaram-se 150% entre 1905 e 1906, sendo 20% das despesas do Estado expressamente destinadas a esses pagamentos.[22] Convertendo em dólares o total das dívidas, o vice-cônsul norte-americano em São Paulo calculou, em 1935, que o Estado e os seus órgãos semi-autônomos deviam ao estrangeiro cerca de 225 milhões de dólares. Por volta de 1937, São Paulo ainda era responsável, aproximadamente, pela metade das dívidas contraídas no exterior pelos 20 Estados.[23]

---

[21] Wileman, p. 432.
[22] *Leis e decretos do Estado de São Paulo de 1904* (São Paulo, 1905), pp. 33, 52; ... *de 1905* (São Paulo, 1906), pp. 50, 75; ... *de 1931* (São Paulo, 1932), pp. 754, 847.
[23] Vice-Cônsul F. C. Fornes, Jr., "São Paulo State Indebtedness", 21 de agosto de 1936 em NAUS: DS, Correspondência: Cônsul-Geral Norte-Americano: São Paulo 1935, IX, 851 FCF/JA, n.º 29; *Anuário... 1939/40*, pp. 1.424-25. Além disso, os municípios de São Paulo e Santos haviam contraído dívidas estrangeiras no valor de vários milhões de libras. Como os municípios eram subdivisões legais do Estado, este último acabava sendo o responsável pela dívida contraída.

Penetração econômica estrangeira

No setor particular, a penetração estrangeira da economia era extensa. Em 1911, as instituições estrangeiras detinham quase dois terços dos ativos totais dos bancos com sede na capital do Estado, como os detinham em 1920. Pelas alturas de 1935, uns 45% de todos os bancos de propriedade estrangeira que operavam no Brasil estavam domiciliados em São Paulo. No fim de 1936, os depósitos em bancos estrangeiros representavam a quarta parte dos depósitos totais no Estado (em contraposição aos depósitos na capital).[24]

Aliás, a influência estrangeira não se limitava aos bancos. No fim da década de 1890, exportadores alienígenas em Santos já controlavam impressionante quantidade do café embarcado para o exterior. O cônsul norte-americano em Santos afirmou que, dos 6 milhões de sacas exportadas no ano terminado em junho de 1898, a quantidade exportada por firmas brasileiras não chegava a 1% do total. Outro relatório, relativo ao período de 1895 a 1907, mostrava que "apenas" 87% do comércio internacional do café em Santos estavam em mãos de forasteiros. Em 1927, dois terços do comércio do café eram manipulados ainda por firmas estrangeiras.[25] A despeito das flutuações da percentagem exata da quota adventícia, a realidade do controle externo parece indiscutível. Além disso, banqueiros de Londres financiavam as operações de embarque.[26]

Um desenvolvimento correlato foi a substituição dos *comissários* locais por exportadores alienígenas no financiamento da produção e armazenagem do café. Em 1905, criou-se uma operação de armazenagem, financiada pelos ingleses e denominada Registradora de Santos, seguida no ano seguinte por outra empresa de propriedade estrangeira, a Companhia Paulista de Armazéns Gerais. Em 1909, a Brazilian Warrant Company, sustentada por um consórcio europeu, assumiu o controle da Companhia Paulista e da Registradora e consolidou-se. O aparecimento dessas empresas ensejou, de fato, um sistema de crédito mais eficaz, mas

---

[24] Repartição de Estatística e Arquivo do Estado, *Anuário Estatístico de São Paulo (Brasil)*: *1911* (São Paulo, 1913), II, pp. 94-99; *Anuário... 1920* (São Paulo, 1922), II, pp. 90-91; Instituto Nacional de Estatística, *Sinopse estatística do Estado*, nº 2 (São Paulo, 1938), pp. 130, 223.
[25] George Rosenheim ao Secretário de Estado William Day, 27 de julho de 1898, em National Archives and Records Service, Microcópia T-351: despachos dos cônsules dos Estados Unidos, 1831-1906: vol. 5, rolo 5; A [mour] Lalière, *Le café dans l'État de Saint Paul (Brésil)* (Paris, 1909), pp. 346-47; Associação Comercial de Santos, *Boletim: edição especial dedicada ao 2º Centenário do Café* (Santos, 1927), pp. 35-36.
[26] David Joslin, *A century of banking in Latin America* (Londres, 1963), p. 160.

que também, nas palavras de Pierre Monbeig, "acelerou a penetração de grupos estrangeiros". Tudo isso produziu um sistema sob o qual "os lucros deixaram a economia nacional".²⁷

Cooperação política com Minas Gerais   Por motivos financeiros e outros, São Paulo desejava a sua autonomia do Rio de Janeiro, mas também pretendia utilizar o Governo Federal na consecução das suas finalidades. Consolidada a República no Governo de Floriano, a política passou a ser um certame entre organizações poderosas – originalmente as de Minas e de São Paulo e, mais tarde, a do Rio Grande também. O aliado mais formidável e mais lógico, sem dúvida, estava no Partido Republicano Mineiro. Minas era o segundo maior produtor de café do Brasil, e a migração de famílias mineiras para São Paulo nos séculos XVIII e XIX proporcionou inúmeras vinculações entre as elites dos dois Estados. A escassez de pessoal administrativo na economia de São Paulo, que se expandia, contrabalançava o *bairrismo* paulista, e os propagandistas de São Paulo realçaram o fato de que, durante a República Velha, três dos seus Governadores tinham nascido em outros Estados.²⁸ No transcurso dessa era, a razão mais importante para a cooperação interestadual, pelo menos no que se referia a São Paulo, era assegurar o apoio federal às políticas monetária, cambial e financeira, destinadas a favorecer os interesses econômicos paulistas, a maioria dos quais, sobretudo antes de 1930, estava centralizada na economia do café.²⁹

Apesar do interesse econômico comum na proteção do café, São Paulo e Minas divergiram repetidas vezes no tocante à tributação interestadual. Durante quase todo o período da República Velha, São Paulo tirou o grosso da sua renda normal de uma única fonte – um imposto de exportação sobre o café. Nenhum outro Estado, incluindo Minas, tinha a vantagem de tamanha economia de exportação, e os estadistas não-paulistas recorriam freqüentemente à tributação ilegal do comércio inte-

---

²⁷ Monbeig, *Pionniers et planteurs de São Paulo* (Paris, 1952), p. 98.
²⁸ Veja, por exemplo, Antoine Renard, *São Paulo é isto! A riqueza econômica de São Paulo: a alma cívica paulista: a epopéia das bandeiras* (São Paulo, 1933), pp. 71-72. Os Governadores em apreço foram Bernardino de Campos, nascido em Minas; Albuquerque Lins, nascido em Alagoas; e Washington Luís, nascido no Estado do Rio.
²⁹ Sobre o relativo descaso dos interesses industriais, veja Dean, *op. cit.*; sobre uma série específica de queixas, veja Centro das Indústrias de Fiação e Tecelagem de São Paulo, *Relatório sobre a crise têxtil: suas causas, seus efeitos, seus remédios* (1928), pp. 32-41. Veja também a nota 59, mais adiante.

restadual. Se havia dúvidas quanto à proibição, pela Constituição Federal de 1891, de quaisquer impostos interestaduais de importação e trânsito, nenhuma poderia subsistir após a promulgação de uma lei que os abolia explicitamente em 1904. Quando São Paulo passou a exportar para os outros Estados, na década de 1930, os seus líderes políticos desfecharam um ataque mais vigoroso a essas práticas; Minas Gerais e outros Estados, porém, dependiam muito desses impostos, e tributos ilegais continuaram a ser cobrados até 1942.[30] De qualquer maneira, São Paulo conseguiu colaborar mais amiúde com Minas do que com qualquer outra unidade da Federação; mas a crescente preocupação de São Paulo com a sua economia industrial nos anos 30 tendeu a enfraquecer a aliança tradicional, baseada em interesses mútuos no setor de exportação.

Pinheiro Machado aliado de São Paulo   As alianças do PRP com o situacionismo político do Rio Grande foram mais intermitentes do que as suas alianças com o Partido Republicano Mineiro. Os gaúchos isolaram-se da competição política nacional durante os primeiros 15 anos da República, mas a estrela do Rio Grande subiu com a crescente influência de Pinheiro Machado no Senado, depois de 1905. Pinheiro era um aliado dos interesses paulistas – batia-se freqüentemente no Senado pela legislação do café[31] – e São Paulo e o Rio Grande estreitaram os seus laços econômicos com o término das obras da Estrada de Ferro São Paulo–Rio Grande em 1910. Mas a cooperação política era esporádica, e o Governador Borges de Medeiros, do Rio Grande, recebeu com frieza uma sugestão feita em 1916 pelo seu colega de São Paulo, Rodrigues Alves, para que as duas organizações partidárias estaduais se aliassem na política nacional, presumivelmente em detrimento de Minas Gerais.[32] O aliado "natural" do Rio Grande era o Exército,[33] mas uma frente militar gaúcha só seria eficaz se Minas e São Paulo estivessem divididos. A influência rio-grandense na

---

[30] Dalmo de Abreu Dallari, "Os Estados na Federação brasileira, de 1891 e 1937", MS, 1970, p. 40.
[31] Rodrigo Soares, *Jorge Tibiriçá e sua época*, II (São Paulo, 1958), pp. 539-45; Pinheiro Machado, discurso no Senado em 12 de julho de 1915, em *Anais do Senado Federal de 1 a 31 de julho de 1915* (Rio, 1918), IV, pp. 153-54.
[32] Deputado Evaristo Amaral a Borges de Medeiros, Rio, 10 de maio de 1916; Senador Vitorino Monteiro a Borges, Rio, 19 de março de 1916, Arquivo de Borges de Medeiros, Porto Alegre, RS (daqui por diante ABM). Depois do assassínio de Pinheiro Machado, o Rio Grande voltou temporariamente a uma posição de isolamento na política nacional.
[33] Veja Joseph L. Love, *Rio Grande do Sul and Brazilian Regionalism, 1882-1930* (Stanford, Calif., 1971), p. 123 & *passim*.

política nacional começou a declinar em 1932, porque a deflagração da Revolução Constitucionalista, que uniu São Paulo, teve o efeito contrário no Rio Grande, onde cindiu os dois partidos gaúchos.[34]

O Congresso era uma arena importante, em que se formavam as combinações políticas, e, na Câmara dos Deputados, Minas detinha longa vantagem sobre os rivais – os Deputados mineiros eram 37, ao passo que São Paulo figurava em segundo lugar, ao lado da Bahia (22 Deputados cada um). Tais proporções, baseadas no recenseamento de 1890, permaneceram constantes durante toda a República Velha e durante os anos 30.[35] Minas costumava ficar com a Presidência da Câmara, e São Paulo ocupava um distante segundo lugar nos anos em que os seus representantes galgavam o posto. São Paulo, contudo, controlava de ordinário a Vice-Presidência do Senado (na realidade, a posição de líder da maioria). Quando o gaúcho Pinheiro Machado assumiu o cargo, foi, naturalmente, mais um aliado do que um dependente de São Paulo. Mas depois da sua morte, em 1915, um cliente comprovado do PRP, Antônio Azeredo, de Mato Grosso,[36] ocupou o posto até a Revolução de 1930.

São Paulo dependia de Minas não só pela força numérica deste último Estado no Congresso, mas também pela capacidade dos mineiros de atuarem como intermediários políticos: os mineiros serviam de mediadores entre o grupo paulista e outros grupos regionais quando São Paulo assumia uma posição extremada. Um exemplo disso ocorreu em 1920, quando Carlos de Campos, líder da maioria na Câmara e paulista, ameaçou abandonar a liderança se o Presidente Epitácio Pessoa não satisfizesse a exigência de São Paulo de uma grande emissão de papel-moeda, a fim de facilitar o crédito e desvalorizar o mil-réis.[37] Os políticos mineiros persuadiram Epitácio a ceder.

---

[34] Houve um segundo grupo de Estados, formado por Pernambuco, Bahia e Rio de Janeiro, cujos situacionismos políticos, em algumas ocasiões, se alçaram do *status* de satélites ao de aliados dos Estados principais. A sua posição de satélites de "primeira ordem" refletia-se no fato de assumirem os seus representantes, com freqüência, a Vice-Presidência da República; eles seguiram as máquinas políticas dos três grandes Estados no número total de anos em que foram representados no Gabinete entre 1889 e 1937.
[35] A representação por "classes" foi acrescentada à dos eleitorados geográficos na vigência da Constituição de 1934, mas, na prática, os representantes das classes dependiam do Executivo.
[36] Deputado Carlos Maximiliano Pereira dos Santos a Borges de Medeiros, Rio, 27 de setembro de 1914, ABM.
[37] *Rio Grande do Sul,* p. 285, nota 5.

Nas duas Casas do Congresso os representantes paulistas aumentaram a sua influência através de generosas despesas em cambalachos nos corredores do Congresso e até no suborno direto.[38] Por volta dos anos 20, no entanto, a representação de São Paulo na Câmara era claramente inferior à sua posição demográfica, e os estadistas de São Paulo passaram a insistir cada vez mais na redistribuição das cadeiras. A imposição de um candidato paulista, Júlio Prestes, à Presidência, feita em 1930 pelo Presidente Washington Luís, pode ser vista, em parte, como tentativa para compensar São Paulo da inferioridade da sua representação na Câmara dos Deputados;[39] mas a sua ação também acentua a ênfase de São Paulo no controle do Executivo.

O Congresso era freqüentemente chamado para decidir entre pretendentes rivais à autoridade nos dezessete Estados-satélites, em face das reiteradas sublevações nessas unidades, que visavam a provocar a intervenção federal. Os delegados de São Paulo tendiam a ser coerentes na escolha do grupo que tivesse os maiores direitos à legitimidade constitucional. Segundo as palavras do congressista paulista Arnolfo Azevedo (que foi, mais tarde, Presidente da Câmara), "O Estado de São Paulo é um Estado legalista; os seus homens públicos têm sacrificado interesses partidários à manutenção da ordem e ao respeito às autoridades".[40]

Uma razão para o "legalismo" de São Paulo parece ter sido a crença dos seus credores estrangeiros em que os Governos inconstitucionais acarretavam sublevações políticas, comprometendo os investimentos.[41] Não obstante, no espírito dos líderes paulistas e dos credores estrangeiros, a estabilidade era uma preocupação mais fundamental do que a constitucionalidade. Quando se tornava impossível apoiar um Governo claramente constitucional em outros Estados em virtude de pretensões rivais à autoridade, os políticos de São Paulo sustentavam os pretendentes que oferecessem as melhores perspectivas de estabilidade.

Apesar do seu "legalismo", os paulistas mudaram de posição num caso dessa natureza. Foi a questão da revisão da Constituição Federal de

---

[38] Pereira dos Santos a Borges, Rio, 27 de setembro de 1914, ABM.
[39] Outros motivos são mencionados em *Rio Grande do Sul*, pp. 227-28.
[40] Citado em *Arnolfo Azevedo: parlamentar da Primeira República 1868-1942*, de Aroldo de Azevedo (São Paulo, 1968), p. 162.
[41] Veja uma exposição desse ponto em Joseph L. Love, "External financing and domestic politics: the case of São Paulo, Brazil, 1889-1937", em *Latin American modernization problems*, organizado por Robert E. Scott (Urbana, Ill., 1973), pp. 253-56.

1891. Durante quase 20 anos, o PRP uniu suas forças às de outros partidos situacionistas para defender a Constituição tal como esta se apresentava, mas, por ocasião da campanha presidencial de 1909-10, os líderes paulistas haviam modificado a sua posição. Passaram a apoiar o programa revisionista de Rui Barbosa, que permitiria ao Governo nacional disciplinar os Estados financeiramente "irresponsáveis". (Os líderes de São Paulo, evidentemente, não esperavam que essa ação viesse a pôr em perigo a sua própria autonomia, em face do caráter militar profissional da nova Força Pública.)

Após a derrota de Rui, a questão da revisão permaneceu arquivada por mais de um decênio. O Presidente Artur Bernardes, mineiro, retomou-a no princípio da década de 1920, acentuando que poderia verificar-se a intervenção estrangeira se o Governo Central não tivesse autoridade para intervir em Estados cujos Governos se achassem à beira da falência. Os congressistas paulistas lhe aceitaram as revisões, por vários motivos. Um deles era que os líderes do PRP estavam a par da necessidade de se acordarem com as finanças federais, a fim de satisfazer as obrigações do *Funding Loan* de 1898 e 1914, que se venciam em 1927; outro era que a um paulista caberia a Presidência durante os quatro anos seguintes (em troca, em parte, do apoio às emendas constitucionais). Um terceiro fator era que os investimentos paulistas em propriedades de café e mercados de bens manufaturados haviam transposto as fronteiras de São Paulo, tornando os líderes do PRP mais dóceis a um grau maior de regulamentação pelo Governo Central. De mais a mais, uma série de revoltas diruptivas no início e nos meados da década de 1920 tornara o fortalecimento do Governo Federal muito mais apetecível aos paulistas, adeptos da "lei e da ordem". Um provável elemento final terá sido o sentido de segurança de São Paulo em relação à intervenção federal, visto que a Força Pública aumentara de menos de 9.000 homens em 1924 para 14.000 em 1925.

Pacto de Taubaté   Os líderes de São Paulo ansiavam por cooperar com os representantes de outros Estados e com o Governo Federal quando percebiam a existência de interesses mútuos; por outro lado, somente os paulistas, entre as elites estaduais, tinham a capacidade de "agüentar o tranco sozinhos", e às vezes o faziam. Os casos mais famosos de cooperação com outros Estados, cooperação com o Governo Federal e autoconfiança são todos proporcionados pela valorização do café em diferentes fases do seu desenvolvimento. Inicialmente, São Paulo tentou conseguir que o Governo Federal financiasse o plano, e, quando este último se recusou a fazê-lo, elaborou-se em Taubaté, São Paulo, em 1906, um plano de três Estados, do qual participaram o Rio de Janeiro e Minas Gerais. Minas e Rio retiraram-se antes que o programa fosse posto em prática, e São Paulo arcou sozinho com a responsabilidade – o que foi possível por ser ele quem respondia pela metade da produção mundial anual. Quando o primeiro empréstimo de valorização foi pago aos credores estrangeiros antes do vencimento, interpretou-se o fato como um puro triunfo da cartelização. O Governo Estadual repetiu o programa em 1917 e obrigou o Governo Federal a fazê-lo em 1921, argumentando que o café era um ativo nacional, e não regional, e que a saúde da indústria do café era de responsabilidade federal. Em 1924, o programa reverteu ao Estado por obra de um Presidente empenhado na redução do orçamento e, no fim da década de 1920, celebrou-se um acordo interestadual, que finalmente girou em torno da posição de crédito de São Paulo. Com o passar dos anos, a valorização trouxe inevitavelmente um número cada vez maior de produtores ao mercado – em São Paulo, em outros Estados e no estrangeiro – que se aproveitaram dos preços internacionais artificialmente elevados. Com a Grande Crise, a valorização chegou a uma parada desastrosa, mas a Crise também permitiu aos paulistas transferirem permanentemente a responsabilidade principal da proteção do café ao Governo Federal.[42]

Na solicitação feita por São Paulo de apoio federal à economia de exportação do Estado, a política cambial era pelo menos tão importante quanto a questão correlata da valorização. O Tesouro Federal e a economia cafeeira paulista se achavam envolvidos numa relação simbiótica: o Governo Central dependia muito dos direitos de importação para as suas operações normais, e as importações, por seu turno, dependiam das exportações. De 1910 a 1930, as vendas de café passaram a representar 50% a 70% dos lucros da exportação nacional.

Os produtores de café calculavam os custos em mil-réis brasileiros e recebiam, em troca da sua mercadoria, dólares, marcos e libras "sonantes". É sabido que eles, por isso mesmo, se manifestavam a favor da permanente depreciação do mil-réis. Muito embora outros interesses favorecessem uma taxa estável ou em alta (incluindo os consumidores e impor-

---

[42] Uma análise econômica sistemática das políticas federal e estadual do café é a de Carlos Manuel Peláez, "Análise econômica do programa brasileiro de sustentação do café – 1906-1945; teoria, política e mediação", na *Revista Brasileira de Economia*, vol. 25, n.º 4 (outubro-dezembro de 1971), pp. 5-212.

tadores de São Paulo),⁴³ a principal oposição à depreciação rápida vinha do próprio Tesouro Federal, que precisava pagar os seus empréstimos em moedas européias e norte-americanas, cada vez mais caras.⁴⁴ Puxado de um lado e empurrado de outro, o Governo Federal tentou transigir, controlando o índice de deterioração do mil-réis. Dois planos de estabilização foram tentados durante a República Velha: um em 1905, que se notabilizou pelo favoritismo com que encarava os interesses dos exportadores,⁴⁵ e outro, semelhante, em 1927. Os interesses do café foram desfavoravelmente afetados pelas taxas de câmbio depois de 1931, se bem que a política cambial perdesse parte da sua significação nos anos 30, quando a inelasticidade da demanda em termos de preço levou o regime de Vargas a recorrer a planos de barganha para diminuir os imensos estoques de café do Brasil.

Portos e ferrovias Pelas suas instalações ferroviárias e portuárias, São Paulo dependia menos do apoio federal do que os demais Estados. Somente a Estrada de Ferro Central do Brasil, que ligava a capital do Estado à capital federal, pertencia ao Governo Central. O Estado podia contar principalmente com o investimento privado para as suas despesas sociais gerais, pois as empresas de serviços públicos eram muito rentáveis na economia estadual mais dinâmica do Brasil. Empresários estrangeiros e brasileiros levaram linhas de estradas de ferro às zonas do café e obtiveram fartos lucros⁴⁶. Havia, naturalmente, linhas

---

⁴³ Os industriais também foram beneficiados pelas taxas mais elevadas, visto que puderam, assim, comprar bens de capital mais baratos. Uma taxa de depreciação tenderia, naturalmente, a encarecer os artigos estrangeiros em relação às manufaturas nacionais. Dessa maneira, nos períodos de elevação (ou estabilidade) de taxa de câmbio, os níveis de investimento na manufatura tendiam a ser altos e a produção, baixa; em períodos de depreciação, o investimento tendia a diminuir, ao passo que a produção aumentava. Veja Annibal Villanova Villela e Wilson Suzigan, *Política do governo e crescimento da economia brasileira: 1889-1945* (Rio, 1973), p. 85.
⁴⁴ Está visto que o Governo estadual de São Paulo enfrentou o mesmo problema, mas os interesses do café eram mais poderosos no seu próprio Estado. Sobre discussões acerca da política de taxas de câmbio, veja *ibid., passim;* e Edgard Carone, *A República Velha (instituições e classes sociais)* (São Paulo, 1970), pp. 96-99. Os interesses do café tinham conflitos intragrupais, e parece óbvio que os lucros diretos dos cafeicultores seriam menores, com as manipulações do câmbio, que os dos exportadores.
⁴⁵ De acordo com uma autoridade em finanças internacionais do Brasil, a taxa de 15d./mil-réis nada mais era "do que uma redução geral das finanças do país aos interesses particulares da lavoura cafeeira" – Valentim Bouças, *História da Dívida Externa* (2.ª edição, Rio, 1952), p. 219.
⁴⁶ Richard Graham, *Britain and the onset of modernization in Brazil: 1850-1914* (Cambridge, 1968), pp. 326-29; Robert H. Mattoon, Jr., "The Companhia Paulista de Estradas de Ferro, 1868-1900: a local railway enterprise in São Paulo, Brazil" (Yale University, dissertação para o doutoramento em filosofia, não publicada, 1971), pp. 134, 227.

menos lucrativas, que criaram problemas; taxas garantidas de lucro tinham desestimulado a manutenção na linha Sorocabana, induzindo o Estado a comprá-la, mas os meios empregados foram um empréstimo estrangeiro, de preferência à participação federal.

Na área do suprimento de mão-de-obra, os líderes paulistas relutavam em confiar apenas nas forças do mercado. Aqui, São Paulo esperava relativamente pouco do Governo Federal, e preocupava-se principalmente em manter abertos os portos do Brasil a europeus e asiáticos que quisessem trabalhar nos cafezais. A crise de mão-de-obra em fazendas de café cultivadas por escravos em 1886-87 fora solucionada com a chegada de imigrantes italianos às plantações, e a Província de São Paulo já subsidiava a imigração antes do fim do Império;[47] continuou a fazê-lo até o fim dos anos 20, quando o subsídio foi temporariamente suspenso. A migração de outros Estados sobrepujou a imigração estrangeira em São Paulo, em 1928, e continuou a sobrepujá-la sistematicamente depois de 1934, quando uma lei de origens nacionais restringiu a imigração. O ímã da economia paulista no mercado nacional de mão-de-obra provou a sua força, e São Paulo não se opôs à política federal de imigração, visto que operários industriais e agrícolas – vindos de Minas, da Bahia e do Nordeste – continuavam a afluir a São Paulo.

Questão menos importante para os políticos paulistas do que os controles cambiais e a valorização, mas que se exacerbava de uma década para a seguinte, era a da distribuição intergovernamental das rendas, já que o Tesouro Federal dependia tanto de São Paulo. Aqui os líderes paulistas não cessavam de lamentar que o Governo no Rio tirasse muito mais do Estado do que lhe devolvia.

No decorrer dos anos, o Tesouro buscou reduzir a sua dependência dos direitos de importação, e esse fato o levou a entrar em conflito com São Paulo. Em 1918, o Governador eleito Altino Arantes queixou-se de que o novo imposto de consumo federal incidia desproporcionadamente sobre a indústria paulista; e, com efeito, o Governo Federal arrecadou de um terço à metade da renda anual total do Imposto de Consumo em São Paulo nos anos 20 e nos anos 30. Um imposto de renda federal seguiu o

---

[47] A intenção desse programa, evidentemente, era a obtenção de mão-de-obra barata para a agricultura. Veja Michael M. Hall, "The origins of mass immigration in Brazil, 1871-1914" (Columbia University, dissertação para o doutoramento em filosofia, não publicada, 1969), pp. 98, 104.

Imposto de Consumo em 1918, e São Paulo contribuiu com 30-35% do total das receitas do Imposto de Renda nos dois decênios seguintes.[48]

Na Assembléia Constituinte de 1933-34, os delegados de São Paulo afirmaram que a relação entre os impostos federais e estaduais cobrados em São Paulo era muito mais alta que a dos outros dois maiores Estados, Minas e Rio Grande: em São Paulo o Governo Federal arrecadava cinco mil-réis a cada três mil-réis arrecadados pelo Governo Estadual, ao passo que em Minas a proporção não ia além de um para quatro.[49] Isto, em parte, era absurdo e exagerado, visto que Minas não tinha acesso ao mar,[50] e praticamente a metade dos direitos de importação do Governo Federal foi arrecadada em Santos na década de 1930. Havia, contudo, alguma verdade na alegação de que Minas poderia ter pago mais. Se omitirmos as tarifas na comparação das rendas federais e estaduais em São Paulo e em Minas, em 1937, a relação seria aproximadamente de 5 para 7 no primeiro e de 1 para 3 no último.[51]

De acordo com algarismos oficiais, a União, em certos anos, chegou a arrecadar até dez mil-réis por mil-réis que gastava em São Paulo.[52] Entretanto, ao menos na década de 1930, a situação de São Paulo só era singular em grau: o Governo Federal tirava mais da maioria dos Estados do que lhes devolvia. Em 1937, por exemplo, apenas quatro Estados obtiveram um ganho líquido nas operações do Tesouro Federal. Esses Estados foram Mato Grosso, Piauí, Maranhão e Goiás, e o total dos excedentes

---

[48] Thomas W. Palmer, Jr., "S. Paulo in the Brazilian federation: a state out of balance" (Columbia University, dissertação para o doutoramento em filosofia, não publicada, 1950), p. 99; IBGE, *Anuário estatístico do Brasil: ano III-1937* (Rio, 1937), p. 439; *Anuário... 1939/1940*, pp. 515-19.
[49] *A ação de bancada paulista "Por São Paulo Unido" na Assembléia Constituinte: o programa da "Chapa Única" e a nova Constituição* (São Paulo, 1935), p. 33.
[50] Minas fez algumas contribuições diretas para a receita de tarifas no porto do Rio, embora não se conservem registros das importâncias.
[51] Este confronto pode ser injusto. Sobre o lado mineiro da questão, veja o ensaio correlato de John Wirth, p. 76, e a nota de pé de página número 103, que cita as estimativas de Daniel de Carvalho sobre as contribuições tarifárias de Minas no Rio. Carvalho procura mostrar que Minas estava cumprindo a sua parte como contribuinte do Tesouro Federal, mas as suas cifras envolvem, necessariamente, algumas conjecturas. Se presumirmos que Minas, em 1937, poderia, quando muito, ser responsável pela metade das tarifas arrecadadas no Rio, as proporções entre as rendas federais e estaduais naquele ano ainda seriam, aproximadamente, de 1 para 1 em Minas e de 1,6 para 1 em São Paulo. (Veja *Anuário estatístico... 1939/1940*, pp. 510, 1.269, 1.271 para esses cálculos e os do texto.)
[52] São Paulo: Secretaria da Fazenda, *Relatório... 1915* (São Paulo, 1916), p. 12; *Anuário... 1939/1940*, p. 1.269.

dos gastos sobre as receitas federais em todos eles foi inferior a 1/500 do excedente dos gastos sobre as rendas federais no Distrito Federal![53] Tudo faz crer que São Paulo fosse apenas o principal contribuinte num plano de redistribuição que subsidiava a unidade territorial com a mais alta renda *per capita*.

Governo Federal e São Paulo Não obstante, o Governo Federal favoreceu obviamente muito mais São Paulo do que o indicariam as despesas diretas feitas ali – subscrevendo a valorização de várias maneiras, mantendo as políticas cambiais favoráveis ao café (até 1931), e assegurando empréstimos do Banco do Brasil. Tendo tratado rapidamente dos dois primeiros itens, vejamos o terceiro: infelizmente, as informações a respeito dos empréstimos concedidos pelo Banco a cada Estado só existem a partir de 1933,[54] mas esses dados revelam o favoritismo de São Paulo. No setor particular, por volta de 1937, São Paulo recebia 41% dos empréstimos totais feitos pelo Banco aos vários estados. Dos empréstimos cumulativos pendentes feitos aos Governos estaduais por volta de 1937, São Paulo recebeu mais de metade do total.[55] O maior item isolado da dívida do Governo Paulista ao Banco do Brasil naquele ano foi um empréstimo de 200 000 contos para o resgate de obrigações do Estado durante a Revolução de 1932 contra Vargas. Os empréstimos pendentes do Banco do Brasil ao Governo *federal* para a defesa do café, em outubro de 1937, somavam mais da metade do total federal.[56] Além disso, o famoso *Reajustamento*

---

[53] *Ibid.*, p. 1.269. Os quatro Estados com ganhos líquidos nas operações fiscais federais figuravam, de maneira que não surpreende, entre os mais baixos produtores de direitos de importação (p. 510).
[54] Em 1931, Juarez Távora afirmou em entrevista à imprensa que os ativos totais do Banco do Brasil eram de 1.000.000 de contos, dos quais 700.000 já tinham sido empenhados na campanha de sustentação do café em São Paulo, e que o restante não tardaria a sê-lo com a mesma finalidade. Isto, sem dúvida, é um exagero, mas não tenho elementos para determinar até onde vai o exagero. (Veja O *Estado de S. Paulo*, 7 de janeiro de 1931, p. 1.)
[55] Banco do Brasil, *Relatório... [1937]* (Rio, 1938), pp. 67-68. Comentários particulares no Distrito Federal receberam mais que os de São Paulo.
[56] "Banco do Brasil: empréstimos a Estados e municipais [sic] – situação em 31 de janeiro de 1938": [seção I]: "empréstimos ao Governo Federal: situação em 31 de outubro de 1937", pp. 1-3; [seção II]: "empréstimos concedidos a Estados e municípios com garantia do Tesouro Nacional", pp. 5-6; [seção III]: "empréstimos... sem garantia...", pp. 2-3, em Arquivo Nacional: Presidência da República 94/14006. Os empréstimos federais relacionados com o café consistiam em dinheiro emprestado ao Departamento Nacional do Café e ao Tesouro para a compra de ações do DNC e para "operações de café" com duas companhias particulares.

Econômico, iniciado em abril de 1933, cancelou metade dos empréstimos hipotecários sobre fazendas de café e limitou as taxas de juros das hipotecas sobre imóveis rurais.[57] Vargas fez questão de "não humilhar" São Paulo no fim da luta em 1932[58] e, por mais amargo que fosse o acordo de paz para os orgulhosos regionalistas, a provação foi adoçada pelas concessões econômicas feitas em troca da rendição.

Vargas levou a intervenção governamental na economia a novos níveis de envolvimento. A responsabilidade do Governo Federal pela proteção do café tornou-se permanente em 1931, e nos anos 30 outros produtos agrícolas também foram subsidiados, como, por exemplo, o açúcar, a erva-mate e o trigo.[59] A interferência federal na esfera social data das tentativas, em 1918, para regulamentar os preços dos alimentos; mas a década de 1930 foi também a era de uma vasta expansão dos serviços governamentais, embora paternalistas, a grupos não-proprietários – como o indicam a criação dos Ministérios da Educação e do Trabalho, as quotas de imigração e outras leis para garantir emprego a nacionais brasileiros.

Entretanto, a intervenção do Governo Estadual em assuntos econômicos e sociais, notadamente em São Paulo, corria paralela à atividade Federal e, muitas vezes, a precedia. Conquanto a principal responsabilidade pela proteção ao café coubesse ao Governo Central depois de 1931, o Estado assistiu a União nesse esforço durante a década de 1940.[60] Além

---

[57] Como acontecia naturalmente com outras questões que diziam respeito ao café, São Paulo era o principal, se bem não fosse o único, beneficiário. Não obstante, 54% dos pagamentos do Reajustamento de 1934 a 1945 se destinaram a São Paulo. O Reajustamento Econômico foi encarado por Vargas como compensação pelas políticas cambiais que afetavam desfavoravelmente os cafeicultores. Veja Alberto Venâncio Filho, *A intervenção do Estado no domínio econômico: o direito público econômico no Brasil* (Rio, 1968), pp. 114-15; e Villela e Suzigan, pp. 200-01.

[58] Vargas ao Governador Olegário Maciel, Rio [outubro de 1932], em Arquivo Nacional: Presidência da República 3/19.

[59] Os anos 30 foram também uma era de expansão industrial sem precedentes em São Paulo, e o número de fábricas no Estado dobrou entre os anos de 1933 e 1939; o valor da produção industrial triplicou no mesmo período. Como já se observou, por volta de 1939 o valor acrescentado pela indústria ao Estado igualou o da agricultura e, nesse ano, São Paulo era responsável por 41% do valor acrescentado pela manufatura (indústria de transformação) em toda a nação. Entretanto, praticamente não havia nenhuma política federal sistemática de desenvolvimento industrial: a política cambial tendeu a favorecer a indústria depois de 1931, mas a política financeira nacional não mirava à expansão industrial. Veja Villela e Suzigan pp. 78-79, 368, 371.

[60] Secretaria da Fazenda, *Relatório... 1940*, p. 5. A "defesa do café" em 1940 foi responsável por cerca de 10% do total das despesas do Estado, incluindo itens "extra-orçamentários".

disso, a Secretaria da Agricultura promoveu diretamente a expansão da produção de algodão na década de 1930, desenvolvendo e distribuindo sementes de algodão de fibras longas, e a Bolsa de Mercadorias preparou mercados nacionais para o algodão.[61] Na esfera social, as políticas estaduais de imigração, naturalmente, eram planos que tinham em mira beneficiar o fazendeiro, como foi a criação do Departamento Estadual de Trabalho em 1912, 18 anos antes de organizar-se o Ministério do Trabalho federal. Parece, todavia, que o Departamento proporcionou alguns benefícios reais aos trabalhadores rurais (que constituíam a sua preocupação exclusiva) já nos primeiros anos da sua existência; e em 1930 se organizou um segundo departamento para o trabalhador urbano.[62] São Paulo criou, no mesmo ano, uma Secretaria de Educação e Saúde Pública (antes da criação do seu equivalente federal), e fundou a primeira universidade moderna do Brasil em 1934.[63] Por volta de 1937, a Secretaria da Educação recebia 21,5% das verbas estaduais.[64]

Despesas maiores exigiam maiores rendas, e um dos fatos mais interessantes e raras vezes apreciado nas relações intergovernamentais é uma tendência aparentemente contrária à centralização em assuntos fiscais. Tomando por base as cifras anuais médias da década de 1911-20, vemos que as rendas estaduais, somadas, se elevaram em relação às rendas federais na década de 1921-30 e em 1931-37 (primeira fase de Vargas), permanecendo maiores em 1938-45 (Estado Novo) do que no período de 1911-30. São Paulo sozinho representou parte considerável dessa tendên-

---

[61] Villela e Suzigan, pp. 202-03.
[62] Sobre os benefícios concedidos aos trabalhadores rurais de 1912 a 1920, veja Thomas H. Holloway, "Condições do mercado de trabalho e organização do trabalho nas plantações da economia cafeeira de São Paulo, 1885-1915 – análise preliminar", *Estudos econômicos,* vol. 2, n.º 6 (dezembro de 1972), p. 175. Os dois departamentos do trabalho fundiram-se em 1933, e o seu orçamento total foi reduzido.
[63] Sigo a definição de Fernando de Azevedo de uma universidade "moderna" – uma universidade em que existe uma faculdade de artes e ciências, e não um simples agrupamento de escolas profissionais preexistentes. – Veja *Brazilian culture: an introduction to the study of culture in Brazil,* tradução para o inglês de William Rex Crawford (Nova York, 1950), p. 514, nota 17. Veja também Charles O'Neil, "Educational innovation and politics in São Paulo: 1933-34", *Luso-Brazilian Review,* VIII, 1 (junho de 1971), pp. 56-68.
[64] Esta cifra é calculada na base das despesas totais da secretaria, ordinárias e extraordinárias, de que se compõem todas as tabelas retrospectivas; se se incluírem os itens "extraorçamentários", a quota da Secretaria da Educação cai para 14%. – Secretaria da Fazenda, *Contas do exercício de 1937,* p. 7; *Relatório... 1949,* p. 72.

cia, e as suas receitas subiram durante os anos do Estado Novo, como poderemos ver pela tabela seguinte:[65]

	Rendas de todos os Estados como % das rendas federais	Rendas de São Paulo como % das rendas federais	Rendas de todos os outros Estados como % das rendas federais	Rendas de São Paulo como % das rendas de todos os Estados
1911-20	47,1	14,9	32,2	31,8
1921-30	52,0	18,8	33,2	36,1
1931-37	57,9	21,7	36,2	37,2
1938-45	55,7	22,6	33,1	42,3

O Imposto de Vendas e Consignações Releva notar que parte dos ganhos relativos de São Paulo foi obtida de fontes tradicionais de renda. Nos anos 30, o Governo Federal pretendeu refrear os impostos estaduais de restrição ao comércio; e os impostos de exportação foram limitados a 10% *ad valorem* pela Constituição de 1934, apesar da oposição paulista. O Imposto de Exportação de São Paulo proporcionara o grosso das rendas do Estado até 1915 e continuara sendo o imposto estadual isolado mais importante até 1935.[66] No ano seguinte, São Paulo foi o primeiro Estado a "abolir" os impostos de exportação, mas eles voltaram imediatamente disfarçados como parte de um "Imposto de Vendas e Consignações", que produziu pelo menos a metade da renda anual do Estado durante o período do Estado Novo.[67] Em 1937, o ano do golpe, os impos-

---

[65] Baseado em dados de *ibid.*, p. 72; *Anuário...* 1939/1940, p. 1.409; IBGE, *O Brasil em números: apêndice do "Anuário estatístico do Brasil – 1960"*, p. 140. Encontram-se tendências similares para despesas nas mesmas fontes. Tanto as rendas e despesas "ordinárias" quanto as "extraordinárias" estão incluídas nesses dados relativos aos Estados e à União, mas não os itens "extra-orçamentários" relativos a São Paulo. Presumo, portanto, que o mesmo seja verdade em relação à União e a outros Estados. Isto só poderia ser determinado por um exame de todos os relatórios de Fazenda sobre a União e sobre todos os Estados nesse período.
[66] Departamento Estadual de Estatística, *São Paulo: 1889-1939*, pp. 11-28. Isso inclui o Imposto de Exportação do Café de 1932-35 denominado *Imposto de Emergência sobre o Café*.
[67] Ylves de Miranda Guimarães, *Comentários ao Código de Impostos e Taxas do Estado de São Paulo* (2ª edição, São Paulo, 1960), I, pp. 38, 41; Secretaria da Fazenda, *Relatório... 1949*, pp. 53, 69, 73. O Imposto Territorial, uma das principais fontes de renda no Rio Grande durante a República Velha, era insignificante como fator de renda em São Paulo antes dos anos 30. Alcançou um ápice de 6% das rendas totais do Estado em 1937 e caiu para 3% na maioria dos anos restantes do Estado Novo.

tos de exportação eram ainda a principal fonte isolada de rendas para 15 Estados, incluindo Minas Gerais; para todos os outros, essa fonte se resumia no "Imposto de Vendas e Consignações".[68]

Tal imposto, no entanto, foi aplicado à produção industrial de mil maneiras, assim como às vendas de café, e o setor industrial de São Paulo permitiu que ele estendesse a sua ascendência fiscal com relação aos demais Estados.

O programa político mínimo de São Paulo durante os anos 1889-1937 consistiu em dominar as políticas federais apenas nas áreas em que a ação no nível estadual era impossível ou insuficiente – controle da política monetária e cambial, garantias de empréstimos e representação diplomática. Os seus líderes não esperavam obras públicas nem o controle das nomeações políticas (que acarretavam obrigações recíprocas), fundamentais para a estratégia mineira. Somente São Paulo podia intervir na economia por iniciativa própria e, durante períodos limitados, apontar o caminho para novas responsabilidades governamentais. Mas os assuntos econômicos e fiscais estaduais e nacionais eram tão interdependentes que São Paulo não poderia ter adotado por muito tempo uma estratégia de isolamento na política federal, como o fizera o Rio Grande de 1894 a 1906. E a expansão dos mercados e investimentos paulistas, mais o crescente poder militar[69] e as responsabilidades da consolidação das dívidas do Governo de Vargas na década de 1930 diminuíram direta e indiretamente a liberdade de ação de São Paulo.

No período que estamos estudando, a esfera legítima de atividade governamental expandiu-se acentuadamente, primeiro para assistir a cartelização e, ao depois, para pôr em execução políticas previdenciais. Cumpre estudar a tendência para a centralização, tão freqüentemente notada, sobretudo com referência ao Estado de São Paulo, que aumentou a sua quota de rendas e despesas totais em todas as décadas, desde o início do século até o presente.[70] A concentração do poder no Rio de Janeiro

---

[68] *Anuário...* 1939/1940, p. 523.
[69] Sobre a gradativa estruturação militar federal no Governo de Vargas, veja *Rio Grande do Sul*, pp. 254-55.
[70] Em 1968, o último ano para os quais consegui obter os dados pertinentes, São Paulo respondia por 50,1% de todas as rendas estaduais, e as suas rendas totalizaram 36,2% das rendas da União; além disso, 43,8% das rendas federais foram arrecadados em São Paulo. Segundo dados de *Anuário estatístico do Brasil – 1969* (Rio, 1969), p. 664; e *Anuário...* *1971*, pp. 778, 791.

durante os anos 30, portanto, é um processo muito mais nítido de tomada de decisão política do que administrativa. É uma ironia que a proporção entre as rendas estaduais e federais no Brasil, no regime supostamente centralizado do Estado Novo, fosse mais de três vezes maior do que a proporção contemporânea no México, o qual, naturalmente, possui um sistema federal constitucional.[71] A maior contribuição do Brasil à prática corporativa na década de 1930 talvez tenha sido a sua administração parcialmente descentralizada em contraste com os regimes mais claramente unitários da Itália e da Europa oriental.

2. MINAS E A NAÇÃO. UM ESTUDO DE PODER E DEPENDÊNCIA REGIONAL, 1889-1937
(*por* JOHN WIRTH)

Os mineiros foram extremamente conspícuos na política nacional durante a República Velha (1889-1930), uma era de federalismo desigual, que favorecia os grandes e poderosos Estados de Minas Gerais, São Paulo e Rio Grande do Sul.[72] Fiel ao Governo bem-comportado, Minas era um pilar da democracia limitada e do sistema presidencial, como fora outrora

---

[71] Para as duas fases do primeiro período de Vargas no poder, obtiveram-se os seguintes resultados:

	1931-37	*1938-45*
Todas as rendas estaduais do Brasil como % das rendas federais.................................	57,9	55,7
Todas as rendas estaduais do México como % das rendas federais.................................	22,7	17,3

Sobre as fontes das cifras brasileiras, veja a nota 65; sobre os dados mexicanos, veja México: Secretaría de Economía: Dirección General de Estadística, *Anuario esdatístico de los Estados Unidos Mexicanos: 1939* (México, 1941), pp. 666-67; 678-79; *Anuário... 1942* (México, 1948), pp. 1.234, 1.238; *Anuário... 1943-1945* (México, 1950), pp. 762, 766-67. Em nenhum dos dois casos se inclui o Distrito Federal entre os Estados, embora ele venha agrupado com os Estados nos dados mexicanos. No tocante às rendas de 1939 usei cifras revisadas, publicadas no *Anuário... 1942.*

[72] As melhores histórias políticas desse período são de Afonso Arinos de Melo Franco, *Um Estadista da República*, 3 volumes (Rio, 1955); Edgard Carone, *A República Velha*, 2 volumes (São Paulo, 1970, 1971); Joseph L. Love, *Rio Grande do Sul and Brazilian Regionalism, 1882-1930* (Stanford, 1971); e *A Revolução de 1930, historiografia e história*, de Boris Fausto (São Paulo, 1970). Até o presente, existem poucas histórias de Minas moderna. Além da obra de Afonso Arinos, consulte-se João Camilo de Oliveira Torres,

sustentáculo da Monarquia. Na década de 1880, por exemplo, denominavam-se os escravocratas de Minas "a última e melhor esperança do Império". Depois de 1930, Minas continuou a sua tradicional política de governismo, apoiando o Presidente Vargas. Habilíssimos no jogo dos legisladores de transigências e manobras, os mineiros dirigiram o Congresso durante quase todo esse período. Ocuparam por três vezes a Presidência Federal e se comprazeram em representar o papel de fazedores de reis. Sempre estiveram representados no Ministério. A coesão doméstica era a chave dessa influência nacional. Na República Velha, a máquina política estadual (PRM), felicíssima adaptação ao *Coronelismo*, política do patrono-cliente, tinha a dirigi-la os chefes rurais e a orquestrá-la os ocupantes do palácio do Governo Estadual. Depois de 1930, a tradicional capacidade dos mineiros de se unirem em torno do Governador voltou a assegurar-lhes uma influência nacional, mas em condições que fizeram de Minas um cliente político de Vargas. Em suma, Minas exemplificou um tipo de poder regional, essencialmente, embora não exclusivamente, político.

Fases da política mineira
No período de 1889 a 1937 a política mineira conheceu três fases principais. Na década de 1890, a elite política estadual viu-se preocupada com problemas internos. Essa fase introspectiva foi assinalada por clivagens regionais, durante as quais a capital se transferiu para Belo Horizonte e se reorganizaram os Governos Estadual e locais. Quando o Império se esboroou, em 1889, Cesário Alvim e os seus aliados ex-monarquistas aderiram, derrubaram os fracos republicanos históricos e firmaram-se no poder graças aos laços íntimos que uniam Cesário Alvim ao Marechal Deodoro. Como Ministro do Interior, Cesário Alvim elaborou as leis eleitorais federais em favor dos novos partidos governantes em todo o Brasil, mas, quando Deodoro caiu, os seus partidários declinaram. Começando em 1892, os altos preços do café produziram rendas sem precedentes, graças ao Imposto de Exportação, que agora se achava sob o controle estadual. A exigência de novos fundos públicos, associada à prosperidade, concorreu para facilitar a transferência do poder político e do controle das nomeações da velha região de mineração, no Centro e no Norte, para as zonas do café, onde emergia nova coalizão

---

História de Minas Gerais, volume 5 (Belo Horizonte, s/d); Daniel de Carvalho, *Francisco Sales, um político de outros tempos* (Rio, 1963); Francisco de Assis Barbosa, *Juscelino Kubitschek, uma revisão na política brasileira* (Rio, 1960); e David V. Fleischer, *O recrutamento político em Minas, 1890/1918* (Belo Horizonte, 1971).

de ex-monarquistas e republicanos, chefiada por Francisco Silviano Brandão. Escorada no controle de vários municípios do Sul e da Mata, essa coalizão de chefes regionais dominou o PRM (criado em 1897), e transformou-se numa máquina de âmbito estadual, que funcionava suavemente. Desunidos até 1898, os mineiros desempenharam um papel secundário na política nacional.[73] Depois, consolidada a sua base política em casa e tendo Silviano no Palácio da Liberdade, sentiram-se preparados para competir nacionalmente.

A fase seguinte foi o longo apogeu da sua liderança em combinação com São Paulo, de 1898 a 1929. De fato, o Presidente Campos Sales estabeleceu a famosa "política dos governadores", em estreita consultação com o Governador Silveira Brandão. Ambos desejavam o apoio disciplinado dos respectivos Legislativos, a fim de legitimar e pôr em prática orçamentos austeros em decorrência da queda drástica dos preços do café e das exigências dos credores estrangeiros. Mas desejavam também aumentar o controle do Executivo às expensas dos Legislativos. Em Minas, o poder centralizava-se no Palácio da Liberdade acoplado à Comissão Executiva do PRM. Esse *collegium* de intermediários do poder regional comandava os coronéis. Por seu turno, os chefes locais governavam as muitas cidadezinhas que fizeram a fama de Minas e carreavam votos para candidatos aprovados pela máquina estadual. Foi o período clássico de Bias Fortes, o taciturno chefe de Barbacena, de Francisco Sales, credor de uma quantidade de coronéis, e de Francisco Bressane, Secretário do Partido durante muito tempo e famoso por um tique facial, encarregado de elaborar as listas de votação. O partido do Governador controlava as nomeações políticas, intimidava a imprensa e cooptava clubes cívicos e grupos de pressão, como, por exemplo, o grupo dos cafeicultores. A dissensão punia-se rotineiramente nas urnas. A autoridade do Governador tinha também a sustentá-la a violência e a proibição de acesso aos serviços públicos e às oportunidades. Partido de panelinhas, o PRM era suficientemente coeso para apoiar um Governador inovador como João Pinheiro (1906-1908), suficientemente flexível para sobreviver às divergências

---

[73] Nesse período, Minas estava olhando para dentro de si mesma, mas não se achava isolada na política nacional, como acontecia com o Rio Grande. Colaborou ativamente com São Paulo para garantir a eleição de Prudente de Morais e Campos Sales, os primeiros Presidentes civis. Por seu turno, a procura de aliados pelos paulistas, para consolidar o regime civil depois de 1894, significava que os mineiros, unidos, assumiriam inevitavelmente uma posição de preeminência nos assuntos nacionais.

entre os chefes regionais, como, por exemplo, a rivalidade entre Silviano e Bias Fortes, e suficientemente forte para acomodar novos chefes que surgiam, como Artur Bernardes e Raul Soares, da Mata. Mas o PRM estilhou-se na última e mais grave crise sucessória da República Velha. Pela primeira vez, desde a queda de Alvim em 1892, Minas entrou violentamente em choque com o Catete.

Brecha na política do café-com-leite   Finalmente, tendo-se espedaçado a máquina estadual em 1929, Minas passou a ser, cada vez mais, um cliente do Poder Central. Esta foi uma conseqüência inesperada da Revolução de 1930, a qual, como observou o embaixador britânico, "representou em Minas a determinação do povo, dirigido pelos seus chefes políticos, de alijar a turma de São Paulo do Governo Federal ou, melhor, de impedir a posse de um segundo Presidente paulista consecutivo. Não havia, por trás dessa determinação, nem zelo nem idéias de reforma. Aos olhos dos mineiros, a velha ordem era muito boa, contanto que o seu Estado mandasse.[74] Enfraquecido pelas dissensões internas, o outrora poderoso PRM emergiu da Revolução de 1930 como uma facção minoritária capitaneada por Artur Bernardes. Olegário Dias Maciel, o Governador octogenário, impediu a desintegração do Estado até o ano de 1933, quando faleceu em razão de causas naturais, mas teve pouca liberdade de ação no meio das correntes políticas que se entrecruzavam nos primeiros anos de Vargas. Para sobreviver, Maciel tivera de cooperar muito intimamente com Vargas, e Minas assumiu o *status* de cliente. O PRM não conseguiu reviver a aliança entre Minas e São Paulo e Bernardes foi exilado. Internamente, essa fase foi marcada pela mudança decisiva do poder econômico para a zona central, onde a metropolitana Belo Horizonte aparecia como um pólo dinâmico de crescimento. A mudança dos padrões regionais de desenvolvimento assistiu ao declínio de muitos municípios na Mata e no Sul, associado à ascensão de novas cidades na zona pioneira do Leste e ao continuado progresso do Triângulo. Os velhos coronéis não desapareceram; ao contrário, vários se ajustaram ao Estado em expansão e às burocracias federais, que ofereciam maior patrocínio aos chefes locais.[75]

---

[74] Sir W. Seeds. *Brazil. Annual Report, 1930*, p. 23. Grã-Bretanha, PRO: FO 371/15067: 3749.

[75] Essa generalização deveria ser posta à prova por um estudo sistemático da política local em âmbito estadual. Veja José Murilo de Carvalho, "Barbacena: a família, a política e uma hipótese", *Revista Brasileira de Estudos Políticos*, nº 20 (Rio de Janeiro, 1966), especialmente às pp. 172-77.

Ascensão de Benedito Valadares   Em 1933, Vargas nomeou um Governador substituto – Benedito Valadares – que congregou uma nova facção majoritária de ex-perremistas e novas caras políticas e governou até 1945. Os críticos afirmaram que Benedito (político desconhecido) fora escolhido para ser apenas um "pau-mandado" de Getúlio. Embora fosse cliente de Vargas, Valadares, astutamente, elevou o *status* das relações entre ambos ao de uma aliança. Claro está que nunca pairaram dúvidas sobre quem mandava. Na esperança de proteger os remanescentes da autonomia estadual, Valadares tentou, sem muita convicção, opugnar os planos do golpe do Estado Novo. Vargas ridicularizou-lhe a manobra, definindo-a como uma "guampada de boi manso", e o seu parceiro subordinado voltou ao que se chamou "a arte [mineira] de apoiar o Governo e nele permanecer".[76] Minas agüentou o *coup d'état*, e o sistema federal foi abolido em 1937.

Tendo estabelecido uma cronologia política, examinemos agora os principais elementos do Poder estadual, divididos em seus aspectos econômicos, fiscais, militares e políticos.

Minas figurava em segundo lugar, depois de São Paulo, na produção agrícola e industrial bruta, vindo o Rio Grande em terceiro. E ao passo que os paulistas ampliavam a vanguarda que sempre haviam ocupado desde os últimos tempos do Império e os gaúchos se emparelhavam com Minas no correr da década de 1930, os mineiros gozavam de uma economia em expansão (sujeita, naturalmente, a tendências cíclicas). A produção de cereais básicos, carne bovina e laticínios aumentou, ao mesmo tempo que o café, de que Minas era o segundo produtor, representava a mais valiosa exportação do Estado. Os primeiros produtos têxteis na década de 1870 e depois o aço, nas décadas de 1920 e 1930, foram manufaturados para o consumo nacional. Mas a produção do Estado se baseava principalmente na agricultura e na pecuária. Com efeito, fazia muito tempo que Minas deixara de ser uma economia de mineração, muito embora algum minério de manganês e de ferro fosse exportado por ocasião da Primeira Guerra Mundial e a mineração do ouro continuasse.

Recuo da economia mineira   A economia de Minas não estava estagnada, como às vezes se imagina. Mas estava sujeita a diversas deficiências, que perturbaram os contemporâneos. Entre elas se incluíam uma

---

[76] Sobre uma astuta avaliação de Valadares como Governador e Líder do PSD durante a Revolução de 1964, veja "Coluna do Castello: o chefe e o modelo do PSD de Minas", de Alberto Castello Branco, *Jornal do Brasil* (29 de março de 1973), p. 4.

baixa renda *per capita*, baixa produtividade, sistema de transportes inadequado e o fato básico de que Minas, com as suas diferentes regiões, não era uma unidade econômica coerente. Além disso, em contraste com os outros dois líderes, Minas propendia, cada vez mais, a tornar-se um produtor marginal de todos os itens do setor primário de exportação, com exceção dos laticínios. O Rio Grande e São Paulo produziam mais eficientemente para o mercado brasileiro; São Paulo abiscoitava a parte do leão dos lucros provenientes do mercado externo e dos seus benefícios, tais como imigrantes, empréstimos e investimentos de capital; Minas já se havia menos bem em ambos os mercados. Não se tratava de estagnação. Era uma situação de *declínio relativo*, que afetava as fortunas políticas a longo prazo de Minas Gerais, o Estado mais populoso do Brasil.

Simultaneamente, Minas era puxada para o pólo de desenvolvimento de São Paulo, embarcando matérias-primas, comprando artigos industriais e gêneros alimentícios processados. Isso tinha o efeito de uma incipiente relação de dependência neocolonial, posta em destaque pelo orgulho paulista e pela atitude de condescendente superioridade dos paulistas ricos que passavam as férias nas estações de águas mineiras de Poços de Caldas, Caxambu e São Lourenço. Claro está que o dito "onde anda o mineiro lá pára o progresso" não era verdadeiro, nem que fosse pela habilidade demonstrada por milhares de mineiros que exerciam suas atividades em São Paulo. Mas o dinamismo paulista era um fato. Outro dito, "onde a estrada acaba começa Minas", assinalava a distância cada vez maior entre o desempenho de um Estado e o de outro. Minas, que foi durante muito tempo o centro de criação de gado no Brasil, perdeu inúmeras oportunidades no mercado nacional e no estrangeiro; por volta dos anos 20, os paulistas começaram a suplantar os mineiros como fornecedores de produtos pecuários ao Distrito Federal. Depois de 1930, São Paulo passou a ser um exportador líquido para o resto do Brasil, e o balanço comercial de Minas com o seu vizinho piorou.[77] A indústria era um ponto brilhante desse qua-

---

[77] São Paulo ultrapassou Minas na década de 1880. Sobre a impressão de um mineiro antigo, veja Virgílio Martins de Melo Franco, *Viagens pelo interior de Minas Gerais a Goiás* (Rio, 1888), pp. 193-94. Sobre São Paulo como exportador, veja Warren Dean, *A Industrialização de São Paulo, 1880-1945* (Difusão Européia do Livro e Editora da Universidade de São Paulo, 1971), pp. 206-07, e Raymundo Pereira Brazil, *Minas Gerais na grandeza do Brasil* (Belo Horizonte, 1936), p. 478. Segundo Pereira Brazil, Minas importou mais de 700.000 contos de mercadorias em 1936, dois terços dos quais vieram de São Paulo, dando a São Paulo um balanço comercial favorável em relação ao Estado mineiro de mais de 100.000 contos.

dro: como se vê pela *Tabela 1*, a manufatura mineira passou, de 19% da produção paulista, para, aproximadamente, 22%. Mas, num contraste lamentável, a agricultura declinou de 72% para 61,9% da produção de São Paulo, por volta de 1939. A migração para outros Estados acentuou-se, e a população do Estado quase deixou de crescer entre 1920 e 1940.

TABELA 1

PRODUÇÃO AGRÍCOLA E INDUSTRIAL BRUTA*

Estado	Agricultura	Indústria	A e I	A e I como % de São Paulo	% de declínio relativo
São Paulo					
1920	1.210.7	9.149	2.125.5		
1939	2.810.4	2.810.4	5.704.3		
Minas Gerais					
1920	872.4	174.2	1.046.6	49,23	
1939	1.789.4	621.7	2.411.1	42,26	-14,16
Rio Grande					
1920	465.8	353.7	819.6	38,55	
1939	1.590.8	670.2	2.261.0	39,63	+02,8
Pernambuco					
1920	302.9	138.4	441.3	20,76	
1939	525.8	359.4	885.2	15,51	-25,29

* Os valores de 1920 são dados em contos de réis; os valores de 1939 são dados em cruzeiros de 1969 (milhões).
FONTE: veja a nota n.º 78.

---

[78] As cifras do recenseamento de 1920 estão em *Cifras e Notas (Economia e finanças do Brasil)*, de João Lyra (Rio, 1925), pp. 44-45, e nas estimativas das contas nacionais, a começar em 1939, feitas pela Fundação Getúlio Vargas, que aparecem em *Conjuntura Econômica*, vol. 17, n.º 6 (junho de 1970), p. 55. Comparado com o de Pernambuco, o declínio de Minas em relação a São Paulo foi menos pronunciado. Não incluí o setor terciário nessas comparações porque Lyra não o enumera. Em 1939, contudo, os produtos totais de Minas, Rio Grande e Pernambuco eram 32,1%, 32,7% e 14,2% do produto total de São Paulo.

TABELA 2

(a) AUMENTO DA POPULAÇÃO MINEIRA, 1872-1940 (em 000)

Ano do censo	1872	Taxa de aumento	1890	Taxa de aumento	1900	Taxa de aumento	1920	Taxa de aumento	1940
Minas	2.103	2,3%	3.184	1,2%	3.594	2,5%	5.888	0,7%	6.736
Brasil	10.112	2,0%	14.334	1,9%	17.319	2,9%	30.636	1,5%	41.236

(b) MINEIROS NATOS E O LUGAR DE PRESENÇA, 1940

MG	Total fora de MG	Total
6.542.747	778.605 (11%)	7.321.352

BA	GO	ES	RJ	PA	DF	SP
39.767	69.602	54.090	99.440	40.479	114.214	348.676

FONTE: Veja a nota n.º 79.

Os mineiros não atribuíam a sua situação de relativo declínio a fatores culturais, como o conservantismo e o medo do risco, mas às condições do mercado e a acidentes geográficos. A proximidade do pólo de crescimento paulista fazia do Triângulo e do Sul de Minas parte natural do mercado de São Paulo, a que essas duas zonas estavam ligadas por boas comunicações. A Mata, outro produtor importante de produtos primários, se integrara no Rio de Janeiro, ao passo que o Norte, zona pecuária atrasada, se voltara para a Bahia desde os tempos coloniais. Por mais desejável que isso fosse politicamente, qualquer integração significativa do mercado de Minas era economicamente impossível enquanto a área metropolitana de Belo Horizonte não se tornasse importante pólo de crescimento por direito próprio, o que só começou a acontecer na década de 1920.[80] Além disso, a lógica econômica que ajudou a justificar a constru-

---

[79] A Tabela 2 (a) acima baseia-se em cifras do IBGE. O recenseamento de 1872 deduziu do total nacional 1 milhão, e o recenseamento de 1920 aditou-lhe 3 milhões. É possível que o total de Minas de 1920 fosse mais inflacionado do que a maioria dos totais dos outros Estados. Nesse caso, a taxa de crescimento do Estado entre 1920 e 1940 seria um pouco mais elevada. Fosse qual fosse a verdadeira taxa de crescimento, a migração para fora do Estado nos meados da década de 1920 foi substancial. A Tabela 2 (b) é tirada do IBGE, "O aproveitamento das apurações do censo demográfico de 1940 para a determinação das correntes de migração interior", *Estudos de estatística teórica e aplicada* (Rio, 1948), pp. 9-10, p. 20.

[80] Veja a excelente exposição de Paul Singer sobre o papel de Belo Horizonte em seu *Desenvolvimento econômico e evolução urbana* (São Paulo, 1968), pp. 199-269.

ção de uma nova e cara capital estadual permaneceu teórica, até que Minas criou uma rede melhor de transportes, o que só veio a ocorrer quase no fim do nosso período, nos anos 20.

Cercada de terra por todos os lados, Minas dependia do Rio e de Santos para os serviços de exportação, o que favorecia as firmas exportadoras e importadoras desses dois portos e atraía capital para bancos situados fora do Estado. As grandes somas depositadas nos bancos do Rio acentuavam as oportunidades de investimento em obrigações federais, no comércio e na indústria do Distrito Federal. Vários governadores tentaram inverter esse fluxo de dinheiro e lucros, estimulando o estabelecimento de bancos em Minas, com agências nos centros de exportação. Mas o grande período dos bancos mineiros, que hoje está em declínio, só começou com o crescimento comercial de Belo Horizonte, depois da Primeira Guerra Mundial. Além disso, o crédito destinado à agricultura e à pecuária era sempre muito curto. Para expandir a região de mercado de Belo Horizonte, o Congresso autorizou a criação de uma alfândega no interior, em 1925. O mesmo raciocínio – estimular o mercado interno, gerando maiores receitas no Estado e pondo fim à dependência "colonial" de Minas em relação ao litoral – foi utilizado em 1893 para justificar uma alfândega seca em Juiz de Fora.[81] Os Governadores também pediram ao Congresso que concedesse taxas favoráveis de fretes, proteção tarifária para os produtos mineiros e créditos ferroviários, como será ventilado mais adiante.

As rendas estaduais aumentaram, se bem que não aumentassem com a mesma rapidez quanto as arrecadadas em São Paulo e no Rio Grande. Entre 1897-1906 e 1927-1936, a quota dos três grandes do total das rendas estaduais aumentou de 46 para quase 68%. Durante esse período, a quota mineira aumentou 5%, o que lhe deu 15,7% de todas as rendas estaduais. São Paulo ganhou mais 8,5%, para ficar com 37,8% do total das receitas estaduais. Seguia-se o Rio Grande, com um aumento de 8%, o que o levava quase a emparelhar com Minas em receitas estaduais.[82]

Mas, se eram relativamente favoráveis as condições de Minas dentro da Federação, o Estado se via criticamente falto de fundos no tocante à

---

[81] As duas alfândegas foram construídas com dinheiro do Estado, mas nenhuma delas entrou em operação em virtude do início da crise em 1897 e em 1929. Tendo "perdido" a capital para Belo Horizonte, Juiz de Fora com o seu parque industrial e os seus estabelecimentos comerciais era a localização lógica e politicamente conveniente da primeira alfândega.
[82] Brasil, IBGE, *Anuário estatístico do Brasil*, Ano V, 1559/1940 (Rio, s/d), p. 1.416.

sua população, numerosa e, na maior parte, dolorosamente atrasada. A despeito das boas intenções, nenhum Governador até Antônio Carlos de Andrada (1927-1930) foi capaz de transferir um quinhão significativo do encargo fiscal para os proprietários de imóveis rurais.[83] Ainda na década de 1930, o Estado dependia muito dos Impostos de Exportação, notadamente sobre o café. As desvantagens desses impostos eram muito conhecidas dos contemporâneos. Em primeiro lugar, onerava os produtores e estorvava o desenvolvimento do comércio interestadual. Em segundo lugar, altamente vulnerável a súbitas variações dos preços internacionais, tornava caótico o processo orçamentário. E mesmo quando as exportações aumentavam, como aconteceu nas décadas de 1890 e de 1920, as rendas continuavam insuficientes para financiar escolas, saúde pública e projetos de infra-estrutura. Em tempos de vacas magras, como, por exemplo, no período de 1898-1911 e no início da década de 1930, os serviços estaduais reduziam-se drasticamente. Em face dessa base fiscal restrita e vulnerável, Minas, na realidade, em matéria de arrecadação, era mais fraca do que poderia dar a entender à primeira vista, a sua posição de segunda força econômica do Brasil.

Os pagamentos das dívidas totalizavam, em média, 21,4% do orçamento entre os anos de 1897 e 1923. A maior parte do capital emprestado pelo estrangeiro, de origem francesa, foi usada para financiar a construção de Belo Horizonte, melhorias municipais, um banco de crédito agrícola e um plano de consolidação dos títulos da dívida pública em 1918. Abalado pela crise da década de 1890 e preocupado com a fraqueza da base fiscal do Estado, o Governo relutou em contrair novos empréstimos, preferindo visar ao equilíbrio orçamentário e ao resgate das dívidas. Conquanto a classificação do crédito de Minas no exterior fosse boa, o Estado não dependia de remessas e investimentos estrangeiros para completar as suas rendas, como acontecia com São Paulo. Na próspera década de 1920, por exemplo, o Estado gastou apenas 8% do seu orçamento em pagamentos de dívidas e resgatou a dívida francesa, contraída antes da

---

[83] Introduzido em 1901 por Silviano, o Imposto Territorial raras vezes produziu mais do que 5 a 6% das rendas do Estado até 1928, quando, graças a uma administração melhor, se elevou para 9,3%. Por volta de 1933, esse imposto contribuía com 15,8%. Minas Gerais, Secretaria da Fazenda, *Finanças do Estado de Minas Gerais, período republicano, 1890-1953* (Belo Horizonte, 1954). Nenhum Governador se atreveu a redistribuir a propriedade da terra através desse mecanismo fiscal, uma velha idéia do Império. Além disso, os magros resultados indicam que o sistema político era incapaz de extrair recursos, eficiente ou adequadamente, das classes proprietárias.

guerra. A despeito de se obterem empréstimos norte-americanos com facilidade em toda a América Latina, os mineiros mantinham a sua maneira conservadora de encarar os empréstimos estrangeiros.[84] Depois de 1930, o capital estrangeiro secou e Minas passou a recorrer fartamente aos empréstimos nacionais, como São Paulo.

<small>A "era do federalismo armado"</small> Esse período denominou-se "a era do federalismo armado" porque durante boa parte da década de 1930 os três grandes manejaram forças militares estaduais.[85] Utilizaram as milícias para sustentar a sua autonomia em relação ao Poder Central, visto que os Executivos dos Estados mais fracos estavam sujeitos a freqüentes intervenções federais. Militarmente, contudo, as forças mineiras eram inferiores às gaúchas, se não em número, pelo menos em combatentes experimentados, e às dos paulistas, que tinham o dobro de homens em armas e podiam proporcionar aos seus soldados um bom equipamento, incluindo uma missão estrangeira de treinamento. Nunca superior a 3.000 homens até 1922, a Força Pública Mineira via-se em papos-de-aranha para policiar um Estado que tinha aproximadamente o dobro do tamanho das duas outras unidades. Mesmo na década de 20, politicamente tão perturbada, Minas teve em armas um máximo de 4.000 homens, mal armados e mal pagos. Depois da Revolução de 1930, porém, essa força chegou a quase 7.000 homens regulares e, na véspera do golpe de 1937, fora aumentada para quase 10.000 homens. Usando verbas, equipamento e oficiais federais, o aumento ocorreu à medida que o Estado se aproximava cada vez mais da órbita de Vargas.[86] Uma das razões por que Vargas escolheu Valadares para governar Minas em 1933 foi o fato conve-

---

[84] O pagamento das dívidas de Minas caiu para um surpreendente 2% do orçamento em 1928, e elevou-se modestamente a uma média de 15,8% de 1930 a 1937. Esses algarismos são computados como percentagem do verdadeiro orçamento do Estado, que se encontra nos *Relatórios* anuais publicados pela Secretaria da Fazenda. Em 1930, virtualmente todas as dívidas estrangeiras, relativamente pequenas – 1.775.000 libras e 16.155.000 dólares – foram assumidas por Antônio Carlos em 1928 e 1929. IBGE, *Anuário*, V, pp. 1.424-25. Note-se que a dívida de Minas em dólares ficava muito aquém dos 52 milhões devidos pelo Rio Grande do Sul e dos 47,5 milhões que São Paulo tomara emprestados entre 1921 e 1929. Veja Valentim Bouças, *História da dívida externa*, 2ª edição (Rio, 1950).
[85] Melo Franco, *Um Estadista da República*, II, p. 1.043.
[86] As estimativas da Força são tiradas dos *Relatórios* anuais publicados pelo Secretário do Interior e, em relação à década de 1930, dos *Relatórios* do Comandante da Força Pública Mineira.

niente de que o Major Ernesto Dornelles, Comandante nomeado da Força Pública, sobre ser primo de Getúlio, era concunhado de Benedito.

Até 1930, Minas não precisou de grandes forças. Primeiro que tudo, ocupava excelente posição estratégica como retaguarda militar do Rio de Janeiro e estendia-se ao longo do corredor Rio–São Paulo. Enquanto permaneceu leal ao Presidente – como sempre o fez, exceto em 1930 – liberou as forças federais para que estas pudessem agir em outros lugares. Além disso, a máquina estadual poderia ter mobilizado vários milhares de soldados irregulares, ou Batalhões Patrióticos, na eventualidade de um acerto de contas com o Poder Central. Isso aconteceu apenas uma vez, em 1932, quando Minas enfrentou São Paulo, aliada ao Exército Federal. De mais a mais, o Governador do Estado zelava sempre pela lealdade da sua milícia, tornando assim pouco provável um *putsch* de inspiração federal ou um golpe desferido por uma facção rival.

O "senso da ordem" Com efeito, o principal ativo do Estado não era o poder econômico nem a força militar, mas a unidade política. Minas unida proporcionava ao Presidente a legitimidade e o apoio de que este necessitava para fazer funcionar o sistema federal. Nenhum Presidente, com exceção do mal-sorteado Washington Luís, tentou governar a nação sem Minas. Não tendo conseguido dirigir um golpe militar em Ouro Preto em 1891, o General Floriano Peixoto passou a tratar os mineiros com muito cuidado. Estes, por seu turno, apoiaram-no durante a revolta naval e a guerra civil rio-grandense. O Marechal Hermes da Fonseca conteve alguns ardorosos oficiais subalternos que pretendiam intervir em 1912, visando provavelmente a substituir a máquina estadual por um Governo salvacionista. Washington Luís ameaçou intervir e colocou a guarnição federal de Juiz de Fora em estado de alerta durante quase toda a campanha de 1929-30. Pressionando Minas, enfraqueceu, deliberada e temerariamente, um dos principais pilares da República Velha; relutantes, os mineiros se encaminharam para a revolução. O próprio Vargas repudiou uma tentativa de *putsch* em 1931, que se propunha derrubar o Governador Olegário Maciel. Em troca disso, recebeu apoio militar e político contra São Paulo em 1932.[87] Caricaturalmente

---

[87] Tanto o movimento de 1891 quanto o de 1931 foram erros de cálculo, quando, no Rio, o Governador do Estado parecia estar mais fraco do que realmente estava. Em 1891, a elite do Estado apoiou Cesário Alvim, assim como a facção majoritária, o secretariado e a milícia permaneceram leais a Olegário Maciel quarenta anos depois. Alvim renunciou em 1892, mas teve o cuidado de não cindir irrevogavelmente a elite, o que teria estimulado a intro-

famosos pelo seu "grave senso da ordem"[88] e pela defesa do *status quo* político, os mineiros eram importantes por serem uma força política coesa. Isto focaliza a nossa atenção no PRM, que governou durante a segunda fase, a fase clássica, da política de Minas.

O PRM nunca foi monolítico como o PRR de Júlio de Castilhos e Borges de Medeiros. Era, antes, um *collegium* dos principais Chefes regionais, como o PRP de São Paulo. Por ocasião da escolha de um novo Governador ou Presidente, a máquina estadual era sempre sacudida por conflitos entre os principais chefes. Resolvido, porém, o problema da sucessão, a liderança sempre conseguia fundir-se (até 1929) a fim de preservar a frente unida no Congresso. Os mineiros, nesse sentido, se houveram melhor do que os baianos, que se cindiram no princípio da década de 1900 e sofreram um rápido declínio nacional. Comportamento tanto mais notável quanto os dois Estados vizinhos pouco deferia um do outro: ambos tinham economias desarticuladas, sub-regionais, populações empobrecidas, isoladas, em outras palavras, as clássicas condições do localismo e do coronelismo.[89] Por que, então, Minas não imitou a Bahia e figurou ao lado das vigorosas máquinas estaduais do Rio Grande e de São Paulo?

Unidade interna   Entre as razões da unidade mineira estava a sua bem desenvolvida cultura política – misto de patriotismo regional, experiência política e valores cívicos. Tiradentes, que dera a vida pelo ideal de Minas, simbolizava a crença na viabilidade da sua região, depois que ela tivesse lançado de si as peias coloniais, centralizado a capital e desenvolvido uma base econômica. O seu patriótico chamado à ação ainda instigava gerações subseqüentes. Essa cultura política era, em parte, um legado do Império, quando Liberais, Conservadores e os Republi-

---

missão federal. Maciel, octogenário, pareceu inepto a Osvaldo Aranha e a Virgílio de Melo Franco, dois membros influentes do grupo revolucionário que cercava Getúlio Vargas. O fracasso deles ajudou a desacreditar Virgílio junto à elite de Minas, abrindo assim o caminho para a escolha, feita por Vargas, de um Governador substituto em 1933. O incidente de 1912, em compensação, não teve a mesma importância.

[88] Era este o modelo de retórica para os políticos em banquetes e comícios, incluindo Gilberto Freyre, que, num discurso pronunciado na Faculdade de Direito de Belo Horizonte, no dia 16 de julho de 1946, declarou: "Grave senso da ordem é uma frase saída de Minas, do mais profundo do ser mineiro, e impregnada da mais pura mineiridade, que o Brasil inteiro conhece." Gilberto Freyre, "Ordem, Liberdade, Mineiridade" (Rio, 1946), p. 7.

[89] Sobre as condições baianas, veja Eul-soo Pang, "The Revolt of the Bahian Coronéis and the Federal Intervention of 1920", *Luso-Brazilian Review*, vol. VIII, n.º 2 (dezembro de 1971), pp. 3-25. Vastas partes do interior se encontravam fora do controle político efetivo de Salvador.

canos nascentes competiam pelas 20 cadeiras da bancada nacional e pelas 40 da Assembléia Provincial. A República reprimiu a competição interpartidária. mas, em 1889, a elite já se familiarizara com os modos de interação que tendiam a ser mais sofisticados do que o coronelismo do interior baiano. As habilidades do legislador, numa palavra, a flexibilidade e a capacidade de barganhar, eram reforçadas pelo fácil acesso à capital nacional e pela tradição urbana de Minas. É possível que as cidades mais antigas e estabelecidas da mineração, no centro, fossem de fato mais cosmopolitas do que os centros agrários mais novos, mais conservadores e talvez mais autoritários da Mata e do Sul.[90] Uma cultura cívica da elite desenvolveu-se durante o *boom* da mineração no século XVIII, e acreditamos poder dizer com segurança que esse legado foi transmitido pela elite que migrou para as muitas cidadezinhas de Minas Gerais.

A elite político-econômica Entre os mais fatores de unidade é mister citar a elite política intimamente unida do Estado. Com raras exceções, só mineiros natos militavam na política.[91] Em sua maior parte, essa elite se socializara numas poucas e conhecidas escolas secundárias e faculdades de ensino superior. Em 1891, um dos primeiros objetivos da elite era fundar uma escola de Direito mineira; a educação deveria fazer-se em casa, não no Rio nem em São Paulo. Advogados e profissionais liberais dominavam o PRM, como tinham dominado os velhos partidos imperiais, mas estavam bem integrados numa sociedade esmagadoramente agrária. Não existiam clivagens entre a agricultura e a indústria, entre a cidade e o campo. Alguns dos mais preeminentes chefes do PRM dividiam o tempo entre o exercício da advocacia, a administração das suas fazendas e a direção das suas pequenas fábricas. Lembramo-nos de Wenceslau Brás no Sul, de Ribeiro Junqueira na Mata e de Francisco Sales no Sul e no Centro. Era de esperar essa diversidade ocupacional numa sociedade que passava por uma rápida comercialização e uma industrialização precoce.

A elite estava ligada por extensos laços familiais, como o observou Rebelo Horta.[92] Por volta de 1890, contudo, e a não ser nas zonas mais isoladas, os velhos clãs passavam por célere mudança numa economia em expansão. Com efeito, o poder da família se estribava no poder econômico,

---

[90] Melo Franco, *Um Estadista da República*, I, pp. 188-89.
[91] Assis Barbosa, *Juscelino Kubitschek*, nota de pé de página n.º 50, pp. 235-36.
[92] Cid Rebelo Horta, "Famílias governamentais de Minas Gerais", pp. 43-91, no *Segundo seminário de estudos mineiros,* da Universidade de Minas Gerais (Belo Horizonte, 1956).

de modo que se registrava alguma mobilidade ascendente e descendente na hierarquia. Embora se ufanasse das suas origens, a elite estava aberta ao dinheiro novo. Por sua vez, a tarefa de ganhá-lo era facilitada pelos laços de parentesco, pelo filhotismo, pelo genroísmo e pela proteção que dispensavam famílias estabelecidas. Outros grupos sociais eram eficazmente cooptados por um "clientelismo" difuso, que regulava as relações através do espectro social. Era muito pouco provável irromperem conflitos de classes nessas condições.

Se, em grande parte, as bases sociais da política mineira permaneceram inalteradas, a sociedade não era estática. Inúmeros mineiros que não conseguiam encontrar satisfação econômica em Minas migravam em busca de outros ares. Economicamente, a migração era uma prova cabal das relações neocoloniais que se desenvolviam entre Minas e São Paulo. Do ponto de vista político, ela provavelmente aliviou as pressões acumuladas sobre uma sociedade esmagadoramente rural. Por volta de 1920, apenas 11% da população viviam nas sedes dos municípios, e, em 1940, a percentagem não ultrapassava 25%.[93] Em face dessas condições rurais, não é muito para admirar a continuidade de certos nomes de família. Por seu turno, todavia, a mesma continuidade foi minada pela migração e pela criação de novos municípios. O importante aqui é que o estilo patriarcal de política, que desagradava aos brasileiros da classe média residentes nas grandes cidades, não se dissipou em Minas com a Revolução de 1930. Quase todas as principais famílias tinham um "carcomido" guardado no armário.

Alguns fatores institucionais também explicam a coesão da máquina política. Em seu estudo clássico do coronelismo, Nunes Leal mostrou que a Constituição de 1891 esvaziou os Governos municipais, tornando os Chefes locais economicamente dependentes do Governo do Estado para obras públicas e nomeações políticas.[94] Em troca de favores econômicos, os coronéis davam votos. Graças à prosperidade, as rendas municipais das zonas mais produtivas de Minas aumentaram na década de 1890. Isso fortaleceu os coronéis, como promoveu a expansão do eleitorado, que dobrou depois

---

[93] Em 1920, apenas 5% de todos os mineiros viviam em cidades de mais de 5.000 habitantes, linha divisória entre as populações urbanas e as populações "rurais concentradas". Vinte anos depois, apenas 12% viviam num ambiente verdadeiramente urbano. Veja Yves Leloup, *Les villes du Minas Gerais* (Travaux et memoires de l'Institut des Hautes Etudes de l'Amérique Latine, 25) (Paris, 1970), especialmente a Tabela 5, p. 21.
[94] Victor Nunes Leal, *Coronelismo, enxada e voto; o município e o regime representativo no Brasil* (Rio, 1948), especialmente pp. 51, 109.

do Império, e aumentou o número de cargos eletivos em todos os níveis. Mas o começo da crise lhes enfraqueceu a base da renda, e isso ajudou o emergente PRM a consolidar o seu domínio sobre a maioria dos Governos locais por volta de 1898. Alguns municípios mais ricos, como Leopoldina, de Ribeiro Junqueira, tiveram maior liberdade de manobras na flexível estrutura do PRM do que a maioria das localidades. O Triângulo, próspero, mas geograficamente isolado de Belo Horizonte, gozava de uma frouxa afiliação que sempre preocupou o PRM. Para a maioria dos coronéis, entretanto, havia apenas uma ordem: nunca se opor ao Governador.

Coerção, eleições fraudulentamente manipuladas e a cooptação de grupos econômicos eram alguns dos métodos usados pelo PRM para manejar os coronéis. No entanto, sem a ativa cooperação de líderes locais, a política teria degenerado numa guerra coronelística, como a que assolou a Bahia e não era infreqüente no norte de Minas. À diferença da Bahia, Minas Gerais tinha receita suficiente para oferecer alguma coisa a cada zona. Claro está que a Mata e o Sul recebiam a parte do leão dos benefícios, porque pagavam a maior parte dos impostos e dominavam o PRM. Não obstante, a porta para as obras públicas, mormente estradas de ferro, de que todas as zonas tinham grande necessidade, estava no Palácio da Liberdade. Além disso, a máquina política assegurava uma frente unida no Congresso, de modo que Minas se encontrava em boa posição para exigir favores econômicos e nomeações do Governo Federal em troca de apoio político.

Como o Estado mais populoso da nação, Minas Gerais possuía o maior eleitorado e ocupava o primeiro lugar no número de cadeiras no Congresso – 37, em relação às 22 de São Paulo e Bahia, e às 16 do Rio Grande do Sul. (Desde a Constituinte de 1933 até o golpe de novembro de 1937, a composição das bancadas estaduais permaneceu idêntica à de 1891.) Durante a fase introspectiva, Minas não pôde mobilizar o seu potencial eleitoral para influir plenamente no sistema nacional. Entretanto, desde a eleição presidencial de 1902, procediam de Minas pelo menos 20% de todos os votos depositados nas urnas em eleições presidenciais. Essa força eleitoral, associada a uma bancada grande e disciplinada – apelidada "a carneirada" –, eram os instrumentos do poder mineiro na arena nacional.

Depois do recenseamento de 1920, era manifesto que a população de São Paulo, florescente, não tardaria a ultrapassar a de Minas. Os paulistas exigiram uma redistribuição, enquanto acusavam Minas de aumentar artificialmente a sua população com finalidades políticas. Minas, por exemplo, afirmara ter 7.400.000 habitantes nas eleições de 1930. Ora, segundo se verificou, essa estimativa superava em 700.000 o total de habitantes recenseados em 1940! (Quase todos os Estados aumentaram as suas populações em 1930, por causa do censo inflacionado de 1920, mas desconfiava-se de que Minas houvesse aumentado mais do que os outros.) A retribuição veio quando a máquina estadual mineira, cindida em 1929, não pôde impedir a perda de 14 cadeiras no Congresso para a oposição pró-paulista, ficando seu bloco reduzido a 23. Essa era a redistribuição, ao estilo paulista. O desastre foi agravado pela perda de todas as presidências de comissões e pela imposição de sanções econômicas federais, coisa que nunca, até então, se fizera a Minas. Tratados como um pequeno Estado, os mineiros optaram, relutantes, pela revolução. Tal foi a primeira das várias cisões ocorridas na máquina estadual, outrora poderosa, que facilitaram a manipulação pelo Presidente, inclusive a nomeação de Benedito Valadares para interventor em 1933. Entrementes, Vargas criou o seu próprio bloco de eleitores no Congresso, formado de 40 deputados de "classe" (profissionais), maior do que a delegação de qualquer Estado. Essa era a redistribuição, ao estilo de Vargas.

Na distribuição do poder, os recursos mineiros se avantajavam aos de qualquer outro Estado, com exceção dos três grandes. Era evidente, porém, que Minas impressionava relativamente menos do que os outros dois "grandes" pela sua força e potencial econômico, pela sua capacidade de gerar rendas estaduais e pelo seu poderio militar. E mercê dessa fraqueza *relativa*, sobretudo econômica, Minas dependia, logicamente, mais do Governo Federal que os outros dois líderes. Em outras palavras, os mineiros não tinham outra saída senão representar um papel central na política nacional, a arena em que poderiam utilizar o seu grande poder político para defender e promover os próprios interesses.

Esta foi uma deliberada alteração na política. Na década de 1890, o Estado tentou financiar o seu desenvolvimento sem recorrer a grandes remessas da União. Inicialmente, os mineiros tentaram fazer o que os paulistas tinham feito durante a República Velha. Gastaram-se grandes somas em imigração, empréstimos ferroviários e subsídios, e na nova capital estadual. Entre 1894 e 1898, os gastos extra-orçamentários chegaram a 71,2 mil contos, além das despesas orçamentárias, que totalizaram 88,3 mil contos.[95] Alimentados por empréstimos e pelas rendas em expansão

---

[95] As despesas gerais são dos *Relatórios* da Secretaria da Fazenda. Os gastos extraordinários se enumeram retrospectivamente no *Relatório* de 1899, p. 7.

do café, os orçamentos expansionistas da década de 1890 espelhavam a euforia, o otimismo e a confiança com que os mineiros encaravam o futuro como Estado "soberano" na República federada.

Começando em 1897, a crise agrícola mundial atingiu duramente Minas, prenunciando quase 15 anos de déficit e orçamentos austeros. O pessimismo passou a predominar; a elite nunca recuperou de todo o antigo otimismo. Assim como a construção de estradas de ferro com capital estrangeiro cessou de repente, assim também a imigração foi um fracasso. Depois de 1900, verificou-se uma emigração de estrangeiros, muitos dos quais foram juntar-se ao *pool* da mão-de-obra paulista. Por volta de 1920, com apenas 14,9 estrangeiros por 1.000 habitantes, Minas estava muito mais próxima dos 5,8 estrangeiros de Pernambuco do que dos 181,5 de São Paulo.[96] A crise coincidiu com a ascensão do PRM e, de fato, a facilitou e legitimou. Tanto econômica quanto politicamente estava encerrada a fase introspectiva, e Minas buscou uma relação mais íntima com a União.

Na regionalística República Velha, nenhum Estado isolado poderia dominar a Federação. Por falta de um sistema viável de partidos nacionais, a política centralizava-se em torno de coalizões instáveis durante as eleições, negociadas entre os partidos e facções estaduais desiguais. Os três grandes dominavam, mas as forças secundárias, como a Bahia, o Rio de Janeiro e Pernambuco, também representavam papéis importantes nessas coalizões temporárias. Depois de 1901, conseguiu-se alguma estabilidade no tempo do Presidente Campos Sales, cuja "política dos Governadores" fortificou a autoridade presidencial, em troca da liberdade de ação na esfera estadual concedida a Governadores de Estados importantes. Esse sistema funcionou, porque os interesses de Minas, a principal força política, e os de São Paulo, o gigante econômico, se fundiram na aliança informal conhecida como *Café-com-leite*. Mais tarde, a dupla Vargas-Valadares constituiu um novo eixo de força política até 1937.

Política de coalizão com o Governo Federal — A política de coalizão servia aos mineiros, hábeis barganhistas e negociadores. Entre 1889 e 1929 eles se entrincheiraram nas comissões mais importantes e, com freqüência, um deles assumia o cargo de Presidente da Câmara. À diferença dos gaúchos

---

[96] A população estrangeira em Minas vem mencionada no IBGE, *Anuário*, v. p. 1.302, e no DGE, *Boletim comemorativo da Exposição Nacional de 1908* (Rio, 1908), p. xxi. A história da política de imigração em Minas até 1930 é o tema do "Esboço da política imigratória e colonizadora do Governo de Minas Gerais – 1889 a 1930", de Norma de Góis Monteiro, publicado pela *Revista Brasileira de Estudos Políticos* (1970), pp. 195-216.

no tempo de Pinheiro Machado, não procuraram satélites. Nem tiveram clientes por muito tempo, como os paulistas, que controlavam a Vice-Presidência do Senado e vários dentre os principais políticos estaduais. O simples peso da sua bancada coesa basta para explicar-lhes a relativa indiferença em conquistar aliados ou satélites permanentes. Grande, disciplinada, alimentada pelo espírito regional, a bancada mineira manteve a própria identidade, alheia a qualquer grupo ou facção nacional. O PRF de Francisco Glicério, de tão curta duração, teve reduzido impacto sobre Minas durante a fase de consolidação política na década de 1890. O "bloco" e depois o PRC de Pinheiro Machado pôde, quando muito, procurar influenciar a política mineira entre 1904 e 1914. Começando em 1898, os mineiros estiveram sempre bem próximos da Presidência, quando não a ocupavam. O seu papel no centro do Poder lhes facultou a concessão de favores e o oferecimento de segurança a políticos menos importantes. Os Estados menores procuravam Minas para solicitar favores e proteção. Por seu turno, os mineiros lhes cobravam as dívidas políticas nas épocas de eleição.

Tendo realçado a importância da política de coalizão, creio que o papel dos clãs de família extensa nas relações interestaduais era muito menos importante. Como se depreende da *Tabela 2* (b) (p. 91), um número substancial de mineiros vivia do outro lado das fronteiras dos Estados vizinhos. É verdade que os mineiros estabelecidos no Espírito Santo e em Goiás se uniram, pelo casamento, às elites desses Estados. Os coronéis do Norte de Minas estavam ligados aos coronéis baianos, assim como os mineiros do Sul foram atraídos, por laços de família, para a órbita paulista. Mas subsiste o fato de já serem as instituições políticas estaduais e os interesses econômicos, nesse período, mais fortes do que a força do clã.

Pode-se defender a existência de um consenso da elite nacional com base em modelos semelhantes de socialização e num enfoque partilhado, ainda que socialmente estreito, do mundo. E, se bem que a sociedade se diversificasse, existiam poderosos mecanismos de cooptação, o que foi demonstrado por Vargas quando integrou a mão-de-obra e os grupos médios no que Jaguaribe denominou o estado cartorial. Seria impertinente o regionalismo num sistema político baseado na barganha entre unidades desiguais e elites semelhantes? É certo que as elites políticas mais avançadas no Centro-Sul nem sempre concordaram sobre as metas básicas e a direção da economia de exportação depois da abolição. A existência de importantes clivagens regionais é demonstrada pela análise da maneira como se mediava o conflito no Congresso, que estava longe de ser por si mesmo uma instituição poderosa. Os Estados, de fato, tinham objetivos diferentes, como se verifica examinando rapidamente duas questões: a tarifa da carne e a valorização do café.

Criadores de Minas, Mato Grosso e Goiás queriam aumentar a sua quota do mercado de gado de corte no Distrito Federal, idéia que se tornara cada vez mais atraente na década de 1890, graças aos serviços ferroviários melhorados entre o Rio e os centros de engorda no sul de Minas. Para aplacarem os consumidores da classe média, no entanto, as autoridades da cidade do Rio controlavam os preços monopolizando os abatedouros e importando, ou ameaçando importar, carne bovina da região do Prata. Os criadores reclamavam, com razão, que essa política desmantelava a produção nacional e reduzia-lhes as possibilidades de conquistar o mercado do Rio. Os seus esforços para conseguir uma proteção tarifária contra a carne estrangeira foram bloqueados por uma combinação dos Estados do Norte, falando os políticos do Rio em nome dos consumidores, e do Rio Grande do Sul, cujos produtores de charque desejavam a importação livre de gado do Uruguai e da Argentina. Por seu turno, entretanto, os interesses do charque não poderiam sobreviver no mercado nacional sem proteção contra o charque do Prata, ao passo que o Norte e as cidades queriam preços mais baixos para esse elemento fundamental da dieta das classes mais pobres. Por que, perguntavam os deputados mineiros, continuavam os gaúchos a gozar de proteção e uma promissora indústria nova no Brasil Central precisava competir com estrangeiros?

Em 1903, durante os debates sobre a lei orçamentária federal, os dois Estados pastoris concordaram em cooperar, apesar de alcançarem mercados diferentes. Na segunda discussão da lei, Rodolfo Paixão, de Minas, perdeu a sua emenda que elevava a 100% a tarifa da carne, de 15$000 para 30$000. Falando em nome dos interesses pecuários de Minas, Goiás e Mato Grosso, propôs imediatamente outra emenda, desta feita para elevar os direitos pagos pelo charque, que foi aprovada. A tarifa da carne acarretou uma terceira discussão, graças aos gaúchos, que provavelmente pretendiam contrabandear do Prata aquilo de que precisavam. Pouco depois o monopólio dos matadouros do Rio foi rescindido, outra meta alcançada pelos criadores.[97]

---

[97] Sessões de 9 e 12 de dezembro de 1903, *Anais da Câmara*, 1903, vol. 8, pp. 361-65 e 958-59. O passo seguinte era mais difícil. Para obter o controle do mercado, Minas supervisava as feiras de gado no sul do Estado e fundou cooperativas de criadores. Essas medidas,

Na verdade, as duas delegações estaduais cooperaram para aprovar certo número de medidas protecionistas, que estimularam os produtores nacionais de arroz, banha, batata, charque, manteiga e carne bovina. As tarifas sobre todos esses artigos elevaram-se drasticamente entre 1903 e 1906, durante o auge do protecionismo. O Estado do Rio de Janeiro votou com eles contra o Norte e contra os porta-vozes do comércio livre. Afonso Pena, o primeiro Presidente mineiro (1906-09), mostrou-se, de início, favorável ao protecionismo, mas voltou-se contra ele quando o Tesouro, que dependia das rendas alfandegárias para efetuar o pagamento das dívidas do Brasil, protestou. Rodrigues Alves, seu predecessor paulista (1902-06), opusera-se-lhe inflexivelmente, o mesmo acontecendo com alguns deputados que defendiam os interesses do café paulista. Com efeito, os Deputados de São Paulo não tomaram parte muito ativa nas barganhas sobre as tarifas, muito embora os produtores de arroz de São Paulo lucrassem com a proteção.[98]

Orientado para o mercado estrangeiro, São Paulo estava preocupado com o problema dos excedentes de café e com o crédito internacional. Começando em 1904, os paulistas chefiaram a luta no Congresso pela sustentação do preço do café financiado pelo Governo Federal (valorização). Queriam também uma taxa de câmbio descendente, que aumentasse os lucros domésticos dos cafeicultores; mas se conformaram com taxas estáveis quando sentiram a pressão do Tesouro. Minas apoiou a iniciativa, e quando o Presidente Rodrigues Alves se recusou a empenhar o Tesouro na valorização, assinou a Convenção de Taubaté com São Paulo e com o Rio de Janeiro, em que os três Estados se comprometiam a sustentar o café. Minas, evidentemente, não ardia por contrair novas dívidas no estrangeiro para sustentar o preço do café; nessa ocasião, como o fez mais tarde, desejava transferir o encargo para o Tesouro, em lugar de financiá-lo com empréstimos das casas comissárias estrangeiras e empréstimos

---

entretanto, não lograram os resultados almejados, em parte porque os pecuaristas careciam de espírito de cooperação e em parte porque o sistema político estadual não era suficientemente forte para mobilizar os recursos necessários ao desenvolvimento. Veja [Dr. Domiciano A.] Passos Maia, *Guapé, reminiscências* (Rio, 1933), pp. 173-179.

[98] Os debates são extensos. Veja o sumário em *A luta pela industrialização do Brasil (1808-1930)*, de Nícia Villela Luz (São Paulo, 1961), pp. 125 e seguintes. As tarifas do arroz e o seu efeito sobre a produção são rapidamente discutidos em *The Rise of the Modern Brazilian Rice Industry: Demand Expansion in a Dynamic Economy*, de Paul I. Mandell (Stanford, 1971), p. 167. Reimpresso para os *Food Research Institute Studies in Agricultural Economics, Trade, and Development*, vol. X, n° 2 (1971).

estaduais, como o fez São Paulo no princípio. Dessarte, retirou-se do primeiro plano de sustentação, mas não deixou de colher o seu quinhão de proventos.[99]

São Paulo sempre afirmou que o café era um recurso nacional e não um problema regional. Minas ajudou a incutir essa idéia nos outros Estados, convocados para participar dos encargos de valorização. Em 1920, por exemplo, o Governador Bernardes deu instruções ao líder da sua bancada no sentido de apoiar a lei do açúcar patrocinada por Pernambuco e pelo Rio de Janeiro se estes, por seu turno, assentissem em apoiar uma emissão especial de papel-moeda para a defesa do café.[100] Mas, quando Bernardes se elegeu Presidente, passou para o lado do Tesouro e não permitiu que o Governo Federal participasse da sustentação do preço do café. São Paulo assumiu de novo o encargo principal da valorização, em cooperação com Minas Gerais. Em 1931, Vargas federalizou o problema do café, de uma vez por todas.

Entretanto, a aliança café-com-leite não se baseava numa genuína reciprocidade de interesses, porque Minas, como parte mais fraca, tinha de obedecer à orientação de São Paulo em política econômica. Os mineiros atribuíam a culpa de todo o problema do excesso de café aos cafeicultores paulistas, que plantavam demais. Isso obscurecia a verdade básica da vantagem relativa de São Paulo. A drenagem, que se ia acelerando, da mão-de-obra mineira para as fazendas de São Paulo era recebida com desagrado. Por volta da década de 1920, a maciça migração para São Paulo assinalava as crescentes disparidades entre as duas regiões. À proporção que crescia o abismo entre elas, começaram a tornar-se mais claros

---

[99] Excelente e atual exposição sobre a valorização e as conseqüências econômicas é a "Análise econômica do programa brasileiro de sustentação do café – 1906-1945: teoria, política e mediação", de Carlos Manuel Peláez, publicada pela *Revista Brasileira de Economia*, vol. 25, n.º 4 (1971), pp. 5-212. Afiança Peláez que a sustentação do preço do café nessa época e ao depois falseou grosseiramente a distribuição dos recursos, retardando o desenvolvimento econômico brasileiro. No caso de Minas Gerais, entretanto, é evidente que o Estado não tinha outra alternativa além da valorização, a não ser abandonar o próprio setor cafeeiro. Produzindo principalmente tipos inferiores de café em operações de alto custo, os cafeicultores mineiros não teriam sobrevivido no mercado mundial sem a sustentação de um preço mínimo. Daí que, por motivos fiscais e políticos, o Estado não pudesse desampará-los. Mas também é evidente que a valorização tirou o caráter de urgência dos esforços para desenvolver novos produtos estaduais.
[100] Carta do Governador Artur Bernardes a Afrânio de Melo Franco, Belo Horizonte, em 11 de setembro de 1920, pertencente à *Coleção Afrânio de Melo Franco*, I-36, 3, Biblioteca Nacional, Rio.

os seus diferentes objetivos na arena federal. Tirante o café e a política monetária, São Paulo não dependia (até a década de 1930) dos favores econômicos do Governo Federal. Minas, em compensação, tinha uma extensa lista de reivindicações.

O controle das nomeações políticas era um importante recurso federal, e os mineiros ocupavam cargos públicos em todos os Ministérios. A maior parte do Estado de Minas Gerais ficava a um dia de trem do Rio de Janeiro, o que dava aos mineiros fácil acesso à capital, onde muitos se estabeleciam permanentemente. Ali fundaram bancos, empresas comerciais e firmas contratantes, que viviam dos fundos federais. Um mineiro geralmente dirigia a Loteria Federal, cujos lucros, na maior parte, eram distribuídos às escolas e obras de caridade de Minas. O fato de Minas possuir a maior rede postal e telegráfica do Brasil produzia muitos empregos.[101] Todos os anos se elaborava o chamado "orçamento político" na Comissão de Finanças da Câmara, em que se entrincheiravam deputados mineiros. Para dizê-lo de um modo delicado, os citados parlamentares velavam para que Minas não fosse esquecida. Em suma, esse tipo de relação de dependência era vantajoso para Minas; os Estados menos favorecidos lhe chamavam regionalismo egoísta.

As ferrovias em Minas Gerais — As estradas de ferro encabeçavam a lista dos favores econômicos solicitados à União Federal. Um dos principais objetivos da política estadual era criar um mercado interno viável e, ao mesmo tempo, ligar os principais centros de produção com maior eficiência às cidades portuárias. Quando a construção particular de estradas de ferro quase cessou em 1898, Minas pediu às autoridades federais que comprassem as linhas deficitárias e construíssem novas. São Paulo, ao contrário, continuava a confiar nas linhas particulares. O ponto culminante chegou depois da Primeira Guerra Mundial: quase 40% de todos os trabalhos de construção de ferrovias federais na década de 1928 se faziam em Minas e no Rio Grande. Simultaneamente, o Estado entrou a realizar operações ferroviárias e iniciou algumas construções por conta própria.

Outro objetivo, a obtenção de taxas de frete mais baratas nas exportações, tornou-se factível quando Minas emergiu de sua fase introspectiva. O Governador Silviano Brandão anuiu em apoiar o drástico programa de

---

[101] Veja a discussão partidária em *São Paulo e Minas na economia nacional*, de Manoel Olympio Romeiro (São Paulo, 1930). Nesse trabalho também estão incluídos dados sobre a consolidação e a tributação das estradas de ferro.

austeridade do Presidente Campos Sales e, em troca, solicitou a proteção tarifária e taxas novas e uniformes de frete para cereais. Dali a dois anos, o milho, o feijão e até o arroz de Minas começaram a desalojar as importações estrangeiras no mercado do Rio.[102] Nisso se destacou brilhantemente o poder de barganha do Estado. Essa conquista, contudo, teve um lado negativo, pois foi o início de uma tendência para dar caráter político às taxas de frete, reduzindo as rendas da operação das ferrovias a ponto de descapitalizá-las. Os produtores, naturalmente, lucraram com isso, mas coube à nação arcar com o grande déficit ferroviário. A Estrada de Ferro Central do Brasil era especialmente vulnerável a pressões dessa natureza. Os políticos mineiros terçavam armas, amiúde, com Irineu Machado, o político-advogado carioca que mobilizou os votos dos ferroviários. Eis aí um exemplo interessante de conflito político entre dois interesses diferentes. Um deles a querer que a EFCB expandisse o seu sistema e, ao mesmo tempo, diminuísse as taxas de transporte das culturas de exportação; o outro a pleitear salários mais altos e o primeiro plano federal de pensões do país.

Minas recebeu de volta do Governo Federal um bom quinhão das contribuições em direitos alfandegários e impostos de consumo durante a República Velha. O tamanho exato desse quinhão é muito controvertido. Parte substancial de pagamento das dívidas federais se referia a equipamento ferroviário, de que Minas, seguida pelo Rio Grande, era o maior beneficiário. Além disso, muitos mineiros exerciam atividades profissionais no Rio, onde se gastava o grosso das verbas federais. A real contribuição de Minas para os cofres federais é difícil de calcular. Em primeiro lugar, porque Minas não tinha alfândega e não mantinha registro dos direitos pagos no Rio, Santos e outros portos. Em segundo lugar, porque Minas produzia poucos bens manufaturados, de modo que a maioria dos impostos sobre manufaturas nacionais era paga fora do Estado antes de eles serem embarcados pelos intermediários. Em 1926, por exemplo, parece que a proporção entre as rendas federais e estaduais geradas em São Paulo era, mais ou menos, de 4 para 3, porém em Minas a proporção

---

[102] Governador Silviano Brandão, Mensagem de 15 de junho de 1899, em *Anais da Câmara de Minas*, 1899; e, sobre a política das taxas de fretes, consulte "As tarifas de transporte no Estado de Minas", do Eng. Artur da Costa Guimarães, pp. 189-209, no trabalho organizado por Alcino José Chavantes e intitulado *Congresso das vias de transporte no Brasil em dezembro de 1909* (Rio, 1910). João Pandiá Calógeras discute os aspectos negativos em seus *Problemas de governo* (São Paulo, 1928), p. 23.

não ia além de 1 para 3. Mas quando se incluíam os direitos aduaneiros, a proporção de Minas se elevava a um respeitável 5 para 4.[103] Minas, evidentemente, não primava pelo zelo em remover as sobretaxas ilegais e impostos de transferência sobre bens interestaduais, especialmente irritantes para São Paulo. As questões acerca do papel fiscal de Minas tornaram-se mais dignas de nota na década de 1920, à medida que a procura de serviços estaduais e nacionais aumentou em todo o Brasil. De fato, a imagem do mineiro empanou-se rapidamente antes da Revolução de 1930. Dizia-se que Minas pagava menos do que devia em razão da sua grande bancada no Congresso, formada a poder de estimativas inflacionadas da sua população. Os paulistas, do seu lado, vingativos, lhe aplicaram sanções econômicas federais, através de Washington Luís, no último ano da República Velha.

A redistribuição na década de 1930 sofreu a influência do papel grandemente ampliado das instituições do Governo Central, incluindo o Banco do Brasil, e do fato de São Paulo se ter tornado um exportador líquido para o resto do Brasil. Como cliente, Minas foi menos favorecida do que São Paulo, que se opusera a Vargas. Além disso, os programas de obras públicas federais foram drasticamente cortados durante a crise. Valadares não conseguiu fazer vingar o projeto federal do aço, o que representou golpe para o orgulho mineiro. Do lado positivo, empréstimos federais detiveram o desastre completo no setor agrícola, a indústria do aço cresceu rapidamente graças à proteção, e os empréstimos do Banco do Brasil tornaram-se acessíveis aos sitiados Estados sulinos, como o tinham sido desde o fim da década de 1920 para o Norte insolvente. Em 1º de janeiro de 1938, o Banco do Brasil fizera empréstimos sobressalentes de 571.282 contos, mais de 80% dos quais tinham sido destinados aos três grandes. Minas, com um quinto do total nacional, não se saiu mal. Porém São Paulo, cuja dívida de guerra de 1932 tinha sido encampada pelo Governo Federal, recebeu mais da metade de todos os créditos do Banco do Brasil.[104]

---

[103] As alegações em favor de Minas são apresentadas por Daniel de Carvalho, jovem astro nascente do PRM que defendeu o seu Estado na Câmara no fim da década de 1920. Consulte-se a sua análise sobre "A arrecadação federal em Minas Gerais", publicada em *Estudos de economia e finanças* (Rio, 1946), pp. 164-72. De acordo com os seus cálculos, Minas contribuiu com 100. 000 contos em direitos alfandegários, além dos 48.000 contos pagos em Minas. As proporções foram calculadas com base nas suas cifras.
[104] "Banco do Brasil; empréstimos a Estados e municipais [sic] – situação em 31 de janeiro de 1938", trabalho manuscrito, em Arquivo Nacional, Presidência da República 94/14006.

Entretanto, a transição política da autonomia para o *status* de cliente não se refletiu nos assuntos fiscais. Efetivamente, as receitas do Estado como percentagem da renda federal aumentaram depois da Revolução de 1930 e se mantiveram nesse nível no período do Estado Novo. (*Tabela 3*).

TABELA 3

RENDA DO ESTADO DE MINAS COMO PERCENTAGEM DA RENDA FEDERAL

Anos	Percentagem
1891-1900	6,1
1901-1910	4,2
1911-1920	6,3
1921-1930	8,2
1931-1937	8,8
1938-1945	8,5

FONTE: Veja nota n.º 105.

Os algarismos acima também indicam a maior capacidade do Governo estadual de extrair recursos da população, a partir da década de 1920. De mais a mais, rendas em elevação não significam estagnação, conquanto a agricultura não se recobrasse logo da Grande Crise. Que o Estado se achava em melhores condições para enfrentar a depressão se depreende do cotejo entre o período de 1901-1910 e os anos pós-revolucionários.

Presença estrangeira   O impacto global dos empréstimos e investimentos estrangeiros foi pequeno em Minas, posto que o Estado gozasse de bom conceito no exterior. O desejo de parecer "respeitável" no estrangeiro foi, sem dúvida, freqüentemente utilizado para justificar a norma do PRM. Quando Silviano Brandão disse aos seus correligionários políticos que os banqueiros estrangeiros estavam fazendo exigências muito duras, e que, conseqüentemente, eles teriam de submeter-se

---

[105] Dados computados tomando-se por base a tabela de rendas federais constante do *Anuário*, v. p. 1.410; *Anuário*, VI, p. 472; e *Anuário*, VII, p. 459, todos do IBGE; e as rendas estaduais mencionadas no "quadro demonstrativo das receitas...", *Finanças do Estado de Minas Gerais, período republicano...* Nota: as receitas incluem, ao mesmo tempo, as rendas ordinárias e extraordinárias, mas nelas não figuram os créditos extra-orçamentários.

à disciplina, tinha um pretexto de encomenda para a sua ambição de ser um Governador forte e projetar Minas no cenário nacional. Não obstante, a presença estrangeira era relativamente pequena em Minas. Capital britânico controlava a mina de ouro do Morro Velho, o maior empregador industrial do Estado, e a Estrada de Ferro Leopoldina transportava as exportações de café da Mata para a costa. Por volta de 1914, estrangeiros (sobretudo britânicos) eram os donos das melhores reservas de minério de ferro e de manganês, e isso dava muito pano para mangas. O Frigorífico Anglo comprava o boi mineiro em pé e processava-o fora do Estado, antecipando-se assim aos planos mineiros de usinas de conservação da carne. Mas a maior parte da capacidade produtiva do Estado, incluindo a pequena indústria do aço (com exclusão da Belgo-Mineira) se achava em mãos de brasileiros. A falta relativa de capital estrangeiro foi outra razão por que Minas se voltou para o Centro depois de 1897. Mais tarde, as íntimas relações políticas com Vargas lhe asseguraram o acesso aos empréstimos nacionais.

Teoricamente, o sistema federal em que umas poucas regiões eram muito "mais iguais" do que outras foi abolido pelo Estado Novo. No caso de Minas, entretanto, o modelo extremo do federalismo compartimentalizado vinha declinando havia muitos anos. Tendo tentado resolver os seus problemas econômicos sem a ajuda de ninguém, e falhando na tentativa, Minas Gerais pôs-se a buscar rapidamente soluções no nível federal. Para essa finalidade, a famosa "política dos Governadores" fora feita de encomenda. Depois de 1910, era evidente que o Estado precisaria de ajuda federal para resolver os imensos desafios da educação e da previdência social. O descobrimento de uma doença difundida em Minas foi chocante para os que ouviram Miguel Pereira comparar o Brasil a "um vasto hospital". A procura de serviços do Governo em todos os níveis aumentou com a Primeira Guerra Mundial. Minas tornou-se ativa na administração de estradas de ferro, patrocinou reformas educacionais e tentou reviver o movimento cooperativo que havia sido o sonho de João Pinheiro. Ao mesmo tempo, o Presidente Artur Bernardes propôs amplas mudanças constitucionais para fortalecer a autoridade do Governo Central sobre os empréstimos estrangeiros. A tendência para um Governo Federal mais ativo era compatível com as metas de Minas, se o Estado pudesse manter o seu poder político baseado na grande bancada. Finalmente, graças ao eixo Vargas-Valadares, Minas passava a ser, se não o primeiro, ao menos o segundo entre os iguais.

Os mineiros contemporâneos ficaram alarmados com a sua incapacidade cada vez maior de competir com o pólo de crescimento de São Paulo. Hoje, argumentariam alguns que São Paulo desempenhou o papel de elo intermediário num sistema econômico do Atlântico, em que Minas se convertia rapidamente em satélite na ponta brasileira da cadeia. Uma forma menos óbvia de dependência era o chamariz representado pelo Rio de Janeiro, capital cultural e política do Brasil e sede do controle das nomeações políticas do país. Grande percentagem dos principais talentos do Estado era atraída para o Rio, razão pela qual os cariocas ainda dizem, referindo-se aos mineiros, que "os melhores sempre saem". Por seu turno, Minas sofria de inferioridade cultural. O motivo do caipira mineiro na cidade grande era popular na literatura contemporânea, notadamente na deliciosa peça de Artur Azevedo, *A Capital Federal*. Os mineiros no centro também se sentiram atraídos pelas vantagens da dependência e utilizaram o seu poder político para obter recursos federais. Não tardou que se compreendesse em Minas que as soluções regionais não se prestavam à solução dos problemas nacionais. Entretanto, os meios econômicos para transformar a dependência numa interação mais significativa foram ilusórios para os mineiros no período que estamos examinando. A despeito dos seus recursos de poder, que eram principalmente políticos, não se pode dizer que a história dos anos de 1889 a 1937 fosse uma história feliz para Minas Gerais.

3. O RIO GRANDE DO SUL COMO FATOR DE INSTABILIDADE NA REPÚBLICA VELHA
(por JOSEPH LOVE)

Tanto na política quanto na economia da República Velha, o Rio Grande do Sul constituiu uma anomalia: economicamente, não se orientou essencialmente nem para a exportação nem para a subsistência; politicamente, não foi nem um Estado dominante (no sentido em que o foram Minas Gerais e São Paulo), nem um Estado-satélite. As suas peculiaridades deram aos seus estadistas a oportunidade de participar das decisões políticas mais importantes da segunda metade da República Velha e, finalmente, de presidir à liquidação do regime.

Grande parte da singularidade econômica e política do Rio Grande deriva da sua geografia. O Estado ocupa pouco mais que 3% do território do Brasil e está situado bem abaixo dos trópicos (entre 27°S e 34°S). Entretanto, longe de ser o pampa sem-fim que muita gente que não o conhece o imagina, o Rio Grande – incluindo a região pecuária – é, de um modo geral, acidentado.

<small>Fisiografia do Rio Grande do Sul</small> Fisiograficamente, os geógrafos distinguiram seis regiões no Rio Grande do Sul, mas cultural e economicamente se aceita uma divisão em três regiões, e essa convenção será aqui adotada.[106] Essas áreas são o Litoral, a Campanha e os Campos de Cima da Serra (ou simplesmente Serra). O Litoral, a menor das regiões, consiste na faixa litorânea e nas áreas de aluvião banhadas pela Lagoa Mirim; estende-se de Torres, ao norte, até Santa Vitória do Palmar, ao sul, e inclui o Vale do Jacuí até Cachoeira, a oeste. Área de solo relativamente pobre, tem sido, não obstante, do ponto de vista histórico, a mais densamente povoada das três regiões, como local de exportações, comércio interestadual e indústria. No século XX, a principal atividade agrícola da região tem sido a cultura do arroz ao longo da Lagoa dos Patos e dos seus rios tributários, especialmente o Jacuí. É servida por um dos sistemas fluviais mais navegáveis do Brasil, mas inacessível aos navios de grande calado por causa da pouca profundidade da Lagoa. Entretanto, graças à dragagem levada a efeito neste século, esses navios cruzam a barra do Rio Grande e ancoram em Pelotas, a segunda cidade do Estado em tamanho.

A Campanha, a segunda região, é a área que fica ao sul da linha leste-oeste traçada pelos Rios Jacuí e Ibicuí, desde o Litoral até a confluência do Uruguai e do Ibicuí. Terras elevadas entre o Vacaí e a Lagoa dos Patos cobrem mais de uma terça parte da Campanha, mas colinas suavemente onduladas, chamadas coxilhas, espalham-se por uma área muito maior e são também característica física típica de grande parte da Serra.

Na Campanha está a região de criação de gado, que empresta ao Estado a imagem que dele se faz no resto do Brasil. Conquanto o solo possa ser usado para a agricultura, as atividades pastoris dominam em toda parte, exceto nas orlas setentrional e oriental da Campanha. No

---

[106] As regiões fisiográficas são discutidas por Nilo Bernardes em "Bases geográficas do povoamento do Estado do Rio Grande do Sul", *Boletim Geográfico*, 171-172 (novembro-dezembro de 1962, janeiro e fevereiro de 1963), p. 5. A divisão em três regiões para a análise social se encontra em Thales de Azevedo, *Gaúchos: A fisionomia social do Rio Grande do Sul* (2ª edição, Bahia, [1958]), pp. 26 e seguintes; e Jean Roche, "As bases físicas da ocupação do solo no Rio Grande do Sul", em *Três estudos rio-grandenses*, de Roche e Aziz Nacib Ab'Saber (Porto Alegre, 1966), pp. 54-57.

século XVIII, os primeiros habitantes da região cortaram-na em imensas propriedades pecuárias – estâncias – que ainda preponderam. Durante a República Velha, o alto grau de concentração de propriedades imobiliárias no Estado se devia, principalmente, à existência de latifúndios na Campanha.

Os campos de Cima da Serra, a terceira região, compreendem a área que se estende ao norte e a oeste de Porto Alegre até o Rio Uruguai, limitada ao sul pela linha Ibicuí-Jacuí. O seu solo é mais rico que o das outras regiões. Como o indica o nome, trata-se de um platô elevado; a sua altitude, que varia entre uns 100 e até mais de 900 acima do nível do mar, faz dele a zona mais fria do Estado. Matas cobrem a metade da área, cuja árvore mais característica é o alto pinheiro de cone achatado. E a não ser no extremo oeste, os campos tomam conta do resto. Ali jaz o vale do Rio Uruguai, onde o solo se muda de vermelho em castanho e aparece uma vegetação semi-árida, incluindo altos cactos. Para propósitos históricos a Serra pode ser dividida em três sub-regiões: a Zona Colonial, o Platô Central e o Distrito das Missões.

Colonização

A primeira, a Zona Colonial, constitui a porção oriental da região, povoada por colonos alemães e italianos empenhados numa lavoura mista no século XIX; a partir de então, os seus descendentes e outros imigrantes não-ibéricos empurraram propriedades cultivadas por eles e pelas respectivas famílias para o Oeste e para o Norte, na direção do Vale do Uruguai. Na parte centro-norte da Serra, os colonos derrubaram as matas e plantaram trigo, transformando o distrito num dos maiores celeiros do Brasil por volta de 1940. À diferença das seções de matas, os campos da Serra foram ocupados nos séculos XVIII e XIX por estancieiros. O Platô Central foi originariamente colonizado por sertanistas e fazendeiros vindos de São Paulo. O Distrito das Missões, cujo nome deriva dos famosos aldeamentos jesuítas estabelecidos no século XVII para converter os índios guaranis, foi reivindicado para o Brasil na década de 1750, à medida que os fazendeiros se moviam para o Norte, a partir da Campanha, e para Oeste, a partir do Platô Central. Como última região a ser ocupada, a Serra viu-se isolada do eixo comercial do Litoral, e careceu de um transporte barato para os centros de consumo e distribuição enquanto a estrada de ferro não cruzou a região no princípio do século XX.

No último quartel do século XVIII, a Campanha e a área que cerca Pelotas, no Litoral, passaram a ser o ponto de ligação da economia do Rio Grande, como centros de charque e produção de gado; assim continuaram no século XIX, muito embora as indústrias pecuárias da Banda Oriental e de Buenos Aires vendessem charque no Rio de Janeiro mais barato do que os gaúchos, graças aos seus pastos superiores e ao seu transporte costeiro mais barato.[107] No entanto, nos dois últimos decênios do regime imperial (1870-89), importantes mudanças ocorreram na estrutura econômica e social do Rio Grande. Os mesmos fatores que transformaram o pampa argentino – inovações tecnológicas, investimentos estrangeiros e imigração – tiveram impacto semelhante sobre o Rio Grande do Sul, posto que mais tardio e atenuado.

Cercas de arame principiaram a espalhar-se através dos campos da Campanha e da Serra depois de 1870, e a elas se seguiu o arame farpado na década de 1880. O frigorífico, que transformou a pecuária na Argentina no fim do século XIX, só foi introduzido no Rio Grande após o término da Primeira Guerra Mundial, mas a produção de charque já se revelava um grande negócio: na derradeira década do Império, só em Pelotas, se abatiam anualmente umas 300.000 cabeças de gado. Na década de 1880 o charque só tinha outro grande competidor nas exportações estrangeiras e nacionais da Província: o couro.[108] Novas raças de gado haviam começado a entrar no Rio Grande na década de 1870, e, se bem que não tivessem efeito tão grande sobre a produção como o que tiveram na Argentina, a economia pastoril continuou dominante.

Dois fatos haviam aumentado as vendas do Rio Grande: a redução do tempo de trânsito, que diminuía sensivelmente o problema do estrago do charque, e a diminuição dos custos do transporte. Navios a vapor e estradas de ferro eram os responsáveis por essas mudanças. No início da década de 1870 navios a vapor já estavam atravessando a Lagoa dos Patos e os seus tributários até uma extensão de 300km Jacuí acima e 537km pelo Rio Uruguai, a partir de Barra do Quaraí. Navios a vapor ligavam Montevidéu ao Porto do Rio Grande, e duas viagens por mês ligavam o Rio de Janeiro ao Rio Grande. Por volta de 1890, um transatlântico, uma vez por mês, proporcionava acesso aos portos do Norte do Brasil e da Europa. Em lugar de dois navios por mês para o Rio, agora havia cinco.

---

[107] Sobre os anos 1777-1845, veja Fernando Henrique Cardoso, "Rio Grande do Sul e Santa Catarina", em *História Geral da Civilização Brasileira* (São Paulo, 1964), tomo II, 2? vol., pp. 473-505.
[108] *Anuário da Província do Rio Grande do Sul para o ano de 1889* (Porto Alegre, 1888), pp. 212-213.

Entre 1859 e 1883, o número de navios que cruzaram a barra do Rio Grande mais do que duplicou.[109]

Ferrovias gaúchas

A primeira estrada de ferro da Província iniciou as suas operações em 1874, cobrindo a pequena distância entre Porto Alegre e a maior das colônias alemãs, São Leopoldo. Uma extensão dos trilhos ligou o Rio Taquari ao Rio Pardo e Cachoeira em 1883, e dois anos depois a linha se prolongou na direção do Oeste, rumo a Santa Maria, no coração da Província. Em 1884, abriu-se uma estrada de ferro entre o Rio Grande e Bagé, centro comercial da Campanha. Inauguraram-se também linhas no Oeste, ligando as cidades fronteiriças de Uruguaiana e Itaqui, ao longo do Rio Uruguai. Por volta de 1889, o derradeiro ano do Império, trens diários ligavam Rio Grande a Bagé e Barra do Quaraí a Itaqui.[110]

Embora a extensão da estrada de ferro no rumo oeste fomentasse evidentemente o comércio interno da Província, enquanto não se completava a linha leste-oeste, a estrada de ferro da Barra do Quaraí–Itaqui limitou-se a reforçar os laços econômicos das cidades da fronteira ocidental com o Prata. Em 1890, uma estrada de ferro uruguaia, do outro lado do Rio Quaraí, em Bella Unión, ligava Itaqui e Uruguaiana a Montevidéu, e outro ramal do mesmo tronco atingia a fronteira, em Quaraí, em 1891. Além disso, completou-se uma linha, um ano depois, entre Montevidéu e Rivera, cidade separada de Livramento, do lado brasileiro, por uma única rua. As regiões fronteiriças ocidentais e sul-ocidentais, portanto, continuaram a buscar no Sul os seus interesses comerciais. Numa situação dessa natureza, o comércio de contrabando teria de florescer. Com o rápido desenvolvimento econômico do Prata e do Rio Grande, o contrabando assumiu "proporções fenomenais".[111] O tráfego de contrabando continuou a preocupar a polícia da fronteira em pleno século XX, se bem que o problema tendesse a diminuir à medida que o Rio Grande atingia um grau mais alto de integração econômica.

Por mais frouxamente integrada que estivesse a economia provincial no fim da era imperial, os laços da Província com o resto do Brasil eram

---

[109] Michael G. Mulhall, *Rio Grande do Sul and Its German Colonies* (Londres, 1873), p. 33; Alfredo Ferreira Rodrigues, *Almanaque Literário e Estatístico da Província do Rio Grande do Sul para 1890* (Pelotas [1889]), pp. 255 e seguintes, 258 e seguintes; Johana Jacob von Ischudi, *Reisen durch Südamerika* (Leipzig, 1868), IV, 81; Alfred Marc, *Le Brésil: Excursion à travers ses 20 provinces* (Paris, 1890), II, 454.
[110] Ferreira Rodrigues, pp. 217, 224, 227.
[111] Marc. II, 471.

fortes. Nas exportações interprovinciais, o Rio Grande do Sul figurava em segundo lugar (por valor) entre as unidades constituintes do Império, em 1885-86. Releva notar que as exportações do Rio Grande se destinavam principalmente a outras partes do Brasil, como acontecera anteriormente;[112] até os artigos enviados do Distrito das Missões e da Campanha ao Rio da Prata eram quase todos exportados para as cidades litorâneas do Brasil.

Durante toda a República Velha, a economia rio-grandense continuou a orientar-se essencialmente para o mercado brasileiro. À diferença de São Paulo, que dependia dos compradores ultramarinos, o Rio Grande vendia de dois terços a três quartos dos artigos que remetia através das suas fronteiras, no período de 1910 a 1930, a outras partes da nação.[113] Produtos alimentícios representavam cerca de dois terços do valor total de mercadorias enviadas para fora do Estado de 1920 a 1930; ou, dito de outra maneira, a pecuária e suas indústrias auxiliares representavam, aproximadamente, um terço, com flutuações entre 30 e 40%.

A criação no Rio Grande do Sul As cifras comparativas referentes à produção econômica do Estado, na melhor das hipóteses, são incompletas, mas é manifesta a melhoria da posição relativa do Rio Grande durante a República Velha. Do sexto lugar no valor da produção agrícola em 1886, subiu para o terceiro em 1920, a mesma posição que mantinha no valor global da produção. Em 1920, o Rio Grande só perdia para São Paulo no valor das propriedades rurais, e era o primeiro Estado da Federação em número de cabeças de gado. Os rebanhos aumentaram de 6,7 milhões de reses em 1910 para 10,7 milhões em 1930. A maior concentração de gado se encontrava ao longo das fronteiras com a Argentina e o Uruguai. Dos oito municípios que tinham o maior número de reses em 1920, todos se situavam na fronteira ou dela se achavam separados por

---

[112] M. F.-J. Santa-Anna Nery, *Le Brésil en 1889* (Paris, 1889), p. 446. Já em 1861-62, mais da metade dos gêneros que o Rio Grande expedia através das suas fronteiras se destinavam a outras partes da nação. Veja William Scully, *Brazil; its provinces and chief cities; the manners & customs of the people; agricultural, commercial and other statistics, taken from the latest official documents; with useful and entertaining knowledge both for the merchant and the emigrant* (Londres, 1866), p. 247.

[113] Sobre as cifras relativas ao comércio interestadual e estrangeiro de São Paulo, veja *The industrialization of São Paulo: 1880-1945*, de Warren Dean (Austin, Tex., 1969), p. 97. Sobre o comércio interestadual do Rio Grande, veja Hercílio I. Domingues, *Notas sobre a evolução econômica do Rio Grande do Sul: Estudo do comércio de exportação rio-grandense* (Porto Alegre, 1929), I, 36.

um município apenas.¹¹⁴ A localização fronteiriça de muitas fazendas de criar da Campanha, aliada às operações de custo relativamente elevado das estradas de ferro e das instalações portuárias rio-grandenses, permitiu a Montevidéu continuar sendo o principal entreposto de carne gaúcha destinada às cidades do Norte do Brasil no fim da década de 1920.

A produção de charque continuou a ser a principal atividade derivada da pecuária no Rio Grande durante toda a República Velha; e, no fim do período, o Estado era responsável por cerca de 80% da produção nacional. Os melhores fregueses do charque do Rio Grande eram as classes inferior e média inferior das cidades do Rio de Janeiro, Salvador e do Recife. No início da República, o charque representara de um quarto a um terço do valor dos bens embarcados para fora do Estado, e no fim do período essa proporção diminuíra apenas ligeiramente, a despeito das tentativas para introduzir operações frigoríficas em larga escala e do surgimento de outras indústrias.¹¹⁵

A produção de carne   Os problemas que haviam atormentado os criadores de gado e os produtores de charque durante todo o século XIX continuaram a afligi-los até 1930. As indústrias de carne da Argentina e do Uruguai tinham-se avantajado sensivelmente às operações rio-grandenses. No começo de 1906, o grosso da carne argentina destinada à exportação era congelado ou enlatado. A Argentina adquiriu o seu primeiro frigorífico em 1883, num ano em que o charque ainda competia com o couro como a exportação mais importante do Rio Grande do Sul. Só em 1917, quando as companhias norte-americanas começaram a trabalhar ali, empreenderam-se operações significativas de frigoríficos no

---

¹¹⁴ Os meus dados estatísticos constantes deste parágrafo foram tirados de Pires de Almeida, *L'agriculture et les industries au Brésil* (Rio, 1889), pp. 171-190; Diretoria-Geral de Estatística (DGE), *Resumo de várias estatísticas econômico-financeiras* (Rio, 1924), pp. 11 e seguintes; DGE, *Recenseamento do Brasil realizado em 1.º de setembro de 1920: Sinopse do censo da agricultura* (Rio, 1922), p. 59; Rio Grande do Sul: Departamento Estadual de Estatística, "Anuário: 1929 (Estatístico-econômica, 3.ª seção)", manuscrito, p. 58; e DGE, *Sinopse do recenseamento realizado em 1.º de setembro de 1920: População pecuária* (Rio, 1922), p. 42.

¹¹⁵ Rio Grande do Sul: Departamento Estadual de Estatística, *Anuário estatístico da exportação 1920-1941* (Porto Alegre, 1942), pp. 51-68; Ministério das Relações Exteriores: *O Brasil: Recursos e possibilidades de desenvolvimento* (Rio, 1933), p. 169; *Anais da Assembléia dos Representantes do Rio Grande do Sul: 1891. 1.ª sessão ordinária* (Porto Alegre, 1892), p. 33; Departamento Estadual de Estatística: "Anuário: 1929", manuscrito, p. 139.

Estado brasileiro. E só depois de 1940 o gado abatido para o congelamento e enlatamento da carne superou, em número, o abatido para a produção de charque e, mesmo assim, em muitos anos subseqüentes, o charque recobrou a primazia.[116] Ironicamente, o Uruguai, com a sua indústria mais moderna, ainda vendia charque ao Brasil, por um preço inferior ao do Rio Grande. De um modo geral, os estancieiros gaúchos podiam fazer, na década de 1920, as mesmas queixas que fizeram no começo do século: o gado uruguaio estava sendo ilegalmente embarcado para as charqueadas rio-grandenses, e o charque uruguaio estava sendo vendido mais barato nas cidades portuárias do Brasil, fosse em virtude dos custos mais baixos de produção e de embarque, fosse em razão do contrabando, que continuava a romper a barreira das tarifas.

Aliás, os fazendeiros e produtores de charque do Rio Grande não se achavam em condições de expulsar os produtores estrangeiros do mercado brasileiro, pois os gaúchos não conseguiam satisfazer a procura nacional total aos preços vigentes. É evidente que os direitos sobre o charque estrangeiro poderiam ter sido elevados a ponto de equilibrar o fornecimento do produto rio-grandense a um preço muito mais alto com procura efetiva, mas isso era apenas teoricamente possível. Três considerações práticas desaconselhavam a manutenção de preços artificialmente altos: durante muito tempo, o charque fora o principal item da dieta das classes urbanas inferiores, e a administração que as afastasse permanentemente do mercado, pela majoração dos preços, depararia com sérios problemas políticos; uma elevação dramática do preço induziria inevitavelmente os produtores de charque de São Paulo e Mato Grosso a entrar com ímpeto no mercado, neutralizando em parte os ganhos que os produtores do Rio Grande poderiam auferir; e, por fim, o contrabando, que já era um problema importante na vigência de direitos moderados, aumentaria muito caso se erguessem barreiras alfandegárias ainda mais altas.

O fato de se verem os fazendeiros gaúchos, repetidamente, numa situação desfavorável em relação aos competidores platinos não significa que possuíssem menor capacidade empresarial; eles fundaram, na realidade, um frigorífico em Pelotas, financiado com capitais nacionais, mas as operações em larga escala só poderiam ser empreendidas com grandes investimentos estrangeiros, como os que tinham sido feitos no Prata.

---

[116] Décio Coimbra, *Aspectos da evolução argentina* (Porto Alegre, 1926), p. 52; Fortunato Pimentel, *O Rio Grande do Sul e suas riquezas* (Porto Alegre, s/d), p. 72; Amyr Borges Fortes, *Panorama econômico do Rio Grande do Sul* (Porto Alegre, 1959), p. 60.

Apesar de um bom começo no Rio Grande, no fim da Primeira Guerra Mundial, as firmas norte-americanas da Armour e da Swift reduziram de forma drástica a produção nos meados da década de 1920. Essencialmente interessados em fornecer carne congelada para o consumo na região do Atlântico Norte depois da guerra, os enlatadores estrangeiros produziam onde as operações eram mais eficientes. Por causa dos pastos mais fracos e do transporte menos eficaz (o que se devia sobretudo aos acidentes geográficos), o Rio Grande não poderia competir, em pé de igualdade, com o Uruguai e a Argentina.

Arroz   O empreendimento agrícola mais importante do Estado era a cultura do arroz. Essa cultura, que só apareceu no Rio Grande no primeiro decênio do século, tornou-se o seu principal cereal comercial por volta de 1920. Foi um campo em que os gaúchos revelaram considerável eficiência: as suas produções de arroz por hectare foram as maiores do país. Depois da carne e dos seus subprodutos, o arroz passou a ser a mercadoria mais importante exportada pelo Estado na última década da República Velha.[117] A cultura do arroz no Rio Grande empregou a irrigação, à diferença da sua produção mal capitalizada em outros Estados. Nessa atividade, como na indústria do gado, somente ricos fazendeiros podiam competir.[118] O plantio do arroz continuou a expandir-se rapidamente na década de 1920, até que a superprodução acarretou a queda dos preços; dali por diante se fez um esforço para controlar o suprimento.

Na indústria, o Rio Grande perdia, em 1920, apenas para São Paulo e para o Distrito Federal; mesmo assim, apenas uns 11% da força de trabalho do Estado estavam empregados na indústria. O recenseamento desse ano revela uma percentagem mais alta de firmas industriais de propriedade individual no Rio Grande do que em qualquer outro Estado.[119] O Rio

---

[117] Departamento Estadual de Estatística, *Anuário estatístico da exportação 1920-1941*, pp. 51-68. O valor dos bens exportados pelo Estado é um bom índice de composição do setor comercializado da economia. Posto que em termos de valor total o milho produzido no Rio Grande ocupasse uma posição mais elevada que a do arroz, aquele era principalmente uma cultura de subsistência, consumida no próprio Estado.

[118] As grandes necessidades de capital para a produção de arroz são mencionadas por Fortunato Pimentel em duas obras: *Aspectos gerais da cultura de arroz no Rio Grande do Sul* (Porto Alegre, 1949), p. 20, e *Aspectos gerais de Cachoeira* (Porto Alegre, 1941), p. 31. Segundo ele, a orizicultura era dominada pelas principais famílias de Pelotas e por famílias de destaque de alguns outros municípios. *Aspectos... de arroz*, pp. 20, 64.

[119] DGE, *Sinopse do recenseamento realizado em 1 de setembro de 1920: População do Brasil* (Rio, 1926), pp. 80-81; DGE, *Recenseamento realizado em 1 de setembro de 1920* (Rio, 1927), V (Parte 1): *Indústria,* 1 x ii.

Grande possuía também maior número de bancos controlados por brasileiros do que os outros Estados mais importantes. Nesse sentido, o contraste com São Paulo é impressionante. Os bancos cuja matriz se localizava no estrangeiro representaram em São Paulo um papel preponderante, ao passo que no Rio Grande os depósitos feitos em bancos estrangeiros perfaziam apenas 1/11 dos depósitos totais em 1920.[120] As fontes de investimento estrangeiro no Rio Grande eram também consideravelmente diferentes das fontes de investimento em São Paulo e Minas. Ao passo que o capital britânico predominava em Minas, e em São Paulo preponderavam os investimentos norte-americanos no Estado mais meridional do país no fim da República Velha. Firmas norte-americanas tinham investido pesadamente, não só em empresas de serviços públicos, mas também em transportes e frigoríficos no Rio Grande. O cônsul dos Estados Unidos em Porto Alegre calculou em 1930 que os norte-americanos tinham, pelo menos, 25 milhões de dólares em investimentos diretos, e que o valor das obrigações da cidade de Porto Alegre e do Estado do Rio Grande nas mãos de norte-americanos excedia a 50 milhões de dólares.[121]

Crescimento econômico

Mais ou menos no fim da era, a economia do Estado se achava em evidente expansão. Embora São Paulo e Minas marchassem, em produção, à frente da Federação Brasileira, há indícios de que o Rio Grande estava passando à frente de Minas na década de 1920. A produção agrícola e industrial bruta (produto físico) de Minas era maior que a do Rio Grande em 1920; por volta de 1939, no entanto, o primeiro ano de que se têm estimativas do produto doméstico bruto por Estado, o Rio Grande ascendera ao segundo posto (depois de São Paulo). Em 1920, o Governo Federal estava arrecadando

---

[120] Conquanto os dados disponíveis não permitam uma comparação precisa dos dois Estados, dos bancos que tinham a sua sede na capital de São Paulo, os estrangeiros detinham cerca de dois terços dos depósitos totais no fim de 1920. No conjunto do Estado, entretanto, a quota estrangeira era apenas de um quarto em 1936. Veja Rio Grande do Sul: Repartição de Estatística, *Relatório: 1920* (Porto Alegre, 1921), p. 287; São Paulo: Repartição de Estatística e Arquivo do Estado, *Anuário estatístico de São Paulo (Brasil): 1920* (São Paulo, 1922), II, 90-91 (Tabela 2); e Instituto Nacional de Estatística, *Sinopse estatística do Estado*, n? 2 (São Paulo, 1938), p. 130.
[121] J. F. Normano, "Joint Stock Companies and Foreign Capital in the State of Rio Grande do Sul (Brazil)", *Harvard Business Review*, IX (janeiro de 1931), 221; Cônsul C. R. Nasmith, "Confidential Report on the General Banking Situation in the Consular District of Porto Alegre, Brazil, with Particular Reference to the Stability of Local Banks as Collection Agencies, July 9, 1930", p. 4 (Departamento de Estado, Index Bureau 832.516/149 CRN/VR 851.6, Arquivos Nacionais dos Estados Unidos).

mais no Rio Grande do que em Minas. Em 1929, pela primeira vez, o Imposto Federal de Consumo proporcionou à União uma importância maior no Rio Grande do que em Minas, e continuou a fazê-lo na década seguinte.[122] Conquanto o Rio Grande do Sul estivesse atrás da Argentina e do Uruguai no desenvolvimento da indústria da carne, o Estado possuía uma economia dinâmica, que assumia importância cada vez maior no nível nacional.

O crescimento econômico do Rio Grande refletiu-se em mudanças sociais significativas, a mais notável das quais foi a ampliação da margem demográfica da Serra em relação às outras duas regiões.[123] Entre 1872 e 1890, a população da Serra aumentou 159%, ao passo que a do Litoral aumentou apenas 72% e a da Campanha, 93%.[124] A *Tabela 4* mostra a extensão dessa mudança de 1890 a 1920, que se deveu, em grande parte, ao desenvolvimento de indústrias de pequena escala e a um elevado índice de natalidade nas áreas italianas e alemãs da região. De um modo geral, as pequenas fazendas continuaram a ser a norma na Serra (e em uns poucos encraves do Litoral), fazendo do Rio Grande o primeiro Estado do país em número de propriedades agrícolas geridas pelo dono. No Estado em geral, todavia, o latifúndio continuava dominando. Em 1920, menos de 3% das propriedades rurais do Estado representavam mais de 45% do valor de todos os seus imóveis rurais; e pouco mais de 10% das terras representavam quase dois terços do valor total. Como seria predizível, a concentração de propriedades era maior na Campanha. Em 1909, os

---

[122] Estimativas relativas à produção de 1920, baseadas nos dados encontrados em *Cifras e notas (economia e finanças do Brasil)*, de João Lyra (Rio, 1925), pp. 44-45. Os dados de Lyra são tirados do censo federal, que, infelizmente, não faz tentativa alguma para medir os serviços como fator do produto nacional. Os dados relativos a 1939 são de *Conjuntura Econômica*, XXIV, 6 (junho de 1970), p. 95. Por volta de 1939, o Distrito Federal ultrapassara em produção tanto o Rio Grande do Sul quanto Minas Gerais. Sobre os demais dados neste parágrafo, consulte *O Brasil,* publicação do Ministério de Relações Exteriores, p. 62; *São Paulo na Federação,* de T. de Souza Lobo (São Paulo, 1924), p. 202; *São Paulo e Minas na economia nacional,* de Manoel Olympio Romeiro (São Paulo, 1930), p. 79; Instituto Nacional de Estatística, *Anuário estatístico: Ano III, 1937* (Rio, 1937), p. 439; IBGE, *Anuário estatístico do Brasil: Ano V, 1939/1940* [Rio], (s/d), p. 1.320.

[123] Sobre uma lista de municípios existentes entre 1890 e 1920, classificados em três regiões, veja Joseph L. Love, *Rio Grande do Sul and Brazilian Regionalism, 1882-1930* (Stanford, Califórnia, 1972), p. 278, nota 28.

[124] Sobre uma lista de municípios existentes entre 1872 e 1890, classificados em três regiões, veja *ibid.,* pp. 269-270, nota 42.

cinco municípios com as maiores propriedades em média pertenciam à Campanha.[125]

TABELA 4

CRESCIMENTO DA POPULAÇÃO NO RIO GRANDE DO SUL, 1890-1920 (POR REGIÃO)

	1890		1920		Percentagem de crescimento
Área	População	%	População	%	1890-1920
Serra	375.039	41,8	1.088.410	49,9	190,2
Campanha	224.195	25,0	436.594	20,0	94,7
Litoral	298.221	33,2	657.709	30,1	120,5
Estado	897.455	100,0	2.182.713	100,0	143,2

FONTE: Diretoria-Geral de Estatística, *Sexo, raça e estado civil, nacionalidade, filiação, culto e analfabetismo da população recenseada em 31 de dezembro de 1890* (Rio, 1898), pp. 426-29, e *Recenseamento do Brasil realizado em 1 de setembro de 1920*, vol. IV (Parte 1): *População* (Rio, 1926), pp. 228-54.

Índice de alfabetização

O Rio Grande possuía o maior índice de alfabetização de todos os Estados por volta de 1890 (25,3%), e conservou essa supremacia nos decênios que se seguiram. O índice de alfabetização (incluindo a faixa de idade de 0 a 14 anos) elevou-se a 38,8 em 1920, 9% mais alta que o do Estado, que vinha em segundo lugar, São Paulo, e mais de 14% mais elevada que a média nacional, de 24,5%.[126] Os colonos alemães e italianos ajudaram a colocar o Rio Grande em primeiro lugar; São Leopoldo, principal município de população alemã, tinha quase 62% de

---

[125] Os dados contidos neste parágrafo foram extraídos do *Resumo* do DGE, p. 14; do *Recenseamento... 1920: Sinopse do censo da agricultura*, do DGE (Rio, 1922), pp. 18-19; e do *Boletim*, II: *1909*, da Diretoria de Estatística (Seção demográfica) do Rio Grande do Sul (Porto Alegre, 1911), p. 13.

[126] Não existem cifras relativas à alfabetização por grupos de idade com referência ao ano de 1890. Em 1920, o Brasil, ao todo, possuía um índice de 35,1% de alfabetização entre os brasileiros com 15 ou mais anos de idade; para o mesmo grupo, o índice no Rio Grande do Sul era de 55,5%. (Em todos os recenseamentos, por não ter virtualmente problemas de educação rural, o Distrito Federal acusava uma percentagem mais elevada de alfabetização que qualquer um dos Estados.)

alfabetizados (de todas as faixas de idades) em 1920, e Caxias do Sul, dominada por italianos, 46%.

Os grupos estrangeiros   Os germano-brasileiros destacavam-se especialmente nas atividades industriais não relacionadas com empresas pastoris. Do volume total da produção em 1915, as firmas industriais com sobrenomes alemães eram quase tantas quanto as que tinham sobrenomes portugueses; os italianos formavam, mais ou menos, um grupo quase tão importante quanto os outros dois.[127] O charque e a erva-mate continuavam a ser controlados por luso-brasileiros, o vinho e a manteiga, por italianos; em todos os demais campos predominavam os alemães. Os grupos de colonos também estavam partindo para o comércio em larga escala. Em 1924, três dos seis funcionários e 40% dos membros da Associação Comercial de Porto Alegre eram germano-brasileiros. Havia ainda 17 italianos entre os 327 membros. Em 1930-31, a associação possuía 464 membros, 198 dos quais tinham sobrenomes alemães e 43, italianos.[128]

Na esfera política, durante a República Velha, os grupos de colonos ainda estavam longe da autonomia; eram antes os fazendeiros que dominavam a política ao tempo da República, como a haviam dominado no Império. O Rio Grande do Sul, entretanto, foi talvez o Estado que sofreu a mais completa mudança de pessoal com a consolidação da República. Os Liberais (ou, depois de 1892, os Federalistas) de Gaspar Silveira Martins, que formavam, sem sombra de dúvida, o partido mais forte do Rio Grande em novembro de 1889, foram desalojados pelos Republicanos de Júlio de Castilhos.

A política e o positivismo   Os republicanos históricos, que haviam concluído os seus estudos (normalmente de Direito) entre os meados da década de 1870 e os da década de 1880, seguiam a moda do positivismo de Comte; e, entre eles, Júlio de Castilhos era um dos mais ardorosos advogados do comtismo. Castilhos hauriu em Comte a crença numa forma de Governo republicana e ditatorial; abraçou a fé comtiana no domínio pelas

---

[127] Calculado de acordo com dados do Rio Grande do Sul: *Relatório* da Repartição de Estatística (Porto Alegre, 1916), pp. 145-149. Utilizando os mesmos dados, mas, aparentemente, um critério diverso, outro pesquisador encontrou os alemães em primeiro lugar. Veja Jean Roche, *La colonisation allemande et le Rio Grande do Sul* (Paris, 1959), pp. 391-392. Esse trabalho é um estudo notável da cultura, da geografia e da história dos teuto-brasileiros no Rio Grande.
[128] Roche, pp. 354-355, 391-392.

classes conservadoras e bateu-se com fervor pela ordem como base do progresso social. "Conservar, melhorando", tornou-se-lhe a divisa; em numerosas ocasiões reafirmou a sua dívida teórica para com Augusto Comte. Júlio de Castilhos pode ser corretamente encarado como conservador, mas o seu interesse pelos elementos progressistas do positivismo não era simulado; a filosofia social de Comte proporcionou a ele e à sua geração uma versão paternalista e altamente racionalista do liberalismo do século XIX. Castilhos e os demais positivistas adotaram sobretudo a defesa, feita pelo filósofo, das liberdades individuais, a sua condenação da escravidão, a separação entre a Igreja e o Estado, a educação elementar universal e a intervenção do Estado para proteger os trabalhadores industriais.

Em assuntos políticos, Castilhos aderiu fielmente aos preceitos comtianos sobre a organização e o procedimento governamentais. Insistindo num orçamento equilibrado, num Executivo que governasse pelo plebiscito, num Legislativo cujos poderes fossem limitados à aprovação das despesas e da receita, e numa rigorosa separação entre os poderes espiritual e temporal (segundo os definia Comte), Castilhos inspirou-se especialmente no *Appel aux conservateurs*, a obra de Comte que ele estudou melhor.[129] Após a sua ascensão ao poder, Júlio de Castilhos fez inserir o sistema de Comte, em que predomina o Executivo, na Constituição Estadual de 14 de julho de 1891.

Entretanto, para a maioria dos membros do PRP, pelo menos ao tempo da sua consolidação no poder em 1895, o positivismo era tãosomente uma vitrina ideológica, com pouco significado real. O próprio Teixeira Mendes, sucessor de Miguel Lemos como líder do Apostolado, reconheceu ser menos o credo que a personalidade de Castilhos que lhe valia tantos seguidores dedicados.[130]

Mobilidade política   Em parte alguma foi a instabilidade política nos anos iniciais da República maior do que no Rio Grande do Sul. Entre a queda do Império e a segunda posse de Castilhos, em janeiro de 1893, o Governo estadual mudou de mãos 18 vezes. A mobilização

---

[129] Othelo Rosa, *Júlio de Castilhos* (Porto Alegre, 1928), Parte I, p. 250. Essa obra, circunstanciada mas não crítica, foi suplantada pelo excelente estudo de Sérgio da Costa Franco, *Júlio de Castilhos e sua época* (Porto Alegre, 1967). Veja também Richard Kornweibel, "Júlio de Castilhos and the Republican Party of Rio Grande do Sul" (tese não publicada de doutoramento em filosofia, Universidade da Califórnia, Santa Bárbara, 1971).
[130] [João] Cruz Costa, *O positivismo na República: notas sobre a história do positivismo no Brasil* (São Paulo, 1956), p. 26.

política, as perseguições movidas pelos Republicanos, as contraperseguições desfechadas pelos Federalistas trouxeram ao Estado as agruras da guerra civil em 1893-95. Nessa luta, os Federalistas invadiram a Campanha três vezes, partindo do Uruguai e da Argentina, mas nunca puderam conservar o território invadido contra o Exército federal, a Polícia estadual (*Brigada Militar*) e os *corpos provisórios* do Governo estadual. A guerra durou 31 meses e produziu de dez a doze mil baixas numa população de um milhão de pessoas. O resíduo de ódio que fixou desempenharia papel importante na política rio-grandense quase até o fim da República Velha, e os veteranos da guerra governariam o Estado durante 33 anos.

Um dos resultados mais importantes da guerra foi uma nova polarização política no Rio Grande. Em contraste com o sistema amorfo do partido único, dominado pelo Governador e pelos notáveis, de quase todos os Estados na Primeira República, a política do Rio Grande continuou a girar em torno de dois partidos bem organizados. Paradoxalmente, talvez, os dois partidos tinham, ao mesmo tempo, mais nítida orientação ideológica (presidencialismo ditatorial *versus* parlamentarismo) do que os partidos em outros pontos do Brasil. A família e a posição social, de que tanto caso se fazia em outras partes do país, significavam relativamente menos no Rio Grande.

Outro resultado político da guerra foi a consolidação do sistema político centralizado. Apesar de todo o poder que detivera nas mãos em seu apogeu, Silveira Martins concedera aos *coronéis* liberais muito maior autoridade nos assuntos locais do que Castilhos se dispunha a conceder-lhes. Sob o governante republicano havia coronéis locais e regionais investidos de poder pessoal; mas o que separava o Rio Grande dos outros Estados era a impossibilidade, no disciplinadíssimo PRR, de uma revolta dos coronéis (como aconteceu na Bahia em 1919-20) ou de um pacto dos coronéis à revelia do Executivo estadual (como ocorreu no Ceará em 1911).

Como terceiro efeito político importante da guerra, cita-se a forjadura de um sólido elo entre o PRR e o Exército nacional ou, pelo menos, um poderoso segmento dele. Para muitos membros autoritários das Forças Armadas, Castilhos parecia ser o legítimo herdeiro de Floriano.

O resultado final consistiu na alteração da composição da liderança política, que passou da elite dos estancieiros para uma quase elite. Silveira Martins e os seus principais seguidores e aliados tinham formado a aristocracia da Província como donos das maiores e mais antigas estâncias; muitos possuíam títulos imperiais. Castilhos e os seus colaboradores eram um pouco menos ricos e mais tenuemente ligados à nobreza da Província. Ao mesmo tempo, a nova constelação do poder refletia-se em termos regionais. Antes, a maioria dos líderes políticos proviera da Campanha, agora um número cada vez maior procedia da Serra, incluindo Castilhos. Um desenvolvimento correlato foi a nova aliança entre o Litoral e a Serra, substituindo os laços estreitos outrora existentes entre a Campanha e o Litoral. Mas essa mudança só se tornaria aparente aos poucos, à proporção que a Serra e o Litoral aumentassem a sua primazia sobre a Campanha em população e crescimento econômico.

De 1892 a 1930, o PRR governou o Rio Grande do Sul sem interrupção, e o poder da máquina republicana dependia, em grande parte, do seu monopólio sobre o Governo. Pela Constituição de 14 de julho, a autoridade legal do Governador equivalia à ditadura. Mesmo assim, o apoio de um partido disciplinado era importante, e para essa disciplina o partido se escorava em quatro coisas: o poder do Governador para cancelar eleições municipais ou interferir por decreto na política local de outras maneiras; o controle dos assuntos do partido, no nível local, exclusivamente por coronéis leais a ele; a capacidade dos coronéis de mobilizarem o voto em seus distritos, com o emprego da violência e da fraude, quando necessário; e a eficiência de uma poderosa Brigada Militar estadual, que podia ser utilizada para finalidades políticas.

Castilhos e Borges de Medeiros, que foi o senhor do PRR desde a morte de Castilhos em 1903 até 1930, intervieram reiteradamente em eleições locais e assuntos administrativos.[131] Se as autoridades locais desafiassem uma ordem executiva, o Governador teria o poder constitucional de anular-lhes as resoluções ou os atos "quando infringissem as leis federais ou do Estado".[132] E visto que as leis estaduais eram feitas pelo Governador por decreto (exceto as que se referiam a questões orçamentárias), essa cláusula lhe outorgava plenos poderes nos municípios.

No tocante à força para sustentar os seus decretos, o Governador dispunha, em primeiro lugar, da Brigada Militar, força que variava entre 1.500 homens (o dobro da força estadual em 1889) e 3.200 homens,

---

[131] Os Governadores do Rio Grande intervieram em assuntos locais 209 vezes entre 1896 e 1923, de acordo com uma contagem. Sobre uma lista dessas intervenções, veja [Antonio] Baptista Pereira, *Pela redenção do Rio Grande* (São Paulo, 1923), pp. 245-253.
[132] Artigo 20, Constituição de 14 de julho de 1891, em *Constituições sul-rio-grandenses 1843-1947* (Porto Alegre, 1963), p. 58.

durante o correr da República Velha. Na realidade, a Brigada era um exército estadual, tão bem apetrechado quanto o seu equivalente federal e comandado por um oficial de carreira que obtivera licença do Exército. Aliás, não se limitavam a isto as forças castilhistas; dois anos depois da desmobilização de 1895, um inimigo calculou que o Governador Castilhos poderia contar com 7 a 8.000 homens, incluindo corpos provisórios e guardas municipais.[133]

Como nos dias que antecederam à guerra, a máquina oficial venceu as eleições. Em conformidade com as normas eleitorais federais e com a prática vigente em outros Estados, o voto era a descoberto. Até onde as forças da oposição dispunham da maioria absoluta, como em Bagé, não se lhes permitia registrarem o número suficiente de eleitores para conquistar o controle do Governo local e muito menos para desafiar a hegemonia do PRR no nível estadual. A oposição ao PRR era mais vigorosa nos municípios fronteiriços, onde os Federalistas haviam encontrado o seu maior apoio durante a guerra, e mais fraca nas comunidades da Serra, povoada por colonos italianos e alemães.

Sem embargo disso, a despeito de todas as forças à sua disposição, o PRR não conseguia manter o seu monopólio do poder sem intimidações, violências e fraudes. Mesmo com uma acomodação da Oposição após a morte de Castilhos, o partido viu-se obrigado a continuar no poder mediante estratagemas "reguladores", embora em nível consideravelmente reduzido. O tipo de fraude perpetrada só encontrou limites na imaginação do Chefe do partido local.

O "coronel" gaúcho O homem que manejava os votos não era invariavelmente o estancieiro e, com efeito, a exceção constituía a regra na Zona Colonial, onde havia poucos latifúndios. Tipicamente, porém, os coronéis do Rio Grande (como os de outros Estados) eram proprietários rurais, se bem não fossem necessariamente os maiores proprietários em seus distritos. O que singularizava o coronel gaúcho era o papel que ele representava na estrutura do partido. Em outros Estados o coronel geralmente conquistava a sua posição no partido situacionista graças, em parte, ao seu poder econômico e ao seu prestígio social dentro de certa área. Conquanto esses fatores tivessem algum peso no Rio Grande, havia

---

[133] Homero Batista a Prudente de Morais, Rio Grande, 23 de agosto de 1897, Arquivo de Prudente de Morais, Instituto Histórico e Geográfico Brasileiro, Rio.

uma qualificação indispensável para um homem exercer o poder local: a disposição para aceitar as decisões superiores; daí o nome de *coronel burocrata*.

O Rio Grande e o militarismo   Outra fonte de poder para o situacionismo rio-grandense fora do Estado, naturalmente, eram as suas excelentes relações com o situacionismo militar. A propensão das Forças Armadas para estabelecer íntimas conexões com o PRR converteu-se em algo semelhante a uma aliança quando os gaúchos começaram a pretender ao poder nacional. A República continuou a prática imperial de manter de um quarto a um terço do Exército estacionado no Rio Grande do Sul, e o Comando do Distrito Militar do Rio Grande (III Região, a partir de 1919) representava uma das atribuições mais importantes do Exército; oito Comandantes dessa região foram Ministros da Guerra na República Velha. Além disso, a única academia militar profissional importante que havia no Brasil, fora da capital federal, localizava-se no Rio Grande do Sul. Em 1907, eram mais numerosos os cadetes em Porto Alegre do que no Rio de Janeiro.

O mito da vocação militar do gaúcho tinha por base um fato registrado na era republicana, que também se verificara na era imperial. O Rio Grande fornecera mais generais do que qualquer outra Província no fim do Império, e continuava a fornecê-los por ocasião da Revolução de 1930. De mais a mais, o Rio Grande deu maior número de Presidentes do Clube Militar e mais Ministros da Guerra do que qualquer outro Estado.[134]

Diversas razões havia para os laços íntimos entre o PRR e o Exército Federal, incluindo as convicções ideológicas (positivismo), laços estabelecidos durante a luta de 1893-95, e a lealdade regional. Outro fator era a defesa intransigente das verbas militares no Congresso, onde os rio-grandenses participavam de comissões-chave. Finalmente, o Exército encontrava no PRR o único aliado potencial numa luta pelo poder: sozinha, a oficialidade não poderia derrubar a aliança mineiro-paulista, que tendia a controlar a procissão presidencial, nem poderia confiar nas outras máquinas estaduais para fazer face às mais poderosas organizações. Quando os gaúchos não disputavam o poder nacional, o Exército mantinha-se leal ao Presidente.

---

[134] Tirado do *Almanaque do Ministério da Guerra no ano de 1889* (Rio, 1889), Parte 2, pp. 5-9; *Almanaque do Ministério da Guerra para o ano de 1895* (Rio, 1895); *Almanaque... 1930* (Rio, 1930); Theodorico Lopes e Gentil Torres, *Ministros da Guerra do Brasil: 1808-1946* (Rio, 1947), *passim*; Gerardo Majella Bijos, *O Clube Militar e seus presidentes* (s/l e s/d), *passim*; e *fés de ofício*. Arquivo do Ministério da Guerra, Rio.

Outra fonte de força para o Governo gaúcho em relação à maioria dos membros da Federação era o seu poder de lançar tributos. As suas rendas globais figuravam em terceiro lugar entre as dos Estados (depois de São Paulo e Minas) e, na década de 1920, o Rio Grande, mais de uma vez, ocupou o segundo lugar (que pertencia a Minas),[135] apesar de ter Minas mais do dobro da população.

Em matéria fiscal, o PRR instituiu algumas medidas progressistas nos anos que se seguiram à guerra civil. Um dos projetos favoritos de Castilhos era um imposto sobre a propriedade rural destinado a substituir gradativamente o Imposto de Exportação, que tinha o inconveniente de sufocar o incentivo, e do qual dependia substancialmente a receita do Rio Grande (como dos demais Estados). Introduzido em 1904, o Imposto sobre a Propriedade foi a principal fonte de renda de 1915 até 1918.[136] Do lado das despesas, a educação pública encabeçava a lista, respondendo geralmente por cerca de um quarto dos gastos estaduais; a educação só ficava em segundo lugar em tempo de guerra ou durante os períodos de mobilização, quando a Brigada Militar vinha em primeiro lugar. O Rio Grande consagrava à educação uma quota maior das suas rendas do que São Paulo ou Minas Gerais, Estados esses que não tinham condições de aplicar um imposto territorial significativo. Com efeito, a capacidade do Governo estadual de tributar expressivamente a propriedade e a ênfase por ele emprestada à educação pública deram às políticas fiscais rio-grandenses uma característica decididamente progressista em confronto com as dos outros membros da Federação.

Borges permaneceu fiel aos preceitos de equilíbrio orçamentário de Castilhos e Comte,[137] muito embora permitisse ao Estado contrair dívidas estrangeiras. O Rio Grande foi o último dos 15 Estados durante a República Velha a obter empréstimos estrangeiros (começando em 1919), mas, no princípio da década de 1930, era o segundo comodatário em

---

[135] A receita do Rio Grande ultrapassou a de Minas em 1926 e em 1930. Veja o *Anuário estatístico do Brasil: Ano V – 1939/1940*, do IBGE, p. 1.415.
[136] *Anais da Assembléia dos Representantes do Estado do Rio Grande do Sul: 1914-1917. 23.ª-27.ª sessões ordinárias* (Porto Alegre, 1915-18), *passim* (cifras projetadas). Em 1919, o Imposto Sobre a Propriedade perdeu o primeiro lugar, mas continuou a ser importante fonte de rendas durante toda a República Velha. Outros impostos também foram introduzidos, mas o Imposto de Exportação seguiu sendo aplicado no correr da década de 1930.
[137] João Pio de Almeida, *Borges de Medeiros: subsídios para o estudo de sua vida e de sua obra* (Porto Alegre, 1928), pp. 323-324.

importância. E devia quase todo esse dinheiro a banqueiros norte-americanos.[138]

Como os empréstimos estrangeiros, as rendas estaduais foram usadas, em parte, em projetos de desenvolvimento e também para intervir na economia, exatamente como fazia o Governo Federal, cujo papel estava mudando ao longo de diretrizes semelhantes entre 1910 e 1930. No Rio Grande do Sul, entretanto, as responsabilidades econômicas e sociais do Estado cresceram mais depressa nesses anos do que as do Governo Federal. Em 1912, a operação do porto de Porto Alegre passou para as mãos do Estado e, no fim dos anos 20, o Governo Federal cedeu ao Rio Grande os portos de Pelotas e Torres. Uma estrada de ferro particular, que corria na direção leste-oeste, ligando Porto Alegre a Uruguaiana, foi adquirida pelo Governo gaúcho em 1919. No termo financeiro, o Estado autorizou o funcionamento de um banco de desenvolvimento em 1928 e começou a intervir nos mercados de artigos domésticos, como o faziam os paulistas na esfera internacional. Já em 1917 o Governo rio-grandense interviera temporariamente na economia com o objetivo de deter a exportação de gêneros alimentícios e o Governador, simultaneamente, obrigara os empregadores de Porto Alegre a aumentar os salários.

No fim da década de 1920, os sindicatos de produtores levantaram-se em resposta a crises econômicas, e o Governo do Estado, a cuja testa se achava então o Governador Getúlio Vargas, lhes proporcionou assistência eficaz. Alguns problemas não passavam de resultados de uma economia em expansão. O aumento da produção, por exemplo, era precisamente o problema enfrentado pelos arrozeiros no fim dos anos 20. A cultura do arroz irrigado, introduzida no Litoral no início do século, fora acelerada depois da Primeira Guerra Mundial. A colheita de 1926-7 foi quase o dobro da colheita de 1919-20 e teve por conseqüência a queda dos preços. Em 1926, Vargas, então Deputado Federal, encontrou o Presidente Bernardes indiferente à crise de "superprodução" de arroz. Em vista disso, os gaúchos decidiram agir por conta própria. Como os mais eficientes produtores de arroz de alta qualidade do Brasil e principais fornecedores da nação,[139] os fazendeiros rio-grandenses estavam em condições de

---

[138] Ministério da Fazenda: Secretaria do Conselho Técnico da Economia e Finanças, *Finanças do Brasil – 1824-1945*, XIX (Rio, 1955), p. 509.
[139] O Rio Grande do Sul exportou arroz irrigado a outros membros da Federação, muitos dos quais só cultivavam o arroz "índio", variedade inferior, que não requeria irrigação. A produção total de arroz de São Paulo era maior que a do Rio Grande, mas o arroz paulista,

seguir o exemplo dos cafeicultores e "valorizar" o seu produto. Com esse fim, organizaram um sindicato do arroz para controlar o fornecimento e manter os preços num nível alto e mais ou menos constante. Em 1927, um ano depois da organização do sindicato, as exportações foram reduzidas de 20%; no mesmo ano, o valor global das vendas aumentou 25%.[140]

Os criadores de gado e os produtores de charque também enfrentaram uma crise em 1926-27. A partir da Primeira Guerra Mundial registraram-se violentas flutuações nos preços e na produção tanto das charqueadas como dos frigoríficos. A produção dos frigoríficos fora estimulada pelas imensas necessidades de alimentos dos Aliados durante a guerra e no período que a ela se seguiu, mas, no início dos anos 20, as fábricas da Armour e da Swift no Rio Grande nem sempre puderam competir com firmas congêneres do Prata, sobretudo em virtude dos custos do transporte. Em 1922, a produção dos frigoríficos no Rio Grande caiu para um décimo da produção de 1921. A produção voltou a aumentar nos poucos anos seguintes, mas tornou a cair, vertiginosamente, em 1926. O virtual fechamento dos frigoríficos naquele ano, conquanto temporário, foi um estímulo importante para a reconstituição da defunta Federação das Associações Rurais do Estado do Rio Grande do Sul (FARSUL), em 1927. Outro incentivo foram os preços rapidamente declinantes do charque no mesmo ano.

Os interesses dos donos das charqueadas nem sempre coincidiam com os dos criadores; a situação do contrabando é um caso pertinente. Não obstante, os dois grupos desejavam manter as vendas em alto nível, e muitos estancieiros tinham investimentos em charqueadas. Impressionados pela eficácia da organização dos arrozeiros, os produtores de charque organizaram um sindicato em 1928. Uma vez que forneciam o grosso do charque consumido nas cidades costeiras do Brasil, também se achavam em condições de manipular os preços no mercado nacional.

---

de um modo geral, apresentava qualidade inferior, e uma percentagem maior da colheita se consumia no próprio Estado.
[140] *A Federação*, 30 de setembro de 1930. O índice de inflação, que não passou de 2,6% entre 1926 e 1927, foi, por conseguinte, um fator quase desprezível da elevação do valor das vendas em 1927. Veja *Anuário estatístico do Brasil: ano V, 1939/1940* [Rio], s/d, do IBGE, p. 1.384. Sobre o desenvolvimento do sindicato, veja Sindicato Arrozeiro do Rio Grande do Sul, *A cultura do arroz no Rio Grande do Sul* (Porto Alegre, 1935).

Medidas para assistir a economia do Estado

Para assistir os charqueadores e os grupos correlatos de interesses, o Governador Vargas fundou o Banco do Rio Grande do Sul, utilizando fundos do Estado para subscrever dois terços do capital inicial. Essa instituição, estabelecida em 1928, foi expressamente criada para estender o crédito barato aos interesses pastoris e agrícolas e às indústrias derivadas; no primeiro ano de operações, o banco concedeu mais de metade dos seus empréstimos a produtores de charque.[141] Vargas também subsidiou o incipiente comércio de exportação de charque e arroz, reduzindo as tarifas ferroviárias nos embarques dos dois produtos destinados a portos estrangeiros. A melhoria do sistema de transporte, as facilidades de crédito e os subsídios do frete pacificaram o grupo de produtores de charque, que até então faziam os seus embarques através de Montevidéu.

Os impulsos dos criadores, donos de charqueadas, e plantadores de arroz para se organizarem foram sintomáticos de um surto geral de "associatividade" no Rio Grande, no fim da década de 1920. Donos de vinhedos e produtores de banha também formaram sindicatos, e comerciantes fundaram uma Federação estadual de Associações Comerciais. Das setenta e tantas associações comerciais, agrícolas e pastoris existentes no Rio Grande em 1930, quase a metade fora fundada entre 1926 e 1929.[142] Vargas aplaudiu a tendência; na realidade, o seu Governo estimulou-a, patrocinando novas associações de grupos de interesses.

Muitas questões vitais para os interesses econômicos rio-grandenses estavam, naturalmente, fora do alcance dos poderes das associações particulares ou do Governo do Estado, e os estadistas gaúchos e seus constituintes solicitaram a ajuda do Governo Federal em áreas como a política tarifária, obras públicas, controle federal das nomeações políticas e política monetária nacional. À diferença dos interesses do café, beneficiados pela desvalorização do mil-réis e que, portanto, buscavam o controle da política cambial do Brasil, os rio-grandenses se preocupavam sobretudo com a política tarifária – mantendo os produtos da pecuária estrangeira fora do mercado brasileiro.

Eram também a favor de preços nacionais estáveis – objetivo que geralmente se opunha à desvalorização – por acreditarem que a inflação

---

[141] *A Federação*, 1.º de outubro de 1929; FARSUL, *Anais do IV Congresso Rural* (Porto Alegre, 1930), p. 14.
[142] Compilado com dados fornecidos pelo Departamento Estadual de Estatística do Rio Grande do Sul, "Anuário: 1929 (Política e moral, 2.ª seção)" (manuscrito, s/d), p. 47.

redundaria no aumento do consumo de bacalhau (mais barato) às expensas do charque.[143] Durante todo o transcurso da República Velha, o PRR insistiu numa política de preços estáveis e conservantismo fiscal. Posto que essa posição encontrasse apoio nos escritos de Comte, também se ajustava a primor à interpretação gaúcha dos seus interesses no apreçamento do charque. É claro que, de um modo geral, a estabilidade dos preços era a exceção, mas os políticos do Rio Grande apoiaram os programas de estabilização de Campos Sales, Rodrigues Alves e Washington Luís. E, na derradeira metade da República, o charque e outros produtos da pecuária receberam vários benefícios do Governo Federal – subsídios de frete, isenção dos impostos de consumo sobre o charque, aquisição de instalações de crédito rural, projetos de desenvolvimento de portos e supressão do comércio de contrabando do charque.[144]

Outro objetivo da política gaúcha era uma quota do controle formal das nomeações políticas, conseguida mais ou menos sistematicamente após a eleição de Hermes da Fonseca à Presidência, em 1910. Os postos no Ministério são uma indicação tanto de controle das nomeações quanto de força política dos partidos estaduais dentro do Executivo. Nos anos de 1910 a 1930, o Ministério consistia nos chefes de sete Ministérios: Viação, Justiça, Agricultura, Relações Exteriores, Guerra, Fazenda e Marinha. Em todas as administrações, exceto uma, os Ministros da Guerra e da Marinha foram tirados das fileiras dos oficiais profissionais. Os postos mais importantes para os partidos políticos estaduais eram os Ministérios da Fazenda, da Viação e da Justiça. Os dois primeiros, pelos seus grandes orçamentos: entre 1910 e 1930 a Fazenda recebeu a maior quota da Receita Federal, entre todos os Ministérios, cabendo-lhe, em média, mais de 34% do orçamento total; o Ministério da Viação vinha em segundo lugar, com uma média de 29%.[145] A Fazenda controlava a política financeira e tinha, dessa maneira, enorme influência nas políticas do câmbio e do café. O Ministério da Viação, encarregado da construção de estradas de rodagem, estradas de ferro e linhas telegráficas, tinha o poder de ajudar ou estorvar o crescimento econômico de um Estado. O Ministro

---

[143] *A Federação*, 15 de outubro de 1910. Esse argumento supõe que os preços subiram mais depressa do que os salários – provavelmente uma suposição realista num país em que a mão-de-obra assalariada era mal organizada.
[144] Love, *Rio Grande do Sul*, pp. 177-178, 187, 197, 223.
[145] Compilado com dados fornecidos pelo *Anuário estatístico do Brasil: ano V, 1939/1940*, do IBGE, p. 1.412.

da Justiça ocupava uma posição sensível e importante porque presidia às eleições federais e poderia influir no resultado das lutas congressionais e presidenciais. As organizações políticas dos três Estados mais poderosos — São Paulo, Minas e Rio Grande — deram quase a metade (48%) do número total de anos que membros de máquinas estaduais ocuparam nas pastas ministeriais entre 1910 e 1930; e membros dos partidos dos três grandes Estados chefiavam os principais Ministérios civis (Viação, Fazenda e Justiça) durante 63% do tempo. Na segunda metade da República Velha, o Rio Grande e Minas predominaram no Ministério; São Paulo ocupou um distante terceiro lugar, tanto no número total de anos em posições ministeriais quanto nos três postos principais. Como se vê na *Tabela 5*, há uma mudança acentuada e significativa na distribuição dos cargos ministeriais na segunda metade da República Velha, quando nove dos 20 Estados da Federação não eram representados de maneira alguma em postos de gabinete. No período anterior, estes tinham sido distribuídos com maior uniformidade entre os Estados, ficando apenas seis sem representação. Naquele período, além disso, o Rio Grande do Sul figurava em décimo segundo lugar, não só no número total de anos de Ministério, mas também nas três posições mais importantes.

TABELA 5

NÚMERO DE ANOS EM QUE OS POSTOS DO GABINETE FORAM OCUPADOS POR REPRESENTANTES DOS PARTIDOS ESTADUAIS

Estados (classificados pelo total de anos)	Anos em todos os Ministérios	Anos na Fazenda, Viação e Justiça
A. De 15 de novembro de 1910 a 23 de outubro de 1930		
1. Rio Grande do Sul	18,13	15,14
2. Minas Gerais	16,09	15,45
3. São Paulo	12,37	6,71
4. Santa Catarina	9,14	3,92
5. Bahia	9,12	1,20
6. Rio de Janeiro	6,91	2,92
7. Pernambuco	6,82	3,46
8. Rio Grande do Norte	6,29	6,29
9. Ceará	4,00	4,00
10. Piauí	4,00	0,0
11. Pará	3,92	0,0

B. De 15 de novembro de 1889 a 14 de novembro de 1910

1.	Minas Gerais	12,64	7,69
2.	Bahia	9,73	9,35
3.	São Paulo	9,02	7,29
4.	Pernambuco	5,51	4,74
5.	Goiás	5,41	5,41
6.	Mato Grosso	4,66	4,66
7.	Rio Grande do Norte	4,41	4,41
8.	Rio de Janeiro	4,25	3,07
9.	Santa Catarina	4,00	4,00
10.	Ceará	3,12	2,36
11.	Paraíba	2,73	2,73
12.	Rio Grande do Sul	2,56	1,51
13.	Pará	2,27	1,08
14.	Sergipe	1,30	1,30

FONTE: Dados extraídos de Dunshee de Abranches, *Governos e Congressos da República dos Estados Unidos do Brasil* (São Paulo, 1918); *Almanaque de Gotha*, 1923-31 (Gotha, 1922-30); Augusto de Bulhões, *Ministros da Fazenda do Brasil 1808-1954* (Rio, 1955); Max Fleiuss, *História Administrativa do Brasil* (São Paulo, 1922).

NOTA: Quatro decisões mais ou menos arbitrárias foram tomadas na compilação desta tabela: 1) excluíram-se os oficiais militares profissionais, com exceção dos que fizeram carreira numa organização política estadual (por exemplo, Lauro Müller); 2) os Ministros que ocuparam o cargo por menos de três meses foram considerados interinos e excluídos, na presunção de que não tiveram tempo suficiente para controlar as nomeações e manipular o poder em benefício do seu Estado; 3), Francisco Sá, embora começasse a carreira em Minas, foi classificado como cearense, a pretexto de pertencer à máquina governante do Ceará ao tempo em que serviu como Ministro; 4) excluíram-se os membros do Ministério do Distrito Federal (o principal detentor de um cargo ministerial proveniente do Distrito, o Barão do Rio Branco, não tinha ligação alguma com máquina nenhuma).

Entendimentos com São Paulo e com Minas — A Presidência, naturalmente, era não apenas o contrapino do ramo executivo do Governo, senão de todo sistema político, e as alianças no nível nacional giravam em torno da luta para escolher o Presidente. Na escolha do futuro Presidente, os partidos políticos de São Paulo e Minas Gerais costumavam trabalhar juntos, mas, em 1910, o PRR também entrou na luta. As três máquinas dominaram a política nacional graças à força econômica e eleitoral dos seus Estados; se fosse necessário, eles poderiam também contar com forças paramilitares. Os três partidos conseguiam sustentar-se subsidiando jornais, assegurando a metade da votação total numa eleição presidencial, e contam com os seus Exércitos estaduais para obstar a intervenção presidencial. Os líderes dos três partidos autônomos, agindo de acordo uns com os outros, obviavam, assim, a crise inerente a toda sucessão presidencial. As divergências entre os três poderiam às vezes ser resolvidas pela promulgação de uma legislação econômica compensadora; em São Paulo e Minas isso significava geralmente a defesa do café, no Rio Grande vantagens concedidas às atividades pastoris. De outro modo, as divergências significavam uma eleição disputada, que punha em perigo o sistema político, como aconteceu nas três corridas presidenciais seriamente disputadas durante a República Velha em 1910, 1922 e 1930.

O PRR estava fora da aliança *café-com-leite*, mas, à diferença dos partidos dos Estados-satélites, não lhe era preciso acatar as decisões mineiro-paulistas. Os gaúchos sempre tiveram uma quota respeitável de membros entre as forças militares, tanto na era imperial quanto depois, e os acontecimentos dos primeiros seis anos de República forjaram um elo entre o Exército e o PRR. Níveis bruscamente ascendentes de mobilização político-militar, instabilidade governamental, crises econômicas e a intransigência de Silveira Martins e sobretudo de Castilhos conduziram à completa substituição dos Liberais pelos Republicanos em 1892 e à guerra civil um ano depois. O conflito de 1893-95 acarretou sofrimentos incalculáveis ao povo gaúcho; ao mesmo tempo, permitiu ao PRR consolidar o seu poder e representar um papel independente na Federação.

A máquina castilhista emergiu da guerra como uma organização altamente disciplinada, capaz de arregimentar poderes militar e eleitoral desproporcionados à posição demográfica do Rio Grande na nação. A guerra também convenceu muitos oficiais militares de que o PRR, mais do que os partidos não ideológicos, orientados para a corretagem, de Minas e de São Paulo, era o repositório das aspirações republicanas. Isolados da política nacional ao tempo de Castilhos, os rio-grandenses não forneceram Ministros nem Presidentes de 1894 a 1910, muito embora continuassem a manter boas relações com o Exército.

Entre 1910 e 1930, três políticos gaúchos tentaram obter o controle do Governo Federal quando ocorreram brechas na aliança entre paulistas e mineiros. O Senador Pinheiro Machado, já influente na sucessão de 1906, fizera do Rio Grande um Estado "grande" por volta de 1910. O apoio sistemático de um Governo "permanente" no Rio Grande do Sul; o controle das comissões apuradoras no Congresso, assim como o controle de dois postos cruciais do mesmo Congresso, o de Vice-Presidente do Senado e o de líder da maioria na Câmara; o instrumento da disciplina partidária, exercido através do seu Partido Republicano Conservador; o uso livre de subvenções a jornais influentes; e a ascendência pessoal sobre o Presidente: tais foram as chaves de Pinheiro Machado para chegar ao Poder. Mas o seu era um "sistema" de relações pessoais e estava, portanto, sujeito às mudáveis lealdades da elite política. Quando se restabeleceu a aliança entre mineiros e paulistas para apoiar um Presidente forte, o poder de Pinheiro Machado entrou em declínio, e o PRC desintegrou-se completamente após o seu assassínio em 1915. A aliança entre Minas e São Paulo era uma conseqüência lógica dos interesses econômicos partilhados dos dois Estados cafeeiros; a coalizão de Pinheiro Machado não tinha essa coesão.

Borges de Medeiros só se envolveu pessoalmente na luta pelo controle da Presidência após a morte de Pinheiro Machado. A intervenção de Borges de Medeiros na assembléia de líderes políticos de 1919, que produziu a eleição de Epitácio Pessoa, surgiu durante um impasse nas relações entre Minas e São Paulo. Em 1922, ele iniciou uma experiência única em eleições presidenciais: juntou-se a Nilo Peçanha para desfechar uma campanha contra Minas e São Paulo numa ocasião em que os dois gigantes do café estavam unidos. Pinheiro Machado realizara uma aliança com o Exército; o mesmo fizeram Borges e Nilo. Pinheiro, todavia, também tivera o apoio do partido mineiro e os votos "do bolso do revólver" de uma coalizão delicadamente equilibrada, mas eficaz, de satélites do PRC. Em contraste, a Reação Republicana de 1922 foi uma tentativa para unir três Estados "semi-soberanos" – Rio de Janeiro, Bahia e Pernambuco – ao Rio Grande e às forças militares contra São Paulo, Minas Gerais e os seus clientes.

No tempo da corrida de Vargas rumo à Presidência em 1930, uma nova geração de gaúchos granjeara notoriedade; entre eles figuravam Osvaldo Aranha, Flores da Cunha, Lindolfo Color, João Neves, Paim Filho e Maurício Cardoso. Participaram da primeira tentativa direta de um político rio-grandense para chegar à Presidência, e a vitória dependia do apoio irrestrito de Minas Gerais. A eleição – tal como foi interpretada pelo Congresso – demonstrou que um Presidente no exercício do seu cargo tinha condições para levar o seu candidato à vitória mesmo que a aliança entre paulistas e mineiros estivesse rompida. Contudo, 1930 não foi um ano eleitoral comum, e as tensões econômicas agravaram o descontentamento político.

Depois de 41 anos, os estadistas da República não haviam conseguido apresentar instituições políticas viáveis. Não tendo criado partidos políticos que atravessassem as fronteiras estaduais, eram incapazes de eliminar o potencial de crise da sucessão presidencial. A mobilização política (em termos de percentagem da votação popular) continuou baixa até o fim da era, muito embora se depositassem nas urnas, em 1930, mais votos do que nunca. A ausência de ampla participação política resultara num sistema de reuniões de líderes partidários (geralmente dominado por Minas e São Paulo) em que as elites políticas tomavam as decisões principais. As convenções e eleições que se seguiam às decisões tomadas nessas reuniões, normalmente não passavam de meras formalidades. A ausência de participação popular na política devia-se à distribuição predominantemente rural da população brasileira e ao domínio do coronel no Município. A fraude se estendia do nível local ao Congresso, onde as comissões apuradoras normalmente obedeciam às ordens do Presidente sobre a contagem dos votos nas eleições federais. A *política dos governadores*, que tendia a manter grupos situacionistas de todos os níveis indefinidamente no poder, minara a legitimidade do sistema político entre os novos grupos urbanos, os elementos reformistas do Exército e as facções e partidos minoritários da elite política. A tentativa de os três grandes Estados sulinos monopolizarem o poder e o controle federal das nomeações políticas também aviltara o sistema aos olhos das elites do Norte.

Economicamente, a República nunca fora tão duramente atingida quanto em 1930, e a crise poderia ter perfeitamente derrubado qualquer Presidente num país tão dependente do mercado do Atlântico Norte. Mas a Revolução de 1930 representou mais do que a queda de um Presidente; foi o fim de um sistema político. A sucessão presidencial sempre fora uma fonte de instabilidade, e o Rio Grande assumira com freqüência uma posição independente na política da sucessão. O papel gaúcho, porém, só era decisivo quando Minas e São Paulo podiam ser separados – em 1910, 1919 e 1930. Em 1922, o PRB desafiara a entente bilateral e fracassara, embora a campanha tivesse deixado ao Presidente Bernardes um legado de revoltas militares. Em 1930, os gaúchos estavam em magníficas condições para chefiar uma revolução contra o Governo de Washington Luís: dos grupos políticos mais importantes, os rio-grandenses, que se orientavam tradicionalmente para os mercados nacionais, eram os menos dependentes do sistema econômico internacional e, portanto, os menos desacreditados pelo seu colapso.[146] A Revolução de 1930 foi uma sentença sobre

---

[146] Já em 1934, uma análise marxista da revolução punha em destaque a importância do capital norte-americano no Rio Grande do Sul e concluía que os gaúchos tinham aberto

a viabilidade do Federalismo brasileiro e da aliança *café-com-leite*, em que este se firmava.

4. PERNAMBUCO E A FEDERAÇÃO BRASILEIRA, 1889-1937
(por ROBERT LEVINE)

À medida que o declínio secular do Nordeste prosseguia gradualmente, à proporção que progredia o século XIX, o colapso da Monarquia em 1889 e a subseqüente adoção do que se denominou um sistema de federalismo desigual despojaram Pernambuco de todo o poder político que possuíra, pelo menos formalmente, até os derradeiros dias do Império. Está visto que o papel continuado da cidade portuária do Recife como nexo de embarque e transporte para hinterlândia preservou a histórica hegemonia econômica de Pernambuco sobre grande parte do Nordeste. Mas a chegada da República reduziu Pernambuco a uma situação nacional de segunda ordem, expondo-o à ameaça permanente da intervenção federal; por volta de 1930, a sua importância política estava tão minada que o Estado mal conseguia defender os seus interesses contra os dos vizinhos mais fracos.

O eclipse político de Pernambuco sob a Federação abrangeu quatro fases distintas, a última das quais terminou pela imposição do Estado Novo em novembro de 1937.* A primeira (1889-1896) foi assinalada

---

o caminho para a liquidação do domínio britânico e a conversão do Brasil em satélite dos Estados Unidos. É verdade que os laços entre os capitalistas norte-americanos e os políticos gaúchos datavam da amizade entre Percival Farquhar e Pinheiro Machado e, como se indica às pp. 8-9, os investimentos dos Estados Unidos eram, sem dúvida, proporcionalmente maiores no Rio Grande do que em São Paulo e Minas. Não obstante, mostrei também no Capítulo 5 de *Rio Grande do Sul* que, em 1920, uma percentagem maior de firmas industriais de propriedade individual se encontrava em mãos brasileiras no Rio Grande do que em qualquer outro Estado, e que o Rio Grande dependia muito menos das vendas internacionais do que São Paulo. Pensando bem, acredito que a orientação para o mercado nacional foi mais importante do que a presença de firmas norte-americanas como fator condicionante do comportamento político gaúcho na revolução. Sobre o ponto de vista contrário, veja Sinani [sic], em Fernando Lacerda, Luís Carlos Prestes e Sinani em *A luta contra o prestismo e a revolução agrária e antiimperialista* (s/1, 1934), p. 89; citado por Boris Fausto em seu trabalho *A revolução de 1930: historiografia e história* (São Paulo, 1970), p. 16.

* Por essa razão, este ensaio não observará os limites cronológicos tradicionais usados no estudo da República Velha (1889-1930). Aqui se sustenta que a fase de 1930-1937 se segue logicamente ao período anterior, mais longo, e dele não pode ser separada quando se considera a questão do comportamento dos Estados sob a Federação.

pela intervenção Federal em 1892 e pela imposição de um oficial militar, Alexandre José Barbosa Lima, como Governador, depois que os republicanos históricos locais não conseguiram assumir o controle do aparelho político, à diferença dos seus colegas no Centro-Sul. Durante a fase seguinte (1896-1911), o controle passou para as mãos de uma facção chefiada por Francisco de Assis Rosa e Silva, político hábil, cuja conversão ao republicanismo no início da década de 1890 lhe permitiu a legitimação no nível nacional e a dominação política em seu Estado. Rosa e Silva consolidou o poder em Pernambuco construindo uma rede rigorosamente disciplinada, com base no controle coronelista de municípios rurais; e a sua máquina política administrava Pernambuco da capital do Estado ao passo que ele governava, *in absentia*, da sua residência permanente no Rio de Janeiro. Sob a sua autoridade, a bancada legislativa de Pernambuco, composta de dezessete membros, gozou de certo grau de prestígio e influência, embora existam poucos indícios de que Pernambuco ou seus aliados tivessem algo mais do que um controle secundário das nomeações políticas da administração federal. Teoricamente, Rosa e Silva dominou um bloco no Congresso formado por representantes dos Estados do Norte e do Nordeste, o que lhe valeu o título de "Leão do Norte" e o colocou em segundo lugar em matéria de influência pessoal entre os líderes congressionais, abaixo apenas do líder do Rio Grande do Sul, Pinheiro Machado; na realidade, porém, o bloco nunca foi controlado com eficiência e teve pouca força política autêntica.

Declínio político   Pernambuco ingressou na terceira fase do seu declínio político (1911-1930) quando a máquina de Rosa e Silva e as vizinhas oligarquias da Bahia, de Sergipe, de Alagoas e do Ceará foram derrubadas pela campanha *salvacionista*, muito embora todos esses Estados houvessem apoiado o candidato vencedor, Hermes da Fonseca, durante a campanha presidencial de 1910. O descaso federal, a renovada intervenção militar e acerbas cisões políticas locais assinalaram o período, durante o qual Pernambuco manteve uma fachada de influência nacional (deteve a Vice-Presidência de 1922 a 1926), ao passo que a sua capacidade de manipular a política de coalizão regional rapidamente se dissipava mercê do seu continuado declínio econômico em relação aos Estados do Centro-Sul. A quarta fase (1930-1937) assinalou a perda dos restos da influência política de Pernambuco: a despeito da leal adesão do Estado à revolta da Aliança Liberal em 1930, os esforços mal aconselhados do seu interventor civil para conquistar a ajuda federal, fiando-se nos métodos tradicionais de coalizão política, solaparam as boas relações do Estado com a administração de Vargas e reduziram Pernambuco a um zero político em 1935, mantendo-o sob uma virtual condição de ocupação militar após a abortada insurreição, inspirada pela esquerda, em novembro daquele ano, completando-se assim a humilhação do Estado, iniciada, pelo menos aos olhos da maioria dos seus cidadãos politicamente conscientes, quase meio século antes.[147]

A perda vertiginosa da influência política nacional e regional de Pernambuco, de 1889 a 1937, precisa ser encarada como decorrência do declínio global do Nordeste durante esse período, do seu isolamento geográfico, do seu atraso tecnológico e da sua incapacidade de unir-se para defender interesses comuns. Outros fatores, entre os quais figura o elevado índice de analfabetismo da região, contribuíram para a inevitabilidade da distância cada vez maior entre o Norte e o Sul, à proporção que o eleitorado crescia devagar. A *Tabela 6* ilustra o dilema em termos de força eleitoral real e potencial.[148]

Como se verá pela tabela, ainda que Pernambuco tivesse podido fundir todo o bloco de Estados do Norte numa frente eleitoral comum, a força política da região – presumindo-se que um bloco político pudesse manter-se unido durante determinado período de tempo – teria sido invencível no tempo do Império, mas seria muito menos que uma maioria no tempo da República. O que se poderia denominar "núcleo satélite" de Pernambuco – os Estados mais sujeitos à sua influência política e econômica (Alagoas, Paraíba, Rio Grande do Norte e Ceará) – teria produzido no Congresso uma força de 42 votos, que mal chegava a 20% do total.*

---

[147] Lima Cavalcanti foi efetivamente apeado do poder em dezembro de 1935, depois do bem-sucedido levante da Aliança nacional Libertadora no Recife, a que o interventor foi vinculado pelos seus inimigos. Durante os dias em que continuou no cargo, permaneceu à mercê do comandante militar federal local. Veja Robert M. Levine, *The Vargas Regime: The Critical Years, 1934-1938*, Nova York, 1970, caps. 5-6.

[148] *Boletim Eleitoral* do Tribunal Superior de Justiça Eleitoral, Ano III, n.º 26, março de 1934, p. 388; *Brasil; Estatísticas, Recursos, Possibilidades*, publicação do Ministério das Relações Exteriores do Brasil, Rio, 1937, p. 34.

* Para propósitos de análise, decidi incluir o Estado do Ceará na definição do "Núcleo Satélite", embora, durante certo período, que correspondeu ao *boom* da borracha no Amazonas, o Ceará fosse atraído para a órbita Pará–Amazonas, comerciando extensamente com Belém e Manaus e mandando bacharéis e outros migrantes para a região do *boom*. Mas durante o lapso maior de tempo, de 1889 a 1937, o Ceará foi geralmente arrastado para o eixo político e econômico de Pernambuco.

TABELA 6

FORÇA ELEITORAL: PERNAMBUCO E BRASIL

	PE	Núcleo satélite*	Potencial do Bloco N**	Centro e Sul	Brasil
1. Tamanho da bancada					
a. Império	13	33	65	57	122
b. República	17	42	90	124	214
2. Eleitores registrados					
a. Total (1933)	69.318	172.161	343.012	1.123.688	1.466.700
b. % de eleitores registrados no Brasil	4,72%	11,73%	23,38%	76,61%	100,00%
3. População					
a. Total (1933)	2.832.081	7.645.965	16.039.472	23.899.862	39.939.154
b. Eleitores registrados como % de população total	2,44%	2,25%	2,13%	4,70%	3,67%

FONTE: Veja a nota de rodapé n.º 148, p. 141.
* Núcleo satélite = Pernambuco, Ceará, Rio Grande do Norte, Paraíba, Alagoas.
** Potencial do Bloco do Norte = todos os Estados desde o Amazonas até a Bahia, inclusive.

O legado da percentagem cada vez menor do eleitorado do Nordeste reduziu-lhe ainda mais a força nacional potencial, visto que a percentagem de eleitores registrados no Norte chegava a menos da metade da percentagem do Centro-Sul por volta de 1933.

Particularmente frustrante para os esforços de Pernambuco por manter o seu papel como força nacional era o fato de que, apesar de achar-se em declínio, a sua força política igualava ou sobrepujava a de alguns Estados mais fortes do que ele, pelo menos em função de índices econômicos e comerciais diretos. Se considerássemos Pernambuco e os Estados vizinhos como um todo político para finalidades de especulação, estaríamos aparentemente acentuando ainda mais a sua posição relativa. De qualquer maneira, uma exceção persiste: São Paulo, que avultava entre todos os outros Estados da Federação, emulado apenas pela cidade do Rio de Janeiro, o Distrito Federal do Brasil (ver *Tabela 7*, p. 144) protegido político do Governo Federal e que não estava sujeito às mesmas regras do jogo político.[149]

Queda da produção do açúcar   Parece estranho que Pernambuco conseguisse agüentar-se em função de índices econômicos e fiscais mensuráveis durante o período em apreço. Mas um exame mais atento da *Tabela 7* no que concerne a Pernambuco mostra certo grau de resvalo, nos últimos anos da República, em áreas com a capacidade do Estado para conseguir empréstimos estrangeiros, produção industrial bruta e população total proporcional. No setor essencial da produção de açúcar, o tradicional domínio da produção nacional por parte de Pernambuco diminuiu substancialmente em face da proliferação de refinarias de açúcar no Sul: entre 1907 e 1937, a sua quota da produção nacional do açúcar de usina caiu de 41,5% para 25,2%.[150] A população urbana do Recife cresceu apenas à razão de 3,3% ao ano de 1900 a 1960, em comparação com os 6,8% de Belo Horizonte e os 7% de São Paulo.[151]

À medida que a importância nacional de Pernambuco declinava continuamente, Minas Gerais utilizava a sua habilidade política para conquistar uma influência preponderante e obter substanciais benefícios econômicos e fiscais, mostrando que a era do federalismo desigual, para alguns Estados, era mais igual do que para outros.[152] Mas a experiência de Minas Gerais não pode ser justamente comparada com a de Pernambuco,

---

[149] *VI Recenseamento Geral do Brasil – 1950, Estado de Pernambuco: Censo Demográfico*, do Conselho Nacional de Estatística, Rio, 1955, p. 1; *Anuário Estatístico do Brasil, Ano IV – 1938*, do Instituto Brasileiro de Geografia e Estatística, Rio, c. 1939, pp. 122, 191-97, 233, 249; *Brazil in the Making*, de José Jobim, Nova York, 1943, p. 96; *Relatório apresentado ao Dr. Ildefonso Simões Lopes, Ministro da Agricultura, Indústria e Comércio, pelo Dr. José Luís S. Bulhões de Carvalho, Diretor-Geral de Estatística*, publicação da Diretoria-Geral de Estatística, Rio, 1921, p. 43, 185; *Brasil: 1942*, publicado pelo Ministério das Relações Exteriores do Brasil, Rio, 1943, p. 80; *Le Brésil en 1889 avec une carte de l'empire en chromolithographie*, de M. F.-J. de Santa-Anna Nery, Paris, 1889, p. 451.
[150] Pernambuco, *Anuário Estatístico: Ano III – 1929*, Recife, 1930, p. xlix; IBGE, *Anuário Estatístico* [1938], p. 231.
[151] *Desenvolvimento econômico e evolução urbana*, de Paul Singer, São Paulo, 1968, p. 367.
[152] As vantagens de Minas incluíam cega obediência da bancada ao partido majoritário, perspicácia política geral, e uma base forte para negociar alianças estaduais. É verdade que a proximidade entre Minas e São Paulo e o Distrito Federal lhe acentuava a posição, ao passo que o isolamento geográfico de Pernambuco entravava esforços paralelos. Veja "Minas Gerais and the Nation: a Study of Regional Power, 1889-1937", de John D. Wirth, trabalho apresentado na reunião da Associação Histórica Americana, Nova Orleans, 1972.

TABELA 7

CONFRONTO ENTRE ALGUMAS UNIDADES POLÍTICAS:
ÍNDICES MISTOS (EM % PARA TODO O BRASIL)

	PE	[NS]*	MG	RS	SP	DF
1. Área (km):	1,16	4,19	6,97	3,35	2,90	0,01
2. População:						
a. 1890:	6,67	19,01	18,72	6,81	15,26	3,90
b. 1940:	6,48	19,09	16,36	8,06	17,42	4,29
3. Produção agrícola bruta:						
a. 1920:	6,89	14,77	19,85	10,60	27,54	0,04
b. 1928/32 (média):	5,28	9,98	13,54	10,98	44,45	desprezível
4. Produção de açúcar (valor)						
a. 1920:	22,18	38,32	17,24	0,57	8,38	nula
b. 1937:	17,83	28,87	18,10	0,83	18,83	nula
5. Produção industrial bruta:						
a. 1920:	4,71	8,80	5,94	12,06	31,20**	23,11
b. 1938:	4,20	s.d.	11,30	10,70	43,20	14,20
6. Total de ativos bancários:						
a. 1920:	3,46	4,96	2,38	11,12	26,04	25,28
b. 1937:	2,81	4,73	7,28	10,48	29,50	40,90
7. Total da renda estadual:						
a. 1919:	6,09	12,25	14,92	9,38	27,23	—
b. 1937:	4,42	10,00	14,56	14,02	37,42	—
8. Dívida estrangeira:						
a. 1888:	17,19	18,98	12,48	nula	10,83	3,59
b. 1920:***	3,48	5,35	6,00	5,83	28,56	24,33
c. 1933:	2,61	3,93	7,19	11,36	55,14	13,90
9. Total da renda municipal:						
a. 1919:	3,37	5,30	8,36	11,83	22,45	29,81
b. 1934:	2,25	4,96	7,68	13,52	21,23	35,56
10. Tamanho da bancada federal (n.º de deputados)	17	42	37	16	22	10

FONTE: Nota de rodapé n.º 153; também: Ministério da Agricultura, Indústria e Comércio. Diretoria-Geral de Estatística. *Resumo de várias estatísticas econômico-financeiras*, Rio, 1924, pp. 7, 11, 12, 33, 38, 98-99, 142, 156, 158; *Ano IV-1938* (veja nota de rodapé), pp. 304 e 836.

---

* [NS] "Núcleo Satélite: Estados de Pernambuco (PE), Ceará (CE), Rio Grande do Norte (RN), Paraíba (PB) e Alagoas (AL).
** Estimada.
*** Dívida estrangeira + nacional.

a da Bahia ou a de qualquer outro Estado fora do Centro-Sul. A economia agrícola nordestina, enraigada numa hierarquia social estratificada, resistia, teimosa, à mudança. Durante o Império, o papel do Nordeste correu paralelo, até certo ponto, ao papel assumido pelo Rio Grande do Sul como fornecedor de matérias-primas para o mercado nacional. Mas, como ressaltou Paul Singer, as condições nas duas regiões diferiam de maneira significativa, com o agreste, equivalente nordestino da zona de pequenas propriedades rurais no extremo-sul, reduzido a uma estreita faixa de terra cercada pela caatinga hostil, restringindo, portanto, a formação de um mercado interno para os bens e serviços costeiros; além disso, a agricultura nordestina, embaraçada pelos precários recursos de transportes e pela já mencionada estrutura social rígida, jazia à mercê de forças sobre as quais tinha pouco ou nenhum controle.[153]

Uma das maiores dificuldades enfrentadas pelos lavradores do Nordeste foi a falta de crédito agrícola. Já na década de 1870, os produtores regionais de açúcar e algodão solicitavam a diminuição dos impostos, proteção tarifária e bancos de crédito apoiados pelo Governo, motivos de queixa que provocaram, em 1878, uma irritada contraconferência sobre problemas agrícolas, realizada no Recife, em resposta à recusa do Ministério da Agricultura Imperial de convidar representantes nordestinos para uma conferência nacional na cidade do Rio de Janeiro.[154] Nos decênios que se seguiram, os açucareiros, que dominavam as associações regionais de agricultores, solicitaram com persistência a assistência federal em forma de impostos menores sobre o açúcar exportado e outras formas de subsídios federais, à maneira dos programas inovadores de valorização do café postos em prática no Sul. As solicitações, de um modo geral, eram ignoradas. O Governo Federal (e o estadual) concedeu empréstimos para a construção de refinarias centrais de açúcar na década de 1880, se bem essa ajuda favorecesse apenas pequena parte da elite agrícola, a dos usineiros.

Queixas das classes produtoras — Os cultivadores nordestinos observaram, amargurados, que a primeira "lei de extensão" permitira ao Governo Federal oferecer crédito durante os últimos anos do Império aos agricultores sulinos e pediram que os bancos de crédito federais, ao estilo europeu, como o Banco de Crédito da Lavoura do Estado da Bahia, tivessem âmbi-

---

[153] Paul Singer, *Desenvolvimento econômico*, pp. 321-32.
[154] Sobre a Conferência agrícola do Nordeste, veja *Trabalhos do Congresso Agrícola do Recife em outubro de 1878*, publicação da Sociedade Auxiliadora da Agricultura de Pernambuco, Recife, 1879.

to nacional.[155] Os seus continuados apelos de socorro federal para a indústria do açúcar levaram finalmente à criação, ordenada por Vargas, do Instituto do Açúcar e do Álcool (IAA) em 1933, organismo regulador patrocinado pelo Governo e dotado de poderes para estabelecer quotas e proporcionar assistência técnica, que ofereceu algum alívio aos produtores nordestinos, mas que equivalia tão-somente a uma pequena parte da ajuda fornecida aos cafeicultores no Sul.[156]

No tocante à questão correlata da política e da ajuda fiscais, já em 1850 políticos pernambucanos se queixaram às autoridades da República de que a situação econômica do Estado, "deplorável", reduzia o seu Estado à condição de "pária" da comunidade brasileira. Em 1893, o Governador de Pernambuco declarou que a economia do Estado não suportaria o peso representado pelos pequenos impostos que o Estado era obrigado a lançar na ausência de socorro federal. Sucessivas administrações estaduais aumentaram a carga, evitando um imposto sobre a propriedade agrícola, mas lançando impostos repressivos, como tributos sobre vendas comerciais, licenças, armazenagem, documentos (anulado por uma lei federal em 1899, mas revivido em 1904), transportes marítimo e ferroviário e até por animais (1921), lucros comerciais (1921) e "indústrias e profissões".[157] À diferença de Estados economicamente mais viáveis, notadamente São Paulo, Pernambuco não podia tirar dos impostos sobre exportações a parte melhor da sua renda. O Imposto de Exportação produziu, em média, menos de 30% das receitas do Estado entre 1919 e

---

[155] Um trabalho bem feito nos corredores do Congresso pela bancada estadual favorável à candidatura de Hermes da Fonseca, em 1913, resultou no estabelecimento do Banco Auxiliar do Comércio e, mais tarde, no mesmo ano, na primeira agência do Recife do Banco do Brasil. Uma única instituição de crédito (principalmente através de créditos hipotecários) operou com êxito durante o transcorrer do Império, o Banco de Crédito Real de Pernambuco. Três outros bancos semelhantes faliram. Veja "The Sugar Industry of Pernambuco, 1850-1889", de Peter L. Eisenberg, dissertação para o doutoramento de filosofia, apresentado à Universidade de Colúmbia, em 1969, p. 188.

[156] *Banco do Brasil, Relatório [de 1937]*, Rio, 1938, p. 68. Em 1933, os Estados nordestinos de Pernambuco, Alagoas, Ceará, Rio Grande do Norte e Paraíba receberam 10,97% dos empréstimos do Banco a produtores particulares na agricultura e na indústria, ao passo que os Estados do Centro e do Sul (de Minas Gerais ao Rio Grande do Sul) receberam 78,96%.

[157] *Relatório* da Associação Comercial de Pernambuco, de 8 de agosto de 1907, pp. 48-49; de 1890, pp. 10-12; *A Associação Comercial de Pernambuco, Livro comemorativo do seu primeiro centenário (1839-1939)*, de Estêvão Pinto, Recife, 1940, pp. 120-22. Um imposto territorial foi lançado em 1917, mas nunca se converteu em fonte importante de receita. (Veja o *Relatório* da Associação Comercial, 1917, p. 43.)

1938. Em 1906, a Associação dos Empregados Comerciais do Recife advertiu o Presidente eleito, em visita ao Estado, que os altos impostos locais estavam estropiando a população obreira e impedindo a circulação monetária, criando, por esse modo, uma escala de salários ficticiamente altos e, por seu turno, elevando os custos de produção e restringindo o poder de compra.[158]

De igual gravidade foi a acusação feita por Pernambuco ao Governo Federal de fazer discriminação na concessão de empréstimos do Banco do Brasil. Em 1906, no auge do poder de Rosa e Silva, a Sociedade Auxiliadora da Agricultura do Recife, a principal associação de lavradores da região, procurou o Banco do Brasil para solicitar um empréstimo de 4.000 contos, recebendo em resposta uma oferta de 200 contos, que ela qualificou de "ridícula" e recusou.[159] Em 1910, um jornal da oposição afirmou que a insolvência fiscal deixara Pernambuco sem recursos e sem nenhum melhoramento importante no espaço de 15 anos.[160] Conquanto o Banco do Brasil concedesse alguns empréstimos a Pernambuco no fim da década de 1920, o Estado implorou às autoridades federais que lhe dessem mais, para que ele pudesse pagar as suas outras dívidas e evitasse a falência dos bancos locais.[161] Em 1934, durante um período ostensivamente influenciado pelo empenho Federal em ajudar regiões menos desenvolvidas, o grupo de cinco Estados do Núcleo Satélite recebeu apenas 7,72% de todos os empréstimos estaduais do Banco do Brasil, em confronto com um total de 65,92% concedidos aos três Estados principais do Centro-Sul (Minas, São Paulo e Rio Grande do Sul) e mais 11,13% ao Distrito Federal.[162]

Pernambuco também encontrou dificuldade para obter empréstimos estrangeiros à medida que o tempo passava. A sua dívida externa ativa em

---

[158] *Memorial que ao Exmo. Sr. Dr. Afonso Pena, Presidente eleito da República, apresenta a Associação dos Empregadores do Comércio de Pernambuco sobre as necessidades do comércio neste Estado*, Recife, 1906, p. 27.
[159] *Almanaque de Pernambuco – 1912*, Recife, 1913, p. xii (trata dos acontecimentos de 1906).
[160] *O Pernambuco*, 26 de junho de 1910, p. 1.
[161] Veja o telegrama enviado por Carlos de Lima Cavalcanti ao Presidente do Banco do Brasil em 18 de dezembro de 1930; e também em 22 de dezembro de 1930; em 7 de janeiro de 1931; e ao Ministério da Fazenda em 27 de dezembro de 1930. Arquivo Público Estadual de Pernambuco, que daqui por diante será citado como AP.
[162] Compilado com dados fornecidos pelo *Relatório [de 1937] do* Banco do Brasil, pp. 67-69. Os empréstimos do Banco do Brasil a firmas particulares em cada Estado obedeciam a diretrizes semelhantes de distribuição.

1931 totalizava £ 1.822.290, ao passo que o total das obrigações do Rio Grande do Sul, de Minas Gerais e de São Paulo montava a £ 7.934.553, £ 5.020.737 e £ 38.501.012, respectivamente. Em 1933, o Ministério da Fazenda estendia um crédito de 30.000 contos para permitir a Pernambuco saldar as suas obrigações financeiras.[163]

Talvez, ironicamente, uma das poucas áreas em que o Governo Federal "reconheceu" a relativa importância de Pernambuco foi a da restituição da receita dos impostos federais aos Estados. A *Tabela 8* mostra que o balanço das rendas e despesas federais em Pernambuco acusava sistematicamente um grande efluxo líquido, ônus que o Estado suportou durante o Império e partilhou com outros Estados importantes durante a República, embora protestasse com veemência que merecia melhor tratamento.

Representando um Estado com uma posição fixa na hierarquia do poder federal, os intermediários políticos de Pernambuco lidavam nessa conformidade com outras unidades da Federação. O método revelou-se amiúde falaz. Além da série de alianças, que mudavam constantemente, os Estados eram obrigados não só a usar de ardis para obter o controle das nomeações políticas, mas também a combater as ameaças de adesão a grupos rivais feitas por descontentes em seu próprio meio. Para todos, com exceção de dois ou três membros mais poderosos da Federação, um erro na escolha do candidato presidencial redundava em represálias seguras do candidato vitorioso. Diante do Governo Federal e dos mais poderosos Estados sulinos, Pernambuco assumia uma postura respeitosa, de cliente; ao passo que impunha agressivamente a própria liderança aos vizinhos nordestinos, assumindo o papel de campeão do Nordeste. Economicamente, o seu controle do porto do Recife e a sua situação de ponto final de várias linhas de estradas de ferro, que atravessavam a Zona da Mata e o Agreste, criaram uma esfera pernambucana de influência, que

---

[163] *Exposição apresentada ao Chefe do Governo Provisório da República, Getúlio Vargas... pelo Governador Carlos de Lima Cavalcanti*, Recife, 1933, pp. 47-49; *Resumo de várias estatísticas econômico-financeiras*, publicado pela Diretoria-Geral de Estatística, Rio, 1924, p. 156; "Banco do Brasil: empréstimos a Estados e municípios – situação em 31 de janeiro de 1938", p. 4, AN, coleção da Presidência da República, 94/14006. Em 1912, Pernambuco figurava em sétimo lugar pelo montante de sua dívida externa total, e em sétimo lugar pelo montante da sua dívida interna, devendo, ao todo, 60.152 contos de réis. Veja *Anuário Estatístico do Brasil, Ano I (1908-1912), vol. II, Economia e Finanças*, publicado pela Diretoria-Geral de Estatística do Ministério da Agricultura, Indústria e Comércio, Rio, 1917, pp. 242-243.

TABELA 8

DISTRIBUIÇÃO DAS RENDAS E DESPESAS FEDERAIS,
1928 e 1936:
EM ALGUNS ESTADOS

	Diferença entre renda per capita e despesa per capita (mil-réis)	Afluxo (+) ou efluxo (−) líquido (em contos de réis)
Pernambuco		
a. 1928	−18,7	−49,714
b. 1936	−12,4	−37,251
Bahia		
a. 1928	−8,5	−33,463
b. 1936	+ 4,7	+ 19,868
Minas Gerais		
a. 1928	−1,5	−10,707
b. 1936	+7,4	+57,559
São Paulo		
a. 1928	−96,8	−610,694
b. 1936	−105,1	−714,241
Distrito Federal		
a. 1928	+ 75,9	+ 114,694
b. 1936	s.d.	s.d.

FONTE: Nota de rodapé n.º 164

se estendia até Alagoas ao sul, Paraíba e Rio Grande do Norte ao norte e partes do Ceará e do Piauí ao norte e a oeste.[165] A Tabela 9 ilustra alguns fatos da sua dominação regional.

Sudene   O sistema federal altamente competitivo, por outro lado, dificultava a unidade regional. A necessidade econômica atirava um Estado contra o outro, intensificando velhas animosidades. Pro-

---

[164] Compilado com dados apresentados por Denis John Mahar em "Fiscal Federalism in Brazil", dissertação para o doutoramento de filosofia. Universidade da Flórida, 1970, pp. 141 e 200; *Relatório* do Banco do Brasil, pp. 67-69.

[165] Recife, o terceiro maior porto do Brasil em termos de volume durante a República, serviu como o principal armazém de embarque para Alagoas, Paraíba e Rio Grande do Norte, bem como partes do Ceará e do Piauí; era emulado por Salvador e, em grau muito menor, por Natal e pelo porto de Cabedelo, na Paraíba. Acerca do domínio econômico do Recife sobre a região, veja *Desenvolvimento econômico,* de Singer, Cap. 6.

TABELA 9

DOMÍNIO ECONÔMICO:
PERNAMBUCO E O SEU
NÚCLEO SATÉLITE
(EM PERCENTAGEM DOS TOTAIS
DE CINCO ESTADOS)

	PE	AL	CE	PB	RN
Total da milícia estadual (1917)	43,26	11,49	16,73	19,74	8,76
Utilização da produção de açúcar (sacas de 60 quilos) (1917-18)	80,34	17,42	nula	2,00	0,22
Produção de açúcar total (quilos) (1917-18)	75,32	20,77	*	3,89	*
Capital empregado na indústria (mil-réis) (1917)	46,79	17,18	4,97	1,50	31,04
Tonelagem de navios entrados nos portos (1912)	50,59	15,27	15,38	9,73	9,00
Renda total do Estado (contos de réis) (1912)	51,94	10,64,	17,17	12,72	7,51
Total dos orçamentos municipais: (1909) (incluído no orçamento)	62,68	8,37	13,03	9,01	6,89
Depósitos bancários (contos de réis) (1909)	59,39	9,52	19,93	6,66	4,47

FONTE: Nota de rodapé nº 166

curando desesperadamente maiores fontes de renda em tempos de emergência, como depois das secas periódicas, e querendo prover a necessidades orçamentárias normais, cada Estado lutava com tenacidade pelos próprios interesses. Dentro do Nordeste, era pouco provável que Pernambuco advogasse qualquer fórmula política que pudesse diluir-lhe a quota de poder na região. Sobejavam razões aos Estados mais fracos para contestar-lhe os motivos no contexto competitivo, *laissez-faire*, da

---

* = insignificante.
[166] Relatório apresentado ao Dr. Ildefonso Simões Lopes, pp. 39, 114, 191; *Anuário estatístico do Brasil, Ano I (1908-1912)*, publicado pela Diretoria-Geral de Estatística do Ministério da Agricultura, Indústria e Comércio, vol. II, Rio, 1917, pp. 20, 266, 280, 304, 310; *Anuário estatístico do Brasil*, Ano IV-1938, p. 301.

Federação. Em resultado disso, as únicas soluções verdadeiramente regionais para problemas locais no tempo da República vinham de cima, impostas pela autoridade central – em quase todos os casos, sobretudo depois da Revolução de 1930. Entretanto, o surgimento e o aparente malogro da Sudene como órgão de desenvolvimento regional na década de 1960 e nos anos seguintes dão a entender que a alternativa subseqüente para os direitos dos Estados talvez não tenha servido o Nordeste muito melhor do que o sistema que ela se destinava a substituir.[167]

A orientação política de Pernambuco sob a Federação refletiu-lhe o intenso desejo de preservar o domínio da região e os esforços para estender o seu controle econômico aos Estados limítrofes. Esse enfoque "pragmático" da unidade regional revela-se no fato de que os gestos de cooperação pouco fizeram no sentido de reduzir as suas velhas relações adversárias com os vizinhos.

Conflito entre Estados nordestinos   A antiga animosidade advinda das pretensões territoriais entre Estados nordestinos ilustra a corrente subterrânea de rivalidade que bloqueou os esforços tendentes à unidade. Desde a década de 1820 até recentemente, os pernambucanos exigiram do Governo Federal que lhes restituísse a Comarca de São Francisco: 142.611 quilômetros quadrados de território, que compreendem treze municípios ao sul e a oeste do Estado, tirados de Pernambuco como castigo pela rebelião de 1824 e cedidos primeiro a Minas Gerais e depois à Bahia. Em resultado disso, argumentava Pernambuco, a Comarca de São Francisco fora reduzida a uma monstruosidade geográfica, condenada à descontinuidade administrativa e separada do próprio interior rural, cujas cidades periféricas tinham caído sob o domínio econômico de cidades do Ceará e da Bahia.[168] Uma conferência federal de limites em 1920 não conseguiu resolver a amarga disputa, embora Pernambuco assinasse acordos territo-

---

[167] Sobre a Sudene, veja *The Revolution that Never Was: Northeast Brazil, 1955-1964*, de Joseph A. Page, Nova York, 1972; *A Grain of Mustard Seed: The Awakening of the Brazilian Revolution*, de Márcio Moreira Alves, Garden City, 1973, p. 171.
[168] A literatura de protesto é volumosa. Veja *Pernambuco versus Bahia: Protesto e contraproduto*, de Ulysses Soares Brandão, Recife, 1927; "O dever da Constituinte de Pernambuco", de Barbosa Lima Sobrinho em O *Estado* (Recife), 6 de abril de 1934, p. 3; *Velhos e novos problemas vinculados à economia de Pernambuco*, de Souza Barros, Recife, 1956, sobretudo as pp. 1-12. *Pernambuco e o São Francisco*, de Barbosa Lima Sobrinho, Recife, 1929; *Em prol da integridade do território de Pernambuco*, de F. A. Pereira da Costa, Recife, s. d.

riais menores com a Paraíba e com o Ceará. Outra disputa ainda com Alagoas permaneceu pendente, continuando Alagoas a acusar Pernambuco de haver invadido território alagoano e ali se instalado.[169]

Em assuntos econômicos os Estados nordestinos também lutaram ferrenhamente uns com os outros; produtores agrícolas competiam pelos mesmos socorros federais. Os Estados procuravam obter, com ardis, o controle de sub-regiões isoladas de Estados contíguos: Bahia e Pernambuco pleiteavam ambos a região de Petrolina, no São Francisco; Pernambuco e Alagoas, a zona entre Paulo Afonso e Bom Conselho; Paraíba e Pernambuco contendiam pelos produtos do sertão oriental e central. Os políticos pernambucanos tentavam expandir a influência econômica do Estado estendendo as linhas de estrada de ferro até as fronteiras do Piauí, do Ceará e da Paraíba, conquanto ao mesmo tempo se queixassem acerbamente da pressão econômica de outros Estados sobre as regiões fronteiriças de Pernambuco. Às vezes, recorria-se à violência: em 1903, supostamente incitados pelos comerciantes paraibanos, bandos de homens cortaram os trilhos de uma nova ferrovia de Pernambuco à Paraíba, a fim de impedir as temidas incursões pernambucanas no comércio local.[170]

A construção de estradas de ferro era o principal campo de batalha na luta pelo domínio econômico da região. Compradores de cereais no Recife pediam o prolongamento dos trilhos pelo sertão, a fim de aproveitar o agastamento dos produtores agrícolas do Vale do Cariri, no Ceará, que, irritados com o descaso político de Fortaleza, preferiam comerciar diretamente com o Recife, a fim de aproveitar os preços mais baixos de transporte e os preços mais baixos para os bens manufaturados importados.[171] Conquanto a parte ocidental de Alagoas (e o sudoeste de Pernambuco) caísse sob a órbita econômica da Bahia, tanto Alagoas quanto a Paraíba dependiam exclusivamente das ligações ferroviárias com o Recife. Uma proposta, em 1890, para construir uma linha de Imperatriz, em Alagoas, à parte oeste do Rio São Francisco, encontrou

---

[169] *Questões de Limites: relatório apresentado ao Sr. Dr. José Bezerra, Governador de Pernambuco*, de J. Gonçalves Maia, Recife, 1920; *Diário Oficial* do Estado de Alagoas, de 22 de maio de 1920, citado por Gonçalves Maia, p. 47.
[170] Veja a Carta de Thomaz Lins Caldas Filho ao *Diário de Pernambuco*, em 2 de fevereiro de 1918, p. 5; *A imprensa pernambucana em 1918*, de Mário Melo, Recife, 1918, p. 19 (reportando-se a planos ventilados em 1908); O *Pernambuco*, de 15 de setembro de 1909, p. 1, oferece um prognóstico mais pessimista. "Proceeding at the Ordinary General Meeting", da Great Western of Brazil Railway Company Ltd., do dia 29 de abril de 1903, p. 5.
[171] *Miracle at Joaseiro*, de Ralph della Cava, Nova York, 1970, p. 163.

veemente oposição da Associação Comercial do Recife, a pretexto de que essa estrada drenaria o comércio de Alagoas e da Bahia.[172]

Durante toda a era republicana, porta-vozes de Pernambuco entenderam conveniente apoiar a causa da unidade regional como meio para obstar o domínio cada vez maior do Centro-Sul. Citando precedentes históricos (as revoltas de 1817, 1824, 1831 e 1848-49), os representantes estaduais elaboraram uma tradição de ativismo nordestino, uma versão mais ampla da "indústria da seca" criada contemporaneamente, sobretudo por iniciativa de cearenses.[173] Mas a teimosia local prevalecia amiúde: durante a catástrofe de 1877-80, por exemplo, a coordenação regional dos socorros ao flagelo, que se poderia ter desenvolvido, foi solapada pela má vontade de Presidentes provinciais em fornecer as verbas disponíveis; a desconfiança acarretava trágicas disputas jurisdicionais, como a que se verificou entre Pernambuco e Alagoas e deixou centenas de vítimas da seca abandonadas aos elementos durante semanas a fio, enquanto os políticos discutiam sobre a responsabilidade provincial. A falta de cooperação regional contribuiu para que os funcionários encarregados dos socorros impedissem a ampla migração de refugiados para o litoral, situação que exacerbou a calamidade, espalhando moléstias e chegando quase à histeria.[174]

O fenômeno do cangaço. Lampião

A incapacidade revelada pelos Governos dos Estados nordestinos de lidar sozinhos com o banditismo inspirou as primeiras medidas formais de colaboração regional. O primeiro pacto entre Estados do Nordeste estabeleceu-se em 1912, quando os Chefes de Polícia do Ceará, da Paraíba, do Rio Grande do Norte e de Pernambuco se reuniram no Recife a fim de planejar medidas comuns, com algum êxito, notadamente para a captura de Antônio Silvino em

---

[172] *O Paiz* (Rio), 19 de junho de 1890, citado no *Relatório* da Associação Comercial, em 1890, à p. 59; *Mensagens apresentadas... por Alexandre José Barbosa Lima* (1895), p. 134. Veja também José Maria Bello, mensagem ao Partido Republicano de Pernambuco, em 15 de março de 1930, estampado no *Diário do Estado* (Recife), em 15 de março de 1930, pp. 426-27. Referindo-se ao compromisso assumido por Washington Luís e Júlio Prestes para levar a efeito melhoria no sistema de transportes, Bello esqueceu-se de assinalar que Washington Luís pouca coisa iniciara fora do Centro-Sul.
[173] Veja "The Great Drought; Northeast Brazil, 1877-1880", dissertação de Roger L. Cunniff para o doutorado de filosofia, na Universidade do Texas, Austin, 1970, *passim*.
[174] Isto está bem documentado no trabalho de Roger L. Cunniff, "The Birth of the Drought Industry: Imperial and Provincial Response to the Great Drought in Northeast Brazil, 1879-1880", trabalho apresentado na reunião anual da Associação Histórica Americana de Nova Orleans, no dia 28 de dezembro de 1972, p. 8, nota 15. Veja também pp. 10-15.

1914.[175] Cada novo Governador de Pernambuco, durante a década de 1920, convidava elementos dos Estados vizinhos para coordenar os seus esforços no sentido de combater os bandos de cangaceiros que recomeçavam a proliferar, o mais famoso dos quais foi, sem dúvida, o do esquivo Lampião.[176] Representantes negociaram arranjos que permitiam às forças policiais cruzarem as fronteiras estaduais, discutiam estratégias e trocavam informações. A despeito, porém, das afirmativas oficiais, os cangaceiros continuavam a devastar o interior praticamente a seu talante. Somente a sistemática penetração do sertão por tropas federais, na década de 1930, extinguiu o banditismo como fenômeno endêmico da região.

As interventorias. Lima Cavalcanti. O contato entre os interventores nos Estados nordestinos aumentou acentuadamente depois que Vargas subiu ao poder em 1930. De uma forma que lembrava a prática imperial de nomear Presidentes de Províncias sem nenhuma vinculação com os respectivos eleitorados, o Governo Provisório nomeou quase todos os interventores no Norte e no Nordeste entre 1930 e 1932; desses interventores, 22 eram militares identificados com a facção tenentista da Aliança Liberal de Vargas; a maioria dos outros foi escolhida pela sua lealdade à administração nacional e às metas declaradamente apolíticas da Revolução.[177] Em Pernambuco, entretanto, Vargas permitiu uma exceção à regra, nomeando Carlos de Lima Cavalcanti, civil e antigo líder da oposição estadual. Desde o princípio, Lima Cavalcanti exortou os seus colegas interventores a cooperarem numa ampla série de questões, que incluíam o combate às secas, o planejamento agrícola, a supressão do banditismo, a estratégia comum e a unidade regional na Assembléia Constituinte de 1933-34.[178]

---

[175] Aqui voltaram a prevalecer motivos políticos: adversários de Franco Rabelo, do Ceará, acusaram-no de utilizar o pacto de combate ao banditismo em benefício próprio, para policiar o Vale do Cariri. Veja *Miracle at Joaseiro*, de della Cava, p. 146. Dá-se ao Governador da Paraíba, Castro Pinto, o crédito de haver convocado a reunião. Veja *Clã do açúcar*, de Lemos Filho, Rio, 1960, p. 197.

[176] Veja *Relatório de 1923 apresentado ao Exmo. Sr. Sérgio Loreto, Governador do Estado pelo... chefe de polícia*, janeiro de 1924, Recife, p. 11; *As táticas de guerra dos cangaceiros*, de Christina Matta Machado, Rio, 1969, p. 216; "O maior problema do Nordeste", *Diário da Manhã* (Recife), 18 de outubro de 1927, p. 1.

[177] Extraído de tabelas apresentadas no livro de Alzira Vargas do Amaral Peixoto, *Getúlio Vargas, meu pai*, Porto Alegre, 1960, 2.ª edição, pp. 402-413.

[178] Veja, por exemplo, a Carta de Carlos de Lima Cavalcanti e Getúlio Vargas, de 22 de setembro de 1931; o telegrama de Lima Cavalcanti aos interventores, do Espírito Santo ao Amazonas, de 31 de dezembro de 1931; Pernambuco, *Ofício* n.º 14, de 21 de janeiro de 1931, todos AP. Em maio de 1931, Lima Cavalcanti propôs a outros Governadores do

Por trás dos bastidores, todavia, Lima Cavalcanti lutou zelosamente pelos interesses do seu Estado, empenhando-se numa luta encarniçada e pública com o Ministro de Obras Públicas, José Américo de Almeida, que fez pouco caso de Pernambuco nos planos iniciais de distribuição de socorros a áreas atingidas pela seca de 1931-32. Quando José Américo de Almeida se recusou a ceder, Lima Cavalcanti moveu uma campanha para destituí-lo do cargo, atribuindo a hostilidade do paraibano a uma pretensa "má vontade contra Pernambuco".[179] A campanha irritou Vargas, que demitiu Lima Cavalcanti como prejudicial aos interesses públicos, e aconselhou-se com o seu Ministro do Trabalho, Agamemnon Magalhães. Este, também pernambucano, hostilizou Lima Cavalcanti implacavelmente, utilizando a insurreição de novembro de 1935, de inspiração esquerdista, como pretexto final para despojá-lo, virtualmente, de todos os remanescentes de controle político.

Mesmo sem levar em conta o caso José Américo, as condições políticas do Nordeste depois de 1930 começaram a refletir uma consciência mais profunda e mais intensa da necessidade de soluções políticas regionais e de administração apartidária. Vargas encarregou o Tenente Juarez Távora do Comando Militar do Norte durante o surgimento da Aliança Liberal, a fim de supervisar a política regional e a coordenação econômica, embora nunca se especificassem os limites da autoridade de Távora; por volta de 1933, no entanto, a presença de Távora se dissolvera gradualmente. Já em 1931, o Governo Provisório antecipara a criação do IAA, estabelecendo comissões de estudos, tomando medidas para padro-

---

Nordeste um pleno circunstanciado para coordenar todas as atividades de combate ao banditismo, baseado numa proposta anterior de Juarez Távora; o seu plano exigia a abolição de todas as restrições impostas ao nível das fronteiras estaduais às forças das milícias de outros Estados, a reorganização de forças militares em pequenos bandos de homens chefiados por tenentes e a imposição de uma disciplina rígida, juntamente com o pagamento diário do soldo aos soldados, "para que estes não precisem saquear para viver, como Lampião" (Telegrama de Lima Cavalcanti a todos os interventores nordestinos, em 28 de maio de 1931, AP).

[179] Telegrama de Carlos de Lima Cavalcanti ao Prefeito de Bodocó (Pernambuco), em 17 de agosto de 1932, AP. A irritada e retórica correspondência sobre a questão, durante os anos de 1931 e 1932, é tipificada pelo telegrama de Lima Cavalcanti a José Américo de Almeida, de 11 de setembro de 1932, em que o primeiro se oferece para renunciar e abandonar a cidadania brasileira se se puder provar que ele, Lima Cavalcanti, agiu alguma vez contra os interesses dos Estados do Nordeste. Veja também o *Correio da Manhã* (Rio) de 23 de junho de 1932, p. 1.

nizar a administração pública e elaborando planos para o desenvolvimento de recursos naturais.[180]

Oficialmente, Pernambuco colaborou de modo pleno com os novos programas. A Sociedade de Amigos de Alberto Torres, que era, em sua maior parte, criação de intelectuais pernambucanos ligados ao Clube 3 de Outubro, de inspiração tenentista, patrocinou um Congresso sobre os Problemas do Nordeste, que se realizou no Rio de Janeiro a par das sessões da Assembléia Constituinte, a fim de dar publicidade aos problemas regionais. Atividades subseqüentes da Sociedade incluíram um inovador Congresso sobre Educação Regional, celebrado em Salvador no princípio de 1934; uma campanha com implicações nacionalistas contra uma proposta colônia de imigrantes sírios ao longo do Rio São Francisco; e uma ação junto aos congressistas no sentido de obter leis que mirassem ao desenvolvimento racional dos recursos nordestinos, incluindo energia hidrelétrica. Outras reuniões regionais durante esse período incluíram o primeiro Congresso Econômico sobre o Sertão, que se instalou na cidade pernambucana de Triunfo.[181] Emergindo da intensificada atenção a questões regionais, surgiram indícios fortuitos de consciência social; José Augusto, do Rio Grande do Norte, por exemplo, sustentava que o cangaço só poderia acabar quando se eliminassem a pobreza e os abusos cometidos pelos coronéis no interior em nítido contraste com as atitudes prevalecentes antes de 1930, que encaravam as dificuldades regionais como simples decorrência da falta de renda ou da inadequação do aparelho administrativo.[182]

---

[180] Relatório de Juarez Távora a Getúlio Vargas, 1932, pp. 18-19, que se pode ver na coleção da Presidência da República, Arquivo Nacional (AN).

[181] Mário Torres, Primeiro Congresso Econômico Sertanejo, Recife, 1935. Um trabalho, elaborado por um representante da cidade de Buique, condenava as atrocidades cometidas por soldados aquartelados em cidades do interior para combater o banditismo; num caso, a população de Campina Grande pediu que os soldados fossem removidos (Manoel Cândido, p. 31). Sobre a Sociedade, veja *Sociedade dos Amigos de Alberto Torres, 1932-1939, no sétimo aniversário da sua fundação,* publicação da Sociedade dos Amigos de Alberto Torres, Rio, 1939, pp. 5-18 (Cortesia de Edgard Teixeira Leite); *Diário da Manhã* (Recife), 20 de dezembro de 1933, p. 3; 21 de dezembro, pp. 1,3; 12 de janeiro de 1934, p. 1.

[182] José Augusto Bezerra de Medeiros, citado em *O Estado* (Recife), de 12 de dezembro de 1933, p. 1. Uma exceção à falta de consciência social antes de 1930 foi a tese defendida na Escola de Direito por Agamemnon Magalhães, O Nordeste Brasileiro, escrita em 1921, inadvertidamente racista à maneira de Euclides da Cunha, mas que sustentava ser possível salvar o Nordeste se o Governo modificasse o *habitat* do sertanejo e integrasse o seu mundo no ambiente litorâneo. (*O Nordeste Brasileiro*, Rio, 1936, pp. 85-86.) O pedido de ajuda federal repete-se nos "Pequenos aspectos de política social e econômica do Nordeste", de Otto Guerra, publicados em *Fronteiras* (Recife), VI, n.º 25, junho de 1937, pp. 6-7.

Condições da força policial pernambucana

À medida que os membros dominantes da Federação se protegiam mantendo grandes contingentes de forças policiais bem treinadas, os outros Estados, em sua maior parte, se achavam indefesos contra a intervenção federal. Normalmente, os níveis de tropas federais em cada região militar se mantinham ligeiramente abaixo da força policial estadual correspondente; mas era possível enviar reforços para qualquer região num espaço de horas, garantindo assim a superioridade numérica federal.[183] No Nordeste, a força policial permanecia relativamente baixa; a Força Pública de Pernambuco não passava de 1.500 homens em 1914, chegando a pouco mais de 3.000 em meados da década de 1920. Além disso, a força pernambucana consistia principalmente em recrutas mal treinados e subnutridos vindos do sertão, muitos dos quais infundiam mais terror aos habitantes da zona rural do que os bandidos que lhes cumpria perseguir. Em 1912, o Governador queixou-se, pesaroso, de que os soldados estaduais eram alimentados com uma verba diária, *per capita*, de 900 réis, soma inferior à quarta parte da verba destinada aos soldados federais, que também não eram nenhum modelo de robustez naquele tempo.[184]

A ameaça onipresente de violência permitiu às máquinas políticas estaduais do Nordeste manipularem o eleitorado à sua vontade. Mesmo depois da queda da oligarquia de Rosa e Silva em Pernambuco, a rede forjada entre os políticos do Recife e os coronéis rurais sobreviveu, conquanto a nova máquina estadual substituísse os velhos coronéis por homens leais a ela. Somente a extensão da autoridade federal às áreas rurais depois de 1930 contrariou o sistema coronelista: alguns coronéis desapareceram, ao passo que outros assumiram atitudes mais legítimas, como prefeitos locais, juízes ou burocratas. Alguns obtiveram até sinecuras nos

---

[183] No Rio Grande do Sul, os contingentes de tropas federais superavam normalmente em número os contingentes de tropas do Estado, mas as forças gaúchas eram extremamente bem armadas e bem treinadas e, de qualquer maneira, o Rio Grande, geralmente, podia contar com o apoio de São Paulo ou Minas Gerais para assegurar a pureza das intenções federais. Veja O *Rio Grande do Sul e o Regionalismo Brasileiro, 1882-1930*, de Joseph L. Lowe, Stanford, 1971.

[184] *Mensagem* do Governador Dantas Barreto, Recife, 1912, p. 4. Veja também *Pernambuco, Mensagens apresentadas ao Congresso Legislativo do Estado em 1893, 1895 e 1896 pelo Dr. Alexandre José Barbosa Lima, quando Governador de Pernambuco [Homenagem do Governo Revolucionário]*, Recife, 1931, pp. 19-20; *Relatório... durante o ano de 1927, apresentado ao Exmo. Sr. Dr. Secretário da Justiça e Negócios Interiores*, pela Repartição Central da Polícia de Pernambuco, Recife, 1928, pp. iv-vi; e *Diário do Nordeste* (Recife), de 29 de outubro de 1937, p. 1.

novos órgãos regionais (caso do venerável Zé Abílio, de Pernambuco, transformado em inspetor do IAA por Agamemnon Magalhães) ou simplesmente transferiram a sua influência política para os filhos e sobrinhos, mais instruídos do que eles.

"Recife sangrento" Nas capitais estaduais, as máquinas políticas utilizaram os serviços da milícia assim como os da polícia urbana para impor o seu domínio, ao passo que os líderes da oposição contratavam capangas e, às vezes, buscavam proteção junto aos oficiais militares federais locais. A intervenção federal geralmente lançava facções da oposição, apoiadas pelas tropas federais, contra a Força Pública, leal à máquina estadual. Além da violência sem nome do interior rural – crivado de sangrentas "hecatombes", bandos de fora-da-lei, fugitivos da justiça e exércitos particulares empregados por coronéis, grandes proprietários de terras e usineiros – a violência seletiva era regularmente aplicada contra os dissidentes políticos. A história de Pernambuco foi tão violenta durante a República que a sua capital mereceu o nome de "Recife sangrento" por volta de 1911.[185]

Com uma população mais de seis vezes superior à do segundo Município do Estado, e que absorvia entre 60 e 70% da renda municipal do Estado, essa capital se estendia, através das vias de acesso, ao seu vasto interior rural, cujos rios, estradas de ferro e estradas de rodagem carreavam para ela o próprio sangue da região, cujo atraso a capital desdenhava. Os intelectuais pernambucanos colocavam Recife no centro do seu universo regional. O fenômeno alimentava opúsculos como *O Nordeste: Pernambuco, centro e origem de toda civilização nordestina*, de Dácio de Lyra Rebello, hino de louvor aos antigos dias de grandeza, quando Pernambuco administrava todo o território que se estende de Alagoas ao Ceará.[186] Os mesmos intelectuais urbanos encaravam as regiões atrasadas do Nordeste e as próprias capitais dos Estados vizinhos, que eram modelos em pequena escala da vida sociocultural do Recife, como os Deputados do Legislativo de Pernambuco encaravam, às vezes, os representantes

---

[185] Veja Oscar Melo, *Recife Sangrento*, Recife, 1953, sobre o assassínio de José Mariano Carneiro da Cunha, Trajano Chacon, José Guedes, Delfim Gouveia e outros; *Defesa do Dr. Trajano Chacon, vilmente assassinado nesta cidade*, Recife, 1914; Dantas Barreto, *Conspirações*, Rio, 1917. João Pessoa, candidato a Vice-Presidente da República, foi assassinado no Recife em 1930.

[186] *O Nordeste: Pernambuco, centro e origem de toda civilização nordestina*, de Dácio de Lyra Rebello, Recife, 1932, p. 100.

dos distritos do sertão, apodando-os de caipiras cujos problemas não mereciam maior atenção.[187]

A tendência dos intelectuais recifenses para advogar as causas do Nordeste parece ter sido temperada pelo desdém ou pela mera tolerância. "Pernambuco sempre se queixou de ter sido o foco de uma região miserável e subdesenvolvida", observou o *Jornal do Comércio* do Recife em 1970, "sobrecarregada pelo ônus das suas deficiências e do seu atraso".[188] Pernambuco tem todas as desvantagens (geopolíticas) do Nordeste e nenhuma das suas vantagens, escreveu outro crítico, admirando-se de que Pernambuco (ou melhor, o Recife) tivesse a capacidade de manter a sua esfera de influência sobre a região a despeito da ausência relativa de recursos naturais.[189]

Como centro urbano portuário, o estilo de vida relativamente dinâmico do Recife contrastava com a atmosfera modorrenta da Zona da Mata e com a vida rígida e austera do interior, mundos que os nordestinos urbanos viam como imagens de atraso e selvageria.[190] Os membros ambiciosos da elite nordestina iam diretamente para o Recife, sobretudo como jovens que se matriculavam na Escola de Direito da cidade ou ingressavam no comércio, no jornalismo ou em qualquer uma das suas outras atividades correlatas. Grande número deles casava com moças das principais famílias ou trazia as próprias famílias consigo, ligando-se à cidade por fortes laços emocionais. Em regra geral, porém, não se consideravam cidadãos de Pernambuco, conquanto muitos viessem a ocupar cargos políticos no Estado; mantinham, antes, uma dupla lealdade para com o Recife e para com o município rural ou a cidadezinha da qual provinham.[191]

---

[187] Joaquim Pimenta, *Retalhos do Passado,* Rio, 1949, p. 366; Agamemnon Magalhães, *O Nordeste brasileiro,* pp. 59-63. Uma versão mais atenuada desse pessimismo é expressa pelo distinto historiador pernambucano, Manuel de Oliveira Lima, em *Pernambuco: seu desenvolvimento histórico,* Leipzig, 1895, p. 316. Sobre a ridicularização das áreas do sertão, veja, por exemplo, *Anais da Câmara dos Deputados de Pernambuco, 2.ª sessão legislativa de 1896,* Recife, 1896, sessão de 28 de maio do mesmo ano, sem indicação de página.
[188] Veja, por exemplo, *Os Sertões,* de Euclides da Cunha, Rio, 1902, *passim.*
[189] Figuram, entre outros, nessa categoria, Assis Chateaubriand (da Paraíba), o escritor recifense, Professor Nilo Pereira (do Rio Grande do Norte), e o ex-Governador Sigismundo Gonçalves (do Piauí).
[190] "Pernambuco e o Nordeste", *Jornal do Comércio* (Recife), de 14 de janeiro de 1970, p. 4.
[191] *As regiões naturais de Pernambuco: o meio e a civilização,* de João de Vasconcelos Sobrinho, Rio, 1949, especialmente as pp. 189-90. O autor chama o Recife "o maior ponto de civilização" em latitudes tropicais (p. 167).

Os estrangeiros no Recife

O ar cosmopolita do Recife procedia da marca da influência estrangeira na vida da cidade portuária. Recife olhava para o mundo exterior: vinte e um Governos estrangeiros mantiveram consulados ou representantes consulares na capital de Pernambuco desde 1880 até o fim da década de 1920; grandes comunidades estrangeiras de ingleses, franceses, alemães, portugueses e norte-americanos ali floresciam, empregados nos bancos, firmas comerciais, companhias de navegação e órgãos diplomáticos estrangeiros, ao passo que outros ali viviam como engenheiros, técnicos, agrônomos e educadores contratados.[192]

A presença inglesa, que atingiu o seu ponto culminante mais ou menos em 1910, deixou na cidade uma marca significativa. Muito embora os residentes ingleses levassem uma vida comunitária fechada e autônoma, a sua participação onipresente em todos os aspectos da economia regional, incluindo a produção de açúcar, as atividades bancárias e comerciais, o desenvolvimento de serviços de utilidade pública e de serviços de transportes, colocou-os em íntimo contato com a elite socioeconômica da cidade. Muitos ingleses casaram com jovens das mais importantes famílias locais, outros se fizeram usineiros, exerceram a medicina e se tornaram até senhores-de-engenho.[193] A influência inglesa difundiu-se amplamente pelas classes abastadas.[194] Os ingleses controlavam parte importante da exportação do açúcar e do algodão, e fundaram o primeiro banco do Recife, construíram as suas primeiras instalações de água e esgotos, fábricas de fósforos e de vidro e a primeira companhia telegráfica (British Submarine, mais tarde a Western Telegraph Company, Ltd.). Introduziram o primeiro transporte urbano da cidade (carros puxados por cavalos, em 1841); a Great Western of Brazil Railway Company, Ltd., que obteve o seu primeiro contrato de construção em 1852, e que acabou estabelecendo, praticamente, um controle monopolístico dos transportes ferroviários na região.

Os ingleses fundaram ampla série de clubes sociais e esportivos na capital, inicialmente freqüentados apenas por membros da comunidade,

---

[192] Veja, por exemplo, o *Almanaque administrativo, mercantil, industrial e agrícola da Província de Pernambuco para o ano de 1882*, Recife, 1882, pp. 47-48.

[193] *Nordeste: Aspectos da influência da cana sobre a vida e a paisagem do Nordeste do Brasil*, de Gilberto Freyre, Rio, 3ª edição, 1961, p. 14.

[194] Veja *Journal of a Voyage to Brazil*, de Maria Graham, Londres, 1824, pp. 113 e 127, citada na *História de uma estrada de ferro do Nordeste*, de Estêvão Pinto, Rio, 1949, p. 46; veja as pp. 46-50.

mas que, no início dos anos 20, quando a colônia inglesa começou a diminuir, franquearam as suas portas à elite da cidade, cujos membros foram acusados, por observadores socialmente menos privilegiados, de "arrivistas" e "imitadores dos ingleses".[195] Em 1910, a liga atlética inglesa patrocinou uma temporada de jogos, tanto de futebol quanto de críquete, que se desenrolou de maio a outubro e contou com a participação de quase uma dúzia de clubes. Na década de 1950, quase todos os clubes estrangeiros tinham sido transformados em clubes da elite local e recebiam homens de negócios e diplomatas estrangeiros que visitavam a cidade. Clubes como o Internacional, o Country Club e o Caxangá Golf Club não fugiram a esse padrão.[196]

As principais famílias nordestinas, embora rigidamente estruturadas e até certo ponto produtos de cruzamentos consangüíneos, reabasteceram-se, adotando uma atitude assaz flexível em relação ao casamento com estrangeiros, às vezes de alta posição social, mas muitas vezes não. De qualquer maneira, a elite nunca fora puramente portuguesa: os Almeida e os Andrade tinham vindo da Espanha. Os Wanderley, da Holanda, e os Holanda, da Holanda-Baviera. O clã dos Falcão tirava o seu nome de um antepassado inglês, John Falcon; os Drummond, Brannand e Bittencourt vinham da França; os Cavalcanti e Accioli, da Itália.[197] O pai de Rosa e Silva, imigrante da Província do Minho, chegara ao Recife e fora extremamente bem-sucedido como mercador e homem de negócios; o próprio Rosa e Silva, brasileiro de segunda geração, casou com a filha do Visconde do Livramento.

Os líderes culturais tomavam muita coisa emprestada ao estrangeiro. A "Escola do Recife" de Pernambuco, movimento literário e jurídico que teve por centro a Escola de Direito depois de 1870, vigorosamente favorável aos alemães, refletia a decepção com a derrota da França na Europa e a reação contra a vida cultural francófila do Rio e de São Paulo.[198]

---

[195] *Minha formação no Recife,* de Gilberto Amado, Rio, 1955, p. 264.
[196] *Jornal Pequeno* (Recife), de 26 de abril de 1910, p. 5; Carta e lista do Secretário do Caxangá Golf and Country Club, Fernando Mergulhão Uchoa, datada de 22 de abril de 1970 (o nome do clube foi modificado em 1944); *Relação dos presidentes* do Clube Internacional do Recife, Recife, 1970.
[197] *Os primitivos colonizadores nordestinos e seus descendentes,* de Carlos Xavier Pais Barreto, Rio, 1960, pp. 148-54; *Um engenheiro francês no Brasil, de* Gilberto Freyre, Rio, 2ª edição, 1960, p. 67.
[198] Veja *Da Escola do Recife ao Código Civil,* de Vamireh Chacon, Rio, 1969, pp. 28-56.

A maioria dos intelectuais nordestinos, entretanto, seguia as tendências culturais francesas e inglesas, assim como a elite social imitava, no vestir-se, a moda parisiense. As famílias mais ricas visitavam regularmente o continente; muitas mandavam os filhos estudarem na Europa; outras empregavam governantas francesas, inglesas ou escandinavas, ofereciam *garden parties* e mergulhavam na cultura européia.[199]

Os estrangeiros no Recife estabeleceram ampla série de associações voluntárias, que incluíam a Société Française de Secours Mutuels à Pernambuco, a Deutscher Hilfsverein, a Associação Portuguesa de Beneficência e um hospital inglês. A colônia norte-americana celebrava o dia de ação de graças no Recife desde 1919, embora só se tornasse numerosa na década de 1930, atingindo o ponto culminante durante a Segunda Guerra Mundial, quando mais de dez mil soldados norte-americanos estacionaram em Natal e no Recife.[200] A comunidade alemã enfrentou explosões esporádicas de violência durante a Primeira Guerra Mundial; sustentou uma pequena, mas poderosa, organização nazista na década de 1930, chefiada por um oficial naval alemão aposentado. Um grupinho de judeus russos instalou-se no Recife logo no início do século, erguendo uma sinagoga em 1918 e organizando clubes sociais e instalações educacionais.[201]

Já em 1843, autoridades imperiais contrataram engenheiros franceses, entre os quais o famoso Louis Vauthier, a fim de estudar a necessidade de obras públicas do Recife e planejar a estratégia preliminar para o desenvolvimento da estrada de ferro e do porto. Um dos auxiliares de Vauthier, Henrique August Millet, fixou-se em Pernambuco, tornando-se grande produtor de açúcar, jornalista e membro de várias associações importantes de plantadores.[202] Os primeiros esforços envidados em Pernambuco

---

[199] *Memórias*, de José Maria Bello, Rio, 1958, p. 13; *Diário da Manhã* (Recife), de 20 de setembro de 1933, p. 1; *Nordeste*, de Gilberto Freyre, p. 162.
[200] *Almanaque de Pernambuco: 1925*, Recife, 1924, p. 70 (sobre acontecimentos de 1919); *Almanaque [1884]*, pp. 166-69. A respeito da presença de forças dos Estados Unidos no Nordeste, veja *The Brazilian-American Alliance in World War II, 1937-1945*, de Frank McCann, Princeton, 1973 (que deverá aparecer brevemente).
[201] A Casa Alemã, da comunidade germânica, foi queimada até os alicerces em 1915. Veja também "Secção Nazi de Pernambuco", *O Estado* (Recife), de 7 de outubro de 1933, p. 1. O único estudo que existe até agora sobre a comunidade judaica do Recife é "Alguns aspectos da comunidade judaica do Recife (século XX)", de Naura de Farias Reis, tese de bacharelado, Recife, novembro de 1970. A comunidade possuía 24 membros em 1912, 260 em 1935 e 1.115 em 1940. Veja também *Almanaque... 1929* (para 1923), p. 25.
[202] *Introdução à história ferroviária do Brasil*, de Ademar Benévolo, Recife, 1953, pp. 74-75, 192. O primeiro relatório de Vauthier mostrava-se desfavorável à construção da estrada

para fundar refinarias centrais de açúcar foram feitos com capital britânico; outras usinas se ergueram com apoio francês e alemão.

Imigrantes portugueses estabeleceram a maioria das pequenas fábricas no Recife e em torno da cidade, conquanto algumas firmas mais prósperas fossem, ao depois, continuadas com capital inglês e, finalmente, se tornassem brasileiras.[203] Onze companhias de navegação que serviam o porto do Recife em 1890 eram estrangeiras: seis inglesas, duas francesas, uma dos Estados Unidos, uma austro-húngara e uma alemã.[204] Companhias de navegação, estradas de ferro, companhias de utilidade pública e usinas geralmente recebiam concessões ou taxas garantidas de lucro do Governo brasileiro ou do Governo estadual; muitas firmas estrangeiras conseguiam isenção de impostos estaduais, ou obtinham licença para importar equipamento e outros materiais sem pagar direitos alfandegários.[205]

Os portugueses dominaram as primeiras instituições bancárias de Pernambuco, situação que ajudou a precipitar as várias insurreições antiportuguesas na cidade depois do período inicial de imigração portuguesa para a região, na década de 1870; na era republicana, os estabelecimentos bancários eram controlados por uma nova elite bancária local, produto do casamento entre os empresários portugueses mais bem-sucedidos e as principais famílias locais, e que também incluía funcionários dos bancos estrangeiros estabelecidos depois da década de 1830. Os bancos do Recife serviam todo o Nordeste e, como o mostra a *Tabela 10*, uma proporção

---

de ferro, em virtude do custo proibitivo à luz da relativa capacidade de uso do porto do Recife. Veja também *Um engenheiro francês*, de Gilberto Freyre, *passim*.

[203] "Um livro sobre a história dos engenhos e das fazendas", de Fragmon Carlos Borges, publicado em *Estudos Sociais*, II, n.º 6, maio-setembro de 1959, p. 193. A maior fábrica de tecidos do Nordeste foi fundada por um imigrante sueco-prussiano, Hermann Lundgren. Veja *Alemães em Pernambuco*, de Alfredo Carlos Schmalz, Recife, 1966, *passim*, *Um sueco emigra para o Nordeste*, de Raul de Góes, Rio, 1963, e *Twentieth Century Impressions of Brazil: Its History, People, Commerce, Industries, and Resources*, de Reginald Lloyd e outros, Londres, 1913, pp. 924-32.

[204] *Le Brésil, Excursion à travers ses 20 Provinces*, de Alfred Marc, vol. I, Paris, 1890, pp. 228-29. Por volta de 1930, dezenove companhias incluíam três dos Estados Unidos, quatro da Grã-Bretanha, três alemãs e uma dos Países Baixos, uma da França, uma da Noruega, uma de Portugal, uma da Suécia e uma da Bélgica (Relatório Consular dos Estados Unidos, Recife, dezembro de 1930, sem indicação de data).

[205] Veja, por exemplo, *Anais da Câmara dos Deputados de Pernambuco, 1906*, Recife, 1906, p. 51 (numa concessão a Wilson, Sons and Company Ltd.). As firmas industriais locais também receberam concessões fiscais, que se estendiam freqüentemente por dez ou vinte anos. Veja *Mensagem apresentada ao Congresso Legislativo do Estado de Pernambuco em 10 de agosto de 1891 pelo Vice-Governador Desembargador José Antônio Corrêa da Silva*, Recife, 1891 pp. 55-58.

substancial dos ativos totais permaneceu sob o controle de bancos estrangeiros, em prejuízo da economia local, visto que o Nordeste se achava decididamente colocado à mercê das condições econômicas do mundo.

Se bem o ponto mais alto da influência estrangeira nas finanças locais se verificasse no princípio da década de 1920, a Primeira Guerra Mundial assinalou a linha divisória de águas não só para as atividades bancárias estrangeiras, mas também para a maioria das outras áreas de atividade comercial. A guerra não afetou Pernambuco com a mesma intensidade com que influiu em outras regiões brasileiras, sobretudo o Norte produtor de borracha e o Centro-Sul, mas restringiu as vendas do açúcar, tanto no país quanto no exterior.[206] A incapacidade de importar peças necessárias paralisou a Great Western Railroad, um golpe de que ela nunca se reco-

TABELA 10

BANCOS ESTRANGEIROS E NACIONAIS EM PERNAMBUCO,
1927 e 1934 (% DO TOTAL)

Total de ativos declarados	Bancos estrangeiros*	Bancos nacionais**
a. 1927	48,92,%	51,07%
b. 1934	34,63%	65,36%

FONTE: Nota de rodapé n.º 207.
* (Para 1927): Bank of London and South América (fundado em 1882); British Bank of South America (1884); National City Bank of New York (1919); Banque Française et Italienne (1920); Banco Brasileiro Alemão (1922). (Não temos dados sobre a cessação das atividades dos bancos estrangeiros em 1934).
** Banco do Brasil, Banco Agrícola e Comercial, Banco Auxiliar do Comércio, Banco do Povo, Banco de Crédito Real de Pernambuco.
NOTA: Os bancos estrangeiros e nacionais acima estão enumerados na ordem do valor declarado total.

---

[206] Pernambuco, *Anuário Estatístico, Ano I – 1927*, pp. 425, 431; *Anuário estatístico, Ano VIII – 1934*, p. 423.
[207] "Corografia de Pernambuco", de Mário Melo, publicada na *Revista do Instituto Arqueológico, Histórico e Geográfico Pernambucano*, XXIV, n.ºs 115-118, 1922, p. 109. Nessa época, muitos comerciantes do Ceará utilizavam bancos do Pará; os depósitos efetuados nesse Estado totalizaram quase metade do total de Pernambuco em 1919.

brou inteiramente. Depois da guerra, muitas firmas européias se afastaram da região, num esforço geral de consolidação fiscal. O vácuo resultante foi parcialmente preenchido por investimentos norte-americanos (e, na década de 1930, por investimentos alemães), mas, em sua maior parte, firmas brasileiras e órgãos fiscais se expandiram para recuperar o tempo perdido.

Disparidades de interesses entre a capital e o interior   O papel do Recife como metrópole portuária voltada para a Europa, que se alimentava das suas ligações com o interior regional, aumentou à medida que o tempo foi passando, assumiu coloração política apenas indiretamente, embora os burocratas não se dessem ao trabalho de esconder que se julgavam na obrigação de representar a capital e a Zona da Mata, com a quase exclusão do resto do Estado. A única campanha política que refletiu a clivagem entre o Recife e a zona rural de Pernambuco ocorreu em 1911, quando a oligarquia de Rosa e Silva, coalizão de políticos partidários, coronéis rurais e grandes proprietários de terras, se chocou com o candidato salvacionista, Dantas Barreto, apoiado quase que exclusivamente por comerciantes urbanos, estudantes e a população da cidade.[208]

Apesar da mutualidade dos interesses econômicos entre a elite dos fazendeiros da região e a comunidade dos comerciantes do Recife, a ausência de uma íntima colaboração entre elas entravou a realização da exigência mais persistente dos comerciantes: a modernização do porto do Recife. O próprio sistema federal obstruiu uma possível unidade regional em torno da questão, visto que, muito embora o bem-estar econômico dos vizinhos de Pernambuco dependesse da saúde do seu porto, ciúmes estaduais forçaram a bancada de Pernambuco a apresentar, desassistida, as suas solicitações de ajuda.

O porto do Recife   Por volta da década de 1870, era evidente que o porto do Recife não tinha profundidade suficiente para abrigar os navios que faziam o comércio transatlântico. Conquanto o porto, simétrico, protegido contra os recifes, tivesse um comprimento adequado, a sua profundidade de 7,20m na maré alta obrigava os navios grandes a ancorarem no meio do porto, só permitindo o embarque e o desembarque dos passageiros por meio de docas flutuantes ou balsas. Decênios se pas-

---

[208] Quando Dantas deixou o cargo, uma coalizão de antigos políticos voltou ao poder. Veja *Conspirações*, de Dantas Barreto, Rio, 1917, Capítulo XIV; *A década de 20 em Pernambuco: uma interpretação*, de Souza Barros, Rio, 1972, Capítulo 1, e *passim*.

saram até que se elaborou e aprovou um projeto satisfatório para a dragagem e a expansão do porto; durante esse tempo, Recife passou do segundo para o terceiro lugar entre os portos brasileiros em movimento total. O projeto entrou em concorrência em janeiro de 1889, mas, depois de várias transferências de títulos, falências de companhias e tentativas malogradas para conseguir novos contratos, a construção só se iniciou no princípio da década de 1900.

Um contrato importante que visava à melhoria do porto do Recife foi finalmente assinado em 1908, durante a administração Afonso Pena, e transferido, no ano seguinte, para uma companhia francesa, a Société de Construction du Port de Pernambuco. Para facilitar o acesso ao porto, o Estado empreendeu a reconstrução da zona comercial e dos distritos portuários. Mas, embora o porto fosse aumentado para 1.165 metros, as melhorias realizadas foram pequenas; a Société irritou os pernambucanos porque pagava ao pessoal francês 500 ou 700 mil-réis mensais, ao passo que os brasileiros ganhavam, no máximo, 300 mil-réis para fazer os mesmos serviços; de qualquer maneira, faliu em conseqüência da Primeira Guerra Mundial.[209]

Embora Pernambuco subsidiasse a construção de usinas na década de 1890, só afirmou a sua participação na questão do porto em 1920, quando assumiu o controle do contrato não cumprido pela Société e proporcionou subsídios diretos para a construção de armazéns e modernos guindastes, subcontratando projetos menores com firmas particulares. Mesmo assim as condições continuaram inadequadas: falta de pavimentação na maioria das docas, iluminação deficiente para os carregamentos noturnos e instalações insuficientes de armazenagem para inflamáveis e explosivos. Em 1932, a administração do porto passou inteiramente para o Governo Federal, suscitando receios de que as autoridades federais aumentassem a ajuda aos portos nordestinos rivais (Cabedelo, Natal, Maceió e Fortaleza). Em 1935, para coroar a eficiência administrativa, organizou-se uma comissão central do porto — a Diretoria das Docas e Obras do Porto do Recife —, órgão que sobreviveu até 1947, quando as suas funções foram divididas. Mas as melhorias a longo prazo, pleiteadas havia mais de um século, nunca se concretizaram, embora construções importantes fossem

---

[209] *Porto do Recife: sua história, sua construção e sua utilização: homens e fatos*, de Umberto Guedes Gondim, Recife, 1968, 2ª edição, p. 10 (citando a *Viagem ao Redor do Mundo*, de Charles Darwin); *Memorial que ao Exmo. Sr. Dr. Afonso Pena...*, pp. 9 e 21.

reiniciadas em 1969. Por volta da década de 1950, Recife passara para o quinto lugar entre os portos nacionais, depois de Santos, Rio, Salvador, Vitória e Belém.[210]

A persistência das instalações marítimas inadequadas e a relutância das administrações nacionais em ajudar agastaram os representantes do comércio local durante o passar dos anos. Quando a *Companhia Pernambucana de Navegação* faliu, em 1908, depois de cinqüenta anos de operações, funcionários federais concederam o dobro do subsídio anteriormente concebido à companhia pernambucana à Companhia Baiana, que pertencia em sua maior parte (como escreveu um jornal do Recife) ao Estado da Bahia.[211] A Associação Comercial do Recife queixou-se de que firmas de navegação costeira com sede no Rio faziam discriminação contra os produtos de Pernambuco, querendo dizer com isso que as quotas de espaço nos navios cargueiros eram determinadas por considerações de ordem política, ficando centenas de milhares de sacas de açúcar e algodão nas docas do Recife enquanto navios do Lóide Brasileiro e da Companhia Nacional de Navegação passavam ao largo de Pernambuco para ir abastecer-se de sal no Rio Grande do Norte.[212]

Outros problemas que obstruíram os esforços tendentes a resolver o dilema do porto incluíam o fato de serem os cargos da administração do porto tradicionalmente providos através de nomeações políticas e a incapacidade de Pernambuco de conseguir apoio político para os seus pedidos de ajuda ao Legislativo Federal. Conquanto a elite política, dominada pelos fazendeiros, se recusasse a tomar em consideração um imposto territorial significativo para levantar os necessários fundos estaduais, os impostos sobre importações, exportações, transportes terrestres e marítimos irritavam os possíveis comerciantes estrangeiros, prejudicando o comércio no decorrer dos anos.[213] Apenas o fato de serem os planos para

---

[210] Veja a *Mensagem do Exmo. Sr. Dr. José Rufino Bezerra Cavalcanti, Governador do Estado*, Recife, 1922, p. 11; "Quem está com a palavra?", *Diário da Manhã* (Recife), de 12 de julho de 1927, p. 3; *Transporte marítimo e portos do Nordeste*, de Julian Rey Alvarez, Recife, 1961, p. 9; *Álbum do Porto do Recife*, Recife, II, n.º 2, dezembro de 1958, sobretudo as pp. 45-54 e 70-72.
[211] O *Pernambuco* (Recife), de 6 de dezembro de 1909, p. 1. A firma pernambucana recebera 164 contos de réis anualmente; a companhia da Bahia recebeu mais de 300 contos.
[212] Pinto, *A Associação Comercial*, p. 66.
[213] Veja, por exemplo, *Brazil: Report for the Year 1888 on the Trade of Pernambuco*, publicado pelo Foreign Office da Grã-Bretanha, 1889, em sua Série Anual de Relatórios Diplomáticos e Consulares sobre Comércio e Finanças, Londres, 1889, pp. 1-3.

a melhoria dos portos em outros Estados nordestinos igualmente malsucedidos salvou o Recife de um declínio ainda mais vertiginoso.[214]

A experiência do porto de Pernambuco acompanhou um mal-estar econômico generalizado depois do início da década de 1890. O açúcar de usina, não desejado no mercado europeu, teve de enfrentar, a partir de 1910, uma concorrência nacional cada vez maior dos produtores do Centro-Sul. A produção de algodão crescia devagar, estimulando a criação de pequenas fábricas de tecidos no Recife e em Goiana, mas os altos direitos de exportação, a falta de crédito e os inadequados serviços de transporte impediram uma expansão mais expressiva da cultura do algodão. A pobreza, que se alastrava por toda a região – as novas usinas do Sul pagavam salários três vezes maiores do que as do Nordeste, por ocasião do censo industrial de 1907 – restringia o possível crescimento industrial. Dominando uma região que continha um quinto da população do Brasil, Recife não conseguiu criar um mercado local dinâmico, em virtude do padrão regional de vida, de simples subsistência. Com as vendas do açúcar atingindo um estado de equilíbrio relativamente baixo na década de 1920, Pernambuco continuou sendo um importador de mercadorias, incluindo gêneros alimentícios, como charque, fumo, arroz e feijão.[215]

*

* *

Em Pernambuco, a transição do prestígio e da importância nacionais durante o Império, para a ineficácia e a virtual impotência política no fim do período constitucional da República não se efetuou sem amargura e sem angústia. Nem a ascensão de filhos do Estado a altas posições federais lhe assegurou um tratamento melhor: o Visconde de Sinimbu, fazendeiro alagoano, recusou-se, como Ministro da Agricultura, a convidar representantes nordestinos ao Congresso Agrícola de 1878; as Vice-Presidências de Rosa e Silva e Estácio Coimbra não acarretaram favores palpáveis a Pernambuco nem ao Nordeste; nem o fato de José Rufino

---

[214] Sobre o caso do Ceará, veja *Portos do Brasil,* publicação do Ministério da Viação e Obras Públicas do Brasil, Rio, 1912, pp. 157-58.

[215] *A década de 20,* de Souza Sarros, pp. 44-45. Observa Paul Singer que a industrialização da produção do açúcar incentivou o desenvolvimento de outras indústrias no Recife, muito embora essa industrialização nunca alcançasse níveis consideráveis de importância. Veja *Desenvolvimento Econômico,* pp. 307-08 e 318.

Bezerra, poderoso fazendeiro e usineiro pernambucano, ter sido Ministro da Agricultura de 1915 a 1918, produziu tampouco quaisquer benefícios tangíveis.[216] Epitácio Pessoa, da Paraíba, revelou-se uma exceção à regra no tocante à ajuda ao Nordeste, porém manifestou franca hostilidade à administração pernambucana, que o acusou de intrometer-se nos negócios do Estado através de seus primos, a família Pessoa de Queiroz, poderosos comerciantes domiciliados no Recife e donos de um estridente jornal da oposição, cujas ações foram saqueadas e deliberadamente destruídas durante a Revolução de 1930.[217]

As provas do declínio do legado de Pernambuco sob a Federação podem ser respigadas nos jornais e nas correspondências particulares do período. Menos de um ano depois da queda do Império, um dos poucos republicanos históricos do Estado, Paes Barreto, escrevendo sob o pseudônimo de "Gladstone", lamentou o que denominava o "verdadeiro sofrimento" de Pernambuco em condições injustas e desiguais.[218] Funcionários acusaram os organizadores do censo federal de 1920 de subestimar a população do Estado, diminuindo-a de 31%, com a omissão de 676.500 pessoas calculadas com base nos registros das dioceses.[219] Em 1928, o *Jornal do Recife* criticou severamente o Presidente Washington Luís, que pouco antes visitara Pernambuco, por haver aprovado o recente aumento das tarifas ferroviárias, incluindo o Presidente da República entre os que "açulavam os seus cães contra os mendigos".[220] Cinco anos mais tarde, Carlos de Lima Cavalcanti, de Pernambuco, protestando contra o que reputava a virtual exclusão de representantes nordestinos de uma importante comissão de anteprojeto constitucional, recordou a Juarez Távora que a região de Pernambuco "só era lembrada quando o Governo Federal precisava de soldados para a sua defesa".[221]

---

[216] Veja *The Sugar Industry*, de Peter L. Eisenberg, p. 95; *A década de 20*, de Souza Barros, pp. 51-52.
[217] Lima Cavalcanti tomou medidas especiais para despojar a família Pessoa de Queiroz das suas propriedades depois de 1930. Veja a série de telegramas, arquivos do interventor, AP.
[218] "O Norte e o Sul", de Paes Barreto, palestra pronunciada no dia 12 de setembro de 1890 e reimpressa em *A abolição e a federação no Brasil*, Paris, 1906, p. 168.
[219] Veja *História parlamentar de Pernambuco*, de Netto Campello, Recife, 1923, pp. 139-40. Muito provavelmente, o recenseamento atribuiu a Pernambuco um número exagerado de habitantes e não um número inferior ao real. Os resultados globais do recenseamento de 1920 acusaram um excesso de 3 milhões de habitantes (estimativa de 1960).
[220] "O Norte, enteado de uma república madrasta", *Jornal do Recife,* 7 de outubro de 1928, p. 1.
[221] Telegrama de Carlos de Lima Cavalcanti a Juarez Távora, em 7 de novembro de 1932, AP.

Os três casos principais tipicamente considerados como exemplos do êxito da fórmula baseada na região – auxílio federal contra as secas, medidas comuns contra o banditismo e o Instituto do Açúcar e do Álcool – sugerem interpretações alternativas à luz dos antagonismos engendrados sob a Federação. Observou-se que os ciúmes entre as Províncias restringiram severamente os esforços para limitar a devastação causada pela terrível seca de 1877-80; políticos pleitearam verbas de auxílio principalmente para completar projeto de obras públicas em suas Províncias.[222] O único esforço importante no sentido de gastar em obras públicas no Nordeste durante a República (o programa de Epitácio Pessoa de financiar a Inspetoria de Obras Contra as Secas de 1920 a 1922) foi abruptamente suspenso pelo seu sucessor, Artur Bernardes. O projeto de obras públicas ao tempo de José Américo de Almeida provocou violenta luta política com Lima Cavalcanti de Pernambuco e, de qualquer maneira, pouco fez para solucionar os problemas mais constantes da região das secas.[223] Só depois da Segunda Guerra Mundial a ênfase dada aos planos de auxílio foi desviada do enfoque das obras públicas para focalizar o subdesenvolvimento humano e econômico da região.

As medidas contra o banditismo, tomadas sob a liderança de Pernambuco, não poderiam ser bem-sucedidas enquanto não se enfraquecesse o domínio do coronel, situação só alcançada no fim da década de 1930, como decorrência da extensão da autoridade federal ao interior rural. O IAA serviu para prevenir o desastre absoluto, amparando o preço do açúcar nordestino e protegendo o fornecedor impotente, mas fez pouco ou nada para aliviar a sorte miserável do trabalhador da cana ou para melhorar a tradicional dependência do Nordeste dos mercados exteriores, fossem eles estrangeiros, como antes de 1900, ou nacionais, como depois dessa data. O IAA fixou em 63% a quota de produção nacional de açúcar do Nordeste (cabendo 40% a Pernambuco), e ajudou, por essa maneira, a resolver o problema de um lado, mas, por outro lado, prolongou artificialmente a vida da estagnada cultura do açúcar na região. Como observou Paul Singer, das cinco principais cidades brasileiras em 1940, Salvador e o Recife foram as que empregaram a menor percenta-

---

[222] Veja "The Birth of the Drought Industry", de Roger L. Cunniff, *passim*.
[223] Albert O. Hirschman observa melancolicamente que "talvez a mais notável consecução da década de 1930 fosse negativa: a ausência de corrupção em larga escala na distribuição das verbas de auxílio durante a seca de 1931-32". (*Journeys Toward Progress: Studies of Economic Policy Making in Latin America,* Nova York, 1963, p. 40.)

gem da sua população no comércio ou na indústria. Depois de 1937, a distância entre o Norte e o Sul aumentou ainda mais.[224] Por esse tempo, até as prerrogativas legalistas da autonomia estadual dentro do sistema federal haviam desaparecido, ficando o Nordeste relegado ao papel de órfão da nação.

Pernambuco manteve, portanto, o seu domínio econômico do Nordeste durante todo o período de 1889-1937, embora a saúde econômica da região declinasse vertiginosamente em relação ao progresso registrado no Centro-Sul. Mas a estrutura constitucional da República também bloqueou os esforços de Pernambuco para dominar politicamente o seu Núcleo Satélite. Não se pode afirmar que Pernambuco teria sido muito beneficiado com vantagens políticas adicionais, nem é evidente que um bloco do Norte, sob a sua chefia, embora capaz de lidar em condições de maior igualdade com os rivais sulinos, teria proporcionado importantes benefícios à vasta sub-região que se estende além das fronteiras do Recife e da Zona da Mata. De qualquer maneira, a variável interveniente de um sistema federal descentralizado dificultou o crescimento de Pernambuco e, por sua vez, o desenvolvimento do Nordeste como um todo.

---

[224] Paul Singer, *Desenvolvimento Econômico*, pp. 330-351.

CAPÍTULO III

O CORONELISMO NUMA INTERPRETAÇÃO SOCIOLÓGICA

1. INTRODUÇÃO

O CORONELISMO tem sido entendido como uma forma específica de poder político brasileiro, que floresceu durante a Primeira República e cujas raízes remontam ao Império; já então os municípios eram feudos políticos que se transmitiam por herança – herança não configurada legalmente, mas que existia de maneira informal. Uma das grandes surpresas dos republicanos históricos, quase imediatamente após a Proclamação da República, foi a persistência desse sistema, que acreditavam ter anulado com a modificação do processo eleitoral. A Constituição Brasileira de 1891 outorgou o direito de voto a todo cidadão brasileiro ou naturalizado que fosse alfabetizado; assim, pareciam extintas as antigas barreiras econômicas e políticas, e um amplo eleitorado poderia teoricamente exprimir livremente sua escolha.[1] Todavia, verificou-se desde logo que a extensão do direito de voto a todo cidadão alfabetizado não fez mais do que aumentar o número de eleitores rurais ou citadinos, que continuaram obedecendo aos mandões políticos já existentes. A base da antiga estrutura eleitoral se alargara, porém os Chefes políticos locais e regionais se mantiveram praticamente os mesmos, e continuaram elegendo para as Câmaras, para as Presidências dos Estados, para o Senado, seus parentes, seus aliados, seus apaniguados, seus protegidos. De onde a exclamação desiludida de muito republicano histórico: "Esta não é a República dos meus sonhos!"

---

[1] Durante o Império, havia uma série de exigências de idade e de fortuna para que o indivíduo fosse considerado eleitor; a qualificação de eleitor era dada por "mesas" ou por "conselhos", compostos de pessoas influentes que tinham assim poderes para eliminar das listas a quem quisessem. Ver M. I. Pereira de Queiroz, 1969, p. 61.

Apesar da passagem do Império à República, a estrutura econômico-política persistia, e com ela persistiam os "coronéis", apelação que datava já do Império. De onde vinha este título marcial? Haviam-se originado dos títulos da Guarda Nacional, criada pouco depois da Independência para defender a Constituição, auxiliar na manutenção da ordem prevenindo as revoltas, promover o policiamento regional e local. Todos os habitantes livres do país se integravam nos diversos escalões da Guarda Nacional; os chefes locais mais prestigiosos automaticamente ocupavam nela os postos mais elevados, eram "coronéis"; seguindo-se nos postos majores, capitães e outros chefes não tão importantes, tendo sob suas ordens todos aqueles que não tinham meios de ocupar melhores posições. A Guarda Nacional refletia, pois, no escalonamento de seus postos, a estrutura socioeconômica das diversas regiões.[2] Extinta a Guarda Nacional pouco depois da Proclamação da República, persistiu no entanto a denominação de "coronel", outorgada espontaneamente pela população àqueles que pareciam deter entre suas mãos grandes parcelas do poder econômico e político.

Linha política divisória no coronelismo — Um "coronel" importante constituía assim uma espécie de elemento socioeconômico polarizador, que servia de ponto de referência para se conhecer a distribuição dos indivíduos no espaço social, fossem estes seus pares ou seus inferiores. Era o elemento-chave para se saber quais as linhas políticas divisórias entre os grupos e subgrupos na estrutura tradicional brasileira. A pergunta "Quem é você?" recebia invariavelmente a resposta: "Sou gente do coronel Fulano." Esta maneira de redargüir dava imediatamente a quem ouvia as coordenadas necessárias para conhecer o lugar socioeconômico do interlocutor, além de sua posição política. O termo "gente" indicava primeiramente que não se tratava de alguém do mesmo nível que o "coronel" ou sua família; caso contrário, o parentesco seria invocado logo de início para situar o indivíduo dentro do grupo (diria, por exemplo, "sou primo do coronel Fulano"). A formulação "gente" indicava indivíduo de nível inferior, que podia inclusive ser parente, mas seria sempre parente pobre. Em segundo lugar, a ligação com o coronel Fulano também dava imediatamente a conhecer se o indivíduo estava em posição de apoio ao poder local ou regional, ou contrário a este, pois ninguém desconhecia a atitude

---

[2] Max Fleiuss, 1925, pp. 160-161; Nunes Leal, 1948, rodapé citando Basílio de Magalhães, pp. 7-10; M. I. Pereira de Queiroz, 1969, p. 43.

dos coronéis com relação à situação ou à oposição. Finalmente, também a posição do coronel Fulano com relação a outros coronéis era conhecida de todos; o indivíduo que era seu apaniguado também lhe esposava as alianças e as inimizades e se colocava como aliado ou antagonista da "gente" de outros coronéis. "Gente do coronel Fulano" significava então a clientela deste.

A localização sociopolítica tendo por ponto de referência o "coronel" não era, porém, peculiar apenas aos indivíduos das camadas inferiores, mas se estendia a todos os escalões sociais. Todo "coronel" era integrante em nível elevado de um grupo de parentela mais ou menos vasto; e os grandes "coronéis" se constituíam realmente em chefes supremos tanto de toda a sua parentela quanto das parentelas aliadas, podendo transbordar perfeitamente sua autoridade do âmbito local ou regional, ultrapassar o estadual e se apresentar ao nível até nacional. O "coronel" como Chefe político nacional teve em Pinheiro Machado seu representante mais acabado.[3]

Integrante de uma elite controladora do poder econômico, político e social no país – integrante, portanto, de uma oligarquia para utilizar o termo apropriado – tem sido o "coronel" definido principalmente pelas suas características políticas. De onde a definição de Nunes Leal, em sua obra clássica: o coronelismo seria uma forma de adaptação entre o poder privado e um regime político de extensa base representativa.[4] Sem dúvida o aspecto político é o que mais chama a atenção, ao atentarmos para as facetas que compõem a figura do coronel; não é porém o único e sim um entre muitos. Considerá-lo apenas sob este aspecto é mutilar um conjunto complexo, empobrecendo-o e não permitindo uma compreensão mais ampla, tanto em si mesmo quanto em sua evolução histórico-social e política. Procuraremos, pois, não apenas analisar as bases políticas da organização coronelista, como também os fundamentos socioeconômicos da mesma, e finalmente esclarecer o processo de sua decadência.

---

[3] Ver Costa Porto, 1951.
[4] Nunes Leal, 1948.

2. A ESTRUTURA CORONELÍSTICA COMO UMA ESTRUTURA DE CLIENTELA POLÍTICA

Um dos trabalhos de sociologia política mais recentes sobre a estrutura coronelista é o de Jean Blondel, pesquisador francês que a estudou entre 1950 e 1960, na forma ainda vigente no Estado da Paraíba. Para ele, o "coronel" se define pelo poder político: "quando o domínio sobre o qual o protetor atua é muito extenso e reúne grande número de eleitores, dá-se a este o nome de *coronel*, porque outrora ele era com freqüência coronel da Guarda Nacional. O *coronelismo* é então a forma tomada por essa proteção".[5] Assim, o poder político é medido através da quantidade de votos de que dispõe um chefe local ou regional no momento das eleições. Procurando manter ou expandir a força dos coronéis, os cabos eleitorais são elementos de ligação indispensável entre o coronel e a massa dos votantes. A estrutura, *grosso modo*, se apresenta hierarquizada em três níveis: os coronéis; abaixo deles os cabos eleitorais; e, na base da estratificação política, os eleitores. Além do papel de proselitismo, tem o cabo eleitoral a função de organizar a massa, mantendo-a "em forma" para os pleitos.

Distingue Jean Blondel três tipos de estrutura coronelística: primeiramente, o mando pessoal, em que o coronel "domina através de um sistema bem organizado de *cabos eleitorais* que vão ver os eleitores, transmitem as ordens e os enquadram no dia da eleição".[6] Em seguida, o chefe político dominando indivíduos também de nível e poder, os quais, por seu turno, dominam o eleitorado –, forma indireta de poder do ponto de vista do chefe mais elevado, que o torna menos absoluto do que no primeiro caso, uma vez que neste último o chefe não tem certeza total de que recolherá todos os votos.[7] Finalmente, há também a dominação "colegial", em que "cada membro da família domina uma zona, mas, como esta permanece unida e como não tem um chefe marcante, a dominação é mais *aristocrática* do que monárquica";[8] neste caso, quase todos os postos locais, médicos, juízes, tabeliães, algumas vezes padres e naturalmente deputados, estão nas mãos de gente pertencendo ao grupo familiar.

---

[5] Jean Blondel, 1957, p. 59.
[6] *Idem*, p. 61.
[7] *Idem*, p. 62.
[8] *Idem*. pp. 61-62.

Quando o poder é direto sobre o eleitorado, o coronel tem certeza de dominar as eleições. No entanto, quando entre o eleitorado e o coronel existem intermediários, sejam chefes locais de algum porte, dominando de quinhentos a mil eleitores, sejam chefes locais pequenos e médios, dominando 100 ou 200 eleitores e até menos, o poder se torna mais flutuante. Nota Blondel que muitas vezes "os pequenos chefes políticos adquirem uma verdadeira liberdade de escolha e podem exercer pressão sobre a família dominante".[9] Os subchefes políticos, como poderíamos chamá-los, esses é que exercem o poder de maneira absoluta sobre os votantes e constituem uma espécie de *grandes eleitores*, pois é em suas mãos que está o eleitorado. Assim, quando se estuda o coronelismo em determinada região, é necessário em primeiro lugar verificar qual o tipo de chefia coronelística que existe ao nível do grau superior de mando, ao nível do grau médio e qual a possibilidade de *defesa* com que conta o eleitor, no grau inferior da escala de poder. Pois mesmo este nem sempre é totalmente um "pau-mandado", podendo deter alguma possibilidade de manobra.[10]

Estrutura coronelística regional Além de uma primeira tarefa, que é a de determinar a estrutura coronelística de uma região, quando se decide estudá-la em seu fato político, há que verificar também se se trata de local em que o mando de um coronel ou de uma parentela é único ou rígido; ou se se trata de local em que diversas famílias disputam o Poder. No primeiro caso, trata-se realmente de um poder absoluto, mas por isso mesmo que é absoluto não dá margem quase a lutas. Estas podem ser terríveis quando duas ou mais famílias pretendem reinar. "A presença, frente a frente, de apenas duas famílias tende a dar mais agressividade às relações políticas. Onde três, quatro ou cinco famílias se opõem, as divergências são menos brutais", pois neste caso as alianças se tornam indispensáveis.[11]

Existiram, então, no Brasil coronéis de vários graus, desde o pequeno coronel não dominando senão uns 200 eleitores, até o grande coronel, o mandão nacional com outros níveis de coronéis abaixo dele. A quantidade de graus da estrutura coronelística variava de região para região, de zona para zona. Esta forma, que Jean Blondel chamou de "dominação indireta" – muito mais complexa do que a "dominação direta" –, teria sido a regra no país; a "dominação direta" só se teria dado num número muito

---
[9] *Idem*, p. 62.
[10] Pereira de Queiroz, 1968, D.
[11] Jean Blondel, 1957, pp. 62-63.

restrito de casos, ou então no caso do último coronel da escala, em relação ao seu eleitorado que comandaria diretamente. É pelo menos o que indicam as pesquisas até agora efetuadas e a descrição de vários "casos" de coronelismo constante da obra de diversos autores.[12]

Na Zona Serrana de Santa Catarina, por exemplo, nas duas primeiras décadas, o padrão era o da dominação indireta, pois o poder nos municípios de Curitibanos, Canoinhas, Xanxerê etc. estava dividido entre chefes políticos maiores e menores, em luta ora latente, ora violenta uns com os outros, fazendo e desfazendo alianças, disputando o poder local, de um lado, e, do outro lado, o regional, pela busca e apoio dos chefes políticos da família Ramos, a família hegemônica regional.[13] No Município de Jeremoabo, no norte da Bahia, a antiga hegemonia total da família Sá se viu ameaçada pelo aparecimento de uma "oposição", a partir de 1945; tanto a "situação" (PSD) quanto a "oposição" (UDN) eram formadas de conjuntos de coronéis menores, sobrepujados pela figura de chefes regionais de maior envergadura.[14]

A multiplicidade dos coronéis é, assim, o aspecto essencial, a originalidade da estrutura política do Brasil, na Primeira República, traço que se prende diretamente à estrutura socioeconômica tradicional do país, fundamentada em grupos de parentela que são ao mesmo tempo grupos de parentesco de sangue com suas alianças e grupos de associados econômico-políticos. Reconhece Jean Blondel que na Paraíba "o chefe político é o sucessor deste chefe de clã do qual houve muitos exemplos no sertão, na época em que era essencial a necessidade de fazer reinar a ordem; é, também, o sucessor do proprietário de terras que cultiva a cana-de-açúcar na zona litorânea".[15] Em sua multiplicidade de aspectos e em sua evolução, traçamos já em trabalho anterior perfil desses chefes, desde a época colonial, sob o rótulo genérico de "mandões locais".[16] O coronelismo se integra, pois, como um aspecto específico e datado dentro do conjunto formado pelos chefes que compõem o mandonismo local brasileiro – datado porque, embora aparecendo a apelação de *coronel* desde a segunda metade do Império, é na Primeira República que o coronelismo atinge sua plena expansão e a pleni-

---

[12] Victor Nunes Leal, 1948; Walfrido Moraes, 1963; Wilson Lins, 1960, Zahide Machado Neto, 1972.
[13] Maria Isaura Pereira de Queiroz, Isaura, 1957.
[14] *Idem*, 1968, D.
[15] Jean Blondel, 1957, p. 60.
[16] Maria Isaura Pereira de Queiroz, 1955, 1969.

tude de suas características. O coronelismo é, então, a forma assumida pelo mandonismo local a partir da Proclamação da República; o mandonismo local teve várias formas desde a Colônia, e assim se apresenta como o conceito mais amplo com relação aos tipos de poder político-econômico que historicamente marcaram o Brasil.

A barganha eleitoral   O segundo aspecto essencial existente é o da possibilidade de barganha e a consideração do voto como uma posse, que marca os eleitores diante dos respectivos chefes, e que provém justamente da multiplicidade de graus da hierarquia. Jean Blondel observara muito bem que a dominação mais rígida era a diretamente exercida pelo chefe político sobre seus subordinados, com o apoio da força. Todavia, já nos fins do Império, Afonso Celso chamava a atenção para o fato de que os políticos estavam na dependência de seus eleitores; deviam servi-los, procurando satisfazer seus desejos, em troca do voto; acabavam sendo "uma espécie de procurador ou comissário-geral para todas as incumbências, mesmo as de ordem mais particular".[17]

Anteriormente à República, votavam apenas os cidadãos de posses; de acordo com a última lei eleitoral do Império, o eleitor precisava justificar uma renda anual mínima de 200$000 –, quantia elevada na época. O voto destes cidadãos constituía, pois, um bem cujo valor era conhecido e que lhes permitia "barganhá-lo" contra favores e benefícios. Uma vez estendido o voto à maioria dos cidadãos, o modelo persistiu, tanto entre os chefes políticos maiores, de um lado, e os chefes políticos menores, de outro, detentores às vezes de menos de uma centena de votos, quanto entre estes chefes políticos menores e os próprios eleitores, desde que estes se tornassem mais avisados. Era "normal", no período das eleições, saírem os chefes políticos e seus cabos eleitorais em *tournées* pelo interior, carregados de presentes para os eleitores – botinas ringideiras para os homens, cortes de vistosa chita para as mulheres da família do eleitor, roupas e brinquedos para as crianças, sendo que, num envelope, juntamente com a cédula do voto, havia outras de mil-réis... Saboroso folclore eleitoral até agora pouco conhecido e pouco levado em consideração, mas que tem um significado patente,[18] pois revela uma verdadeira "compra" do voto.

---

[17] Afonso Celso, 1901, pp. 23, 24 e 27.
[18] Ouvimos contar muitas vezes que, durante o primeiro decênio deste século, na época das eleições, havia verdadeiros mutirões familiares, reuniões da parentela dos chefes políticos a fim de se fazerem os pacotes e os envelopes, destinados às diversas famílias dos eleitores, que seriam distribuídos na *tournée*. Soubemos que o costume existia no interior da Bahia, tendo durado até 1950 mais ou menos.

No entanto, cumpre não esquecer que a obtenção dos votos nem sempre se exprimiu pela maneira benigna da barganha, uma vez que se encontrava inserida numa estrutura de dominantes e dominados, em que os dominantes detinham várias formas de poder em suas mãos, inclusive e principalmente o econômico. A opressão, a violência, a crueldade também foram armas utilizadas pelos coronéis para captarem votos, tão empregadas e tão usuais quanto os favores e os benefícios. Teria havido diferenças entre o emprego da violência ou da barganha de uma região para outra? Pelo que conhecemos da história das eleições paulistas, a barganha parecia aqui plenamente instalada no primeiro decênio. É possível, e mesmo provável, que tal não se desse noutras regiões do país, onde a forma violenta de obtenção do voto se teria conservado por mais tempo. Pelo menos é o que diz Jean Blondel da Paraíba, falando da passagem pouco a pouco de uma dominação sem peias, para outra mais mitigada; atualmente, diz ele em 1957, o chefe político "capta os eleitores ou os conserva graças a favores freqüentes para que esses o julguem indispensável. Da antiga dominação do *chefe político* que impunha suas ordens pela força, da época em que o *cabo eleitoral* era verdadeiramente o cabo de um pequeno exército, permanece, sobretudo, uma aparência externa. O *chefe político* continua a assegurar a proteção dos seus homens, mas esta proteção com o desenvolvimento da consciência nacional perde, mais e mais, seu caráter político para tomar aspecto administrativo. O eleitor tomou o hábito de pedir cada vez mais. Ele sabe que existem um Estado e uma Federação que o podem socorrer".[19] Que a persistência da barganha com relação ao voto não se deu só na Paraíba, até há mais ou menos vinte anos, bem o sabemos, pois fomos encontrá-la ainda vigente no norte da Bahia nos anos 50.[20]

Assim, a extensão do voto a todos os alfabetizados, conquista republicana, em lugar de implantar um sistema de escolha, que consistisse na afirmação da opinião do eleitorado, votando pelos candidatos que lhe parecessem os mais capacitados, ampliou o antigo sistema em que o voto era um bem de troca. Durante o Império, era um bem de troca que se negociava entre eleitores e candidatos pertencentes quase todos aos níveis socioeconômicos mais elevados; na República, as normas "liberais e democráticas", introduzidas como uma correção do que havia de viciado durante o Império (por exemplo, a barganha eleitoral), foram reinterpre-

---

[19] Jean Blondel, 1957, pp. 64-65.
[20] *Idem.*

tadas em termos das condições socioeconômicas existentes e tiveram como resultado estender a todos os níveis da hierarquia social o mesmo sistema anterior, acentuando-o. Desse modo, como já havíamos dito em trabalho anterior, não era a eleição o momento da escolha dos mais capacitados e sim "um momento de barganha ou de reciprocidade de dons. O indivíduo dá seu voto porque já recebeu um benefício ou porque espera ainda recebê-lo".[21]

Esta extensão da barganha foi possível porque a lei eleitoral republicana também restringiu o sistema de voto, que não abarcou todos os eleitores indiscriminadamente, porém apenas os alfabetizados. Ora, a mão-de-obra rural empregada nas fazendas era analfabeta, portanto não votava; formava os grupos de capangas com que os coronéis maiores e menores impunham sua lei, porém não constituía a massa do eleitorado. Esta era formada pelos sitiantes nas zonas rurais; pelos pequenos funcionários, artífices, vendeiros, nos pequenos núcleos e vilarejos, os quais constituíam a camada inferior alfabetizada. Em pesquisa efetuada no antigo "sertão de Itapecerica" foram encontradas cartas datadas do início da República, ainda no século XIX, dirigidas aos sitiantes ali residentes e solicitando-lhes o voto, em nome de laços de parentesco ou de amizade. Era a este eleitorado economicamente independente que se dirigiam os presentes distribuídos nas vésperas das eleições. Era este também o eleitorado que mais sofria com a opressão e com as violências. Era este o eleitorado sacrificado, quando um grande coronel nacional como Rodrigues Alves, Presidente da República, prometia "acabar com a Dissidência[22] à bala", em São Paulo, no começo do século.

A existência da barganha não impedia as injustiças e os abusos de poder, embora constituísse sempre uma limitação deste, na medida em que o coronel necessitava dos votos dos "seus eleitores". É que a divisão de poderes numa zona entre vários chefes em luta podia constituir uma possibilidade maior de barganha para os sitiantes, embora também significasse conflitos violentos e sangrentos na localidade: os sitiantes podiam "negociar" seu apoio a determinado chefe, opondo-o àqueles considerados como déspotas totais. Os sitiantes moravam em terras de sua proprie-

---

[21] *Idem*, 1968, D, p. 130.
[22] Chamou-se Dissidência nos dois primeiros decênios da República a oposição formada em São Paulo dentro do Partido Republicano Paulista, cindindo-o em duas alas que se combateram furiosamente.

dade; num bairro rural onde seus parentes e aderentes, pequenos proprietários como eles, também residiam em geral; formavam, pois, um bloco com o qual se deve contar e que pesa numa eleição.[23] Sempre foram homens livres, proprietários, e sua situação de liberdade desenvolveu a consciência de sua "igualdade" para com os fazendeiros, numa sociedade cuja definição principal, durante quase três séculos, se dera em função da divisão entre homens livres e escravos. A elevação dos escravos a homens livres, em 1888, não diluiu essa diferença; passou-a para outra perspectiva, dividindo agora os possuidores dos sem-posses. Pois os antigos escravos não se transformaram em possuidores da terra com a liberação, e sim em mão-de-obra dela desprovida; e os sitiantes, que já existiam, continuaram pequenos proprietários.

Este sentimento de "igualidade" sempre tornou extremamente ambíguas as relações entre os componentes das pirâmides de poder brasileiras, e em todos os graus existentes dentro dela: era encontrada nas relações dos pequenos chefes políticos com seus eleitores que diretamente comandavam, pois estes sabiam o valor que tinha seu voto (que carreava também o de outros votantes do mesmo "bairro rural", em geral, devido às normas de solidariedade da parentela); existiu entre os pequenos coronéis, os médios coronéis, os grandes coronéis, pois eram todos eles *chefes* dispondo de uma clientela subordinada, a qual podia trazer a vitória ou a derrota a um grande coronel regional ou nacional. A existência deste sentimento de "igualdade" deixa as relações de dominação-subordinação à mercê de quaisquer suscetibilidades e de melindres. Um pequeno chefe pode perfeitamente abandonar o grande coronel que sempre acompanhara e passar-se para outro, com toda a sua clientela, desde que se julgue ofendido em seus brios. Esta dependência do maior para com os de nível imediatamente inferior, e destes para com os de nível seguinte, e assim por diante até o sitiante, permitia que o voto se tornasse realmente um "bem de troca", e levava os grandes e médios coronéis a todo um comportamento de paternalismo diplomático e de etiquetas refinadas, com relação a seus imediatos –, comportamentos ainda hoje longe de terem sido totalmente identificados, estudados, interpretados.

Foi, por isso, que pudemos escrever noutro trabalho: "de eleitor para líder político há uma troca de serviços, uma reciprocidade ou contrapres-

---

[23] Sobre a organização de "bairros rurais" e o problema da parentela, ver Lia F. Garcia Fukui, 1972.

tação, semelhante às que regem as relações individuais básicas. E assim, tanto se espera lealdade da parte do eleitor para com o coronel quanto do coronel para com o eleitor".[24] A exigência de um coronel para que seus apaniguados votem em determinado candidato – imposição muitas vezes sem apelo – tem como contrapartida o dever moral que o coronel assume de auxiliar e defender quem lhe deu o voto. São estes os aspectos específicos do jogo eleitoral brasileiro, desde que a República os estendeu a todos os cidadãos alfabetizados: "Votar num candidato indicado por um coronel não é aceitar passivamente a vontade deste; é dar conscientemente um voto a um chefe poderoso, de quem já se obteve algo, ou se almeja obter algo. O voto é, pois, consciente, mas orientado de maneira diversa do que o voto de um cidadão de sociedade diferenciada e complexa; no primeiro caso, o voto é um bem de troca; no segundo caso, o voto é a afirmação pessoal de uma opinião".[25]

Numa sociedade em que as relações básicas se haviam sempre regido pela reciprocidade do dom e contradom dentro da parentela, tanto no interior da mesma camada quanto entre camadas de posição socioeconômica diferente, o mesmo modelo se estende ao setor político, no momento em que este ganha amplitude. Isto faz com que a causa de um chefe seja realmente a causa dos chefiados, de maneira clara e concreta. Se o coronel era da "situação", seus apaniguados tinham liberdade de ação para fazer o que quisessem, com a certeza de ficarem impunes; quando o coronel se encontrava na "oposição", porém, era como se a maldição se tivesse abatido sobre ele e sua gente: eram perseguidos, maltratados, aprisionados e revidavam pagando violência com violência, muito embora sabendo a quanto se arriscavam. Para o apaniguado, nada melhor do que seu coronel ficar com a "situação", a fim de que pudesse perseguir os adversários sem temor e gozar dos privilégios de sua condição.

Esta organização vinha existindo desde a época colonial, com as lutas das parentelas em torno do poder local; estas se haviam estendido ao poder provincial e ao poder nacional depois da independência do país, e persistiam depois da Proclamação da República, marcando com seu selo a apropriação do poder, em qualquer de seus níveis. "Situação" e "oposição" haviam constituído no passado as grandes divisões políticas brasilei-

---

[24] M. I. Pereira de Queiroz, 1968, D, p. 130.
[25] Seria necessário reestudar as relações coronel-eleitores, para se desvendar o verdadeiro sentido do chamado "voto de cabresto", durante a Primeira República, M. I. Pereira de Queiroz, 1968, D, p. 130.

ras, mais importantes do que qualquer ideologia partidária; e continuavam com a mesma profundidade e magnitude depois de instalado o regime republicano. Persistiam de alto a baixo dos níveis de poder – federal, estadual, municipal. E assumiam ainda o aspecto de "guerras de família", como no passado.

Dentro de uma dualidade estrutural como esta, disputas e violências eram muito mais intensas de uma "metade" para a outra "metade" do que no interior dos grupos que as formavam, muito embora não estivessem também ausentes no interior destes.[26] Porém os coronéis se devoravam entre si, muito mais do que devoravam seus apaniguados; "situação" e "oposição" se chocavam em entreveros sangrentos, muito mais do que os chefes de uma e outra com relação aos subordinados. Toda a história da Primeira República é formada por lutas deste tipo, muito mais do que pela opressão dos coronéis a seus inferiores.[27]

3. A ORIGEM DA ESTRUTURA CORONELÍSTICA: OS GRUPOS DE PARENTELA

Um coronel era também, em geral, o chefe de extensa parentela, de que constituía por assim dizer o ápice. Esta era formada por um grande grupo de indivíduos reunidos entre si por laços de parentesco carnal, espiritual (compadrio) ou de aliança (uniões matrimoniais). Grande parte dos indivíduos de uma parentela se originava de um mesmo tronco, fosse legalmente, fosse por via bastarda; as alianças matrimoniais estabeleciam laços de parentesco entre as famílias, quase tão prezados quanto os de sangue; finalmente, os vínculos do compadrio uniam tanto padrinhos e afilhados, quanto os compadres entre si, de modo tão estreito quanto o próprio parentesco carnal.[28]

Definição de "parentela"   O termo "parentela" que estamos utilizando não tem sido muito empregado na linguagem socioantropológica; porém não se trata, no caso brasileiro, da "família grande", constituída de várias gerações de casais vivendo juntas sob o mesmo teto; por outro lado, o

---

[26] Ver este aspecto em Maria Sylvia Carvalho Franco, 1970.
[27] Maria Isaura Pereira de Queiroz, 1969.
[28] Sobre o problema do compadrio, ver Antônio Augusto Arantes Neto, 1970; Lia F. Garcia Fukui, 1972.

grupo familiar ultrapassa a família nuclear, pois reúne, numa rede de reciprocidades, deveres e direitos, tios, sobrinhos, primos, além de avós e netos, estendendo-se portanto não só a montante quanto a jusante da grande corrente das gerações, e espraiando-se também horizontalmente para as duas margens de modo indistinto. Isto é, o parentesco brasileiro sempre foi reconhecido tanto na linha paterna quanto na materna. Os termos mais empregados na literatura socioantropológica não são, pois, plenamente adequados à realidade brasileira, e o termo "parentela", menos utilizado, pode refleti-la melhor se convenientemente definido.

Entendemos por "parentela" brasileira um grupo de parentesco de sangue formado por várias famílias nucleares e algumas famílias grandes (isto é, que ultrapassam o grupo pai-mãe-filhos), vivendo cada qual em sua moradia, regra geral economicamente independentes; as famílias podem se encontrar dispersas a grandes distâncias umas das outras; o afastamento geográfico não quebra a vitalidade dos laços, ou das obrigações recíprocas.[29] Sua característica principal é a estrutura interna complexa, que tanto pode ser de tipo igualitário (por exemplo, nas regiões de sitiantes, em que as famílias tendem a estar todas colocadas no mesmo nível socioeconômico) quanto de tipo estratificado (o que acontecia sobretudo nas regiões de agricultura de exportação e também nas de pastoreio, existindo no interior da parentela várias camadas sociais).[30] Fosse igualitária, fosse estratificada, a parentela apresentava forte solidariedade horizontal, no primeiro caso, vertical e horizontal no segundo, unindo tanto os indivíduos da mesma categoria quanto os indivíduos de níveis socioeconômicos diversos.

Não estamos longe de acreditar que se trata de um tipo *sui generis* de família, não suficientemente definido na literatura socioantropológica existente, pois não encontramos ainda outra que se lhe assemelhe quanto às características. Talvez a estrutura mais próxima fosse a estrutura clânica, para a qual as distâncias físicas podiam também estar abolidas sem que se anulasse o parentesco, como era o caso dos clãs escoceses. Todavia, o clã é em geral internamente igualitário e é parte de uma estrutura tribal, existindo num contexto socioeconômico específico em que a cidade é ine-

---

[29] Para ilustrar esta afirmação, leia-se Espiridião de Queiroz Lima, 1946, para as famílias formando grupos estratificados; e Maria Isaura Pereira de Queiroz, 1968, C, para os sitiantes.
[30] É muito importante lembrar sempre que houve no Brasil regiões de sitiantes (e as há ainda), nas quais a estrutura socioeconômica tende a ser igualitária. Ver Antônio Cândido, 1972; Maria Isaura Pereira de Queiroz, 1971 e 1973.

xistente ou não tem expressão. A parentela brasileira, internamente estratificada, ao contrário, faz parte integrante de um complexo socioeconômico em que a cidade sempre foi elemento fundamental, e isto desde a época colonial; a cidade (ou pelo menos a vila) era a sede do poder político, era o lugar onde se encontrava a Câmara, e por isso mesmo se tornava objeto de árdua disputa nas lutas de famílias.[31] Internamente heterogêneas quanto à economia, muitas vezes formadas de grupos familiares de diversa forma, distribuídos numa hierarquia que revelava onde se encontravam o poder econômico e político, eram as parentelas sempre internamente heterogêneas. Porém, paradoxalmente, indivíduos e famílias se sentiam unidos pelos mesmos interesses sociopolíticos e econômicos, e unidos os defendiam; sobrepunha-se o interesse da parentela ao das famílias e ao dos indivíduos, e por isso mesmo aquele se tornava finalmente o primeiro interesse de todos.

Uma vez proclamada a Independência, a formação da Guarda Nacional acompanhou as divisões das hierarquias familiares, cada batalhão representando por assim dizer uma parentela. É o que retrata muito bem Espiridião de Queiroz Lima em seu livro sobre parentelas cearenses: assim, na família de José Pereira Cavalcanti, este tinha o posto de tenente, e seu irmão mais moço, Simão Correa de Araújo, era alferes; dos parentes por aliança da família Queiroz Lima, o chefe desta, mais importante, tinha o posto de Capitão.[32] Esta união dos membros da parentela dentro de um mesmo batalhão, ou então de um mesmo regimento da Guarda Nacional, espelhava sua solidariedade interna. Porém mostrava também que, se esta solidariedade realmente existia, não impedia as diferenças de hierarquia socioeconômica. Pois os diversos graus da Guarda Nacional refletiam também o nível de fortuna a que se alçava o indivíduo: o alferes inferior ao Tenente, o Tenente inferior ao Capitão, e, no topo, sobrepujando a todos, o Coronel. O termo "coronel" nomeava então, na maioria dos casos, não apenas o indivíduo que detinha uma grande soma de poder econômico e político, como também o que se encontrava na camada superior dos grupos de parentela.

Apresentavam as parentelas indiscutíveis vantagens econômicas, tanto para os chefes quanto para os membros que as compunham. Embora as famílias conjugais e as famílias grandes que formavam o conjunto da

---

[31] L. A. Costa Pinto, 1942-3.
[32] Espiridião de Queiroz Lima, 1946, p. 70.

parentela fossem em geral economicamente independentes e autosuficientes, a parentela oferecia o apoio de sua disponibilidade econômica, amparando os membros que passavam por negócios desastrosos ou por más colheitas. A solidariedade econômica, latente no cotidiano, vinha à tona nos momentos de necessidade; não apenas trazia tranqüilidade aos membros da parentela, como também permitia o desenvolvimento do espírito de iniciativa de seus membros: ao começar um negócio novo, contavam estes com o apoio da parentela, que formaria também uma retaguarda garantidora caso o negócio se apresentasse fracativo. Constituía a parentela um grande grupo econômico, formado de famílias com suas economias particulares, que reuniam seus haveres quando necessário.

Além de grupo econômico, era também a parentela um grupo político, cuja solidariedade interna garantia a lealdade dos membros para com os chefes. A exclamação do Coronel Azeredo, chefe político de Mato Grosso, dirigindo-se a Euclides Malta, chefe político de outro Estado, ilustra esta afirmação: "Fizeste muito bem, Euclides, só elegendo os teus. Eu, como não tenho parentes, cada um que mando para o Governo de Mato Grosso é um traidor."[33] A explicação do desencanto do Coronel Azeredo era simples: sem um laço de sangue ou de aliança que o prendesse ao chefe, quem se visse eleito Governador de um Estado procurava cativar as simpatias dos chefes locais, emancipando-se da chefia política de quem o elegera.

Como grupo, apresentava, pois, a parentela três aspectos interligados – o político, o econômico, o do parentesco –, mostrando que a sociedade na qual estava implantada era de estrutura socioeconômica e política ainda pouco diferenciada em seus setores de atividade. Setor político, setor econômico, setor parentesco, reunidos, garantiam o funcionamento da sociedade e lhe davam uma característica própria.

Todavia, essa indiferenciação não significava de modo algum harmonia, equilíbrio, para dentro e fora das parentelas. Pelo contrário, justamente porque indiferenciada, qualquer choque num setor repercutia violentamente em todos os outros, determinando rupturas em geral profundas.[34] A indiferenciação constituía, pois, fator de fragilidade, que se contrapunha à solidariedade afetiva também existente como se viu, numa clara dialética de oposições. Dentro e fora das parentelas, as relações

---

[33] Maria Isaura Pereira de Queiroz, 1969, p. 89.
[34] *Idem*, 1968, B.

podiam ser de aliança, com base nos laços afetivos e na semelhança de interesses econômicos e políticos; mas também podiam ser de competição e rivalidade, levando amiúde a conflitos sangrentos, desencadeados até por causas aparentemente sem importância. Não eram raras, muito pelo contrário, as rupturas no interior das parentelas, levando à formação de dois novos grupos que se distinguiam pela ferocidade de suas relações. Parece que tais grupos eram tanto mais profundamente inimigos quanto maior fora a união anterior.

Na base destes dilaceramentos estavam quase sempre ambições de mando ou de posse, e decorriam da possibilidade de ascensão a postos mais elevados na hierarquia do Poder. De uma camada para a outra, no interior da pirâmide familiar, a ascensão social não só era possível, como constituía mesmo sua "lei natural". Em primeiro lugar, o que fazia com que um dos membros da parentela ascendesse às posições de mando eram suas qualidades pessoais para a liderança, reconhecidas em geral por seus pares. Fortuna, instrução, casamento podiam ou reforçar as qualidades pessoais para fazer com que o indivíduo subisse à posição suprema, ou constituíam também por sua vez vias de acesso a ela, independentemente de qualidades pessoais. De que se conclui que a ascensão ao posto supremo, dentro de uma parentela, não era marcada pela herança, o filho do coronel substituindo o pai dentro do grupo de parentes –, mas oscilava de acordo com as qualidades dos candidatos, que eram todos os indivíduos que tivessem a mesma situação socioeconômica entre os parentes.

Assim, quando Clementina de Matos, grande coronel da Chapada Diamantina, sentiu que se aproximava a morte, mandou buscar seu sobrinho Horácio, que morava longe, para entregar-lhe a chefia da parentela, muito embora tivesse um filho varão; este foi preterido, mas aceitou docilmente a determinação paterna, reconhecendo a personalidade superior do primo.[35] Mais ou menos pela mesma época – dealbar do século XX – na Zona Serrana do interior de Santa Catarina, o velho coronel Almeida, debilitado com a idade, passou a vara do poder ao coronel Chiquinho de Albuquerque, forasteiro na região integrado no grupo dos Almeida, pois reconhecia nele as qualidades para o exercício do mando; porém seu filho

---

[35] Conta-se que a investidura foi feita virtualmente: Clementino de Matos enfileirou a parentela em seu quarto e mandou que Horácio de Matos aplicasse meia dúzia de bolos de palmatória a cada um – símbolo do poder que assumia então. Ver Walfrido Moraes, 1963, pp. 47-48; Olympio Barbosa, 1956, pp. 6-8; Zahidé Machado Neto, 1972, p. 13; Dora Leal Rosa, 1972, p. 47.

Henriquinho de Almeida não se conformou com a decisão paterna, ao contrário de seus numerosos irmãos, que obedeceram, pois achava que devia ser o sucessor de seu pai. A parentela se cindiu entre Chiquinho de Albuquerque e Henriquinho de Almeida, e esta divisão foi um dos fatores mais importantes no desencadear da Guerra do Contestado, de 1911 a 1916.[36]

A pirâmide da parentela não era, pois, internamente estática e imóvel; muito pelo contrário, havia em seu interior camadas socioeconômicas e uma dinâmica de ascensões-descidas, que tanto podia agir como elemento de reforço de sua continuidade, como podia constituir fator de fragmentação interna, formando-se então dois blocos inimigos de parentes. Assim, constituindo embora centros de vigorosa solidariedade interna, contraditoriamente estavam também as parentelas sujeitas à fragmentação por razões as mais variadas e, isto é, a solidariedade interna efetiva era uma espécie de contrapartida de uma fragilidade também efetiva, ambas indissoluvelmente ligadas por uma dialética de verso e reverso.[37] No entanto, está ainda por ser feito o estudo das alianças e dos conflitos, em suas razões aparentes e recônditas, para se tentar compreender como se faziam e desfaziam os blocos de parentelas. Só então se compreenderá melhor a dinâmica de tais grupos, esclarecendo afirmações que, apresentadas até agora como certezas, na verdade não passam de conjecturas.

No interior das parentelas, que também temos chamado de "pirâmides familiares", a solidariedade se operava em geral com base na interdependência entre as diferentes partes sobrepostas que as compunham, pois eram internamente estratificadas em função de atividades econômicas e de posições sociais. De uma parentela para outra, era a confluência ou a oposição de interesses econômicos e políticos que determinava adesão ou afastamento. Se a parentela fosse dominada por um "colegiado" de coronéis, quase inevitável se tornavam sua fragmentação e lutas internas. E isto porque todos os coronéis que a formavam eram chefes supremos em potencial, podendo se desavir por questões de somenos. Assim, agiam os coronéis em função de dois critérios diferentes, que ora levavam ao congraçamento, ora à dissensão: suas ambições pessoais, tanto econômicas quanto políticas, em primeiro lugar; em segundo lugar, a lealdade familiar

---

[36] Maria Isaura Pereira de Queiroz, 1957; Maurício Vinhas de Queiroz, 1966; Duglas Teixeira Monteiro, 1972.
[37] Estamos utilizando o termo "dialética" dentro da concepção de G. Gurvitch, que mostra a existência de outros movimentos, conflitantes ou não, além da oposição dos contrários. Georges Gurvitch, 1962.

e de amizade. Já vimos como na parentela dos Almeida a frustração de Henriquinho, ao se ver preterido pela escolha de Chiquinho de Albuquerque para o posto supremo, levou-o e a seus apaniguados a uma luta que se espalhou pelos sertões da Zona Serrana de Santa Catarina e durou até 1940, pelo menos.

Estudando as famílias de sitiantes, notou Maria Sylvia de Carvalho Franco que a solidariedade interna destas era bastante frágil: "Basta que entre em cena um componente mínimo de interesses econômicos, para que mesmo as prescrições fundamentais de autoridade paterna *versus* piedade filial deixem de ser respeitadas."[38] O que ela encontrou ao nível dos sitiantes deve ser estendido a todos os grupos de parentela brasileiros, pois o mesmo pode ser dito das parentelas coronelísticas para as quais um novo setor de atrito deve ser adicionado além do setor econômico – o setor político. Desse ponto de vista, não se opõem famílias de fazendeiros e famílias de sitiantes; também naquelas, apesar da solidariedade e como um reverso *necessário* desta, as quebras internas eram freqüentes e violentas, formando-se pela fragmentação novos grupos de parentela.[39]

Se dizemos que fragmentação e fragilidade formam o reverso necessário dos grupos de parentela coronelísticos, é porque a solidariedade de um grupo tem como fator de seu reforço e solidez a existência de um inimigo externo, contra o qual deve lutar para sobreviver, seja por meios brandos, seja por meios violentos. O conflito entre parentelas surge então como importante fator de continuidade delas; o conflito as perpetua, pela exigência de lealdade e apoio unânime que todos devem a todos em seu interior, tornando-se assim o determinante da continuidade das parentelas no tempo. Qualquer das obras de memorialistas, cronistas ou estudiosos que tenham sido publicadas sobre as três primeiras décadas do século XX e prolongando-se ainda pelo menos nalguns pontos do país, como veremos a seguir, mostra como a violência era, em todos os níveis da sociedade, uma forma "normal" de resposta a determinadas situações ou ações. O que Maria Sylvia de Carvalho Franco chamou de "ajuste violento" constituía realmente uma das "modalidades *tradicionais* de agir",[40] caracteri-

---

[38] Maria Sylvia Carvalho Franco, 1969, p. 44.
[39] Não estamos de acordo, pois, nesse ponto com Maria Sylvia Carvalho Franco, que opõe a "enorme importância e solidez das relações familiais na antiga sociedade brasileira" à fragilidade das famílias de sitiantes. Ambas eram frágeis e facilmente abaladas pela violência.
[40] Maria Sylvia de Carvalho Franco, 1969, p. 27. Novamente, o que a autora achou ao nível dos sitiantes é para nós também válido ao nível dos coronéis.

zando de alto a baixo a sociedade brasileira, anterior ao período plenamente coronelístico (de 1889 a 1930), durante este, e se prolongando em seguida até os nossos dias. A naturalidade com que sempre se recorreu ao "ajuste violento" para com o inimigo mostra como ele foi realmente habitual na sociedade brasileira.

As brigas entre parentelas rivais constituíam, por outro lado, antídoto contra lutas que poderiam desencadear-se entre as próprias camadas internas da parentela, pois fomentam uma solidariedade vertical intensa.[41] Quando a luta tinha lugar no interior de uma parentela, seguia uma linha que cortava a pirâmide em fatias, de alto a baixo, e não uma linha separando as camadas socioeconômicas, as quais se mantinham coesas; resultavam desta luta novas pirâmides de parentela, internamente estratificadas também. Não temos notícia de conflitos que tenham levantado uma camada socioeconômica contra a outra, no interior da parentela; as disputas contra parentelas rivais serviram justamente para desviar os grupos de lutas desse tipo, de lutas de inferiores contra superiores.

O conflito inter e intraparentelas resultou, pois, sempre, numa formação de novas parentelas, num aparecimento de novos "coronéis". E como a terra era vasta havia a possibilidade de os vencidos se embrenharem no sertão, acompanhados de sua gente, desbravando zonas incógnitas e conquistando novos domínios, nos quais durante algum tempo reinariam sem estorvos. Até que nova parentela surgida em seu próprio seio, ou proveniente do exterior, tentasse também ali se instalar e dominar, aparecendo então a dicotomia "situação" e "oposição", norma fundamental e expressão política da sociedade brasileira desde o período colonial. Os conflitos sempre vieram à tona, também num desencadear de violências, que os perpetuaram.

Solidariedade[42] e conflito[43] surgem assim, na sociedade brasileira coronelística e na que lhe fora anterior, como duas faces da mesma

---

[41] Antônio Cândido representou a parentela brasileira sob a forma de círculos concêntricos; o núcleo seria formado pela família do "patriarca" (ou do "coronel"), seguindo-se vários círculos concêntricos com parentes, agregados etc. Acreditamos que o esquema geométrico mais adequado seja o da pirâmide truncada, formada internamente de camadas sociais sobrepostas, divididas entre si pelo dinheiro e pelo prestígio, pois mostra claramente a subordinação de umas camadas a outras. Ver Antônio Cândido, 1951.
[42] Solidariedade: união consciente ou não entre indivíduos e grupos em contato uns com os outros, que os faz aderir fortemente uns aos outros. Bailly, 1947; Willems, 1961.
[43] Conflito: oposição consciente ou latente entre indivíduos ou grupos, com a finalidade de subordinar ou destruir o opositor. – As solidariedades internas sempre se reforçam diante da ameaça de um conflito externo, pendente ou aberto, consciente ou inconsciente. Bailly, 1947; Willems, 1961.

moeda, não existindo uma sem a sua oposta, inerente, complementar e recíproca, por mais ambígua e paradoxal que seja a parelha; e porque existem ambas, também existem as violências,[44] que têm por finalidade o extermínio, o aniquilamento do oponente. Solidariedade, conflito, violências foram fatores de conservação da estrutura brasileira de parentelas e uma das bases do sistema coronelístico. A dinâmica desta sociedade fez com que surgissem amiúde novas parentelas, mas não fez com que estas se transformassem senão lentamente. Devido àqueles fatores, também, não se propiciou a formação de camadas socioeconômicas distintas da parentela, e apoiadas em laços socioeconômicos somente. A luta contra o "outro grupo" fez com que muitas vezes as divergências socioeconômicas internas da parentela permanecessem latentes e não operassem. Através do tempo, a solidariedade da parentela, os conflitos e as violências reforçaram a estrutura das parentelas, fazendo-as acomodar-se com as diversas formas políticas que sucessivamente se instalaram no país – Colônia, Império, República. E traduziram-se em ditados como este: "Para os amigos, tudo; para os inimigos, o rigor da lei!"

4. O FUNDAMENTO DA ESTRUTURA CORONELÍSTICA: A POSSE DE BENS DE FORTUNA

Como bem observa Costa Porto, num livro muito elucidativo dos problemas do coronelismo brasileiro, pois delineia a biografia de Pinheiro Machado, coronel dos coronéis durante a Primeira República, o prestígio dos coronéis "lhes advém da capacidade de fazer favores";[45] quanto maior esta capacidade, maior eleitorado terá e mais alto se colocará na hierarquia política, quer ocupe cargos administrativos, quer não: será chefe municipal, estadual ou até federal.

Ora, no Brasil os meios de acesso à fortuna foram principalmente a herança, o casamento e o comércio.

De caso pensado, não utilizamos o conceito de "grande proprietário" para definir o coronel. Não raro, no Brasil, o poder decorrente de outros bens de fortuna superou o poder trazido exclusivamente pela posse da

---

[44] Violência: abuso da força levado a efeito com vigor excessivo, sem hesitação e com uma constância que a faz durar no tempo, associada ao conflito, contribuindo para tornar mais resistentes as solidariedades. Bailly, 1947; Willems, 1961.
[45] Costa Porto, 1951.

terra. Em primeiro lugar, sendo esta muito abundante, só se tornou fonte de poder para quem possuía capitais para explorá-la[46] ou para quem conseguia reunir gente que, em troca de uma parcela, se obrigasse a servir e a defender o proprietário. Regra geral, os primeiros, os que possuíam capitais, sempre se colocaram na escala socioeconômica acima dos segundos, isto é, que se apoiavam em seus agregados unicamente e os tinham ao mesmo tempo como fonte de lucro e como fonte de poder.[47] Por isso, as ricas regiões de monoculturas de exportação – tipo de agricultura que exigia muito capital para se organizar e produzir – constituíram também no país, e desde a época colonial, as sedes efetivas do poder político. As regiões que se voltaram para o pastoreio rudimentar, ou as regiões em que só eram encontrados sitiantes trabalhando a terra com o braço familiar,[48] foram quase sempre regiões pobres e por isso sem maior expressão no quadro político nacional, muito embora a extensão da propriedade fosse também ali, via de regra, desmesurada. E, neste caso, a região de propriedades pecuaristas, que permitiam maior domínio sobre os homens, tendeu a ter maior importância política do que as simples regiões de sitiantes.

Heranças, casamentos e mandonismo Herança e casamento em geral se apresentam unidos na preservação das fortunas e do mandonismo local.[49] A herança foi um meio por assim dizer "natural" de preservação de *status* e de poder, utilizada por determinados grupos contra outros; bem conhecida, não necessita de nenhuma análise detalhada. Já o casamento foi empregado de duas maneiras com a mesma finalidade: 1) O casamento no interior da própria parentela – tios com sobrinhas, primos com primas – sendo tão largamente utilizado que, em 1919, João Brígido observava escandalizado serem tão habituais que só faltava, como no reino dos animais, que os pais se unissem com suas próprias filhas;[50] era a maneira de impedir que a fortuna fosse para mãos de estranhos ou se dividisse. 2) O casamento fora da parentela, dando como resultado a aliança de dois grupos poderosos que passavam a ser "parentes", e portanto intimamente unidos, tanto

---

[46] Manoel Correa de Andrade o mostra muito bem num de seus estudos, 1963. Correa de Andrade, 1963.
[47] Com o sistema de parceria, o proprietário rural tinha um e outro.
[48] Ver as diversas estruturas rurais brasileiras em Pereira de Queiroz, 1971.
[49] Ver farta documentação em Manoel Correa de Andrade, 1963; Espiridião Queiroz Lima, 1946; Ulysses Lins Albuquerque, 1957, 1960; Francisco de Paula Ferreira de Rezende, 1944 etc.
[50] João Brígido dos Santos, 1919, p. 289.

econômica quanto politicamente, podendo se elevar na hierarquia do domínio graças a esta soma de forças familiares, econômicas e políticas.[51]

Além de instrumento de defesa de posições sociais para os grupos existentes, era o casamento importante meio de integração e de ascensão social para os ambiciosos que, não pertencendo a parentela importante, ou sendo um forasteiro, pretendesse conquistar uma posição de destaque. Conta Wilson Lins, por exemplo, como "o jovem Franklin Lins de Albuquerque" chega a Pilão Arcado com seu pai e seus irmãos para tentar a vida; dentro de pouco tempo, irmãs e irmãos haviam casado nas mais velhas famílias locais, de tal modo que Franklin se viu "completamente integrado no meio e, embora sem querer participar da vida política do município, gozando de muita influência..." O alheamento do jovem às lutas políticas locais e regionais não durou muito, porém, e ele foi guindado a altas posições, para o que contou sempre com o apoio dos grupos de parentela a que se havia aliado pelos casamentos dos irmãos.[52]

A distância geográfica não era empecilho para os casamentos interparentelas, muito pelo contrário: buscar mulher ou marido em regiões afastadas era estabelecer nelas uma ponta-de-lança, uma possibilidade de ingerência nos negócios ou na política de outros locais. Viagens constantes de uma propriedade rural a outra, para visitar parentes, para fechar negócios, para dar mão-forte a um correligionário, punham os chefes de família a par dos jovens existentes nas parentelas aliadas, permitindo tratar casamentos que não apenas uniam dois grupos socioeconômicos e políticos, como duas regiões geográficas. E, assim, o casamento com gente de longe também constituiu ao nível das parentelas um meio de lutar contra a imensidão do espaço, como já vimos ao nível dos sitiantes noutro trabalho,[53] impedindo o isolamento total de criadores e cultivadores em suas fazendas – isolamento que sempre foi dos mais relativos. Desse modo, os laços que se estabeleciam entre os vários grupos de parentelas se tornavam independentes de localização destes no espaço geográfico, de sua vizinhança ou de seu distanciamento; casamentos e alianças anulavam os fatores exclusivamente físicos.

---

[51] Assim, Horácio de Matos, coronel da Chapada Diamantina, ao se casar busca noiva na poderosa família Medrado, assentando com esta aliança as bases definitivas de seu poder regional. Walfrido Moraes, 1963, p. 128; Zahidé Machado Neto, e outros, 1972, p. 50; Olympio Barbosa, 1956.
[52] Wilson Lins, 1960, p. 79.
[53] Maria Isaura Pereira de Queiroz, 1968, C.

Porém, mais importante ainda do que o próprio casamento, a posse de fortuna – para a qual o comércio parece ter concorrido talvez mais do que qualquer outra atividade econômica – foi fator que pesou fortemente na ascensão sociopolítica dos indivíduos em todos os períodos da história brasileira.[54] As grandes fortunas rurais de um modo geral se assentaram, também, ou se associaram estreitamente ao exercício das atividades comerciais.[55] Basta percorrer as histórias dos coronéis do Vale do S. Francisco, em que nas primeiras décadas do século XX parecia existir a estrutura coronelística em sua forma mais exacerbada, para verificar esta associação.[56] Franklin Lins de Albuquerque, por exemplo, se transfere a Pilão Arcado "para tentar a vida no comércio e na lavoura". Mais tarde, chefe político prestigioso, não abandona suas lides comerciais, "transformado em arguto movimentador de capitais, dirigindo uma firma exportadora influente no mercado internacional de ceras vegetais".[57] O próprio Horácio de Matos, que parece encarnar o protótipo do Coronel, rapazola ainda vai para o Morro do Chapéu, "onde, com parcos recursos, resolve estabelecer-se com uma loja de tecidos e miudezas, fazendo, ademais, um comércio modesto de diamantes e carbonatos".[58]

Delmiro Gouveia, figura ímpar do coronelismo

O exemplo mais claro, porém, da ascensão mediante a aquisição de bens de fortuna no comércio é o do Coronel Delmiro Gouveia, pioneiro da industrialização no Nordeste. Filho natural de Delmiro de Farias e de Leonila Flora da Cruz Gouveia, depois de ter iniciado a vida como modesto empregado da estrada de ferro, lançou-se ao comércio como mascate, "conduzindo produtos

---

[54] Neste ponto, o "coronel" das primeiras décadas do século XX não fez mais do que continuar na via traçada pelos velhos comendadores, barões e condes do tempo do Império, que por sua vez perpetuavam a maneira de ser de capitães-mores e vereadores do período colonial. Nota Sérgio Buarque de Holanda que "as elites do Primeiro Reinado vêm bem mais da classe dos comerciantes urbanos do que da aristocracia rural", e é dela que saem os ministros, por exemplo. Sérgio Buarque de Holanda, 1973. Esta observação muito possivelmente pode ser generalizada para todas as épocas.
[55] Para o período do Império, em S. Paulo, os livros de Carlota Pereira de Queiroz mostram bem a integração de atividades comerciais e rurais, tanto para os fazendeiros de café do Vale do Paraíba, quanto para os do Oeste paulista. Ver Carlota Pereira de Queiroz, 1965 e 1969.
[56] Tal associação também existia entre os sitiantes, entre os quais era difundida a crença (que persiste até hoje) de que o comércio é a via mais segura para a fortuna.
[57] Wilson Lins, 1960, p. 79.
[58] Walfrido Morais, 1963, p. 79.

manufaturados, que vendia ou permutava por peles", fazendo "negócios de compra e venda, ou, simplesmente, de escambo".⁵⁹ Conseguiu finalmente organizar sua própria firma, comerciando com "courinhos" de bode e outros animais, alargou cada vez mais seus negócios, até atingir a integração na elite da capital pernambucana, onde chegou a ditar a moda masculina dos "colarinhos Delmiro Gouveia", altos e engomados... Vivia num palacete em Apipucos decorado por pintores franceses, freqüentava teatros, viajava para o exterior, e, devido à sua própria situação de fortuna e de prestígio, foi sendo levado a participar das lutas políticas que tinham lugar em torno do poder, no Recife. Apoiando a "oposição", encontrou o coronel Delmiro dificuldades para levar avante seus projetos de dotar o Recife de um mercado inteiramente moderno e modelar, o "mercado do Derby", espécie de pioneiro dos supermercados atuais; dificuldades que culminaram com o incêndio premeditado do mesmo pelas forças da "situação". Uma façanha sentimental – o rapto de uma jovem ainda menor, por quem, quarentão, se apaixonara – obrigou-o a abandonar o Recife e a se refugiar em Alagoas. Foi ali que lhe veio a idéia de aproveitar a força hidrelétrica da Cachoeira de Paulo Afonso para a instalação de uma indústria de linhas, primeiramente, que seria o ponto de partida para um grande projeto, a Cia. Agro-Fabril Mercantil; segundo rezavam os estatutos desta, exploraria "nos Estados de Pernambuco, Alagoas e Bahia o comércio de gado vacum, cavalar, cabrum e ovino, plantio de algodão, irrigação de terras secas, força elétrica e suas aplicações, e indústria fabril".⁶⁰ Instalado em região pobre, que enriquecia com suas iniciativas, e que se tornavam populosas, pois acorriam de bem longe trabalhadores querendo se empregar na "Fábrica da Pedra", como era conhecido o seu estabelecimento industrial, tomou partido pelo coronel Aureliano Menezes, que era chefe político da "oposição" em Jatobá (hoje Petrolândia), auxiliando-o não apenas com o apoio dos votos que comandava, como também financeiramente. Os chefes "situacionistas", coronel José Gomes e coronel José Rodrigues, não podiam ver com bons olhos a nova estrela política que surgia, coronel poderoso rodeado "de guardas e serviçais",⁶¹ que dispunha de dinheiro e de empregos para distribuir, e que assim ameaçava tornar-se a primeira figura da região, concentrando em

---

⁵⁹ Tadeu Rocha, 1963, p. 43.
⁶⁰ *Idem*, p. 105.
⁶¹ Martins Magalhães 1963, p. 104.

suas mãos o poder econômico e o político. Uniram-se os dois coronéis contra um adversário que subitamente viera modificar o cenário regional e, de sua união, se originou o plano do assassinato do adversário, em 1917, levado a efeito por capangas.[62] O crime determinou grande revolta local, e os executantes foram presos, pagando o crime cometido; porém, os cabeças ficaram naturalmente impunes: pertencer à camada dos "mandachuvas", e ainda mais à "situação", trazia certamente vantagens inestimáveis... A história do coronel Delmiro Gouveia evidencia a importância dos bens de fortuna na aquisição de posição socioeconômica e de influência política, fator superior ainda à integração numa parentela. Sua fortuna lhe permitiu prescindir desta, tanto na ascensão social quanto na manutenção de sua posição econômico-política.

O forasteiro que chegasse com algum capital a uma localidade, e ali se estabelecesse abrindo "venda", estava iniciando um caminho que o podia levar até à chefia política; tinha nas mãos uma "clientela" natural de compradores, aos quais podia fazer favores variados (o "vender fiado", não era dos menores), gente humilde e figurões locais. Ligando-se assim tanto à camada mais elevada quanto à camada "média" a que pertencia, e à camada inferior, ocupava o comerciante modesto uma posição-chave que o guindava facilmente ao posto de cabo eleitoral, e, ampliando a fortuna, em breve se incluiria entre os coronéis locais. Não constituía o comércio ocupação desdenhada ou desprezada;[63] pelo contrário, era atividade prestigiada, que, segundo a voz popular, podia levar aos mais altos destinos.

Num meio acanhado como o brasileiro, do ponto de vista ocupacional, e cuja camada superior alcançava poder com a venda de produtos para o exterior, isto é, com a produção de gêneros destinados ao comércio de exportação, a noção de comerciante naturalmente se confundia com a de fortuna. O próprio comércio interior adquiria outra dimensão, o pequeno comerciante local se apresentava dotado de um relevo que não tem sido levado em consideração pelos estudiosos. Se a base do coronelismo era, como escreveu Costa Porto, "a capacidade de fazer favores", o comerciante, pequeno ou grande, aparecia realmente como alguém dotado de excelentes meios de "fazer favores" aos outros.

---

[62] Ver Mauro Mota, 1967, pp. 37-38; Tadeu Rocha, 1963; Magalhães F. Martins, 1963.
[63] Nos cancioneiros populares, a figura do comerciante aparece como a de um homem rico e poderoso, que trata quase de igual para igual com príncipes e reis. Ver a *História de Dona Ginevra*, ou *História da Donzela Teodora* em Câmara Cascudo, 1970, p. 195; e 1955, p. 144.

Por outro lado, é sabido que um indivíduo desprovido de bens, mesmo pertencendo a importante grupo de parentela, não alcançava posição socioeconômica satisfatória, a não ser que a parentela o protegesse, fazendo-o galgar posições em desacordo com seus bens de fortuna, mas de acordo com o valor que a parentela lhe reconhecia. Em suma, na estrutura coronelística, somente os indivíduos bem aquinhoados de fortuna herdada ou adquirida tinham possibilidades de fazer favores e granjear clientela. E desse ponto de vista a história de Delmiro Gouveia se torna novamente muito elucidativa: indivíduos como ele podiam chegar ao coronelato devido ao poderio econômico, sem que a falta de uma parentela poderosa constituísse obstáculo. A parentela era elemento que auxiliava e facilitava uma ascensão sociopolítica, tanto mais que toda a sociedade brasileira se encontrava recortada em grupos desse tipo; porém o verdadeiro motor de ascensão era constituído pelos bens de fortuna.

Tanto mais que as parentelas eram formadas, internamente, de camadas sobrepostas que se distinguiam também umas das outras pelos bens de fortuna de seus membros, sobrepujando até as relações afetivas. Os parentes ricos pertenciam sempre a camadas mais elevadas do que os parentes pobres; mesmo que os parentes pobres tivessem laços de sangue muito estreitos com relação aos parentes ricos, uma posição secundária lhes estava reservada em relação àqueles. Os membros da parentela conheciam perfeitamente sua posição socioeconômica dentro da pirâmide, e, de camada a camada, sabiam a quem eram subordinados. Assim, sobre uma larga base de clientela inferior muito pobre, que lhe servia de sustentáculo, a pirâmide da parentela se elevava em camadas distintas conforme a fortuna, da qual decorriam o prestígio e a soma de poder de que desfrutavam os indivíduos. A fortuna era a base real de todo este edifício, fosse ela oriunda simplesmente do comércio de mercadorias de qualquer tipo ou proviesse de grandes plantações, de criação de gado ou de lavras variadas. A fortuna abria todas as portas; o forasteiro rico podia se integrar nas grandes parentelas pelo casamento e assim reforçar sua posição de mando. Também podia, ao contrário, desdenhar tal aliança e contar apenas com sua fortuna como base segura de poder. Dentro da parentela, por outro lado, a aquisição de fortuna também constituía fator de ascensão interna para seus membros.

Não esquecer, porém, que um outro ingrediente entrava na ascensão socioeconômica e política dos que se tornavam coronéis, e isso tanto dentro quanto fora da parentela: a posse de qualidades pessoais inequívocas, que os fortaleciam na posição a que se alçavam. Dizemos "fortaleciam" porque a fortuna era sempre mais importante para levá-los a tais posições do que as qualidades de chefe. Mas em geral ambas agiam juntas. Assim, do pequeno chefe político local ao grande chefe nacional, apresentavam os coronéis, em graus diferentes, essa virtude indefinível que Max Weber denominou "carisma" – conjunto de dotes pessoais que impõem um indivíduo aos outros, fazendo com que estes lhe obedeçam, tornando suas ordens indiscutíveis justamente porque emanam dele. O carisma era, segundo Max Weber, a virtude dos caudilhos; todo coronel, pequeno ou grande, era um caudilhete ou um caudilho.[64]

Esta qualidade indispensável explica por que, dentro do grupo da parentela, a liderança suprema não passava diretamente de pais a filhos; o chefe escolhia para seu continuador aquele que apresentasse as qualidades exigidas, podendo a designação recair até sobre um estranho que a família tivesse adotado, desde que possuísse bens de fortuna.[65] Outra forma de ser feita a escolha era por uma reunião de chefes de parentela, aliados entre si, que apontavam para líder aquele em quem reconheciam as virtudes requisitadas.[66] Esta forma de liderança era muito antiga no país; provinha diretamente dos tempos coloniais, reinara durante o Império, e persistia soberanamente durante a Primeira República.

Desse modo, a liderança coronelística, que era sempre uma liderança econômica e uma liderança de parentelas, assumia além de tudo um aspecto nitidamente carismático, pois o escolhido (fossem quais fossem o tipo de escolha e as razões de sua ascensão social) só chegava a grande chefe se apresentasse aquela inexplicável qualidade que despertava a adesão afetiva e entusiástica dos homens, levando-os espontaneamente à obediência, qualidade que concorria também para reforçar a solidariedade interna do grupo.[67] A possibilidade de ascensão social neste tipo de sociedade decorria do fato de não existir uma rígida determinação na sucessão

---

[64] Max Weber, 1944, vol. I, pp. 127-28.
[65] Lembramos as ascensões à liderança já relatadas atrás, de Horácio de Matos na Chapada Diamantina, e de Chiquinho de Albuquerque na Zona Serrana de Santa Catarina.
[66] Foi o que se deu entre as parentelas que se haviam embrenhado na Mata Mineira, para abrir fazendas de café. Francisco de Paula Ferreira de Rezende, 1944.
[67] Já interpretamos os "messias" brasileiros como coronéis cujo poder é de base religiosa. A religião se apresentava, assim, como um novo canal de ascensão para o poder. Os "messias" eram chefes carismáticos, chefes políticos, chefes econômicos e chefes religiosos. Maria Isaura Pereira de Queiroz, 1957, 1965.

das chefias, isto é, decorria do fato de que a determinação das chefias se apoiava tanto no fator econômico quanto nas qualidades pessoais do indivíduo; e isso dentro e fora das parentelas. Pode-se dizer, pois, que o mando político do coronel era resultante de sua posição econômica, em primeiro lugar, que dava ao indivíduo a possibilidade de exercício do poder, colocando-o em situação de fazer favores; a existência da parentela era condição importante de apoio para a conservação do poder dentro do conjunto de parentes; mas, entre os parentes, o chefe por excelência era aquele que apresentasse as qualidades indispensáveis; o grande coronel era sempre um *primus inter pares*.

Jean Blondel, que estudou o coronelismo ainda existente na Paraíba em 1955, é de opinião de que teria havido uma evolução, traduzida no "crescimento dos chefes novos, independentes dos sistemas tradicionais, que devem à sua profissão, e não mais às suas terras, ter poder sobre os eleitores".[68] Na verdade, existiram tais chefes desde a Independência, e uma análise como a que efetuamos sobre o mandonismo local brasileiro o revela claramente.[69] Analisamos já o comércio como via de ascensão para o coronelismo; as profissões liberais, a partir da Independência, também constituíram canais para tanto. Dos três canais – fortuna, parentela, profissões liberais – este último foi o mais recente, datando os dois outros do período colonial. O aparecimento deste canal decorreu da crescente urbanização do cunho ocidental do país, acompanhada de burocratização em vias de se ampliar, e da exigência de cursos superiores para ocupar determinados cargos;[70] porém este novo canal se entrosou perfeitamente com o sistema econômico e com o sistema das parentelas, ampliando as possibilidades de ascensão existentes na sociedade global, para os indivíduos de menos posses ou de menos prestígio social.[71] Desse modo, o que Jean Blondel chama de "novos coronéis", em lugar de formarem um grupo oposto ao dos antigos, como pensa o autor, estavam desde muito integrados na estrutura já existente, ligados intimamente aos antigos, seja por aliança, seja pelo casamento, seja por outros laços.

---

[68] Jean Blondel, p. 60.
[69] Maria Isaura Pereira de Queiroz, 1969.
[70] *Idem*, 1973, B.
[71] Gilberto Freyre foi talvez o primeiro a chamar a atenção para esta função da instrução, em seu livro *Sobrados e Mucambos*. Ver Gilberto Freyre, 1951.

5. FATORES DE DECADÊNCIA DA SOCIEDADE CORONELÍSTICA: CRESCIMENTO DEMOGRÁFICO, URBANIZAÇÃO, INDUSTRIALIZAÇÃO

Dentro de uma sociedade não industrializada, o núcleo urbano, quer seja povoado, vila ou pequena cidade tem variadas funções –, centro comercial em que se concentram e distribuem mercadorias; pólo de relações e comunicações; concentração dos organismos de instrução etc. Em todos os casos, é ele sempre um elemento de organização do meio rural circundante e sede do poder. Quanto maior sua importância, mais funciona como coordenador do meio rural e como fulcro de comunicações.

Mandões locais e coronéis nunca desconheceram nem subestimaram estas qualidades, e procuraram sempre desenvolver, na região que dominavam, um centro urbano que ficasse na sua dependência e que constituísse ao mesmo tempo centro de suas atividades: agiram ou como fundadores, ou como protetores de cidades que foram *suas*, no sentido pleno do termo. Povoados, vilas, cidades constituíram então sedes de grupos de parentela, ou de um grupo de parentela, aumentando com a multiplicação destes grupos.[72] Por toda parte, no país, a fundação das vilas correspondeu à necessidade de implantar um mínimo de disciplina em áreas outrora desertas, estendendo até elas os elementos de administração indispensáveis ao entrosamento com a sociedade global. Na vila se localizavam as Câmaras municipais e outras instituições de Governo, concentrando-se ali a autoridade sobre a redondeza, e passando a constituir, por isso, fulcro de luta entre as parentelas.

Estavam, pois, as vilas e pequenas cidades dominadas por um ou mais grupos de parentelas, cuja estrutura se inscrevia na própria disposição das casas através do espaço: no centro, a Matriz, cujas proporções espelhavam a fortuna do grupo dominante, rodeada, no Largo e nas ruas adjacentes, pelas casas amplas e confortáveis das famílias gradas, vizinhas dos edifícios públicos; caminhando-se para a periferia, as casas se tornavam mais modestas e, finalmente, na periferia exterior, se localizavam famílias e indivíduos pertencentes às camadas inferiores da parentela. Esta confi-

---

[72] Espiridião de Queiroz Lima descreve o fenômeno no Ceará; Francisco de Paula Ferreira de Rezende mostra como se operou na região da Mata mineira; tivemos ocasião de analisá-lo na Zona Serrana do Contestado. Queiroz Lima, 1946; Ferreira de Rezende, 1944; Pereira de Queiroz, 1957.

guração foi geral no Brasil. Ora, ela contrariava uma outra configuração socioespacial, representada pela grande propriedade: nesta, a distinção espacial dos grupos econômicos se apresentava subdividida em apenas duas "metades" – camadas superiores e camadas inferiores – desigualmente distribuídas pelo espaço em torno da casa-grande, e permitindo um contato muito mais intenso entre indivíduos de posições sociais diferentes. Assim, a forma tomada pelas vilas e pelos povoados no Brasil mostra um tímido início de divisão segundo predominantemente o fator econômico, que não existia na grande propriedade (na qual residia uma parentela apenas), fazendo com que o grupo de vizinhança urbano tendesse a ser social e economicamente homogêneo – os ricos entre eles, os pobres entre eles, fosse qual fosse a sua parentela. Todavia, essa localização das famílias nas cidades, de acordo com a posição socioeconômica e independentemente da parentela, não era suficiente para minar a solidariedade desta que, como vimos, contribuía para suavizar as distinções econômicas dentro dela existentes.

Com efeito, cabras, agregados, sitiantes esposavam o partido de "seu" coronel com tal vigor que passavam a encarar como inimigos figadais os componentes do grupo coronelístico adversário, solidariedade que não era puramente afetiva e sentimental, que estava porém fundamentalmente ligada à realidade; decorria da maneira pela qual estavam estruturados os grupos em parentelas aliadas ou hostis, dominando determinada região e então deixando toda latitude de ação a seus apaniguados, ou lutando pelo domínio e dando a estes uma atividade efetiva para alcançarem o que desejavam – atividade que envolvia a destruição do grupo adverso. Em tal estrutura, a solidariedade dentro da mesma camada socioeconômica, a solidariedade horizontal, não apenas era inexistente como não encontrava possibilidades de nascimento.

Surto de urbanização no Sul   A partir da segunda metade do século XIX e durante todo o período da República Velha, teve lugar no Sul do país principalmente (ou seja, nas regiões enriquecidas pelo café) importante surto de urbanização, isto é, de multiplicação e crescimento de núcleos urbanos, juntamente com um crescimento demográfico rápido, processos que precederam de muito no Brasil à industrialização.[73] Devido ao aumento de volume de população, a estrutura interna das cidades se complicou muito mais, as instituições antigas se ampliaram, novas insti-

---

[73] Maria Isaura Pereira de Queiroz, 1973, B.

tuições apareceram, multiplicaram-se as ocupações para as quais era exigido um preparo prévio e específico. Nestas cidades assim desenvolvidas, ao antigo relacionamento de tipo primário, pessoal e afetivo, pouco a pouco se associou e cresceu o relacionamento de tipo secundário, impessoal, indiferente, não ligando mais indivíduos e sim categorias de indivíduos.[74] Ora, a parentela sempre se caracterizou internamente pelas relações pessoais e afetivas[75] entre seus membros, independentemente das camadas ou das categorias sociais a que pertencessem; desde que o grupo da parentela se fixou na cidade, e que esta cresceu além de determinado limite (cujo nível ainda não foi estabelecido a partir de estudos concretos), as relações impessoais e indiferentes passaram a ser dominantes, jogando para um segundo plano as relações pessoais e afetivas.

Dois processos internos à sociedade brasileira, porém externos à estrutura coronelística, vão agir contra ela; a eles se somará um terceiro processo, esse externo ao país, mas que acentua os outros – a industrialização. Num primeiro momento, urbanização e crescimento demográfico são processos que concorrem para o desenvolvimento e a manutenção da estrutura coronelística, para, em seguida, pelo seu próprio incremento, levarem a esta abalos que tendem a arruiná-la. A cidade populosa, internamente muito diferenciada, vai escapando ao poder dos coronéis, tipo muito rudimentar de autoridade para servir a um conjunto complexo. Aumentam muito as camadas urbanas intermediárias, entre a camada superior e as inferiores, acentuando as distâncias socioeconômicas entre estas. Pouco a pouco, grupos ocupacionais específicos se estruturam, e estes não apenas não são mais dominados pelo poder coronelístico, como também se opõem a este por uma necessidade da própria estrutura nova que surge. O coronel, que fora o antigo "dono" da cidade, torna-se assim um dos elementos da estrutura de poder, ao lado de outros que ora agem como seus aliados, ora como seus opositores.

O novo tipo de sociedade já está prefigurado na própria cidadezinha coronelística, e se exprime na separação entre os diferentes bairros, habi-

---

[74] São assim chamadas as relações entre pessoas que não são tomadas enquanto indivíduos e sim enquanto representantes de uma categoria ocupacional, ou de uma categoria econômica. Este tipo de relacionamento é extremamente difundido nas cidades grandes, em que conhecemos, por exemplo, padeiros, leiteiros, carteiros etc., mas não sabemos seus nomes nem nada que se prenda a eles como indivíduos.
[75] A afetividade pode tanto ser representada pela afeição como pelo ódio. As relações primárias têm forte carga sentimental, que pode tanto ser de afeição quanto de ódio.

tados por população de camadas diferentes da população; isto é, o bairro de vizinhança urbano se compõe de grupos socioeconômicos homogêneos, como já vimos. A vizinhança não se dá mais entre elementos de nível socioeconômico diferente (como se observava no interior da grande propriedade) e sim entre elementos de nível socioeconômico semelhante. Cada camada tende a ficar fechada dentro de si própria, diluindo-se os laços que a prendiam às outras. Noutros termos, há um enfraquecimento da solidariedade vertical que distinguia os grupos de parentela, e um incremento da solidariedade horizontal, cada camada tendendo a ser solidária no seu interior.

Esta transformação foi paulatina e está ainda em processo; a própria estrutura interna das parentelas contribuiu para que não houvesse ruptura, quando se iniciou a passagem de um tipo estrutural a outro. E isto porque a posse de bens econômicos – critério por excelência da distinção em camadas na nova sociedade – já existia e era importante na forma social anterior. A persistência deste critério de distinção da posição sociopolítica de indivíduos e de grupos fez com que a mudança de uma sociedade dominada pelas pirâmides de parentela, para uma sociedade estruturada segundo o prestígio econômico e ocupacional, não produzisse grandes abalos: ambas as formas sociais estavam baseadas na posse de bens de fortuna. As modificações seguiram a linha de riqueza do país; por isso o Estado de São Paulo, devido ao café, foi aquele em que elas tiveram um ritmo mais acelerado.

Novas instituições, que se tornaram necessárias, contribuíram para esse fim. A princípio, foram elas dominadas pelo poder coronelístico; a criação da polícia, por exemplo, em 1842, foi interpretada por muitos como um cerceamento do poder local, pois esta inovação (isto é, a criação de delegacias de polícia nos municípios, para as quais eram nomeados bacharéis em Direito) parecia retirar dos juízes de paz locais, prepostos dos coronéis, os amplos poderes que estes possuíam na repressão da criminalidade. Na verdade, logo se verificou que tal novidade era inócua; os pobres delegados e subdelegados, perdidos no fundo do sertão, não dispondo de forças para efetuar prisões, isolados dos centros provinciais, só podiam viver acolhendo-se à sombra do mandão local, auxiliando-o e partilhando-lhe a sorte. Dessa maneira, o que parecera um enfraquecimento dos chefes locais acabara constituindo algo que lhes aumentava a autoridade e o poder. O poder coronelístico, em plena vitalidade, impunha assim às novas instituições o seu domínio.

Todavia, o aparecimento destas novas instituições estava profundamente ligado – e determinado – pelo crescimento demográfico e pela urbanização em ampliação, que reclamavam novas formas de organização da sociedade. As novas instituições se ligavam a uma divisão maior do trabalho, a uma especialização de funções, que aqueles processos exigiam. A especialização de funções, por sua vez, significava um desdobramento da autoridade, antes concentrada nas mãos dos coronéis; a criação de novos órgãos constituía, assim, um enfraquecimento do poder destes. A lei eleitoral de 1916, por exemplo, tirou das Câmaras Municipais (e, portanto, dos coronéis que as dominavam) o alistamento eleitoral e a apuração das eleições, passando-os para o Poder Judiciário; ficava a Câmara Municipal impedida de qualificar como eleitores apenas aqueles que fossem votar com o mandão local, impedida de barrar, tanto no momento do alistamento quanto no momento da apuração, os nomes que não fossem interessantes. Tratava-se de uma amputação da autoridade dos coronéis, passando a parcela assim subtraída para o Poder Judiciário, que em princípio devia ser um poder neutro. Mesmo que houvesse, de início, maneiras de contornar a nova lei, preservando o poder coronelístico, na verdade cada vez mais, a partir de fins do século XIX, leis e decretos tenderam a fortalecer instituições como o Poder Judiciário, assegurando-lhes independência com relação aos mandões locais, regionais e mesmo nacionais.

Outra criação nova foi o cargo de Prefeito ou de Intendente municipal (o nome variava de acordo com o Estado) –, chefe da administração local que deveria também ser eleito; as funções administrativas escapavam, assim, das mãos do Presidente da Câmara Municipal, diferenciando o poder legislativo do poder administrativo, o que correspondia a uma nova divisão do trabalho e a uma tentativa para dividir também o poder. Dessa maneira, toda uma série de medidas foram sendo tomadas durante a República, que por trás do cerceamento do poder das Câmaras Municipais atingia também os chefes políticos locais. Perderam elas para a polícia o poder de repressão; perderam para o mesmo Poder Judiciário o alistamento eleitoral e a apuração; perderam para o Prefeito as funções administrativas.[76] Novas instituições ou instituições reformadas, a princípio padecendo dos mesmos vícios de permanecerem, por vias indiretas, subordinadas ao mandonismo local, pouco a pouco se foram liberando, principalmente nas regiões mais ricas e mais urbanizadas.

---

[76] Maria Isaura Pereira de Queiroz, 1969, pp. 81-84.

Toda instituição, uma vez criada ou profundamente reformada, tendia a criar também vida própria, distinta da do mandonismo. O surgimento de outras novas concorreu para fortalecê-las em seu caminhar no sentido da independência. Tanto mais que todas as criações novas se faziam ao mesmo tempo que, com o crescimento urbano, se ampliava a quantidade de funções, ocupações e atividades inteiramente desligadas das lides agrárias. Isto é, tomava corpo, cada vez mais, uma população que não dependia do trabalho da terra para ganhar o seu sustento. E em determinado momento tornou-se possível falar na existência de uma "realidade urbana" diversa da "realidade rural" no país. Uma das expressões da independência institucional foi o estabelecimento de garantias de inamovibilidade, vitaliciedade e irredutibilidade de que passaram por lei a gozar os juízes federais, e que em 1926 foram estendidas aos juízes estaduais. "Donos" de seus cargos, não tendo mais a ameaça da perseguição do mandão local, visando suprimi-los, expulsá-los, desterrá-los para os confins do Estado, puderam eles julgar sem sofrer uma influência demasiadamente opressora por parte dos coronéis.

Como se vê, crescimento demográfico e crescimento urbano foram determinando toda uma dinâmica de multiplicação de trabalhos e de serviços que minava e arruinava o poder dos chefes locais. Pouco a pouco se tornava visível que o coronelismo era condizente com um tipo muito específico de sociedade, definido pela indistinção de funções, pela pequena diferenciação das ocupações, pela pouca necessidade de especialização, pela acanhada divisão do trabalho, o que quer dizer, pelo significado modesto da instrução, já que qualquer indivíduo podia desempenhar, com um mínimo de treino, grande variedade de funções. Quando o desenvolvimento do país propiciou o aparecimento de uma sociedade cujos caracteres foram opostos àqueles, e que se apresentava como cada vez mais complexa na interdependência dos ramos de atividades perfeitamente distintas, então o princípio mesmo que permitira o aparecimento e a existência dos coronéis estava comprometido, e seu desaparecimento, num futuro mais ou menos próximo, estava selado.

No entanto, se a dominação clara e visível das parentelas foi sendo comprometida devido à evolução socioeconômica, o fenômeno não se processou sem acomodações para sua permanência. Essas acomodações se tornaram possíveis porque as parentelas não se haviam restringido a exercer apenas atividades agrárias; na verdade, suas posses estavam apoiadas em vários tipos de investimentos, de que a fazenda de café ou de criar, de cacau ou de cana, não constituía senão um aspecto. Já vimos a importância que teve o comércio para assegurar a posição, ou promover a ascensão social dos coronéis e de suas parentelas. Quando surgiram os primeiros serviços de importância, urbanos ou não (estradas de ferro, bancos e até mesmo indústrias), além do capital estrangeiro, e competindo muitas vezes com ele, surgiram no mercado brasileiro as ricas parentelas, que se integraram assim no desenvolvimento urbano e industrial do país.[77] Dominando em parte a grande indústria, o grande comércio, as grandes organizações de serviços públicos ou privados; com membros seus exercendo as profissões liberais, os coronéis e seus parentes, possuidores além do mais de grandes propriedades rurais, se mantiveram nas camadas superiores da estrutura socioeconômica e política do país, numa continuidade de mando que persiste, em alguns casos, até os nossos dias.

A transformação havida se dera ao nível da solidariedade que mantinha unidos uns aos outros os grupos estratificados das parentelas: resultou da intensificação e da transformação das atividades econômicas e se exprimiu no aparecimento de cidades com seus bairros bem diferenciados – residenciais de gente rica morando em verdadeiras chácaras, residenciais de classe média com pequenas casas dando diretamente para a rua, cortiços e favelas de camadas inferiores. A ampliação das atividades econômicas destruiu as oposições dos grupos de parentela em que estas participavam como blocos. Compreenderam, porém, os grupos familiares de camadas elevadas que seus interesses econômicos estavam ligados, e que a competição não se fazia mais no campo político e sim no campo econômico. Foram, pois, os coronéis abandonando pouco a pouco uma ação direta no cenário político, transferindo essa atuação para as camadas médias e para os profissionais liberais.

A transferência tivera início já durante o século XIX; porém, tratava-se então de elementos da classe média que agiam como representantes e como subordinados dos grandes chefes políticos, os quais preferiam permanecer exclusivamente à testa de seus negócios ou de suas fazendas. Porém, nesta fase, o abandono do poder político pelos coronéis não era senão aparência; as camadas médias surgiam em cena, mas nos bastidores os grandes grupos das antigas parentelas governavam o jogo político, alijando e rejeitando aqueles de seus representantes que não lhes pareciam

---

[77] Pierre Monbeig, 1952, o mostra em seus trabalhos; ver também, mais recentemente, Jean Marie Martin, 1966.

suficientemente devotados ou leais. Mas à medida que as camadas médias urbanas se adensavam, sua possibilidade de uma atuação política independente crescia; todavia, não foi sem luta que alcançaram um instrumento que lhes permitia ter os movimentos mais livres – instrumento representado pelo voto secreto, em torno do qual se travaram verdadeiras batalhas políticas na década de 20. Romperam assim as camadas médias a solidariedade vertical que as mantivera presas ao interior das parentelas; e reforçou-se a solidariedade horizontal, isto é, a solidariedade de indivíduos ocupando posições socioeconômicas semelhantes no interior da estratificação social, fosse qual fosse a parentela a que pertencessem. Quanto à solidariedade vertical que unira as camadas mais elevadas da parentela às camadas inferiores, essa fora a primeira a se romper; não resistira à nova distribuição no espaço urbano, imposta pelo crescimento das cidades.

A dissociação dos aspectos econômico e político no interior do país, a preferência das camadas elevadas da parentela pelo poder econômico que lhes permitirá continuar a exercer, por trás do pano, a dominação política que aparentemente perdiam, correspondeu ao aparecimento de uma "consciência de classe" no país, que despontou quase exclusivamente, a princípio, ao nível das camadas superiores, mantendo-se ausente das camadas médias e inferiores. Ela se exprimiu no aparecimento, ainda no início do século XX, de organizações patronais – Patronato Agrícola, Federação da Indústria Animal, Cooperativa de Cafeicultores, Associações Comerciais, Federação das Indústrias –, verdadeiras associações de classe, nascidas do reforço da solidariedade horizontal. Seu aparecimento mostra como os antigos coronéis rivais passavam a colaborar, a fim de manter sua supremacia numa sociedade que se transformava; um mesmo empreendimento econômico podia reunir agora em sua diretoria indivíduos que outrora se digladiavam, unidos hoje para manter a hegemonia da classe.

Assim, a continuidade no poder exigiu das parentelas que procurassem alijar de seu barco parentes pobres, afilhados, agregados – toda a clientela, enfim –, mantendo-se apenas as ligações com os membros que ocupavam a mesma camada superior. A ruptura todavia não foi brutal; foi-se fazendo de maneira paulatina, encontrando freios contrários à sua marcha nas relações afetivas que buscam persistir, no respeito pelos laços de sangue quando unem parentes de níveis socioeconômicos diversos, na etiqueta familiar, assim como nas próprias condições específicas de localização (cidades maiores ou menores, possibilidade de se continuar a habitar na vizinhança dos parentes etc.).[78] Por isso, em lugar de se poder falar numa "decadência da parentela", mais prudente seria a referência a um "processo de decadência em curso", processo que, repetimos, tende ainda a manter grandes blocos de parentes unidos e solidários, porém com seu lugar marcado nas camadas socioeconômicas superiores, enquanto vão se diluindo os laços e mesmo a recordação do parentesco quando este existia verticalmente.

6. CONCLUSÃO

Não foi, pois, um único fator que desencadeou o processo de decadência da estrutura coronelística e sim uma conjugação de vários fatores, que agiram com maior ou menor intensidade nas diversas regiões do país. Crescimento demográfico, urbanização, industrialização constituem processos que se desenvolvem de maneira acelerada ou não conforme o momento histórico ou conforme a região em que têm lugar.

Essa diferenciação na persistência da estrutura coronelística corre parelha com a constatação de que o poder político, no ápice de sua força e do exercício da autoridade, sempre se deslocou no espaço e no tempo, de uma região para outra do país, conforme as regiões ascendiam para a expansão econômica. No início da República, eram os Estados de São Paulo e de Minas Gerais os que dominavam o cenário político; uma queixa geralmente formulada então era a de que, mesmo nos municípios mais afastados e nos Estados mais longínquos, só eram eleitos para as Câmaras Municipais os simpatizantes da política paulista e mineira,[79] o que significava que os coronéis das regiões pobres estavam enfeudados aos das regiões ricas.[80] A transformação demográfico-econômica, que desenca-

---

[78] A própria economia podia também agir como freio contra a dissociação entre as camadas superior e média de uma parentela. A camada superior, ao se lançar em negócios, podia recorrer à poupança da camada média, mostrando-lhe vantagens e lucros que resultariam da aplicação de seu dinheiro naquele empreendimento. Muitos empreendimentos continuaram, pois, a se fazer devido aos laços verticais de parentela, unindo de outra forma camadas superiores e médias, através da participação nas mesmas iniciativas.
[79] Maria Isaura Pereira de Queiroz, 1969.
[80] O mal-estar trazido por este enfeudamento vem à tona em 1929-30, quando a grande crise do café pareceu por um momento privar o Estado de São Paulo da possibilidade de continuar no poder.

deou uma urbanização em novos moldes no Sul do país, também se ligou à riqueza regional; foi muito mais lenta, às vezes mesmo imperceptível, nas regiões menos afortunadas.

O fim do coronelismo   O desaparecimento do coronelismo não se apresenta, pois, apenas progressivo, como também irregular. Nalguns pontos do país, já em 1940 podia ser dado praticamente como extinto. Porém perdurava nessa época, ainda na Zona Serrana do interior de Santa Catarina, a mesma luta de parentelas que dividira os irmãos Almeida no início do século.[81] Em 1953, no norte da Bahia, ainda vigorava a estrutura coronelística. Em 1957, Jean Blondel notava a respeito do Estado da Paraíba que a dominação familiar persistia, que grandes parentelas dominavam o interior chegando "ao monopólio quase absoluto de todas as possibilidades de progresso na escala social".[82] Em 1965, Marcos Vinícios Vilaça e Roberto Cavalcanti de Albuquerque descreveram as atividades de quatro velhos coronéis que ainda existiam no interior de Pernambuco; para os dois autores, eram estes uma espécie de testemunhas de uma ordem anterior que conseguia ainda se manter politicamente.

E que utilizavam os mesmos sistemas, mostra-o um recorte de jornal datado de 12 de dezembro de 1968: um dos coronéis, Chico Heráclio, contratara pistoleiros que haviam tocaiado um Vereador, matando-o e à filha que o acompanhava. Desencadeara este "ajuste pela violência" a vitória eleitoral de Prefeito, Vice-Prefeito e Vereadores, eleitos pelo MDB, no pleito então havido – vitória com a qual não se conformava Chico Heráclio, prócer da Arena. Como se vê, sob a capa de novos partidos se acobertavam velhos ódios, persistiam velhos métodos de ação. E persistem, ainda, em muitos pontos do país.

BIBLIOGRAFIA

ALBUQUERQUE, Ulysses Lins de. *Um Sertanejo e o Sertão*, Rio de Janeiro, Livraria José Olympio Ed., 1957.

_____. *Moxotó Brabo*. Rio de Janeiro, Editora Livros Organização Simões, 1960.

ARANTES NETO, Antônio Augusto. *Compadrio in Rural Brazil: Structural Analysis of a Ritual Institution*. Tese de Mestrado, Departamento de Ciências

---

[81] Duglas Teixeira Monteiro, 1972, mimeografado.
[82] Jean Blondel, 1957, pp. 61-62.

Sociais, Faculdade de Filosofia, Letras e Ciências Humanas, Universidade de S. Paulo (mimeografada), 1970.
BAILLY, René. *Dictionnaire des Synonymes de la Langue Française*, Paris, Libr. Larousse, 1947.
BARBOSA, Olympio. *Horácio de Matos, Sua Vida, Suas Lutas*, Bahia, 1956.
BLONDEL, Jean. *As Condições da Vida Política no Estado da Paraíba*, Rio de Janeiro, Fundação Getúlio Vargas, 1957.
BRIGIDO DOS SANTOS, João, *O Ceará, Homens e Fatos*, Rio de Janeiro, Tipografia Besnard Frères, 1919.
BUARQUE DE HOLANDA, Sérgio. "Sobre uma doença infantil da Historiografia", Suplemento Literário de *O Estado de S. Paulo*, 17 e 24 de junho de 1973.
CÂMARA CASCUDO, Luís da. *Cinco Livros do Povo*, Rio de Janeiro, Livraria José Olympio, Ed., 1953.
_____. *Vaqueiros e Cantadores*, Rio de Janeiro, Ed. Livros de Oiro, 1970,
CANDIDO, Antonio, "The Brazilian Family", in *Brazil, Portrait of Half a Continent*, edited by T. Lynn Smith, U.S.A., The Drysden Press, 1951.
_____. *Os Parceiros do Rio Bonito*, S. Paulo, Editora Duas Cidades, 2ª ed., 1972.
CARVALHO FRANCO, Maria Sylvia. *Homens Livres na Ordem Escravocrata*, S. Paulo, Instituto de Estudos Brasileiros, 1969.
CELSO, Afonso. *Oito Anos de Parlamento*, Rio de Janeiro, Laemmert & Cia., 1901.
CORRÊA DE ANDRADE, Manoel. *O Homem e a Terra no Nordeste*, S. Paulo, Ed. Brasiliense, 1963.
COSTA PINTO, Luís de Aguiar. "Lutas de Família no Brasil (era colonial)", *Revista do Arquivo Municipal*, S. Paulo, Ano VIII, vols. 87-88, 1942-1943.
COSTA PORTO. *Pinheiro Machado e seu Tempo*, Rio de Janeiro, Livraria José Olympio, 1951.
FLEIUSS, Max. *História Administrativa do Brasil*, S. Paulo, Cia. Melhoramentos de S. Paulo, 2ª ed., 1925.
FERREIRA DE REZENDE, Francisco de Paula. *Minhas Recordações*, Rio de Janeiro, Livraria José Olympio Ed., 1944.
Folha de S. Paulo, 10-12-1968 e 12-12-1968.
FREYRE, Gilberto. *Sobrados e Mucambos*, 3 vols., 2ª ed. Rio de Janeiro, Livraria José Olympio Ed., 1951.
FUKUI, Lia F. Garcia. *Parentesco e Família entre Sitiantes Tradicionais*, Tese de Doutoramento, Departamento de Ciências Sociais, Faculdade de Filosofia, Letras e Ciências Humanas, Universidade de S. Paulo (mimeografada), 1972.
GURVITCH, Georges. *Dialectique et Sociologie*, Paris, Flammarion Éditeurs, 1962.
LEAL ROSA, Dora. "O coronelismo na Chapada Diamantina: um estudo de poder local", in *O Coronelismo na Bahia*, Cadernos de Pesquisa n.º 3,

Faculdade de Filosofia e Ciências Humanas, Universidade Federal da Bahia, 1972.
LINS, Wilson. *O Médio São Francisco*, Salvador, Livraria Progresso Editora, 1960.
MACHADO NETO, Zahidé. "Nota prévia sobre o coronelismo na Bahia da República Velha". in *O Coronelismo na Bahia*, Cadernos de Pesquisa n? 3, Faculdade de Filosofia e Ciências Humanas, Universidade Federal da Bahia, 1972.
MAGALHÃES MARTINS, F. *Delmiro Gouveia, Pioneiro e Nacionalista*, Rio de Janeiro, Editora Civilização Brasileira, 1963.
MARTIN, Jean Marie. *Énergie et Industrialisation: L'Experience Brésilienne*, Institut des Hautes Études de l'Amérique Latine, Paris, 1966.
MONBEIG, Pierre. *Pionniers et Planteurs de São Paulo*, Paris, Librairie Armand Colin, 1952.
MORAES, Walfrido. *Jagunços e Heróis*, Editora Civilização Brasileira, Rio de Janeiro, 1963.
MOTA, Mauro. *Quem foi Delmiro Gouveia?*, S. Paulo, Arquimedes Edições, 1967.
NUNES LEAL, Victor. *Coronelismo, Enxada e Voto*, Rio de Janeiro/S. Paulo, Revista Forense Ed., 1948.
PEREIRA DE QUEIROZ, Carlota. *Um Fazendeiro do Século XIX*, S. Paulo, Conselho Estadual de Cultura, 1965.
_____. *Vida e Morte de um Capitão-Mor*, S. Paulo, Conselho Estadual de Cultura, 1969.
_____. Maria Isaura. "Contribuição para o estudo da Sociologia Política no Brasil", *Anais do I Congresso Brasileiro de Sociologia*, Sociedade Brasileira de Sociologia, S. Paulo, 1955.
_____. *La Guerre Sainte au Brésil: Le Mouvement Messianique Du "Contestado"*, S. Paulo, Faculdade de Filosofia, Ciências e Letras da USP, 1957.
_____. *O Messianismo no Brasil e no Mundo*, S. Paulo, Dominus Ed./Ed. da Universidade de S. Paulo, 1965.
_____. *Os Cangaceiros: Les Bandits d'Honneur Brésiliens*, Paris, Ed. Julliard, 1968 – B.
_____. "Le paysan brésilien traditionnel et la perception des étendues", in *Perspectives de la Sociologie Contemporaine*, Paris, Presses Universitaires de France, 1968 – C.
_____. "Política, Ascensão e Liderança num Povoado Baiano", S. Paulo, *Revista do Instituto de Estudos Brasileiros*, n? 3, 1968 – D.
_____. *O Mandonismo Local na Vida Política Brasileira*, S. Paulo, Instituto de Estudos Brasileiros, 1969.
_____. "L'évolution de la structure sociale dans l'agriculture brésilienne", *Sociologia Ruralis*, Wageningen, vol. XI, n? 3, 1971.
_____. *Bairros Rurais Paulistas*, S. Paulo, Editora Duas Cidades, 1973 – A.

PEREIRA DE QUEIROZ, Maria Isaura, "Do rural e do urbano no Brasil", *in Vida Rural e Mudança Social*, organizadores Tamás Szmrescsányi e Oriowaldo Queda, S. Paulo, Cia. Editora Nacional, 1973 – B.

QUEIROZ LIMA, Espiridião de. *Antiga Família do Sertão*, Rio de Janeiro, Livraria Agir Editora, 1946.

ROCHA, Tadeu, *Delmiro Gouveia, o Pioneiro de Paulo Afonso*, Maceió, Departamento Estadual de Cultura, 2ª ed., 1963.

TEIXEIRA MONTEIRO, Duglas. *Os Errantes do Novo Século: Um Estudo sobre o Surto Milenarista do "Contestado"* – (MS.) – Tese de Doutoramento, Departamento de Ciências Sociais, Faculdade de Filosofia, Letras e Ciências Humanas, USP, 1972.

VILAÇA, Marcos Vinícios e ALBUQUERQUE, Roberto Cavalcanti. *Coronel, Coronéis*, Rio de Janeiro, Ed. Tempo Brasileiro Ltda., 1965.

VINHAS DE QUEIROZ, Maurício. *Messianismo e Conflito Social: A Guerra Sertaneja do "Contestado"*, Editora Civilização Brasileira, Rio de Janeiro, 1966.

WEBER, Max. *Economia y Sociedad*, Fondo de Cultura Económica, México, 4 vols., 1944.

WILLEMS, Emílio. *Dictionnaire de Sociologie*, Paris, Librairie Marcel Rivière, 1961.

ECONOMIA E FINANÇAS NOS PRIMEIROS ANOS DA REPÚBLICA

LIVRO SEGUNDO

CAPÍTULO I

EXPANSÃO DO CAFÉ
E POLÍTICA CAFEEIRA

A ANÁLISE da economia cafeeira e da política do café durante a Primeira República ganha sentido a partir de dois marcos histórico-estruturais, bastante conhecidos em sua generalidade: predomínio e hegemonia da burguesia do café no plano interno e sua dependência do capitalismo internacional no plano externo.[1] O primeiro destes marcos define internamente as relações entre o setor hegemônico da classe dominante e outros setores a ele subordinados, a partir da aceitação do princípio de que os interesses da cafeicultura coincidem com os "interesses gerais da Nação". O segundo deles transforma a hegemonia interna em subordinação no plano internacional e condiciona a própria forma que assume esta hegemonia, no interior do país. Os dois marcos estabelecem os limites das opções políticas possíveis, tanto para as forças sociais que representam a burguesia cafeeira como para os que correspondem aos setores a ela subordinados, mas não eliminam a possibilidade das opções e nem explicam a escolha de alternativas, em situações específicas.

Convém lembrar também que o exercício da hegemonia não se faz sem atritos, pois ela pressupõe a compatibilidade, mas não a identidade de

---

[1] Vou utilizar os conceitos de "predomínio" e "hegemonia" no sentido que lhes dá Gramsci. "Predomínio" corresponde à dominação de uma classe ou fração de classe, no campo de economia, como decorrência da relação de classes estreitamente ligadas à estrutura social objetiva, independentemente da vontade dos homens. "Hegemonia" corresponde à dominação no nível da política, onde intervêm a consciência e a vontade dos atores sociais, para decidir questões em conflito não só em um plano corporativo, como também em um plano universal. Ver Antônio Gramsci, *Maquiavel; a política e o Estado moderno*, Rio de Janeiro, Ed. Civ. Bras., 1968, e o ensaio de Juan Carlos Portantiero "Clases dominantes y crisis política en la Argentina actual", onde estes conceitos são explicitados e servem de base a uma análise concreta.

interesses entre diferentes forças sociais. No caso que vamos examinar, o campo político da Primeira República pode ser simplificadamente definido da seguinte forma: as forças sociais se compõem das diversas oligarquias regionais onde a oligarquia paulista exerce uma função hegemônica, a partir da aliança básica com a oligarquia mineira. Os atritos ocorrem, seja nas relações entre os dois grandes aliados e as oligarquias de segunda grandeza, seja no interior da própria aliança. Afinal, a crise de hegemonia no fim dos anos 20 se abre sob a forma de um desajuste entre São Paulo e Minas Gerais, cujo alcance se trata ainda de definir em toda sua extensão. Por sua vez, a dependência não é sinônimo de submissão ao pólo externo. Ela se efetiva através de uma trama de interesses conflitantes, ao longo de todo o período, até que a grande crise mundial de 1929 cria as condições para que comece a mudar de caráter.

Neste ensaio, o tema da política do café será abordado do ângulo da classe hegemônica interna, buscando mostrar em particular como se realizou tal política, tendo em conta as reivindicações dos outros setores da classe dominante, o ajuste da aliança São Paulo e Minas, no quadro de uma ambivalente situação de hegemonia-dependência. Darei uma especial atenção à montagem dos diversos planos valorizadores porque eles me parecem constituir momentos históricos transparentes da definição e rearticulação dos vários interesses.

O café nos primeiros anos da República: euforia e crise

Ao longo do século XIX, aproximadamente entre 1825-1850, as plantações de café estenderam-se pelo Vale do Paraíba, a partir da porção ocidental da Província do Rio de Janeiro. Gradativamente, abrangeram a parte do Vale localizada na Província de São Paulo – o chamado Norte Paulista. Após alcançar as encostas da Mantiqueira, em território fluminense, o café continuou sua marcha, através das matas de Além-Paraíba e atingiu a Zona da Mata mineira, onde surgiram centros importantes vinculados à produção cafeeira, como Muriaé, Leopoldina, Juiz de Fora, Cataguases, Carangola, ocupando a velha zona de passagem entre a região de Minas e a Província do Rio de Janeiro. Ao mesmo tempo, a produção começava a firmar-se no sul de Minas e no interior de São Paulo, nos arredores de Campinas e Piracicaba.

Por volta de 1860, os cafezais avançaram pelas encostas ocidentais da Mantiqueira em território paulista, de Atibaia e Bragança a São José do Rio Pardo e Mococa, estabelecendo o contato com a expansão mineira, que vinha do sul de Minas. Na Província do Rio de Janeiro, a região oriental do Vale do Paraíba passou a predominar, tendo Cantagalo como seu maior centro. A produção fluminense era ainda a mais relevante na década de 1870-1880, correspondendo a 60% das exportações brasileiras; Minas contribuía com 25%, São Paulo com apenas 10%, cabendo ao Espírito Santo e outras regiões 5% das exportações.²

Os últimos 20 anos do Império marcariam o início da crise em toda a Zona do Vale do Paraíba e o espetacular avanço da cafeicultura no chamado Oeste Paulista. Esta região não corresponde rigorosamente ao oeste geográfico. Ela abrange a área que vai de Campinas a Rio Claro, São Carlos, Araraquara, Catanduva, na linha férrea da Companhia Paulista; e de Campinas para Piraçununga, Casa Branca e Ribeirão Preto, na Estrada de Ferro Mogiana. Historicamente, as alusões ao Oeste Paulista referem-se à região servida por estas duas estradas e seus ramais, onde a famosa terra roxa do café paulista espalha-se em manchas de terreno.³

A crise do Vale nascera da devastação dos solos, provocando o declínio da produtividade dos cafezais e do valor das terras. A riqueza se concentraria cada vez mais no estoque de escravos que tendia a se reduzir e se esfumaria com a Abolição. Ao longo dos anos, a decadência do norte paulista pode ser exemplificada através de um caso extremo. O Município de Bananal que, pelo relatório provincial de 1854, figurava como o principal produtor de café em toda a Província, com 554.600 arrobas anuais, produzia em 1920 apenas 15.847 arrobas de uma mercadoria de qualidade inferior.⁴ Não se deve porém exagerar o alcance social da decadência. Vários fazendeiros do Vale conseguiram transferir capitais aí acumulados para as áreas em ascensão de São Paulo. Membros de famílias da região, como Rodolfo Miranda, Nazareth de Souza Reis, Gabriel Dias da Silva, A. P. Rodovalho, se destacaram no desenvolvimento ulterior do Estado. Os Paula Machado, Alves Porto, Martins de Siqueira abriram fazendas em Batatais, Pinhal, Cravinhos. O Coronel Virgílio Rodrigues Alves – irmão do futuro Presidente da República –, proprietário de uma grande fazenda em Guaratinguetá, associou-se a parentes para plantar café na região do Oeste, em São Manuel. Ao morrer, em 1922, deixou formadas

---

² José Ribeiro de Araújo Filho, *Santos, o porto do café*, Rio de Janeiro, 1969; Roberto Simonsen, "Aspectos da história econômica do café" em *Evolução Industrial do Brasil e outros estudos*, São Paulo, Cia. Ed. Nacional, 1973.
³ Fernando Henrique Cardoso, "Condições sociais da industrialização: o caso de São Paulo" em *Mudanças Sociais na América Latina*.
⁴ Sérgio Milliet, *Roteiro do café e outros ensaios*, São Paulo, Bipa Editora, 1946.

quatro fazendas, com dois milhões de cafeeiros naquele Município e outros quatro em Piratininga, perto de Bauru.[5]

Mas, na paisagem regional, tanto do Vale fluminense como do paulista, ficariam traços de uma ascensão social de meio século que se converteria em rápida decadência. O caso mais notável é o de Joaquim José de Souza Breves, o maior fazendeiro de café do Império, cujas fazendas chegaram a produzir (1860) 1,45% da safra de todo o país. Suas viagens ao Rio de Janeiro despertavam as fantasias de uma sociedade reprimida, em busca do branqueamento. Segundo se contava, trazia consigo, além da família, algumas escravas brancas e mesmo alouradas – conseqüência da "apuração da raça" efetuada na Restinga de Marambaia –, levando-as luxuosamente vestidas à ópera italiana. Nascido em princípios do século. Breves morreria literalmente com sua época, no ano da Proclamação da República. Quando um jornal carioca fez uma reportagem sobre a cultura do café em 1927, pôde fotografar apenas as ruínas de seu imenso solar construído em São João Marcos, que tinha condições de hospedar mais de duzentas pessoas.[6]

A expansão do café no Oeste paulista   A expansão da economia cafeeira no Oeste Paulista já foi estudada, em vários trabalhos, nos seus aspectos mais significativos. Lembremos apenas algumas das características essenciais. Os fazendeiros que se instalaram na região puderam contar com solos de melhor qualidade do que os do Vale e empregaram técnicas mais modernas no plantio e no beneficiamento do café. O espaço geográfico do Estado de São Paulo se abria à sua frente, em uma fronteira em expansão de limites indefinidos. Os fatores geográficos e tecnológicos dão apenas uma medida parcial das razões do avanço nas novas regiões paulistas. Ele se explica fundamentalmente como resultado de transformações conjugadas no plano interno e nos pólos dominantes da economia mundial. Muito embora em seus primeiros tempos a fazenda do Oeste devesse contar com a força de trabalho escrava, ela nasceu em uma época em que as possibilidades de manutenção de sistema escravista se esgotavam. Esta

---

[5] Warren Dean, *A Industrialização de São Paulo*. São Paulo; Alves Motta Sobrinho, *A Civilização do Café (1820-1920)*. São Paulo, Ed. Brasiliense, s/d, p. 119.
[6] Affonso de E. Taunay, *História do Café no Brasil*, Rio de Janeiro, DNC, 1939, Tomo VIII, pp. 259 e 272. *O Jornal* – "Edição comemorativa do bicentenário do cafeeiro no Brasil – 1727-1927". São Paulo, 1927.

antevisão dos novos tempos deu aos empresários da região uma enorme vantagem sobre os seus colegas do Vale. A utilização do escravo se tornou uma opção de emergência, enquanto as várias tentativas de trabalho livre iam sendo ensaiadas até lograr forma definitiva, com a imigração em massa dos colonos europeus, a partir de meados dos anos 80.

Por sua vez, o crescente interesse britânico por inversões na América Latina concorreu para que os empresários pudessem resolver o problema da dificuldade de transportes, a partir da construção da São Paulo Railway, ligando Jundiaí a Santos, que começou a funcionar em 1867. A enorme expansão da produção foi incentivada pela generalização do consumo do café na Europa e, em especial, nos Estados Unidos. A população americana praticamente triplicou entre 1850 e 1900, graças em parte à corrente imigratória. Os imigrantes europeus entraram em contato com pessoas já habituadas ao uso da bebida. Processou-se também uma alteração qualitativa da população, com tendência ao envelhecimento, o que veio favorecer o consumo. Em 1850, 52% da população era menor de 20 anos, reduzindo-se seu número a 45% em 1900. No curso daqueles 50 anos, os Estados Unidos passariam a consumir maior quantidade de café brasileiro do que toda a Europa em conjunto, a partir do quinquênio 1870-1874. As exportações brasileiras, na média de cinco anos, se destinaram percentualmente em 58,2% aos Estados Unidos e 41,8% à Europa.[7]

Antes da Proclamação da República, São Paulo assumiu o primeiro lugar na produção brasileira, superando Minas Gerais (1881) e a Província do Rio (1889). Ao longo dos anos, o Estado do Rio ficaria em posição cada vez mais secundária, sendo ultrapassado por Minas em 1896 e pelo Espírito Santo em 1928. Minas Gerais manteria uma linha de produção relativamente estável, com tendência a um lento crescimento.[8]

Como se sabe, da empresa cafeeira concentrada no Oeste paulista nasceria uma nova classe assentada em relações capitalistas de produção, com consciência de seus interesses e um projeto de estruturação política do país. Esta classe teria um caráter acentuadamente regional, tanto pela vigência de relações capitalistas restritas à área de São Paulo como por sua conexão direta com os diferentes grupos externos. A tal ponto, que é

---

[7] Antônio Delfim Netto, *O Problema do Café no Brasil*, São Paulo, 1959, p. 39. Taunay, *ob. cit.*, Tomo VI, p. 255.
[8] Simonsen, *ob. cit.*, p. 190.

problemático referir-se a um setor cafeeiro, com idênticos interesses, abrangendo empresários paulistas e mineiros. Nos momentos de dificuldades de realização de sua política hegemônica no plano nacional, a burguesia paulista do café contará com sua sólida base de apoio no Estado de São Paulo, onde classe e aparelho do Estado estarão quase sempre identificados.

Caráter capitalista na exploração do café   A afirmação de que a produção cafeeira do Estado de São Paulo assentava-se em bases capitalistas precisa ser explicitada, ainda que brevemente. As relações típicas entre colono e fazendeiro tinham este caráter, expresso na compra da força de trabalho – pagamento de trabalho necessário (salário) –, apropriação do excedente, sob a forma de mais-valia, embora o salário proviesse de fontes monetárias e não-monetárias. As primeiras consistiam: 1º) em um pagamento anual, por família, pelo trato dos cafeeiros durante o ciclo anual de produção, tomando-se como unidade de divisão 1.000 pés. Cerca de metade da renda familiar derivava desta fonte; 2º) no pagamento pela colheita, como tarefa familiar separada, através de um salário que variava em função do resultado da tarefa; 3º) no pagamento, pouco significativo, do trabalho diário nas fazendas – reparações de instalações, transporte de café etc. Os salários não-monetários se constituíam do fornecimento gratuito de moradia e da cessão de terra para a produção pelo colono de gêneros alimentícios. A parte desta produção que se destinava ao consumo do trabalhador era uma forma de salário não-monetário, incidindo no preço da força de trabalho.

Deve ser considerado à parte o caso das plantações novas, objeto dos chamados contratos de formação. O colono e sua família plantavam o café e cuidavam da planta em um período de quatro a seis anos, pois era geralmente no quarto ano que os cafeeiros começavam a produzir, em pequena quantidade. Os formadores não recebiam praticamente salários monetários, podendo em troca dedicar-se à produção de gêneros alimentícios entre as filas dos cafezais novos. Como este tipo de relação de trabalho tinha a preferência dos colonos, é razoável inferir que a produção de gêneros abrangia não apenas o consumo dos trabalhadores, mas também a venda para os mercados locais. Os formadores – grupo transitório e móvel pela própria natureza de suas funções – não constituíram assim um proletariado rural na verdadeira acepção do termo, considerando-se que boa parte de sua renda era obtida sob a forma da pequena produção para o mercado. É tentadora a hipótese de que a mobilidade ascendente dos colonos, sujeita ainda a muitas controvérsias, tenha-se tornado mais viável através dos contratos de formação.⁹

Nas últimas décadas do Império, a burguesia do café já assumira o controle da máquina estatal da Província de São Paulo. A expansão ferroviária se fazia com a garantia de juros concedida pelo Governo; o subsídio à imigração saía dos cofres provinciais. Muito embora a dependência do capital inglês começasse a se estabelecer, a nova classe, em situações específicas, enfrentaria com êxito os grupos externos. Um dos casos mais expressivos é o da disputa travada entre a Companhia Paulista de Estradas de Ferro e a São Paulo Railway para a construção da linha ligando Campinas a Rio Claro. Várias medidas da administração provincial contribuíram para favorecer a Paulista, que acabou por obter a concessão, iniciando a construção da linha em janeiro de 1874.¹⁰

Com o advento da República, a hegemonia da burguesia do café se estende do nível estadual ao nível nacional, através de um breve processo de lutas onde os opositores se concentram sobretudo no estrato militar. Mesmo em meio a estas lutas, de alcance limitado, os grandes Estados impuseram na Constituição de 1891 os princípios que assegurariam esta hegemonia. Como se tem dito tantas vezes, a Constituição estabeleceu a ampla autonomia estadual, com a possibilidade de os Estados contraírem empréstimos externos e contarem com forças militares próprias. Na distribuição de rendas, atribuiu os impostos de exportação aos Estados-membros, garantindo assim a receita das unidades maiores e em especial as de São Paulo.

A grande expansão da economia cafeeira, que consolidou o predomínio dos empresários do café, se deu nos primeiros anos da República, quando sua hegemonia nacional ainda não se implantara. Em uma época em que a intervenção governamental no mercado não era ainda necessária, a política monetária e seus reflexos cambiais dos primeiros Governos republicanos representaram, a curto prazo, um poderoso incentivo ao avanço da cafeicultura.

Para a compreensão adequada desta conjuntura, convém que se faça uma prévia referência à relação entre preços internacionais do café e preços

---

⁹ Uma descrição minuciosa das relações de trabalho vigentes na fazenda de café paulista se encontra em Thomas H. Holloway – "Condições do mercado de trabalho e organização do trabalho nas plantações, na economia cafeeira de São Paulo, 1885-1915: uma análise preliminar". in *Estudos Econômicos*, IPE, São Paulo, vol. II, n.° 6, 1972, pp. 161 e segs.
¹⁰ Adolpho Augusto Pinto, *História da viação pública de São Paulo*, São Paulo, 1903, p. 43.

em moeda nacional, distinguindo, como recurso analítico, entre os efeitos na variação destes preços no nível do Estado e dos produtores. O aumento do preço do produto no mercado internacional significava para o Estado a possibilidade de desafogar os orçamentos federais. O incremento do valor das exportações permitia ampliar as importações – principal fonte da receita tributária da União. Além disso, a melhora dos termos de intercâmbio favorecia a elevação da taxa cambial, ou seja, a valorização da moeda brasileira, possibilitando atender de forma um pouco menos onerosa os compromissos da dívida externa que deviam ser pagos em moeda estrangeira. Para os produtores, não convinha que o aumento dos preços internacionais se traduzisse em uma elevação da taxa cambial. É certo que neste caso poderiam adquirir bens importados em melhores condições. Mas, no que diz respeito a suas despesas internas – cujo significado era maior –, o ascenso do câmbio poderia reduzir ou anular a alta de preços. Daí as reivindicações dos empresários no sentido de estabilizar o câmbio e impedir sua elevação quando os preços internacionais do café subiam e de forçar a baixa quando estes declinavam.[11]

A partir de 1886, a economia cafeeira iniciara um novo ciclo, caracterizado em seus primeiros anos pelo grande ascenso dos preços. A procura no mercado externo crescera, ao mesmo tempo em que a oferta seguia um ritmo irregular, devido às condições próprias da planta do café. Em regra, um ano de produção abundante traz como conseqüência um temporário esgotamento do arbusto, redundando em colheitas mais reduzidas até que a planta volte a se recuperar. Todos os planos de sustentação, que seriam implantados no futuro, pressuporiam, aliás, para seu êxito, a alternância de safras maiores e menores, afora a possibilidade mais aleatória de contar com fenômenos meteorológicos capazes de afetar o volume da produção. Graças à oscilação da oferta e expansão da procura, os preços internacionais duplicaram entre 1885-1890. Entretanto, do ponto de vista da renda da cafeicultura, a elevação da taxa cambial, a partir de 1887, provocada em parte pela própria ascensão do preço internacional do produto, limitava o alcance da alta e o estímulo para novas plantações.[12]

---

[11] Não é necessário insistir na elucidação da última destas alternativas que constitui o mecanismo de "socialização de perdas", descrito por Celso Furtado em *Formação Econômica do Brasil*, Rio de Janeiro, Ed. Fundo de Cultura, 1959.
[12] Antônio Delfim Netto, *ob. cit.*, p. 23. Este autor observa que, no ano da Proclamação da República, o câmbio atingiu uma média que não se registrava desde 1873: 26 7/16 dinheiros por mil-réis.

A política monetária do Império, nos anos 80, conduzira a um grande aumento da dívida externa e, em busca da conversibilidade da moeda, mantivera o sistema econômico em regime de escassez de meios de pagamento. Na medida em que a renda monetária passou a ter maior significação, com o desenvolvimento do Centro-Sul, a abolição da escravatura e a introdução dos imigrantes, esta política se revelou cada vez mais inadequada às necessidades do país. O Parlamento imperial chegou a aprovar, em 1888, uma reforma bancária e de fornecimento de crédito à agricultura, que começou a ser implantada com muitas vacilações.[13] Proclamada a República, realizou-se uma profunda modificação da política monetária, ao mesmo tempo em que ocorria uma alteração da conjuntura internacional. O fornecimento de créditos expandiu-se e se efetivou a reforma bancária, com a criação de vários bancos de emissão. Em apenas dois anos (1890-1891) foram emitidos cerca de 335 mil contos em notas bancárias, aumentando em uma vez e meia o saldo de papel-moeda emitido. A cafeicultura seria beneficiada essencialmente por dois fatores: a abundância de créditos; a relação entre a taxa cambial e a evolução dos preços internacionais do café. Sob o último aspecto, no período 1889-1894, houve uma queda da taxa cambial mais rápida do que a dos preços internacionais, incrementando, portanto, a renda dos empresários, em moeda nacional. O quadro a seguir revela como este mecanismo funcionou:

ANOS	TAXA CAMBIAL		PREÇO EXTERNO	PREÇO INTERNO
1889	26	7/16	100	100
1890	22	9/16	113	120
1891	14	29/32	90	171
1892	12	1/32	87	201
1893	11	19/32	103	276
1894	10	3/32	92	290
1895	9	15/16	91	262
1896	9	1/16	69	252
1897	7	23/32	47	180
1898	7	3/16	41	163
1899	7	7/16	42	156
1900	9	16/32	46	171

FONTE: Antônio Delfim Netto, *O problema do café no Brasil*, pp. 28-29.

---

[13] Celso Furtado, *ob. cit.*, p. 201.

A conjuntura interna favorável gerou uma enorme expansão das plantações em São Paulo e secundariamente em Minas Gerais, repercutindo no volume da produção, ao longo de muitos anos.[14] O *boom* dos negócios cafeeiros, envolvendo possibilidades correlatas, como a especulação em terras, se deu em um período em que a hegemonia da burguesia do café ainda não se assentara no plano nacional. A expansão creditícia dos primeiros anos da República e a desvalorização cambial não decorreram de uma política do Governo Federal objetivando favorecer, em toda sua extensão, a classe social predominante no país. No que diz respeito ao crédito, foi importante o papel dos fornecimentos diretos realizados pelos bancos particulares. O Governo estabelecera, em princípio, uma elevada soma para o auxílio da agricultura, fixada em 100.000 contos de réis. Entretanto, a execução dos convênios celebrados entre o Tesouro e os bancos particulares foi suspensa, limitando-se a 47.250 contos a quantia entregue pelo Governo aos bancos para repasse ao setor agrícola[15]

Crises financeiras: Brasil e Argentina   Abandonemos provisoriamente a perspectiva estrita dos negócios cafeeiros nos anos 90, para examinar a conjuntura econômico-financeira daqueles anos, marcada pela euforia do Encilhamento e sua posterior crise, desembocando no colapso financeiro que deu origem ao *Funding-Loan* de 1898. Esta referência me parece necessária porque a questão tem sido excessivamente vinculada às emissões do período, com menor consideração de outros fatores. Observemos, desde logo, que a crise ocorreu, com diferença de alguns anos, tanto no Brasil como na Argentina, levando a pensar não em uma identidade de problemas, mas na intervenção comum de elementos derivados do quadro internacional.

A crise argentina de 1890 foi precedida de uma intensa emissão de papel-moeda na década de 80 e de uma larga especulação. Sem deixar de dar importância a estes fatores, Ezequiel Gallo e Roberto Cortés Conde apontam como causas centrais da crise a incapacidade de as exportações crescerem ao mesmo ritmo que as importações e o peso representado pela dívida externa. Os anos 80 foram na Argentina um período de imenso

---

[14] A produção brasileira se elevou de 5.547.000 em 1890-1891 a 11.367.371 em 1900-1901, chegando a 16.270.678 sacas em 1901-1902, como resultado da entrada em atividade dos cafeeiros plantados no início dos anos 90. As cifras são de Pierre Denis, *Le Brésil au XXe siècle*, Paris, A. Colin, 1909, p. 176.
[15] Annibal Villanova Villela e Wilson Suzigan, *Política do governo e crescimento da economia brasileira*, Rio de Janeiro, IPEA/INPES, 1973, p. 103.

crescimento, impulsionado pelo grande afluxo de capitais ingleses e pelas emissões iniciadas em meados da década. Em 1880, as inversões britânicas eram 20,3 milhões de libras esterlinas, alcançando a cifra de 157 milhões em 1890. O ingresso maciço de empréstimos estrangeiros, que representavam parte das inversões, teve um efeito imediato sobre o nível de importações, tanto de bens de capital como de consumo. Ao mesmo tempo, o serviço da dívida passou a ter um peso crescente no balanço de pagamentos. Quando a entrada de capitais externos começou a declinar, em conseqüência da recessão européia do fim da década, a pressão sobre o balanço de pagamentos se tornou insustentável, acelerando a desvalorização da moeda argentina, que já vinha ocorrendo em anos anteriores. Em setembro de 1890 explodiu a crise, que arrastou o agente financeiro do Governo argentino em Londres (Baring Brothers) e acabou por provocar a queda do Presidente Juarez Celman. Os autores citados mostram que a incapacidade de as exportações crescerem ao mesmo ritmo que as importações se deve ao fato de que os projetos para expandi-las, por sua natureza técnica, eram de lenta maturação (construções ferroviárias, por exemplo), enquanto os efeitos dos empréstimos sobre as importações se faziam sentir de imediato. Além disso, a partir de 1889, os preços internacionais dos produtos argentinos começaram a declinar sensivelmente, afetando ainda mais o balanço de pagamentos.[16]

Em comparação com a Argentina, o papel das emissões no deflagrar da crise brasileira parece ter sido maior, pois elas se verificaram, por razões institucionais e em conseqüência das transformações sociais que se operavam no país, somente no início da década de 90, quando a entrada de capitais estrangeiros já começara a declinar. Embora as inversões inglesas crescessem em um ritmo muito inferior ao da Argentina nos anos 80, elas ascenderam de 38,9 milhões de libras esterlinas em 1880 para 68,7 milhões em 1890. Não encontrei dados referentes à década dos 90. É certo, porém, que naquele período as inversões pelo menos se deram em ritmo muito menor. Entre 1890-1892, por exemplo, o país não obteve um só empréstimo novo.[17]

---

[16] Ezequiel Gallo e Roberto Cortés Conde, *Argentina – La República Conservadora*, Buenos Aires, Ed. Paidos, 1972, pp. 82 e segs. (Tomo 5 da Coleção de História Argentina, dirigida por Tulio Halperin Donghi.)
[17] J. Fred Rippy, *British investments in Latin America...* 1822-1949, Hamden, Connecticut, 1966, pp. 36 e segs. Villela e Suzigan, *ob. cit.*, p. 451.

O curto *boom* brasileiro do início dos 90 geraria pressões por importar que não puderam ser atendidas nem pelos empréstimos estrangeiros, nem por um correspondente incremento das exportações. Entre as causas destas pressões se encontram a maior dependência com relação ao exterior do suprimento interno de gêneros alimentícios, em decorrência da seca de 1889 e da especialização crescente da lavoura cafeeira; e a procura de combustíveis e matérias-primas básicas, em meados da década, em conseqüência de um surto industrial de certa grandeza. É em conexão com este quadro que se deve entender a contínua desvalorização cambial iniciada em 1890. A recessão que se esboçava em 1891 foi até certo ponto adiada pelo fato de que, embora os preços internacionais do café começassem a cair desde 1890, ao contrário do que sucedeu com os produtos de exportação argentinos, sua queda não chegou a se tornar mais séria senão por volta de 1894, quando a recessão iniciada na Europa atingiu os Estados Unidos. Além disso, a partir da safra de 1896-1897, os cafeeiros plantados no período de euforia começaram a produzir, resultando em uma grande ampliação da oferta brasileira, num momento em que os preços tendiam a declinar. Apesar da ampliação das exportações, a receita de divisas provenientes do café caiu seguidamente a partir de 1896, agravando ainda mais o problema do balanço de pagamentos. Por sua vez, os novos empréstimos obtidos em meados da década se destinaram a cobrir déficits orçamentários, em meio a uma situação difícil, na qual o serviço de dívida consumia cerca de 80% dos saldos da balança comercial.[18] Não obstante as diferenças cronológicas e outras que resultam da especificidade de cada país, as semelhanças entre a situação brasileira e a argentina são bastante grandes. Em ambos os casos, o desequilíbrio entre expansão das exportações e as pressões por importar, o peso representado pela dívida externa e a retração do capital estrangeiro foram elementos essenciais da crise.

As medidas de contenção e a hegemonia da burguesia do café

Uma série de medidas de contenção começou a ser tomada, sem êxito, depois de 1894, para tentar contornar a crise que se desenhava. Estas medidas coincidiram com a ascensão ao poder de Prudente de Morais. Procurou-se orientar a política econômica para a redução dos déficits orçamentários e controle da oferta de moeda, acreditando-se que os déficits

---

[18] Os dados se encontram nas obras citadas de Delfim Netto e Villela e Suzigan.

seriam a causa fundamental do aumento da oferta monetária. Esta, por seu turno, provocaria a desvalorização cambial. Em fins de 1896, o Governo cassou o privilégio de emissão dos bancos. O problema entretanto era muito mais profundo. A contínua redução da receita de exportações e o vulto da dívida externa levaram o país à beira do colapso financeiro e ao acordo com os credores externos – o conhecido *Funding-Loan* de 15 de junho de 1898, firmado por Prudente de Morais com a anuência do futuro Presidente Campos Sales, cuja eleição se daria em novembro daquele ano.

O *Funding-Loan* consistia em uma consolidação da dívida, da qual surgiriam maiores encargos. Antigos empréstimos e respectivos juros seriam pagos com novos empréstimos a juros elevados, o que ocorreria aliás também nas consolidações realizadas em 1914 e 1931. Pelo acordo de 1898, o pagamento dos juros de todos os empréstimos externos do Governo Federal e das garantias de juros que o Governo dava às estradas de ferro efetuar-se-ia entre julho de 1898 e junho de 1901, não em dinheiro, mas em novos títulos de dívida. Ficavam suspensas as amortizações do próprio *Funding* e de todos os empréstimos incluídos na consolidação, até 1º de julho de 1911. Posteriormente, a amortização foi antecipada. Os banqueiros assumiam em troca o controle da economia do país. As rendas de todas as Alfândegas foram hipotecadas aos credores, o Governo Federal ficou proibido de tomar novos compromissos externos ou internos até junho de 1901 e se obrigou a retirar de circulação uma soma de papel-moeda equivalente aos títulos de empréstimo, ao câmbio de 18 dinheiros por mil-réis.[19]

O temporário desafogo do balanço de pagamentos, com a suspensão das obrigações decorrentes da dívida, a cobrança em ouro de parte do Imposto de Importação, o gradativo aumento do volume das exportações e a contenção das importações provocaram a elevação da taxa cambial, a partir de 1899. Ao mesmo tempo, os preços internacionais do café caíam, afetando os dois movimentos a renda dos cafeicultores.

O quadro a seguir dá conta da evolução do câmbio e dos preços:

---

[19] Villela e Suzigan, *ob. cit.*, p. 334.

ANOS	CÂMBIO MÉDIO		PREÇO DO CAFÉ POR 10 Kg
1895	9	15/16	13$475
1896	9	1/16	12$959
1897	7	23/32	9$259
1898	7	3/16	8$375
1899	7	7/16	8$034
1900	9	16/32	8$817
1901	11	3/8	5$617
1902	11	31/32	4$902
1903	12		5$004
1904	12	7/32	6$365
1905	15	57/64	4$865

FONTE: Delfim Netto, *O problema do café no Brasil*, p. 31.

Muito embora, como veremos, haja controvérsia quanto ao alcance da crise da cafeicultura, não há dúvida de que ela ocorreu, em parte, como subproduto das medidas governamentais, adotadas em especial a partir de Campos Sales e de seu Ministro da Fazenda Joaquim Murtinho.

Haveria um paradoxo entre a política econômico-financeira realizada pelos Presidentes paulistas Prudente de Morais, Campos Sales, Rodrigues Alves, e a afirmação corrente de que, em sua época, se concretizou a correspondência entre o predomínio da burguesia do café e a sua hegemonia no plano nacional? Como explicar que os representantes políticos de uma classe hegemônica se comportassem no Governo de forma aparentemente contrária a seus interesses? As questões parecem tomar mais vulto se contrastarmos a situação dos produtores de café em dois períodos, indo o primeiro da Proclamação da República a 1894 e o segundo desta data ao programa de valorização de 1906. No primeiro deles, embora a hegemonia da burguesia cafeeira ainda não estivesse assentada, houve um grande avanço no seu predomínio; a partir de 1894, quando supostamente se implantou a hegemonia, a política governamental concorreu para a crise da cafeicultura.

O paradoxo é apenas aparente quando se têm em conta três elementos interligados: a lógica do sistema econômico que, em situações críticas, tem maior importância do que a origem regional do Presidente; o caráter dependente da classe hegemônica e a distinção entre interesses corporativos e políticos de uma classe social.

Sumariamente, lembremos que as medidas de contenção tomadas sobretudo por Campos Sales-Murtinho, mas ensaiadas desde 1891, parecem corresponder a uma tentativa de restaurar o equilíbrio entre demanda e oferta, rompido nos anos anteriores, recorrendo à deflação e ao profundo corte das despesas governamentais. Esta política, assim como o *Funding Loan*, trariam como conseqüência a elevação da taxa cambial, objetivo visado diretamente pelos credores externos, interessados em assegurar as condições para o pagamento futuro da dívida. Ainda que não se possa falar de uma única alternativa para os problemas econômico-financeiros do período, é duvidoso imaginar, nos limites da época, uma resposta que não passasse pelos caminhos da depressão e da concordância com as imposições dos credores. Neste sentido, a classe hegemônica interna persegue objetivos universais, ao sustentar o funcionamento de um certo tipo de Estado nacional, como condição de sua própria hegemonia. O sacrifício de alguns setores da própria classe era inevitável, mas isto não pressupunha, é claro, o colapso de toda a cafeicultura.

A última observação nos leva a considerar em que medida os produtores foram afetados pela crise dos anos 1898-1909. É difícil generalizar, dada a diversidade de relações de produção nas diferentes áreas regionais e as condições específicas de cada fazendeiro. Por exemplo, a situação deve ter sido mais difícil para os empresários que haviam aberto fazendas recentemente e se encontravam endividados com a utilização de créditos obtidos na fase de euforia. Além disso, não se pode englobar uniformemente todo o período de crise, sem considerar as suas variações.

Tendo em conta estas ressalvas, analisemos a questão, limitando as observações ao Estado de São Paulo. Não parece que a crise fosse de especial gravidade até os últimos anos do século. Os preços internacionais do café caíram consideravelmente, mas, como a desvalorização cambial prosseguiu até 1899, os efeitos da queda em moeda nacional foram mais limitados:

SÃO PAULO – PRODUÇÃO DE CAFÉ E PREÇOS – MÉDIAS ANUAIS

ANOS	PRODUÇÃO (em milhões de sacas)	PREÇO INTERNO	PREÇO EXTERNO (em francos)
1880-1890	1,9	4$950	70
1890-1895	3,1	12$200	97
1895-1900	5,1	9$700	52
1900-1905	8,1	4$950	39 1/2

FONTE: Michael Hall, *The Origins of mass immigration in Brazil, 1871-1917*; Amour Lalière, *Le Café dans l'État de Saint-Paul*, Paris, 1909.

O plantio de cafezais continuou a crescer. Em 1901, havia no Estado de São Paulo 525 milhões de pés maiores de quatro anos e 135 milhões com menos de quatro. Holloway atribui a abertura de novos cafezais à pressão exercida pelos colonos que se interessavam sobretudo por contratos de formação. Os fazendeiros seriam obrigados a atendê-los para manter a força de trabalho nas fazendas, combinando novas frentes com o trato dos cafezais antigos.[20] Porém, como este mesmo autor deixa entrever, os empresários aceitaram a pressão porque manter e expandir as lavouras era ainda compensador, embora não se considerassem as condições de saturação do mercado mundial daí a quatro ou seis anos, quando os novos cafezais começassem a produzir.

A crise se definiu claramente nos anos que antecederam a primeira valorização de 1906. Os preços internacionais do café continuaram tendencialmente caindo e a taxa de câmbio se elevou. Um dispositivo da lei orçamentária paulista para 1903, votada em dezembro de 1902, foi eficaz no sentido de deter a expansão dos cafeeiros, mas representou um rude golpe para os colonos. Durante cinco anos, depois prorrogados por mais cinco, a contar de 1º de janeiro de 1903, lançou-se um imposto proibitivo de dois contos de réis, por 2,42 ares ou fração superior a 1,21 are de terras ocupadas por novas plantações de café (o are corresponde a 100 metros quadrados). Taunay considerou a lei uma "verdadeira ducha sobre a agitação dos colonos, desanimados, desde então, de obterem cafezais novos". Para ele, "a ordem e a esperança voltavam às fazendas". Além disso, na mesma época, os salários dos colonos que se haviam mantido mais ou menos constantes foram reduzidos.[21] A proibição de novas plantações afetou particularmente as zonas pioneiras do café, e sua expansão se deteve até 1910, com claros reflexos político-administrativos: enquanto na última década do século 41 novos municípios foram criados no Estado de São Paulo, sobretudo nas regiões novas, não houve nenhuma criação de município em todo o Estado, entre 1900-1910.[22]

---

[20] Holloway, *ob. cit.*, p. 168.
[21] Taunay, *ob. cit.*, Tomo X, p. 214. A referência à redução salarial se encontra em discurso proferido pelo Senador paulista Alfredo Ellis, em sessão de 7 de agosto de 1903. Congresso Nacional, *Anais do Senado Federal*, vol. I, 1903, Rio de Janeiro, Imp. Nacional, 1904, p. 257.
[22] Pierre Monbeig, *Pionniers et planteurs de São Paulo*, Paris, A. Colin, p. 100. Outro importante efeito da crise e da proibição do plantio foi a temporária diversificação das atividades agrícolas em São Paulo. Veja-se a respeito a análise de Antônio Barros de Castro, *Sete ensaios sobre a economia brasileira*, Rio de Janeiro, Ed. Forense, vol. II, 1971, pp. 83 e segs.

Só é possível falar-se em crise, com as limitações apontadas relativamente ao setor da produção, em mãos nacionais. Pelo contrário, os grupos internacionais, no período considerado, não só auferiram grandes lucros como assumiram o controle das operações de financiamento e comercialização do café. A estrutura do comércio exterior que já vinha se alterando ao longo dos anos sofreu uma decisiva transformação.

O papel do Comissário de café A velha estrutura de financiamento e comercialização se baseava na especialização de funções, realizadas por um grande número de empresas. Dentre os intermediários entre produtor e exportador, a figura principal era a do Comissário, que exerceu um papel importante no financiamento do fazendeiro e na colocação da mercadoria. Em uma época de desenvolvimento bancário incipiente, concentrado sobretudo no Rio de Janeiro, os fazendeiros obtinham créditos para manter e expandir a empresa agrícola junto aos Comissários, sediados na capital do país e posteriormente em Santos, que se valiam de recursos próprios e de suas conexões com os bancos. O Comissário mantinha uma conta corrente com o produtor, fazendo-lhe adiantamentos por conta do café a ser vendido. Enquanto as comunicações entre o interior e os portos foram precárias, ele representou o elo de ligação entre o fazendeiro e os centros maiores, suprindo-o de bens de consumo provenientes da cidade. O vínculo entre ambos tinha um caráter fortemente pessoal: em muitos casos, o comissário se tornou uma espécie de conselheiro do produtor, através de serviços tão variáveis quanto a orientação de familiares deste, que iam aos centros maiores, ou o aconselhamento acerca do momento propício para a venda do café.[23] Todos estes serviços permitiam ao intermediário reter em suas mãos uma parcela do excedente gerado pela empresa cafeeira. Recebia o café nos portos, armazenava-o e vendia, procedendo-se a seguir ao acerto de contas, que abrangia a comissão pela venda, as despesas de armazenamento, os juros das importâncias adiantadas. Alguns grandes fazendeiros montaram casas comissárias, mas, em regra, a atividade esteve em mãos de comerciantes portugueses e brasileiros, cujos recursos provinham de créditos bancários e de capitais acumulados em outras atividades comerciais, sobretudo de importação. A casa comissária típica do século XIX era uma empresa familiar, operando em um regime de acentuada

---

[23] Este tipo de relações foi característico da Província do Rio de Janeiro e se encontra descrito com riqueza de detalhes em Stanley J. Stein, *Grandeza e decadência do café no Vale do Paraíba*, São Paulo, Ed. Brasiliense, 1961.

concorrência. Como anota Edgard Carone, só no Rio de Janeiro, em fins do Império, havia 2.000 firmas em funcionamento.[24]

Outro grupo interposto entre a produção e a exportação era o dos ensacadores, que compravam café por conta própria. Classificavam a mercadoria, preparavam-na de acordo com os hábitos dos grandes mercados mundiais e efetuavam a venda ao exportador.

A partir do comércio de exportação, gradativamente em mãos dos grupos externos, foram se integrando as funções de comercialização, conduzindo ao desaparecimento dos ensacadores e a uma diminuição da importância das casas comissárias.[25] Este processo, descrito por um grande comerciante brasileiro, Joaquim Franco de Lacerda, iniciou-se por volta de 1870, com o estabelecimento de linhas regulares de vapores e a posterior instalação do cabo submarino, possibilitando ligações telegráficas entre o Brasil e a Europa. O desenvolvimento das comunicações permitiria aos exportadores eliminarem os riscos decorrentes do desconhecimento das oscilações do mercado mundial, abrindo-lhes caminho para seu controle.[26] Em meados dos anos 90, as empresas estrangeiras já detinham o controle do comércio de exportação do Porto de Santos, como indica o quadro a seguir:

EXPORTAÇÕES – PORTO DE SANTOS
10 MAIORES EXPORTADORES 1895 – 1907

Exportadores	Total de Sacas
Theodor Wille & Co.	16.018.262
Naumann, Gepp & Co. Ltd.	13.377.274
E. Johnston & Co. Ltd.	7.036.021
Arbuckle & Co.	5.175.400
Hard Rand & Co.	3.999.808
Carl Hellwig & Co.	3.706.300
Prado Chaves & Co.	3.370.864
Goetz, Hayn & Co.	3.177.820
Zerrener, Bülow & Co.	2.889.087
J. W. Doane & Co.	2.402.760

FONTE: Extraído do quadro de Amour Lalière – *Le Café dans l'État de Saint-Paul*, Paris, 1909, pp. 346-347.

---

[24] Edgard Carone, *A República Velha (Instituições e classes sociais)*. São Paulo, 1970, p. 36.
[25] Os comissários nunca chegaram a desaparecer e em certos períodos recuperaram muito de sua força. Araújo Filho observa que nos últimos anos da década de 20 vários armazéns gerais faliram. Em conseqüência, os fazendeiros voltaram-se para os Comissários, cujo prestígio ainda era considerável. Araújo Filho, *ob. cit.*, p. 148.
[26] Joaquim Franco de Lacerda, *Produção e consumo do café no mundo*, São Paulo, 1897, pp. 40 e seguintes.

Considerando-se que o total de sacas exportadas pelo porto de Santos no período foi de 86.391.503 sacas verifica-se que os dez maiores exportadores foram responsáveis por mais de 70% das exportações. Dentre eles figura apenas uma empresa brasileira, a Prado Chaves & Co., fundada em São Paulo, em 1887, por duas famílias de fazendeiros – os Silva Prado e os Pacheco Chaves. A importância de Theodor Wille & Co. como primeiro exportador se encontra acentuada pelos contratos efetuados com o Governo de São Paulo, durante o ano agrícola de 1906-1907, no decurso da primeira valorização. Entretanto, desde o ano de 1901-1902 superara Naumann Gepp & Co. cuja posição fora dominante até então. Theodor Wille – uma grande firma de Hamburgo – estabeleceu-se em Santos, em março de 1844, abrindo mais tarde filiais no Rio de Janeiro e São Paulo. Até 1870, dedicara-se principalmente à exportação de algodão e açúcar, passando a partir deste ano a se concentrar no café. A firma era também proprietária de terras na Araraquarense, de várias fazendas de café, além de controlar empresas de energia elétrica e uma indústria têxtil. É curioso observar que entre os três maiores exportadores, até 1907, não figurava nenhuma empresa americana. Naumann Gepp & Co. e E. Johnston & Co. eram firmas inglesas. A última fazia parte do que Richard Graham chamou de complexo exportação-importação, tendo sido a maior importadora de produtos de algodão do Rio de Janeiro, por volta de 1850.[27]

No início deste século, as casas comissárias e os bancos nacionais, que através delas ou diretamente haviam fornecido empréstimos de vulto à cafeicultura, foram afetados pela queda de preços e a depressão geral. Em outubro de 1900, deu-se a liquidação do Banco da República e de vários estabelecimentos bancários ligados a ele. Com exceção do London and River Plate Bank, atingido pela baixa cambial de agosto daquele ano, os bancos estrangeiros não sofreram as conseqüências da crise. Não tinham praticamente concedido empréstimos à lavoura e, pelo contrário, continuaram prosperando, graças sobretudo à especulação cambial.[28]

---

[27] Richard Graham, *Grã-Bretanha e o início da modernização no Brasil 1850-1914*, São Paulo, Ed. Brasiliense, 1973, p. 90; *Impressões do Brasil no século vinte*, Lloyd's Greater Publishing Co., Ltd. Londres, 1913, p. 718; Dean, *ob. cit.*, p. 63.
[28] Dorival Teixeira Vieira, "Evolução do sistema monetário brasileiro", São Paulo, *Boletim da Faculdade de Ciências Econômicas e Administrativas da U.S.P.*, 1962. O principal mecanismo da especulação foi descrito com muita clareza por Pierre Denis. A venda de ouro ou de letras de exportação pagáveis em ouro se acumulava em um pequeno espaço do

A necessidade de modernizar os negócios cafeeiros e dotá-los de melhores recursos creditícios veio também concorrer para as dificuldades enfrentadas pelas casas comissárias. Uma lei federal de 1903 previu a criação dos Armazéns-Gerais, cuja finalidade principal seria armazenar, em condições adequadas, o café dos fazendeiros que não se interessassem pelos negócios feitos através de Comissários e quisessem negociar diretamente com o exportador. Mediante a cobrança de uma taxa de armazenamento, os Armazéns-Gerais assumiriam a guarda dos lotes, até que o próprio fazendeiro ou seu corretor autorizasse a venda. Em 1906, uma lei paulista incentivou a instalação destes armazéns, autorizando o Governo do Estado a conceder uma garantia de juros de 6% aos capitais que se aplicassem na atividade. Os grupos estrangeiros estavam em melhores condições para atender às necessidades apontadas com a consequência de obterem, ao mesmo tempo, novas posições estratégicas, no financiamento e comercialização do café. O exemplo mais expressivo é o da Brazilian Warrant & Co., constituída em 1909, que assumiu concomitantemente o controle acionário de duas empresas de capital inglês – a Companhia Registradora de Santos e a Companhia Paulista de Armazéns-Gerais. A Brazilian Warrant especializou-se em operações de crédito, vedadas aos Armazéns-Gerais, e a Registradora obteve a incumbência de registrar todas as operações de café na Bolsa de Santos. Esta função era particularmente importante, pois lhe permitia ter o panorama geral do mercado e especular nos negócios a termo (para o futuro), com cartas marcadas.[29]

O controle do comércio exterior brasileiro por parte de grupos externos concorreu para acentuar a baixa dos preços do café e a ampliação dos lucros destes grupos. O mecanismo de comércio funcionava de tal modo que à queda dos preços internacionais não se seguia uma correspondente baixa dos preços no varejo. Este mecanismo funcionou entre 1894-1904, provocando o aumento da margem de comercialização dos intermediários que passou de 13,0 cents por libra-peso em 1892-1895 para 17,4 cents por libra-peso em 1901-1904.[30] A pressão baixista tinha maiores condi-

---

ano, por volta de junho e julho, ao se abrirem as exportações de café, provocando tendencialmente a alta da taxa cambial; nos meses seguintes, quando as exportações diminuíam, a oferta de ouro se restringia, os bancos lidavam com importadores que procuravam divisas para acertar contas no exterior, e a taxa cambial tendia a cair. Tendo uma posição estratégica no mercado financeiro, os bancos operavam de modo a beneficiar-se com a oscilação.
[29] *Impressões do Brasil no século XX;* C. M. Delgado de Carvalho, *Le Brésil Méridional,* Rio de Janeiro, 1910, p. 172; Monbeig, *ob. cit.,* p. 98.
[30] Delfim Netto, *ob. cit.,* p. 53.

ções de efetivar-se, na medida em que as casas exportadoras foram se sobrepondo aos Comissários. Seus agentes iam comprar a mercadoria nas fazendas e lidavam individualmente com fazendeiros muitas vezes em dificuldades, a quem impunham seus preços. Durante uma conferência para o estudo da produção do café, realizada em Nova York (outubro de 1902), uma comissão de produtores, presidida pelo Ministro do Brasil em Washington – Assis Brasil –, apontou como principal razão da crise o excesso de oferta e como causas secundárias a má situação financeira do produtor, a especulação bolsista e os vícios do comércio. Sob o último aspecto, lembrou que "havia entidades concentrando virtualmente todas as funções da indústria do café entre o lavrador e o consumidor". Se este quadro se alterasse, seria possível oferecer café mais barato a este, melhorar a remuneração do produtor e ainda deixar margem razoável de lucro para o intermediário.[31]

A primeira valorização cafeeira Tão logo surgiram os sinais de crise, foram aparecendo propostas de intervenção governamental, no sentido de reduzir seus efeitos. Ao longo do tempo, alinharam-se planos pretendendo o monopólio do comércio de exportação pelo Estado, a concessão de empréstimos aos cafeicultores, a fixação de preços mínimos, a destruição de parte da produção. No Congresso Nacional, o tema passou a ser objeto de debates, desde 1895, quando o Deputado fluminense Érico Coelho apresentou um projeto propondo o monopólio estatal de exportação. Significativamente, em meios às dificuldades de princípios de século, os representantes paulistas, em suas repetidas propostas, dirigiram o fogo contra os trustes estrangeiros, tratando de poupar o Presidente Campos Sales e o Ministro da Fazenda Joaquim Murtinho. Quem lançou o ataque mais violento a Murtinho foi o Deputado sergipano Fausto Cardoso, que denunciou sua "vesguice intelectual", ao provocar a depredação das fazendas de café. Cardoso rompeu o formalismo da Câmara e enveredou pelo terreno pessoal, acusando o Ministro de ser um homem rico e celibatário, capaz de se sentir satisfeito apenas em dois meios: o dos banqueiros que lhe exploravam a posição, e o das mulheres dissolutas, que lhe exploravam a bolsa.[32]

---

[31] Taunay, *ob. cit.*, vol. IX, p. 447.
[32] Congresso Nacional – *Anais da Câmara dos Deputados* – Sessão de 3 de setembro de 1900, vol. V, 1900, Rio de Janeiro, Imp. Nacional, p. 34 e segs.; *Anais* – Sessão de 27 de setembro de 1902, vol. VII, 1902, Rio de Janeiro, Imp. Nacional, p. 780 e segs.

As principais iniciativas em favor da intervenção partiram de São Paulo. Observando este fato, de acordo, aliás, com Taunay, Delfim Netto o atribui à circunstância de que a crise atingira com maior intensidade os fazendeiros paulistas em conseqüência das relações de produção predominantes na região. Como em Minas predominava o sistema de parceria, sustenta aquele autor que os cafeicultores mineiros podiam dividir com os parceiros seus prejuízos. A explicação para a maior iniciativa da burguesia do café de São Paulo não reside, porém, a meu ver, apenas no fato – aberto a maiores indagações – de ela ter sido mais afetada pela crise. O ponto básico é que constituía a única classe social regional em condições de dar uma resposta de maior alcance aos problemas existentes. A crise acentuara as tendências à "interiorização" da cafeicultura mineira, refletindo-se na busca da valorização do café, através da duvidosa concessão de créditos, por parte do Governo Federal. A burguesia paulista se implantara em íntima conexão com uma rede de interesses externos, possibilitando-lhe encontrar saídas de maior viabilidade, que pressupunham a compatibilização, em condições desiguais, entre produtores e determinados grupos estrangeiros.[33]

As propostas de intervenção no mercado não lograram êxito durante vários anos. Para isto concorreu uma série de razões. A política de contenção dos Governos Campos Sales-Rodrigues Alves, o aumento dos preços internacionais do café reduzindo as dimensões da crise em 1900 e 1904, a atitude do capital financeiro inglês e dos grupos exportadores. Entretanto, a adoção de medidas excepcionais tornou-se premente no segundo semestre de 1905. Pela florada dos cafezais, previa-se que a safra brasileira atingiria 16 milhões de sacas. O estoque mundial para o início da safra era de aproximadamente 9,6 milhões de sacas e a produção estimada dos concorrentes do Brasil, de 4 milhões. Calculava-se assim um suprimento total de 29,6 milhões de sacas para uma exportação mundial de 16 milhões, o que significava uma ampliação do estoque para 13,6 milhões de sacas. A perspectiva era de que os preços internacionais caíssem a níveis inferiores aos de 1901, afetando seriamente a renda da cafeicultura em moeda nacional, pois a taxa do câmbio se mantinha elevada.[34]

Uma emenda à Lei do Orçamento Federal para 1906, aprovada em dezembro de 1905, abriu caminho à valorização. Ela autorizou o

---

[33] Ver a respeito os ensaios de Joseph L. Love e John D. Wirth neste volume.
[34] Delfim Netto, *ob. cit.*, pp. 58/59.

Presidente da República a entrar em acordo com os Estados cafeeiros com o objetivo de regular o comércio do café, promover a valorização do produto, tomar medidas a fim de aumentar o consumo. O Governo Federal poderia ainda avaliar as operações de crédito que para tal fim realizassem os Estados interessados, desde que estes assegurassem à União uma garantia em ouro, suficiente para o pagamento de juros e amortização dos empréstimos. Os empréstimos seriam depositados no Tesouro Nacional ou delegacias fiscais e liberados na medida das necessidades.[35] Com base neste diploma, os Presidentes de São Paulo (Jorge Tibiriçá), Minas Gerais (Francisco Sales) e Rio de Janeiro (Quintino Bocaiúva) reuniram-se na cidade de Taubaté, nos dias 26 e 27 de fevereiro de 1906, daí resultando o acordo conhecido como Convênio de Taubaté. O acordo se inspirou na proposta de valorização do café apresentada em 1903 pelo importador e industrial de São Paulo, Alexandre Siciliano, baseando-se em dois pressupostos gerais: a alternância de boas e más colheitas, o que reduzia o alcance da superprodução brasileira; a inelasticidade da procura, permitindo que os preços oferecidos pelos produtores fossem sustentados e mesmo elevados sem produzir uma retração no consumo. Sob o último aspecto, os planejadores da valorização tinham plena consciência de que os preços pagos pelo consumidor haviam se mantido em níveis altos, no período de baixa, ampliando a margem de lucro dos intermediários.

Em sua versão original, os pontos principais do convênio eram os seguintes: a) manutenção do preço entre 55 e 65 francos, por saca de 60 quilos de café tipo 7, para o primeiro ano do acordo, podendo posteriormente ser elevado até o máximo de 70 francos, segundo as conveniências do mercado; b) negociação de um empréstimo externo de 15 milhões de libras esterlinas para custear as compras destinadas a manter o preço; c) imposição de uma sobretaxa de 3 francos sobre cada saca de café exportada, arrecadada pela União, destinando-se a garantir o pagamento do empréstimo; d) estabelecimento de um fundo (Caixa de Conversão), a fim de estabilizar o câmbio; e) redução das exportações de tipos inferiores; f) imposição de uma taxa proibitiva sobre as novas plantações; g) organização de uma campanha de publicidade no exterior, visando à elevação do consumo.[36]

---

[35] Decreto n.º 1.452, de 30 de dezembro de 1905.
[36] Documentos Parlamentares. *Valorização do Café (1895-1906)*, 1.º vol., Rio de Janeiro, 1915, pp. 228 e segs.

Os dois principais objetivos do convênio consistiam, de um lado, em retirar do mercado parte da safra, com os recursos do empréstimo, restringindo com isto a oferta e permitindo a elevação do preço internacional do café; de outro lado, buscava-se estabilizar a taxa cambial em nível mais baixo do que a vigorante. Através da Caixa de Conversão, esperava-se mantê-la na base de 12 dinheiros por mil-réis, quando se encontrava a 16 d. Sob este aspecto, havia o receio de que o plano tivesse bons efeitos apenas sobre os preços externos, na hipótese de ocorrer elevação do câmbio. Se a valorização tivesse êxito, pressionaria a taxa cambial para cima, pelo aumento da oferta de divisas tanto em decorrência do empréstimo como do aumento do preço externo do café sem a diminuição das exportações, pois o plano previa uma retenção apenas a curto prazo.[37]

A primeira operação valorizadora é um bom exemplo de como em determinadas circunstâncias era indispensável a colaboração da União para atender aos interesses regionais dominantes, não obstante a grande autonomia conferida aos Estados. O empréstimo externo e o projeto de Caixa de Conversão estavam intimamente associados no convênio. O empréstimo serviria de lastro à Caixa, que emitiria papel-moeda destinado à compra do café. A sua criação dependia de lei federal. Além disso, pretendia-se o aval da União para garantir o pagamento do empréstimo, não obstante pudessem os Estados contraí-lo, prescindindo desta garantia adicional. Não era viável sua obtenção no montante desejado, sem a responsabilidade federal, considerando-se que ele se associava a uma intervenção no mercado, sem precedentes e de resultado incerto.

Sucessão presidencial e oligarquia do café — O fato de que a política do Governo Federal se tornava decisiva para os interesses da cafeicultura se reflete no episódio da escolha do candidato à sucessão de Rodrigues Alves. Não é possível fazer aqui um relato das articulações realizadas em torno da sucessão de 1906, apesar de seu grande interesse para a história política da Primeira República.[38] Vou me limitar a um episódio decisivo, em que as discrepâncias em torno da política econômico-financeira são relevantes. No primeiro semestre de 1906, após várias especulações em torno do nome de Campos Sales, surgiu a candidatura do republicano

---

[37] Delfim Netto, *ob. cit.*, pp. 62 e segs.
[38] Veja-se um minucioso relato com a utilização de documentos inéditos, em Afonso Arinos de Melo Franco – *Rodrigues Alves. Apogeu e declínio do presidencialismo*, Rio de Janeiro, J. Olympio, 1973, vol. II.

histórico paulista Bernardino de Campos, com o apoio do Presidente da República e do Presidente de São Paulo, Jorge Tibiriçá. Os pontos de vista expressos por Bernardino, em famosa entrevista concedida ao jornal carioca *O País*, contribuíram para a liquidação de seu nome. Demonstrava ele a intenção de dar continuidade à política de contenção financeira e busca da conversibilidade da moeda: "Os três termos principais do nosso progresso podem ser indicados pela abolição da escravidão, pela abolição da Monarquia e pela abolição do curso forçado." Quanto aos negócios do café, defendia a intervenção do Governo Federal para reorganizar o comércio, organizar o crédito, abrir novos mercados, opondo-se entretanto a qualquer medida tendente a desvalorizar o câmbio. Ao mesmo tempo, propunha uma reforma do sistema tributário da União para se dar maior importância aos tributos diretos, especialmente o Imposto Progressivo sobre a Renda. Talvez assim fosse possível ceder o Imposto de Consumo aos Estados, na medida em que abrissem mão do Imposto de Exportação, que deveria afinal ser extinto.

A entrevista, coincidente com os pontos de vista de Rodrigues Alves nos aspectos monetários, desagradou a oligarquia paulista, tanto porque o candidato revelava distância dos projetos de valorização do café associados à desvalorização da moeda como pelo alcance da reforma tributária.[39] A forte campanha contra Bernardino, sustentada pelo Bloco liderado por Pinheiro Machado e por outros setores, foi extremamente eficaz porque as pressões para a renúncia do candidato se multiplicaram no próprio Estado de São Paulo. Afinal, chegou-se ao acordo em torno da candidatura do Vice-Presidente da República, o mineiro Afonso Pena.

Até certo ponto paradoxalmente, Pena atenderia aos interesses do café em larga medida, ao contrário do que seria previsível caso Bernardino fosse o escolhido. É difícil sustentar, com a documentação disponível, que a aproximação entre o candidato e os paulistas já envolvesse um comprometimento com o esquema de valorização do café. Em todo caso, algo transparece no programa de candidatura. Aí, após defender a continuidade da política financeira, Afonso Pena dizia que a conversão monetária deveria ser alcançada com relativa suavidade, pois "a rápida valorização da moeda produz sempre abalos prejudiciais às indústrias, à

---

[39] A entrevista foi reproduzida pelo *Correio Paulistano* de 27-6-1905. Uma análise do sentido da reforma tributária se encontra em Joseph L. Love, *Rio Grande do Sul and Brazilian regionalism*, 1882-1930, Stanford Un. Press, 1971, p. 140.

lavoura e ao comércio".⁴⁰ Realizada a eleição de março de 1906, durante a tramitação do Convênio de Taubaté no Congresso, não era já segredo para ninguém que o futuro Presidente apoiava as medidas propostas, inclusive em seus aspectos monetários.⁴¹

O maior obstáculo à aprovação do Convênio de Taubaté, no âmbito federal, residia no Presidente Rodrigues Alves, que mantivera a política de contenção de emissões, equilíbrio orçamentário e valorização da moeda. Ao mesmo tempo, como é sabido, a Casa Rothschild – principal credora do Governo Federal – opôs-se abertamente a financiar o programa de defesa, temendo que uma empresa arriscada viesse a produzir nova bancarrota financeira, repercutindo na retomada do pagamento da dívida. A emenda ao orçamento federal de 1906 partiu do Congresso, embora o Presidente a ela não se opusesse. Rodrigues Alves não era contrário a medidas tendentes a solucionar a crise e melhorar a renda dos cafeicultores – classe à qual pertencia como enfaticamente declarava em seus pronunciamentos. Negava-se entretanto a enfrentar o problema com o pressuposto da estabilidade cambial em níveis baixos, enquadrando-se, até mesmo por convicção pessoal, no ponto de vista dos Rothschilds. Como o Convênio de Taubaté previa a criação da Caixa de Conversão, recebeu-o com frieza e recusou-se a aceitar a proposta de convocação extraordinária do Congresso para discutir o acordo que lhe foi feito em março de 1906 pelo Presidente de São Paulo. Encaminhou o Convênio, em documento à parte, somente por ocasião do início fixado para os trabalhos do Legislativo e, em sua mensagem presidencial, dirigida ao Congresso, insistiu em defender a elevação da taxa cambial e a conversibilidade da moeda. Acentuando seu decidido interesse pela sorte da lavoura, mostrou-se contrário a "medidas imprudentes que poderiam produzir o efeito negativo de restringir o consumo do café".⁴² As possibilidades de obstrução de Rodrigues Alves eram limitadas, pois seu mandato terminaria a 15 de novembro de 1906. Além disso, a grande maioria do Congresso, através do PRP, do PRM, dos gaúchos e seus satélites liderados por Pinheiro Machado, garantiu a aprovação do Convênio. De qualquer forma, parece que a resolução da Comissão de Finanças da Câmara, separando o projeto de valorização e a criação da Caixa como dois projetos distintos, deveu-se a um pedido do Presidente.⁴³

---

⁴⁰ *Correio Paulistano*, 14-10-1905.
⁴¹ *Idem*, 19-5-1906.
⁴² *Valorização do Café*, 1.° vol., pp. 203 e segs.
⁴³ Veja-se o discurso de Alcindo Guanabara na sessão da Câmara de 20/11/1908, em Documentos Parlamentares. *Valorização do Café* (1908-1915), 2.° vol., Rio de Janeiro, 1915, p. 81.

O Estado de São Paulo não quis correr qualquer risco e tratou de pôr-se a salvo de uma eventual recusa do Governo Federal a endossar o programa de defesa. Para tanto, promoveu a reunião dos três Estados interessados no problema, que se realizou em Belo Horizonte, em julho de 1906, a fim de modificar algumas cláusulas do Convênio. As principais modificações consistiram em estabelecer que os Estados arrecadariam a sobretaxa de exportação, caso a União negasse seu aval ao empréstimo externo, e na fixação do preço do café a ser adquirido em moeda nacional, entre 32 e 36 mil-réis por saca de 60 quilos, tipo 7, com a possibilidade de ser aumentado para 40 mil-réis, se as condições do mercado assim exigissem.[44]

O Convênio foi aprovado por larga margem no Congresso Nacional (107 a 15 na Câmara; 35 a 4 no Senado) e se converteu no Decreto nº 1.489, de 6 de agosto de 1906. O andamento do projeto referente à Caixa de Conversão se prolongou até o fim daquele ano porque Rodrigues Alves se dispunha a vetá-lo. Por fim, após a posse de Afonso Pena, foi aprovado e sancionado (Decreto nº 1.575, de 6 de dezembro de 1906). A Caixa de Conversão constituiu-se como um aparelho destinado a efetuar a troca de divisas, na base de 15 d. por mil-réis, taxa um pouco acima da vigorante no mercado livre. Com isto, passou a atrair moeda estrangeira que ingressava no país, estabelecendo ao mesmo tempo um limite estabilizador do câmbio. Quanto aos possuidores de moeda nacional que necessitassem de divisas, eles se dirigiam ao mercado livre, onde a taxa lhes era mais favorável. Graças a este mecanismo, garantia-se um afluxo de divisas à Caixa, sem um movimento contrário de saída. O sistema funcionou enquanto a taxa de câmbio no mercado livre esteve abaixo do nível da Caixa. Quando a tendência se inverteu, no início da Primeira Guerra Mundial, houve uma corrida aos depósitos que redundou em seu fechamento.

Apesar de a oposição ao Convênio de Taubaté ser numericamente pouco significativa, é interessante fazer uma referência às vinculações dos congressistas opositores e ao tipo de argumento por eles utilizado. Os adversários declarados da valorização não constituíam um grupo articulado, mas um punhado de elementos eleitos em sua maioria pelo Distrito Federal. Barbosa Lima, Irineu Machado, o Senador Barata Ribeiro – e pelos Estados do Nordeste (Cornélio Fonseca, de Pernambuco; Miguel Calmon, da Bahia). Barbosa Lima era, aliás, de Pernambuco, onde fizera parte de sua carreira política. Os gaúchos ficariam afastados da oposição,

---

[44] *Valorização do Café*, vol. I, pp. 230 e segs.

pois o acordo sucessório de 1905 pressupunha seu apoio ao plano valorizador. A crítica associava interesses urbanos e rurais. Os representantes do Nordeste eram vinculados à economia açucareira, os do Distrito Federal representavam um amálgama de interesses urbanos através dos quais se expressavam a defesa dos importadores e as críticas à industrialização artificial (Barbosa Lima), a proteção da massa de consumidores (Irineu Machado) e alguns laivos industrialistas (Barata Ribeiro). Há entretanto um núcleo comum de argumentos em todas as falas dos adversários do Convênio: a desigualdade entre grandes e pequenos Estados. A União se sobrecarregava de compromissos para favorecer uma de suas Unidades, abandonando os outros produtos de exportação. Barbosa Lima atacou um dos principais alicerces da hegemonia paulista, condenando as grandes despesas militares consignadas no orçamento de São Paulo à Força Pública. A seu ver, isto impedia a tomada de medidas tendentes a aliviar os produtores, como a redução do Imposto de Exportação. Barata Ribeiro investiu contra um dos grandes postulados de seu tempo: "Quero protestar contra o sistema adotado pelo Congresso Nacional de recusar emendas a um projeto de lei que adstringe a União a um contrato de Estados, que lhe compromete o crédito em benefício de seus interesses e começo por protestar que o interesse do Brasil seja o interesse do café, começo por protestar que o café represente a riqueza exclusiva do país. Nasci e vivi à surdina de que este país é essencialmente agrícola ou exclusivamente agrícola".[45]

Após a aprovação do Convênio de Taubaté, os Estados de Minas e do Rio de Janeiro não se mostraram dispostos a levá-lo à prática, São Paulo lograra aprovar um acordo na medida de sua conveniência. Não se cogitava de defender os cafés de tipos inferiores – acima do tipo 7 – produzidos principalmente naqueles Estados e pretendia-se mesmo limitar a sua exportação. Políticos fluminenses expressaram o ponto de vista de que o problema da superprodução era um problema paulista, pois no Estado do Rio de Janeiro ocorria um decréscimo da produção cafeeira. A frieza dos demais Estados produtores e as dificuldades na obtenção de um empréstimo externo com garantia da União, apesar de aprovado o Convênio, levaram São Paulo a agir sozinho, por caminhos até certo ponto novos. Estes caminhos passavam pelo acordo com os interesses externos, mas através de novas fontes de financiamento e de uma associação com um setor dos

---
[45] *Valorização do Café*, vol. I, p. 430.

importadores. A última circunstância explica em boa medida por que o ataque aos intermediários cessou por vários anos, reaparecendo somente no curso da Primeira Guerra Mundial.

Entre agosto e dezembro de 1906, o Estado de São Paulo obteve alguns empréstimos, a curto prazo, de bancos alemães (Brasilianische Bank fur Deutschland), ingleses (J. H. Schroeder & Co.) e americanos (National City Bank), destinados à compra de café. As operações de compra foram iniciadas em agosto, contando entretanto essencialmente com recursos obtidos junto a um grupo de importadores dos Estados Unidos, liderados por Hermann Sielcken, nos termos de um acordo realizado no mesmo mês. Sielcken, alemão nascido em Hamburgo, filho de padeiro, emigrou para a Costa Rica, transferindo-se depois para os Estados Unidos, na década de 70. Empregou-se na firma Grossman & Cia, que fazia negócios importantes de café na América Latina, adquiriu em viagens pelo continente o conhecimento do mercado e acabou por se tornar sócio da empresa.[46] O chamado Plano Sielcken envolvia alguns importadores em uma operação diversa da que era habitualmente realizada pelo setor. Os comerciantes adiantaram 80% dos fundos necessários à compra de dois milhões de sacas de café, pelo preço de 7 centavos por libra-peso. Eles não eram porém simples prestamistas de dinheiro, embora percebessem uma comissão e juros pelo adiantamento. Associavam-se, na realidade, a uma operação que visava a retirar cafés do mercado para revendê-los em ocasião mais oportuna, ganhando com a diferença de preços. Sielcken e seu grupo jogavam com cartas marcadas, pois qualquer queda de preços abaixo de 7 centavos por libra-peso lhes era creditada automaticamente. Desta forma, um importante setor importador abandonava as práticas especulativas baixistas e passava a manobrar no sentido de favorecer a gradativa elevação de preços. Até o início de 1908, sua contribuição para o financiamento foi de longe a mais significativa.[47]

Durante o segundo semestre de 1906, São Paulo interveio sozinho no mercado através de compras realizadas por Theodor Wille & Cia. Tinham sido retiradas do comércio, no fim daquele ano, pouco mais de 2,5 milhões de sacas, o que não era suficiente para restringir a oferta ao nível desejado.

---

[46] Taunay, *ob. cit.*, vol. XI, p. 388. A fonte original é W. H. Ukers, *All about coffee*, Nova York, 1934.
[47] Carlos Manuel Peláez, "Análise econômica do programa brasileiro de sustentação do café, 1906-1945: teoria, política e medição", *in Revista Brasileira de Economia,* vol. 25, n.º 4, out/dez/, 1971, p. 55.

A estimativa de uma safra de 16 milhões de sacas se revelara modesta, pois a safra de 1906-1907 chegou a mais de 20 milhões – a maior colheita até então realizada no Brasil. Ao mesmo tempo em que prosseguia nas compras, São Paulo tratou de anular as vantagens obtidas pelos produtores de outros Estados, em conseqüência de sua iniciativa isolada. Graças a concessões secundárias, conseguiu integrar Minas e o Estado do Rio em seu esquema e estes passaram a cobrar a sobretaxa de 3 francos.

A gradativa participação do Governo Federal no plano valorizador se deve à necessidade de ajustar os interesses das várias Unidades da Federação produtoras de café e à atitude favorável de Afonso Pena. Em janeiro de 1907, Theodor Wille & Cia. começou a comprar em nome de três Estados, concentrando-se na mercadoria de melhor qualidade e recusando os tipos inferiores. Isto provocou protestos de mineiros e fluminenses, que sofriam também agora a imposição do novo tributo. No correr do ano, o Banco do Brasil foi autorizado a fornecer recursos a São Paulo para a aquisição de cafés de tipos inferiores, e a União se empenhou junto aos Rothschilds para a obtenção de um empréstimo, em seu nome, que seria entregue a São Paulo, a fim de regularizar os compromissos assumidos com a valorização. Este empréstimo, no montante de três milhões de libras, pagável em quinze anos, foi afinal concedido em outubro de 1907.

Entretanto, os resultados da operação valorizadora eram incertos. Até o fim daquele ano, São Paulo comprara cerca de 8,2 milhões de sacas, colocadas fora do mercado e armazenadas nas principais cidades da Europa e dos Estados Unidos. O estoque mundial visível, ao findar a safra 1906-1907, era de 16,4 milhões de sacas. Assim, descontadas as compras paulistas, o estoque de comercialização visível chegava a 8,2 milhões de sacas, o que representava um volume inferior àquele com que a safra se iniciara. Os preços internacionais, apesar disso, não haviam reagido, continuando a declinar. A expectativa por parte dos setores comerciais não ligados a Sielcken era de que o plano fracassaria por falta de recursos e o Estado de São Paulo seria forçado a lançar seu estoque no mercado, provocando uma baixa ainda maior nos preços. O financiamento do grupo liderado por Sielcken e os empréstimos bancários tinham possibilitado a retirada do café do mercado, mas era impossível manter a situação por muito tempo sem a obtenção de um financiamento, a longo prazo, de maior vulto.[48]

---

[48] A descrição da conjuntura dos anos 1906/1907 se baseia em Delfim Netto e Peláez, *obs. cits.*

Várias medidas foram tomadas no curso de 1908 para enfrentar o problema. Em São Paulo, estabeleceu-se um imposto em espécie sobre o café exportado, elevou-se o imposto de exportação de 3 para 5 francos e o Governo estadual foi autorizado a realizar um grande empréstimo de consolidação da dívida. No segundo semestre do ano, Afonso Pena encaminhou ao Congresso Nacional mensagem solicitando autorização legislativa para que a União avalizasse um empréstimo externo, até 15 milhões de libras, que São Paulo pretendia contrair. A discussão da matéria provocou acirrados debates. Os adversários do projeto foram reforçados na Câmara dos Deputados pelas intervenções de Pandiá Calógeras, carioca eleito por Minas Gerais, que vinha combatendo longamente a "aventura valorizadora" e as tentativas de depreciação cambial. Em um longo discurso, lembrou o vulto da operação, semelhante apenas a duas negociações anteriores: o empréstimo de cerca de 20 milhões de libras esterlinas, concretizado pelo Visconde de Ouro Preto às vésperas da queda do Império, e o de pouco mais de 16,5 milhões de libras esterlinas, obtido por Campos Sales em 1901. Na linha do pensamento spenceriano do ex-Ministro Murtinho, sustentou que "as crises financeiras representam processos normais, regulares, automáticos, se bem que violentos, por meio dos quais se restabelece o equilíbrio econômico, roto por circunstâncias várias". Insistiu também no tema da impossibilidade de toda a Nação responsabilizar-se improficuamente pelos desatinos da lavoura paulista, dizendo do alto de seu comprovado conservadorismo, que o proletariado brasileiro não podia pagar pelos erros de São Paulo.[49] O favorecimento de São Paulo e o abandono das demais Unidades da Federação foram o núcleo dos argumentos desenvolvidos pela maioria dos opositores. Barbosa Lima pretendeu o aval da União a um empréstimo de até 5 milhões de libras esterlinas, a ser contraído pela Prefeitura do Distrito Federal; José Carlos de Carvalho propôs a mesma medida para empréstimos que vários outros Estados contraíssem com o objetivo de valorizar seus produtos. A Câmara rejeitou todas as emendas. No Senado, Barata Ribeiro insistiu na mesma temática: "Quando os créditos se destinavam a reparar os estragos da

---

[49] *Valorização do Café*, 2.º vol., pp. 17 e segs. Calógeras foi fortemente aparteado por Serzedelo Correia e pelos Deputados paulistas, Adolfo Gordo e Cincinato Braga. A argumentação deste último é um bom exemplo de manipulação ideológica do nacionalismo conservador. Para desviar o ataque dos que apontavam a desigualdade de tratamento das várias Unidades da Federação, insistia em que São Paulo tratava apenas de defender-se da ganância do estrangeiro de além-mar.

seca, créditos de 100 e 150 contos são tirados com grande esforço pelos representantes desses Estados à avareza econômica cuidadosa dos representantes da Nação; no entanto, nessa hipótese trata-se de obviar inconvenientes e males que não têm por causa a ação efetiva do descuido, dos desregramentos ou da imprevidência, mas que se originam de condições incombatíveis da topografia desses Estados".[50]

A veemente mas frágil oposição não tinha entretanto condições de deter a marcha do projeto. Aprovado pelo Congresso, converteu-se em lei em dezembro de 1908. Ainda nesse ano, com a garantia do Governo Federal, o Estado de São Paulo contraiu um empréstimo de 15 milhões de libras esterlinas, por intermédio de um grupo de banqueiros em que figuravam J. Henry Schroeder & Cia., a Banque de Paris et Pays Bas e a Société Générale de Paris. Esses recursos permitiriam manter os estoques fora do mercado durante tempo suficiente para garantir o êxito da valorização. Porém, os banqueiros lograram ao mesmo tempo o controle do programa. A venda dos estoques no exterior, que correspondiam a mais de 90% dos estoques totais do Brasil, foi submetida a um comitê, composto de sete membros: quatro, nomeados por J. H. Schroeder & Cia., que assumia assim o comando da operação; dois, designados pela Société Générale de Paris; e um pelo Governo do Estado de São Paulo. O representante brasileiro tinha direito a veto, com efeito suspensivo, mas a deliberação final cabia ao Banco da Inglaterra.

Os primeiros resultados do esquema valorizador Os primeiros resultados do esquema valorizador surgiram em 1909. Os preços internacionais do café começaram a subir e se mantiveram em alta até 1912, graças à retração da oferta provocada pela atuação do comitê de banqueiros e à diminuição do volume das safras. Sielcken continuou ligado ao programa, concorrendo também para restringir a oferta na Bolsa de Nova York, pelo menos até o momento em que surgiram obstáculos nos Estados Unidos às manobras altistas. Em junho de 1913, o empréstimo de 15 milhões de libras foi pago e dissolveu-se o comitê de banqueiros. O interesse no esquema, por parte de alguns de seus membros, vinculava-se ao pagamento da dívida. Criou-se, em seu lugar, um Conselho Consultivo, com o objetivo de orientar o Brasil na distribuição do estoque restante, formado por J. H. Schroeder & Cia., Grossman & Sielcken, Theodor Wille e um representante do Estado de São Paulo. A distribuição se prolongou, em

---

[50] *Valorização do Café.* 2º vol., pp. 286, 311.

PRANCHA 1 – Marechal Deodoro da Fonseca. Alegoria à República.

PRANCHA 2 – Marechal Floriano Peixoto. Óleo de Almeida Júnior.

PRANCHA 3 – Prudente de Morais e seu Ministério.

PRANCHA 4 – Secagem do café numa fazenda.

PRANCHA 5 – Rodrigues Alves e um grupo de amigos.

PRANCHA 6 – Trabalho numa fábrica de chapéus no início da industrialização.

PRANCHA 7 – Preparo da borracha para exportação em Manaus.

PRANCHA 8 – Depósitos de duas empresas norte-americanas com chave na SPR, em São Paulo.

conseqüência de complicações surgidas no curso da Primeira Guerra Mundial, especialmente com os alemães, completando-se no fim do conflito.[51]

Vamos dividir as observações sobre os resultados da primeira operação valorizadora em dois aspectos principais. Um diz respeito a uma breve apreciação geral de seus efeitos na economia do país; outro, à significação que o esquema teve para os diferentes setores componentes da empresa cafeeira.

Apesar das relutâncias iniciais na sua aceitação, o programa de valorização sustentado pelo Estado de São Paulo se impôs no nível federal, expressando a crescente identificação entre interesses cafeeiros e interesse nacional. Sob este aspecto, o esquema implantado em 1906 reforçou a predominância da burguesia cafeeira no seio da classe dominante e acentuou as desigualdades regionais. Tinham razão os opositores do Congresso quando denunciaram o uso do crédito externo em benefício de São Paulo, enquanto o atendimento das outras regiões era esquecido. Convém lembrar porém que, se o alcance da desigualdade no fornecimento de recursos podia ser objeto de justas críticas, o atendimento do núcleo agroexportador em crise era irrecusável para se garantir o crescimento econômico, dado o papel que o café desempenhava na economia brasileira.[52] Qualquer tentativa de valorizar produtos de outras regiões, cuja contribuição no mercado externo era secundária, deveria assumir forma diferente e sua significação seria certamente bem mais reduzida. Dentro destes limites, a primeira valorização do café e as medidas financeiras a ela associadas contribuíram para o surto de crescimento que se verificou entre 1908-1913. A reativação econômica vinha sendo gestada desde 1903, a partir do programa de investimentos públicos realizado pelo Governo Rodrigues Alves, dirigido sobretudo a reaparelhar os portos, a estender e equipar a rede ferroviária. Entretanto, a dinamização da economia do Centro-Sul estava na dependência da sustentação do nível de renda e do comportamento do comércio exterior. Não há dúvida de que o nível de renda teria sido duramente afetado nos anos 1906-1907, com prolongamento nos anos seguintes, se não se tomassem as medidas de intervenção no mercado e de estabilização cambial. Delfim Netto, em geral pouco sim-

---

[51] Peláez, *ob. cit.*, pp. 60 e segs.
[52] A respeito, veja-se o significativo parecer de Serzedelo Correia, cujas inclinações industrialistas são conhecidas, ao relatar o projeto referente ao aval da União ao empréstimo de 1908, em *Valorização do Café*, 2.º vol., pp. 133 e segs.

pático ao esquema valorizador, demonstrou como os preços do café em moeda nacional, sem a intervenção, provavelmente só em 1911 voltariam ao nível em que se encontravam em 1903.[53]

Por sua vez, a expansão do comércio exterior deveu-se em grande medida ao ascenso dos preços internacionais do café, a partir de 1909. Até 1908, a expansão fora apenas parcial. Ocorrera um grande aumento no volume das importações, incentivadas pelo crédito externo, mas a relação de trocas e a capacidade de importar tinham permanecido praticamente estagnadas.[54] De 1909 em diante, o substancial aumento dos preços internacionais do café, chegando a mais do dobro dos níveis de 1907-1908, possibilitou, com o concurso de outros fatores (entrada de capitais externos, estabilidade cambial), a ampliação das importações.[55] É significativo observar que os saldos do comércio exterior não foram simplesmente utilizados na importação de bens de consumo como ocorrera e viria a ocorrer em outros momentos da história do país. Pelo contrário, os investimentos públicos em portos e ferrovias intensificaram-se através das importações e é muito provável que o mesmo se tenha dado com os investimentos industriais privados. Esta última circunstância se liga à sustentação da renda do setor cafeeiro, em especial a de São Paulo, permitindo-lhe diversificar suas inversões, seja em outras atividades agrícolas, seja no setor secundário. O grande surto industrial paulista nos anos que antecederam a Primeira Guerra Mundial, quando este Estado se tornou o centro mais importante da indústria brasileira, parece estar vinculado à defesa de preços do café e à simultânea restrição de seu plantio.[56]

Penso que estas observações são válidas no nível de generalidade em que foram colocadas, mas não pressupõem que todos os produtores alcançassem vantagens com a intervenção governamental no mercado nem que a crise cessasse com rapidez. Provavelmente, os efeitos da operação foram sensíveis nas zonas novas ou maduras do Estado de São Paulo, de onde provinham os cafés de melhor qualidade, preferidos pelos com-

---

[53] Delfim Netto, *ob. cit.*, p. 81.
[54] A relação de trocas exprime uma proporção entre o valor dos bens exportados e importados pelo país. A capacidade de importar deriva do saldo do balanço de pagamentos e depende, portanto, além da relação de trocas, de outros fatores como o volume das exportações e o movimento de capitais.
[55] Villela e Suzigan, *ob. cit.*, pp. 118 e segs.
[56] Uma análise dos efeitos industrializantes da diversificação agropecuária em São Paulo, no período considerado, se encontra em Antônio Barros de Castro, *ob. cit.*, p. 85.

pradores. Não se deve supor também que os fazendeiros fossem os principais comensais à mesa farta da valorização. Pelo contrário, o bolo foi dividido desigualmente: banqueiros, grandes importadores liderados por Sielcken, exportadores, apropriaram-se mais uma vez das melhores fatias, com uma vantagem política adicional. Os comensais menores aceitaram a desigualdade da divisão, e os ataques aos intermediários cessaram. Dentre as firmas comerciais estrangeiras estabelecidas no Brasil, Theodor Wille & Cia. foi a maior beneficiária da valorização, graças à posição estratégica que lhe atribuiu o Estado de São Paulo, tanto na realização das compras como na venda dos estoques. Delfim Netto refere-se a "certa forma de pressão sobre os agricultores", exercida pelos agentes comerciais. Estes ofereciam aos fazendeiros preços muito inferiores aos que se justificariam diante dos preços garantidos pelo Governo, valendo-se do fato de que as compras diárias eram limitadas a determinada quantia, não se conhecendo quando São Paulo suspenderia suas operações. Assim, além de receber comissões, os agentes privados do Estado ganhavam através de uma série de expedientes como a compra a preço mais baixo do que o garantido, a reclassificação de cafés.[57]

Atuação da Cia. Prado Chaves — As dificuldades de alguns fazendeiros favoreceram a entrada de interesses estrangeiros no setor da produção, e a própria Theodor Wille & Cia. tornou-se proprietária de várias fazendas. Ao mesmo tempo, pelo menos um grupo familiar nacional cujas atividades eram concomitantemente de grandes produtores-comissários-exportadores, estendeu suas propriedades, a partir da posição vantajosa como Comissários, relativamente a certos produtores. Um antigo funcionário da Prado Chaves & Cia. deixou um interessante relato de como isto ocorreu, em meados da primeira década do século. Os preços baixos levaram os fazendeiros, já exaustos e sem recursos para manter suas fazendas, a proporem aos Comissários a entrega das propriedades agrícolas. Cheias da maior tristeza e grande pesar chegavam as cartas do interior, trazendo as propostas de entrega. A Prado Chaves recebeu grande parte das fazendas nas zonas de Valinhos, Rocinha, Louveira, em um total de 14 ou mais estabelecimentos agrícolas e perto de 3,5 milhões de pés de café nas piores condições possíveis, encarregando-se de recuperar as terras e os cafezais.[58] Aliás, os Prado beneficiaram-se em mais de uma oportunidade do fato de

---

[57] Delfim Netto, *ob. cit.*, p. 80.
[58] Pedro Luís Pereira de Sousa, *Meus cinqüenta anos na Companhia Prado Chaves*, São Paulo, 1950, pp. 8 e 9.

poderem desempenhar o papel de ligação entre o Estado de São Paulo e os grandes centros internacionais. Exemplificando, apesar da oposição inicial do Conselheiro Antônio Prado ao esquema valorizador de 1906, o grupo familiar figurou como intermediário de empréstimos vinculados à operação. Durante a Primeira Guerra Mundial, a Prado Chaves foi mediadora na venda de cafés efetuada pelo Brasil à França; em 1917-1918, coube ao Banco do Comércio e Indústria, do qual o Conselheiro foi presidente por longos anos, efetuar compras da mercadoria, em nome do Estado, no curso da segunda valorização.

Em 1912, uma publicação inglesa apresentou um grande relato informativo sobre o Brasil, destinado aos inversores estrangeiros, do qual consta um arrolamento dos doze maiores produtores de café do Estado de São Paulo:

SÃO PAULO – MAIORES PRODUTORES – 1912

NOMES	MUNICÍPIOS	PRODUÇÃO (média anual)	N° DE CAFEEIROS
Francisco Schmidt	São Simão e Ribeirão Preto	10.500 toneladas	7.885.154
Dr. Henrique Dumont	São Simão	400.000 arrobas	1.500.000
Dumont Coffee Co. Ltd.	Ribeirão Preto	310.000 arrobas	3.999.900
São Paulo Coffee States Co.	São Simão	300.000 arrobas	2.325.000
D. Veridiana Prado (herdeiros)	Sertãozinho	190.000 arrobas	1.268.000
Dr. Martinho Prado (herdeiros)	Ribeirão Preto	160.000 arrobas	2.112.700
Cia. Agrícola Ribeirão Preto	Cravinhos	93.000 arrobas	1.800.000
Cia. União Santa Clara	São Simão	60.000 arrobas	1.000.000
D. Francisca S. do Val	Ribeirão Preto	60.000 arrobas	977.000
Conde Prates	Rio Claro	50.000 arrobas	950.000
Ellis &. Netto	São Carlos	45.000 arrobas	1.000.000
J. da Cunha Bueno	Cravinhos	40.000 arrobas	950.000

FONTE: *Impressões do Brasil no século XX*, Londres, 1913, p. 632.

Na lista figuram duas empresas estrangeiras bem colocadas: a Dumont Coffee Co. Ltd., adquirida por um grupo inglês à família Dumont e a São Paulo Coffee States Co., da qual era acionista J. H. Schroeder & Co. Estes dados indicam que se deve matizar a conhecida e verdadeira afirmação, em suas linhas gerais, de um controle nacional da produção do café.

A guerra mundial e o café   A crise cafeeira de princípios do século se situara no interior da relação específica de dependência do Brasil com os grandes centros internacionais. A produção excessiva de um gênero de exportação e as manobras especuladoras dos intermediários provocaram o declínio de preços; a resposta às dificuldades financeiras do país, com a elevação da taxa cambial após o *Funding Loan* de 1898, impediu que este declínio fosse compensado pela sustentação da renda dos cafeicultores em moeda nacional.

O novo período de dificuldade seria provocado por problemas gerais da economia mundial, culminando no desencadeamento da Primeira Guerra Mundial. A crise internacional se abriu em 1913, com a deflagração da Guerra Balcânica. Naquele ano, os preços dos produtos de exportação caíram abruptamente e a manutenção do elevado nível de importações provocou um déficit na balança comercial brasileira, fato que ocorria pela primeira vez na história da República. Com o início do conflito mundial, em julho de 1914, paralisou-se a entrada de capitais estrangeiros, ao mesmo tempo em que o país se via obrigado a remeter 10 milhões de libras esterlinas para atender a compromissos da dívida externa. Em agosto, a taxa cambial, no mercado livre, caiu abaixo da taxa de estabilização, provocando uma corrida aos depósitos da Caixa de Conversão e o seu fechamento. Dois meses depois, o Brasil se encaminharia para um segundo *Funding Loan*, suspendendo-se por 13 anos os pagamentos de todos os empréstimos, à exceção do próprio *Funding*.

Nos anos 1894-1914, a política monetária brasileira, em meio a variações, se orientaria por um princípio básico: evitar as emissões inflacionárias e buscar a gradativa conversibilidade da moeda. Entre 1894 e 1906, tratou-se de reduzir o papel-moeda em circulação; a partir do último ano, o volume de moeda começou a crescer, através das operações da Caixa de Conversão cujas emissões, entretanto, estavam lastreadas pelas divisas que nela ingressavam. A conjuntura da guerra impôs uma substancial mudança desta política, em decorrência dos problemas financeiros do Governo e das dificuldades da agricultura de exportação. As duas questões estavam, aliás, inter-relacionadas. Os preços baixos do café e da borracha, durante o conflito, provocaram uma queda da capacidade de importar e, conseqüentemente, da arrecadação federal, cuja fonte principal era o Imposto de Importação. A arrecadação deste imposto que se aproximara dos 350.000 contos em 1912 e 1913 caiu para cerca de 195.000 contos em 1914 e tendeu a cair ainda mais, nos anos subseqüentes. Apesar do relativo êxito no recolhimento do imposto de consumo, os déficits na execução do orçamento federal aumentaram, se tomarmos em conjunto os quatro anos de guerra. O ano de 1914 apresentou o saldo negativo mais elevado e a partir daí houve progressiva redução. Mas somente em 1918 o déficit voltou a um nível inferior ao de 1913. Não obstante a suspensão de grande parte dos pagamentos relativos aos empréstimos externos, os gastos com o pagamento da dívida pública concorreram para agravar os problemas orçamentários. Em 1915-1918, absorveram a média anual de 32% dos gastos públicos contra a média anual de 20%, no período 1911-1913.[59]

Para que fossem enfrentadas as dificuldades, as emissões de papel-moeda apareceram como um recurso viável. Ao mesmo tempo, desde as primeiras iniciativas, os representantes da cafeicultura insistiram na necessidade de destinar parte das emissões à sustentação dos preços do café, argumentando com os reflexos favoráveis que a medida traria para o comércio exterior e para a renda governamental. O mito da conversibilidade, solidamente implantado apenas na aparência, foi logo desfeito, dando lugar a concepções mais flexíveis. Na Câmara Federal, o Deputado mineiro, Astolfo Dutra, defendeu as emissões para impedir o declínio dos preços dos produtos de exportação e evitar assim a queda da taxa cambial, ao contrário do que pensavam "alguns doutores". O meio natural e legítimo da prosperidade cambial – sustentava o Deputado – consistia na importação de ouro, em larga escala, por via da exportação valorizada. Quando o pernambucano José Bezerra acusou-o de pretender fundar a prosperidade do país em dinheiro feito a máquina litográfica, respondeu com bastante lucidez: "Essa história de fabrico de dinheiro a máquina litográfica é uma outra frase de sucesso, como a outra história de decretar o consumo. O caso, bem ponderado, é que o papel-moeda é um recurso de crédito, de que podemos lançar mão, sem nos comprometer, desde que saibamos tirar desse recurso os grandes proveitos que ele pode proporcionar. Muitos países de mundo têm lançado mão desse recurso e nós mesmos temos vivido descansadamente do regime de papel-moeda, sem que sejamos um país de desclassificados." Ao mesmo tempo, os argumentos nacionalistas que haviam sido engavetados voltaram a ser esgrimidos por vários representantes da burguesia do café, com o agora Senador Alfredo Ellis à frente: "Só o fato de o Governo ficar aparelhado para comprar o café evitará que os trustes americanos rea-

---

[59] Villela e Suzigan, *ob. cit.*, pp. 140 e segs.

lizem seu sonho dourado, a sua ambição de se apoderar do nosso café a vil preço, a título de acervo de pobre."[60]

Apesar da oposição tanto dos defensores nacionais da ortodoxia financeira como dos Rothschilds e também dos Schroeder, em agosto de 1915, o Decreto n.º 2.986, de 28 de agosto de 1915, autorizou o Presidente da República a "efetuar emissões até o máximo de 350 mil contos para liquidar compromissos do Tesouro, amparar e fomentar a produção nacional pelo modo mais conveniente, podendo para tal fim entrar em acordo com o Governo dos Estados, suprir deficiências da receita orçamentária do exercício, ministrar recursos ao Banco do Brasil para desenvolver operações de desconto e redesconto". Através de um contrato firmado com o Banco do Brasil, o Governo Federal amparou o setor agrícola, mas absteve-se de realizar uma intervenção direta no mercado cafeeiro através das emissões. Esta atitude não provocou reação da cafeicultura porque, passado o primeiro impacto resultante do início do conflito mundial, o comércio ultramarino brasileiro se normalizou. Os Estados Unidos compravam a maior parte das exportações e o intercâmbio com os países neutros da Europa foi incentivado. Durante os dois primeiros anos de guerra, o volume das importações mundiais alcançou 22,2 milhões de sacas na safra 1914-1915 e 20,7 milhões em 1915-1916, quando havia sido de 17,9 milhões de sacas em 1912-1913 e de 19,3 milhões em 1913-1914. As dificuldades só se tornaram realmente prementes em 1917. Em março daquele ano, os ingleses suspenderam todas as importações de café, por falta de recursos de embarque. Os Estados Unidos entraram na guerra, reduzindo acentuadamente as importações. Afinal, o Brasil revogou sua neutralidade em junho de 1917 e declarou guerra à Alemanha em outubro.

Às dificuldades de exportação veio somar-se a perspectiva de uma safra 1917-1918 volumosa para as condições do mercado. Ela chegaria a 15 milhões de sacas enquanto o consumo mundial caíra nos últimos anos da guerra abaixo daquele nível. Os estoques nos portos nacionais assumiam em julho de 1917 proporções alarmantes, acumulando-se em Santos 6 milhões de sacas quando em julho de 1916 havia apenas 1 milhão de sacas em estoque.[61] Diante deste quadro, o Congresso autorizou o Presidente da República (Decreto n.º 3.316, de 16 de agosto de 1917) a emitir papel-moeda até 300 mil contos, com uma faixa de desti-

---

[60] *Valorização do Café*, 2.º vol., pp. 389 e 415.
[61] Dean, *ob. cit.*, p. 98. Delfim Netto, *ob. cit.*, pp. 91 e 92.

nação bastante extensa, indicativa não só das pressões da cafeicultura como das tendências que ganharam impulso efêmero no curso da guerra, no sentido de implantar uma indústria de bens de produção. As emissões eram vinculadas ao amparo à produção nacional, ao desenvolvimento da fabricação de ferro e aço, a medidas tendentes a promover a extração de carvão de pedra etc. Com base no decreto, o Governo Federal abriu ao Estado de São Paulo um crédito de até 150.000 contos para realizar a defesa do café e forneceu-lhe efetivamente 110.000 contos entre 29 de agosto de 1917 e 28 de junho de 1918. Iniciou-se assim a segunda valorização cafeeira (1917-1920). A União e o Estado de São Paulo tornaram-se sócios em uma operação de retirada dos cafés do mercado para sustentar os preços. Não incidiam juros sobre o empréstimo concedido pelo Governo Federal e o Governo Estadual, por sua vez, obrigou-se a dividir os lucros eventualmente resultantes do programa. Até 30 de julho de 1918, o Estado de São Paulo, através do Banco do Comércio e Indústria, adquiriu mais de 3 milhões de sacas de cafés finos, em Santos e no Rio. As fortes geadas de junho de 1918 e o restabelecimento do comércio internacional, com o fim da guerra, concorreram para a redução da oferta e a elevação dos preços. O café Rio, tipo 7, subiu de 10,7 cents por libra-peso em novembro de 1918 para 22,8 em julho de 1919. São Paulo dispôs de seu estoque com o grande lucro de 129 mil contos que foi dividido com o Governo Federal.[62]

As duas primeiras valorizações basearam-se no mesmo princípio. Elas foram definidas como medidas transitórias, com o objetivo de sustentar os preços em situações excepcionais, através da retenção da oferta. O fato de que a operação de 1917-1920 tenha sido realizada com o recurso às emissões de papel-moeda se deve às circunstâncias do momento. De qualquer forma, embora o crédito externo voltasse a ser a fonte principal dos esquemas de intervenção no mercado nos anos 20, as emissões constituíram um expediente constante até meados da década. Do ponto de vista da divisão de ganhos, a segunda valorização, independentemente da retórica e da intenção de seus defensores, resultou em benefícios restritos ao Estado (Governo Federal e Estado de São Paulo) e ao agente das compras. Com relação aos produtores, seu alcance foi muito reduzido. A elevação de preços decorreu de fatores estranhos ao esquema de defesa. Um destes fatores – a geada de 1918 – ao mesmo tempo em que favoreceu o Estado como detentor de estoques atingiu os fazendeiros.

---

[62] Delfim Netto, *ob. cit.*, p. 94.

O grande auge cafeeiro e a crise política

Os anos 20 têm sido caraterizados como o período de auge da agricultura de exportação, especialmente do café. Valendo-se do mecanismo de defesa permanente, a burguesia cafeeira ampliou sua predominância com relação aos outros setores da classe dominante. Villela e Suzigan observam que, em média, no período de 1920-1928, a taxa anual de crescimento do volume de produção das culturas de exportação – com forte predominância do café – foi de 9%, enquanto que a da produção agrícola como um todo foi de 4,5% e a da produção industrial, de apenas 3,9%. As taxas médias anuais de crescimento do PNB e da renda nacional, no mesmo período, corresponderam, em termos reais, respectivamente a 4,7% e 6,3%. Os mesmos autores assinalam que, como foi a agricultura de exportação, principalmente o setor cafeeiro, que usufruiu altos preços, a melhoria da renda real deve ter-se concentrado sobretudo nesse setor.[63]

A defesa permanente provocou uma grande expansão do plantio de cafezais, acarretando um crescente desequilíbrio entre a produção brasileira e as possibilidades de absorção do mercado mundial. O desequilíbrio se agravaria com o surgimento da concorrência colombiana e africana após a guerra. Por volta de 1920, a participação do Brasil no consumo internacional estagnou e começou a declinar. Os mecanismos da defesa brasileira entraram em choque com os interesses dos importadores americanos – ao contrário do que sucedera em 1906 – e estes passaram a operar em maior escala na Colômbia, que se beneficiava com a política de sustentação de preços realizada pelo Brasil. Nestas condições, a expansão trazia em seu bojo os germes de uma nova crise de grandes proporções.

Do ponto de vista político, a extensão da predominância da burguesia cafeeira ocorreu em meio aos sintomas de crise de sua hegemonia. No início dos anos 20, o pólo hegemônico sofreria restrições mais articuladas por parte das outras frações regionais da classe dominante e seria alvo dos ataques tenentistas. A própria aliança das oligarquias paulista e mineira, em que se assentava a estabilidade da Primeira República, tornar-se-ia mais problemática, chegando à ruptura em 1929-1930. As dificuldades em contar com a União como um instrumento seguro dos seus interesses

---

[63] Villela e Suzigan, *ob. cit.*, pp. 151-152. O Produto Nacional Bruto compreende, como se sabe, o valor da produção de bens e serviços, inclusive os exportados. Para o cálculo da renda nacional subtrai-se o valor das exportações e se adiciona o poder de compra das exportações, que corresponde ao volume das exportações multiplicado pelo índice da relação de trocas.

levariam a burguesia do café a utilizar-se do poder político em nível estadual, mais do que em qualquer outro período. Ao mesmo tempo, entretanto, a necessidade de controle da União tornar-se-ia premente, nos últimos anos da década.

Dentro deste quadro geral, onde se combinam a extensão da predominância da burguesia cafeeira e os sintomas de crise de sua hegemonia, dois períodos podem ser destacados. O primeiro vai de 1920 a 1924 e se caracteriza, no plano político, pelas fricções entre o eixo São Paulo-Minas e as oligarquias de segunda grandeza; no terreno econômico, toma impulso o plantio dos cafezais, enquanto o programa de valorização vai assumindo, gradativamente, nova forma. O segundo período cobre os anos 1924-1930. No plano político, os atritos entre as oligarquias provisoriamente diminuem, ganhando outro sentido, no final da década, com a cisão entre São Paulo e Minas; ao mesmo tempo, chega-se ao auge da expansão cafeeira e o esquema de defesa se modifica, transformando-se em defesa permanente sob a responsabilidade dos Estados.

As pressões para nova intervenção governamental nos negócios cafeeiros surgiram em meados de 1920, em razão de dois fatores básicos: a volumosa safra brasileira e a recessão no mercado americano. O primeiro destes fatores indica que o plantio de cafezais voltara a acelerar-se no curso da guerra e que a geada detivera muito provisoriamente o aumento da produção. De fato, enquanto a safra de 1919-1920 não ultrapassou 8,9 milhões de sacas e a de 1918-1919 fora de cerca de 11 milhões, a safra de 1920-1921 chegou a 16,2 milhões de sacas, situando-se acima da média do qüinqüênio anterior a 1918-1919 (14,5 milhões). Concomitantemente, em meio ao período de prosperidade que caracterizou a economia americana nos anos de pós-guerra até a crise mundial, ocorreu a partir de meados de 1920 uma depressão curta e severa. A queda do nível de renda dos consumidores e a escassez de crédito concedido aos importadores tiveram importantes reflexos na demanda. No plano interno, o mecanismo socializador das perdas do setor cafeeiro não vinha funcionando, pois a taxa cambial caía com menor rapidez do que os preços internacionais do café.

A terceira operação valorizadora foi implantada após uma rápida crise entre o Governo Federal e os representantes políticos de São Paulo. A morte do Presidente eleito Rodrigues Alves, em janeiro de 1919, forçara a realização de novas eleições presidenciais, em circunstâncias imprevistas. A candidatura do paraibano Epitácio Pessoa surgiu como uma alternativa, oferecida pelo Rio Grande do Sul, à disputa de nomes travada entre São Paulo e Minas Gerais, que acabou sendo aceita pelos dois maiores Estados.

Apoiando-se nos três Estados de onde provinham seis de seus sete Ministros, Epitácio tentou equilibrar as vantagens econômicas atribuídas a todos eles. Ao mesmo tempo, com base neste equilíbrio, tratou de obter no Congresso verbas para um programa de combate às secas do Nordeste.[64]

A distribuição de vantagens não pôde ser eqüitativa. Os episódios que antecederam à valorização revelam como o campo de ação do Presidente da República tinha limites estreitos quando as oligarquias paulista e mineira se apresentavam coesas. A 4 de setembro de 1920, o Deputado paulista Carlos de Campos, líder do Governo na Câmara dos Deputados, apresentou um projeto de lei, com a concordância de Epitácio Pessoa, autorizando emissões para atender a compromissos do Tesouro. Destes recursos, cinqüenta mil contos seriam destinados "a acudir às necessidades urgentes do comércio e da produção, por motivo de crise excepcional". Uma semana depois (11 de setembro), outro Deputado paulista – Cincinato Braga –, pronunciou um longo discurso de ataque ao capital estrangeiro e às ilusões monetaristas, terminando por propor uma emenda ao Projeto Carlos de Campos, pela qual vinculava estreitamente as emissões à sustentação do setor cafeeiro. Elas poderiam alcançar o máximo de 250.000 contos para todo o país e seriam canalizadas aos estabelecimentos bancários dos Estados e do Distrito Federal, na proporção do valor aproximado da exportação de cada um no ano anterior.[65] Ao que tudo indica, a emenda de Cincinato Braga provocou o estremecimento entre o Presidente da República e a oligarquia paulista. Epitácio estava mais interessado nas emissões para enfrentar os problemas orçamentários prementes do que para defender a cafeicultura e manifestou seu desagrado pelos rumos que o projeto vinha tomando. Em resposta, Carlos de Campos, aconselhado pelo Presidente de São Paulo, Washington Luís, renunciou à liderança do Governo, enquanto Minas se negava a aceitar o cargo vago. Afinal, graças à mediação da bancada mineira e do Presidente do Estado Artur Bernardes, Epitácio Pessoa e os paulistas se reconciliaram. O Presidente da República passou a identificar os interesses da cafeicultura com os interesses nacionais e não apenas regionais, recebendo uma grande

---

[64] Love, *ob. cit.*, p. 186.
[65] *Anais da C. D.*, vol. VIII, 1920, Rio de Janeiro, Imp. Nacional, 1921, pp. 52 e segs.

homenagem das associações de classe, quando visitou o Estado de São Paulo em 1921. Nos complicados anos do fim da década, seria freqüentemente lembrado pelos porta-vozes do setor cafeeiro como um exemplo a ser seguido.

Lembremos, de passagem, que o episódio é um dos indicadores mais expressivos da função desempenhada por cada uma das oligarquias no interior da aliança São Paulo-Minas. Em toda a rápida crise, a representação política de São Paulo identifica-se diretamente com a classe dominante regional e assume o confronto com o Governo Federal. Os representantes mineiros guardam certa distância da classe dominante e reforçam suas posições graças à função política que desempenham, como mediadores entre a oligarquia paulista e Epitácio Pessoa.

Superada a crise, foi aprovado pelo Congresso com sanção presidencial (Decreto n.º 4.182, de 13 de novembro de 1920) texto semelhante em suas linhas gerais ao primitivo projeto apresentado por Carlos de Campos, que permitiu se implantasse a terceira valorização (1921-1924). Utilizando-se do crédito concedido pela Carteira de Redescontos do Banco do Brasil, o Governo Federal iniciou as compras em março de 1921 e até o fim do ano retirou 1,5 milhão de sacas do mercado. Ao mesmo tempo, os preços internacionais do café começaram a subir, passando o Rio tipo 7, no disponível, em Nova York, de 6,4 cents por libra-peso no primeiro semestre de 1921 para 8 cents por libra-peso, no segundo semestre. Internamente, o preço mínimo nos portos passou de 9$400 por arroba em março para 19$200 em dezembro.

A principal inovação apresentada pelo terceiro esquema valorizador consistiu na tentativa de regular a entrada de cafés nos portos, como aliás se faria daí para frente. Por sua vez, tal como ocorrera na primeira década do século, os grupos estrangeiros teriam o controle da operação. Para consolidar o financiamento interno e alguns pequenos empréstimos, recorreu-se de novo ao capital financeiro. Em maio de 1922, o Governo Federal levantou um empréstimo de 9 milhões de libras esterlinas com os Rothschilds, Baring Brothers e J. Henry Schroeder. A venda do café retido ficou a cargo de uma comissão, formada por representantes dos banqueiros, um da Brazilian Warrant e outro escolhido pelo Governo brasileiro. As condições da transação eram bastante onerosas. A dívida somente poderia ser paga em 1932, ficando o produto das vendas que fossem sendo realizadas em mãos dos banqueiros. Neste ínterim, novas operações de defesa dependeriam de aprovação da comissão e seriam feitas com exclusividade pela Brazilian Warrant, encarregada de todas as vendas do estoque. As cláusulas leoninas do empréstimo foram duramente criticadas por várias figuras políticas, entre elas Rafael Sampaio Vidal, futuro Ministro da Fazenda de Artur Bernardes. Ele acusou Epitácio Pessoa de assumir compromissos de tal natureza que tornavam seu projeto de defesa permanente do café uma simples farsa.[66]

Uma combinação de circunstâncias favoreceu entretanto a rápida realização do esquema valorizador. Mais uma vez, a uma grande safra seguiram-se safras reduzidas em 1921-1922 e 1922-1923; a recessão americana deu lugar a um período de vários anos de prosperidade, e o consumo do café começou a ampliar-se nos Estados Unidos, incentivado também pela proibição das bebidas alcoólicas. À vista das possibilidades favoráveis, o novo Presidente Artur Bernardes enviou um emissário à Europa em 1923, conseguindo alterar as cláusulas do empréstimo externo. O resgate poderia ser feito imediatamente e o Governo teria o direito de voltar a intervir no mercado por sua conta, com a ressalva de não vender o estoque que porventura formasse, antes de saldar o débito. A liquidação do estoque da valorização completou-se rapidamente em 1924, com a venda total de 4,5 milhões de sacas, e o empréstimo foi pago.[67]

Os primeiros anos da década de 20 foram decisivos na definição dos rumos da política cafeeira. As conseqüências desta definição se prolongaram ao longo dos anos 30. Não havia dúvida de que a produção do café constituía a base da economia agroexportadora brasileira. A partir desta evidência, tratava-se porém de decidir qual o grau que assumiria a predominância cafeeira, no quadro da economia de exportação. Tentar-se-ia diversificar a produção agrícola para o mercado externo e de bens destinados ao consumo interno ou adotar-se-ia uma política de franco incentivo da cafeicultura, gerando uma especialização em níveis até então desconhecidos?

A defesa de ambas as alternativas pressupunha uma alteração na forma de intervenção do Estado na área econômica. Até aquela altura, as operações valorizadoras tinham sido desfechadas como medidas excepcionais, destinadas a restaurar o equilíbrio do mercado. Agora, tratava-se de criar mecanismos permanentes de intervenção para sustentar os preços

---

[66] Epitácio Pessoa rebateu as críticas em *Pela Verdade*, Rio de Janeiro, Instituto Nacional do Livro, 1957.
[67] Taunay, *ob. cit.*, vol. XII, pp. 158 e segs.

dos principais produtos exportáveis. Esta mudança de concepção tinha muito a ver com a conjuntura internacional do início dos anos 20. Não obstante a crescente monopolização da economia, a ideologia do livre-comércio ganhara alento nos prósperos anos de pré-guerra (1896-1914), tanto na Inglaterra como nos Estados Unidos. De algum modo, apesar dos constantes arranhões ao princípio, a política econômica brasileira levava-a em conta. Após a guerra mundial, a recessão pôs a nu o contraste entre as continuadas propostas de restauração do livre-comércio internacional e as medidas protecionistas (elevação das tarifas de importação, créditos para incentivar as exportações) adotadas pelas grandes potências para enfrentá-la. Na medida em que cada país tratava de utilizar-se de mecanismos de proteção, ganhou forças no país o ponto de vista de que o Estado deveria intervir permanentemente na economia para defender os preços dos produtos agrícolas. Esta perspectiva aumentou a importância do controle do Estado por parte dos diferentes setores da classe dominante, dispostos a dar rumos até certo ponto excludentes ao intervencionismo estatal.

Não por acaso, as eleições presidenciais de março de 1922 marcaram pela primeira e única vez em toda a história da República Velha uma divisão entre os dois maiores Estados, apoiados por seus pequenos clientes de um lado e, de outro, um bloco de estrelas de segunda grandeza, constituído pelo Rio Grande do Sul, Bahia, Pernambuco, Estado do Rio, sob a liderança do primeiro. Nenhuma outra disputa – inclusive a das eleições de 1930 – refletiu com tanta clareza interesses divergentes no terreno econômico. A campanha da Reação Republicana não se resumiu a este aspecto, pois é necessário considerar o significado da intervenção dos militares na contenda política. Entretanto, do ponto de vista das classes dominantes regionais, o ponto central em disputa se definia em termos de opções da política econômico-financeira. Quando Borges de Medeiros, em nome do Rio Grande do Sul, negou-se a apoiar a candidatura de Artur Bernardes, sua principal objeção era de que paulistas e mineiros haviam imposto um nome destinado a favorecer as emissões e os esquemas de sustentação do café. A acusação foi amplamente desenvolvida durante a campanha presidencial de Nilo Peçanha. O candidato da Reação Republicana protestou contra o "imperialismo" econômico e político dos dois maiores Estados, declarando que a borracha, o cacau, o açúcar e outros produtos de exportação deveriam também ser protegidos. Os propagandistas gaúchos martelaram na tecla de que a alternância dos representantes de São Paulo e Minas na Presidência da República tinha facilitado o progresso destas áreas e o abandono dos demais Estados. Lindolfo Collor, por exemplo, citou como expressões do regionalismo egoísta a defesa do café e a concentração das ferrovias federais nas duas unidades maiores.[68]

A defesa permanente do café em choque com os interesses dos demais Estados

Em meio à violenta campanha eleitoral, iniciada no segundo semestre de 1921, Epitácio Pessoa encaminhou ao Congresso a Mensagem de 17 de outubro daquele ano, propondo a defesa permanente do café. Justificou-a como medida de interesse nacional para regular as oscilações de mercado decorrentes das safras irregulares e dotar os produtores de instrumentos para defender sua renda: "O café, pelo seu valor avultado, reclama grandes recursos pecuniários, de que ainda não é capaz a nossa deficiente organização de bancos. Daí a posição precária dos vendedores, obrigados a sacrificar o artigo para acudir à premência dos compromissos. Esta situação se agrava com a falta de organização do mercado produtor, constituído, como é, por uma massa difusa de vendedores sem coesão, sem unidade de ação, sem resistência financeira, em frente de dez ou doze casas compradoras, apercebidas de todos os recursos para a luta, e ligadas pelo interesse comum de comprar a baixo preço."[69] Seria constituído um fundo, gerido por um Conselho especial, com um capital total de 300 mil contos para fornecer empréstimos aos produtores, adquirir cafés a fim de regularizar a oferta, realizar campanha de publicidade no exterior.

Na Câmara dos Deputados, foram aprovadas várias emendas com o objetivo de transformar a defesa do café em defesa permanente da produção nacional, abrangendo a borracha, o cacau, o algodão, o fumo, o açúcar, o mate, obedecidas as especificidades de cada produto. No Senado, os gaúchos lograram que se limitassem as importações de charque, não obstante os protestos de um Senador alagoano contra a proteção a uma mercadoria vendida pelo Rio Grande do Sul por preços superiores à similar uruguaia ou argentina.[70] Por fim, o Decreto n.º 4.548, de 19 de junho de 1922, autorizou o Governo Federal a promover o incremento e defesa da produção agrícola e pastoril, por meio de medidas de emergência e a criação

---

[68] Love, *ob. cit.*, pp. 190 e segs.
[69] *Anais da C. D.*, vol. XIII, 1921, Rio de Janeiro, Imp. Nacional, 1924, pp. 15 e segs.
[70] *Anais do Senado*, Sessão de 26 de abril de 1922, vol. I, 1922, Rio de Janeiro, Imp. Nacional, 1924, pp. 267 e segs.

de institutos permanentes. O Banco do Brasil forneceria créditos até 50 mil contos à indústria pastoril, ao algodão, cacau, açúcar, borracha e mate. Criava-se o Instituto de Defesa Permanente do Café, nos moldes da Mensagem Presidencial, constituído de cinco membros, cujo Presidente seria o Ministro da Fazenda, cabendo a Vice-Presidência ao Ministro da Agricultura. Os demais membros seriam nomeados pelo Presidente da República, "entre pessoas de notória competência em assuntos agrícolas, comerciais e bancários".

As expectativas da Reação Republicana, acerca do significado da eleição de Bernardes, não se confirmaram. Em primeiro lugar, as rebeliões tenentistas provocaram uma aglutinação das oligarquias dissidentes, em torno do Presidente. Este, por sua vez, empenhou-se em realizar uma política de contenção de despesas e de restrição às emissões, na linha que vinha sendo reclamada pelos representantes do Rio Grande do Sul. O comportamento do Governo Bernardes, sob tal aspecto, deve ser visto mais uma vez sob o ângulo dos problemas que afetavam o país globalmente e das respostas viáveis a essas dificuldades.

A recessão internacional de 1920, combinada com o elevado nível da oferta, provocou, como vimos, uma queda dos preços internacionais do café, que se refletiu na balança comercial do país. Ao saldo da balança comercial mais elevado de toda a história da República, em 1919, seguiram-se dois anos de saldos negativos. Isto agravaria a situação do balanço de pagamentos, considerando-se a necessidade de atender aos crescentes compromissos da dívida externa, não incluídos no *Funding Loan* de 1914. Entre 1921-1922, a dívida ampliou-se em 25% para custear obras do Nordeste, saldar compromissos do Tesouro (1921), valorizar o café e realizar obras ferroviárias (1922).[71] As contínuas emissões, efetuadas a partir de 1920, destinaram-se a financiar tanto a valorização como os crescentes déficits do orçamento federal. Villela e Suzigan observam que as emissões atenuaram o impacto da depressão, sem provocar aumento de preços até 1922. A partir daquele ano, coincidente com a posse de Bernardes em novembro, os preços se elevaram continuamente.

Bernardes enfrentou uma conjuntura difícil, combinando a repressão aos seus adversários no plano político, com uma reviravolta no plano econômico-financeiro. Dentre suas preocupações centrais, encontravam-se os pagamentos da dívida externa que se elevariam com a retomada da

---

[71] Villela e Suzigan, *ob. cit.*, p. 338.

amortização, vinculada ao segundo *Funding Loan*, a partir de 1927. Estas preocupações não eram, aliás, apenas suas. Uma missão financeira inglesa, chefiada por Lorde Montagu, esteve no Brasil em fins de 1924 e fez um exame da situação do país. Em seu relatório, encaminhado à Presidência da República, apontou os "sérios riscos" decorrentes das operações valorizadoras governamentais e das emissões de papel-moeda, apoiando as recentes medidas do Governo Federal com o objetivo de entregar a defesa do café aos próprios produtores.[72]

É dentro deste contexto que se deve entender a passagem da defesa do café para o Estado de São Paulo, a partir de novembro de 1924. Embora entregasse aos paulistas dois cargos fundamentais, colocando Rafael Sampaio Vidal no Ministério da Fazenda e Cincinato Braga no Banco do Brasil, Bernardes demonstrou desde o início de seu Governo a disposição de levar avante uma política de contenção. Os gastos governamentais foram reduzidos, a lei de defesa permanente da produção nacional ficou no papel. Quanto ao café, construíram-se apenas no interior de São Paulo os chamados armazéns reguladores, destinados a regular a entrada da mercadoria nos portos.

A insatisfação dos empresários decorrente do quase abandono da defesa e as queixas motivadas pela forma como vinha sendo utilizado o mecanismo de retenção provocaram entendimentos entre o Presidente de São Paulo – Carlos de Campos – e o Presidente da República. O Decreto federal n.º 4.868, de 7 de novembro de 1924, aprovado pelo Congresso, autorizou a passagem da defesa do café para o Estado de São Paulo, transferindo-se também a este os armazéns reguladores, pelo preço de custo. Logo a seguir, a Lei estadual n.º 2.005, de 19 de dezembro de 1924, criou o Instituto Paulista da Defesa Permanente do Café, que passou depois a denominar-se Instituto do Café do Estado de São Paulo. A separação dos caminhos entre os paulistas e o Governo Federal completou-se, em janeiro de 1925, com a demissão de Sampaio Vidal e Cincinato Braga.

Pela primeira vez, afora um breve período inicial da valorização de 1906, a burguesia do café assumia a defesa de seus interesses, assentada apenas em sua base regional. A disputa pelo controle da União, por parte de setores divergentes no interior da classe dominante, em 1921-1922, é um indício da crescente importância do Poder Central. Mas, o exemplo da Presidência Bernardes mostra mais uma vez como a realização da política

---

[72] Taunay, *ob. cit.*, vol. XII, p. 194.

hegemônica, a partir da União, estava sujeita a um certo grau de consenso entre as oligarquias e aos problemas gerados pela dependência externa. É verdade que, no tocante ao peso da dívida externa, os problemas financeiros se manifestavam não só no nível federal como também no estadual. Entretanto, o crescente comprometimento dos orçamentos paulistas às obrigações impostas pela dívida não sofria a impugnação de nenhum grupo social dominante no Estado. A situação financeira nunca chegou a ser catastrófica até a crise mundial, graças principalmente aos recursos provenientes do Imposto de Exportação. O banqueiro Schroeder, embora com exagero, chegou a afirmar em 1915 que São Paulo poderia obter empréstimos mesmo no curso da guerra, por ser produtor de um gênero privilegiado, em condições de gerar recursos suficientes para pagar seus débitos. Além disso, não tinha o Estado a responsabilidade de enfrentar os problemas monetários e cambiais, de competência da União.

A defesa permanente, implantada pelo Instituto do Café de São Paulo, visava a alcançar os seguintes objetivos principais: 1º) regular a entrada de café no porto de Santos, através da retenção da oferta nos armazéns reguladores; 2º) efetuar compras da mercadoria, quando se julgasse necessário; 3º) melhorar as informações, a estatística e a publicidade do produto. Na prática, o mecanismo essencial da defesa baseou-se no primeiro destes três pontos. Os fundos do Instituto constituíram-se pelo lançamento de uma taxa de viação de um mil-réis ouro (isto é, correspondente em moeda inglesa a 27 d.) sobre cada saca de café em trânsito pelo Estado de São Paulo; com a utilização desta taxa, como garantia, levantaram-se empréstimos externos, destinados ao financiamento dos cafeicultores, por conta da mercadoria retida nos armazéns. No curso da realização do programa, os aspectos financeiros foram desvinculados do Instituto. A Divisão de Finanças deste foi abolida e as transações financeiras entregues ao Banco do Estado de São Paulo, criado em novembro de 1926, cujas ações em sua imensa maioria estavam nas mãos do próprio Instituto do Café e do Governo Estadual.[73]

Para a compreensão do alcance do plano e de seus efeitos, convém ressaltar três características. Em primeiro lugar, a defesa permanente foi iniciada como uma operação regional que, a princípio, não sofreu restrições de fundo em São Paulo, apesar das divisões no espectro político e das fricções entre o Estado e os grupos de interesse. Tão ligado quanto o

---

[73] Peláez, *ob. cit.*, p. 74.

Partido Republicano Paulista ao setor agrícola, o Partido Democrático absteve-se de atacar o esquema até o início de 1929, discutindo apenas a ausência de fiscalização das despesas do Instituto e a forma de sua direção. A lei de criação do organismo estabeleceu que ele seria dirigido por um conselho de cinco pessoas, cabendo a Presidência e a Vice-Presidência, respectivamente, ao Secretário da Fazenda e ao da Agricultura. Quanto aos outros três nomes, dois seriam indicados pela lavoura e um pela Associação Comercial de Santos. Posteriormente, em outubro de 1926, o Instituto foi remodelado, separando-se as funções executivas e as consultivas. A administração passou para a responsabilidade exclusiva do Secretário da Fazenda, criando-se um Conselho Consultivo, com atribuições fiscais, sob a Presidência deste, a Vice-Presidência do Secretário da Agricultura e mais três membros, nomeados pelo Presidente do Estado, "entre pessoas de notória competência em assuntos agrícolas, ou comerciais e bancários". A Associação Comercial de Santos e as sociedades agrícolas protestaram contra a alteração, com o apoio dos democráticos. Estes podiam influir no Instituto através das entidades de classe, mas não tinham a mesma possibilidade quando o controle total do organismo passava para as mãos do Estado e, portanto, do PRP. Em certos momentos, entretanto, a imprensa do PD chegou a reconhecer a inconveniência de denunciar eventuais ilegalidades cometidas pela direção do Instituto. Quando um político vinculado ao PRP denunciou certas irregularidades de pouca importância, praticadas por funcionários públicos, o jornal dos democráticos desafiou-o a fazer o mesmo com as novas obras de abastecimento de águas, poupando o Instituto do Café, "cuja administração seria para todos nós deprimente desmoralizar e talvez perigoso para a defesa do nosso principal produto".[74]

Dado o seu caráter regional, a defesa permanente pressupunha um entendimento entre os vários Estados produtores que, em princípio, deveriam arcar de forma eqüitativa com os ônus e benefícios dela resultante. A tentativa de estabelecer um equilíbrio se fez através dos convênios cafeeiros, realizados periodicamente, a partir de dezembro de 1925, tendo como principal objetivo estabelecer as quotas de embarque para cada Estado. A fixação destas quotas e outros problemas geraram inúmeros atritos. O Paraná somente aderiu ao convênio depois de obter o dobro da quota que lhe fora de início fixada, a integração da Bahia tornou-se possível quando Vital Soares, vinculado à política paulista, elegeu-se à Presi-

---

[74] *Diário Nacional*, 31-8-27.

dência do Estado. As diferenças maiores surgiram entre São Paulo e Minas. Um decreto mineiro de 1927 estabeleceu que o escoamento das safras seria feito dentro dos doze meses do ano agrícola, provocando descontentamento em São Paulo, onde a retenção se prolongava por maior período. O interesse da cafeicultura paulista era de que os demais Estados entrassem no compasso do esquema, sem conseguir vantagens adicionais. Os mineiros – com uma produção menor que a de São Paulo – tratavam de escoar as safras o mais rapidamente possível, beneficiando-se do guarda-chuva aberto pelos paulistas. Além disso, como salientou o Deputado Daniel de Carvalho, Minas não tinha condições para realizar uma retenção a prazo longo, por não possuir armazéns reguladores, não ter o controle das estradas de ferro para estocar mercadoria nas estações, nem dispor de um aparelho bancário como o de São Paulo.[75] Os problemas entre os dois Estados persistiram ao longo dos últimos anos da República Velha. Em setembro de 1929, o representante de Minas ao 4º Convênio Cafeeiro insurgiu-se contra os princípios demasiado rígidos da defesa permanente, lamentando que não se pudesse efetuar uma venda de 60.000 sacas de cafés finos à Suécia, para entrega imediata, por força dos compromissos interestaduais.[76]

A afirmação de que o esquema de defesa do café passara a ser regional não pressupõe o desinteresse do Governo Federal pelo setor cafeeiro, que continuava a ser a base de sustentação do sistema econômico. A partir da Presidência Washington Luís, cristalizou-se uma divisão de funções pela qual o Estado de São Paulo continuou a arcar com os compromissos da valorização e a União tratou de supervisioná-la, adotando ao mesmo tempo medidas assecuratórias da renda da cafeicultura. Em dezembro de 1927, entrou em vigor um decreto que autorizou o Governo Federal a regular o comércio do café, por meio de medidas de caráter permanente ou temporário, com a faculdade de estabelecer as limitações que julgasse convenientes ao interesse público. Os termos da lei eram bastante vagos e a sua regulamentação foi reclamada pelo Secretário da Fazenda de São Paulo, em meados de 1929, como instrumento para arbitrar as pretensões dos Estados produtores. De qualquer forma, os contatos entre Washington Luís e o Governo de São Paulo foram freqüentes, tendo por objetivo estabelecer o

---

[75] *Anais da C. D.*, Sessão de 27 de maio de 1927, vol. III, 1927, Rio de Janeiro, Imp. Nacional, 1929, pp. 57 e segs.
[76] Taunay, *ob. cit.*, vol. XIII, p. 335.

equilíbrio entre as necessidades cambiais do país e o grau de restrição da oferta de café. Por sua vez, a Caixa de Estabilização, criada em dezembro de 1926, em moldes semelhantes ao da antiga Caixa de Conversão, veio assegurar aos cafeicultores que a taxa cambial não se elevaria consideravelmente, embora os preços internacionais do produto pudessem subir.

A segunda característica do plano de defesa, aliás bastante conhecida, era a sua definição como medida permanente. Da forma como foi realizado, impulsionou uma enorme expansão produtiva, acentuando o desequilíbrio profundo do mercado cafeeiro que se prolongou pelos anos 30. A fixação do adiantamento concedido pelo Banco do Estado de São Paulo aos produtores, na base de 60$000 por saca, tinha por expresso pressuposto a defesa das zonas velhas, responsáveis por cerca de 60% da mercadoria exportada pelo porto de Santos. Considerando-se o custo médio de produção em São Paulo, em 1928, o adiantamento correspondia a quase metade do custo nas zonas novas e a mais de um terço, nas zonas velhas.[77] O esquema não tinha, portanto, intenções seletivas, como ocorrera no passado, pois incentivou a manutenção de antigos cultivos e a abertura de novas frentes. Este fato foi particularmente significativo no Estado de São Paulo. Como nota Monbeig, o avanço do plantio vinha aí resultando não apenas da evolução dos preços como da deterioração das zonas mais antigas do velho Oeste paulista. É razoável supor que a política de preços vinculada à defesa tenha sustado a tendência ao abandono destas zonas, nos últimos anos da década de 20. Em termos globais, o número de pés de café aumentou na década em todos os Estados, alcançando áreas sem vantagens comparativas no território nacional.

PÉS DE CAFÉ EM DIVERSOS ESTADOS

	1921	*1930*
São Paulo	843.592.000	1. 188.058.000
Minas Gerais	511.252.100	650.691.700
Espírito Santo	122.500.000	271.400.000
Rio de Janeiro	160.239.000	213.818.000
Bahia	49.799.000	94.440.200
Pernambuco	27.886.000	82.073.000
Paraná	15.138.000	30.229.000

FONTE: Castro, *ob. cit.*, p. 89, extraído de Taunay.

---

[77] Peláez, *ob. cit.*, pp. 75-76.

Por último, o esquema de defesa permanente buscou alcançar uma certa modificação nas relações de dependência entre grupos nacionais e estrangeiros. A retórica antiimperialista que aflorara em vários momentos de crise acabara se desvanecendo, diante de planos cujos maiores beneficiários tinham sido exatamente este ou aquele setor do imperialismo. Em 1906-1909, em 1921-1924, banqueiros e importadores haviam assumido o controle dos estoques e assegurado para si as maiores vantagens. Agora, a defesa se apresentava como um mecanismo de garantia da renda dos cafeicultores, sob a proteção do Estado, tratando de vincular-se ao capital financeiro apenas para obter financiamento. Os empréstimos externos foram utilizados no adiantamento de recursos aos fazendeiros, cuja mercadoria se encontrava retida à espera de autorização para ingresso nos portos. O principal objetivo da regularização das entradas consistia em impedir o velho jogo dos importadores e especuladores, os quais tiravam vantagem tanto da alternância das safras maiores e menores, como da entrada irregular do produto nos centros de exportação. Eles adquiriam a mercadoria a baixo preço nas safras maiores e nos períodos em que entrava em grande massa nos portos, para vendê-la em ocasião mais oportuna quando os preços se elevavam.

A defesa permanente do café em choque com os interesses norte-americanos   Não por acaso, a defesa permanente irritou os importadores e círculos governamentais nos Estados Unidos. É certo que as manobras de Sielcken tinham provocado alguns anos antes a ação dos congressistas americanos, em nome do consumidor, contra os especuladores. Agora, porém, os ataques se dirigiam à "insolência" de um país dependente. Em 1925, o Secretário do Comércio, Herbert Hoover, abriu uma campanha pelo corte de créditos a países que valorizavam seus produtos com intervenção governamental e a favor do maior consumo do chá e do chocolate. Depois de um período de recuo, voltou a insistir nos ataques, durante a campanha presidencial de 1928, que o levaria à Presidência da República.[78]

A insolência da burguesia do café era porém relativa. Todo o plano valorizador dependia do capital financeiro, e o Estado de São Paulo assumiu compromissos de vulto. Em janeiro de 1926, contraiu um empréstimo de 10 milhões de libras esterlinas com Lazard Brothers Co. Posteriormente, esta casa bancária londrina abriu um crédito anual de 5 milhões de libras no Banco do Estado de São Paulo, a ser depositado

---

[78] Taunay, *ob. cit.*, vol. XII, p. 227.

nos bancos que estivessem fornecendo adiantamentos aos cafeicultores. Em meio à crise 1929-1930, como veremos, novos empréstimos foram concedidos. É significativo observar que, em um período de crescente penetração do capital americano no país, a grande maioria dos créditos foi obtida junto aos ingleses. Isto decorria apenas em parte dos fortes laços que uniam a burguesia paulista ao capital financeiro britânico. Como na Inglaterra o consumo de café era secundário, não havia obstáculos para a concessão de financiamentos destinados a valorizar o produto. A situação era exatamente oposta, nos Estados Unidos. Em 1925, por exemplo, o Departamento de Estado vetou um financiamento de 15 milhões de dólares, solicitado pelo Instituto de Café à firma J. & W. Seligman e um empréstimo de 25 a 35 milhões, de Speyer & Co., em nome do Estado de São Paulo, tendo em vista a destinação dos recursos.[79]

Do ângulo da política do café, a história dos últimos anos da Primeira República pode ser apreendida em uma seqüência que abrange as dificuldades surgidas no esquema de defesa permanente, a partir de 1927; a cisão das duas maiores oligarquias em meados de 1929; a grande crise mundial, aberta em outubro daquele ano.

Um dos pressupostos básicos do plano de defesa permanente era comum às valorizações anteriores. Tendo-se em conta o ciclo normal de produção do cafeeiro, esperava-se que a uma grande safra seguir-se-iam algumas de pequeno vulto. Os antecedentes históricos pareciam dar solidez a este pressuposto. Entretanto, nos anos subseqüentes a 1926, as colheitas foram muito abundantes e as pequenas safras se tornaram excepcionais. Tomado o problema como um todo, ele não se restringe ao marco cronológico do fim da Primeira República. Projeta-se pelo período posterior, quando todos os cafeeiros plantados na época de euforia passaram a dar frutos. Nos limites da República Velha, as dificuldades se tornaram sensíveis a partir da safra de 1927-1928. Esta produziu 26,1 milhões de sacas, tendo sido quase duas vezes superior à média dos últimos três anos. Com o financiamento externo, o Instituto reteve os excessos e garantiu os preços que, após uma queda transitória, em junho de 1927 (16,9 cents por libra-peso), voltaram a se elevar (22,1 cents por libra-peso, em novembro daquele ano). Depois de uma pequena safra de 10,9 milhões de sacas, em 1928-1929, no segundo semestre de 1929 se anun-

---

[79] Moniz Bandeira, *Presença dos Estados Unidos no Brasil,* Rio de Janeiro, Ed. Civ. Brasileira, 1973, p. 220.

ciava novamente uma grande colheita, que alcançaria mais de 30 milhões de sacas. A abundância das safras, na segunda metade da década de 20, ainda não se explica pelas novas plantações realizadas à sombra protetora da defesa permanente. Considerando-se que a plena produção do cafeeiro só é alcançada oito anos após o plantio, o fenômeno se liga às plantações feitas no pós-guerra que substituíram arbustos destruídos pela geada e ampliaram seu número. Delfim Netto sugere como outras razões para o fenômeno as condições climáticas favoráveis e a melhora de trato dos cafezais, graças à elevação das disponibilidades dos fazendeiros beneficiados pela valorização.[80]

Uma nova crise da economia do café estava em gestação desde o início de 1929. Paralelamente, o espectro político se complicava, levando à cisão das duas maiores oligarquias e ao surgimento da Aliança Liberal, em julho daquele ano. Pouco antes da formação da Aliança, o Deputado paulista Paulo de Moraes Barros, representante do Partido Democrático e antigo Presidente da Liga Agrícola Brasileira, abriu na Câmara dos Deputados uma série de ataques à política cafeeira oficial. Em 20 de junho de 1929, iniciou a análise da Mensagem presidencial daquele ano, criticando a retenção excessiva que conduzia ao gradativo avanço dos concorrentes do Brasil no mercado mundial. Lembrou a existência de 10,5 milhões de sacas de café retidas e a impossibilidade de se contar com safras menores no futuro. Havia mais de 300 milhões de cafeeiros novos iniciando a produção, o que fazia prever safras crescentes, nunca inferiores à exportação de 1928. Após censurar a "paradoxal política de exportar menos, vender mais caro e viver de empréstimos", defendeu a aceleração das vendas, enquanto isso era possível, a preços razoáveis. Não fazia sentido deixar estagnada a mercadoria improdutivamente "nos cemitérios de café em que se estavam transformando os armazéns reguladores".[81] Em seu conjunto, o Partido Democrático não estava porém muito preocupado com a coerência, procurando por todas as formas tirar proveito dos problemas cafeeiros para reforçar seu prestígio em São Paulo. O jornal partidário exploraria de outro modo a Mensagem presidencial, atacando a frase nela existente: "A retenção já é uma prova de produção abundante, que excede o consumo, e que, portanto, não poderá provocar novas plantações. Somente um insensato poderá iniciar o cultivo de um produto

---

[80] Delfim Netto, *ob. cit.*, p. 128; Villela e Suzigan, *ob. cit.*, p. 192.
[81] *Diário do Congresso Nacional*, 21-6-29.

que já existe em excesso e que leva no mínimo quatro anos para começar a produzir." Como poderia o Presidente da República dar atestado de insensatez à maioria agrícola de São Paulo, "escol do engrandecimento paulista", que continuava plantando café?[82]

A Aliança Liberal – como frente de oposição – investiria contra a política do Governo, mas cercar-se-ia de cuidados para impedir que a crítica fosse confundida com um ataque frontal ao setor cafeeiro. Este comportamento se deve a várias razões: o café constituía o núcleo básico da economia e seu abandono levaria o país a uma crise sem precedentes; Minas surgia como figura central da Aliança e, além disso, havia necessidade de não ferir os interesses do Partido Democrático de São Paulo. De um modo geral, os aliancistas trataram de distinguir entre "defesa" e "valorização", colocando-se a favor apenas da primeira. A distinção era importante: "defender o café" – uma expressão vaga, do agrado da cafeicultura mineira – significava adotar medidas para sustentá-lo, não coincidentes porém com o esquema valorizador de iniciativa paulista. Na plataforma da Aliança Liberal, lida por Getúlio Vargas no Rio de Janeiro, já no curso da crise mundial (2 de janeiro de 1930), esta posição se tornou bem mais explícita. Em um longo item dedicado ao café, o candidato qualificou a política de valorização de desastrosa, considerando que o Instituto deveria ter-se voltado para medidas de longo alcance, como a redução dos gastos de produção e transporte, a diminuição de impostos e, tanto quanto possível, a supressão dos intermediários. Estas medidas proporcionariam aos lavradores lucros ao menos tão compensadores como os auferidos em virtude da valorização artificial e muito mais certos e sólidos. Com bastante habilidade, o redator da plataforma apoiou-se na atitude do "preclaro e saudoso" Conselheiro Antônio Prado, que, em carta dirigida a Nilo Peçanha em 1921, havia se manifestado a favor da intervenção esporádica nos negócios cafeeiros para auxiliar o produtor, mas contrário à defesa permanente.[83]

Não obstante as crescentes dificuldades que se tornaram claras em meados de 1929, o Instituto do Café de São Paulo, sob a Presidência de Mário Rolim Telles, continuou sustentando o ponto de vista de que não havia superprodução, nem proteção indireta aos produtores de outros países. Se estes haviam ampliado as plantações, isso se devia ao incentivo

---

[82] *Diário Nacional*, 21-7-29.
[83] Getúlio Vargas, *A Nova Política do Brasil*, Rio de Janeiro, José Olympio, vol. I, p. 50.

representado pela redução dos cafezais brasileiros, após a geada de 1918. Era inconveniente desvalorizar um produto, na expectativa de vendê-lo em maior quantidade, quando se conhecia a inelasticidade da procura.[84]

Antes mesmo que a "quinta-feira negra" de 24 de outubro de 1929 abrisse, na Bolsa de Nova York, a grande crise mundial, os problemas inerentes à superprodução brasileira, agravados pela política de contenção monetária realizada pelo Governo Federal, desencadearam a crise no Brasil. Na primeira quinzena de outubro, os jornais faziam referência à situação asfixiante da praça de Santos, à baixa do café em Nova York, à avalancha de quebras e concordatas.[85] O Secretário da Fazenda de São Paulo pediu ao Banco do Brasil o redesconto de 100.000 contos para o Banco do Estado, a fim de socorrer o setor do café. Rolim Telles tinha-se identificado com um esquema valorizador que fracassara. Porém, em meio à crise, via com clareza que a retração do crédito teria efeitos desastrosos. Diante da negativa do Banco do Brasil, apesar da intervenção pessoal do candidato Júlio Prestes junto a Washington Luís, o Secretário da Fazenda paulista demitiu-se, a 11 de outubro.[86] As restrições do Governo Federal levaram São Paulo a contrair um empréstimo de 2 milhões de libras esterlinas, através de um grupo de banqueiros, liderados por J. H. Schroeder & Co. As negociações se processaram em meados de outubro, e o Estado de São Paulo pagou o ônus da sua obtenção na difícil situação tanto interna como internacional já existente naquele momento. O montante bruto do empréstimo, que correspondia a 84 mil contos em moeda do país, ficou reduzido aproximadamente a 75 mil contos líquidos. Os juros reais – juros nominais, comissões etc. – alcançaram 18 a 19%, no prazo de 7 meses, e, mesmo assim, o empréstimo foi dividido com prudência entre 11 banqueiros.[87]

A partir de fins de outubro de 1929, a crise assumiu grandes proporções. Internamente, o empréstimo de 2 milhões de libras esterlinas foi insuficiente para minorar os problemas de crédito. Os bancos trataram de restringi-lo e reduziram suas operações sobre café; externamente, a expectativa de queda de consumo conduziu a uma imediata retração dos importadores, com reflexos no nível de preços. O preço do café Santos, 4, no

---

[84] Veja-se o relato da intervenção de Rolim Telles, no 4.° Convênio Cafeeiro, em Taunay, *ob. cit.*, vol. XIII, p. 335.
[85] *Diário Nacional*, 11-10-29; 12-10-29.
[86] Rolim Telles, *A Defesa do Café e a Crise Econômica de 1929*, São Paulo, 1931.
[87] *Diário Nacional*, 12-12-29.

disponível em Nova York, desceu de 22,4 cents por libra-peso, em setembro de 1929, para 15,2 em dezembro, sendo em média de 14,1 cents no primeiro semestre de 1930 e de 12 cents no segundo semestre daquele ano.[88] Os fazendeiros haviam recebido adiantamentos por conta das safras de 1928 e 1929, que se encontravam em grande parte retidas e cujo valor caía seguidamente. Segundo eles, tinham despendido no custeio das safras os adiantamentos e suas economias. Com a retração do crédito, muitos não puderam fazer os pagamentos da colheita encerrada em outubro e encontravam obstáculos até mesmo para a compra a crédito de gêneros alimentícios.[89] Descontados os naturais exageros da descrição de um quadro destinado a sensibilizar o Governo, permanece o fato incontestável de que as dificuldades eram muito grandes e poderiam ser mesmo dramáticas em determinados casos.

Como se sabe, Washington Luís tentou enfrentar a crise com medidas que concorreram para agravá-la. Ele acreditava que seria possível sustentar a renda do setor cafeeiro e o mecanismo da Caixa de Estabilização, ampliando as exportações e adotando uma política deflacionária. A ampliação das exportações implicava o abandono da sustentação de preços. Sua expectativa era a de que o aumento do volume exportado compensaria a queda destes. Neste aspecto adotava o antigo ponto de vista da oposição democrática que passara a defender outras soluções, onde se incluíam as emissões, o acordo com grupos estrangeiros nos moldes de 1908, a supressão dos cafés de baixa qualidade. O Presidente da República partia do pressuposto de que ocorria uma simples recessão do mercado e não uma crise de dimensões internacionais. Na primeira das hipóteses, seria viável que os importadores se aproveitassem da oportunidade para refazer estoques, adquirindo não só a safra corrente como o café armazenado no país.[90] Com a crise, o aumento das exportações de café não foi significativo – aproximadamente 14,2 milhões de sacas em 1929; 15,2 milhões em 1930 – enquanto os preços caíram em proporção muito maior, a ponto de a mercadoria render 67,3 milhões de libras esterlinas em 1929 e apenas 41,2 milhões em 1930. A sustentação da taxa cambial facilitou a saída de capitais do país, através da troca de notas de Caixa de Estabilização, provocando o seu colapso. Por sua vez, a diminui-

---

[88] Delfim Netto, *ob. cit.* p. 129.
[89] A descrição consta do memorial encaminhado ao Presidente da República, transcrito no *Diário Nacional* de 11-1-30.
[90] Delfim Netto, *ob. cit.*, p. 130.

ção da receita de divisas acabou por se refletir na taxa cambial que entrou em declínio.

Vimos como a hegemonia da burguesia do café nunca assumiu a forma de uma integral identificação entre o Governo Federal e os interesses corporativos da classe. Mas, no passado, com Campos Sales ou Rodrigues Alves, por maiores que fossem as queixas da cafeicultura, o elo entre a classe e sua representação se mantivera. Na conjuntura de 1929-1930 ocorreria uma verdadeira crise orgânica, definida pelo desencontro entre dois níveis. Sob o ângulo aqui considerado, os acontecimentos que marcaram a política cafeeira nos últimos meses de vida da República Velha podem ser vistos como uma disputa entre a burguesia do café, entrincheirada em suas associações e no Governo do Estado de São Paulo, e o Governo Federal.

O atrito entre os cafeicultores e o Governo Federal   Apesar das pressões que vinham do Estado de São Paulo, Washington Luís negou-se a atender os pedidos de moratória e de emissões, limitando-se a conceder alguns créditos através do Banco do Brasil, após a renúncia de Rolim Telles. Esta atitude provocou diferenças de comportamento no interior da Aliança Liberal. O Partido Democrático procurou extrair as vantagens políticas da intransigência presidencial. Enquanto isso, João Neves da Fontoura pronunciou um longo discurso na Câmara dos Deputados, na qualidade de líder da minoria, analisando a crise do café e criticando a imprevisão de toda a política de defesa. Fiel à ortodoxia financeira, sustentada pelos gaúchos, ressalvou apenas a atitude do Presidente, no tocante às emissões, que lhe parecia justa. Aliás, na plataforma da Aliança, Vargas foi mais longe, fazendo a expressa defesa do plano financeiro de Washington Luís.[91]

O ponto mais alto do atrito entre a cafeicultura e o Governo Federal foi o Congresso de Lavradores, realizado em São Paulo, entre fins de dezembro de 1929 e os primeiros dias de janeiro de 1930. São conhecidos os *slogans* ainda prudentes de Alfredo Pujol, as vaias a um congressista que tentou ensaiar a defesa de Júlio Prestes. Em meio aos circunspectos representantes da lavoura, surgiu Oswald de Andrade, para abrir o jogo franco: "Sou um encalacrado que fala em um Congresso de encalacrados." Mas, quando passou a se referir depreciativamente a Antônio Carlos e a Epitácio Pessoa, viu-se obrigado a abandonar a tribuna, acusa-

---

[91] *Diário do Congresso Nacional*, 26-11-29; Getúlio Vargas, *ob. cit.*, p. 37.

do de ser um agente do Governo que procurava perturbar a reunião. Os líderes da Aliança, se não mereciam apoio, mereciam respeito. Afinal, entre eles encontrava-se o homem que se convertera em defensor da cafeicultura, quase dez anos atrás. A Comissão eleita no Congresso de Lavradores encaminhou inutilmente um memorial ao Presidente da República, no qual, entre outras reivindicações, pedia a mobilização de um estoque de 10 milhões de libras esterlinas, existente no Banco do Brasil, segundo o último balanço, para atender a operações de redesconto, assim como a criação de um Banco Central de Emissão e Redesconto.[92]

Diante da intransigência presidencial, São Paulo obteve um vultoso empréstimo externo de 20 milhões de libras esterlinas, mais uma vez junto a um grupo de banqueiros liderados por J. H. Schroeder & Co. Quase metade do empréstimo se destinava a consolidar dívidas de curto prazo com os banqueiros ingleses, estabelecendo-se com o saldo disponível um programa de compras que não conseguiu deter a evolução da crise, nos anos seguintes. A oposição explorou longamente as condições do empréstimo. José Eduardo de Macedo Soares, por exemplo, escreveu da prisão um artigo em que denunciava os objetivos dos "judeus da City": fazer uma boa operação e afastar os setores financeiros americanos do Estado de São Paulo. Para pôr fim a descalabros como este, esperava do Brasil, da mocidade brasileira e das Forças Armadas a escolha do "único caminho possível".[93]

O caminho foi trilhado em outubro de 1930, conduzindo ao fim da Primeira República. De um ponto de vista estritamente econômico, a crise mundial seria muito mais relevante para a explicação da política cafeeira na década de 30 do que o episódio revolucionário. O leque de alternativas aberto ao Governo Vargas se compunha de algumas opções entre as quais não se incluía o abandono do setor do café. A própria queima do produto figurava desde princípio do século entre as respostas possíveis a uma situação de crise excepcional. Teriam sido afinal muito diversas as medidas adotadas por Júlio Prestes se chegasse ao poder, em novembro de 1930?

Porém, como tantas vezes se tem dito, tomada a questão de um ponto de vista mais amplo, o colapso da República Velha corresponderia ao fim

---

[92] *Diário Nacional*, 11-1-30.
[93] *Diário Nacional*, 19-7-30.

da hegemonia da burguesia do café. Na fase de ascensão da classe, predominância e hegemonia acabaram por coincidir, ao longo do processo histórico; a partir dos anos 30, o fim da hegemonia iria se combinar com um movimento muito mais lento de gradativa perda de uma posição de predomínio.

CAPÍTULO II

A INDUSTRIALIZAÇÃO DURANTE A REPÚBLICA VELHA

A CONCEPÇÃO de uma "revolução" industrial ou de uma "decolagem" industrial tem sido largamente descurada por historiadores econômicos. Em lugar de um surto dramático na aplicação de novas técnicas e processos de manufatura, verificou-se lenta acreção de habilidades e capital fixo, cujos inícios são remotos e discutíveis. O industrialismo, evidentemente, registrou-se primeiro na Inglaterra e espalhou-se, por meio da dispersão de operários especializados, produtos, maquinarias e, às vezes, capital, para a Europa do Norte e para os Estados Unidos por volta de 1800. Como a maioria dos outros países "novos" de expansão européia, o Brasil participou muito cedo do processo de industrialização, barganhando matérias-primas e gêneros alimentícios por artigos manufaturados importados. Nessa troca, o Brasil tirava proveito dos seus ilimitados recursos naturais e da sua mão-de-obra barata, mas provocava também o desaparecimento ou a limitação das indústrias manuais do país. A transição para a manufatura doméstica principiou, na maioria dos países "novos", durante a segunda fase do crescimento econômico europeu, de 1850 a 1914, período em que duplicou a taxa de industrialização, e em que os progressos da técnica do transporte oceânico e da comunicação (navios a vapor e cabos submarinos) aumentaram consideravelmente a integração do sistema de mercado mundial. No Brasil, entretanto, somente com a abolição da escravidão veio a manufatura a proporcionar uma parte significativa do consumo brasileiro e a produzir impacto sobre o resto da economia e a estrutura da sociedade. À instituição da escravidão – ou, melhor dizendo, àqueles que insistiam em mantê-la – cabe a culpa do atraso de 40 anos, ou mais, em confronto com os outros países "novos". Os escravos podiam ser e eram empregados numas poucas fábricas antes da abolição, e formavam uma espécie de mercado, visto que seus donos precisavam vesti-los e dar-lhes utensílios, mas a escravidão engendrou uma força de trabalho ineficiente e desmoralizada. Os empregadores que tinham a alternativa da mão-de-obra escrava eram incapazes de adotar os incentivos salariais, de modo que utilizavam escassamente a mão-de-obra livre. Nessas condições, o setor de exportações só assegurava maiores lucros aos donos de escravos, à custa da estagnação do resto da sociedade. Com o advento da abolição, entretanto, o Brasil se viu repentinamente libertado também dos principais obstáculos ao desenvolvimento da industrialização capitalista.

A abolição foi tardiamente aceita pelos proprietários de terras do Sul, quando estes finalmente se convenceram da viabilidade da mão-de-obra imigrante nas fazendas, e depois de robustas indicações de que seria impraticável a continuada opressão dos escravos. A transição foi surpreendentemente fácil e enormemente proveitosa. A implantação de uma economia de salários em dinheiro no Brasil, portanto, ocorreu dentro do contexto do triunfo do sistema de exportação do café. Tal circunstância influiu sobremodo na forma e no rumo da industrialização brasileira. O comércio do café incentivava o progresso de um regime agrícola em grandes áreas novas, de alta fertilidade, e atraiu uma massa de trabalhadores rurais, desesperadamente pobres em seus torrões natais, induzindo-os a trabalhar em troca de salários. A conjuntura proporcionou não somente a massa crítica necessária à indústria, em função de um padrão de subsistência de alta qualidade para uma força de trabalho suficientemente grande, como também garantiu a submissão dessa força de trabalho à extração de uma elevada taxa de lucros pelas classes proprietárias e comerciais.

Foi muito significativo para a criação da indústria nacional que grande parte desse lucro permanecesse na área do café. Os cafeicultores de São Paulo, quase todos nativos, investiam em estradas de ferro e docas, bancos e sociedades comerciais, necessários à expansão dos seus negócios. Tais empresas geraram novos lucros, que puderam ser empregados na compra de maquinismos. Em outros países de exportação primária, em que os donos das propriedades eram absenteístas ou estrangeiros, o comércio de exportação permaneceu desligado do resto da economia, e a diversificação não ocorreu. Ao mesmo tempo, a fortuna, que se multiplicava, de uma elite dominante durante muitas gerações e que mal tivera a oportunidade de deixar de considerar-se dona de escravos, era uma garantia de que a transição para a sociedade industrial, por abrupta que fosse, seria apenas parcial e restrita, não iria até o fim, mas percorreria apenas parte do caminho, mais conservadora até do que a "revolução" industrial européia em seus objetivos e na sua dinâmica.

A industrialização e os imigrantes   Não obstante, o processo de industrialização foi imensamente influenciado pela onda de imigração européia. Os imigrantes, na grande maioria, eram jovens, preponderantemente do sexo masculino e, portanto, imediatamente produtivos. Em contraste com a força de trabalho nativa, composta sobretudo de habitantes das zonas rurais, avezada a um regime de trabalho de terça ou de escravidão, os imigrantes haviam sido, amiúde, habitantes de cidades ou tinham, pelo menos, experiência de trabalho assalariado e eram sensíveis aos seus incentivos. Os imigrantes, freqüentemente mais alfabetizados do que a classe brasileira inferior, trouxeram habilidades manuais e técnicas que raro se encontravam no Brasil. Visto que uma das principais falhas da sociedade agrária consistia justamente em não incentivar a aquisição das primeiras letras nem das habilidades artesanais, a importação desse acúmulo de capital humano constituiu um golpe tremendo, mais valioso do que as reservas de ouro ou mesmo do que a maquinaria. Nas áreas do café se concentrou uma mão-de-obra diligente, autodirigida e adaptável. Sem embargo disso, o seu aparecimento foi tragicamente desarmonizador, visto que os libertos e quase todo o resto da classe trabalhadora nativa estavam despreparados para competir e, como à elite não interessava destinar parte dos seus ganhos à melhoria do capital humano nativo, a maioria deles viu-se marginalizada pelo fluxo imigrante.

Crescendo mais depressa e estimulando a especialização, a renovada economia de exportação multiplicou, por isso mesmo, o emprego urbano no comércio, nos transportes, no Governo e no artesanato. As cidades entraram a crescer mais depressa do que a população em geral. Os índices de mortalidade nas áreas urbanas caíram sensivelmente, mercê da melhoria dos serviços de saúde pública, financiados sobretudo com os ganhos da exportação e destinados a tornar o Brasil mais atraente para os trabalhadores estrangeiros. A população urbana acrescida, em especial uma recém-surgida pequena burguesia, estimulou vigorosamente a procura de artigos importados e bens de consumo em geral. Ao mesmo tempo, a demanda, reestruturada, passou a consistir largamente em artigos baratos para o consumo de massa.

A abolição estava ligada à Proclamação da República, que reorientou substancialmente os planos de ação do Governo em relação à indústria.

Nenhuma das administrações subseqüentes se mostrou tão exuberantemente a favor do desenvolvimento quanto a Junta Revolucionária enquanto Bui Barbosa foi Ministro da Fazenda, mas a maioria se empenhou em planos de ação destinados a favorecer a indústria, incluindo crédito barato, empréstimos, isenções sobre a importação e legitimação das companhias. Os seus motivos, em parte, eram nacionalistas. Fora impossível, no início do século, não ter consciência da crescente desproporção de poder e riqueza entre a Europa do Norte, os Estados Unidos e o Japão, de um lado, e a América Latina e o mundo colonial do outro, como impossível seria não atribuir a diferença à incapacidade de industrializar-se. A necessidade de comprar artilharia e navios de guerra no estrangeiro, depois que o Brasil, no início do século XIX, produzira os próprios canhões e barcos de guerra, era uma prova notável do hiato cada vez maior. Não obstante, as numerosas isenções de direitos sobre matérias-primas e máquinas e as tarifas especialmente elevadas impostas a muitas espécies de bens de consumo importados eram, indubitavelmente, menos determinadas pelo nacionalismo do que por um "clientelismo" difundido, que reuniu os chefes do Partido Republicano e os industriais, a fim de assegurar a consolidação política e o lucro privado.

Num nível mais geral, os favores do Governo eram principalmente efeitos colaterais da sua política em relação ao setor de exportação. Durante toda a República Velha, com breves intervalos, seguiu-se um curso inflacionário, conveniente para os fazendeiros, que, formando uma classe de devedores, prefeririam pagar as suas contas em dinheiro de valor declinante. E, como também pagassem os salários com atraso, a política inflacionária tendia a desviar as rendas dos trabalhadores. Essa política ajudou os industriais até certo ponto pelas mesmas razões, mas também em virtude do aumento do custo das importações. As altas tarifas sobre os bens manufaturados, pesadamente protecionistas, foram decididas principalmente pela necessidade que tinha o Governo de pagar os seus empréstimos estrangeiros em ouro. A República, como o Império, carecia do poder político, ou mesmo da vontade, de tributar as rendas ou a terra, e recorria quase sempre a banqueiros estrangeiros para consolidar as suas dívidas. Por conseguinte, raríssimos eram os artigos manufaturados isentos de direitos, alguns dos quais atingiam 500% *ad valorem*. Os Deputados que favoreciam os industriais geralmente conseguiam uma redução diferencial para as importações de combustível e matérias-primas. A farinha de trigo, por exemplo, pagava 25 mil-réis de direitos por tonelada, ao passo que o trigo pagava apenas 10 mil-réis, estimulando, dessa maneira, os moinhos nacionais de farinha e pasta e as fábricas de biscoitos. A sacaria de juta, os fios de lã e de seda, as essências de perfumes e farmacêuticas, e a pasta de papel eram igualmente protegidos, permitindo a transformação final local.

Por outro lado, paradoxalmente, a República estorvou a criação de um mercado nacional para os artigos manufaturados, permitindo que os Estados tributassem a exportação de mercadorias, indiscriminadamente, para portos estrangeiros ou para outros Estados. Havia também muitos impostos locais que equivaliam a tarifas interestaduais de importação. Como esses impostos fossem aplicados principalmente pelos Estados mais pobres, de limitadas possibilidades de rendas, tiveram por efeito restringir um pouco a penetração de bens manufaturados do centro industrial de São Paulo–Rio. Alarmados pelo protecionismo do Governo Federal, os Estados nordestinos também ofereciam isenções de impostos e contratos de compra a longo prazo a novas fábricas dentro das suas divisas, mas essas medidas foram insuficientes para fomentar a indústria, e a diferença entre os níveis regionais de renda continuou a aumentar durante a República Velha. Os fabricantes do centro industrial foram compensados pela perda de mercados marginais, visto que o controle das políticas fiscal e monetária da União pelos Estados plantadores de café assegurava uma crescente concentração de crédito e renda em suas áreas.

Força hidrelétrica e transportes — Ao mesmo tempo em que a ambiência social e política se tornava mais favorável, um substituto do carvão como fonte de energia estava chegando ao ponto de aplicação prática. O carvão tinha sido ingrediente importantíssimo da industrialização do século XIX, e a falta de carvão de boa qualidade era o obstáculo mais sério no tocante ao suprimento. As primeiras cidades do Brasil a instalar geradores elétricos acionados por água foram Campos, no Estado do Rio, e Rio Claro, no Estado de São Paulo, em 1883 e em 1884. A energia empregada na iluminação das ruas e dos prédios à noite poderia ser aproveitada pelas máquinas durante o dia. Os primeiros bondes a usarem energia elétrica foram instalados na capital logo após a sua invenção, em 1895. A capacidade elétrica instalada no Brasil atingia um megawatt por volta de 1890, dez por volta de 1900 e cem por volta de 1908. (Chegou a mil por volta de 1938.) A energia hidrelétrica foi um avanço tecnológico tão fortuito para o Brasil meridional quanto o carvão coque o tinha sido para os ingleses três séculos antes. Não é possível imaginar o desenvolvimento da indústria na base limitada do carvão feito de eucalipto, e o custo do carvão importado teria sido tão nocivo ao desenvolvimento industrial no Brasil quanto o foi para a Argentina, cuja industrialização sofreu uma parada depois dos rápidos progressos iniciais.

As estradas de ferro eram tão essenciais ao desenvolvimento econômico quanto o fornecimento de energia. A Europa e os Estados Unidos tinham começado as suas redes ferroviárias no princípio do século XIX, depois de uma fase preliminar de construção de canais, e as completaram muito antes de iniciar-se realmente o sistema brasileiro. A demora na construção das estradas de ferro, além da inadequabilidade da maioria dos projetos de canais do Brasil, foi um fator importante da estagnação do Brasil no século XIX. Nos últimos 15 anos do Império, todavia, se assentaram alguns trilhos. Havia mais de 9.000 quilômetros por volta de 1889, aos quais se acrescentaram mais 17.000 nos primeiros 25 anos da República.

As linhas de estradas de ferro destinavam-se a levar os produtos de exportação aos portos. Também serviam aos propósitos da industrialização nacional, trazendo matérias-primas e combustível dos portos e do interior e permitindo a distribuição de bens acabados por áreas extensas. Infelizmente, porém, a ausência de tráfego de carga de exportação a granel entre os centros industriais desestimulou-lhes a conexão, e muitas se viram separadas também por variações das bitolas. O resultado foi uma série de regiões de mercado isoladas, mais ou menos desligadas umas das outras, e todas tão pequenas que inibiam o fabrico da maioria de bens que não fossem de consumo.

Técnicas e maquinaria

A implantação de um sistema industrial requeria a transferência da técnica dos países já industrializados, principalmente em forma de máquinas e habilidades para operá-las. Alguns membros da elite e da classe média urbana estudaram engenharia civil em escolas fundadas ou desenvolvidas durante a República, e outros viajaram para o estrangeiro a fim de aprender engenharia mecânica e elétrica ou estudar, especificamente, a instalação e operação de certas espécies de máquinas. De uma forma esmagadora, contudo, as habilidades necessárias acompanhavam o afluxo de imigrantes, alguns dos quais eram profissionais contratados para instalar e operar estradas de ferro, refinarias de açúcar ou fábricas de tecidos ou agentes que tinham vindo vender equipamentos e aqui ficavam para operá-los. Muitos desses técnicos contratados, diante da necessidade de consertar e reconstruir a maquinaria, passaram a fabricá-la. Entretanto, os bons engenheiros constituíam pequena minoria. A quase totalidade das operações tecnicamente complexas das fábricas era levada a cabo por imigrantes que só tinham uma ligeira tradição familiar de produção manual ou alguma experiência pessoal na operação de máquinas fabris. Alguns tiveram suficiente capacidade para regressar à Europa ou visitar os Estados Unidos a fim de adquirir as habilidades que, a seu ver, faltavam ao Brasil.

A transferência da maquinaria era menos difícil do que se poderia imaginar, pelo menos enquanto a Primeira Guerra Mundial não arruinou o sistema comercial do mundo. O aparecimento de desafios, lançados por norte-americanos e alemães, à hegemonia industrial dos britânicos tornou possível, por volta da década de 1890, um mercado internacional muito mais aberto e competitivo. A rede comercial dos europeus, criada para aumentar-lhes as exportações de bens de consumo e assegurar-lhes o fornecimento de matérias-primas e gêneros alimentícios, tornou-se cada vez mais diversificada e extensa. Reconheceu-se que a economia de exportação gerou no Brasil uma procura interna superior à que poderia ser satisfeita pelas importações. Já em 1903, um cônsul norte-americano informava que as tarifas do Brasil impossibilitavam muitos fabricantes norte-americanos de penetrar-lhe o mercado e que, portanto, convinha pensar na conveniência dos investimentos diretos em certo número de linhas de produção que estavam maduras para a exploração. Os alemães, sobretudo, encaravam as economias de industrialização do suprimento de matérias-primas como oportunidade para vender equipamento hidrelétrico, locomotivas, motores diesel e máquinas industriais. Embora pequenas em quantidade, as formas de transferência de capital eram muito mais variadas e, sem dúvida, menos onerosas do que atualmente. As companhias organizadas para fabricar no estrangeiro, capitalizadas com títulos levantados em Londres ou no continente, eram antes operações independentes do que operações de filiais. Muito freqüentemente, por ser difícil manter o controle da sua direção, essas companhias se nacionalizavam depois da primeira geração de operações.

As técnicas mecânicas foram aplicadas no setor de exportação muito antes de quaisquer outras, principalmente porque os seus produtos, tendo de competir no mercado internacional, precisavam ser eficientemente produzidos. O fabrico do açúcar, o acondicionamento da carne, o descaroçamento e o enfardamento do algodão, o curtume dos couros e o beneficiamento do café, portanto, figuravam entre as primeiras linhas de produção que seriam realizadas com vapor e energia elétrica. É interessante notar que no processamento do café – descascar, separar, secar e classificar – não havia máquinas européias ou norte-americanas fabricadas com essas finalidades, e os inventores brasileiros criaram o seu próprio equipamento, acicatados pela escassez de escravos e, mais tarde, pela necessidade de poupar a mão-de-obra assalariada.

O alto custo do transporte marítimo, mesmo depois da introdução do serviço de navios a vapor, possibilitou a proveitosa produção nacional de uma variedade de manufaturas para a qual existiam matérias-primas. Os materiais de construção, como tijolos e telhas, são tão pesados que precisam ser produzidos perto do local da construção. A necessidade de derrubar vastas áreas de mata virgem na área do café tornou proveitosas as serrarias e liberalizou o emprego da madeira. A difundida cultura do algodão explica, em grande parte, por que as fábricas de tecidos de algodão logo se tornaram um grande setor da indústria brasileira, em contraste com a Argentina, que nunca se libertou da dependência da importação de tecidos. Refrigerantes e cerveja engarrafados revelaram-se, desde o início, um sucesso de fabricação em toda a América Latina, uma vez que o lúpulo e os materiais aromatizantes importados constituíam uma parcela muito pequena do produto acabado. As próprias garrafas começaram a ser fabricadas no Brasil por volta de 1900. Os rebanhos nacionais de bovinos e suínos, mercê do custo baixo da terra, proporcionavam vigorosas vantagens de preços em artigos de couro, sabão, velas, banha, carnes enlatadas e laticínios. Em muitas outras linhas de bens de consumo a disponibilidade de matérias-primas locais e o alto custo do espaço em navios de carga contrabalançaram as vantagens dos métodos mais eficientes de produção na Europa e nos Estados Unidos.

A metalurgia Sem embargo de tudo isso, um dos setores mais significativos da maquinaria de fabricação e da metalurgia dependeu, no princípio, quase que totalmente de matérias-primas importadas. A produção nacional de ferro e aço se atrasava pela falta de depósitos de carvão perto das imensas reservas de ferro de Minas Gerais. Os altos-fornos construídos no princípio do século XIX tinham-se fechado. A única usina bem-sucedida que ainda restava era a "Esperança", de J. J. Queiroz, em Itabirito, fundada em 1888. Havia também inúmeras forjas catalãs e fornos de tipo africano, que fundiam pequenas quantidades de ferro. A produção nacional não ultrapassou 3.000 toneladas anuais nos anos que precederam a Primeira Guerra Mundial, apesar de um consumo total que subiu de 130.000 para 580.000 toneladas entre 1903 e 1913. Em 1921, a firma belga ARBED, incentivada pelo Governo estadual de Minas Gerais, comprou ações de outra usina montada em Sabará e acrescentou um forno de aço e uma oficina de laminação, que empregavam carvão. Durante a década de 1920, construiu-se em São Paulo meia dúzia de pequenos fornos, que consumiam sucata e empregavam a eletricidade. O mercado, todavia, continuou a ser abastecido principalmente através de importações, parte como artigos acabados (trilhos), mas principalmente como artigos destinados a alimentar a indústria metalúrgica nacional: fios, chapas galvanizadas, folhas de estanho, eixos e rodas, barras, tirantes, chapas etc. A mais simples aplicação desses materiais era o conserto de equipamentos existentes, embora boa parte dele fosse utilizada na produção de novos equipamentos, principalmente para ajustar-se às necessidades locais e, mais uma vez, para economizar espaço em navios. Um exemplo óbvio eram as caldeiras. Teria sido caríssimo enviar por mar uma caldeira acabada através do Atlântico, mas umas poucas chapas lisas poderiam ser facilmente afeiçoadas e rebitadas aqui. O mesmo se poderia dizer das estruturas em que se apóiam os vagões de estradas de ferro, as pontas de aço, as latas e os tubos de folha-de-flandres e até produtos elementares, como pregos e parafusos, importados mais economicamente em forma de chapas e folhas de ferro e aço. A capacidade para produzir esses artigos supunha um investimento considerável em instrumentos e máquinas matrizes, equipamento de forja e de solda, e máquinas para fabricar latas.

A industrialização em 1920 As tabelas que se seguem dão uma idéia da extensão da industrialização no Brasil por volta de 1920. Os dois recenseamentos citados com maior freqüência, o de 1907 e o de 1919 (*Tabela 1*), são muito difíceis de comparar e requerem muita cautela em sua interpretação. O censo de 1907 foi realizado particularmente pelo Centro Industrial do Brasil. Os seus realizadores reconheceram que se tratava tão-somente de um esboço, cuja virtude residia em ser mais completo do que as estatísticas do Imposto do Consumo. Com efeito, a introdução ao recenseamento de 1907 inclui uma autocrítica, em que se reconhece que o censo não é completo e se calcula ter havido uma subestimação das indústrias de mais de 25%. Não obstante, o verdadeiro valor era ainda maior. O levantamento foi feito pelo correio, e grandes áreas não mandaram respostas. O Estado de São Paulo, por exemplo, tinha 183 municípios em 1907, mas apenas 44 responderam. Entre os que deixaram de responder figuravam centros importantes, como Rio Claro, Limeira, Jaú, Mogi-

Mirim e São José dos Campos. Em 1907, Rio Claro possuía uma cervejaria, uma fábrica de carros, serrarias, olarias, oficinas mecânicas e um pátio ferroviário. O recenseamento de 1919 mencionou 727 firmas em São Paulo fundadas antes de 1905 e ainda existentes catorze anos depois, ao passo que o censo de 1907 encontrou apenas 326. Conquanto a amostra do Rio fosse realizada em primeira mão, surgiram lacunas notáveis. O Centro registrou fábricas de calçados no valor de 15 milhões de mil-réis, e fábricas de cigarros, charutos etc., no valor de 5 milhões, mas o fisco arrecadava impostos sobre 20 e sobre 7 milhões de mil-réis, respectivamente. Está claro que o levantamento de 1907 foi muito falho; as suas estimativas do número de firmas deveriam ser provavelmente triplicadas, e o número de trabalhadores e o valor da produção, pelo menos, dobrados.

TABELA 1

SUMÁRIO DE CENSOS INDUSTRIAIS, 1907 E 1919

Censo	Número de Fábrica	Trabalhadores Empregados	Cavalos de Força	Valor da Produção (000 mil-réis)	Capital (000 mil-réis)
1907	2.988	136.420	114.555	668.843	580.691
1919	13.336	275.512	310.424	2.989.176	1.815.156

FONTE: Brasil, Diretoria-Geral de Estatística, *Recenseamento... 1920*, V, pt. 1. Os dados de 1907 não incluem as usinas de açúcar, a extração do sal, nem as firmas fotográficas e ópticas.

É provável que o recenseamento de 1919 (*Tabela 2*) não fosse muito mais completo. O censo mencionou 3.850 estabelecimentos nas catorze linhas tributadas pelo Imposto de Consumo, mas os coletores federais em 1911 localizaram 11.335 estabelecimentos das mesmas linhas. Ainda que grande número das sete mil e tantas unidades não contadas fossem, sem dúvida, oficinas manuais, a discrepância é pasmosa. O recenseamento proporcionou uma relação pelas datas de fundação de todas as firmas manufatureiras, e essa relação foi utilizada para calcular a taxa de crescimento do setor industrial durante a República Velha. Visto que só era possível uma relação de firmas sobreviventes, essa interpretação, pouco exata, propendia a favorecer os anos que precederam o censo e dava a

TABELA 2

MANUFATURA POR SETORES, 1919

Setores	Número de Fábricas	Trabalhadores Empregados	Valor da Produção (mil-réis)	Capital (mil-réis)
Moagem	478	4.598	222,1	58,6
Conservação da carne	8	4.264	143,6	101,6
Carne-seca	49	3.796	113,5	65,9
Fumo	296	14.510	106,7	49,8
Refinação de açúcar	88	1.112	102,0	22,2
Cerveja	214	4.939	95,7	80,7
Outros alimentos e bebidas	2.836	18.652	417,5	143,3
Tecidos de algodão	266	92.462	580,9	579,7
Outros tecidos	945	19.735	244,5	126,7
Calçados	1.319	14.814	140,5	49,2
Outras roupas	669	13.434	105,6	52,4
Sabão e velas	241	2.568	66,6	40,9
Outras substâncias químicas e drogas	719	12.782	170,7	110,1
Serrarias	999	10.433	102,3	92,1
Metalurgia	415	10.836	74,4	47,9
Todas as outras manufaturas	3.804	46.579	303,6	194,6

FONTE: Brasil, Diretoria-Geral de Estatística, *Recenseamento... 1920*, V, pt. 1.

impressão de que ocorrera um salto enorme durante os anos de guerra. Só recentemente, Annibal Villela teve ocasião de notar que essas firmas efêmeras, além do mais, eram muito menores do que a média.

Não obstante, o recenseamento de 1907 notabilizou-se entre os levantamentos industriais por haver apresentado uma relação de firma por firma. Sendo ela mais completa no âmbito superior, permite que se abstraiam as cem maiores empresas brasileiras do tempo (*Tabela 3*). Os registros de impostos sobre bens de consumo proporcionam uma estimativa da extensão em que a manufatura nacional, em suas linhas básicas, se avantajara aos artigos estrangeiros, antes mesmo da Primeira Guerra Mundial (*Tabela 4*). Até essa tabela é incompleta, não só em razão das insuficiências dos registros de impostos (em 1911, só foram tributados 5 milhões de

TABELA 3

AS 100 MAIORES FIRMAS MANUFATUREIRAS, 1907

Ordem	Nome da Firma	Setores	Localização	Valor da Produção	Capital *(000 mil-réis)*	Trabalhadores	Cavalos Vapor
1.	Rio de Janeiro Flour Mills	moagem	GB	14.000	5.634	300	1.000
2.	Moinho Fluminense-Santista	moagem	GB, SP	11.400	3.000	243	1.000
3.	Cia. Nacional de Tecidos de Juta	sacaria	SP	9.000	8.793	1.500	880
4.	F. Matarazzo & Cia.	tecidos, fósforos/ moagem, alimentos	SP	8.825	7.130	1.850	1.270
5.	Cia. Fiat Lux	fósforos	RJ	7.200	2.900	804	180
6.	Cia. Luz Stearica	sabão, velas	GB	6.000	7.000	300	100
7.	Cervejaria Brahma	cervejaria	GB	6.000	5.700	700	700
8.	Emílio Calo & Cia.	carne-seca	RS	5.563	900	500	200
9.	Cia. Confianza Industrial	tecidos	GB	5.100	12.979	1.350	1.700
10.	Cia. Açucareira	refinação de açúcar	GB	4.856	2.500	50	755
11.	Fernando Hurlmann	fósforos	PN	4.800	3.000	800	85
12.	Cia. Carioca	tecidos	GB	4.200	8.410	1.300	1.243
13.	Cia. Aliança	tecidos	GB	3.900	12.742	1.650	2.189
14.	Manuel Carneiro Costa	serrarias	PA	3.840	1.000	156	30
15.	Hime & C.	estaleiros navais, fundição	GB	3.760	510	389	177
16.	Anaya Irigoyen	carne-seca	RS	3.735	500	410	110
17.	Cia. Brasil Industrial	tecidos	GB	3.600	9.676	1.053	1.500
18.	Cia. Melhoramentos de São Paulo	cerâmica, papel	SP	3.600	9.000	158	460
19.	Cia. União Fabril da Bahia	tecidos	BA	3.600	3.172	1.170	500
20.	Antonio Nunes Ribeiro Magalhães	carne-seca	RS	3.362	500	370	80
21.	Lundgren-Tecidos Paulista	substâncias químicas, tecidos	PE	3.330	5.811	1.700	887
22.	Progresso Industrial	tecidos	GB	3.300	13.601	1.651	1.900

(cont.)

Ordem	Nome da Firma	Setores	Localização	Valor da Produção	Capital	Trabalhadores	Cavalos Vapor
					(000 MIL-RÉIS)		
23.	Cia. Empório Industrial do Norte	tecidos	BA	3.300	5.878	1.600	1.400
24.	Cia. Fiação e Tecelagem Corcovado	tecidos	GB	3.000	8.730	812	1.400
25.	Cia. América Fabril	tecidos	GB	3.000	7.600	1.320	1.025
26.	Fábrica São João	tecidos	GB	3.000	2.400	450	300
27.	Sociedade Ítalo-Americana	tecidos	SP	2.880	9.779	1.131	1.040
28.	Otero, Gomes & Cia.	banha	RS	2.780	1.200	100	20
29.	Cia. Antártica Paulista	cervejaria	SP	2.700	10.000	362	600
30.	Domingos Joaquim da Silva	serraria	GB	2.500	400	60	240
31.	Pedro Osório & Cia.	carne-seca	RS	2.438	500	350	100
32.	Empresa Industrial Bageense	carne-seca	RS	2.434	400	300	60
33.	Albino Cunha	moagem	RS	2.420	616	160	200
34.	Cia. Petropolitana	tecidos	RJ	2.400	10.059	1.152	1.380
35.	Cia. Fiação e Tecel. Pernambuco	tecidos	PE	2.370	4.892	990	900
36.	Luiz Souza Brandão	sacaria	MG	2.370	450	150	60
37.	Fábrica de Cerveja Paraense	cervejaria	PA	2.350	1.000	80	230
38.	Cia. Manufatura Fluminense	tecidos	RJ	2.340	9.963	966	500
39.	Dannemann & Cia.	fumo	BA	2.314	500	1.600	–
40.	Cunha & Cia.	cal, cimento	PE	2.181	1.500	120	250
41.	Cia. de Fósforos Segurança	fósforos	SP	2.160	2.000	600	150
42.	Cia. Mate Laranjeira	mate	MT	2.000	4.000	3.000	100
43.	Cia. Santista	sacaria	SP	2.000	816	326	300
44.	Lameirão Marciano & Cia.	calçados	GB	2.000	800	180	30
45.	Clark, Ltd.	calçados	SP	2.000	500	300	145
46.	Freitas Dias	serrarias	PA	2.000	500	80	60
47.	Lage & Irmãos	estaleiros navais	GB	2.000	–	1.500	250
48.	Votorantim (Banco União)	tecidos	SP	1.950	6.920	696	1.050
49.	Túlio Lima & Cia.	chapéus	GB	1.800	1.000	300	140
50.	Richardson & C.	fundições	AM	1.800	1.000	85	75
51.	Moss, Irmão & Cia.	serrarias	GB	1.800	500	44	400
52.	Machado Bastos	serrarias	GB	1.800	200	45	80

(cont.)

Ordem	Nome da Firma	Setores	Localização	Valor da Produção	Capital	Trabalhadores	Cavalos Vapor
					(000 MIL-RÉIS)		
53.	"S. A." (sic)	carne-seca	RS	1.759	259	200	60
54.	João Tamborim	carne-seca	RS	1.759	100	150	30
55.	Nicolau Alam	carne-seca	RS	1.713	100	200	20
56.	Cia. União Fabril	tecidos	RS	1.710	5.000	1.008	710
57.	Cia. Industrial Pernambucana	tecidos	PE	1.680	5.857	604	600
58.	Otterer, Speers & Cia.	tecidos	SP	1.680	2.827	507	650
59.	Cia. Fabril de Vidros e Cristais do Brasil	vidros	GB	1.680	1.200	45	20
60.	"Uma Companhia" (sic)	carne-seca	RS	1.669	350	180	80
61.	Jacob Renner & Cia.	banha	RS	1.650	500	55	20
62.	Nunes & Irmão	carne-seca	RS	1.650	120	70	30
63.	Cia. Braga Costa	chapéus	GB	1.500	1.500	300	90
64.	Cia. Industrial Penedense	tecidos	AL	1.500	858	500	250
65.	J. Velloso	serrarias	GB	1.500	200	40	80
66.	B. Ferreira Costa e Souza	gelo	GB	1.450	360	42	450
67.	Souza Pereira & Cia.	chapéus	SP	1.435	920	158	16
68.	José Francisco Corrêa	fumo	RJ	1.400	1.200	180	20
69.	Christiano Jacob Trost	banha	RS	1.400	380	41	10
70.	Cunha & Gouveia (credores)	refinação de açúcar	PE	1.350	6.000	120	400
71.	Cia. Fiação e Tecelagem Cometa	tecidos	RJ	1.350	2.800	455	600
72.	Empresa Lacerda & Cia.	carne-seca	RS	1.288	250	60	60
73.	Fonseca, Irmão & Cia.	sabão, velas	PE	1.260	750	66	25
74.	Francisco F. Fontana	mate	PN	1.232	1.000	30	18
75.	David Carneiro	mate	PN	1.219	500	70	30
76.	Cia. Comércio e Navegação	sal	RN	1.200	5.000	1.500	–
77.	Cia. Industrial Mineira	tecidos	MG	1.200	2.220	400	300
78.	Cia. Alagoana	tecidos	AL	1.200	2.000	600	700
79.	Azevedo & Cia.	fumo	PE	1.200	2.000	522	25
80.	Cia. Progresso Alagoana	tecidos	AL	1.200	1.755	600	700
81.	Bhering & Cia.	chocolates	GB	1.200	597	150	30

A INDUSTRIALIZAÇÃO DURANTE A REPÚBLICA VELHA

(cont.)

Ordem	Nome da Firma	Setores	Localização	Valor da Produção	(000 MIL-RÉIS) Capital	Trabalhadores	Cavalos Vapor
82.	Fábrica Santa Luzia	aniagem	RJ	1.200	500	220	250
83.	José Andreuzza	vinho	RS	1.200	150	84	25
84.	Cia. Cedro & Cachoeira	tecidos	MG	1.170	2.200	811	250
85.	Breitas & Filho	carne-seca	RS	1.146	150	100	40
86.	Costa Ferreira & Penna	fumo	BA	1.125	160	600	–
87.	Manuel Patrício & Filho	carne-seca	RS	1.110	120	85	46
88.	Zeferino Lopes Moura	carne-seca	RS	1.109	180	78	60
89.	Elias Farhat & Irmão	calçados	SP	1.100	630	450	16
90.	Carvalho Andrade	calçados	GB	1.100	480	350	50
91.	F. Rheingantz	chapéus	RS	1.100	300	164	60
92.	E. Garrido & Cia.	fósforos	PN	1.100	60	160	25
93.	J.-J. Mendonça Azevedo	carne-seca	RS	1.066	250	79	20
94.	Augusto Nogueira	carne-seca	RS	1.066	150	80	8
95.	Tavares & Moreira	carne-seca	BA	1.064	100	60	40
96.	Cia. Progresso Industrial da Bahia	tecidos	SP	1.050	4.287	460	460
97.	Cia. Fabril Paulistana	tecidos	RS	1.050	3.687	400	200
98.	Santo Becchi & Cia.	tecidos	RS, GB	1.050	800	700	400
99.	M. Buarque Novo Lloyd Brasileiro	estaleiros navais	SP	100	–	500	140
100.	Cia. Mecânica e Importadora	fundições	RS	300	5.000	353	200

FONTE: Centro Industrial do Brasil, *O Brasil*, vol. 3. O valor da produção de tecidos foi calculado por metros na base de 0,3 mil-réis/metro. As usinas de açúcar foram omitidas. Retiraram-se algumas firmas, porque parecem haver superestimado o valor da sua produção. A Cia. Mecânica e Importadora e M. Buarque foram arbitrariamente colocadas no fim da lista, por haverem, ao que tudo indica, subestimado a sua produção. As principais firmas que estão faltando nesta lista são as oficinas de consertos das estradas de ferro, as companhias de navegação e de docas, e as instalações de serviços públicos, muitas das quais tiveram capacidade para construir e consertar o próprio equipamento.

TABELA 4

COMPARAÇÃO ENTRE A PRODUÇÃO
E A IMPORTAÇÃO NACIONAIS, 1933.
ARTIGO SUJEITOS AO IMPOSTO DE CONSUMO.

Artigos	(000 mil-réis) Nacionais	Importados	Nacional %
Tecidos	192.098	47.312	82,1
Bebidas (cerveja, soda, bebidas espirituosas)	101.296	47.638	68,1
Sapatos e botas	68.225	2.425	96,6
Fumo	39.056	1.565	96,1
Chapéus	28.984	3.836	85,8
Produtos farmacêuticos	11.725	15.788	42,6

FONTE: Centro Industrial do Brasil, *Relatório da Diretoria*, 1915.

garrafas de cachaça – meia garrafa por ano por adulto), mas também porque pouquíssimas linhas pagavam impostos no começo da República. Os fabricantes brasileiros satisfaziam a mais da metade da procura em outras linhas também: ensacamento, móveis, couros preparados, flores artificiais, fósforos, malas, arreios e selas, luvas, gravatas, roupas prontas, biscoitos, chocolates, ferragens, acessórios de banheiro, artigos de folha-de-flandres e quase todos os gêneros de artigos enlatados. A indústria têxtil tornou-se mais complexa, à medida que se lhe acrescentaram tecidos de algodão tingidos e estampados, artigos de malha e tecidos de lã e de seda (*Tabela 5*). Já existia um comércio interestadual muito significativo desses artigos. Por volta de 1904, São Paulo vendia 1.160.000 dólares de artigos de algodão a outros Estados. No mesmo ano, importou 231.000 dólares de sapatos e botas, mas exportou quase a metade, a saber, 112.000 dólares, para outros Estados.

Na década de 1920, a lista das manufaturas nacionais continuou a aumentar. Os bens de consumo incluíam *rayon*, artigos de alumínio, artigos de esmalte, artigos de porcelana e de vidro, dentifrício e tubos de dentifrícios, lâmpadas elétricas, tinta para escrever, baterias, lâminas de barbear, discos de vitrola, pentes, papel fotográfico, fogões, equipamento de

TABELA 5

DESENVOLVIMENTO DA INDÚSTRIA TÊXTIL
DO ALGODÃO, 1885-1929

Ano	Número de Fábricas	Operários Empregados	Produção (000 metros)	Valor da Produção (000 mil-réis)	Capital (000 mil-réis)
1885	48	3.172	20.595	—	8.000
1905	110	39.159	242.087	47.330	209.320
1915	240	82.257	470.783	261.183	321.110
1921	242	108.960	552.446	288.000	165.350
1925	257	114.561	535.909	474.165	228.235
1929	359	123.470	477.995	317.450	304.150

FONTE: Adaptado de Stanley Stein, *The Brazilian Cotton Manufacture*, p. 191. Os dados de 1885 estão aparentemente incompletos. Não temos à mão o valor da produção de 1885. O valor de 1905 foi calculado tomando-se por base a média de 0,3 mil-réis/metro, usada no censo de 1907. Os valores em mil-réis são em mil-réis de 1915, ajustados de acordo com as taxas de câmbio que se vêem em O. Onody, *A inflação brasileira*, p. 23.

escritório, pianos, baterias de automóveis e tubos. Além disso, estava sendo encetada a produção de bens de capital: cimento, aço maleável e várias espécies de máquinas – elevadores, dispositivos de pesagem, motores elétricos, máquinas têxteis, equipamento de usinas de açúcar e peças de aço de locomotivas. A montagem de automóveis começou em várias fábricas de São Paulo por volta de 1919, possibilitada, em grande parte, pela maior capacidade elétrica, resultante das melhorias introduzidas na produção de energia hidrelétrica e na sua transmissão. Medidas indiretas de formação de capital aparecem no consumo do cimento, das formas de aço lisas e na importação de equipamento de bens de capital (*Tabela 6*).

É possível discernir na industrialização anterior à crise o mesmo processo de substituição da importação notado em épocas mais recentes. H. B. Chenery demonstrou que a substituição de importação em qualquer ponto do processo de industrialização responde por cerca de metade do novo crescimento industrial. A tendência de economia brasileira de substituir as importações por manufaturas locais sempre existiu. O declínio do tamanho relativo do setor externo não tem sido constante desde 1930, mas desde a década de 1850. Em todas as décadas, depois de 1880, observamos o desaparecimento de meia dúzia, ou mais, de produtos importantes

TABELA 6

INDICADORES DA FORMAÇÃO DE CAPITAL NA INDÚSTRIA, 1901-1930

Ano	Cimento: Consumo Aparente (000 tons.)	Aço chato: Consumo Aparente (000 tons.)	Índice do Quantum de Importação de Bens de Capital Industrial
1901	37,3	34,9	100,0
1902	58,8	61,3	55,9
1903	63,8	61,0	66,9
1904	94,0	66,5	72,7
1905	129,6	73,6	109,7
1906	180,3	91,8	116,4
1907	179,3	147,6	163,9
1908	197,9	127,1	169,7
1909	201,8	108,4	181,2
1910	264,2	150,3	208,9
1911	268,7	171,0	270,4
1912	367,0	215,9	361,4
1913	465,3	251,2	268,6
1914	180,8	127,2	111,6
1915	144,9	82,7	44,3
1916	169,8	82,0	56,7
1917	98,6	74,4	56,3
1918	51,7	44,1	64,9
1919	198,4	126,4	113,9
1920	173,0	195,5	190,3
1921	156,9	84,4	221,1
1922	319,6	117,8	161,1
1923	223,4	147,6	210,2
1924	317,2	253,9	265,8
1925	336,5	247,1	368,3
1926	409,7	248,5	272,4
1927	496,6	285,8	218,4
1928	544,2	341,3	234,5
1929	631,5	383,3	323,4
1930	471,7	181,4	175,5

FONTE: Adaptado de Annibal Villela e Wilson Suzigan, *Política do Governo e Crescimento da Economia Brasileira, 1889-1945*, p. 437.

da lista de importação. Por conseguinte, a aplicação do conceito de substituição da importação ao período da República Velha, conquanto interessante e essencialmente válido, requer algumas especificações. Primeiro que tudo, a fase inicial mais importante da substituição de importações talvez fosse a dos gêneros agrícolas. Por ocasião da Primeira Guerra Mundial apareceram mercados regionais para vários produtos outrora importados: arroz, vinho, vinagre, toicinho e banha, manteiga e queijo, conservas de frutas e óleos vegetais. A capacidade do setor agrícola para responder aos incentivos do mercado urbano, que crescia rapidamente, era, portanto, assaz significativa, uma vez que muitas divisas obtidas através da exportação de mercadorias puderam ser aplicadas na importação de matérias-primas e máquinas. Como indicação da escala dessa economia, note-se que em 1903 o valor do vinho importado era maior que o valor de todas as máquinas! De mais a mais, a agricultura fornecia uma proporção cada vez maior de entradas de fabricações nacionais, incluindo uma das mais importantes, o algodão em rama.

Em segundo lugar, nos anos que se seguiram à abolição, a substituição de importações pode ter sido uma fonte menos importante de expansão do mercado para os artigos fabricados no país, comparada com o crescimento natural do mercado nacional, através da imigração e da diminuição do coeficiente de mortalidade, e com a absorção do setor artesanal. A substituição dos ofícios manuais pelas indústrias não se completou durante o século XIX, pois, na realidade, mal começou no início do século XX e continua a processar-se até hoje. Será provavelmente impossível calcular a escala de produção artesanal no começo do século, mas existem alguns indícios. A lista de importações de 1903, por exemplo, mostra que se importaram 1.045 toneladas de fios de algodão de coser naquele ano. Foi esse todo o consumo brasileiro aparente, pois naquele tempo não havia fábricas de fios para coser. No mesmo ano, importaram-se 11.900 toneladas de tecidos, e 10.000 toneladas foram fabricadas no país. A relação de consumo de tecido e de fio parece ter sido, portanto, de 22 para um. Acontece, porém, que isto é anômalo, se tomarmos em consideração a proporção moderna de 60 para um. É muito provável, portanto, que metade, ou mais, do fio manufaturado importado fosse usado para costurar roupas de pano feito em casa e para fazer rendas e bordados. Não admira, pois, que a produção de tecidos de algodão crescesse nos anos que precederam a Primeira Guerra Mundial muito mais depressa do que a população e apesar das taxas estáveis de salário.

A passagem do artesanato à manufatura   A transformação do sistema produtivo, que passou do ofício manual para a manufatura, não se fez abrupta nem descontinuamente. Os dois métodos se fundiram e completaram, de modo que os ofícios manuais muitas vezes representavam um complemento da manufatura nacional, assim como a manufatura nacional era um complemento da importação. Havia, por exemplo, considerável quantidade de produção de trabalho manual especializado. As primeiras fábricas de fiação às vezes produziam o fio para tecelões que trabalhavam em casa, fábricas de sapatos mandavam costurar fora as gáspeas e palas, e boa quantidade das roupas feitas era cosida em casa. Claro está que, a princípio, grande parte do processamento dos alimentos – o engarrafamento e o preparo, e até o enlatamento – se fazia sem técnicas mecânicas. Na maioria dos casos é difícil determinar o ponto em que as oficinas começaram a reproduzir máquinas inteiras em lugar de peças individuais e principiaram a produzir em série, empregando a divisão do trabalho. Durante toda a fase inicial da industrialização e até em plena década de 1950, muitas fábricas não empregavam vapor nem energia elétrica, e 10% da força de trabalho individual, em 1919, eram empregados em fábricas com menos de cinco operários.

O processo de substituição da importação tem de ser considerado uma constante dentro do processo mais amplo de industrialização. A fase da importação de determinado produto começa quando a economia se diversifica a ponto de exigi-lo, e termina quando o seu mercado cresce tanto que lhe assegura a produção nacional. Vista na perspectiva do tempo, a substituição planejada da importação não aparece como um ataque a uma lista fixa e esgotável, mas como uma tentativa de compressão da fase de importação. Conquanto, por volta de 1919, a diversificação da agricultura e da manufatura houvesse contido significativamente a necessidade de importar muitas classes de matérias-primas e bens de consumo, a economia brasileira passara a exigir outros produtos em maior quantidade do que antes, e ainda importava artigos que não figuravam nas listas anteriores de importações. A importação de produtos de ferro e de aço, por exemplo, aumentou de 250 para 300 mil toneladas entre 1906 e 1929, ao mesmo tempo que a população crescia cerca de 50%. Nesse mesmo tempo, as importações de ferro cru, aço e máquinas quase triplicaram. A importação de automóveis e outros veículos, quase nula em 1906, atingiu 95. 000 unidades por volta de 1925 e custou 6,4 milhões de libras esterlinas, e o combustível para acioná-los mais 3,6 milhões; esses gastos, somados, perfaziam mais de 12% das importações totais (*Tabelas 7 e 8*).

TABELA 7

MUDANÇAS NA ESTRUTURA DAS IMPORTAÇÕES, 1903-1929

	Importações médias(t)			Importações per capita *(kg)*		
Classes de Importações	1903-6	1911-4	1926-9	1903-6	1911-4	1926-9
Artigos manufaturados	359	902	1.396	21,1	39,1	44,5
Matérias-primas	1.380	3.788	2.961	81,2	164,7	94,9
Gêneros alimentícios	2.420	4.562	1.065	142,4	198,0	34,1

FONTES: Brasil, Diretoria de Estatística Comercial, *Importação e exportação do Brasil, 1906/1907;* Brasil, Ministério da Fazenda, *Relatório, 1919;* Brasil, Diretoria do Comércio Exterior, *Comércio Exterior do Brasil, 1926/1930.*

As origens da industrialização brasileira dentro do complexo de exportação e importação são manifestamente visíveis no modelo dos seus fatores. Quase todos os empresários industriais por volta de 1914 tinham iniciado as suas carreiras como fazendeiros ou importadores, ou ambos, e geralmente continuavam a administrar fazendas ou a importar mercadorias depois de haverem fundado fábricas. Os fazendeiros que instalavam fábricas estavam geralmente empenhados na valorização das matérias-primas por eles controladas. Os primeiros cotonifícios de São Paulo foram erguidos por plantadores que tinham previsto o fim dos altos preços no mercado mundial do algodão depois da Guerra Civil Norte-americana e haviam comprado máquinas na Inglaterra com os seus lucros inesperados. Outros membros de famílias de agricultores organizaram fábricas de juta para aniagem, oficinas mecânicas para a produção do equipamento de benefício do café, frigoríficos, usinas e refinarias de açúcar, serrarias, curtumes e olarias. O controle das aquisições e concessões do Governo pelos fazendeiros arrastou-os à formação de companhias, como estradas de ferro e serviços de utilidade pública, que também se dedicaram ao fabrico ou à compra de bens manufaturados em larga escala. Dessa maneira, a Estrada de Ferro Paulista, de propriedade de lavradores, construía e reparava o seu equipamento em oficinas que empregavam setecentos operários no início do século. De vez em quando, os plantadores se metiam a fabricar bens de consumo que não tinham ligação alguma com os suprimentos de matérias-primas que possuíam. E surgiam como donos de fábricas de produtos farmacêuticos, pólvora, artigos de esmalte e aparelhos sanitários. A fábrica de vidro Santa Marina, em São Paulo, que fabricava a maioria das garrafas de cerveja no Brasil e mais tarde começou a produzir cristais, pertencia à família Silva Prado. Havia, provavelmente em razão do interesse inicial pela produção de equipamento agrícola, certo número de oficinas metalúrgicas, pertencentes a fazendeiros, e entre as quais figuravam oficinas que fabricavam elevadores, vagões de estradas de ferro, e forjavam o aço por volta dos anos 20. Com efeito, a maior oficina metalúrgica de São Paulo era a de Alexandre Siciliano, financiado por agricultores.

TABELA 8

IMPORTAÇÃO DE ARTIGOS MANUFATURADOS, POR CLASSES, 1924-1925

Média, 1924-1925	Peso (000 t)	Valor (000 £)
Manufaturas de algodão	8	5.158
Automóveis (unidades x 10^3)	34	4.329
Outros veículos	35	2.093
Manufaturas de lã	(a)	1.172
Manufaturas de ferro e de aço	294	6.317
Louça, vidro, artigos de porcelana	15	1.024
Maquinaria	91	11.000
Papel e produtos de papel	58	1.991
Substâncias químicas e drogas	25	1.692
Gasolina, querosene, óleo combustível	467	4.408
Total, incluindo diversos	1.141	47.725

FONTE: Brasil, Ministério da Fazenda, *Relatório*, 1925. (a) menos de 1.

Muitos importadores se voltaram para a indústria, em primeiro lugar, porque se viram na contingência de levar a efeito as operações de acabamento final dos bens que tinham importado. Essas tarefas finais, como a instalação de pontes de metal, eram demasiado complicadas para o comprador, ou envolviam considerações de custo, como a fresagem de porcas, roscas e parafusos, que exigiria um imenso inventário se cada tamanho e cada fio de rosca fossem importados já cortados. Os importadores, portanto, à medida que a procura aumentava e se tornava mais requintada, viam-se obrigados a adquirir muitas habilidades manufatureiras próprias.

E, o que é ainda mais importante, o importador era sempre o primeiro a discernir as possibilidades cada vez maiores da substituição da importação. Em regra geral, não sendo um especialista, lidava com ampla variedade de bens de consumo e produção. Conhecia os preços relativos de tudo o que se achava na lista de importação, incluindo as tarifas e impostos nacionais. Era capaz, portanto, de saber quando a procura de determinado produto se tornava suficientemente grande para justificar a fabricação no país. O importador, finalmente, ocupava a posição mais favorável no sistema de distribuição. Só ele tinha acesso ao crédito, através dos fornecedores ultramarinos ou através dos bancos comerciais locais, que objetivavam consolidar o comércio de exportação e especular em moedas estrangeiras. Qualquer industrial independente que procurasse fregueses para os seus artigos era obrigado a lidar com os importadores, que passavam a agir como atacadistas, e inevitavelmente se tornavam de grande interesse pela fábrica.

Os pioneiros Quase todos os industriais imigrantes apareceram antes da Primeira Guerra Mundial – Matarazzo, Gamba, Crespi, Diederichsen, Lundgren, os Jafet, os Weissflog, os Klabin – e levaram anos, e até decênios, nos negócios de importação antes de se aventurarem à indústria. A princípio, o motivo deles era sempre, manifestamente, engrossar a própria linha de importações ou efetuar no país o processamento final de algumas matérias-primas que importavam. Mesmo quando conseguiam passar inteiramente para a produção local dos produtos originalmente importados, continuavam a importar outros artigos, a fim de garantir para si mesmos continuados fornecimentos de combustíveis, lubrificantes e peças sobressalentes, e a fim de poder satisfazer à procura, cada vez mais diversificada. Foi assim que Matarazzo, na década de 1920, além de fabricar tecidos, farinha de trigo, alimentos enlatados e açúcar refinado, tinha agências de venda de automóveis e de filmes de cinema.

Os importadores imigrantes que se dedicaram à indústria tinham a vantagem de uma grande massa de compatriotas de classe inferior, que lhes proporcionavam procura, poupanças e mão-de-obra especializada. Compreendiam as suas preferências em matéria de alimentação, vestuário e habitação e instalaram máquinas para produzir os biscoitos, a pasta, a cerveja, os óleos de cozinha, os chapéus de feltro, os móveis e outros bens, que acabaram sendo aceitos também pelas classes inferiores nativas. As remessas de dinheiro de imigrantes foram uma fonte inicial de fundos de investimento para Briccola, Martinelli, Matarazzo e Puglisi Carbone, entre outros, que geriam agências de bancos italianos. Nos primeiros anos, era comum os homens de negócio imigrantes buscarem compatriotas e até pessoas da mesma cidade na Europa para preencher as vagas dos seus escritórios e oficinas. Em virtude do tamanho do mercado imigrante, os empresários que dele emergiram não podem ser qualificados de "marginais" ou culturalmente alienados. Ao invés disso, a diferenciação social passou a basear-se sobretudo em relações de classe, segundo os imigrantes realizavam a sua integração com a elite ou com a classe obreira nativas.

Em pouquíssimos anos se acumulou um quadro de industriais saídos da burguesia preexistente, das fazendas e da importação. Alguns membros da classe dos fazendeiros, sensíveis às considerações do lucro, diversificaram amplamente os seus interesses, não só no comércio e nas finanças, mas também nos transportes, nas utilidades públicas e na indústria. Os grandes proprietários de terras do Sul do Brasil puderam realizar essa transição, ao passo que nas outras regiões do Brasil e da América Latina os seus equivalentes perderam o controle em favor de estrangeiros, provavelmente por serem um grupo relativamente novo, cujas origens eram sobretudo comerciais, e cujos títulos de posse da terra, quase sempre comprados, se baseavam na expectativa do lucro. Mesmo enquanto donos de escravos o seu interesse pela produtividade, pelo crédito, pelos custos dos transportes e pela transição para o regime dos salários era indisfarçável. A fronteira móvel também lhes pode haver determinado a trajetória. A fonte de lucro não estava na terra por si mesma, senão nas substâncias nutritivas, rapidamente fungíveis, do solo. Por conseguinte, mais importante que a conservação de uma propriedade para a função de um patrimônio era o movimento progressivo de colonização, a envolver novas demarcações periódicas, que requeriam capital.

A posição dos importadores Os importadores tinham formado em todo o Brasil do século XIX uma classe de compradores. Na década de 1890, os portugueses detinham no Rio de Janeiro dois terços de todas as posições comerciais e profissionais. Nas cidades litorâneas do Brasil eles dominavam todas as ocupações pequeno-burguesas, exceto as profissões jurídicas. Era comum na América Latina formarem os pequenos comerciantes imigrantes uma barreira à mobilidade social de população urbana nativa, embora continuassem politicamente imunes, porque serviam aos interesses das elites proprietárias, que não se interessavam por ocupar tais posições, mas viam vantagens em deixá-las nas mãos de estranhos. Em São Paulo, os cafeicultores presidiam a um desenvolvimento muito mais complexo e dinâmico. Os próprios imigrantes, fragmentados em diversos grupos nacionais e subnacionais e extremamente transitórios, eram escolhidos pela atração das oportunidades econômicas das cidades e da capital. Nesse meio, uma vantagem máxima advinha aos que traziam habilidades comerciais ou técnicas, ambição e inclinação para jogar tudo por tudo. As tendências do "compradorismo" – a contratação de parentes, a manutenção das ligações comerciais da família no estrangeiro, cantinhos da praça do mercado – geralmente autodestruidoras, foram substituídas pela expansão das fronteiras. Mas os industriais imigrantes não eram exemplos de extrema mobilidade social. Pertenciam quase todos a famílias da classe média, e já tinham adquirido na Europa conhecimentos técnicos ou comerciais, chegando freqüentemente com algum capital ou encarregados da distribuição de alguma firma européia, ou ainda com alguma função de gerente no Brasil. Eram, portanto, aceitáveis aos plantadores pelos seus antecedentes e atitudes semelhantes, pelo seu prestígio ou pela sua europeidade e – cumpre dizê-lo – pela brancura da sua pele.

Os exportadores   O rápido crescimento dos negócios de exportação do café foi acompanhado de um vasto afluxo de capital estrangeiro. Convencidos da estabilidade da República de pulso de ferro, depois do tumulto dos anos de transição, os banqueiros europeus mostraram-se dispostos a continuar consolidando a dívida do Governo Central e a contratar empréstimos com os Estados, até com a finalidade muito pouco ortodoxa de sustentar o preço do café. O capital estrangeiro penetrou e passou a controlar largamente a exportação do café e os serviços de utilidade pública, e a possuir parte considerável da rede ferroviária, dos estabelecimentos bancários e de seguros. Europeus e norte-americanos também fizeram razoáveis investimentos na indústria. O fluxo de fundos para esse propósito procedia principalmente dos bancos comerciais locais, através dos importadores. Muitos pequenos industriais de São Paulo, por exemplo, tinham adquirido a sua maquinaria da casa importadora de Theodor Wille, em troca da exclusividade de distribuição, e os fundos de Wille tinham vindo do Brasilianische Bank für Deutschland e do Deutsche Überseeische Bank. Esses bancos, subsidiários de outros bancos alemães, eram estimulados pelo Governo imperial a fomentar a exportação de bens de capital. Havia cadeias financeiras semelhantes com origem em Londres, Paris, Antuérpia e Milão, e os seus elos intermediários costumavam entrelaçar-se. A Banque Bresilienne Italo-Belge e o Banco Francese ed Italiano proclamam nos nomes o seu caráter híbrido, mas havia muitos outros.

O capital estrangeiro introduzido por esses intermediários ia parar geralmente nas mãos de imigrantes, compatriotas dos gerentes financeiros. O Banco Francese ed Italiano foi formado em 1900 por um grupo de importadores italianos, que incluía Matarazzo. Quando este saiu, em 1906, os demais sócios, dirigidos por Puglisi Carbone, receberam uma infusão de fundos da Banca Commerciale Italiana. Puglisi Carbone imediatamente deu início à aquisição de uma enfiada de fábricas, que incluíam um moinho de farinha, uma refinaria de açúcar e uma fábrica de meias. O banco recebeu os *holdings* locais da Banque de Paris et des Pays-Bas em 1910 e, mais tarde, contou com Rodolfo Crespi, Heinrich Trost e Emílio Falchi entre os seus diretores industriais imigrantes. Por volta de 1912, as ligações políticas do Banco eram tão fortes que lhe foi concedida a colocação dos empréstimos da cidade de São Paulo.

Firmas estrangeiras   Firmas estrangeiras fizeram alguns investimentos diretos na indústria através da instalação de agências bancárias. Antes da Primeira Guerra Mundial já havia filiais no Brasil de Bunge and Born, J. and P. Costs, Clark Shoes, United Shoe Machinery Company, Lidgerwood Foundries, Pullman Railroad Cars e E. Dell'Acqua. São Paulo Alpargatas, The Rio Flour Mills and Granaries, Ltd., a Société des Sucreries Brésiliennes e a Fiat Lux eram exemplos de companhias formadas na Europa para realizar todas as suas operações no Brasil. Havia, além desses meios de transferências de capital, muitas transferências informais. Importadores solicitavam a consolidação diretamente aos industriais europeus, que se tornavam sócios comanditários. Não é possível calcular a totalidade dos fundos estrangeiros, porque, em geral, a lei brasileira não exigia que fossem registrados. Durante a Primeira Guerra Mundial, entretanto, a lista negra britânica revelou investimentos alemães em inúmeras indústrias. O Governo brasileiro recusou-se, por exemplo, a cortar o crédito das firmas alemãs que operavam no ramo das cervejarias, visto que todo o fornecimento de cerveja teria desaparecido e o Governo temia que isso agravasse a intranqüilidade social. Na década de 1920, o investimento estrangeiro voltou-se distintamente para o ramo das operações industriais através de companhias, como as que hoje caracterizam o capital estrangeiro. Algumas das primeiras sociedades em comandita estrangeiras e firmas familiais foram compradas por brasileiros durante essa década, mas, entrementes, os investimentos das companhias aumentou. ARSED, Armour, Swift, Anderson-Clayton, Corn Products Refining, Usines Chimiques Rhône-Poulenc, General Electric, Ford, Union Carbide,

General Motors, Pirelli, IBM e Bayer começaram as suas operações antes da crise, e outras – Bunge and Born, Standard Oil of New Jersey, British American Tobacco e Bryant and May – aumentaram consideravelmente as suas empresas. Escrevendo em 1931, Eduard Lucker, economista alemão, chegou à conclusão de que o "tempo e a direção da industrialização [brasileira] foram determinados pelo afluxo de capital estrangeiro". Segundo os seus cálculos, os investimentos britânicos e norte-americanos na indústria orçavam por 250 milhões de libras esterlinas, igualmente divididas entre eles. Uma indicação do significado do investimento direto pode ver-se na indústria do cimento. A São Paulo Light Company, de propriedade canadense, trouxe outra firma canadense para produzir o cimento necessário ao seu novo projeto hidrelétrico no Cubatão. Esta foi a primeira fábrica em larga escala instalada no Brasil, conquanto abundassem as matérias-primas. As companhias locais de construção duvidavam da qualidade do cimento nacional, até que a companhia canadense lhe demonstrou o valor. A fábrica, em Perus, foi mais tarde vendida a firmas brasileiras.

O capital nacional derivava quase todo do reinvestimento, como transferências ocasionais de cultivadores e importadores. Quase todos os industriais continuavam a depender dos importadores para o seu capital circulante, uma vez que os importadores continuavam a dominar o setor da distribuição. Os bancos geralmente preferiam os lucros mais elevados dos empréstimos comerciais e da especulação da moeda. Não havia um verdadeiro mercado para títulos e ações. Nem o Governo da União nem os Governos estaduais faziam investimentos diretos na indústria ou nos serviços de utilidade pública, e tampouco favoreciam instituições como os mercados de títulos ou os bancos industriais, através dos quais se poderia mobilizar o capital privado. A ausência de fontes de capital era um sintoma da estrutura da indústria. Posto que inúmeras firmas fossem sociedades anônimas, quase nenhuma distribuíra mais que umas poucas ações fora da família. A família continuava sendo, se não a unidade de produção, pelo menos a unidade de propriedade. Observou-se que a propriedade familial, até de grandes firmas, continua sendo a norma enquanto a criação de maiores mercados nacionais ou supranacionais não obriga os empresários familiais a aceitarem a divisão de trabalho no nível da administração e a dependerem de fontes públicas de capital. Essa fase ainda não fora atingida no Brasil no fim da República Velha. Entretanto, já estava começando a surgir levemente uma forma alternativa de associação – os "grupos". Com a chegada de processos industriais mais complicados, como os dos tecidos sintéticos, dos plásticos, do papel, da celulose e das máquinas-ferramentas, surgiu a necessidade de combinar os recursos de várias famílias, não só para as entradas de capital, como também para o controle da técnica. Essas combinações ocorriam com freqüência no interior de grupos étnicos e envolviam o casamento entre membros do mesmo grupo.

Vigorosas características estruturais da indústria brasileira eram a integração vertical e a cartelização. Por serem poucos os fornecedores de matérias-primas e os fregueses para artigos acabados e porque os primeiros podiam deixar de fornecer os materiais necessários ou pedir preços arbitrários, os industriais viam-se constrangidos a tentar controlar pessoalmente essas fases intermediárias, para não se verem obrigados a perder o que tinham. Durante a Primeira Guerra Mundial, numerosas fábricas de tecidos, por exemplo, foram compradas por negociantes de algodão que possuíam as máquinas destinadas ao descaroçamento e à prensagem. Os Flour Mills do Rio de Janeiro e Matarazzo entraram na produção de aniagem porque não confiavam nos fornecedores. Matarazzo, com efeito, aplicou implacavelmente o princípio da integração. Chegou a possuir fábricas de latas e rótulos, descaroçadores e prensas de algodão, distribuidoras de veículos, navios cargueiros e até instalações portuárias próprias em Santos. Em muitos campos, durante toda a República Velha, existiram cartéis para dividir mercados e fixar preços, e na maioria dos outros campos uma, duas ou três firmas repartiam entre si mais de 80 por cento das vendas. Somente nos tecidos, entre os principais setores, se registraram tentativas intermitentes para fixar preços, que não tiveram êxito, sobretudo porque a eficiência variava muitíssimo de uma fábrica para outra.

Fazendeiros e industriais O aparecimento de extenso setor industrial, com capacidade para atender à maior parte da procura dos consumidores do mercado brasileiro, não significava a emergência de uma burguesia industrial distinta da classe proprietária e disposta a opor-se a ela por amor da própria expansão. Havia, na realidade, causas potenciais de conflito. Os fazendeiros encaravam com apreensão a capacidade ilimitada de crescimento das fortunas dos *nouveaux* industriais imigrantes, e estes esbarravam no pulso de ferro dos fazendeiros no sistema político. Desse conflito poderia ter-se seguido uma verdadeira transformação política durante a República Velha, visto que os industriais teriam podido apelar para uma massa eleitoral mais ampla, não lhes faltando os meios para fazê-lo.

A INDUSTRIALIZAÇÃO DURANTE A REPÚBLICA VELHA 305

Na realidade, os industriais contentavam-se com o papel de parceiros secundários dentro do Partido Republicano, preferindo apresentar individualmente as suas reivindicações como favores "clientelísticos". A principal razão dessa acomodação era a favorável disposição dos fazendeiros em relação a eles. As fábricas proporcionavam a estes últimos mercados para mercadorias que não eram geralmente muito competitivas no mercado mundial – algodão, açúcar e couros – e a sua maneira de manipular os assuntos do Governo Central lhes garantia uma tarifa tão elevada que era protecionista de fato, se o não fosse na intenção. Nessas circunstâncias, os industriais pareciam estar providencialmente satisfazendo à procura local que, a não ser assim, estaria à mercê de fornecedores estrangeiros. Os fazendeiros imaginavam, às vezes, que a alternativa do trabalho na fábrica elevava os salários entre a classe operária, acusação que os industriais refutavam de todas as maneiras. Eles também deblateravam interminavelmente contra as "indústrias artificiais", isto é, indústrias que importavam as matérias-primas em competição com as matérias-primas cultivadas nas fazendas. Daí a sua oposição à importação de juta, lã e seda. Diligenciavam para que os implementos agrícolas e os fertilizantes fossem importados com isenção de direitos e que o algodão importado estivesse sujeito a direitos altíssimos. Os industriais, por outro lado, preferiam apaziguá-los a enfrentá-los, porque viam a sua prosperidade na dependência final das perspectivas do setor de exportação. Não resta dúvida de que tal atitude derivava da origem importada da maioria dos industriais e da sua continuada precisão do crédito dos importadores. Nenhum episódio ilustra melhor essa percepção de simbiose do que o fato de ter sido o plano de valorização do café de 1906 originalmente proposto por Alexandre Siciliano, dono da maior fundição e da maior oficina mecânica de São Paulo.

Siciliano, de fato, ilustra outra característica significativa dos industriais em suas relações com os lavradores: a tendência para juntar as fortunas de ambos através do casamento. Imigrante, criado em Piracicaba, casou com uma filha de fazendeiros e recebeu generosas doações de fundos dos seus parentes agricultores. A elite agrária freqüentemente condescendia em estabelecer alianças com a nova classe industrial, e os industriais freqüentemente adquiriam terras, não só para rematar a sua busca de integração vertical, mas também para tentar atingir o nível máximo de *status* cujo sentido já traziam de sua terra natal e tornavam a encontrar no Brasil. Procuraram, portanto, continuar o processo de assimilação no topo através do matrimônio. Cônscios talvez da recentidade das próprias fortunas e do grau de entrelaçamento anterior com os grupos "compradoristas", os fazendeiros tendiam a ver na sua condescendência em aceitar parentes imigrantes um sinal da própria força, da sua capacidade de sujeitar por meio da absorção.

Durante a República Velha, a oposição aos crescentes favores do Governo à indústria não vinha das fazendas, nem sequer das casas importadoras. Os principais ressentimentos eram alimentados pela classe média urbana e pelo proletariado industrial, cujas razões de queixa, em parte, se imbricavam: a política das tarifas protetoras e da inflação atingia principalmente os que dependiam de salários. Os lucros elevados e as restrições de mercado nessas circunstâncias eram particularmente flagrantes e exasperantes. Elementos reformistas da classe média, um pouco por essa razão, manifestaram tendências, durante a década de 1920, para arregimentar a classe operária como a sua base política de massa. Os industriais, além disso, mostravam-se especialmente vulneráveis ao sentido de violência moral da classe média, visto que a sua fixação de preços, o emprego de mão-de-obra infantil e outras espécies de procedimentos escusos eram amiúde ventilados pela imprensa. Mas as atitudes dos consumidores da classe média, autolimitativas, acabavam sendo antiprogressistas. O seu sentido de respeito próprio dependia, em grande parte, do uso de produtos estrangeiros. Queixavam-se os industriais da impossibilidade de vender artigos nacionais em igualdade de condições com os artigos importados – precisavam vender um produto idêntico mais barato. A aversão da classe média aos artigos nacionais não deixava de ter as suas razões em considerações de ordem prática. Os industriais davam pouca atenção à qualidade enquanto trabalhavam protegidos por imensas muralhas tarifárias, e eram sempre obrigados a iniciar a produção na extremidade mais grosseira e menos acabada da linha do produto. Não obstante, a resistência da classe média e o seu desejo de artigos importados estorvaram substancialmente o crescimento da indústria nacional e fortificaram a aliança entre lavradores e industriais.

O movimento trabalhista. Ascensão. Somente nas maiores cidades do Centro-Sul o movimento trabalhista se revelou adversário firme e em larga escala da política dos industriais. Pequenas fábricas na zona rural funcionavam na base do paternalismo. As atitudes dos donos de fábricas ali recordavam as dos industriais da Nova Inglaterra ou de Manchester um século antes: as mulheres e crianças colocadas diante das fiações mecânicas eram criaturas simples e ignorantes, resgatadas pelo dono à ociosidade e ao vício, e postas a aprender um ofício útil. Corria-lhes, portanto, a obrigação de aceitar os salários oferecidos sem discutir e manifestar gratidão ao proprietário e à sua família. A administração não tinha consciência dos custos nem muitas exigências. Às vezes se proporcionavam serviços como habitação e cuidados médicos, ao preço de custo. Os salários, suficientemente constantes, constituíam uma valiosa segunda fonte de renda para a maioria das famílias de operários agrícolas, ainda que estas não recebessem mais do que no campo. Nas fábricas urbanas, impessoais, o paternalismo quase nunca existia. Em lugar disso, os administradores experimentavam uma certa dose de taylorismo. Em regra geral, as condições de trabalho eram primitivas e perigosas. Trabalhavam-se, em regra, dez ou onze horas por dia e seis dias por semana, a uma taxa muito próxima do salário agrícola, e que assim permaneceu apesar dos progressos da produtividade. No Rio e em São Paulo, pelo menos, por ocasião da Primeira Guerra Mundial, as relações de trabalho eram sobretudo relações de classes; os velhos laços do paternalismo tinham sido rompidos. Não obstante, as peculiaridades do emprego fabril limitavam o espírito ativista. A classe trabalhadora era fragmentada pelo regionalismo, pela língua e pela raça. Parte considerável de força de trabalho vinha do campo, inclusive a européia e, portanto, buscava muito mais um protetor que a solidariedade proletária. Até para os experimentados habitantes da cidade o emprego na fábrica era episódico. Os trabalhadores sempre o consideraram uma alternativa desagradável e preferiam empregos no comércio, nos transportes e mesmo na construção, quando conseguiam encontrá-los. Os imigrantes tinham no Rio e em São Paulo um padrão de vida mais elevado do que em sua terra natal. Era inevitável, portanto, que se vissem vigorosamente orientados para metas individualistas de mobilidade social – por mais inatingível que fosse – e a primeira geração procurava às vezes juntar economias e reemigrar.

    A despeito desses obstáculos, havia no Brasil, ao estourar a Primeira Guerra Mundial, várias centenas de sindicatos, em sua maioria de orientação anarco-sindicalista, e principalmente compostos de imigrantes. A sua oposição aos industriais limitava-se à greve, e as greves quase sempre ocorriam por atraso no pagamento dos salários e pelas despedidas em massa durante os períodos de recessão. Os sindicatos eram sistematicamente reprimidos pelo Governo, que, negando-lhes o direito à existência, não se julgava na obrigação de moderar os conflitos, limitando-se a proporcionar proteção policial aos donos de propriedades. Dispersavam-se os piquetes de grevistas com porretes e cavalaria, empastelavam-se as sedes e os jornais dos sindicatos, prendiam-se e deportavam-se os líderes. É surpreendente que novos sindicatos continuassem a ressurgir das cinzas. As associações comerciais dos industriais tinham por escopo principal a destruição dos sindicatos e colaboravam plenamente com a polícia na compilação de listas negras e na aluição dos sindicatos. Fizeram-se pouquíssimas concessões à classe operária durante a República Velha. Cumpre notar que a famosa declaração de Washington Luís, emitida durante a sua campanha para Governador, segundo a qual "a questão social era um caso de polícia", pretendia ser uma expressão liberal – a saber, que não se tratava de um problema de segurança nacional, mas apenas de uma tarefa administrativa. Depois das greves desastrosas de 1917 e 1919, causadas pela exportação de gêneros alimentícios básicos para os Aliados, com a conseqüente elevação dos preços nacionais, poucas leis se promulgaram com a intenção de apaziguar a mão-de-obra, já que não se reconheciam os sindicatos. O seguro contra acidentes tornou-se compulsório, provavelmente por consultar os interesses dos empregadores, e o dia 1º de maio passou a ser feriado, mas as limitações ao trabalho de mulheres e crianças, assim como as férias remuneradas, só se tornaram efetivas depois de 1930.

Diante da hostilidade das massas, que poderiam ter-se beneficiado com o industrialismo, os donos das fábricas criaram uma ideologia particularmente defensiva, que não poderia ser aceita pelo resto da sociedade. O autoconceito de "classe produtora" ainda não aparecera; de um modo geral, eles se referiam a si mesmos, de mistura com os fazendeiros e os grandes comerciantes, como a *classe conservadora*, conceito em que estava implícita a idéia de que o que eles conservavam eram os direitos de propriedade. A orientação paternalista de Jorge Street, fabricante de tecidos e mais tarde preeminente em associações comerciais, foi altamente louvada como padrão de relações industriais (os seus operários, proibidos de ingerir bebidas alcoólicas, obedeciam a um toque de recolher às nove horas), mas, de fato, a *noblesse oblige* era rara nas fábricas das cidades, onde os industriais a reputavam desnecessária. No Brasil, terra da oportunidade, inteiramente livre e à espera de desenvolvimento, o problema "não consistia em redistribuir a riqueza, mas em criá-la". Quanto à desigualdade intensificada pela industrialização, elas a julgavam decorrente da desigualdade natural da humanidade. Tinham amealhado as suas fortunas à custa de uma diligência e inspiração heróica, e não se sentiam na obrigação de devolver nenhuma parte dela, a não ser por uma questão de caridade, que sempre assumia a forma de autocomemoração. Até certo ponto, os industriais evitavam as críticas que pudessem partir da sociedade brasileira, forcejando por identificar-se com as elites dos seus torrões natais europeus. Mandavam para lá os filhos a fim de serem educados, e voltavam amiúde pessoalmente, compravam títulos de nobreza e até encontravam maridos ou esposas para os filhos no meio da aristocracia européia. Após a Primeira Guerra Mundial, o liberalismo que ensejara as suas justificações foi se transformando cada vez mais em fascismo, diante do desafio à legitimidade da sua posição na sociedade pelos malogros do capitalismo europeu depois de 1914. Muitos burgueses imigrantes admiravam Salazar e Mussolini e alguns aderiram ao partido fascista. Esperavam que o Estado corporativista concedesse representação direta aos empresários, mantivesse cada classe em seu lugar na sociedade, e usasse diretamente a força para fomentar a industrialização.

As atitudes autoritárias dos empresários influíram indubitavelmente na evolução da industrialização brasileira. O corporativismo veio a ser adotado, mais tarde, como modelo para as relações com o Governo. A manutenção dos salários baixos dos operários sufocou o mercado de massa e tornou relativamente mais proveitosa a fabricação de produtos de luxo para as classes superior e média. O desdém pelos inferiores sociais não permitiu que se pensasse em venda pública de ações, sobretudo porque a classe média não se fiava nelas; o capital, portanto, permaneceu escasso e não mobilizado. Considerados inatamente inferiores e preguiçosos, os trabalhadores não receberam o adestramento técnico que teria permitido aos industriais desfazer-se dos técnicos e capatazes estrangeiros, e talvez de acordos de patentes e *royalties*. Companhias de propriedade do Governo e de estrangeiros, bem capitalizadas, técnica e organizacionalmente hábeis, e ansiosas por fazer o mais pleno uso dos recursos humanos, estavam cada vez mais prontas para empreender tarefas que transcendiam a capacidade de industriais particulares brasileiros.

O ritmo de crescimento da indústria diminuiu manifestamente depois de 1914. De um ponto de vista econômico, a Primeira Guerra Mundial foi um intervalo histórico mais importante do que a crise e a derrubada da República Velha em 1930, porque assinalou a destruição do mercado livre do mundo em artigos de comércio, capital e trabalho. A perda de vidas na Europa – 13,5 milhões de mortos, além de mais 20 milhões de vítimas da pandemia de gripe – e a destruição e o desmantelamento de fábricas enfraqueceram substancialmente a procura de matérias-primas e gêneros alimentícios por parte do exterior. Os preços agrícolas, por conseguinte, permaneceram estagnados durante toda a década de 1920 e as importações *per capita* declinaram (*Tabela 7*). A retirada da Rússia e a fragmentação da Europa Central restringiram ainda mais os mercados e engendraram a multiplicação de barreiras comerciais defensivas. As moedas, no mais das vezes, não tinham conversibilidade, e o comércio deteriorou-se, substituído por arranjos bilaterais. O capital fugiu dos países periféricos durante a guerra – o Brasil perdeu quase 10 milhões de libras em 1914 e, depois disso, o afluxo reduziu-se consideravelmente. Apesar do início do investimento direto, o capital estrangeiro declinou em relação à população total, entre as guerras. A imigração continuou pesada nos anos 20, depois da pausa de quatro anos provocada pela guerra, mas esse movimento foi mais uma vez inteiramente bloqueado pela crise. Vistos retrospectivamente, as duas Guerras Mundiais e todo o período entre elas surgem como um tempo de crise e de malogro para todo o mundo capitalista.

Efeitos da Primeira Guerra Mundial na industrialização

Sem embargo disso, a Primeira Grande Guerra, até há pouco, era geralmente considerada no Brasil como um grande estímulo para a industrialização. Tratava-se de uma impressão errônea, baseada num exame superficial de estatística parcial, e na aceitação, sem espírito crítico, de relatórios contemporâneos. Presumia-se que a guerra tivesse criado uma procura não satisfeita, mercê da redução das importações, que passaram a ser fornecidas pelas fábricas locais. Na realidade, a elevação dos preços dos produtos importados eliminou a maior parte da procura efetiva. Em sua quase totalidade, o vertiginoso declínio das importações não podia ser compensado pelas fábricas locais, porque estas não se achavam aparelhadas para produzir as espécies de artigos que tinham desaparecido. Em todas as linhas, praticamente, o valor da produção cresceu pouco, quando cresceu, e mesmo nos casos em que se registrou um aumento considerável do valor como no dos tecidos o progresso foi em sua mor parte ilusório. O Governo permitiu uma inflação rapidíssima durante a guerra – os preços subiram a mais do dobro – e as entradas de matérias-primas nas fábricas cresceu ainda mais depressa. O algodão em rama, por exemplo, custava 300% mais em 1914 do que em 1918. Tomando-se em consideração os aumentos de impostos, combustíveis, e o custo de manutenção das máquinas, o valor acrescentado era, evidentemente, uma proporção declinante dos preços anunciados. A formação de capital foi muitíssimo reduzida durante a guerra (*Tabela 6*), de modo que a maioria dos ganhos de produção conseguidos se obtiveram à custa do esgotamento da maquinaria existente.

As notícias de ganhos na produção relacionaram-se, sem dúvida, com os maiores esforços do Governo para arrecadar impostos durante a guerra. Pela primeira vez, a produção nacional se afigurou essencial à economia do país, e os industriais, conquanto sujeitos a uma inspeção mais intensa por parte dos coletores de impostos, mostravam-se ansiosos por convencer o Governo de que a guerra, causada por rivalidades comerciais, provava a vulnerabilidade de países que dependiam de industriais estrangeiros. Para os observadores subseqüentes, o suposto "surto" industrial durante a Primeira Grande Guerra era prova de que a economia nacional podia responder ao desafio das condições de comércio declinantes e do crescimento vacilante ou da crise nos países industrializados. O argumento não foi bem defendido, uma vez que a maioria dos progressos reais durante a guerra ocorreram nas indústrias – principalmente tecidos, frigorificação da carne e refinação do açúcar – que se viram, de um momento para outro, em condições de entrar no mercado mundial. Quanto ao resto, a economia brasileira sofreu muito com a inflação, a diversão dos suprimentos de gêneros alimentícios e as reduções críticas de maquinaria e combustíveis. Releva notar que a opinião de que a guerra estimulou a indústria não foi abraçada por outros países latino-americanos, e na Argentina a idéia foi especificamente desprezada por Ezequiel Gallo.

O derradeiro decênio da República Velha não se passou sem ganhos econômicos, notadamente o grande aumento da capacidade hidrelétrica, o uso maior de veículos a motor – pelo menos em São Paulo – e o aparecimento dos novos setores do cimento, do aço e da maquinaria. O índice de crescimento da indústria, no entanto, caíra, de cerca de 8%, *per capita*, durante a década que antecedeu à guerra, para cerca de 4%. Donde se conclui que, em ambos os períodos, ele parece não ter crescido mais depressa do que a economia global, a reputarmos válidas as estimativas da renda nacional feitas por Mircea Buescu. E como a indústria deve ser o principal setor do desenvolvimento econômico, esse desempenho está longe de ter sido dinâmico, e mal compensou o declínio da capacidade brasileira de importação. O setor industrial, entre as guerras, não parece ter aumentado o seu estoque de capital ou o seu uso de energia elétrica por trabalhador, nem a sua produtividade. Não se erradicaram os vestígios da produção artesanal e, na verdade, o número de trabalhadores por firma parece haver diminuído de 22 para 16 entre 1919 e 1939, e a produtividade nas maiores fábricas não foi sequer 50% maior que a das menores oficinas. Os salários reais na indústria continuaram a elevar-se mais devagar do que o custo de vida, e a relação entre os salários agrícolas e os salários não agrícolas permaneceu baixa. As inscrições nas escolas de adestramento industrial não cresceram mais depressa do que a produção industrial, de modo que a indústria continuou a depender do afluxo de imigrantes para o preenchimento dos seus pequenos quadros de operários especializados e técnicos.

O vagaroso desenvolvimento das exportações e importações, e o conseqüente lento desenvolvimento da indústria, levou os industriais, pela primeira vez, a entrar em conflito com os importadores e seus aliados, a classe média urbana. A crise política que marcou a década de 1920 teve dimensão industrial. Os industriais não se libertaram da dependência dos cafeicultores e, portanto, foram igualmente acusados da política inflacionária do Governo pelos que viviam de salários e ordenados, incluindo os militares. Importando artigos vendidos a baixo preço pelos britânicos, os importadores se engalfinharam com os industriais por causa das taxas de tarifas e, por fim, vieram a colocar-se temporariamente ao lado das forças da Aliança Liberal de Vargas. Em São Paulo, a cisão produziu uma associação industrial distinta, pela primeira vez, da associação que reunia as firmas comerciais e, sem dúvida, influiu na fundação do Partido Democrático, reformista, que se opôs à coalizão dos cafeicultores e industriais. É extremamente significativo o fato de que, à medida que se aproximava o colapso da República Velha, os industriais se alinhassem do lado mais conservador das forças em luta.

A industrialização já havia começado por volta de 1930. Tinham-se dado passos rápidos nos primeiros anos da República, acompanhando as mudanças consideráveis verificadas na sociedade e estimuladas pela abolição, pelo comércio e pelo investimento estrangeiros, pelo afluxo de imigrantes e pela difusão do cultivo de vastas áreas de terras virgens. A nova sociedade não se achava de todo preparada para aplicar cabalmente as novas técnicas mecânicas, e continuava a depender do estímulo dos setores de exportação, de modo que o crescimento não poderia processar-se independentemente das condições do mercado mundial. Muito embora se alcançasse uma boa dose de diversificação, mesmo no princípio da produção de bens de capital, antes da crise, e muito embora a procura brasileira de bens de consumo fosse quase inteiramente satisfeita pela produção nacional, essas consecuções, vistas em perspectiva, foram assaz modestas.

Conquanto ricamente dotado, o Brasil era ainda um país pobre, cuja procura se satisfazia facilmente. O consumo *per capita* de artigos industriais básicos e combustíveis, por volta de 1930, fazia-se a taxas vigentes nos países industriais um século atrás, e a distância não estava diminuindo. Os custos da industrialização, suportados por consumidores e trabalhadores, em forma de tarifas protecionistas, salários baixos e preços manipulados, entrementes, eram fonte de animosidades com profundas conseqüências políticas.

CAPÍTULO III

A BORRACHA NA ECONOMIA BRASILEIRA DA PRIMEIRA REPÚBLICA

As três fases da economia amazonense

PARA a compreensão do significado da borracha na economia brasileira da Primeira República é preciso não isolá-la de um contexto maior – o capitalismo – no qual o Brasil se inseria como país periférico, fornecedor de produtos primários. A região amazônica, desde o início da colonização, caracterizou-se pela exportação de tais produtos, distinguindo-se, até a Primeira República, três fases na sua economia.

Dos primórdios da colonização à segunda metade do século XVIII, todo interesse econômico da região esteve voltado para as especiarias. Os esforços se concentraram no extrativismo, na coleta das chamadas "drogas do sertão", atividade que recebeu o apoio da Coroa portuguesa, a qual, em face das dificuldades de obtenção das especiarias do Oriente, não mais conseguidas com a abundância dos períodos anteriores, concedeu incentivos fiscais e procurou estimular as iniciativas nesse sentido.

Os missionários, que se dirigiram para a Amazônia com o objetivo de catequizar a população nativa, acabaram demonstrando um interesse maior pela atividade econômica do que pela obra espiritual que, inicialmente, se propuseram a realizar. Dessa forma, desempenharam um papel importante na primeira fase da economia amazônica, pois foi por iniciativa dos religiosos que o elemento indígena tornou-se a mão-de-obra empregada na coleta do cacau, salsa, cravo, canela, castanha, raízes aromáticas, madeira etc. Estes produtos, utilizados na alimentação, condimentação, farmacopéia e construções, encontravam consumo certo no mercado europeu, habituado às especiarias do Oriente.

Nesse período, a agricultura do café, cana-de-açúcar, algodão, tabaco, cacau, praticada nas proximidades de Belém, no Baixo Amazonas e no

Tocantins, não teve importância econômica; o mesmo aconteceu com a criação de gado existente na Ilha de Marajó, no Baixo Amazonas e no Vale do Rio Branco. O extrativismo florestal, a extração de peles de animais, a caça e a pesca foram os fundamentos da economia amazonense.

A segunda fase, que se estendeu de meados do século XVIII a meados do século XIX, caracterizou-se pelo incentivo à agricultura. No período pombalino, ordens vindas do reino determinavam que, ao lado da coleta das drogas do sertão, o colono deveria plantar as espécies nativas e procurar aclimatar as alienígenas.

As isenções de impostos, a concessão de sesmarias como prêmios, a distribuição de instrumentos agrícolas e outros elementos para o trabalho desenvolveram a produção agrária. As plantações de cacau, algodão, café, arroz, canela apresentaram um crescimento sensível a partir de então. Entretanto, apesar da prosperidade agrícola, nessa segunda fase o volume de produção extrativa era ainda maior do que o volume de produção cultivada.

Até o fim do período colonial, a economia da Amazônia teve uma importância muito reduzida na balança comercial do país. Grande alteração se observou na terceira fase – a da borracha – que se iniciou na segunda metade do século XIX, assumiu importância considerável a partir de 1880-1890, estendendo-se até o início do século XX.

O uso da borracha foi registrado pela primeira vez entre os índios do Haiti e do México, que, com o látex extraído das árvores, preparavam bolas para jogos, sapatos, capas e couraças. Na Amazônia, foi utilizada pelos índios Cambebas ou Anaguás, habitantes da área do Solimões-Marañon.

"Cau-chu" era o nome dado pelo indígena amazônico à árvore de onde se extraía o látex, mas os luso-brasileiros passaram a chamá-la "seringa" porque o produto era aí empregado no fabrico de seringas. A *Hevea brasiliensis* da Amazônia era a espécie que produzia a melhor qualidade de borracha do mundo, mas havia também na região outra goma – caucho – extraído da Castilloa, produto de qualidade inferior e que tinha o inconveniente de provocar a destruição da árvore após a extração do leite.[1]

Em 1743, Charles Marie La Condamine, descendo o Amazonas, observou o movimento mercantil que existia em torno da borracha e,

---

[1] Outros Estados do Brasil – Piauí, Ceará, R. G. do Norte, Pernambuco, Bahia, Minas, S. Paulo, Goiás, Paraná, Mato Grosso – produziram tipos diferentes de borracha denominadas mangabeira e maniçoba, que eram de qualidade inferior à produzida pela *Hevea brasiliensis* da Amazônia.

regressando à Europa, fez relatos sobre o produto à Academia de Ciências de Paris. Fresnau, em Caiena, fez pesquisas a respeito da goma elástica e, em 1751, comunicou à mesma Academia que tal produto poderia ter uma utilização maior que a feita pelas nativos americanos. Mas essas notícias, nos primeiros momentos, não despertaram grande interesse.

Com a descoberta do processo de vulcanização da borracha por Charles Goodyear em 1839 e Hancock, em 1842, que a tornou mais resistente e quase insensível às variações de temperatura, assegurando sua elasticidade e impermeabilidade, o uso do produto se estendeu na Europa e nos Estados Unidos. A partir de então, a borracha foi se tornando matéria-prima cada vez mais importante na confecção de objetos de uso diário, doméstico, industrial, hospitalar, empregada ainda na fabricação de material bélico e nos estaleiros de construção naval. Mas foi com a invenção do pneumático em 1890 que a industrialização da borracha tomou grande vulto e a partir daí aumentou consideravelmente sua cotação no mercado internacional.

Quando, a partir da segunda metade do século XIX, o mercado apresentou condições favoráveis ao consumo da goma elástica, o Brasil respondeu a esses estímulos quase imediatamente. O aproveitamento industrial da borracha na Europa e nos Estados Unidos fez com que, na Amazônia, todo o interesse convergisse para a exploração de tal produto. A lavoura entrou em colapso, abandonaram-se o sítio, o cacaual, o cafezal, o engenho para estabelecer-se o seringal. Todas as energias se deslocaram das tarefas agropecuárias para a extração do látex das héveas. A floresta sofreu a grande ofensiva, os rios onde os seringais foram sendo construídos tiveram suas margens quase inteiramente ocupadas; a borracha foi responsável não apenas pela importância que a Região Amazônica assumiu na economia brasileira desse período, como também pela sua projeção no mercado internacional.

No início da exploração, os seringais se localizaram principalmente na região das ilhas, inclusive Marajó, alcançando o Xingu e o Jari. As populações mestiças ou tapuias passaram a se dedicar inteiramente à produção da borracha. Entretanto, as seringueiras logo foram sendo destruídas em virtude das técnicas utilizadas na sua extração.[2] Em vista disso,

---

[2] Nos primeiros tempos da exploração das seringueiras era usado o sistema do "arrocho". A árvore era ferida de alto a baixo e amarrada fortemente com cipós. Todo o látex era extraído e a seguir a seringueira morria rapidamente; por esse motivo, tal sistema acabou sendo proibido.

buscou-se a penetração na floresta, com a ocupação das margens do Tapajós, Madeira, Purus e Juruá. No Solimões a exploração, embora em pequena escala, jamais foi abandonada; mas o Vale do Rio Negro, que muito prosperara no período do incentivo à agricultura, entrou em decadência na época da borracha, pois suas florestas não possuíam seringueiras – a nova riqueza da Amazônia.

O problema da mão-de-obra: a emigração nordestina para a Amazônia

Com a crescente procura da borracha impôs-se, não apenas a ampliação das áreas de exploração dos seringais, mas também o aparelhamento das operações por uma técnica comercial que movimentou capitais e energias. Foi quando se tornou imperante a necessidade de mobilização de braços para a exploração do produto.

A Região Amazônica era a menos densamente povoada do Brasil. O censo populacional de 1799 acusava 83.510 habitantes, o de 1832 – 149.854 e o de 1862 – 272.014 habitantes. A colonização da Amazônia, comparativamente às demais regiões do país, realizou-se com um contingente de população branca irrisório. As dificuldades de penetração e a inexistência de um atrativo econômico fizeram com que o colono português buscasse preferentemente outros pontos do território. O pequeno número de açorianos, chineses, europeus, sul-americanos que para aí se dirigiram pouca significação teve no povoamento da Amazônia.

Os negros também foram levados para a Amazônia, mas sua presença não se revestiu da mesma importância que teve em outras partes do país. Tal mão-de-obra era empregada especialmente na lavoura que, nessa região, nunca representou o núcleo principal da economia. O trabalho do índio e do mestiço melhor se adaptava às condições econômicas da Amazônia.

Com o desenvolvimento da borracha essa mão-de-obra local tornou-se insuficiente. Os Governos da Região Amazônica, interessados no aumento da produção, foram obrigados a mobilizar populações de outras áreas do país; com este fim, organizaram serviços de propaganda e concederam subsídios para os gastos de transportes e adiantamento de dinheiro para as primeiras necessidades.

O Nordeste que, a partir da decadência da economia açucareira na segunda metade do século XVII, teve sua atividade voltada para a economia de subsistência, representava um reservatório potencial de mão-de-obra. Conforme Celso Furtado, o desenvolvimento da cultura algodoeira, que ocorreu nos primeiros decênios do século XIX nessa região, permitiu uma diversificação da atividade econômica que contribuiu para intensificar o crescimento populacional; nos anos 60 –, quando ocorreu a grande elevação de preços provocada pela guerra civil dos Estados Unidos, a produção de algodão se intensificou e certos Estados como o Ceará conheceram pela primeira vez uma etapa de prosperidade. Ele considera ainda que essas ondas de prosperidade contribuíam para criar um desequilíbrio estrutural na economia de subsistência à qual sempre revertia a população nas etapas subseqüentes. Tal problema estrutural tornou-se mais grave na época da grande seca de 1877-80, que fez desaparecer quase todo o rebanho da região e perecer de cem a duzentas mil pessoas.³ Essa população, para não sucumbir à míngua em sua terra de origem, fora obrigada a emigrar, e a Amazônia que, nesse período, oferecia novas possibilidades econômicas com o desenvolvimento do comércio da borracha, atraiu o nordestino.

A princípio, os emigrantes, que vinham principalmente do Ceará, Maranhão, Rio Grande do Norte, localizaram-se em colônias instaladas ao longo dos rios, tanto no Amazonas como no Pará, mas logo se lançaram à empresa da floresta. Muitos dos que se haviam fixado no Solimões e no Negro abandonaram essas regiões e se dirigiram para o Purus e Juruá. Os nordestinos – calcula-se que em número de cem mil – penetraram no território onde as fronteiras do Brasil com a Bolívia e o Peru ainda não haviam sido definitivamente estabelecidas. Foram eles os responsáveis pela anexação ao Brasil da região que passou a denominar-se Território do Acre, mediante a indenização de dois milhões de libras à Bolívia e o compromisso de construir a estrada de ferro Madeira–Mamoré.

Não há estatísticas seguras acerca do número de nordestinos que se dirigiram à Amazônia desde o final do século XIX até o início do século XX. Celso Furtado calcula que o número não tenha sido inferior a meio milhão de pessoas. Baseando-se nos censos de 1872 e 1900 observou que a população cresceu de 329.000 para 695.000. Admitindo um crescimento anual vegetativo de 1%, concluiu que o fluxo externo foi da ordem de 260. 000 pessoas. Desse total de emigrantes, cerca de 200. 000 corresponderiam ao último decênio do século XIX. Admitindo idêntico influxo para o primeiro decênio do século atual, deduziu que a população que emigrou não foi inferior a meio milhão de pessoas.⁴

---

³ Celso Furtado, *Formação Econômica do Brasil*, São Paulo, Fundo de Cultura, 1964, p. 159.
⁴ Celso Furtado, *ob. cit.*, pp. 157-158.

É importante ressaltar que o povoamento da região nesse período não se processou dentro de um planejamento. Não havia o propósito de fazer funcionar um sistema de colonização visando demográfica e politicamente ao futuro. Era uma multidão de que se esperava apenas o rendimento material de uma produção cada vez maior.

O seringal   O seringal representou o núcleo da estrutura socioeconômica da Região Amazônica no período da borracha.

No início da exploração do produto não se formou a propriedade fundiária. Os extratores atiravam-se à floresta em atividade predatória; como as zonas de coleta logo se empobreciam, não havia interesse em ter o domínio permanente sobre a terra, uma vez que a exploração era passageira.

Com o *rush* da borracha, a situação modificou-se. O abandono do sistema predatório de aniquilamento das árvores e o início da concorrência entre os que viviam da nova empresa tornaram necessária a ocupação permanente da terra. A legalização das posses, a formação da propriedade conforme os textos jurídicos foram decorrência das novas condições de vida que exigiram a delimitação dos seringais.

Um indivíduo que pretendia explorar a borracha reunia os homens e instrumentos que julgava necessários à empresa e se lançava à procura de um ponto na margem de algum rio onde pudesse estabelecer o seringal. Desembarcando, o primeiro trabalho constituía-se na exploração da região para saber se havia abundância de árvores da borracha. Em caso positivo, assinalava-se a posse da terra pelo levantamento de um "tapiri" – pequena barraca de palha. A partir de então, iniciava-se o desbravamento da mata.

A posse da terra não se dava tranqüilamente. À medida que a borracha foi se tornando o grande interesse, as facilidades de opção foram diminuindo e ocorria não raramente o choque entre seringalistas que disputavam um mesmo local. Após o primeiro momento de simples ocupação possessória da terra, pleiteava-se, nas repartições competentes em Manaus ou Belém, a legalização da posse. Requerido o título definitivo, procedia-se à demarcação conforme a legislação fixava.

O que importava num seringal não era a extensão da terra, mas a quantidade de árvores que produziam a borracha. Como as árvores se distanciavam umas das outras dezenas de metros, a grande propriedade acabou por se impor na Amazônia e o latifúndio passou a ser a característica do seringal.

Dividia-se o seringal em "margem" e "centro".

Na margem, erguiam-se o barracão central e os barracões menores. O barracão central, construído de madeira ou paxeúba – uma espécie de carnaúba – com cobertura de zinco e levantado sobre barrotes de madeira para proteção contra as enchentes na época do inverno, era a residência do seringalista, o depósito de mercadorias e o escritório. Com o desenvolvimento do comércio da borracha, o barracão central tornou-se apenas a residência do proprietário ou do gerente, quando aquele não residia na propriedade. Foram também os grandes lucros auferidos com a borracha que permitiram o aperfeiçoamento das construções – algumas ganharam a feição dos chalés europeus – construídas de tijolos, cobertos de telhas francesas, com telas nas janelas, portas, varandas e jardins.

Os barracões menores eram feitos de paxeúba e cobertos de palha; neles moravam os empregados do seringal.

O "centro" era o interior do seringal onde se instalavam e trabalhavam os seringueiros. Cada seringueiro construía sua própria barraca de paxeúba, coberta de palha e suspensa do solo pelos barrotes. Na maioria das vezes, os lados eram abertos ao tempo. Próximo a ela se situava outra barraca onde se fazia a defumação do látex.

As técnicas de produção   As técnicas de produção da borracha eram as mais rudimentares e em quase nada diferiam daquelas utilizadas em períodos anteriores pelos indígenas.

A primeira tarefa para a exploração da seringueira consistia na abertura das "estradas", que eram caminhos na selva por onde transitava o seringueiro na coleta do látex. A abertura das estradas levava dias e sua limpeza, conservação e ampliação eram feitas continuamente. Em cada estrada havia em média cem a duzentas árvores e cada seringueiro tinha a seu cargo três estradas, trabalhando uma cada dia.

A tarefa de extração do látex era feita no verão. Em geral, tinha início em maio e se estendia até novembro; na época do inverno, as chuvas impediam esse trabalho, pois o acesso às estradas se tornava impossível e além disso a água da chuva se misturava ao látex.

O seringueiro saía de madrugada para a estrada, levando uma lanterna na testa, a "poronga", um rifle a tiracolo e um terçado na cintura. Em cada árvore limpava o tronco e, depois com a machadinha ou a faca apropriada, ia golpeando as madeiras levemente, procurando não fazer incisões profundas. Sob as feridas feitas colocava uma tigelinha que devia receber o látex. Após percorrer toda a estrada, fazia o caminho de volta, recolhendo as tigelas. Seu regresso à barraca se dava mais ou menos entre duas ou três horas da tarde, quando então, após rápida refeição, passava ao trabalho de defumação do látex. No defumadouro, o seringueiro se dedicava ao trabalho de coagulação do látex na forma comercial.

A borracha produzida não era homogênea. Conforme seu acabamento, apresentação, resistência, impermeabilidade, era classificada em três tipos: borracha fina – a de melhor qualidade e mais alto valor comercial; entrefina – obtida do látex que, não trabalhado, imediatamente alcançava um estado grumoso ao ser levado à defumação; sernambis – eram as espécies de qualidade inferior porque feitas com resíduos de látex que caíam ao solo e se misturavam com a terra.

As bolas de borracha produzidas pelo seringueiro eram entregues ao proprietário do seringal semanal ou quinzenalmente e conduzidas até a margem pelos comboios ou pelas canoas através dos igarapés.

A borracha permanecia na margem até o momento do embarque. Seu transporte se fazia em "gaiolas" – navios a vapor que circulavam pelos rios da Amazônia levando, das capitais, homens e mercadorias para o seringal e nele recebendo a borracha, que, conduzida para Belém ou Manaus, era entregue às casas aviadoras.

As casas aviadoras   "Casas aviadoras" eram estabelecimentos comerciais que abasteciam o seringal, dele recebendo a borracha ali produzida. Realizavam, também, as operações de venda ao exterior.

O desbravamento da selva para a formação e manutenção dos seringais exigia a mobilização de capitais necessários às despesas de transporte, pessoal, abastecimento e colocação posterior do que fosse obtido como produção. Ao iniciar-se a empresa gomífera não havia capitais na Amazônia, mas, logo que a borracha se mostrou um empreendimento rendoso, capitais estrangeiros para aí se mobilizaram. Dessa forma, as casas aviadoras, contando a maior parte com capital estrangeiro, tiveram também a função de financiar a borracha.

Toda a despesa necessária à instalação do seringal e sua manutenção posterior eram financiadas pela casa aviadora, que, pela transação, cobrava juros e comissões. No inverno, recebia a borracha em seus armazéns, onde era pesada e classificada. Nesse período, os seringalistas vinham às capitais saldar suas contas, fazer novos pedidos e receber o saldo que possuíam; este, em geral, permanecia na casa aviadora para a realização de negócios futuros. A elas, muitas vezes, associaram-se os donos dos seringais cujos negócios iam bem.

O abastecimento do seringal era feito na época da coleta do látex e produção da borracha. Os aviamentos, que consistiam em utensílios para a extração, vestuários, alimentação, remédios etc., eram vendidos a crédito ao seringalista e transportados ao seringal pelas gaiolas que as próprias casas aviadoras possuíam. O fruto do aviamento era, também, debitado na conta do seringalista.

Os tipos sociais   A figura do "regatão", que marcou a paisagem social da Amazônia desde o início do século XVIII, foi obscurecida pela presença das casas aviadoras. Eram aventureiros que, pelo Amazonas e afluentes, iam vender quinquilharias que podiam ser do interesse ou utilidade do homem perdido no interior da terra. Armavam pequenas embarcações a remo, as "montarias" ou "cobertas", conduzindo os objetos que eram vendidos na base da troca de gêneros.

De início, exerceram essa atividade portugueses ou caboclos amazonenses, mas, no período da borracha, os sírios, os libaneses, os judeus acabaram por substituí-los. A partir dessa época, não entravam mais em negócios com o sitiante ou o proprietário da terra; seu contato passou a se estabelecer com o seringueiro, a quem procuravam nas margens dos igarapés e dos lagos, às escondidas, para efetuar a troca de mercadorias pela borracha. Era então um negócio clandestino, que implicava grandes riscos. Os seringalistas e aviadores os perseguiam, pois o monopólio da venda de mercadorias e compra da borracha aos seringueiros lhes pertencia. Lesados, agiam drasticamente, punindo com severidade o regatão.

No seringal, o "seringalista" era o patrão, o chefe, o responsável por tudo e a ele estavam subordinados todos os indivíduos que ali residiam. Tudo corria por sua conta; o aviamento era comprado a seu crédito na casa aviadora e por ele revendido no toco – "barracão" – com o que obtinha grande margem de lucro. Dirigia cem ou mais indivíduos e se caracterizava pela violência e pela exploração, pois, quando os trabalhadores ousavam fazer-lhe exigências, pretendiam abandonar o trabalho, cometiam faltas ou empregavam processos condenados na extração do látex, os meios de punição eram os mais brutais. O seringalista fazia uso do mesmo processo utilizado contra os escravos – prendia os trabalhadores no "tronco" e os torturava. Se se considerava ofendido, mandava eliminar o ofensor; sua vontade era lei, o magistrado civil ou a autoridade militar não agiam no seringal.

O "gerente" era o subpatrão. Em geral, o seringalista confiava a direção de sua propriedade a ele, quando se ausentava ou passava a morar em Belém ou Manaus.

Os "guarda-livros" e os "caixeiros" também marcaram sua presença no seringal. Estes eram encarregados dos depósitos de víveres, dos barracões da borracha, da pesagem do produto e do abastecimento do centro. Aqueles eram responsáveis pela escrita, pelas contas e pelos talões de vendas.

Os "homens do campo" se encarregavam da conservação das benfeitorias do seringal. Além disso, plantavam, tiravam madeira, consertavam barracas.

A tarefa dos "comboieiros" consistia em levar os comboios da margem para o centro. Comboios eram lotes de burros que conduziam a carga de víveres e utensílios de que o seringueiro necessitava, bem como a borracha produzida no centro para a margem.

O reconhecimento preliminar das árvores para o corte e a identificação das espécies eram feitos pelo "mateiro", filho da terra que, habituado com a selva, dela tinha grande conhecimento. O trabalho dos mateiros era completado pelo "toqueiro", que tinha o encargo de abrir as estradas.

Finalmente, o seringueiro, que extraía o látex e produzia a borracha, completava o quadro social da Amazônia no período da borracha.[5]

O seringueiro

A figura que caracterizava o seringueiro na Amazônia era a do nordestino. Quando chegava ao seringal, era um "brabo", novato na extração do látex, desconhecia as técnicas de trabalho e os segredos da mata, cometia imprudências, errava. No decorrer de um ano estava apto para o trabalho, aprendia a fazer o corte na seringueira; atingia então a condição de seringueiro, passava a ser um "manso".

Trabalhava em média dezesseis horas por dia. Morava numa barraca sem proteção contra o frio, a chuva, os insetos e se alimentava de jabá, farinha-d'água, arroz e conservas, muitas vezes deterioradas. Alguns se sustentavam apenas com o simples "chibé", uma bebida refrigerante feita de água, açúcar ou rapadura e farinha de mandioca. No período do *rush* da borracha, não era permitido ao seringueiro plantar nos seringais. Era necessário concentrar toda a força de trabalho na produção da borracha, pois qualquer dispersão ocasionaria a diminuição do fabrico e conseqüentemente um rendimento menor. Dessa forma, proibiu-se qualquer atividade que não a da produção da goma elástica. Por outro lado, os aviadores não abriam mão do fornecimento de alimentos que vendiam a altos

---

[5] Arthur César Ferreira Reis, *O Seringal e o Seringueiro*, Rio de Janeiro, Ministério da Agricultura, 1953. Encontra-se nesta obra um estudo pormenorizado das técnicas de produção e dos tipos sociais que compunham a Amazônia, na época da borracha.

preços para o seringalista; este, por sua vez, não deixava de obrigar o seringueiro a comprar no barracão os víveres que também lhe garantiam um grande lucro.

Isolado no seio da floresta, longe dezenas de quilômetros das margens dos rios, morava só, com um ou dois companheiros às vezes. Quando o seringueiro, no início do surto da borracha, era o homem da Amazônia – o caboclo – vivia com sua família; os primeiros nordestinos que vieram como retirantes da grande seca também a trouxeram, mas no período do *rush* da borracha o homem em geral vinha só. Neste caso, a mulher tornou-se objeto cobiçado. Encomendavam-se mulheres aos patrões e estes às casas aviadoras como encomendavam-se gêneros alimentícios e, como verdadeiras mercadorias, entravam nas contas escrituradas pelos guarda-livros.

Embrenhado na floresta, o seringueiro enfrentava toda espécie de perigo, animais ferozes, insetos venenosos e transmissores de enfermidades, doenças como a varíola, malária, beribéri, polinevrite palustre, úlceras. Sem assistência alguma, apelava para o curandeiro, que se valia da "ciência" dos pajés. Por tudo isso, o número de mortes era muito elevado e, como escreveu Alcino Teixeira Mello, "... sem grande exagero, poder-se-ia dizer que em cada quilômetro de estrada de seringueira na Amazônia há uma cruz de nordestino".[6] Pelas dificuldades que enfrentava naquele meio hostil, pela vida de isolamento que era obrigado a levar, não raramente enlouquecia, entrava no interior da selva onde logo acabava morrendo.

Euclides da Cunha descreveu a solidão do seringueiro, seu isolamento de grupos sociais e de aglomerados urbanos. As festas típicas, as procissões, as quermesses a que estava habituado em sua terra de origem não faziam mais parte da sua vida de homem só, perdido no interior da mata. A festa do Judas, no sábado de Aleluia, vinha quebrar a monotonia de seus dias sempre iguais. Rodeado pelos filhos, entregava-se à tarefa de fazer o boneco; quando o último retoque era dado, para surpresa de todos, o boneco retratava a própria imagem do seringueiro – o homem acabrunhado, vencido pelos obstáculos e pelas dificuldades, acabava por se identificar com a figura do Judas, que, colocado numa pequena canoa, descia o rio, onde era apedrejado até a destruição final.[7]

---

[6] Alcino Teixeira Mello, *Nordestinos na Amazônia*, Instituto Nacional de Imigração e Colonização, 1956.
[7] Euclides da Cunha, *À Margem da História*, Porto, Lello & Irmãos, 1909.

O nordestino que se dirigia à Amazônia para trabalhar como seringueiro já saía de sua terra endividado. Começava por dever a passagem até Manaus ou Belém e o dinheiro recebido para manter-se até sua instalação definitiva. Depois passava a dever a importância do transporte que o levaria da capital para o barracão, o adiantamento da compra dos objetos que deveria usar no trabalho – botão, bacia, tigelas, machadinhas, machado, terçado, rifle etc. – e os gêneros alimentícios necessários para viver durante os três primeiros meses.

Durante o primeiro ano de trabalho, mesmo conseguindo boa produção, o que era difícil por ser ainda um brabo, esta não seria suficiente para pagar as dívidas anteriores. Durante o inverno, permanecia inativo – mas tinha que se manter e, portanto, continuava comprando no barracão do seringalista os alimentos e demais objetos de que necessitava. O trabalhador era obrigado a comprar a mercadoria no armazém do barracão sob pena de ser multado em 50% sobre a importância comprada; essa mercadoria era acrescida em mais de 100% de seu preço pelos intermediários que exploravam o negócio. Ao fim de alguns anos, estava irremediavelmente perdido, pois sua dívida se avolumava cada vez mais.

O nordestino que saía de sua terra com a esperança de encontrar uma vida melhor acabava diante dessa situação desejando intensamente voltar à sua região, mas não podia retirar-se sem que tivesse liquidado todas as dívidas. A fuga era difícil; além das distâncias a percorrer, capangas o vigiavam. Os que conseguiam escapar, chegando a Manaus ou a Belém, não tinham condições de pagar a passagem de volta ao Nordeste. No período da decadência da borracha, quando a situação se tornou mais dramática, alguns levados pelo desespero, fizeram a pé o caminho da Amazônia até a sua terra de origem. Os que permaneceram na região, para sobreviverem foram obrigados a recorrer à caça e à pesca, regredindo à forma mais primitiva de economia de subsistência.

Numa cadeia de dependências, a falta de capitais obrigou a casa aviadora a subordinar-se ao capital estrangeiro, o seringalista a tornar-se devedor da casa aviadora e, num elo mais forte, o seringueiro a sujeitar-se ao seringalista.

As grandes possibilidades de lucro que ofereceu a borracha em tão curto espaço de tempo, a avidez de ganhos ilimitados que tomou conta dos homens da Amazônia no período áureo da borracha explicam a forma violenta de exploração do trabalhador, que aí acabou se prendendo, como disse Euclides da Cunha, "à mais criminosa organização do trabalho que ainda engenhou o mais desaçaimado egoísmo".[8]

A importância da borracha no quadro das exportações brasileiras

A borracha apareceu pela primeira vez nos registros de exportação brasileira em 1827 com o modesto embarque de trinta e uma toneladas. Até 1852, as exportações figuravam sempre como provenientes do Pará, já que a antiga Província do Rio Negro (raiz histórica do Estado do Amazonas) não era autônoma; só em 1852 surgiu como província distinta, desmembrada da do Pará, por ato legislativo de 1850. Durante muitos anos nem toda a exportação do Amazonas era feita diretamente ao exterior; grande parte descia para o Pará e daí seguia rumo à Europa.[9]

De 1850 em diante a goma elástica passou a ser o principal produto de exportação do Vale do Amazonas, desaparecendo as produções de café, tabaco, algodão, salsa, cravo e diminuindo mesmo a do cacau.

Até 1845, o Pará possuía, além da indústria extrativa, a manufatureira, produzindo sapatos, mochilas impermeabilizadas etc., só exportando a borracha manufaturada. Em 1850, ainda foram exportados 138.873 pares de sapatos. Dessa data em diante, começou a ser mandada para fora apenas a borracha bruta e pouco manufaturada.

Até os primeiros anos do século XX, não existiam no país fábricas de artefatos de borracha. Uma tentativa, a única talvez, depois de 1853, feita na Capital da República em 1900, não foi avante por falta de capitais[10].

Na medida em que o mercado internacional solicitou a utilização da borracha como matéria-prima industrial, o Brasil aumentou sua produção. A partir de 1852, a exportação da borracha cresceu sempre, afora alguns anos excepcionais. Se nesse ano a produção era de 1.632 toneladas, em 1875, de 7.729.987 toneladas, em 1900 atingia 24.301.456 toneladas.[11]

---

[8] Euclides da Cunha, *ob. cit.*, p. 24.
[9] Além do Pará e do Amazonas, a produção do Acre apresentou alguma importância a partir do começo do século, para alcançar em 1911 o primeiro lugar na produção brasileira. A contribuição de outros Estados, como Mato Grosso, Goiás, Maranhão, foi sempre de pequenas proporções.
[10] Pelo recenseamento de 1920, entre as indústrias com capital igual ou superior a 5.000 contos no Estado de São Paulo, havia apenas uma fábrica de artefatos de borracha, a S.A. Fábricas Orion. Citado por Boris Fausto, *A Revolução de 1930*, S. Paulo, Brasiliense, 1970.
[11] *Documentos Parlamentares. Política Econômica. Defesa da Borracha: 1906/1914*, Rio de Janeiro, 1915.

Na década dos 50, a borracha representava 2,3% no cômputo global da exportação brasileira, vindo depois do café (48,8%), açúcar (21,2%), couro e peles (7,2%), algodão (6,2%) e fumo (2,6%); no decênio 1901/1910 era o segundo produto de exportação, com um coeficiente de 28,2%, como demonstra o quadro a seguir:

Anos	Café	Borracha	Açúcar	Cacau	Algodão	Couros e peles	Fumo	Mate
1821-1830	18,4	0,1	30,1	0,5	20,6	13,6	2,5	—
1831-1840	43,8	0,3	24,0	0,6	10,8	7,9	1,9	0,5
1841-1850	41,4	0,4	26,7	1,0	–7,5	8,5	1,8	0,9
1851-1860	48,8	2,3	21,2	1,0	6,2	7,2	2,6	1,6
1861-1870	45,5	3,1	12,3	0,9	18,3	6,0	3,0	1,2
1871-1880	56,6	5,5	11,8	1,2	9,5	5,6	3,4	1,5
1881-1890	61,5	8,0	9,9	1,6	4,2	3,2	2,7	1,2
1891-1900	64,5	15,0	6,0	1,5	2,7	2,4	2,2	1,3
1901-1910	51,3	28,2	1,2	2,8	2,1	4,3	2,4	2,9

A última década do século XIX e os primeiros anos do século atual constituíram a época áurea da borracha. Os preços altos então alcançados no mercado internacional jamais foram atingidos posteriormente. Taunay fornece os seguintes preços para a tonelada da borracha:[12]

```
1898 ........................ 8:450$000
1899 ........................ 9:567$000
1904 ........................ 6:939$000
1905 ........................ 6:390$000
1906 ........................ 6:015$000
1907 ........................ 5:961$000
1908 ........................ 4:930$000
```

O Brasil deteve durante toda a segunda metade do século XIX posição invejável no mercado mundial. Em 1892, a produção brasileira representava 61% da produção mundial, sem concorrentes fortes à vista. Em 1910 ainda se responsabilizava por 50% do consumo internacional.

---

[12] Afonso de E. Taunay, *História do Café no Brasil*, Rio de Janeiro, Departamento Nacional do Café, 1941, vol. X, p. 210.

A Inglaterra era o principal importador de borracha, controlando sua distribuição para o mundo. No início do século, Liverpool se constituía no principal porto importador: um terço da produção gomífera permanecia na Inglaterra, sendo o resto redistribuído para a Europa e Estados Unidos.[13]

A exportação africana de borracha, que começou mais ou menos na mesma época que a do Brasil, foi sempre mal cotada no mercado internacional por sua qualidade inferior. Os negros bantos constituíam a mão-de-obra fundamental da extração do látex da seringueira, cuja exploração estendeu-se da África equatorial à Costa da Guiné e daí ao interior do Congo e Angola.

A borracha brasileira e a concorrência asiática   No início da exploração da borracha, os Presidentes das Províncias do Norte preocuparam-se com o fato de que a grande atenção dada ao produto acabaria por provocar o abandono da agricultura. As advertências que fizeram nesse sentido de nada valeram e a corrida para a floresta prosseguiu com uma intensidade crescente.

Quando a borracha começou a alcançar altos preços no mercado internacional e as rendas dos Estados aumentaram consideravelmente, os governantes deixaram de se inquietar com o futuro. Em 1886, Ernesto Adolfo Vasconcelos dizia não haver nenhuma necessidade de preocupação, nem mesmo com as possibilidades de destruição dos seringais. Considerando que o futuro da Amazônia estava garantido, afirmava não haver motivos para pensamentos derrotistas.

No Brasil, acreditava-se, à época, na impossibilidade de qualquer concorrência internacional, pois julgava-se a Amazônia o *habitat* natural da seringueira. As condições de adaptação a outras regiões do mundo eram consideradas improváveis, se não impossíveis. No começo do século, afirmava-se que a produção brasileira só tenderia a crescer, pois havia ainda extensas regiões virgens ou pouco exploradas, mantendo assim condições para uma indisputável supremacia no mercado.

Conta-se que, em Belém ou Manaus, acendiam-se charutos com notas de quinhentos mil-réis, que se tomava champanha como água, que qual-

---

[13] Após a Primeira Guerra Mundial os Estados Unidos se transformaram no maior consumidor mundial da goma elástica, destinada às fábricas de automóvel, principalmente; apesar da importância do porto de Nova York, Londres, que suplantara Liverpool, era o principal porto, efetuando transações de toda natureza com relação à borracha.

quer dor de dente era curada na Europa. Fantasias ou não, o que se pode extrair dessas histórias é que, realmente, os lucros eram altos e fáceis, que a confiança no futuro era ilimitada e que uma grande euforia dominava a região.

Mas, em 1900, a produção de borracha asiática proveniente de seringais cultivados entrou no mercado, com uma contribuição muito pequena – 4 toneladas – que, no entanto, cresceu assustadoramente.

A produção silvestre foi definitivamente suplantada em 1913. Nesse ano, enquanto o Brasil produziu 39.370 toneladas, a produção asiática alcançou 47 618 toneladas.[14]

A idéia de se plantar uma árvore de floresta – no caso, a seringueira – é atribuída a Sir Henry A. Wickman, que apesar do descrédito geral, acabou por levar, em 1876, da foz do Tapajós, com recursos do Governo britânico, as primeiras mudas da *Hevea brasiliensis* para o jardim botânico de Kew, em Londres. As mudas que vingaram foram reembarcadas para o Ceilão e novas mudas foram recolhidas na Amazônia e enviadas às colônias inglesas e holandesas na Ásia.

No Ceilão, a introdução da *Hevea* foi mais difícil e não progrediu tão rapidamente quanto na Malásia; da Malásia, a seringueira expandiu-se para Samatra, Java e Bornéu. Se nos primeiros anos a empresa não forneceu os resultados esperados,[15] depois de algum tempo prosperou a ponto de dominar a produção mundial.

O capital estrangeiro ligado à comercialização e distribuição do produto brasileiro no exterior abandonou o Vale do Amazonas, em busca dos lucros mais seguros das plantações do Oriente.[16]

A Inglaterra e a Holanda preferiram iniciar em suas próprias colônias a plantação de seringueiras. Com todas as facilidades econômicas e políticas de que nelas dispunham, foi possível montar uma nova estrutura de empresa que permitia, não apenas o controle das operações de crédito e financiamento, como ocorria com a borracha brasileira, mas a interferência direta na esfera da produção.

A borracha de plantação do Oriente, organizada de forma racional, rapidamente suplantou a borracha silvestre da Amazônia, onde as condi-

---

[14] *The World's Rubber Position,* junho, 1926. Citado por José Carlos de Macedo Soares, *A Borracha: estudo econômico e estatístico,* Paris, Librairie de Jurisprudence, 1927.
[15] Uma seringueira leva pelo menos 6 anos para que se possa iniciar a coleta do látex.
[16] Não há dados precisos do montante do capital estrangeiro aplicado na borracha brasileira, nem dos lucros por ele auferidos.

ções naturais desfavoráveis impediam o aumento de produção que o mercado externo passara a solicitar.

As colônias inglesas e holandesas, com suas vastas plantações de seringueiras, dispondo de mão-de-obra abundante e barata, fretes reduzidos e transportes fáceis, desarticularam a frágil estrutura de produção da borracha no vale amazônico. O custo da produção na Ásia era inferior ao da Amazônia, onde as técnicas de extração do látex, de coagulação e de preparação da borracha eram primitivas e imutáveis, onde o transporte era oneroso e o rendimento do trabalho solitário do seringueiro em busca das árvores dispersas em longas distâncias, de difícil acesso e controle, era muito pequeno. Enquanto um trabalhador da Malásia podia recolher num só dia três quilos de borracha, um seringueiro do Amazonas recolhia um quilo, de oito a quinze dias.

A produção brasileira, desamparada, caiu continuamente e nunca mais conseguiu alcançar os níveis de produção do começo do século XX. A maior exportação registrada e jamais superada foi a de 1912, com 42.410 toneladas.[17]

O plano de defesa da borracha   O Governo brasileiro tentou fazer frente à derrocada da borracha. Os produtores também fizeram esforços nesse sentido. Em 1910, a Associação Comercial do Amazonas organizou em Manaus um Congresso comercial, industrial e agrícola, ao qual compareceram proprietários de seringais, técnicos e economistas. Preconizaram, como solução fundamental para o problema da borracha, a cultura da seringueira em bases racionais. Os resultados práticos, no entanto, foram nulos.

Em janeiro de 1911, foi criado um sindicato de "valorização" do produto pelos membros da Liga dos Aviadores, com o apoio do Banco do Brasil, à semelhança do que havia sido feito com o café. Não se levou em conta, todavia, a situação privilegiada que, na época, o café desfrutava no mercado mundial, em contraposição à situação em que se encontrava a borracha brasileira, ameaçada cada vez mais pela produção asiática. Tentou-se estocar a borracha, aguardando preços melhores; entretanto, os preços não subiam, a produção asiática continuava entrando no mercado, a borracha corria o risco de deterioração e os recursos do Banco do Brasil eram escassos. Portanto, os resultados obtidos foram nulos e a iniciativa se constituiu num fracasso absoluto.

---

[17] A produção africana, mais desorganizada e menos concentrada que a da América, sucumbiu mais facilmente ainda à concorrência asiática.

Vários projetos foram elaborados pelos Governos federal e estadual na expectativa de que o problema pudesse ser superado.

Em 1906, pelo projeto Menezes Doria, o Governo Federal ficava autorizado a regular o comércio de exportação da borracha, fumo, cacau e outros produtos, promover a valorização dos mesmos e organizar um serviço regular e permanente de propaganda no exterior dos produtos que dela necessitassem.

O Governo também procurou incentivar – projetos Pereira Franco e Domingos Mascarenhas (1907) –, através de prêmios, a descoberta de processos aperfeiçoados e econômicos relativos à extração do látex, coagulação e prensamento da borracha.

Houve, igualmente, projetos de incentivo à plantação da seringueira – Lyra Castro (1910) e T. Serpa (1911) – mediante concessão de isenção de impostos, transportes gratuitos etc. Todos esses projetos, ainda que transformados em decretos, nunca passaram de letra morta.

Em 1912, o Governo idealizou um Plano de Defesa da Borracha, preconizando transformações fundamentais para a região. Este plano, organizado pelo Poder Executivo, seguindo sugestões dos Governos do Pará e do Amazonas, foi submetido à apreciação do Congresso Nacional em setembro de 1911, quando se nomeou uma comissão especial para estudar a questão.

O projeto elaborado foi apresentado à Câmara em dezembro de 1911, com um longo histórico da situação da borracha e dos problemas por ela enfrentados. A concorrência da Ásia foi o dado mais salientado, advertindo-se que dentro de poucos anos não haveria mais solução para a produção brasileira, se medidas enérgicas não fossem tomadas.

A comissão observou que não se tratava de uma tentativa de valorização do produto – a borracha não tinha até aquele momento causas naturais de depreciação – e sim de um plano de defesa, já que a borracha vinha sendo objeto de audaciosa especulação dentro e fora do país, em prejuízo do produtor e do comerciante da Amazônia. O que o plano pretendia era obter nos mercados mundiais cotações que fossem ditadas pelas necessidades do consumo.[18]

O Decreto n.º 2.543A, de 5 de janeiro de 1912, estabeleceu medidas destinadas a facilitar e desenvolver a cultura da seringueira, do caucho, da

---

[18] Congresso Nacional, *Anais da Câmara dos Deputados,* vol. IX, 1911, Rio de Janeiro, Tipografia do Jornal do Commercio, 1915.

maniçoba e da mangabeira e a colheita e o beneficiamento da borracha extraída dessas árvores, ficando o Poder Executivo autorizado não só a abrir os créditos necessários à execução de tais medidas, mas ainda a fazer as operações de crédito que para isso fossem necessárias.[19]

Resumidamente, eis as medidas preconizadas:

1 – Isenção de impostos de importação a todo material destinado à cultura das seringueiras.

2 – Instituição de prêmios aos plantadores de seringueiras, caucho, maniçoba e mangabeira.

3 – Criação de sete estações experimentais de seringueiras (Acre, Mato Grosso, Amazonas, Pará, Maranhão, Piauí e Bahia) e nove estações para a maniçoba e mangabeira (Piauí, Ceará, Rio Grande do Norte ou Pernambuco, Bahia, Minas Gerais, São Paulo, Goiás, Paraná e Mato Grosso).

4 – Subvenção a nove usinas de refinamento e cinco manufaturas de borracha.

5 – Construção de três hospedarias de emigrantes (Belém, Manaus e Acre) e de colônias agrícolas e hospitais.

6 – Construção de estradas de ferro de bitola estreita ao longo dos rios Xingu, Tapajós e outros (Pará, Mato Grosso) e rios Negro, Branco e outros (Amazonas).

7 – Construção de uma via férrea central, ligando a estrada de ferro Madeira-Mamoré às fronteiras do Peru.

8 – Construção de uma estrada de ferro de Belém a Pirapora, no Estado de Minas, com ramificações diversas.

9 – Execução de trabalhos para tornar navegáveis, em todas as estações, os rios Negro, Branco, Purus e Acre.

10 – Isenção de todos os impostos às embarcações de qualquer gênero destinadas à navegação fluvial.

11 – Criação de depósitos de carvão de pedra em diversos portos do Vale do Amazonas (para o abastecimento dos vapores e lanchas).

12 – Promoção e auxílio à criação de centros produtores de gêneros alimentícios no Vale do Amazonas: criação de gado, cultura de cereais, estabelecimento de charqueadas, fábricas de laticínios, engenhos de beneficiar arroz, fábricas de farinha de mandioca.

---

[19] *Documentos Parlamentares – Política Econômica – Defesa da Borracha*, 1906-1914, Rio de Janeiro, 1915, p. 599.

13 – Criação de uma empresa de pesca, salga e conserva de peixe.
14 – Revisão das leis relativas à concessão e venda de terras.
15 – Organização cada três anos de exposições de borracha no Rio de Janeiro.
16 – Redução das taxas de exportação da borracha do Pará, Amazonas, Acre e Mato Grosso.
17 – Estabelecimento das mesmas vantagens em relação à borracha do Acre.
18 – Abertura dos créditos necessários, a cada ano, para inteira execução da lei.[20]

O projeto foi aprovado por unanimidade, sem discussões. Entretanto, alguns meses depois, em julho de 1912, o Senador paulista Francisco Glicério pronunciou um discurso na Câmara dos Deputados contra o plano de defesa, alegando que as despesas seriam muito elevadas.

O Deputado amazonense Luciano Pereira refutou calorosamente tais argumentações, procurando mostrar o motivo pelo qual se tentava impedir a realização do plano. Denunciou a força política dos representantes dos Estados do Sul, que defendiam principalmente os interesses do café. Apontou para a atitude incoerente de Glicério, que, após ter votado a lei de proteção à borracha, sem restrições, vinha depois criticá-la.

Afirmava: "... se em vez de beneficiar o Norte a lei fosse em benefício do Sul, estou certo que o nobre Senador nada tinha a opor-lhe, achando talvez S. Exa. ainda poucas as medidas nela configuradas... é por motivos iguais a este que se diz ter sido até hoje a União mãe para o Sul e madrasta para o Norte... o Governo quis fazer exceção a esta praxe odiosa e S. Exa. acha que ela ainda deve perdurar por mais tempo."[21]

O Deputado amazonense indignava-se contra o fato de que Francisco Glicério, representante de um dos mais poderosos Estados do Sul, criava embaraços a uma lei, de cuja execução dependia a vida econômica do Norte. Lembrava, ainda, que por ocasião da crise do café, os Deputados do Norte votaram a lei que autorizou o Governo Federal a endossar o empréstimo de 15 milhões de libras esterlinas para amparar essa lavoura;

---

[20] Paul Le Cointe faz comentários interessantes sobre o assunto em sua obra L'*Amazonie Brésilienne – Le pays – Ses habitants – Ses resources*, 2º vol., Paris, Librairie Maritime et Coloniale, 1922.
[21] Congresso Nacional, *Anais da Câmara dos Deputados*, vol. V, 1912, Rio de Janeiro, Tipografia do Jornal do Commercio, 1915.

indagava por que a borracha, na situação difícil em que se encontrava, não devia merecer a mesma proteção que fora dispensada ao café.

Apesar das queixas, quando a borracha deixou de alcançar altos preços no mercado internacional e surgiram as primeiras dificuldades na exploração da gama, não se despenderam esforços para uma tentativa de salvá-la, pois o café, nesse período, representava o núcleo da economia brasileira e atraía para si todas as atenções; aos representantes dos Estados cafeeiros era fácil fazer com que os favores da União para eles convergissem, deixando de lado as necessidades dos distantes e inexpressivos Estados do Norte.

Em vista disso, o projeto nunca foi posto em prática; um ano depois, as poucas atividades que tinham sido iniciadas foram abandonadas.

O Plano Stevenson Se de um lado a produção brasileira caía, de outro o consumo continuava a aumentar com o crescimento das fábricas de automóveis e a conseqüente utilização de pneus. A produção asiática progredia de maneira constante, alcançando, em 1920, 304.816 toneladas, dominando assim o mercado mundial. Em 1925, 93% da produção mundial provinham das plantações das colônias inglesas e holandesas.

Os produtores asiáticos também imaginaram ter descoberto uma fonte inesgotável de lucros com a plantação da seringueira. Os preços, na segunda década do século XX, no entanto, tendiam a baixar, pois a oferta crescera acima da procura; já em 1917, a Rubber Growers' Association pediu a seus sócios a limitação da exportação de 1918 a 80% da safra. Apesar da resistência dos plantadores holandeses, obtiveram algum sucesso. A situação, todavia, tornava-se cada vez mais grave; em 1921, o preço da borracha caiu ao mínimo de oito pence por libra.

Em 1922, Lorde W. Churchill, Secretário das Colônias, nomeou uma comissão chefiada por Sir James Stevenson para elaborar um plano com o objetivo de valorizar o produto.

O Plano Stevenson procurava adequar a oferta à demanda existente, mediante o estabelecimento de uma tarifa móvel do Imposto de Exportação. Fixada a safra de cada plantador, tendo como base a do ano de 1920, estabeleceu-se que, para a percentagem de até 65% da safra, pagar-se-ia um imposto mínimo; a taxa cresceria progressivamente, de acordo com a percentagem da produção que cada plantador quisesse exportar.

A percentagem da safra que deveria pagar a taxa mínima seria aumentada ou diminuída de acordo com a cotação da borracha no mercado internacional. Portanto, o Plano Stevenson procurava regular a exportação de maior ou menor quantidade de borracha, intervindo indiretamente na produção.[22]

O Plano, posto em prática de 1922 a 1928, não conseguiu resolver o problema, mas pelo menos aliviou a situação insustentável de 1922, quando o estoque da borracha era maior do que o consumo mundial de um ano e uma nova safra estava às portas da exportação.

A Inglaterra enfrentou, em função da valorização da borracha, problemas na Ásia, como, por exemplo, a resistência dos plantadores holandeses à execução do plano, revoltas de *coolies* (energicamente reprimidas), dispensados repentinamente por causa do declínio da produção. Criou-se, também, um incidente de alguma proporção com os Estados Unidos, inconformados com a interferência direta da Inglaterra na manutenção dos preços do produto.

Os americanos tentaram, então, explorar a produção da seringueira; para tanto, compraram terras nas Filipinas e obtiveram, na Amazônia, uma grande concessão (Fordlândia). A iniciativa não foi avante, pois provavelmente não atendia às necessidades imediatas do consumo norte-americano, e um investimento grande na produção da borracha não compensava tanto quanto no início do século.

A concessão de terras na Amazônia   A concessão de terras a grupos privados dos Estados Unidos estava ligada a uma situação específica vivida pela Amazônia após a derrocada da borracha. No começo da década de 20, a situação financeira e econômica do Amazonas era bastante grave. Com a queda das exportações, as contas do Estado não eram pagas, o funcionalismo não recebia. Em 1922, Rego Monteiro, Governador do Estado, tentou um empréstimo nos Estados Unidos para, segundo ele, introduzir melhoramentos que só poderiam ser realizados com o auxílio de capitais de fora: construção de estradas de ferro, estabelecimento de linhas de navegação, incentivos à agricultura, à manufatura da borracha etc. Mas as concessões e garantias aos americanos em troca do empréstimo eram tais que o Governo Federal vetou a iniciativa.

Apesar da celeuma levantada, as concessões de terras foram efetivadas; pela primeira, em 1927, cedeu-se um milhão de hectares aos japoneses; pela segunda, em 1928, um milhão de hectares foram outorgados aos

---

[22] Para maiores esclarecimentos ver José Carlos Macedo Soares, *A Borracha: estudo econômico e estatístico*, Paris, Librairie de Jurisprudence, 1927.

poloneses. Nesse mesmo período, o Pará também fez concessões vultosas aos japoneses.

O Governo Federal cedeu, no Vale do Tapajós, um milhão de hectares, por cinqüenta anos, a uma companhia americana; esta concessão passou, em 1927, para as mãos da Cia. Ford Industrial do Brasil (Fordlândia). A área foi depois permutada, em 1934, por outra mais próxima de Santarém (Belterra).

Outras concessões foram efetuadas em 1930 a companhias americanas e canadenses. Todas elas implicavam o "uso e gozo" das terras, para a exploração de seringais, de minérios etc.[23]

Como a produção brasileira de borracha foi suplantada pela produção asiática, aparentemente poder-se-ia julgar que a concorrência da borracha oriental teria sido a única responsável pela ruína da Amazônia. No entanto, é preciso entender o processo de ascensão e queda da borracha brasileira, tendo em vista, também, os mecanismos internos.

Os produtos primários sempre estiveram sujeitos às oscilações do mercado mundial, ao risco de concorrentes, à baixa de preços etc. Não apenas o Brasil esteve submetido a essa situação, mas toda sociedade periférica – portanto, também a Ásia – sempre dependeu das sociedades capitalistas centrais, recebendo estímulos, respondendo às necessidades solicitadas ou perdendo posições duramente conquistadas, quando condições adversas assim o determinavam. Os seringais na Ásia passaram a ocupar um lugar muito secundário, quando, depois da Segunda Guerra Mundial, preferiu-se a borracha sintética à natural.

No caso específico da borracha brasileira, sua ruína se explica não apenas pelo mecanismo do sistema em que se insere, mas também por fatores internos. Os representantes políticos da Amazônia nunca conseguiram consolidar uma política de defesa da borracha. Além disso, os lucros auferidos na região foram canalizados para o consumo, não concorrendo para a transformação das condições existentes.

---

[23] Para mais esclarecimentos ver Arthur César Ferreira, *A Amazônia e a Cobiça Internacional*, Rio de Janeiro, Editora Record, 3ª. ed., 1968.

CAPÍTULO IV

A ECONOMIA DO AÇÚCAR. PROCESSO DE TRABALHO E PROCESSO DE ACUMULAÇÃO

1. O AÇÚCAR E O PACTO COLONIAL

AO INICIARMOS o estudo da história econômica do açúcar, durante o período da Primeira República, o primeiro dado que sobressai é o da competição, pela primeira vez estabelecida dentro do país, entre produtores regionais dessa mercadoria, a disputarem entre si os favores do Estado, o beneplácito do grande comércio e a bolsa dos consumidores internos.

Os primeiros anos da República coincidem com o renascimento da indústria açucareira no Brasil, desde a época distante em que ela perdera um lugar de vulto no abastecimento do mercado mundial. A excepcional expansão das vendas externas de açúcar, alcançada na década dos 80 do século passado e que se mantém até o ano de 1902, e o crescimento do mercado interno, em franca ascensão desde o surto imigratório dos anos 90 do século passado e até a primeira década do nosso século, foram os responsáveis pela nova onda açucareira.

Se o açúcar e mais precisamente os seus produtores passaram a disputar o mercado nacional, este produto é de seu lado o grande sustentáculo do comércio interno. Ao estímulo da produção açucareira, organizaram-se grandes grupos empresariais, ligados de modo geral com exclusividade à sua circulação interna e ao seu preparo para consumo direto.

As razões pelas quais o açúcar brasileiro foi praticamente expulso dos mercados mundiais não foram ainda hoje objeto de um estudo acurado, nem se desvendaram com suficiente clareza os mecanismos pelos quais essa marginalização chegou a termo. É possível, no entanto, avançar algumas hipóteses e chegar a algumas conclusões parciais com bastante fundamento.

Todos os estudos que se conhecem colocaram com insistência uma ênfase absoluta no aspecto industrial da produção açucareira, quando se sabe, como dizia o célebre refrão do cubano Álvaro Reynoso, que o "açúcar se faz no campo". Em verdade, a produção de açúcar foi sempre um negócio predominantemente agrícola, através do qual se chegou a produzir uma utilidade imediatamente apta ao consumo humano. Um estudo feito na segunda década do século pela U. S. Tariff Commission, representando países produtores de todo o mundo, indicava que aproximadamente dois terços do preço de produção de açúcar pertenciam à atividade propriamente agrícola; a despesa industrial situava-se entre um quinto e um terço da despesa global; o restante era devido a despesas com depreciação industrial, bastante pesadas, e com atividades de comercialização.[1]

A disputa internacional dos mercados e a questão do livre-cambismo

Foram as três últimas décadas do século XIX anos de intenso crescimento industrial e expansão do consumo nos países metropolitanos. A expansão do consumo de café, chá e chocolate, transformados em bens de consumo popular, e ao primado do açúcar como nova fonte de energia calórica das camadas populares, respondeu a produção de açúcar com um ímpeto desconhecido. No maior mercado consumidor da época, a Inglaterra foi se expandindo aceleradamente o consumo anual *per capita*, de sorte que em um curto período de 50 anos ele dobrou duas vezes. Em 1850 era de 25 libras-peso, em 1870 passara a 47 libras, em 1900 já havia alcançado 90 libras.[2]

Em termos de volume global, o consumo inglês entre 1870 e 1890 cresceu de 700 mil toneladas para 1,6 milhão de toneladas. No mesmo período, o da Alemanha elevou-se de 200 mil toneladas para 500 mil toneladas, chegando em 1900 a 750 mil toneladas. Neste último ano, o consumo francês alcançou a cifra de 600 mil toneladas.[3]

Estímulo à produção do açúcar de beterraba

A Inglaterra passou então a enfrentar, com o desenvolvimento da indústria da beterraba nos campos da Europa continental, que fora estimulada e subsidiada desde os

---

[1] Citado por Francis Maxwell, *Economic Aspects of Cane Sugar Production*, Londres, 1927, pp. 91-101.
[2] *Report of the United Kingdom Sugar Industry Inquiry Committee, ... April 1935*, Londres, 1935, p. 5; R. W. Beachey, citado por Paul Singer, *Desenvolvimento Econômico e Evolução Urbana*, São Paulo, 1968, p. 294.
[3] G. Pagès, *Le Sucre (et la utilisation des ses sous-produits à la ferme)*, Paris, 1914, p. 5.

anos do bloqueio napoleônico, e investida deste novo e florescente comércio. Em 1825 a França contava com 100 fábricas produzindo 2.500 toneladas de açúcar e em 1870 já era o maior produtor europeu. Na safra mundial de 1910, de um total de 17 milhões de toneladas, a Europa e os Estados Unidos produziram 8,6 milhões, dos quais 2,6 milhões couberam à Alemanha, 700 mil à França, 1,2 milhão à Áustria-Hungria, 2 milhões à Rússia, e 1,5 milhão aos restantes países europeus.[4]

Em 1874 a Inglaterra abolira completamente os direitos alfandegários que gravavam a compra de açúcar pelo seu comércio e pela sua indústria do refino. A conseqüente queda de preços no mercado mundial, após 1880, favorecia os lucros desses intermediários. Em 1890 também os Estados Unidos viriam a abolir os mesmos direitos. A Inglaterra e os Estados Unidos não eram então apenas os dois grandes consumidores, mas também e especialmente os dois grandes manipuladores do comércio mundial de açúcar. A liberdade de comércio, decorrente dessas medidas, expressas no *slogan* "liberdade para a mesa do café da manhã", popularizado na opinião pública inglesa, provocou uma verdadeira pletora nos estoques mundiais de açúcar.

Estabeleceu-se uma verdadeira guerra de subsídios à produção e à exportação, juntamente com tarifas alfandegárias proibitivas, entre os produtores europeus. Uma quantidade de açúcar cada vez maior, se bem que não excessiva, se cotava, em virtude da competição subsidiada, a preços cada vez mais baixos. Esse resultado, como bem notou G. Pagès, tornara-se prejudicial aos consumidores dos países produtores, que foram obrigados a pagar, por meio de taxas sobre o refino e o consumo de açúcar, os subsídios à agroindústria doméstica, ao mesmo tempo em que ele ficava cada vez mais vantajoso aos países consumidores e não produtores.[5]

Os conflitos de interesses, entretanto, se acumularam rapidamente. De um lado havia os interesses coloniais do Império britânico e dos Estados Unidos nas suas dependências especializadas na produção de açúcar de cana. De outro lado havia a pressão dos refinadores ingleses e norte-americanos, cujos interesses colidiam com a oferta de açúcares cristais brancos agora diretamente produzidos pelas fábricas de açúcar. A invenção e o aperfeiçoamento do aparelho de vácuo destinado ao cozimento da massa a baixas temperaturas (1820) e a da centrífuga em sus-

---

[4] *Idem*, p. 4.
[5] *Idem*, p. 80.

pensão destinada a separar os cristais das películas de mel (1867), além da descoberta dos usos do enxofre e do leite de cal para a clarificação do caldo de cana, habilitaram as agroindústrias a produzirem um açúcar que podia ser consumido imediatamente pelas pessoas, um produto acentuadamente branco, com escasso odor e de grande pureza.[6]

A tarifa norte-americana foi desse modo imediatamente reimplantada, não tendo durado a liberação mais do que o prolongamento da crise industrial de 1890 na curta recessão que se segue até 1894. O *courrier des mers*, como a Inglaterra era jocosamente chamada por Napoleão, antes de reimpor sua tarifa, começou por articular uma reforma no comércio mundial de açúcar, que viesse a estabelecer alguma sorte de compromisso entre os produtores de beterraba e de cana, e entre fabricantes e refinadores. As gestões que se faziam desde vários anos concretizaram-se finalmente em 1902, com o Convênio de Bruxelas, ratificado em 1903. Firmado pela Alemanha, Áustria-Hungria, França, Bélgica, Espanha, Suécia, Noruega, Holanda e Inglaterra, este acordo destinava-se a suprimir todos os subsídios, diretos ou indiretos, à produção e à exportação de açúcar, e a excluir do mercado europeu o açúcar proveniente de países em que os subsídios se mantivessem.[7]

Taxas alfandegárias diferenciais Para garantir os interesses dos refinadores, estabeleceram-se taxas alfandegárias diferenciais de acordo com o grau de polarização (predominância da sacarose). Assim, dada certa taxa alfandegária, sua incidência era total nos açúcares puros ou brancos com polarização acima de uma certa medida (freqüentemente 98°), decrescendo percentualmente em razão das polarizações inferiores. Combinando-se a taxa alfandegária diferencial com os tributos internos sobre o consumo de açúcar branco e puro, obtinha-se um tributo total sobre o açúcar branco e puro, importado nessa forma, fosse ele do tipo cristal (de usina) ou refinado, de tal monta que seu preço se tornava não-competitivo. Para garantir os interesses do grande comércio que fazia a reexportação de açúcar, o tributo aduaneiro era restituído ao se reembarcar o produto. Este modelo tributário, adotado em 1901 na Inglaterra, foi igualmente aplicado na França e nos Estados Unidos, neste país a partir de 1891.[8]

---

[6] Oliver Lyle, *Technology for Sugar Refinery Workers*, Londres, 1941, pp. 324-325.
[7] G. Pagès, *Le Sucre, cit.*, pp. 80-81.
[8] Oliver Lyle, *Technology, cit.*, pp. 332-333; C. J. Robertson, *World Sugar Production and Consumption*, An Economic-geographical survey, Londres, 1934, p. 62; G. Pagès, *Le*

Ao mesmo tempo em que o comércio mundial de açúcar era assim firmemente centralizado nas mãos dos poucos grupos importadores-reexportadores de açúcar dos maiores países industriais, os quais freqüentemente também dominavam a atividade de refino,[9] começou a ser gradativamente implantado um sistema de tarifas alfandegárias preferenciais para as colônias e outros produtores dependentes das grandes metrópoles e em cujas agroindústrias predominavam capitais metropolitanos.

O tratamento discriminatório, desde longa data praticado pela Holanda em relação ao açúcar produzido em Java, foi adotado em 1898 e em 1902 grandemente elevado pelo Canadá, para beneficiar com exclusividade os produtores antilhanos do Império Britânico. Em 1903 passaram também os produtores de Cuba, dos quais a maioria era constituída de investimentos diretos norte-americanos em terras e em instalações fabris, a receber um tratamento preferencial nas tarifas alfandegárias dos Estados Unidos, o que lhes vale até 1922, época em que foi grandemente reduzido um benefício de 20% sobre o direito de entrada naquele mercado, vantagem grandemente aumentada nos anos seguintes; na mesma época o açúcar filipino recebia subsídio semelhante equivalente a 33% das tarifas norte-americanas. Quanto à política protecionista da Inglaterra, ela só começa formalmente em 1919, ao ser substituído o Acordo de Bruxelas por cláusula do Tratado de Versalhes. Neste ano impôs a Inglaterra um tratamento tarifário preferencial às suas colônias e aos países produtores do Domínio britânico, mantendo-se entretanto a diferença anterior de tratamento para açúcares de maior e menor polarização. Com dois grupos de preferência, os ganhos para esses países situaram-se aproximadamente em torno de 30% para o grupo menos beneficiado e 40% para os mais aquinhoados, sobre as tarifas de entrada impostas ao resto dos produtores mundiais.[10]

A produção javanesa conquistou em um certo momento uma boa porção do mercado inglês; suas exportações eram de açúcar branco cristal para consumo humano imediato. Em 1920/1923 chegaram mesmo a

---

Sucre, cit. p. 82; Guilford Spencer e George P. Meade, *Cane-sugar Handbook. A manual for cane-sugar manufactures and their chemists*, Nova York, 8.ª ed., 1959, p. 5.; *Report of the United Kingdom, cit.*, pp. 16-17.

[9] C. J. Robertson, *World, cit.*, p. 68.

[10] G. Spencer e G. P. Meade, *Cane-sugar, cit.*, p. 4; *Report of the United Kingdom, cit.*, pp. 7-8; C. J. Robertson, *World, cit.*, pp. 45, 48; John E. Dalton, *Sugar. A case-study of Government Control*, Nova Iorque, 1937, p. 30.

representar as suas entradas na Inglaterra cerca de 17% desse mercado. Tratava-se entretanto de um domínio passageiro. O notável reaparelhamento técnico na parte de fabricação das centrais javanesas, ao contrário do que se tem afirmado sobre a importância desse fato na conquista dos mercados açucareiros, de nada lhe valeu. O açúcar javanês foi inapelavelmente expulso dos mercados ocidentais. Apenas a singular localização que detinha em relação aos mercados orientais garantiu-lhe a permanência como grande exportador.

No que diz respeito a Cuba, sua participação no mercado interno norte-americano já era em 1909-1913 de 48%, elevando-se no período de 1925/1929 a 53%. Entre os anos 1910 e 1914, os Estados Unidos sozinhos foram os compradores de 92% da exportação açucareira cubana. Mas, ainda assim, a participação cubana nas importações de açúcar pela Inglaterra cresceu, entre os períodos de 1909/1913 e 1920/1923, de 9% a 36%.[11]

Supremacia da produção cubana   Os acontecimentos mais marcantes na disputa do mercado mundial pelas grandes potências, de que fizemos uma breve explanação, precisam o exato momento e o modo pelo qual a supremacia de Cuba no mercado ocidental se firma. Ao tempo em que, no curto espaço dos anos 1909/1913 a 1926/1930, elevava-se a produção mundial em 54%, a de Java aumentava em 98%, e a de Cuba na extraordinária razão de 125%.[12]

Beneficiando-se da enorme vantagem advinda com a diferença de fretes marítimos aos Estados Unidos dada a melhor localização geográfica, e do contínuo avanço da agroindústria nesse período para as fertilíssimas terras virgens do leste da Ilha, vantagem por sua vez potenciada pela tarifa preferencial em um mercado de preços altos, como era então o mercado "fechado" norte-americano, os produtores de Cuba puderam ainda apoderar-se, embora ali não dispusessem de vantagem alguma, em perto de dois quintos do mercado inglês. Disputando a Cuba 3% desse mercado, em 1909/1913, a participação brasileira não representaria, em 1920/1923, mais que 0,3%.[13] Acrescente-se ainda à situação brasileira a desvantagem de o Governo inglês, especialmente depois de 1919, quando os açúcares de seus domínios já contavam com uma elevadíssima vantagem tarifária, ter aumentado pesadamente o imposto de alfândega: 1s. 4d.

---

[11] C. J. Robertson, *World, cit.*, pp. 3, 29, 45 e 63.
[12] *Idem*, p. 45.
[13] *Idem*, p. 45.

por cwt., em 1908; 9s. 4d., em 1915; 14s., em 1916; 25s. 8d., em 1918; 11s. 8d., em 1924; e, apenas para os açúcares de baixa polarização, 9s. 4d., em 1928.[14] O mercado inglês tornara-se então também "fechado" àqueles países que se encontravam fora do pacto colonial.

Ao propor em 1900, agora com maior sucesso, as medidas antiprotecionistas adotadas em boa medida pelo Convênio de Bruxelas, pelas quais vinha lutando desde 1865, o interesse da Inglaterra no controle mundial da produção de açúcar era uma dedução lógica do liberalismo econômico inglês. A supremacia inglesa no comércio mundial dependia de que a divisão internacional do trabalho não fosse submetida a desequilíbrios muito profundos. O crescimento agrícola europeu, se concorresse efetivamente com a produção colonial, poderia ser um dos fatores desse desequilíbrio. Isto era especialmente certo se a produção metropolitana se expandisse à custa de proteções antilivre-cambistas e fosse acompanhada de superprodução de alimentos e matérias-primas de origem agrícola.

O liberalismo econômico inglês já havia conquistado a derrogação das suas próprias barreiras de alfândega no caso dos cereais, da carne. Em seguida liberou totalmente as entradas dos principais alimentos da "mesa da manhã": chá, café e açúcar. Inquietavam-no portanto as tendências ao estabelecimento de cartéis de produção agrícola, especialmente no caso do açúcar, com que os países do continente, especialmente a Alemanha e a Áustria, se haviam armado como um auxiliar do protecionismo de inspiração mercantilista e do crescimento econômico indefinidamente subsidiado. O liberalismo inglês vinha explorando ideologicamente, desde antes de 1880, um aspecto importante da questão junto à opinião pública desses países, e que era o encarecimento da vida das camadas médias e trabalhadoras pela via da elevação brutal dos impostos e dos preços internos com os quais se subsidiavam os preços baixos no mercado mundial. Embora os próprios consumidores ingleses se beneficiassem dessa importação subsidiada na fonte de produção, como era o caso do açúcar, o liberalismo inglês apontava a superprodução mundial como um sintoma exterior de um estado econômico patológico provocado pela inobservância das leis econômicas do *laissez-faire* e o seu corolário, as condições de livre concorrência em um mercado livre.

Um representante de interesses financeiros ingleses no Brasil, George Mathieson, publicou na Inglaterra um livro contra os "prêmios" à produ-

---

[14] *Report of the United Kingdom, cit.*, p. 7.

ção e exportação de açúcar, acusando o consumidor inglês de se estar beneficiando indevidamente de políticas antilivre-cambistas e de estar dando suporte ao florescimento de uma agroindústria economicamente ineficiente e artificial.[15]

Ora, a situação de superprodução mundial de açúcar, que se delineava a longo prazo, conduziria inevitavelmente à revivescência das velhas práticas do "pacto colonial". Os Estados Unidos já haviam dado mostras suficientes desta inclinação, que se manifestava no estabelecimento de tarifas preferenciais e de acordos bilaterais de comércio, como os que vinham estabelecendo no caso do açúcar, com alguns países recém-libertos do colonialismo europeu, com alguns países latino-americanos de sua área de influência e mesmo com nações européias industrialmente atrasadas: Espanha, Cuba e Filipinas, México, Peru e Argentina. A Inglaterra buscava assim enfrentar o fechamento do mercado norte-americano e a inclusão nele de outras áreas do comércio mundial.

A posição marginal do açúcar brasileiro no mercado mundial e a supremacia dos interesses ingleses

Ao fazer pretensamente a defesa da participação brasileira no mercado da Inglaterra, o mais autorizado e categorizado porta-voz dos interesses ingleses no país, J. P. Wileman, autor da obra *Brazilian Exchange* e assessor técnico do Ministro Joaquim Murtinho, dizia, não sem uma certa dose de cinismo, que o problema do açúcar não era o de produzir mais barato e o de estar em condições de vender mais barato, mas efetivamente o de dispor de compradores quando os excessos de produção se avolumassem. Embora os fatos indicassem que o pacto colonial havia definitiva e irretorquivelmente afastado o açúcar brasileiro do mercado inglês, os interesses ingleses aqui radicados obtiveram através dos esforços de Wileman a adesão brasileira ao Convênio de Bruxelas, com todas as suas conseqüências: o rebaixamento da tarifa alfandegária, a supressão de subsídios e auxílios diretos aos produtores nacionais e o afastamento de possíveis acordos bilaterais que então se buscavam com os Estados Unidos e Portugal.

As duas fases do crescimento da produção nacional

A dinâmica do crescimento da agroindústria açucareira nacional conheceu duas fases distintas, cada qual com o seu propulsor peculiar. A primeira delas deveu seu dinamismo ao impulso do mercado externo. Uma forte desaceleração no

---

[15] *Sugar Fallacies*, citado em *The Brazilian Review*, 8/8/1905.

crescimento marca o final dessa fase, e um longo período de estagnação antepôs-se à expansão seguinte. Já esta segunda fase se apresenta com a característica básica de depender de um impulso do mercado interno, e representando uma notável aceleração em relação ao crescimento anterior. Podemos dividir toda a Primeira República nessas três fases, tomando como pontos de referência os anos 1901 e 1915.

Particularmente às exportações brasileiras de açúcar, sua dinâmica caracteriza a de um fornecedor marginal no mercado europeu. A enorme expansão do consumo nos anos 80 e 90 do século passado, a que se somou a quebra da produção cubana durante a guerra com os Estados Unidos e a guerra civil, reabriu ao açúcar brasileiro um mercado que se estava praticamente fechando. A expansão do açúcar de beterraba e o regime de preferências coloniais, finalmente, respondem pela marginalização completa das exportações brasileiras, que só ascenderão novamente durante os anos da Primeira Grande Guerra para em seguida caírem a um nível ínfimo, que se prolonga indefinidamente.

PRODUÇÃO E EXPORTAÇÃO DE AÇÚCAR – BRASIL – 1871/1930

PRODUÇÃO		EXPORTAÇÃO	
Período	Média anual em t	Período	Média anual em t
–	–	1871/1880	170.000
–	–	1881/1890	200.000
1890/1900	260.000	1890/1902	200.000
1901/1914	288.000	1903/1916	40.000
1915/1920	540.000	1917/1922	140.000
1921/1930	500.000	1924/1930	40.000

FONTES: *produção* – Loose Leaf Service, *Concerning Sugar*, Bureau of Statistics, U. S. Sugar Manufacturers Association, Washington, abril de 1925, p. BX-14; C. J. Robertson, *World*, *cit.*, p. 84; Gileno Dé Carli, "O Açúcar na Formação Econômica do Brasil", *Anuário Açucareiro de 1936*, Rio de Janeiro, p. 35; Eduardo Martini, *O Açúcar no Brasil*. Produção, Procura e Preço. Viçosa (MG), 1964, p. 111. *Exportação* – Loose Leaf Service, *loc. cit.*; Brasil Diretoria de Estatística Comercial, *Comércio Exterior do Brasil* (anteriormente *Importação e Exportação*), Rio de Janeiro, vols. 1901/1930; Gileno Dé Carli, "O Açúcar", *cit.*, p. 31; E. Martini, O *Açúcar, cit.*, p. 10.

2. O PADRÃO DE CRESCIMENTO SEM CENTRALIZAÇÃO DOS CAPITAIS: CONSEQÜÊNCIAS SOBRE A CONCORRÊNCIA E O RITMO DA ACUMULAÇÃO

A exigência quanto à magnitude de um capital individual para a expansão da economia brasileira do açúcar no período considerado foi mínima. Os capitais podiam concentrar-se como de fato se concentraram. Mas a concentração de alguns capitais individuais não significou conjuntamente a sua centralização, com a redução de seu número. Os mesmos processos tecnológicos rotineiros incorporaram-se extensivamente a um número maior de unidades individuais. Nenhuma significativa melhoria tecnológica, nenhum aumento considerável da produtividade do trabalho individual observaram-se nesse período, especialmente no que diz respeito à agricultura da cana.

Do lado da fabricação, iam-se diferenciando as unidades em "rapadureiras", "bangüeseiras" e "usineiras", conforme tenham passado ou não a empregar melhorias industriais: uso de caldeiras fechadas e de vácuo, com emprego de vapor em serpentinas, substituindo o secular processo de evaporação e cozimento a fogo nu em velhas tachas de cobre trabalhando a céu aberto; processos químicos de clarificação e purificação do caldo; processos mecânicos de filtragem da massa; turbinação centrífuga em lugar do sistema manual de bater a massa a céu aberto para a separação dos cristais de seu envoltório de mel. Se a máquina a vapor e seus processos químicos e mecânicos auxiliares tornaram possível a revolução capitalista do trabalho fabril, a ausência da máquina automotriz na agricultura canavieira impediu aí semelhante mudança.[16]

O contínuo crescimento extensivo foi a característica mais marcante do período, apesar das "vicissitudes do negócio do açúcar", que paradoxalmente a cada dia atraía mais e mais capitais disponíveis. As súbitas alterações no movimento dos preços, que acompanharam os surtos de crescimento e depressão da indústria urbana, e as oscilações no fluxo do comércio exterior, dependente do café, não tiveram nenhum efeito visível

---

[16] A propósito do entendimento da possibilidade de uma revolução no processo de trabalho agrícola como conseqüência do estabelecimento da indústria pesada nacional, e a compreensão da modernização agrícola como problema histórico-econômico, cf. João Manuel Cardoso de Melo, "O Padrão de Crescimento Retardatário: o Caso do Brasil", MS.

sobre a expansão açucareira. Apesar das sistemáticas verberações sobre os "preços vis" a que o açúcar se via inopinadamente cotado, o crescimento manteve-se imperturbável.

Anos de queda e de elevação de preços

Pode-se considerar a seguinte sucessão de anos de elevação e de queda no movimento dos preços do açúcar durante a Primeira República: 1890-1900 (elevação), 1901-1914 (queda), 1915-1920 (elevação), 1921-1923 (queda), 1924-1927 (pequena elevação) e 1928-1930 (queda).[17]

Em todos esses períodos sem exceção, a produção e o número de unidades cresceram continuamente. No início do primeiro período de prolongada queda, o número de usinas existentes em Pernambuco era inferior a 40, alcançando, em 1910, em plena "crise" de preços, o número de 49 unidades. O maior surto açucareiro nesse período ocorre no Estado do Rio de Janeiro, havendo sido a maioria de suas 31 usinas existentes em 1910 fundada depois de 1900. Também em São Paulo, onde uma usina faliu e foi absorvida por um tradicional grupo estrangeiro proprietário de várias outras, três novas usinas foram fundadas nesse período.[18]

Nos cinco anos seguintes de elevação de preço, continuaram a fundar-se usinas: oito em Pernambuco, onze no Estado do Rio, treze na Bahia, oito em Sergipe, cinco em São Paulo. Já na queda subseqüente, São Paulo passa a contar com mais duas usinas.[19]

Mesmo durante os anos de "crise" mais acentuada nos preços, o número de usinas cresce constantemente: em todo o país, entre 1925 e 1931, o número apenas das fábricas que contavam com aparelhos de cozimento no vácuo, além de turbinas centrífugas para separação dos cristais, expande-se como segue – 250, 279, 298, 302.[20]

Se atentarmos para o movimento das quantidades produzidas, veremos, com efeito, não ter o fluxo de preços, que não foi nada suave, exer-

---

[17] Leonardo Truda, *A Defesa da Produção Açucareira*, 2ª ed., Rio, 1970, pp. 145/146; Gileno Dé Carli, "O Açúcar", *cit.*, pp. 32, 39, 41/42, 46/47.
[18] Frederic H. Sawyer, *Estudo sobre a Indústria Açucareira no Estado de São Paulo*, 2ª ed., São Paulo, 1908; Gileno Dé Carli, "O Açúcar", *cit.*, pp. 28-33; idem, *A Evolução do Problema Canavieiro Fluminense*, Rio, 1942, pp. 62-65; idem, *Processo Histórico da Usina em Pernambuco*, Rio, 1942, p. 23; idem, *Aspectos da Economia Açucareira*, Rio, 1942, p. 18.
[19] Brasil. Serviço de Inspeção e Fomento Agrícolas, *Aspectos da Economia Rural Brasileira*, Rio, 1922, p. 329; São Paulo (Estado), Secretaria da Agricultura, *Boletim da Diretoria de Indústria e Comércio*, 1/2(1925); *Censo do Brasil de 1920*.
[20] Brasil, Instituto do Açúcar e do Álcool, *Anuário Açucareiro de 1938*.

cido nenhuma influência sobre o comportamento da oferta. Por períodos de elevação e queda nos preços, conforme a divisão que estabelecemos, as médias anuais de produção nacional foram:

PRODUÇÃO ANUAL MÉDIA EM TONELADAS

Período		Movimento de preço
1890-1900	260.000	Elevação
1901-1914	288.000	Queda
1915-1920	540.000	Elevação
1921-1930	900.000	Queda

FONTE: Loose Leafing Service, *Concerning, loc. cit.;* Gileno Dé Carli, "O Açúcar", *cit.*, p. 35; Eduardo Martini, O *Açúcar, cit.*, p. 111; C. J. Robertson, World, *cit.*, p. 84.

A sustentação da demanda efetiva para essa produção enormemente acrescida deveu-se certamente ao surto de progresso industrial experimentado pelo país depois de 1920, e especialmente à férrea política de sustentação do café depois de 1925 até 1930, quando a produção cafeeira no país dobrou, o que significou uma absorção impressionante de trabalho vivo. Os problemas se agravaram realmente depois de 1925, pois entre 1926 e 1930 a média anual de produção nacional de açúcar ascendeu ao nível altíssimo de 980 mil toneladas, mantendo-se em todos esses anos uma notável proximidade em torno da média e, portanto, uma alta estabilidade. Os dados de produção por Estado indicam para a produção de São Paulo, entre os anos de 1927 e 1930 (de 1923 a 1926 os canaviais paulistas haviam sido dizimados pela moléstia do "carvão"), um crescimento de 40 mil toneladas para 70 mil toneladas, embora em 1926 já se aproximasse de 25 mil toneladas. No Estado de Pernambuco o ritmo foi idêntico, pois dobrou a produção, passando de 120 mil toneladas para 240 mil toneladas entre 1925 e 1931. Já no Estado do Rio de Janeiro, o crescimento da produção não foi tão grande, atacada como esteve permanentemente pela moléstia do "mosaico". Situando-se a produção em 100 mil toneladas, na safra de 1926, o maior aumento foi de apenas 20%, no ano de 1929, quando a produção alcançou o seu volume, 120 mil toneladas. Além disso, a produção sofreu um decréscimo de 50%, entre 1926 e

1928. E recuperou-se, voltou a cair novamente, em 1931, para 80 mil toneladas.[21]

A característica mais importante da produção açucareira nesse longo período de 40 anos foi a sua notável estabilidade. Durante todo o tempo as bases da produção se modificaram, as usinas foram firmemente substituindo os pequenos engenhos, o número de usinas cresceu continuadamente, as técnicas de fabricação foram melhoradas e novas terras foram incorporadas à lavoura de cana. Entretanto, nem se assistiu a nenhum processo acentuado de centralização de capitais, nem o setor foi jamais ameaçado por uma crise profunda de superprodução. Os recursos e as funções correspondentes se redistribuíram, um grande número de donos de engenhos se tornaram fornecedores de canas, outros transformaram seus engenhos em pequenas usinas, mas o equilíbrio se manteve seguramente. O fator explicativo dessa estabilidade foi aparentemente o mecanismo de transferência de parte da renda aí gerada para fora da economia açucareira. Mas na verdade este mecanismo foi apenas o resultado da natureza estrutural do setor. Tanto pela manutenção de altíssimos ganhos extraordinários por parte dos capitais que manipularam a comercialização do açúcar, quanto pelo investimento dos lucros dos usineiros fora do setor, este apresentou uma expansão permanentemente contida nos limites da demanda.

A estabilidade, contudo, não significou a exclusão da concorrência. Pelo contrário, condicionou-a. Analisando-se de perto o comportamento das unidades de produção, verifica-se que elas pautaram o seu movimento pela existência de uma procura de açúcar a satisfazer, mas inteiramente manipulada pelo aparelho oligopsônico da comercialização. A produção de cada unidade expandia-se ou se contraía se houvesse ou deixasse de existir uma oferta de compra de açúcar, praticamente a qualquer nível mínimo de preços que a especulação mercantil comportasse. Este fato transparece claramente em um noticiário especializado sobre o mercado do açúcar no Recife. Na primeira semana de abril de 1905, o mercado de açúcar do Recife estava em baixa, com cotações extremamente deprimidas. O correspondente de *The Brazilian Review* naquela praça descrevia nestes termos a situação: "As entradas de açúcar (vindas das usinas e engenhos) continuam em larga escala. O estoque atual dos comissários é

---

[21] Brasil, Instituto do Açúcar e do Álcool, *Anuário Açucareiro de 1938*.

de cerca de 250.000 sacos. O mercado vai de mal a pior e os preços estão todos mais baixos, mas mesmo assim não há demandas do Rio e Santos.[22]

Uma análise mais acurada da relação entre as quantidades produzidas e exportadas e o movimento de preços, apesar da precariedade dos dados disponíveis, leva-nos a essa conclusão.

PRODUÇÃO, EXPORTAÇÃO E PREÇOS DE AÇÚCAR –
BRASIL – 1877-1932

Período	COTAÇÃO EXTERNA Libra ouro	COTAÇÃO INTERNA Mil-reis	Mil-réis	EXPORTAÇÃO ANUAL EM T Pernambuco	PRODUÇÃO ANUAL EM T Brasil	PRODUÇÃO ANUAL EM T Brasil
1877/83	26s.	8$2	–	116.000	224.000	–
1884/87	18s.	4$7	–	123.000	198.000	–
1888/90	15s.	–	–	–	200.000	230.000
1891/95	12s.	–	–	–	230.000	260.000
1896/00	13s.	21$2	–	–	120.000	260.000
1901/06	8s.	14$4	–	–	70.000	230.000
1907/08	8s.	24$5	–	–	20.000	–
1909/15	–	17$4	–	–	40.000	350.000
1916/22	33s.	–	35$0	–	130.000	620.000
1923/24	–	–	74$0	–	90.000	870.000
1925/29	–	–	59$1	–		
Jul/set/1929	⎱12s.	–	37$0	–	⎱ 20.000	920.000
Out/dez/1929	⎰	–	27$5	–	⎰	
Jan/mai/1930		–	27$2	–		
Set/nov/1930	⎱6s.	–	25$3	–	⎱ 80.000	1.020.000
Jan/jun/1931	⎰5s.	–	37$5	–	⎰ 10.000	1.030.000
1932	5s.	–	37$7	–	40.000	970.000

FONTES: *cotação:* – J. Lescure, citado por Paul Singer, *Desenvolvimento, cit.*, p. 296; *Report of the United Kingdom, cit.*, p. 13; Gileno Dé Carli, "O Açúcar", *cit.*, pp. 32, 39, 41-42, 46-47; Joaquim Melo, *Um Decênio de Defesa do Açúcar*, Rio, 1941, Quadro 3, Anexo; Leonardo Truda, *A Defesa, cit.*, pp. 145-146; Brasil, Instituto do Açúcar e do Álcool, *Anuário Açucareiro, 1938: Exportação:* – Brasil, Diretoria de Estatística Financeira, *Comércio Exterior do Brasil, cit.*; Falas dos Presidentes da Província de Pernambuco, citadas por P. Singer, *Desenvolvimento, cit.*, p. 292; G. Dé Carli, "O Açúcar", *cit.*, p. 31; Loose Leaf Service, *Concerning, cit.* p. XB-2; *Produção* – Loose Leaf Service, *Concerning, loc. cit.*; C. J. Robertson, *World, cit.* p. 84; G. Dé Carli, "O Açúcar", *cit.*, p. 35; Eduardo Martini, *O Açúcar, cit.*, p. 111.

---

[22] *The Brazilian Review*, 18/4/1905.

O Quadro da página anterior indica que o movimento do preço foi aparentemente influenciado pelo volume das safras, pois ele tendeu a cair justamente nos períodos em que a produção se expandiu velozmente, ao tempo em que o volume da exportação se contraía, o que é lógico da perspectiva do grande comércio. Mas já o volume das safras não sofreu influência alguma dos preços, como pode ser observado. Para as ligeiras quedas ou desacelerações na produção, que ocorreram esparsamente em anos de baixa duradoura de preços, a explicação que se pode dar é a de que teria ocorrido a formação de estoques acumulados em vários anos seguidos e que a retenção de estoques invendáveis, além de um certo limite nas mãos dos produtores, teria forçado a parada da atividade. Mas, freqüentemente, a produção caiu por causa de acontecimentos puramente naturais: secas, como a de 1912, a de 1917/18, ou doenças da cana, como, em 1923/25, o "mosaico" e o "carvão".

Analisando-se essas tabelas, verifica-se que no período de maior absorção da demanda mundial, mas de preços continuadamente declinantes (os anos 1870-1895), a oferta de açúcares brasileiros aumenta constantemente. No período seguinte depois de nossa curta recuperação, o crescimento da produção cubana, posterior à sua guerra civil, deve ter inflacionado o volume dos estoques, de modo que entre os anos 1901/1915 as exportações brasileiras de açúcar caíram vertiginosamente e se mantiveram durante todo o período em nível ínfimo.

O volume da produção, que durante os primeiros cinco anos do século sofrera pequena baixa, retomou entretanto a expansão com ímpeto invulgar, crescendo a uma taxa de quase 6% ao ano. Caracterizou-se este como um período de grandes comoções econômicas e sociais no setor açucareiro da produção. Sucederam-se em pouco mais de 10 anos vários Congressos de usineiros na tentativa de organizar os produtores para o controle da expansão, solicitaram-se reiteradamente subsídios governamentais para superar a difícil situação financeira das maiores usinas e de influentes comerciantes, e os primeiros movimentos sociais de fornecedores de cana se verificaram no país.

Passado o período da Primeira Grande Guerra, em que o movimento de exportação se havia retomado, o quadro se repete, expandindo-se a produção em acelerado ritmo, ao mesmo tempo em que as exportações retraíam-se violentamente. Assim é que entre 1915 e 1924 o ritmo de crescimento elevou-se à taxa de mais de 16% ao ano, ainda num quadro de exportações em franco declínio, especialmente após o ano de 1925.

A relação de indiferença, da produção ao movimento de preços, manteve-se claramente neste período. Sendo ele um período de preços declinantes, a produção entretanto se manteve em um ritmo de crescimento, que, se não se fez no mesmo ímpeto dos anos de guerra e do imediato pós-guerra, foi, não obstante, muito elevado.

As coisas não se passavam porém de igual maneira para todos os contendores. O que iria caracterizar a economia da produção açucareira durante toda a Primeira República seria a sua notável estabilidade. Variavam, entretanto, os graus de estabilidade de um tipo de contendor a outro. A economia açucareira do Estado do Rio de Janeiro parece ter sido mais frágil que as coirmãs do Nordeste e de São Paulo, enquanto as grandes usinas do Estado de São Paulo enfrentaram maiores problemas durante as crises externas do início do século do que o parque açucareiro do Nordeste.

A concorrência do açúcar bruto ao cristal   Nos fins do século XIX, era lembrado por um proprietário de engenho central do Rio de Janeiro que uma das causas de falência desse sistema, a despeito da garantia oficial de juros aos capitais ali aplicados (Lei imperial de 1875), se encontrava na concorrência desvantajosa que lhes movia o açúcar bruto de engenhos menores. Alegando com os altos custos de fabricação do produto de tipo superior pelas centrais açucareiras, esse capitalista afirmava que os engenhos pequenos podiam sobreviver com os preços vigentes no mercado, que o seu próprio produto deprimia, enquanto para as centrais tais preços eram considerados vis.[23]

Declínio da produção   Na passagem do século XX declinavam as exportações sensivelmente. Aparelhadas como se encontravam para produzir açúcares de tipo superior, as velhas centrais e as novas usinas encontraram desde logo dificuldades para colocar seu açúcar a preços competitivos no mercado interno. Destas dificuldades nos dão notícia as sucessivas moratórias aplicadas pelo Governo do Estado de Pernambuco às dívidas hipotecárias dos usineiros para com o Tesouro estadual, assim como as sucessivas transferências de propriedade de algumas das grandes centrais nos Estados do Rio de Janeiro e de São Paulo.

Como informava um engenheiro químico, encarregado pelo Governo paulista de fazer um levantamento da situação das centrais açucareiras de

---

[23] Barão de Barcelos, citado por Gileno Dé Carli, *Evolução, cit.*, p. 57.

São Paulo, o consumo de açúcar cristal superior restringia-se neste Estado essencialmente à área da Capital. Devido à preferência do interior pelos açúcares brutos (os turbinados de São Paulo e os melados de Pernambuco), que além de disporem das propriedades organolépticas que o referido informe dizia estarem rotineiramente arraigadas entre a população mais pobre do interior (a "catinga" peculiar aos brutos), eram muito mais baratos, chegando a menos da metade do preço, o produto das usinas tinha de confrontar-se diretamente com esses açúcares em um mercado que lhes era desfavorável.[24]

O caráter acentuadamente mais capitalizado das relações sociais de propriedade, que necessariamente tinham de vigorar para uma empresa que, embora essencialmente agrícola, tinha anualmente de fazer pesadas inversões no equipamento industrial e ainda envolver-se em onerosas operações financeiras para fundar suas safras agrícolas, e que em São Paulo se via obrigada a disputar a cultura cafeeira durante a colheita da cana, a peso de salários mais elevados, a grande quantidade de mão-de-obra adicional, esse caráter, dizíamos, representava para as usinas, em contraposição aos pequenos engenhos, um *handicap* extremamente negativo.[25]

Diferenças de nível técnico Os pequenos engenhos puderam assim dispor de produtores diretos que cultivavam suas terras por uma relação de renda fundiária em sua forma primitiva, sob regime "mais suave" do ponto de vista dos trabalhadores. O período de safra dos engenhos era tecnicamente maior, a alimentação de suas moendas muito mais lenta, a qualidade das canas não era tecnicamente um problema em razão de se não empregarem processos químicos mais refinados, evidentemente de maior rendimento técnico mas igualmente mais onerosos. Deste modo, a parcela de intervenção direta da administração da empresa no processo

---

[24] Fréderic H. Sawyer, *Estudo, cit.*, p. 197.
[25] Teoricamente o problema da manifestação da renda fundiária na sua forma primitiva, mas já incluída em uma relação de propriedade e processo de trabalho de reprodução de capital, encontra-se discutido em O *Capital*. Cf. a segunda edição mexicana, 1959, t. III, pp. 725-753, esp. p. 743. Esta relação de propriedade, quando se trata da parceria agrícola, descarta a função da "renda como forma normal de mais-valia" no padrão de agricultura de desenvolvimento frenado. "De um lado, diz Marx, o parceiro, empregue ele o próprio trabalho ou o alheio, tem o direito de se apropriar de uma parte do produto não mais em sua qualidade de trabalhador, mas como possuidor de parcela dos instrumentos de trabalho, na qualidade de seu próprio capitalista. De outro lado, o proprietário da terra não mais reivindica sua parte exclusivamente por seu direito de propriedade, mas também a título de prestamista de um capital", *loc. cit.*

técnico de trabalho, que era importante nas culturas de canas das usinas, praticamente inexistia nas lavouras dos pequenos engenhos. De igual modo, a combinação de salário e renda fundiária na forma primitiva, típica da agricultura das centrais, era praticamente desconhecida nos engenhos, em cujas lavouras os dispêndios de salários em dinheiro eram ausentes.

Esta relação de verdadeira parceria agrícola aproximava-se assim muito mais da verdadeira renda capitalista do solo que as demais formas de renda-trabalho, quer a forma propriamente dita, quer as suas variantes, a renda-produto e a renda-dinheiro, a despeito de manter o fundamental de toda forma primitiva de renda fundiária, a saber, o não regular-se pelo mercado e conseqüentemente a importância fundamental da produção de auto-subsistência, não submetida à divisão capitalista do trabalho e, de conseqüência, à natureza da mercadoria, na determinação do trabalho-sobrante.[26]

Ideólogo dos grandes grupos usineiros de origem inglesa, proprietário de uma empresa jornalística vinculada a esses interesses, diretor da repartição federal encarregada das estatísticas alfandegárias, assessor financeiro do Ministro Joaquim Murtinho, e ainda Embaixador brasileiro à Convenção (do açúcar) de Bruxelas, J. P. Wileman reafirmava no início do século um aspecto propriamente capitalista do processo de trabalho fabril vigente nos grandes complexos usineiros, enfatizando a busca de lucros fundamentalmente na real apropriação fabril capitalista, como característica própria das usinas. Para Wileman, caracterizava-se a evolução da indústria açucareira cada vez mais como uma questão de métodos para produzir barato em larga escala, e que o Brasil poderia habilitar-se de modo a vender barato como nenhum outro país poderia fazê-lo.[27]

Competição no setor produtivo   A verdade é que, de fato, os fabricantes de açúcares brutos (rapadureiros, bangüeseiros e turbinadores) haviam organizado a produção para que ela assentasse, exclusivamente, na busca de lucros pela via da apropriação rentista e não na apropriação especificamente capitalista. Entretanto, essa perspectiva apenas mascarava o fato de as usinas dependerem, embora menos enfaticamente, da apropriação rentista, numa agricultura não mecanizável. Em vez de se perguntarem a

---

[26] A caracterização referente ao passado, quanto aos processos de trabalho nos pequenos engenhos, obtivemos de informes pessoais em diferentes regiões do Estado de São Paulo, ao realizar uma pesquisa sobre as usinas de açúcar auxiliada pela Fundação de Amparo à Pesquisa do Estado de São Paulo, a quem renovo meu agradecimento.
[27] Sugar, *The Brazilian Review*, 11/7/1905.

razão pela qual os usineiros não adotavam melhores métodos de fabricação, mais produtivos ou pelo menos iguais àqueles dos competidores internacionais, em vez de deplorarem as enormes perdas de sacarose, o gasto excessivo de combustível, os críticos deveriam ter-se perguntado o porquê da notável estabilidade das pequenas engenhocas, coisa que singularmente não lhes ocorreu.

A competição dos produtores de brutos ficou patenteada suficientemente durante a mais acentuada queda de preços que assolou a agroindústria do açúcar antes de 1929, e possivelmente pior do que esta. A crise dos primeiros anos do século não atingiu igualmente todos os ramos da produção social, daí ter efeitos muito mais desastrosos sobre o ramo açucareiro, pois a crise se manifestava em um contexto de alta geral de preços, à exceção do açúcar. Para contornar o problema dos excessos de produção pesando sobre um mercado inteiramente saturado para todos os tipos e mais que saturado quanto a tipos extrabrancos, os representantes estaduais de produtores, reunidos em 1905 na Conferência Açucareira do Recife, decidiram-se pela criação de um órgão comercializador e controlador do fluxo da produção, de modo a combinar um sistema de quotas com um outro de vendas gravosas ao exterior e assim manter o nível interno do preço. Havendo a "Coligação Açucareira" daí resultante regularizado o mercado em duas safras consecutivas, logo em seguida os produtores de açúcar bruto entraram a vender muito abaixo da tabela a especuladores, os quais passaram a utilizar os estoques assim acumulados de modo a aviltar inteiramente as cotações internas. Diante dos novos preços, para eles grandemente favoráveis, os "bangüeseiros" de Pernambuco abriram caminho à total desorganização do mercado, pois foram então beneficiados com recursos de monta e puderam expandir a produção agrícola rapidamente. Contando com preços altos durante as safras de 1906 e 1907, já na safra seguinte colocaram grandes partidas a preços baixíssimos, junto aos representantes das firmas importadoras da Inglaterra no porto do Recife.[28]

Este limite imposto à lei de centralização dos capitais em uma economia de produção social, tornava, assim, penosa a concentração de capitais. Quanto mais os capitais se concentravam, mais se elevava, relativamente às pequenas unidades de produção, o valor individual da sua mer-

---

[28] Luiz Correia de Brito, *Coligação Açucareira*, Recife, 1909, p. 27; Sugar Market, *The Brazilian Review*, 17/04/1906.

cadoria. Isto se dava porque as pequenas unidades trabalhavam em uma maior extensão à base da reprodução dos meios de vida de seus trabalhadores em regime de auto-subsistência.

Se a reprodução do trabalho necessário na agricultura, mesmo nas grandes centrais, era feita parcialmente em regime de auto-subsistência, a parte que lhe correspondia na combinação, em que também entrava o desembolso de capital destinado ao pagamento de salários, era bastante reduzida em comparação com a relação de parceria prevalecente nos pequenos engenhos. Além dessa diferença, a agricultura dos engenhos era razoavelmente diversificada, incluindo a relação de parceria em um número de outros produtos, de sorte a ficar a dependência em relação ao açúcar grandemente minimizada. A agricultura dos engenhos em São Paulo não foi uma atividade de pequena propriedade, mas de "grande lavoura", certamente incomparável aos imensos patrimônios em terras concentrados pelas usinas e que chegaram a abranger já naquela época vários municípios sem solução de continuidade, mas assim mesmo latifundiária. É que os aparelhamentos de fabricação de açúcar bruto, herdados de uma geração a outra, reproduzidos localmente na mesma escala com pequenas e lentas melhorias, não permitiam a especialização da terra na agricultura da cana. Inicialmente, na maioria dos casos, se haviam destinado a suprir diretamente as necessidades de consumo do latifúndio, vendendo-se o que a este excedia. Haviam proliferado, por assim dizer, como apêndices da grande lavoura cafeeira. O número de grandes propriedades cafeeiras que os possuíram parece não ter sido desprezível, pelo que verifiquei pessoalmente na pesquisa sobre as usinas e também pelos indícios das fontes conhecidas.[29]

Boa parte do que nas grandes unidades de produção era também dispêndio de capital constante (isto é, utilidades necessárias como condições de trabalho só realizáveis no processo de circulação das mercadorias), já ao contrário, nas unidades menores, produzia-se diretamente em regime de auto-subsistência. Neste caso se incluíam a adubação verde, prática muitas vezes associada à rotação de terras para descanso, a produção de estercos animais, a reprodução de animais de trabalho, a construção de melhorias para tornar utilizáveis, melhorar ou conservar as qualidades naturais do solo, como terraceamentos, represamentos etc., melhorias que

---

[29] Regional Lloyd, *Twentieth Century Impressions of Brazil,* Londres, 1913, pp. 337 e segs.

os parceiros incorporavam à terra sem retribuição. O fato, distintivo desta relação de propriedade, pelo qual o proprietário fazia economias no dispêndio de dinheiro, só ganha um sentido econômico notável pela razão de, no caso, a economia incidir num valor, numa mercadoria, um capital em resumo, não sendo uma abstrata economia de trabalho, antes todo o contrário.[30]

Dada desse modo a fixação de um certo preço de produção pelas unidades mais modernas, isto é, as usinas de modo geral, as quais incorporavam à sua mercadoria o valor representado pelo adiantamento dos meios de vida do trabalhador (trabalho necessário), além do valor das condições materiais do trabalho, fixava-se o preço de produção da mesma mercadoria, nas unidades tradicionais, como uma redução de valor em relação à mercadoria produzida modernamente. Isto significava em termos práticos que, embora não se houvesse reduzido (até poderia ter aumentado) o montante das condições materiais necessárias para que o trabalho se pudesse efetivar, fazendo da matéria bruta uma utilidade apta ao desfrute humano e portanto a ela acrescentando um valor, essa quantia de trabalho não havia saído do bolso do capitalista, proprietário do engenho de açúcar, nem de nenhuma outra fonte de trabalho que se caracterizasse como um valor, o qual, como tal, devesse ser realizado. Elas, as condições de trabalho, se haviam produzido em regime de auto-subsistência, o que queria também dizer que não necessariamente precisariam voltar ao bolso do produtor direto, se já não precisavam retornar ao bolso do capitalista. E é precisamente por essa razão que se diz manter a agricultura, ao utilizar matéria bruta produzida em regime de auto-subsistência, por maior quantidade de trabalho que esta requeira, uma baixíssima composição orgânica do capital, a qual habilita o capitalista a apropriar-se de uma massa de mais-valia exagerada para o escasso dispêndio de capital total que ele é obrigado a fazer.[31]

---

[30] Esta a razão pela qual dentro do regime da escravidão no Brasil, embora o senhor de escravos tipicamente pensasse o contrário, a maior parte do trabalho escravo representava não um ganho, mas uma perda para o proprietário da pessoa do cativo. O trabalho necessário à manutenção da existência dos escravos, aparentemente uma atividade de auto-subsistência, a qual consumia uma grande parte do trabalho destes, em verdade representava uma redução do trabalho que se aplicaria no cafezal e que se destinaria a cobrir em um certo número de anos o dispêndio com o custo de instalação do escravo (preço da compra, transporte, impostos).

[31] Este aspecto da "redução" relativa do valor da mercadoria, ou mais propriamente em termos absolutos, de incorporação à mercadoria individual de um valor relativo ao emprego de capital constante muito baixo, diminuindo a composição orgânica do capital em

A produção das usinas teve de enfrentar desse modo, na transição do mercado externo para o mercado interno, a vantajosa competição do açúcar bruto, que se podia vender a praticamente qualquer dos mais baixos preços, adjetivados de "vis" pelos proprietários das centrais açucareiras, e que o mercado interno sustentou freqüentemente e por largos períodos. Foi por isso que "o Norte do Império", como dizia o Barão de Barcelos nos últimos anos do século, "sem mercado para os seus produtos, os enviava ao Rio de Janeiro, onde a acumulação de depósitos sem saída forçava a baixa ao nível ou abaixo mesmo do nível de todos os outros mercados". Entre 1910 e 1919 cresceu o número de usinas no Estado de Pernambuco, de 54 a 55, mas o número de engenhos de pequena produção avolumou-se de 1.500 a mais de 2.200. O volume de açúcar que uma usina em média obtinha das canas que moía era então equivalente ao índice de 7,5% a 8%, em casos excepcionais 10% ou 11%; nos engenhos de pequeno porte, com seus métodos tradicionais de produção, não passava em média além de 4 a 5%.[32] A forma tradicional, entretanto, ainda concorria com vantagem.

3. A COMPETIÇÃO PELO MERCADO INTERNO E A SUPREMACIA DO CAPITAL MERCANTIL

A substituição do mercado externo pelo interno representou para os Estados açucareiros do Nordeste uma grave perda. Entre os anos de 1900 e 1927, enquanto aumentava em 180% a produção nacional, a de Pernambuco crescia apenas à razão inexpressiva de 50% em um período de quase 30 anos. Assim, a produção pernambucana de açúcar sofreu repentinamente uma brusca desaceleração no crescimento que havia experimentado nas duas décadas finais do século anterior ao se ter beneficiado da momentânea abertura do mercado mundial ao seu açúcar de tipo superior.[33]

---

virtude de a agricultura produzir ela própria, diretamente, a matéria bruta de que necessita, foi ressaltado por Karl Kautsky, *A Questão Agrária*. Cf. a edição brasileira, São Paulo, s.d., p. 77.
[32] Regionald Lloyd, *Twentieth Century, cit.*, p. 420; Brasil. Serviço de Inspeção e Fomento Agrícolas, *Aspectos, cit.*, p. 329.
[33] Brasil. Diretoria-Geral de Estatística, *A Indústria, cit.*, p. 67; E. Martini, *O Açúcar, cit.*, p. 111; Brasil. Serviço de Inspeção etc., *Aspectos, loc. cit.*

As razões foram várias pelas quais o açúcar do Nordeste passou a perder gradativamente os dois grandes mercados de São Paulo e Distrito Federal e as regiões tributárias deste último. No entanto, a principal delas dizia respeito ao problema da desvantajosa localização dos centros de consumo e comercialização, relativamente a outros produtores nacionais. O outro principal fator negativo era o representado pela época desfavorável da safra nordestina de açúcar, resultando em um acúmulo excessivo de estoques nacionais precisamente em meio à safra dos Estados açucareiros do Nordeste, enquanto que a safra do Estado de São Paulo e boa parte da safra do Estado do Rio gozavam de um lapso de pelo menos três meses antes de iniciar-se a safra nordestina.

Já o problema da localização relacionava-se com os custos diferenciais de colocação dos açúcares do Nordeste, do Estado do Rio e de São Paulo nos mercados do Sul, os quais possibilitaram aos produtores paulistas e fluminenses, a estes menos que àqueles, se apropriarem de um preço de produção que incluía, exclusivamente para os dois últimos, uma renda extraordinária devido à melhor localização de suas terras.

A submissão do capital agrário ao capital mercantil

A natureza não mecanizada do trabalho, que dominou totalmente a produção açucareira no país, condicionou a subordinação do capital produtivo ao capital comercial, de tal modo que na consciência dos detentores da propriedade agroindustrial este falsamente aparece como a causa de seus males e a razão de sua fraqueza, do entorpecimento de suas forças, da lentidão de sua rotina.

A esta feição do processo econômico de produção corresponderam no plano político os apelos constantes à mais acirrada luta regionalista, os quais ganharam corpo na competição pelas benesses do Poder Central, na luta de tarifas, na reivindicação de estímulos e subsídios pagos pelos cofres estaduais, com o que cada grupo de produtores procurava fazer face à disputa comercial inter-regional.

A ausência de qualquer plano de desenvolvimento e a nenhuma tentativa de coordenação das partes estanques e independentes dessa economia sob a égide de qualquer interesse hegemônico resultaram no caráter oportunista e inconseqüente de toda intervenção estatal no ramo do açúcar, durante a Primeira República, e no indisfarçável predomínio de interesses puramente especulativos e aventureiros do grande capital mercantil, que precisamente se cevava nos momentos de maior anarquia da produção social.

O predomínio econômico do capital mercantil caminha conjuntamente com o predomínio político do Estado sobre a sociedade e a divergência entre o econômico e o político. No transcorrer de toda a Primeira República, assiste-se com freqüência à utilização da máquina estatal para defender manobras monopolistas de grupos comerciais particulares, para desencadear verdadeiras guerras de preços e violentas disputas de tarifas e subsídios, resultando em colocar-se parte dos recursos de toda a nação a serviço da realização de lucros mercantis extraordinários, e no estímulo à mais absoluta anarquia da produção.

A luta interna de tarifas e a questão da adesão ao Acordo de Bruxelas: a submissão da sociedade ao Estado

Já nos fins dos anos 60 do século passado, alguns anos antes, portanto, da total liberação do mercado inglês, os refinadores da Grã-Bretanha (British Refining Association) e os investidores ingleses nas usinas antilhanas (West India Committee) continuamente pressionavam o Governo inglês para que ele pusesse um freio à livre entrada dos açúcares de beterraba europeus, beneficiados com toda sorte de subsídios (impostos reduzidos, subsídios à exportação, cartéis internos). Como a situação se houvesse dificultado também para os países produtores europeus, pois o açúcar consumido por cada um deles se tornava cada vez mais caro ao mesmo tempo em que o vendiam a preços ínfimos ao consumidor inglês, e desde que a Inglaterra pela primeira vez se comprometera a colocar direitos compensadores contra os açúcares subsidiados e mesmo a proibir a sua entrada, concordaram os países produtores europeus em pôr fim às suas subvenções no Convênio de Bruxelas de 1902.[34]

A adesão do Brasil à "Convenção" poderia significar a total abertura do mercado interno brasileiro aos açúcares estrangeiros. O direito brasileiro de importação sobre açúcares era proibitivo, cerca de 1$300 por kg ao câmbio de 13$^{3/4}$. Se fosse atendido o art. 3º do Acordo mundial, à taxação interna sobre o tipo demerara, que girava em torno de 9,2% *ad valorem*, ou 1$190 a saca de 60kg ao preço de 12$900 a saca, se deveria acrescentar, no máximo, uma sobretaxa de 2$280 a saca (6 francos por 100kg ao câmbio de 13$^{3/4}$), perfazendo um imposto alfandegário total de 3$470 a saca, quando pela taxa vigente alcançava a importância de 78$000 a saca.

---

[34] Alfred Watts, "Memória" *in Trabalhos da Conferência Açucareira do Recife (Segunda do Brasil)*, Recife, 1905, vol. II, p. 126.

Custos de produção   Os custos de produção das usinas de Pernambuco eram apenas ligeiramente superiores aos similares das principais colônias canavieiras, como Java, Cuba, Antilhas, mas eram de longe inferiores aos custos dos beterrabeiros, sendo mesmo ligeiramente inferiores aos de algumas colônias, como Porto Rico.[35] Já os custos de produção das usinas baianas, paulistas e fluminenses eram nitidamente superiores mesmo aos beterrabeiros da Europa.

Os usineiros pernambucanos colocaram-se desde logo em posição francamente favorável à adesão ao Acordo de Bruxelas. A favor votaram também os usineiros baianos, que eram conjuntamente comerciantes-exportadores de açúcar, e tinham voz dominante na Sociedade de Agricultura e no Sindicato Açucareiro daquele Estado. Votaram igualmente a favor os representantes dos capitais ingleses investidos em usinas em Sergipe e na Bahia. Contrários à adesão estavam os representantes dos bangüês de Pernambuco, assim como os produtores de Alagoas e da Paraíba (nestes dois Estados predominava amplamente o tipo bruto de açúcar), além do representante das usinas do Estado do Rio.

Desde logo ficou claro que o interesse maior dos pernambucanos radicava na disputa em torno das tarifas internas e externas, principalmente as internas. Os açúcares de tipo demerara gozavam em Pernambuco de um subsídio à exportação, equivalente a 7% do respectivo imposto. Entretanto, os impostos de Pernambuco eram elevados e concessões adicionais para enfrentar a concorrência nos mercados internos mostravam-se impraticáveis, pois o orçamento estadual dependia quase que exclusivamente dos impostos sobre o açúcar, que representava mais de 90% das exportações pernambucanas para outros Estados e para o exterior. Além disso, boa parte do orçamento já estava comprometida com os pagamentos de juros, devidos e não pagos pelos usineiros com o aval do Governo. Estes juros eram devidos sobre as apólices estaduais que lhes haviam garantido empréstimos em sucessivos Governos, desde a administração de Barbosa Lima.

Dado o fato de os Estados de Alagoas e Paraíba haverem garantido o mercado norte-americano para os seus tipos brutos de engenho de bangüe, especialmente o bruto melado e o retame, tipos mais inferiores, porém particularmente interessantes aos refinadores dos Estados Unidos, e como seus orçamentos não dependiam exclusivamente do açúcar,

---

[35] "Relatório da Primeira Comissão", *in Trabalhos, cit.*, pp. 64-65.

ocorria que suas tarifas de exportação interestadual se haviam estabelecido com sentido claramente protecionista, a ponto de os comerciantes do Recife dirigirem em 1906 um patético apelo ao Governo da União para que este "colocasse um paradeiro à guerra de tarifas e mantivesse a integridade da República".³⁶ Ora, além de Alagoas e Paraíba, também o Governo da Bahia enveredou logo depois pelo caminho do subsídio da tarifa interestadual.

A luta empreendida pelos usineiros mais fortes de Pernambuco, na Conferência Açucareira do Recife, em 1905, dirigia-se basicamente a esta questão. O principal representante desse grupo empresarial na Conferência, José Maria Carneiro da Cunha, propunha desde logo a uniformização das tarifas interestaduais, solicitando que o Governo Federal fizesse cumprir a lei já existente desde muito tempo nesse sentido, para que "o açúcar de Pernambuco não seja arredado dos mercados consumidores": São Paulo e Distrito Federal. E observava que a ação dos cartéis dos produtores (os "sindicatos centrais" e as cooperativas) só se tornaria viável se o sistema fiscal "de verdadeira guerra entre irmãos, com o qual chegaremos a nos tratar como inimigos", sofresse uma radical modificação.³⁷

Desse modo, à medida que as entradas de açúcar bruto de Alagoas no mercado do Distrito Federal cresciam de 3% para 18% do total, num período de baixa de preços (os anos 1900 a 1904), as correspondentes entradas de Pernambuco aumentavam tão-somente de 23% a 30%, enquanto as de Sergipe e Estado do Rio sofriam uma queda de respectivamente 36% para 18% e de 42% para 25%.³⁸

As usinas e os exportadores de Pernambuco e de Sergipe esperavam que o seu acesso ao mercado inglês de tipo demerara (tipo superior de usinas destinado às refinarias) seria facilitado, caso o mercado consumidor brasileiro de tipos refinados superiores fosse franqueado ao produto proveniente tanto das refinarias inglesas como das argentinas, nas quais vinham sendo investidos capitais ingleses. Se isto se verificasse, é muito certo que o açúcar refinado consumido tanto pelo operariado e pelas classes médias urbanas de São Paulo e Distrito Federal como pelos colonos de café teria o seu preço bastante reduzido. O Governo paulista "não tem interesse na adesão, ou não intervém, por isso mesmo não toma a respon-

---

[36] "Pernambuco", *The Brazilian Review*, 23/01/1906.
[37] "Memória", *in Trabalhos, cit.*, pp. 15-16.
[38] João Gonçalves Pereira Lima, "Os Cartéis", *in Trabalhos, cit.*, p. 142.

sabilidade de votos pró ou contra, parecendo entretanto mais razoável não perder-se o mercado inglês", dizia Fréderic Sawyer, representante do Governo de São Paulo.[39]

Não era também duvidoso que os açúcares de tipos inferiores, produzidos nos engenhos do Nordeste, viessem a enfrentar a prática de *dumping* pelos estrangeiros, para afastá-los do mercado, de vez que desse modo não poderiam mais contar com a proteção oriunda da sua posição no mercado norte-americano, que absorveu entre 1900 e 1905 desde a metade até 7/8 dos açúcares saídos pelo porto de Maceió,[40] nem teriam mais a cobertura dos comerciantes-refinadores nacionais. O mesmo se poderia dizer dos tipos superiores de usinas produzidos na região de Campos, pois pesava contra eles a dificuldade do transporte ferroviário e do pesado frete. Nesse sentido, o pronunciamento do representante, tanto de comerciantes-refinadores do Distrito Federal quanto de usineiros de Campos, João Gonçalves Pereira Lima, secundou a opinião defendida pelo *Jornal do Commercio* do Rio de Janeiro e pela Comissão de Agricultura e Indústrias Conexas da Câmara dos Deputados, onde os interesses campistas contavam com fortes defensores.

Quanto à posição do Governo Federal, o fiscalismo imposto à política econômico-financeira pelo Ministro Joaquim Murtinho, da Fazenda, durante a negociação do *funding scheme* com os Rothschilds, foi inteiramente favorável aos interesses ingleses radicados na indústria e no comércio de açúcar no país. A esse respeito convém lembrar um episódio significativo. Embora a posição dos baianos fosse favorável à adesão ao acordo, um membro de sua bancada na Conferência, o usineiro Francisco da Rocha Lima, propusera ao Governo Federal um esquema destinado a financiar a "Convenção Açucareira", formada pelos Estados do Nordeste e do Rio de Janeiro, com o fim de estabelecer quotas de exportação e sustentar os preços internos, através da cartelização do mercado, e que era a mesma posição de um outro defensor da adesão, Luiz Correia de Brito. O novo Ministro da Fazenda, Leopoldo de Bulhões, homem de confiança de Murtinho, negou-se, contudo, logo depois da realização da Conferência Açucareira, a conceder o empréstimo nas bases pedidas, limitando-se a prometer a liberação de uma quantia insignificante. Ao mesmo tempo,

---

[39] "Monografia apresentada à Conferência Açucareira sobre a Indústria Sacarina no Estado de S. Paulo", *in Trabalhos, cit.*, p. 120.

[40] Sociedade de Agricultura de Alagoas, "Memória", *in Trabalhos, cit.*, p. 28.

pela palavra de J. P. Wileman, seu porta-voz autorizado, os ingleses diziam ser a posição de Rocha Lima insustentável, uma vez que a Inglaterra ameaçava fechar o seu mercado, numa questão de "tudo ou nada" em relação aos subsídios diretos ou indiretos concedidos aos produtores, e, do ponto de vista dos interesses açucareiros do Brasil, não se tratava de saber se o produtor nacional poderia competir em condições de igualdade com os estrangeiros, se poderia produzir mais barato e vender mais barato, mas, pelo contrário, era necessário indagar se haveria algum mercado exterior para colocar os excessos de produção que se avolumavam de safra para safra e que se calculavam então entre 45 mil e 60 mil toneladas.[41]

Enfrentando com superior distância as posições conflitantes dos vários e opostos interesses açucareiros regionais, contrariando a própria tendência dominante, embora por um voto apenas, na Conferência Açucareira do Recife, e divergindo frontalmente da Comissão de Agricultura da Câmara dos Deputados, o Ministro da Fazenda dirigiu-se a Bruxelas com uma comissão especial de investigação sobre a indústria açucareira, tendo como seu enviado especial e representante-negociador J. P. Wileman, o mesmo que antes assessorara na questão da estabilização cambial a Joaquim Murtinho. Seu propósito era o de facilitar a adesão brasileira ao Convênio de Bruxelas, dando garantias formais à sua comissão permanente sobre o efeito que a alta do câmbio teria sobre o subsídio tarifário à produção interna, tornando-o inoperante, e além disso sobre a intenção do Governo da União em não patrocinar por nenhum modo a formação de cartéis valorizadores do açúcar, como mais tarde de fato se negou a fazê-lo. Com efeito, em 1906 reduziu-se pelo Decreto n.º 5.881 de 1$000 para $200 a tarifa de importação que pesava sobre o quilo de açúcar, a qual em 1908, por pressão dos produtores, foi novamente elevada, mas tão-só a $400. E embora o orçamento federal consignasse em 1906 uma verba específica e a competente autorização para que o Governo patrocinasse a formação de um *corner* valorizador do açúcar brasileiro, o Ministro da Fazenda, homem de confiança de Murtinho, negou-se a conceder os recursos ou a permitir que o Banco do Brasil o fizesse. Quando o Governo, aliás, pensou em promover uma reforma no Banco da República, em 1905, para afastá-lo das operações designadas como "políticas"

---

[41] Francisco da Rocha Lima, "Memória", *in Trabalhos, cit.*, p. 4; Luiz Correia de Brito, *Convenção, cit.*, p. 11; Sugar Conference, *The Brazilian Review*, 4/4/1905.

e "não comerciais", a *Brazilian Review* desfechou nesses precisos termos uma campanha, dirigida contra a pretensão alimentada pelos usineiros de Pernambuco, de obter recursos nesse banco para o fim de warrantar 75% das safras, em um esquema nacional de defesa.[42]

O lucro mercantil e a formação dos cartéis comerciais

A disputa, que estivera girando em torno de tarifas públicas protecionistas, passou a centrar-se também em torno dos fretes ferroviários e marítimos, que se estabeleceram com um sentido claramente discriminatório, segundo se tratasse de defender ou um ou outro dos grupos comerciais concorrentes.

Desde longa data o Governo da União vinha gravando os fretes de canas do Vale do Paraíba transportadas pela E. F. Central. Esta zona era tributária dos açúcares do Distrito Federal, procedentes na maior parte de Campos. Uma companhia francesa, entretanto, vinha expandindo a produção de uma usina com garantia federal de juros, cuja concessão fora comprada ao Conde de Moreira Lima, e que se havia erigido nos arredores de Lorena. Um funcionário do Governo paulista, encarregado de levantar a situação das usinas do Estado, chegou a fazer oficialmente comentários desairosos à conduta pública do Diretor da Central. E oficialmente o próprio Governo fez gestões junto à Administração Federal para que os fretes fossem diminuídos. Em 1903, o Secretário de Estado, no *Relatório da Agricultura* de São Paulo, acusava a E. F. Central de haver fixado tarifas para o açúcar paulista, que demandava o mercado carioca e cidades do Vale do Paraíba, com um "escopo essencialmente protecionista da indústria açucareira do Estado do Rio de Janeiro".[43] O frete pago pelo transporte de cana-de-açúcar na Central foi substancialmente elevado em 1905, de modo a encarecer a produção da usina de Lorena, ao mesmo tempo em que nas demais estradas de ferro paulistas era consideravelmente reduzido. Até setembro de 1905, ao ser concedida uma redução às canas destinadas às usinas, o frete na Paulista, Mogiana e Sorocabana era de mais ou menos $038 por tonelada-quilômetro, enquanto que o da Central já se havia elevado a $050. Com a redução de 25%, solicitada ofi-

---

[42] *The Brazilian Review,* 13/6/1905; *idem*, Distrito Federal, 12/9/1905; *Idem*, Sugar, 20/2/1906; *idem*, Sugar, 19/9/1905; *idem*, Sugar, 29/8/1905; Edgard Teixeira Leite, "À Guisa de Prefácio" *in* Brasil. IAA., *Anuário Açucareiro para 1935*, p. 3; Reginald Lloyd, *Twentieth, cit.*, p. 421.

[43] F. H. Sawyer, *Estudo, cit.*, pp. 78-79, 102; *Relatório da Secretaria da Agricultura do Estado de São Paulo, 1903*.

cialmente às empresas ferroviárias pelo Secretário da Agricultura de São Paulo, passou então a ser de $027 naquelas três estradas, ou seja, quase 50% do frete da Central.[44] O benefício resultara da universalização de um privilégio que inicialmente a Cia. Mogiana havia concedido, autorizada pelo Governo paulista, à Usina Indaiá, de Franca, estendido em seguida às demais usinas da região de Ribeirão Preto.[45] A estreita combinação acionária do capital da concessionária e das usinas de açúcar certamente foi decisiva no arranjo endossado pelo Estado.

Não só a matéria-prima, mas o próprio açúcar vieram depois a receber um generoso subsídio das concessionárias estaduais do transporte ferroviário. Desse modo o frete para o açúcar, quando despachado diretamente pelos proprietários das usinas paulistas, começou a gozar em 1910 de uma redução de 40% sobre a tarifa básica de $280 por tonelada/quilômetro.[46]

Diante da impossibilidade de concorrer pelos custos de produção, a luta econômica deslocava-se integralmente para o plano político assenhoreando-se dos recursos do Estado. Mas como esta era antes de tudo uma guerra eminentemente comercial, a realização do valor da mercadoria exigia alianças ao nível dos monopólios de distribuição. Estes, inclusive, tinham meios de manipular com maior desenvoltura a máquina estatal.

A posição privilegiada dos monopólios comerciais estava em razão direta aos elementos não capitalistas da produção. Estes determinavam a existência de um excesso de produção crônico, impenetrável aos efeitos equilibradores da concorrência entre os capitais produtivos. Era de tal modo importante esta característica que a atividade comercial se tornou a principal fonte de lucro, resultante essencialmente da especulação com os estoques acumulados em mãos de distribuidores. O controle sobre a efetivação do lucro deslocou-se assim das mãos dos produtores para as dos monopolizadores do comércio e dos transportes. Tanto era assim que grandes usineiros de São Paulo como Nogueira, Alves e a Sucréries Brésiliènnes tornaram-se também comerciantes de açúcar de terceiros.[47]

---

[44] "Fretes de cana-de-açúcar", *Boletim da Agricultura*, nºs 4 e 9 (1905), pp. 155/156 e 399/400.
[45] *Idem*, p. 156.
[46] *Almanaque da Secretaria da Agricultura, Indústria e Comércio do Estado de São Paulo – 1917*, São Paulo, 1917, p. 176.
[47] *Retrospecto do Jornal do Commercio*. Anos 1924 a 1929; *The Brazilian Review*, 21-11-1905.

Período de superprodução   Entre 1900 e 1914, enquanto caíam a níveis insignificantes as exportações para o exterior, a produção nacional situou-se em torno de 230 mil toneladas anuais, com tendência a subir. Embora o consumo se estivesse expandindo fortemente, havia um excesso permanente de produção que variava de 45 mil a 60 mil toneladas pesando sobre o mercado em cada ano de boa produção, ou seja, um volume equivalente a 20 e 30% de cada safra. Estimava-se em 1905 que mais da metade da safra não teria escoamento.[48]

A primeira conseqüência desta nova situação foi o desaparecimento dos grandes Comissários, com os quais os produtores tinham relações mais estreitas, freqüentemente entrelaçando-se seus interesses e suas influências em nível regional. Um exemplo do poder local destes Comissários foi a manipulação dos impostos estaduais que um deles conseguiu impor em 1908 contra as atividades açambarcadoras de alguns exportadores no mercado do país.

O Deputado Federal, depois Senador por Pernambuco, José Rufino Bezerra Cavalcanti, era um dos últimos desses poderosos Comissários, os quais durante anos haviam garantido os interesses de alguns usineiros mais influentes. Ao fracassar em 1908, depois de dois anos de sustentação de preços, a "Coligação Açucareira", por ação das firmas exportadoras no mercado interno, negou-se um destes chamados "armazenários" a preparar para embarque para o Distrito Federal o açúcar que José Bezerra tinha depositado em seu armazém. Jogando com a força de seu prestígio político, Bezerra imediatamente obteve que o Governo estadual expedisse um decreto reduzindo em 2% o Imposto de Exportação interna, exclusivamente para os produtores e seus representantes, e suspendendo a taxa de exportação externa sobre todos os açúcares. Era também gravado com mais 10% o Imposto de Exportação do açúcar de tipo bruto para o mercado interno, tipo de açúcar com o qual as firmas comerciais jogavam violentamente com a finalidade de impedir a organização do mercado nacional pelos próprios usineiros.[49]

A nacionalização dos capitais   Ao mesmo tempo, entretanto, em que o poder dos monopólios comerciais internos se fortalecia, processava-se a então sua gradativa nacionalização. A paralisação do comércio externo de

---

[48] Sugar: Pernambuco, *The Brazilian Review*, 30-10-1906; Sugar Market, *The Brazilian Review*, 3-10-1905.
[49] Luiz Correia de Brito, *Coligação, cit.*, pp. 28/29.

açúcar foi afastando aos poucos o peso dos grandes capitais alienígenas no comércio interno e na refinação do açúcar. A Cia. Açucareira, fundada em 1901, no Rio de Janeiro, por capitais ingleses proprietários das grandes usinas de Sergipe e Paraíba, era já nessa época, ao lado da Société de Sucréries Brésiliènnes, esta detentora de várias usinas em São Paulo e no Estado do Rio e grande comercializadora de açúcar de terceiros, uma exceção no mercado açucareiro nacional. O primeiro e o terceiro maiores recebedores do açúcar entrado em 1905 no Distrito Federal, por cabotagem, eram firmas nacionais; as firmas estrangeiras em conjunto não receberam nesse ano mais de 44% do total.[50]

Os grandes comerciantes internos possuíam suas próprias companhias de cabotagem, detinham interesses nas empresas concessionárias dos portos açucareiros do Nordeste e estavam ligados a bancos locais. Um destes era Francisco Matarazzo, o qual em 1920 praticamente já conseguia impor à Cia. Docas de Santos uma tabela mínima de fretes de cabotagem para todos os armadores operando naquela praça. Outro dos maiores comerciantes de açúcar em toda a Primeira República, a firma Magalhães & Cia. possuía sua própria empresa de cabotagem, era o principal acionista do Banco da Bahia e se havia associado ao Governo do Estado na reforma do cais do Ouro em Salvador. Além disso, as linhas de cabotagem do Lóide Brasileiro foram nacionalizadas por imposição de lei, havendo-se associado o Governo da União a capitais particulares na sua nova constituição, ao tempo (1904) em que ficava proibida legalmente a operação de linhas estrangeiras na cabotagem.[51]

Como as linhas do Lóide de longe constituíssem a frota costeira mais importante do país, e ainda em virtude de subsídios oficiais que lhe garantiam uma relativa flexibilidade quanto a fretes e condições de operação, boa parte da luta comercial travou-se em torno do domínio privado dessa transportadora.

Não só os usineiros e comissários pernambucanos haviam lutado pela nacionalização do Lóide, como ainda se assenhorearam da maior influência junto à sua direção através da concessionária M. Buarque & Cia., uma vez procedida a reforma. Foi esta situação que lhes permitiu enfrentar a

---

[50] Rio: Sugar, *The Brazilian Review*, 25-9-1906.
[51] Reginald Lloyd, *Twentieth, cit.*, pp. 872, 874; W. H. Morton-Cameron, *Commercial Encyclopaedia*, Londres, edições de 1922 e 1924; *O Livro das Sociedades Anônimas Brasileiras*, S. Paulo, 1946; *São Paulo e seus Homens no Centenário*, S. Paulo, 1922, p. 206.

concorrência do açúcar de Sergipe, de Alagoas e do Estado do Rio no mercado do Distrito Federal, e dominarem os mercados do Pará e do Amazonas, além de se terem tornado os maiores fornecedores do mercado paulista. Esta vantagem foi obtida graças a tarifas discriminatórias, provocando em 1906 reclamações constantes da Cia. Açucareira, que se utilizava desses barcos e com aquele açúcar concorria. Assim, dizia a Açucareira, enquanto os açúcares pernambucanos eram onerados com apenas 15 shillings a tonelada para Nova York, ela própria tinha o seu açúcar, proveniente da Paraíba, gravado em 48 shillings. Sofriam igual discriminação os açúcares de Sergipe e Rio Grande do Norte. E em 1905, o usineiro e comerciante de açúcar Inácio Tosta, de Salvador, reclamava em nome do Governo baiano ao Ministério da Viação contra a discriminação de fretes imposta por companhias de cabotagem, "entre as quais os barcos do Lóide Brasileiro", com o que ficavam excessivamente gravados os açúcares baianos, em benefício dos pernambucanos, com diferenças superiores a dois terços.[52]

E, por último, garantiram-se ainda os açúcares pernambucanos com maior vigor no mercado paulista, por meio de acordos com os grandes comerciantes de São Paulo. O primeiro destes acordos foi firmado entre a casa comissária de José Bezerra e o grupo bancário paulista liderado por Gastão Vidigal. O segundo, anos mais tarde, articulou os interesses de Francisco Matarazzo e do Sindicato Açucareiro de Pernambuco, este um truste de produtores formado pelas maiores usinas daquele Estado.

A existência de um preço de produção do açúcar no mercado de São Paulo que servisse de regulador do preço comercial do produto deveria referir basicamente ao preço de custo para o produtor do açúcar nordestino, o qual entrava em grandes quantidades para formar a oferta em São Paulo, e aos demais componentes do preço de produção, basicamente relativa às despesas de colocação do produto em São Paulo. O preço comercial era assim dado pelo preço de produção do açúcar pernambucano. Naturalmente toda a oferta que se produzisse em condições de localização mais favoráveis gozaria, em relação a esse produto, de uma vantagem extraordinária representada pelas despesas adicionais enfrentadas pelos produtores pernambucanos para colocar o seu açúcar em São Paulo: comissões de venda, despesas portuárias no Recife e em Santos, frete e seguro marítimos, frete ferroviário, impostos de exportação e importação cobrados no Estado produtor e no Estado consumidor etc.

---

[52] Bahia, *The Brazilian Review*, 28-2-1905; *idem*, Sugar, 9-10-1906.

Preços vigentes   Tomando-se como base do preço de custo em Pernambuco a cotação média de 13$000 a saca de 60kg, vigente entre 1901 e 1911, dever-se-iam acrescentar 8% de despesas portuárias em cada um dos dois portos, ou seja, 2$080 no total, mais o frete marítimo de $900, mais os impostos de exportação no Recife e o de entrada em Santos, importando só o de Pernambuco em 9,2% *ad valorem*, ou seja, 1$190, mais o frete ferroviário no Estado de São Paulo. Para que o açúcar de Pernambuco se colocasse nos principais centros de consumo do Estado, teria de despender com frete ferroviário em média um mínimo de 5$250 a saca, tomando-se a cidade de São Paulo como o centro mais próximo e Ribeirão Preto como a mais distante, sendo o frete igual a $030 a saca/quilômetro. Pagando o açúcar paulista a partir de 1910 um frete subsidiado em 40%, a partir deste ano não se compensariam mais os fretes ferroviários pagos por um e outro açúcar como acontecia até 1910, passando a pagar o açúcar paulista 60% de 5$250 ou 3$150. O preço regulador seria então de 22$420 por saca de 60kg, a que se deveriam acrescer as despesas e o lucro comerciais.

Se o preço comercial médio se formasse determinado pelo seu preço de produção regulador, expressão monetária do valor do produto, o ganho extraordinário que o produtor paulista estaria em condições de se apropriar seria até o ano de 1910 igual a 4$170 a saca (22$420 menos 13$000, menos 5$250) e, posteriormente a 1910, igual a 6$270 a saca (22$420 menos 13$000, menos 3$150). Em verdade este ganho diferencial, devido à localização naturalmente privilegiada e aos condicionantes econômico-sociais desta, era em alguma medida inferior aos nossos cálculos, uma vez que o preço de custo do açúcar paulista era superior ao do pernambucano.[53]

A realização deste ganho diferencial por parte do produtor paulista dependeria, entretanto, de não existirem grandes estoques de açúcar em mãos de comerciantes dispostos a colocá-los, no momento em que a safra paulista se escoasse das usinas. Isto é, dependeria de que a lei da oferta e

---

[53] Fontes dos dados: Alfred Watts, "Memória" in *Trabalhos, cit.*, vol. II, p. 126; "Relatório da 1ª Comissão", *idem*, vol. II, p. 57; Augusto Ferreira Ramos, *Projeto de Organização Comercial apresentado à Conferência Açucareira de Campos (Quarta do Brasil)*, transcrito in Júlio Brandão Sobrinho, *Memorial sobre a 4.ª Conferência Açucareira*, S. Paulo, 1912, p. 27; Sociedade de Agricultura Alagoana, "Ponderações etc.", in *Trabalhos, cit.*, II, p. 26; Júlio Brandão Sobrinho, "A Indústria Açucareira no 3.º Distrito Agronômico", *Boletim da Agricultura*, 1902 (8), p. 524.

da procura se compensasse nos seus efeitos e, portanto, deixasse de influenciar o mercado.

Esta condição apenas não afetava aos usineiros-comerciantes, mas ao contrário era de grande importância para aqueles simples detentores do capital produtivo. Essa a razão pela qual os dois planos consecutivos de "defesa da produção", idealizados por usineiros de Pernambuco, em 1905 e 1911, encontraram receptividade entre estes últimos produtores paulistas, enquanto os primeiros se manifestaram contra. A Coligação Açucareira, de 1906, e a Cooperativa Açucareira, de 1911, contaram com o beneplácito de alguns usineiros paulistas, mas o de 1911 contou também com a decidida colaboração de um bom número deles, tendo à frente o proprietário da Usina Indaiá, de Franca, Augusto Ferreira Ramos. A ambos os planos se opuseram, e visceralmente, os representantes da Société de Sucréries Brésiliènnes, usineiros-comerciantes em São Paulo e no Estado do Rio. Ferreira Ramos foi o autor de um substitutivo ao plano original do Deputado José Bezerra, de Pernambuco, para a Cooperativa de 1911, idéia que encontrou apoio por parte de uma ampla maioria. Este plano fora visivelmente calcado no "Convênio" dos Estados cafeeiros de 1906. Os Governos dos Estados produtores-exportadores se encarregariam de cobrar uma sobretaxa de 20% *ad valorem* sobre todo o açúcar incidente no imposto de "exportação", entregando-a a uma cooperativa encarregada de monopolizar a venda dos seus cooperados pagando-lhes um preço mínimo estabelecido no Acordo, e de exportar todo o açúcar necessário ao exterior, a qualquer preço até obter uma cotação estável no mercado interno. Ao mesmo tempo, com o intuito de acautelar os interesses dos Estados consumidores, especialmente o de São Paulo, o Governo da União reduziria o Imposto de Importação de açúcares estrangeiros de 2$400 para 1$200 a saca.

Pela segunda vez, em menos de cinco anos, fracassaria essa tentativa de colocar o mercado em mãos dos produtores. A razão do insucesso esteve ainda, do mesmo modo que a primeira tentativa, na impossibilidade de coibir a especulação puramente mercantil com os açúcares brutos de engenhos, e a exploração das divergências entre os interesses dos usineiros do Sul e do Nordeste, feita habilmente pelos grandes comerciantes.

Finalmente, depois de tantos desencontros, os usineiros pernambucanos vieram a encontrar o instrumento viável para enfrentar a concorrência que lhes começavam a mover no mercado paulista os açúcares produzidos em São Paulo. A notável expansão dos anos 20 experimentada pela indústria açucareira paulista, com um curto intervalo provocado pela disseminação da moléstia do "mosaico" (1923-1925), ameaçava então tornar a questão da concorrência nos mercados do Sul uma verdadeira catástrofe para a economia de Pernambuco.

Desejosos como estavam alguns grupos comerciais paulistas mais poderosos em desalojar do mercado seus competidores menores, usineiros-comerciantes, na sua maioria, valeram-se então da cumplicidade dos produtores de Pernambuco. Ao Governo de São Paulo, interpretando os interesses da cafeicultura e da indústria, não era agradável este jogo comercial, assim como não lhe parecera conveniente, em duas ocasiões, o projeto de "defesa" do açúcar pretendido pelos usineiros nordestinos. À fração capitalista dominante em São Paulo interessava reduzir o custo de vida das classes trabalhadoras, como meio mais eficaz de aumentar a taxa de exploração do trabalho. O argumento da elevação do custo de vida e do sacrifício dos consumidores foi amplamente utilizado tanto pelo Governo quanto pelos usineiros-comerciantes paulistas através da imprensa, mas em cada caso com um sentido diferente.

No ano anterior à Primeira Guerra Mundial e nos dois anos seguintes o açúcar encontrava-se ainda cotado a um preço bastante baixo no mercado atacadista, refletindo a prolongada queda mundial que se estendera desde os primeiros anos do século. Prevendo o conflito e a escassez, alguns grandes comerciantes açambarcaram a maior parte das safras e puderam fazer lucros vultosos. É o que transparece das denúncias feitas por um jornalista de O *Estado de S. Paulo*. O plano do Senador José Bezerra, que não havia vingado em 1912, por falta de financiamento, veio a ser executado em 1916/1920, através de um acordo entre os sindicatos açucareiros do Recife e de Campos e sob a liderança do mesmo comerciante pernambucano, sendo seu representante em São Paulo o banqueiro Gastão Vidigal. Sendo, porém, um período de relativa escassez, pois as exportações ao exterior haviam crescido muito, fora tão-só necessário regular as vendas do açúcar de Campos e de Pernambuco, para manter a alta, situação que evidentemente também favorecia os usineiros de São Paulo. Tanto isso é verdade que os lucros das usinas paulistas foram elevadíssimos, conforme se pode inferir dos aumentos de capital verificados em algumas delas, os quais lhes permitiram dobrar o capital a cada dois anos e, mesmo, em casos raros a cada ano. Quanto aos lucros dos comerciantes estes eram tão altos que permitiram mais que dobrar o capital a cada exercício.⁵⁴ A situação se manteve inalterada, mesmo depois de 1923, apesar do recesso da exportação ao estrangeiro, em virtude da queda na produção paulista e fluminense, pois seus canaviais foram então seriamente atingidos pela doença do "mosaico", que em São Paulo praticamente os devastou em um certo momento. Resolvido porém o problema da renovação das plantações, com o trabalho desenvolvido pela Estação Experimental de Cana de Piracicaba, os excessos do produto novamente começaram a acumular-se em mãos dos comerciantes, que se puseram então em condições de outra vez comandar o mercado, em seu exclusivo benefício.

A atuação de Matarazzo   Esta ocasião pareceu propícia a Matarazzo para abrir uma verdadeira guerra de preços a seus oponentes dentro do mercado paulista, ou seja, aos comerciantes-usineiros da Refinadora Paulista, da União dos Refinadores (Morganti-Puglisi), da Açucareira Ester (Nogueira), da Sucréries Brésiliènnes (grupo francês), os quais dominavam o mercado da capital e, portanto, o centro de operações do açúcar neste Estado. Como resultado desta luta de preços e do jogo especulativo desenfreado com os enormes estoques, resultou nos anos imediatos uma acelerada centralização de capitais comerciais, com a exclusão de algumas das mais tradicionais firmas comercializadoras e refinadoras, como a decretação em 1926 da falência da firma Puglisi, uma das maiores casas do ramo, a transferência de domínio acionário da União dos Refinadores, a redução ou cessação das atividades comerciais de alguns capitais Usineiros, como a Refinadora Paulista e a Ester, além do fechamento sumário de pequenas refinarias.

A ação de Matarazzo foi possível graças a um acordo com a Cooperativa de Usineiros de Pernambuco. Bloqueada nos mercados do Distrito Federal e de São Paulo pela concorrência das crescentes safras fluminense e paulista, a Cooperativa havia oferecido em 1928, às firmas Magalhães e Barcellos, do Distrito Federal, que já lhe haviam comprado antes parte do estoque a preços muito baixos, a venda de um formidável volume de cerca de 90 mil toneladas. Considerando "vil" a oferta dos comerciantes cariocas, ofereceu-o em seguida a Matarazzo. Por essa época vigorava ainda uma espécie de "acordo entre cavalheiros", pelo qual os mercados nacionais ficavam divididos entre essas três maiores firmas,

---

⁵⁴ Nereu Rangel Pestana, *A Oligarquia Paulista,* São Paulo, 1919, pp. 158, 268.

cada qual se abstendo de intervir no mercado alheio e proporcionando entre si alguns negócios favorecidos.

O mercado em 1928 mostrava-se firme, em alta, e assim permaneceria até julho de 1929. O crescimento industrial e a enorme expansão dos cafezais, desde 1925, prognosticavam um período favorável aos negócios açucareiros. Os estoques, entretanto, começaram a avolumar-se desde 1927, aconselhando uma ação cautelosa que era exatamente o que passaram a fazer as duas firmas cariocas. Matarazzo não se encontrava, entretanto, em uma posição favorável. Contra ele e Puglisi, que estava a seu lado, aparentemente se haviam unido as forças de grandes usineiros-comerciantes dispostos a alijá-lo e a Puglisi do mercado açucareiro. Matarazzo representava então no mercado paulista o papel de um verdadeiro monopólio comercial virtual. Proprietário de uma linha de navegação costeira, detentor de interesses no algodão nordestino, ligado a bancos e casas comerciais em Estados do Nordeste, o açúcar pernambucano vinha ter às suas mãos na qualidade de frete de retorno de seus navios. Alguns usineiros-comerciantes de São Paulo haviam já tentado, desde 1910, depois da fundação da União dos Refinadores por Puglisi e Falchi, enfrentar esse monopólio. A entrada de Morganti, com a retaguarda de Crespi e Almeida Prado (Banco do Comércio e Indústria), na Cia. União dos Refinadores, representou essa primeira tentativa, que teve o apoio de Falchi e a oposição de Puglisi. Com a saída de Puglisi, cuja firma principal falira, Morganti voltou, agora imposto pelos principais credores, Crespi e Prado, Falchi, e o usineiro Luiz Alves, da Usina Santa Bárbara. Crespi e seu cunhado Prado estavam aliás ligados, através da Cia. Prado-Chaves e do Banco do Comércio e Indústria, a algumas das mais tradicionais famílias de usineiros, como Alves, Magalhães e Nogueira, em variados negócios, bancos, casas comissárias e exportadoras de café, e no próprio negócio do açúcar. E uma terceira tentativa, já depois de 1930, seria realizada ainda com a associação do grupo usineiro-comercial Leão, de Pernambuco e Alagoas, à Cia. União dos Refinadores.

Assim é que, no curto espaço de três meses, entre outubro de 1928 e janeiro de 1929, quando os preços elevados do início de 1928 já haviam iniciado a queda, Matarazzo comprou a Magalhães e Barcelos 400.000 sacas (24.000 toneladas), e mais grandes quantidades de açúcar de Campos e outros de procedência diversa estocados no Distrito Federal e em São Paulo, mas em pequenas partidas e através de terceiros, de modo a não levantar suspeitas quanto a uma possível manobra especulativa. Isso feito, contratou com a Cooperativa de usineiros de Pernambuco, que se havia estabelecido em inícios de 1928 sob o patrocínio do próprio Matarazzo aliado a Magalhães e Barcelos, a aquisição, também de terceiros, de todo o estoque, ou seja, uma vultosa partida de 1,2 milhão de sacas (72 mil toneladas) ao preço FOB-Recife de 52$000 a saca, correspondente a CIF-São Paulo de 60$000. Como o açúcar seria transportado em seus próprios navios, o preço em verdade seria de 55$000 CIF-São Paulo. Sobre o preço ao produtor em Recife, a Cooperativa fez-lhe um adiantamento sem juros de 6$000 por saca a ser pago na liquidação final do açúcar. Matarazzo garantia em contrapartida uma participação certa de 2$000 por saca nos eventuais lucros obtidos. Forçando sigilosamente uma escassez aparente, Matarazzo garantiu a alta e, em princípios de fevereiro de 1929, já podia revender mais de 25 mil toneladas a Magalhães e a Barcelos, açúcar que saía da porta da usina a 56$000 a saca, correspondente a 62$000 FOB-Recife, mas já de propriedade de Matarazzo. Nessa ocasião a cotação em São Paulo se elevara a 72$000 a saca, e o lucro de Matarazzo na operação foi de 4,2 mil contos de réis. O escoamento desse açúcar continuava a ser feito sigilosamente através dos armazéns de terceiros a quem havia consignado separadamente as partidas, de modo que em 22 de fevereiro a Bolsa de Mercadorias de São Paulo acusava um estoque visível de açúcar em nível irrisório de 180 mil sacas, enquanto que os preços haviam ascendido de 58$000 CIF-Santos no dia 20 de janeiro, a 78$500 CIF-Santos no dia 20 de fevereiro. A esse preço o lucro líquido de Matarazzo seria de 22,2 mil contos de réis para um empate de 70 mil contos na aquisição de seu estoque, e num curto prazo de no máximo seis meses. Os preços, entretanto, iriam elevar-se a mais de 85$000 a saca. Ademais, os lucros de Matarazzo não se resumiam apenas a esses ganhos palpáveis, mas se baseavam sobretudo nos prejuízos que ele poderia impor e ao controle que estaria apto a obter sobre os seus concorrentes paulistas, quando em junho de 1929 se iniciasse a safra deste Estado. O que de fato ocorreu, mas, já então revestido de outras implicações, iria ter um significado diverso, o qual por certo escapava à percepção atual de Matarazzo, especialmente o papel que caberia a Numa de Oliveira, diretor do Banco do Comércio e Indústria, na organização em São Paulo da Comissão de Defesa da Produção do Açúcar que o Governo Provisório de Vargas criaria.

 O que de fato Matarazzo percebera corretamente e aplicava a seus negócios era uma decorrência do regime do latifúndio, a saber, que naquelas condições econômicas de produção, nenhuma mais-valia poderia absorver dominantemente a forma normal do lucro capitalista, no momento da produção, mas sim dominantemente a forma mercantil. Um comerciante inglês do Rio de Janeiro já havia observado que a prática do liberalismo econômico tinha como requisito a obediência a leis econômicas invariáveis e irretorquíveis. Se o consumidor inglês pagava menos pelo seu açúcar, logicamente decorria que estava sendo beneficiado por uma prática antilivre-cambista, um regime anormal de subsídios que arruinaria sua indústria refinadora e os contribuintes dos países europeus. Este mesmo raciocínio ele o aplicava para combater as práticas dos cartéis de produtores que se pretendiam instituir no Brasil.[55] Mas, como observou muito argutamente, na mesma época e 20 anos antes do sucesso de Matarazzo no mercado açucareiro, o usineiro pernambucano Luiz de Brito: "No caso do açúcar os preços não obedecem a nenhuma lei econômica."

Conseqüência imediata desse fato foi ter-se deslocado a incidência da ação empresarial, tanto a dos usineiros pernambucanos quanto a dos paulistas, dos problemas da produção para os da circulação-realização do valor do seu produto. Questiona-se a partir de então não mais o problema da mão-de-obra nem o da melhoria técnica da cultura ou o do aperfeiçoamento dos maquinismos de fabricação do açúcar, mas exclusiva e veementemente a questão das barreiras comerciais e dos fretes ferroviários. Organizam-se os interesses dominantes no setor agrário do açúcar para obter do Governo o subsídio de parte dos fretes e esquemas de cartelização da produção como um dos meios com que enfrentar a concorrência especulativa.

A produção paulista de açúcar de usina ainda era por essa época bastante reduzida, não ameaçando a supremacia do fornecimento nordestino nem mesmo para o consumo de São Paulo. Ela devia contudo enfrentar a concorrência dos excessos de produção nordestinos para poder firmar sua posição de fornecedora *regular*, o que sob o regime do capital é uma questão essencial. A primeira grande expansão paulista acontecera propiciada pelo surto econômico paulista dos fins do século baseado nos efeitos multiplicadores que a substituição do trabalho escravo pela imigração estrangeira provocou. Beneficiou-se também com a transferência de capitais da cultura cafeeira depois do grande abalo que o café sofreu na curva ascen-

---

[55] Sugar Fallacies, por George Mathiesson, citado em Books Received, *The Brazilian Review*, 8/8/1905.

sional dos preços internacionais depois de 1895/98. Algumas das usinas que se tinham fundado ao amparo da lei de garantia de juros-ouro aos capitais aplicados em engenhos centrais, e que se vinham arrastando no insucesso subsidiado, firmaram-se então e se reequiparam, enquanto que novas usinas foram fundadas já equipadas para a produção de tipos superiores de açúcar ou pelo menos para a produção em escala ampliada.

A expansão ulterior e a consolidação das usinas existentes dependeriam, entretanto, da solução do problema da circulação do capital, o qual por sua vez estava ligado ao problema da relação social de propriedade e do correspondente processo técnico de produção.

Como se pôde ver, a predominância de unidades de produção de pequena exploração assentadas em uma combinação de investimento de capital e processos arcaicos de trabalho, um capital ainda enraizadamente agrário e escassamente constituído como um estrito processo de valorização capitalista, era uma condição favorável e mesmo determinante da existência, na esfera de circulação dos valores, de um capital de características nitidamente mercantis. Uma situação em que o capital comercial não é tão-somente uma das funções da reprodução do capital produtivo, mas, ao contrário, domina a produção. As práticas usurárias, as manobras especulativas, o caráter oligopólico da demanda junto ao produtor e a existência de um sem-número de pequenos e grandes intermediários – "comissários", "armazenistas", "carreteiros", banqueiros locais, armadores, grandes firmas exportadoras aliadas a bancos estrangeiros e a alguns grandes exportadores nacionais – coloriam a circulação dos capitais da indústria do açúcar com o sabor picante de um imenso negócio-aventureiro, onde qualquer espécie de golpe podia fazer parte do jogo. A política, personalizada, era uma arma nessa luta travada de preferência pela audácia que cada um pudesse esgrimir melhor do que o antagonista.

CAPÍTULO V

O BRASIL NO CONTEXTO DO CAPITALISMO INTERNACIONAL 1889-1930

1. O BRASIL E A EVOLUÇÃO DO CAPITALISMO MUNDIAL

TENTAREMOS, neste trabalho, analisar o papel que o Brasil desempenhou no contexto do capitalismo internacional, no período da República Velha, entre 1889 e 1930. É interessante observar que estas datas delimitam um período muito bem caracterizado da história brasileira, mas não da história do capitalismo mundial. A periodização deste requer datas diferentes. Partindo da origem do capitalismo industrial, que se identifica com a Revolução Industrial, iniciada na Inglaterra, no último quartel do século XVIII, o capitalismo mundial atravessa sua primeira etapa até mais ou menos 1870. Desta data em diante há um segundo período, que vai até a Primeira Guerra Mundial, quando "de fato" termina o século XIX e, finalmente, de 1918 em diante se inicia um terceiro período, que pode ser considerado o contemporâneo do capitalismo mundial.

O primeiro período (1770-1870) se caracteriza pelo desenvolvimento de uma extensa divisão internacional do trabalho, que tem o seu centro na Grã-Bretanha, transformada não só na oficina (*workshop*) mas também no banqueiro, segurador e transportador do mundo. Durante o período da Revolução Francesa e das guerras napoleônicas (1789-1815), a França disputou à Grã-Bretanha as funções de astro-rei do sistema solar capitalista, mas, após Waterloo, a primazia inglesa voltou a afirmar-se de modo indiscutível. Foi neste período que as ex-colônias espanholas, portuguesas e mesmo inglesas da América foram inseridas no sistema capitalista mundial como produtores especializados de "artigos coloniais" – fumo, algodão, açúcar, café, salitre, cobre, prata etc. – que eram trocados pelos produtos manufaturados ingleses ou pelos artigos de luxo da França.

A partir de 1870, o âmbito mundial do capitalismo se modifica profundamente: em 1861-65, a escravidão é abolida nos Estados Unidos, ao mesmo tempo que a servidão é abolida na Rússia; entre 1868 e 1870 se dá a unificação da Itália e da Alemanha, o que cria condições propícias à rápida industrialização destes países; em 1867 se dá a Revolução Meiji, que tem as mesmas conseqüências para o Japão; finalmente é por este período que as potências coloniais européias "abrem" a África Negra ao capitalismo: "Os anos de 1870 testemunharam as guerras dos Zulus e a aquisição da Costa do Ouro dos holandeses (pelos britânicos), seguida pelas guerras dos Ashanti; a United Africa Company foi estabelecida. Os anos de 1880 viram não apenas a descoberta de ouro em Witwatersrand, mas a fundação de três grandes companhias britânicas na África: a Royal Niger em 1886, a British East Africa em 1888 e a British South Africa em 1889. À primeira o Império deveu o que é hoje a Nigéria, à segunda Quênia e Uganda e à terceira, a própria companhia de Rhodes, a Rodésia do Norte e a do Sul" (Barrat-Brown, 1963, p. 88).

A expansão imperialista   Esta expansão imperialista não se limitou à Grã-Bretanha. Entre 1870 e 1900, a França "adquiriu" 3,5 milhões de milhas quadradas com 26 milhões de habitantes, na África e na Indochina; a Bélgica "adquiriu" 900.000 milhas quadradas com 8,5 milhões de habitantes no Congo (hoje Zaire); a Alemanha, uma vez unida, "adquiriu" um milhão de milhas quadradas com 13 milhões de habitantes (Strachey, J., 1959, p. 79). Há que acrescentar ainda a "aquisição" pelos Estados Unidos do resto do Império espanhol – Cuba, Porto Rico e as Filipinas – após a guerra hispano-americana de 1898, o que efetivamente incorporou estes países à economia capitalista mundial.

O período que se abre por volta de 1870 é o da plena hegemonia do capitalismo industrial, perante cuja expansão os sistemas sociais "fechados", seja no Sul dos Estados Unidos, na Rússia, no Japão, no Sul da Itália ou na África subequatorial, parecem simplesmente desabar, como que dissolvidos em suas bases. É verdade que por trás de cada uma dessas mudanças há atos de força, mas o que impressiona é a debilidade destes sistemas de resistir ao que era convencionalmente tido como a "marcha do progresso".

Este período marca também o fim da hegemonia britânica e o início das rivalidades interimperialistas, cujos principais protagonistas seriam a Grã-Bretanha, a Alemanha e os Estados Unidos. Entre 1870 e 1913, a Grã-Bretanha perde a primazia industrial: "Os maiores mercados da Grã-Bretanha tinham sido nos Estados Unidos e na Europa e estavam agora sendo disputados pelo desenvolvimento das indústrias americana e alemã. Entre 1880 e 1890 a produção de aço dos Estados Unidos superou a da Grã-Bretanha; em mais outra década a produção alemã também ultrapassou a nossa" (Barrat-Brown, 1963, p. 82).

A crescente rivalidade entre as grandes potências imperialistas acabou desembocando na Primeira Guerra Mundial, a partir da qual o panorama do capitalismo mundial começou de novo a mudar. O conflito marcou o fim da partilha do mundo entre um reduzido número de potências. Em 1914, praticamente não havia mais territórios a "adquirir": qualquer nova expansão ter-se-ia que fazer às custas de uma outra potência imperialista. A partir de 1918, o movimento de expansão capitalista começou a refluir. A Revolução de Outubro separou da economia capitalista mundial o maior país do mundo em extensão territorial, a União Soviética. A partir daí surgem movimentos de emancipação nacional, como o de Gandhi na Índia nos anos 20, que preparam a Revolução Colonial, a qual se expande vigorosamente após a Segunda Guerra Mundial.

O período que se inicia após 1918 não se caracteriza apenas pelo refluxo capitalista, mas também pela reorganização interna da economia capitalista. Até então, a atividade industrial estava quase inteiramente limitada aos países centrais do sistema, que desenvolviam na periferia colonial (ou ex-colonial) apenas a produção de bens primários e das atividades de infra-estrutura – transportes, energia, serviços urbanos – necessárias à sua comercialização. Após 1918, começam a se organizar, inicialmente nos Estados Unidos, depois também na Europa Ocidental e no Japão, empresas com atividades em muitos ramos e em muitos países e que se tornaram notórias como empresas "multinacionais". São estas empresas que vão tornar muito mais flexível a divisão internacional do trabalho, compatibilizando-a com a industrialização de países que nem por isso deixam de ser periféricos ou dependentes.

Se o capitalismo mundial passa por transformações de fundo por volta de 1870 e novamente após 1918, tais datas não são no entanto cruciais na história do Brasil. A primeira marca o apogeu do Segundo Império e a segunda algo como uma espécie de apogeu também da República Velha. Esta arritmia entre a história do país e a do sistema mundial do qual ele faz parte não deixa de ser significativa. Ela mostra que o Brasil estava longe de desempenhar um papel de relevância na dinâmica do capitalismo mundial e que a influência desta dinâmica sobre nossa evolução tampouco era decisiva.

O Brasil em face da economia mundial   Quanto à primeira proposição, não há margem para muitas dúvidas. Se atualmente o Brasil não é um dos países centrais do sistema, entre 1870 e 1918 ele o era ainda menos. Como participante da divisão internacional do trabalho, o Brasil era produtor especializado num artigo de sobremesa – o café – e numa matéria-prima extrativa – a borracha – que estava em vias de ser produzida de uma forma superior, em plantações, não no Brasil mas muito significativamente em outros países. Mesmo como produtor primário, o Brasil conheceu uma série de fracassos: foi superado pelos Estados Unidos duas vezes, uma após a Guerra (Americana) pela Independência e outra após a Guerra de Secessão, no mercado mundial do algodão; no mercado internacional de açúcar, o Brasil foi superado pelas ex-colônias espanholas, particularmente Cuba, sobretudo após a Guerra Hispano-Americana (1898); finalmente, no mercado mundial da borracha, a hegemonia brasileira foi derrubada, nas vésperas da Primeira Guerra Mundial, pela competição das plantações de seringueiras no Extremo Oriente. O Brasil apenas mantém seu predomínio no mercado do café e uma posição de certa importância no do cacau. Dado o tamanho do país e de sua população, seu desempenho na divisão internacional do trabalho parece medíocre. É por isso que a abolição da escravatura e a Proclamação da República não têm uma repercussão marcante sobre o capitalismo mundial, como tiveram por exemplo a Guerra da Secessão, a unificação da Alemanha ou a Revolução Meiji.

Menos óbvia como constatação, no entanto, é a idéia de que a dinâmica mundial do capitalismo não tenha desempenhado um papel decisivo na história deste período no Brasil. Ocorre que a nossa integração na economia internacional era bastante parcial, durante o século passado e mesmo durante os três primeiros decênios deste. O nosso Setor de Mercado Externo compunha-se então de uma série de manchas no mapa do país, como a zona da cafeicultura comprimida no Vale do Paraíba e dele transbordando para o Oeste Paulista, as zonas açucareiras no litoral nordestino e na área de Campos, no Estado do Rio, ou os seringais que pontilhavam a imensidão da Floresta Amazônica. Este Setor de Mercado Externo se articulava com o exterior por meio de uma incipiente economia urbana, centrada em algumas cidades portuárias como o Rio, Santos–São Paulo, Recife e Belém, que se achavam apenas precariamente interligadas. Entre estas manchas de produção primária destinada ao exterior e as cidades que de alguma forma as polarizavam, havia todo um mundo semifechado de fazendas e estâncias, pequenas propriedades de "homens-livres", de vendas, mascates e tropeiros, de aldeias e pequenas cidades, cujo equilíbrio dificilmente poderia ser perturbado por acontecimentos originados do "exterior".

Crescimento da economia brasileira   É isto que explica que o imenso impulso que o capitalismo mundial sofreu a partir de 1870 aproximadamente só vai alcançar o Brasil 20 anos mais tarde. Na verdade, a partir da segunda metade do século XIX, a pressão da demanda externa se reflete num nítido aumento de nosso comércio externo. É o que se verifica, examinando-se os dados constantes na *Tabela 1*. Entre a quinta e a sexta décadas do século passado, nossas exportações crescem 86% e nossas importações 89%. Entre a sexta e a sétima décadas, um novo aumento marcante: 47% das exportações e 41% das importações. Vale a pena notar que a partir desta década (1816/70), o saldo de nossa balança comercial torna-se positivo, o que parece significar que nossas exportações cobrem de uma forma mais do que suficiente nossas necessidades de produtos importados. Mas pode significar também que, a partir desta década, o Brasil se torna um exportador líquido de recursos, sob a forma de amortização de empréstimos e pagamentos de juros, como se verá mais adiante que realmente foi o caso.

Seja como for, em resposta à demanda externa, o país passa a se integrar mais na divisão internacional do trabalho. E o responsável é antes de mais nada o café, que já representa, neste período, quase a metade de nossas exportações (Silva, 1953). A estrutura social vigente se acomoda sem maiores dificuldades à necessidade de ampliar a produção da rubiácea. Não faltavam terras para se plantar mais café e escravos podiam ser comprados em outras Províncias, sobretudo nas do Nordeste, de modo que o suprimento de mão-de-obra tampouco foi, durante longo período, um obstáculo insolúvel. As manchas do Setor de Mercado Externo se ampliam algo no mapa, porém sem perturbar a dinâmica própria – no fundo um lento espraiar impulsionado por um mui limitado crescimento demográfico – do Setor de Subsistência, no qual se encontrava a maior parte da população. Sob o ponto de vista da economia capitalista, toda esta terra e toda esta gente constituíam um imenso reservatório que a expansão imperialista, na segunda metade do século passado, apenas começou a tocar.

TABELA 1

COMÉRCIO EXTERIOR DO BRASIL

PERÍODO	Médias Anuais (em milhões de £)			Variação %	
	EXPORTAÇÃO	IMPORTAÇÃO	SALDO	EXPORTAÇÃO	IMPORTAÇÃO
1821-1830	3,90	4,25	–0,35	26,0	28,0
1831-1841	4,91	5,44	–0,53	11,0	11,8
1841-1850	5,48	6,08	–0,60	86,0	89,0
1851-1860	10,20	11,52	-1,32	47,0	41,0
1861-1870	14,98	13,14	1,84	33,0	25,4
1871-1880	19,98	16,49	3,49	10,0	16,6
1881-1890	22,06	19,23	2,83	31,6	31,4
1891-1900	29,10	25,28	3,82	63,7	26,1
1901-1910	47,62	31,88	15,73	44,5	71,5
1911-1920	68,81	54,69	14,12	17,1	23,3
1921-1930	80,58	67,44	13,14		

FONTES: H. Schlittler Silva, "Tendências e Características Gerais do Comércio Exterior no Século XIX", *Revista de História da Economia Brasileira*, S. Paulo, Ano I, n.º 1, junho 1953; A. Villanova Vilela e W. Suzigan, *Política do Governo e Crescimento da Economia Brasileira 1889-1945*, IPEA/INPES, Rio, 1973.

Embora com certo atraso, a expansão capitalista não obstante acabou se fazendo sentir no Brasil também. A hegemonia britânica nos mares forçou a abolição do tráfego negreiro a partir de 1850. Como a população escrava não tende a crescer vegetativamente no cativeiro, a expansão da cafeicultura no Centro-Sul requereu constante transferência de escravos. Sendo o seu número finito e a longo prazo decrescente, o crescimento da demanda externa por alguns de nossos produtos só podia acabar acarretando a escassez e o encarecimento do escravo. É bem possível que a origem de alguns dos fracassos do Brasil escravista no mercado mundial tenha estado na escassez e inadequação da mão-de-obra ou, em outros termos, na barreira constituída pelas relações escravistas de produção ao desenvolvimento das forças produtivas. Numa época em que a penetração do capitalismo na periferia européia suscitava amplos fluxos migratórios de irlandeses, alemães, italianos etc., que se dirigiam à América, a permanência da escravidão *sem tráfego* no Brasil deve ter sido a causa básica desta *alienação na dependência* que caracterizou o país pelo menos até 1888.

A Abolição e a República podem ser consideradas, neste sentido, como uma espécie de *aggiornamento*, que recolocou o Brasil, pouco a pouco, numa posição de maior destaque na divisão internacional do trabalho e no caminho dos fluxos de capital e de força de trabalho que se encaminhavam do Velho para o Novo Mundo. Vale a pena notar (*Tabela 1*) que o total de nossas exportações, após os fortes aumentos registrados entre 1841/50 e 1861/70, passa a crescer bem menos nas décadas seguintes: apenas 33% entre esta última e a seguinte (1871/80) e somente 10% entre este decênio e o de 1881/90. Tudo leva a crer que o impulso que se iniciara por volta de 1850 começa a se esgotar de 1870 em diante. A nossa inferioridade frente ao algodão americano, após o fim da Guerra da Secessão e frente ao açúcar cubano, estão por trás desta queda no ritmo de crescimento de nosso comércio externo. A tendência se inverte após a Abolição e o início da imigração em massa de europeus para o Brasil: entre a penúltima e a última décadas do século passado as nossas exportações crescem 31,6% e na primeira década deste século o ritmo de crescimento se acelera, registrando 63,7% (*Tabela 1*). Não há dúvida de que os acontecimentos de 1888/89 criam o quadro institucional adequado para a crescente integração do Brasil na economia capitalista mundial. A realização deste processo e as contradições que dele decorrem marcam de forma característica este período de nossa história.

2. O BRASIL NA DIVISÃO INTERNACIONAL DO TRABALHO

Para os países que formam o centro dinâmico da economia mundial criada pela Revolução Industrial, o resto do mundo aparece primordialmente como supridor de bens não-industrializados: alimentos e matérias-primas de origem vegetal ou mineral. A demanda por estes alimentos era decorrente dos hábitos de consumo prevalecentes nos países industrializados. Hábitos como o de beber café ou chá, comer chocolate ou bife, fumar charutos ou cigarros na medida em que se difundiam na Europa Ocidental e na América do Norte faziam surgir mercados mundiais para artigos coloniais como o chá, o café, o cacau, a carne ou o tabaco. A demanda de matérias-primas dependia não apenas dos hábitos de consumo, mas também das técnicas de produção. A técnica da adubação na agricultura abriu um mercado para o guano do Peru e para o salitre do Chile. A mecanização da indústria de fiação e tecelagem fez surgir um mercado para o algodão. A descoberta da vulcanização da borracha e do seu uso para a fabricação de pneus fez com que se expandisse a demanda da *Hevea*. Muitos outros exemplos poderiam ser aduzidos.

<small>A dinâmica da divisão do trabalho</small> A produção da maior parte das mercadorias coloniais dependia de condições ecológicas muito específicas, que geralmente não se encontravam nos países do Hemisfério Norte, onde se desenrolava a Revolução Industrial. Os alimentos e matérias-primas que lá eram produzidos – como o carvão ou o vinho, por exemplo – não constituíam mercadorias coloniais, porque eram parte de uma produção diversificada, realizada em moldes capitalistas, em economias que lideravam o processo de avanço tecnológico e determinavam a dinâmica da divisão internacional do trabalho. Exatamente o contrário ocorria nos países de economia colonial. Nestes as condições ecológicas eram unilateralmente exploradas, tendo em vista atender com exclusividade as necessidades das economias industrializadas. Colocada a necessidade de um produto que não podia ser obtido nos países industrializados, os agentes destes, espicaçados pela perspectiva de grandes lucros, passavam a vasculhar os quatro cantos do mundo, até encontrar lugares onde o produto poderia ser, conforme o caso, cultivado ou extraído. Se estes lugares propiciavam uma oferta maior do que a demanda do produto em questão, iniciava-se uma luta concorrencial, ao fim da qual acabava prevalecendo a área, país ou colônia onde os custos de produção e transporte eram mais baixos. Aí então a monoprodução se expandia, formando o típico Setor de Mercado Externo da Economia Colonial: uma atividade na qual se aplicam técnicas avançadas de produção (inclusive de transporte) e que quase não se liga economicamente ao resto da economia, à qual impõe sua dinâmica, ou melhor, à qual transmite, através de seus movimentos, a dinâmica do mercado mundial. (Para uma análise mais pormenorizada, vide Singer, 1968.)

Este, em resumo, foi o modo como se estabeleceu a divisão internacional do trabalho, impulsionada pela Revolução Industrial. Mas o funcionamento da divisão internacional do trabalho sofreu modificações profundas, a partir de 1870, quando em lugar da hegemonia da Grã-Bretanha começou a competição das grandes potências pela supremacia no mercado mundial. Até 1870, as regras do livre-câmbio, mais ou menos impostas pela Grã-Bretanha, prevaleciam. Isso assegurava que da luta concorrencial entre economias coloniais saía vencedora aquela que realmente tivesse custos mais baixos. Um exemplo notório foi o do mercado britânico do açúcar, que até meados do século XIX era praticamente dominado pelas suas colônias antilhanas (Jamaica, Barbados, Guiana Inglesa). A partir de 1846, as tarifas de importação, que protegiam o açúcar antilhano, foram reduzidas e, em 1874, elas foram abolidas, o que teve por conseqüência que "as colônias britânicas, que produziam açúcar no Caribe e em outras áreas e que tinham sido muito prósperas durante o século XVIII e no começo do século XIX, estavam por volta de 1900 reduzidas à pobreza. O preço pelo qual podiam vender seu açúcar declinou drasticamente. Cultivos substitutivos, que pudessem ser lucrativos, não estavam geralmente disponíveis" (Ballinger, 1971, p. 14). As regras do livre-câmbio estritamente aplicadas permitiram aos produtores de açúcar de beterraba do Continente dominar o mercado britânico, dele expulsando os produtores "coloniais" ingleses.

No último terço do século passado, o livre-câmbio foi sendo paulatinamente abandonado, a favor das preferências imperiais. Isso significou, para as economias coloniais, que elas teriam um acesso privilegiado ao mercado da metrópole, mas que suas mercadorias seriam gravadas por tarifas elevadas nos mercados dos demais países industrializados. O açúcar ainda oferece um exemplo marcante da mudança ocorrida. Em 1898, como decorrência da Guerra Hispano-Americana, os Estados Unidos passaram a dominar colonialmente diversas ex-colônias espanholas produtoras de açúcar: Cuba, Porto Rico e as Filipinas. Como conseqüência, os Estados Unidos aboliram as tarifas que gravavam o açúcar importado de Porto Rico e reduziram de 25% as que gravavam o das Filipinas e de 20% as que gravavam o de Cuba. Como resultado, o açúcar dessas colônias expulsou o das demais procedências do mercado dos Estados Unidos (Ballinger, 1971, pp. 16 a 18).

De uma forma geral, a competição no mercado mundial tornou-se não apenas mais aguda, mas mais "política". As chamadas grandes potências estavam formando suas esferas de influência. Cada uma delas, além de procurar ampliar ao máximo as áreas coloniais sob o seu domínio direto, buscava ganhar influência e dominar os mercados das economias coloniais que eram politicamente independentes. O Brasil foi objeto desta disputa, ao lado de outras importantes economias coloniais, como o México ou a China.

É no quadro destas disputas que devemos examinar de que modo o Brasil se inseriu na divisão internacional do trabalho, a partir da nossa independência e sobretudo no período em estudo: de 1889 a 1930. Como se pode ver na *Tabela 2*, nossos principais produtos de exportação no início do século XIX eram o açúcar, o algodão e o café. No mercado do açúcar sofríamos então a concorrência não apenas dos produtores do Caribe, mas também do açúcar de beterraba, cuja produção o Bloqueio Continental napoleônico espraiou por toda a Europa. No mercado do algodão, então predominantemente na Inglaterra, o produto americano estava voltando, após o encerramento das hostilidades entre a Inglaterra e os Estados Unidos (a guerra durou de 1812 a 1814), e se mostrava assaz superior ao nosso, em preço e qualidade. Só nos restava o café, cuja demanda aumentava tanto no continente europeu como nos Estados Unidos. No mercado do café não tínhamos concorrentes perigosos, pois nosso principal competidor era a Indonésia, muito afastada dos principais

TABELA 2

BRASIL: PRINCIPAIS PRODUTOS DE EXPORTAÇÃO (1821-1928)

Datas	*Participação (em %) na Receita das Exportações*						
	Café	Açúcar	Algodão	Borracha	Couros e peles	Outros	Total
1821-1830	18,4	30,1	20,6	0,1	13,6	17,2	100,0
1831-1840	43,8	24,0	10,8	0,3	7,9	13,2	100,0
1841-1850	41,4	26,7	7,5	0,4	8,5	15,5	100,0
1851-1860	48,8	21,2	6,2	2,3	7,2	14,3	100,0
1861-1870	45,5	12,3	18,3	3,1	6,0	14,8	100,0
1871-1880	56,6	11,8	9,5	5,5	5,6	11,0	100,0
1881-1890	61,5	9,9	4,2	8,0	3,2	13,2	100,0
1891-1900	64,5	6,0	2,7	15,0	2,4	9,4	100,0
1901-1910	52,7	1,9	2,1	25,7	4,2	13,4	100,0
1911-1913	61,7	0,3	2,1	20,0	4,2	11,7	100,0
1914-1918	47,4	3,9	1,4	12,0	7,5	27,8	100,0
1919-1923	58,8	4,7	3,4	3,0	5,3	24,8	100,0
1924-1928	72,5	0,4	1,9	2,8	4,5	17,9	100,0

FONTES: H. Schlittler Silva, "Tendências e Características Gerais do Comércio Exterior no Século XIX", *Revista de História da Economia Brasileira*, São Paulo, Ano I, n.º l, junho 1953. A. Villanova Vilela e W. Suzigan, *Política do Governo e Crescimento da Economia Brasileira 1889-1945*, IPEA/INPES, Rio, 1973.

mercados. Como se pode ver, o café passa a predominar em nossa pauta de exportações a partir de 1831/40, e sua hegemonia se acentua a partir de 1871/1880, quando ele passa a participar com mais de 50% em nossa receita de exportações.

O problema da mão-de-obra no fim do século XIX   É interessante observar que até 1841/50 o açúcar mantém uma participação bastante destacada na pauta de exportações, passando a declinar durante a segunda metade do século. Como o valor total de nossas exportações cresce rapidamente neste período (*Tabela 1*), as exportações de açúcar em valor absoluto na verdade não diminuem, mas crescem, embora mais lentamente que as de café: elas passam de £ 1,17 milhão em média por ano em 1821/30 para £ 1,46 milhão em 1841/50 e atingem a média de £ 2,16 milhões em 1851/60. O que ocorria, no entanto, é que, num mercado internacional em rápida expansão, o açúcar brasileiro marcava passo. A abertura do mercado britânico, a partir de 1846, vai beneficiar antes os produtores de açúcar de beterraba, sem que o Brasil de fato pudesse aproveitar a oportunidade. É que a partir de 1850 cessa a importação de escravos, e as principais culturas de exportação – o café e o açúcar – passam a disputar a mão-de-obra escrava existente. Neste embate, a superior lucratividade do café leva a melhor. O preço do café passou de cerca de 18 mil-réis a saca em 1857 para 27 mil-réis em 1863. "As plantações sofreram grandes estímulos, o que provocou uma grande mobilidade interna da mão-de-obra. Em São Paulo, que principiava a expandir sua cafeicultura, os recursos foram retirados da cana-de-açúcar e destinados à expansão da cultura do café e do algodão... A mão-de-obra escrava utilizada nos canaviais do Norte foi também fortemente atraída para o Sul devido à melhoria da rentabilidade dos cafezais. A escassez de mão-de-obra, criada, de um lado, pela expansão das culturas e, de outro, pela sustação do tráfico, elevou de maneira violenta o preço dos escravos e nem todos os esforços dos Governos das Províncias, criando elevados impostos sobre a movimentação da mão-de-obra cativa, foram suficientes para impedi-la" (Delfim Netto, A., 1959, pp. 10 e 11).

O fracasso do Brasil nos mercados do açúcar e do algodão, assim como o sucesso no do café se explicam, em última análise, pelas limitações impostas ao desenvolvimento das forças produtivas pelo sistema escravocrata imperante no país até 1888. A escravidão impunha limites bastante estreitos ao aumento de produtividade do trabalho, sobretudo quando se tratava de produção industrial, como era o caso do açúcar.

Avanços tecnológicos na indústria açucareira durante a segunda metade do século XIX levaram à queda de seu custo e, apesar da grande expansão do consumo, do seu preço. A produção de açúcar passou a requerer volumes crescentes de capital, o que veio favorecer o açúcar de beterraba, produzido em países industrializados, e a dominação pelo capital dos países industrializados da indústria canavieira em países de economia colonial. É o que se deu principalmente graças aos investimentos americanos na agroindústria do açúcar de Cuba, de Porto Rico e das Filipinas, ainda no tempo em que estes países eram colônias da Espanha. A agroindústria canavieira do Brasil, enquanto isso, mantinha-se tecnicamente atrasada, sofrendo a competição pela terra e pelo braço escravo do algodão (principalmente no período 1862-1870) e sobretudo do café. (Para mais detalhes, vide o capítulo sobre "Recife" em Singer, 1968.)

No mercado do café, as deficiências do sistema escravocrata se faziam sentir muito menos. As exigências climáticas do cafeeiro impediam que ele fosse cultivado em países de clima temperado; portanto, nos que estavam se industrializando. Os competidores do Brasil eram também países de economia colonial, cuja capacidade de desenvolver as forças produtivas era igualmente limitada. Além do mais, trata-se de um produto agrícola apenas beneficiado na unidade de produção e que, durante o século passado, sofreu apenas uma transformação tecnológica importante e esta se deu nos países consumidores: a torrefação do grão, operação antes feita pelo consumidor individual, passou a ser feita pela indústria, o que veio facilitar a rápida difusão da bebida.

O que se pode concluir, portanto, é que (pelo menos até a Abolição), o sistema vigorante era incapaz de expandir de modo intenso e eficaz mais de *um* ramo do Setor de Mercado Externo e acabou se concentrando no mais lucrativo: o café. Na década de 1881-90 este produto contribuía com mais de 60% para nossa receita de exportação (*Tabela 2*). Mas, a partir da Abolição e da República, era de esperar que os principais obstáculos ao desenvolvimento das forças produtivas fossem superados. A substituição da escravatura pelo trabalho livre não somente eliminou a restrição à oferta de força de trabalho, ao possibilitar a imigração em massa de trabalhadores europeus, mas também instituiu relações de produção que, ao determinar a compra e venda do *uso* da força de trabalho e não mais do próprio trabalhador, deveriam facilitar a introdução no país de técnicas industriais modernas. Seria de esperar, portanto, que a inserção do Brasil na divisão internacional do trabalho acabasse por refletir estas mudanças, revertendo a tendência à monocultura do café e expandindo a participação do país nos vários mercados. O que se dá, no entanto, é o contrário como o mostra a Tabela 2. Com exceção do efêmero ciclo da borracha, que não chega a durar 30 anos, o café mantém sua importância relativa na pauta de exportações, alcançando sua participação máxima – 72,5% – no fim do período: 1924 a 1929. Como se explica isso?

A expansão dos produtos brasileiros nos mercados europeus

A razão dos fracassos brasileiros em outros mercados que não o do café está fundamentalmente nas mudanças sofridas pelo capitalismo, que entra a partir de 1870 em sua fase monopolista, com o que se alteram as regras do jogo do comércio mundial. Em última análise, a Abolição e a República chegam tarde para permitir ao Brasil diversificar seu Setor de Mercado Externo, de modo que a expansão das forças produtivas se volta em boa parte para o mercado interno, lançando as bases da industrialização do país.

Isto se pode ver claramente, quando se examina a sorte do Brasil nos mercados mundiais onde tínhamos possibilidade de competir: no do açúcar, do algodão e da borracha. Em todos os três o produto brasileiro foi expulso pela política característica do capital monopolista, que procura mais do que a vantagem comercial – o custo menor – a expansão imperialista.

No caso do açúcar, a primeira década do período republicano assiste finalmente à retardada revolução industrial que a usina implanta em nossa agroindústria da cana, no Nordeste. Em tese, a aplicação de métodos modernos de produção deveria garantir a competitividade do nosso produto. Na realidade, porém, ele não tinha condições de enfrentar a posição privilegiada do açúcar porto-riquenho, cubano e filipino no mercado americano nem a do açúcar de beterraba nos mercados europeus. Como já se viu acima, o açúcar das ex-colônias espanholas – produzido, transportado e comercializado por companhias de capital americano – gozava de preferência tarifária nos Estados Unidos. Na Europa, os países produtores de açúcar de beterraba, como a Alemanha, a França e a Bélgica, protegiam seus mercados internos com elevadas tarifas e ao mesmo tempo subsidiavam a exportação do seu açúcar. É o que explica que, quando após 1900 o preço do açúcar cai, estes países conseguem se manter, sobretudo no mercado britânico, o único em que continuavam valendo as regras do livre-câmbio, ao passo que o nosso produto se torna gravoso: a queda dos preços a níveis inferiores aos custos de produção e transporte, na ausência de qualquer subsídio, impede quase por completo nossas exportações.

O açúcar de nossas usinas passa a ser vendido apenas no mercado interno, só voltando ao mercado externo de forma transitória no período da Primeira Guerra Mundial e imediatamente após e mesmo assim em proporções modestas, como se pode ver na *Tabela 2*. Em última análise, as perspectivas de lucro que nosso açúcar oferecia ao capital monopolista americano e europeu eram inferiores às de indústrias localizadas em território metropolitano ou em territórios politicamente dominados pelas metrópoles, devido ao crescente protecionismo suscitado pela concorrência cada vez mais aguda entre os capitais monopolistas das grandes potências. Fossem outras as circunstâncias e o capital dos países industrializados ter-se-ia invertido também em nossas usinas, cujo produto teria tido então fácil acesso aos mercados metropolitanos. Talvez 30 anos antes este tivesse sido o caso se a Abolição se tivesse dado logo após o fim do tráfico. Mas, nos anos 90, o mundo industrializado já se encontrava no plano inclinado que levaria à Primeira Guerra Mundial, e a busca da autarcia norteava a política dos Governos e do capital dos países industrializados.

O algodão   O caso do algodão não foi muito diferente. Produto de exportação desde os fins do século XVIII, o algodão brasileiro conheceu curto fastígio no mercado inglês na década 1821-30, quando ocupou o segundo lugar em nossa pauta de exportações, como se pode ver na Tabela 2. O valor de nossas vendas caiu nas décadas seguintes, embora o consumo da fibra pela indústria têxtil inglesa tivesse aumentado sem cessar, passando de 108.000 fardos em 1801 para 2.500.000 em 1850. É que o algodão americano, produzido como o brasileiro por mão-de-obra escrava, dominava cada vez mais o mercado internacional. Os Estados do Sul dos EUA, que produziram apenas 5.000 fardos de algodão em 1791, alcançavam 400.000 fardos já em 1820 e 912.500 fardos em 1829. Suas exportações para a Europa chegaram a 1.487.000 fardos em 1840 e a 3.536.373 fardos em 1860 (Zischka, 1936, pp. 58 e 59). Analisando o predomínio americano no mercado mundial do algodão antes da Guerra da Secessão, o mencionado autor afirma: "Os industrialistas em Lancashire, os centros têxteis, agora já importantes, da França, Alemanha, Rússia, tinham agentes em Charleston, Savannah e Nova Orleans. E foram esses agentes e não os bancos americanos que financiaram os algodoais." (Zischka, 1936, p. 59.) Vê-se bem quais eram as bases da hegemonia americana: a preferência do capital industrial europeu. Objetivamente, esta preferência talvez se justificasse pela menor distância dos Estados Unidos à Europa e pela maior disponibilidade de forças produtivas — terra e escravos —, já que no Sul dos Estados Unidos não havia como no Brasil um cultivo concorrente altamente lucrativo, como era o café.

Durante a Guerra da Secessão, porém, o Norte bloqueou o Sul e as exportações de algodão americano para a Europa cessaram. Produziu-se então terrível crise na indústria têxtil européia, sobretudo na Inglaterra, onde a "Fome de Algodão" ocasionou o fechamento das usinas e enorme desemprego. A oportunidade não deixou de ser aproveitada pelos demais competidores e o Brasil viu a renda anual de suas exportações de algodão subir da média de £ 630.000 em 1851/60 para £ 2. 740.000 na década seguinte. Em 1861/70, o algodão foi de novo o segundo produto de nossa pauta, voltando com 18,3% a alcançar quase a mesma participação que tivera em 1821/30 (Tabela 2).

Mas também este "ciclo" de nosso algodão foi curto: o valor anual médio de nossas exportações caiu a £ 1.900.000 na década de 1871/80 e a apenas £ 930.000 na seguinte. Durante todo o período republicano, nossas exportações de algodão se mantêm em nível insignificante (Tabela 2). Pode parecer, à primeira vista, que nosso fracasso se deve unicamente à volta do algodão americano ao mercado. Mas há outros fatores mais significativos. É que as potências européias trataram de se libertar o mais depressa possível da dependência do algodão americano, sobretudo após a vitória do Norte na Guerra Civil, a qual permitia prever que os Estados Unidos se tornariam rapidamente poderosa nação industrial, que poderia aproveitar seu monopólio da matéria-prima para dominar também os mercados do produto final industrializado. A Alemanha promoveu o plantio de algodoais, em suas colônias do Camerum e do Togo. A Inglaterra conquistou o Egito e o Sudão, tendo em vista desenvolver ali a cotonicultura. Em 1902 foi fundada a Cotton Growing Association, em Manchester, que iniciou em todo o mundo pesquisas de novas terras para o cultivo do algodão. "Na África Ocidental e Oriental, na Índia Ocidental e nas ilhas dos Mares do Sul, os técnicos da Cotton Growing Association encontraram terra para plantar algodão. Em Niassa e na Nigéria, em Benin e às margens do Zambeze, plantou-se algodão... E onde menos de um quarto de século atrás os agentes da Cotton Growing Association haviam estabelecido as primeiras plantações experimentais existiam agora campos de algodão a perder de vista..." (Zischka, 1936, p. 74.) De uma colheita mundial média de 20,9 milhões de balas entre 1909/10 e 1913/14, 13 milhões provinham dos Estados Unidos, 3,59 milhões da Índia e 1,45 milhão do Egito. Todos os demais países colhiam em conjunto menos de 3 milhões de balas, das quais 387.000 no Brasil.

Deste modo a Grã-Bretanha (e em menor grau a Alemanha e a França) conseguiram se livrar da dependência do algodão americano, promovendo seu plantio *dentro* do Império. Nosso algodão foi derrotado, portanto, não apenas pelo produto americano, mas também pelos esforços da Cotton Growing Association britânica, do Comitê Colonial Econômico alemão (fundado em 1896 com apoio de Bismarck) e da Association Cottonière Coloniale Française. Sem acesso ao mercado externo, nossa cotonicultura passou a ser estimulada pela expansão de nossa própria indústria de fiação e tecelagem, que se dá de modo firme a partir da Abolição até o fim da Primeira Guerra Mundial.

A borracha   O caso da borracha é dos mais notórios. Conhecida e utilizada pelos indígenas da Amazônia, a *Hevea* torna-se produto comercial de crescente importância após a descoberta da vulcanização da borracha, em 1840. Neste período praticamente toda a borracha era extraída na área amazônica, em território brasileiro ou de países limítrofes, sendo comercializada nos portos de Manaus e Belém. A *Tabela 2* mostra que a borracha ganha algum destaque em nossa pauta de exportações a partir de 1851/60, ocupando o 3º lugar nela em 1881/90 e o segundo a partir de 1891 até o fim da Primeira Guerra Mundial.

A demanda da borracha nos países industrializados crescia fortemente devido à utilização da mesma na fabricação de pneus de veículos: de bicicletas primeiro, de automóveis depois. Mas a oferta só podia crescer pela descoberta de novos seringais nativos em áreas cada vez menos acessíveis, o que elevava os custos de produção e sobretudo de transporte. Como resultado, os preços cresciam: de 1871 a 1910 o preço da borracha subiu de 181 libras-ouro para 389 libras-ouro por tonelada (Jobim, s/d, p. 52). É claro que a elevação do valor do produto estimulava a procura de formas alternativas de supri-lo à indústria, sendo a mais óbvia o plantio da seringueira. O que surpreende é que a medida decisiva – o contrabando de sementes para a Inglaterra e seu cultivo experimental em estufa – tenha sido adotada já em 1876, numa época em que a demanda da borracha ainda era modesta. As tentativas de estimular o plantio das mudas em colônias de clima adequado – no Ceilão e na Malásia – não foram coroadas de êxito imediatamente. O resultado da aventura de 1876 só se fez sentir 35 anos depois: em 1911 a borracha cultivada no Extremo Oriente é lançada no mercado, o preço cai, a borracha extraída na Amazônia perde mercado, o qual passa a ser dominado pela Grã-Bretanha e depois pela Holanda, que difunde o cultivo da seringueira em sua colônia indonésia. "De 1911 a 1920, o preço médio andou em 252 libras-ouro, caindo para 101 libras-ouro no decênio 1921/30. A partir de 1931, baixou ainda mais: 27 libras-ouro apenas por tonelada." (Jobim, s/d, p. 52.)

Que, para se atender às crescentes necessidades da indústria, era preciso superar o extrativismo e cultivar a *Hevea*, não cabe dúvida. Basta dizer que o Brasil, no auge de sua produção, entre 1901 e 1910, exportava em média não mais que 34.508 toneladas de borracha por ano. Em 1932, a Malásia produzia 423.800 toneladas, a Indonésia 212.300 toneladas e o Ceilão 50.500 toneladas. Uma demanda de cerca de 700.000 toneladas jamais poderia ter sido satisfeita pela mera exploração dos seringais selvagens. A pergunta que se coloca, no entanto, é a seguinte: por que não se tentou o plantio na Amazônia mesmo, no *habitat* natural da planta? A resposta óbvia é que ao Governo inglês – que encarregou seu agente Wickham de organizar uma plantação de seringueiras no planalto do Tapajós, perto de Santarém, exclusivamente para se apoderar das sementes – só interessava que o novo modo de se produzir a borracha fosse estabelecido dentro das fronteiras do Império britânico. As tentativas posteriores de se plantar *Hevea* no Brasil, por parte do capital americano, sobretudo o da Fordlândia, se explicam como contramanobras destinadas a romper o monopólio anglo-holandês no mercado da borracha. Elas foram tardias, no entanto, no sentido de preservar para o Brasil qualquer posição significativa no mercado mundial da borracha.

Vê-se, pois, que, devido ao caráter das disputas interimperialistas, o Brasil chega ao fim do período sob estudo com o seu Setor de Mercado Externo mais especializado do que nunca: 72,5% das receitas de exportação, entre 1924 e 1929, provêm de um único produto – o café (*Tabela 2*). E por mais que o Brasil dominasse o mercado do café e por mais que a procura pela rubiácea se expandisse era claro que as receitas em divisas assim obtidas não poderiam chegar para importar todos os bens manufaturados demandados pela crescente população do país. Neste sentido, a Tabela 1 oferece algumas indicações: o saldo de nossa balança comercial atinge o seu valor máximo na década 1901-1910, quando se dá o auge da borracha. A partir desta década, o saldo da balança comercial decresce ligeiramente, pois a partir de 1901/10 as importações crescem mais que as exportações; entre a 1.ª e a 3.ª década do século XX as importações aumentam 112%, ao passo que as exportações aumentam de apenas 69%. Na verdade, os saldos se mantêm em nível relativamente elevado durante as três primeiras décadas deste século, mas isso se explica por dois motivos: a) o Brasil, a partir de 1890 aproximadamente, inicia sua industrialização por substituição de importações, a qual se vê acelerada durante a Primeira Guerra Mundial pela incapacidade de nossos fornecedores habituais de nos abastecer normalmente; desta maneira o país deixou de depender do Setor de Mercado Externo como gerador exclusivo de recursos para a satisfação das suas necessidades de bens manufaturados; antes, pelo contrário, havia até certa sobra desses recursos que se refletiam nos saldos da Balança Comercial; b) o Brasil teve que recorrer de forma crescente a capitais do exterior, seja para financiar as manobras da "valorização" do café, seja para financiar déficits governamentais e obras de infra-estrutura: ferrovias, portos, serviços de bondes, de eletricidade etc.; para poder atender ao serviço da dívida externa, era indispensável que houvesse superávit na balança comercial. Isso significa que os saldos positivos na balança comercial eram produzidos por uma política tarifária, cambial e de sustentação de preços dos produtos de exportação que visava simultaneamente a proteger a indústria nacional e a assegurar divisas para o serviço da dívida externa. O que interessa salientar aqui, no entanto, é que durante este período a política de expansão imperial praticada pelas potências industriais restringia sobremaneira as oportunidades de inserção na divisão internacional do trabalho a países como o Brasil, constrangendo-os a procurar via substituição de importações uma outra forma de desenvolver suas forças produtivas. Vale a pena observar que essas oportunidades foram reduzidas ainda muito mais drasticamente após o *crash* de 1929.

3. O BRASIL E A HEGEMONIA BRITÂNICA NO MERCADO MUNDIAL DE CAPITAIS

O período que se abre a partir de 1870 na história do capitalismo se caracterizou, como se observou acima, pelo acirramento cada vez maior das disputas entre as potências imperialistas. Uma das principais armas nessas disputas eram as inversões de capitais dos países industrializados nos países não desenvolvidos. Duas finalidades perseguiam essas inversões:

taxas de lucro mais elevadas e o domínio dos mercados internos das Economias Coloniais. A primeira finalidade tornava-se viável na medida em que se tratava de empréstimos a Governos, dispostos a pagar elevadas taxas de juros e comissões aos intermediários, ou inversões em obras públicas como ferrovias, cujos riscos eram eliminados por "garantias de juros" oferecidas pelo poder concedente. A segunda finalidade era atingida mediante o estabelecimento de subsidiárias – ferrovias, companhias de navegação, de bondes, de eletricidade e gás etc. – que naturalmente prefeririam importar equipamentos, combustível etc. do país em que se situava a matriz.

Até o fim da Primeira Guerra Mundial a Grã-Bretanha era o país que mais exportava capital. A distribuição geográfica do seu comércio externo e de suas inversões no exterior permite ter uma idéia de como a constituição de um mercado internacional de capitais foi um dos fundamentos da divisão internacional do trabalho, instituída a partir da Revolução Industrial. Os dados essenciais se encontram na *Tabela 3*.

Em 1860/70, a Grã-Bretanha ainda é a maior e quase única potência industrial. O grande mercado para suas exportações de produtos manufaturados é o próprio continente europeu e depois o Império. Nas décadas seguintes, a crescente competição das novas potências industriais vai forçando a Grã-Bretanha a se apoiar cada vez mais no Império, cuja participação nas exportações britânicas vai se elevando paulatinamente de 32% em 1860/70 para 34% em 1881/90, para 36% em 1911/13, para 42% em 1927/29 e para 43% em 1933/35. A essa concentração crescente das exportações no Império corresponde uma perda, em termos relativos, de importância dos mercados dos países que se industrializaram e que passaram a proteger seus mercados da competição britânica. A Europa e os Estados Unidos absorviam 52% das exportações do Reino Unido em 1860/70, porcentagem que cai a 50% em 1881/90, a 45% em 1901/10, para atingir o seu ponto mais baixo em 1927/29 com 41%. As inversões no exterior apresentam uma evolução semelhante: boa proporção delas em 1860/70 estava na Europa e sobretudo nos Estados Unidos, onde a construção de ferrovias absorvia grande volume de capital inglês. Já em 1881/90, a proporção de investimentos no Império aumenta sensivelmente, em detrimento sobretudo da Europa, onde vários países passavam então à condição de exportadores de capital. Os Estados Unidos ainda absorvem mais de um quinto dos capitais britânicos no exterior, até 1911/13; durante a Primeira Guerra Mundial, no entanto, os britânicos se vêem obrigados a liquidar a maior parte de suas inversões nos Estados Unidos, que não abriga mais que um vigésimo dos capitais britânicos no exterior em 1927/29.

TABELA 3

DISTRIBUIÇÃO GEOGRÁFICA DO COMÉRCIO E
INVESTIMENTOS EXTERNOS DA GRÃ-BRETANHA
DA DÉCADA DE 1860 a 1930

Anos	1860-70		1881-90		1901-10		1911-13		1927-29		1933-35
Áreas	Exportações	Investimentos	Exportações	Investimentos	Exportações	Investimentos	Exportações	Investimentos	Exportações	Investimentos	Exportações
	%	%	%	%	%	%	%	%	%	%	%
Império	32	36	34	47	34	47	36	46	42	59	43
Europa	39	25	36	8	36	5	36	6	34	8	38
Amér. do Sul	12	10,5	11	20	10,5	21	12	22	11	22	9
Est. Unidos	13	27	14	22	9	21	9	19	7	5,5	6
Outros	4	3,5	5	3	10,5	6	7	7	6	5,5	4
Total	100	100	100	100	100	100	100	100	100	100	100

FONTE: Barrat-Brown (1963) Tabela V.

Capitais britânicos na América do Sul e no Brasil

Na medida em que se acirrava a concorrência entre os países industrialmente avançados, a América do Sul tornou-se um dos principais centros da batalha, o que se reflete no deslocamento de capitais britânicos para esta área: de 10,5% em 1860/70, a América do Sul passa a concentrar 20% a 22% dos capitais britânicos de 1881/90 até 1927/29. Este incremento notável das inversões britânicas na América Latina se deve em sua maior parte ao desenvolvimento de uma indústria de carnes na Argentina quase inteiramente voltada para o mercado britânico. Entre 1880 e 1890, as inversões da Grã-Bretanha na Argentina subiram de 20,3 para 157,0 milhões de libras, chegando a atingir 357,8 milhões em 1913. As inversões britânicas no Brasil cresceram mais lentamente entre 1880 e 1890, quando passam de 39,9 para 68,7 milhões de libras, mas sofrem acentuada expansão entre 1890 e 1913, quando atingem 223,9 milhões. Mais da metade desta soma (117,4 milhões) é representada por empréstimos ao Governo brasileiro, sendo o restante inversão privada, provavelmente a maior parte em construção ferroviária. Entre 1913 e 1928, as inversões britânicas no Brasil crescem apenas 28%, atingindo £ 285,7 milhões (UN, 1965).

Durante o Império, o nosso Governo foi grande cliente da City de Londres, ali representado pelo Banco dos Rothschild. Entre 1825 e 1889, o Brasil levantou 17 empréstimos, dos quais apenas dois se destinaram a investimentos (em estradas) e dois tiveram motivação política imediata: o reconhecimento da nossa independência e o financiamento da Guerra do Paraguai. Dos restantes, nada menos que 10 se destinaram à liquidação de dívidas anteriores. Politicamente, estes empréstimos constituíam a forma prática de a Grã-Bretanha apoiar o Governo e o regime aqui imperantes. Quando as relações entre o Brasil e a Grã-Bretanha entravam em crise, obviamente não havia empréstimos. Assim, as divergências sobre o tráfico negreiro devem ter impedido que os houvesse entre 1843 e 1852, o intervalo mais longo em que o endividamento externo do Segundo Império deixou de crescer. Economicamente, pode-se dizer que estes empréstimos constituíam aplicações bem rendosas, tanto para os intermediários, que geralmente recebiam polpudas comissões, como para os tomadores, que adquiriam os títulos bastante abaixo do par. Dos 17 empréstimos levantados, entre 1821 e 1889, oito foram colocados a menos de 90% do seu valor nominal. Assim, embora a taxa de juros nominal fosse geralmente de 4 a 5%, ela acabava sendo para os tomadores de 7 a 8% e, para os Governos brasileiros, onerados pelas comissões, ainda bem maiores. (Brito, 1945.)

Após 1890, os empréstimos públicos levantados no exterior mudam de caráter: eles se destinam em maior proporção a obras públicas, em geral construção de portos ou ferrovias, ou à sustentação das cotações externas de nosso principal produto de exportação, o café. Mesmo assim, não deixa de haver dificuldades no resgate das dívidas, o que leva a sua consolidação mediante *funding loans*, dos quais obtivemos (ou sofremos) dois no período sob estudo: um em 1898 e outro em 1914. A continuada dependência financeira do país do exterior permitia aos credores imporem condições draconianas quando a falta de recursos obrigava o Governo a suspender o serviço da dívida externa. O primeiro *Funding Loan* de 1898 foi garantido pela hipoteca das rendas da Alfândega do Rio de Janeiro e, acessoriamente, pela renda de todas as outras alfândegas, se a primeira não fosse suficiente. (Carone, 1970.) Além disso, à medida que se emitiam os títulos, retirava-se uma soma equivalente de papel-moeda ao câmbio de

18d/cruzeiro da circulação para constituir um fundo de garantia depositado em Londres. O Governo Federal ficava ainda proibido de contrair novas dívidas externas ou internas ou mesmo dar garantias de novos empréstimos até junho de 1901. (Villela, 1973.) O segundo *Funding* foi obtido em 1914 sob condições semelhantes.

Dependência financeira do Brasil O mecanismo da dependência financeira pode ser descrito nos seguintes termos: a vida urbana no Brasil, assim como as inversões em vias de transporte, dependiam, nessa época, quase por inteiro de importações. Para se ter uma idéia do grau de dependência comercial em que se encontrava o Brasil basta examinar a composição de nossas importações da Grã-Bretanha, nosso principal fornecedor, no período entre 1890 e 1904: quase a metade era constituída por artigos têxteis, vindo a seguir com cerca de 10% o ferro, com outro tanto o carvão de pedra e com proporção apenas um pouco menor a maquinaria. (Graham, 1973.) É fácil de ver que tais importações dificilmente poderiam ser comprimidas sem provocar uma verdadeira comoção social. Acontece que o Brasil para pagar essas importações dependia da receita de alguns poucos produtos de exportação – principalmente do café. Quando a receita externa diminuía, devido à queda do volume exportado ou dos preços, o Governo não tinha como continuar pagando os juros e amortizando as dívidas já contraídas. Não havia outro remédio então senão assumir novos compromissos, já que os gastos com as importações dificilmente podiam ser reduzidos. Resultava daí um crescente endividamento externo, apesar de os pagamentos do Brasil serem de fato maiores que os novos empréstimos obtidos. Assim, entre 1890 e 1927, o Brasil efetuou pagamentos no valor de £ 344,8 milhões e recebeu novos empréstimos no valor de £ 325 milhões. Como se vê, o Brasil assumiu novas dívidas principalmente para pagar os juros das anteriores. Apesar de termos pago mais que o valor dos novos empréstimos, o saldo de nossa dívida externa cresceu de £ 31,1 milhões no fim do Império para £ 267,2 milhões no fim da República Velha. (Villela, 1973, *Tabela D 1*.)

Durante a República Velha, a vida urbana se expandiu deveras e a rede de ferrovias ligando as zonas produtoras aos portos passou a desempenhar um papel essencial na economia. Com isso a dependência do exterior se agravou. Se durante 67 anos de Império contraímos 17 empréstimos, em 41 anos de República Velha contraímos nada menos que 27: entre 1893 e 1908, o Brasil tomou 10 empréstimos, todos em Londres, por intermédio dos Rothschild, dos quais quatro se destinavam a ferrovias e portos e um à sustentação do café (Convênio de Taubaté); de 1908 em diante se quebra o monopólio londrino dos Rothschild sobre a dívida externa brasileira: entre 1908 e 1916 são tomados mais 11 empréstimos, dos quais seis em Londres (cinco com os Rothschild) e cinco em Paris, os quais se destinam a ferrovias, portos e à navegação; a partir de 1921, os banqueiros americanos Dillon e Read passam a participar do nosso financiamento externo; entre 1921 e 1927 o Brasil fez mais seis empréstimos (três em Nova York, um em Londres, um em Paris e um em Londres e Nova York) dos quais três se destinavam a ferrovias e obras contra as secas e um à sustentação do café. Como se vê, há uma progressiva diversificação de nossa dependência, que reflete a desaparição do monopólio britânico no mercado financeiro mundial.

Mas, como se viu acima, o capital britânico não veio para cá apenas para financiar o Governo, mas também para realizar inversões privadas. Entre estas se destacavam as ferrovias. Os britânicos não apenas financiavam estradas construídas por iniciativa nacional (a E. F. D. Pedro II levantou 1,5 milhão de libras em Londres, em 1858, a São Paulo–Rio levantou £ 600.000 em 1874 e £ 164.200 em 1879 etc.), mas construíram muitas por sua conta, em geral contando com garantia de juros por parte do Governo brasileiro. Em 1880, havia 11 companhias ferroviárias inglesas no Brasil, número que subiu a 25 em 1890. Cabe lembrar que os britânicos construíram e exploraram durante longo período a São Paulo Railway famosa pela sua elevada lucratividade, que escoava o café do interior para Santos, administraram a E. F. Leopoldina e construíram grande número de ferrovias no Nordeste e em outras áreas do país. Como faziam nos demais países de economia colonial, os ingleses também dominaram por longo período o comércio exterior brasileiro. Eram britânicos os principais exportadores de café e os mais importantes importadores de produtos manufaturados, assim como eram britânicos os bancos que financiavam suas atividades. Os investimentos diretos da Grã-Bretanha no Brasil abrangiam ainda outras atividades: diversas tecelagens; o Moinho Inglês, fundado em 1886; a Companhia Clark de sapatos, que durante muitas décadas importou o produto, distribuindo-o também no varejo e que passou a fabricá-lo no Brasil a partir de 1898; a Cia. de Linhas para Coser, fundada em 1906, e a Alpargatas, fundada em 1907: em 1909, a segunda maior fazenda de café do Brasil, com quase cinco milhões de pés de café – era administrada por uma firma britânica, cujo capital era de £ 800.000. (Graham, 1973.)

É óbvio que com o desenvolvimento e economia colonial no Brasil, ao longo do século XIX, interessava ao capital inglês dominar o seu Setor de Mercado Externo, o único que participava diretamente da dinâmica do capitalismo mundial. Este domínio, porém, se fazia de forma *externa*. Apesar do exemplo isolado da fazenda britânica de café, já citado, a regra era que ao capital inglês não interessava a penetração na área de *produção* para o mercado externo. Este desinteresse patenteou-se quando se apelou ao capital britânico para modernizar a agroindústria do açúcar no Nordeste, tentativa que fracassou. Na verdade, houve investimentos nesse setor, mas as primeiras dificuldades rapidamente afugentaram o capital estrangeiro. O acervo acabou em mãos de capitalistas brasileiros, que tiveram êxito no estabelecimento das usinas. Do mesmo modo, o capital britânico dominou todas as condições externas – o transporte, o financiamento e a comercialização – do café, mas, com poucas exceções, não penetrou em sua produção. Há várias explicações que podem ser aventadas para essa ausência conspícua, mas uma delas parece ser particularmente significativa. É a que decorre da tardia abolição da escravatura no Brasil, particularmente na cafeicultura, onde ela se mantém até 1888. As relações de produção escravas certamente tornavam pouco atraente a inversão de capital inglês na cafeicultura até aquela data. Depois, a cafeicultura passa por crises sucessivas até pelo menos a primeira valorização, em 1906. Dadas as violentas oscilações de preços no mercado, habilmente aproveitadas pelo capital comercial e financeiro inglês, que se apropriava sob a forma de ganhos especulativos de grande parte do excedente produzido na fazenda, não devia ser tentador investir em fazendas recursos que prometiam proporcionar lucros bem maiores se investidos na intermediação. Mesmo as poucas fazendas adquiridas pelos britânicos parece que resultaram de dívidas que não puderam ser redimidas pelos antigos proprietários. (Graham, 1973, p. 85.)

Os britânicos não deixaram de investir *em suas próprias colônias* na produção de artigos primários, como mostram os casos das plantações de algodão e de seringueiras, acima mencionados. Após 1870, a competição interimperialista vai impondo ao capital inglês uma certa preferência ao Império, como área de inversões, pelo menos quando se trata de cultivos tropicais que podem ser praticados nas colônias. Dessa maneira, ele se restringe nas *economias coloniais politicamente independentes* a dominar *de fora* o Setor de Mercado Externo, tratando de se apropriar da parte do leão do excedente de produção, sem correr todos os seus riscos. É claro que essa foi a estratégia do capital britânico no Brasil, no período sob estudo, mas nem sempre seus objetivos foram alcançados. As estradas de ferro britânicas no Nordeste, por exemplo, foram desde o início um grande fracasso como inversão de capital.

Objetivos do capital inglês no Brasil   É interessante observar que, enquanto o capital inglês evitou a cafeicultura e a agricultura para a exportação de um modo geral, ele não deixou de participar do processo de industrialização por substituição de importações, que adquire ímpeto após 1888. Este fato vem aparentemente desmentir a idéia de que o objetivo básico do imperialismo britânico no Brasil, como nas demais economias coloniais, era o de impedir sua industrialização para manter o país dependente das importações de produtos manufaturados. Na verdade, o *grande* capital britânico efetivamente tudo fez para manter aberto o acesso ao mercado interno brasileiro, através de uma política livre-cambista, que ele conseguiu que fosse posta em prática durante uma boa parte do século passado. Mas a lógica do livre-cambismo pressupunha que o Brasil se defrontaria no mercado mundial com uma procura infinitamente elástica para os produtos em que se especializasse. Havia nisso uma contradição, na medida em que a política inglesa em âmbito mundial acabava por excluir o Brasil da maioria dos mercados de matérias-primas – açúcar, algodão, borracha – exceto do de café. No fim do século XIX a excessiva concentração no café como gerador de divisas estrangeiras e, portanto, como fonte quase única da capacidade de importar chegou a constituir um claro ponto de estrangulamento para a expansão das forças produtivas no Brasil. Este estrangulamento era agravado pelos pesados compromissos financeiros assumidos precisamente em relação ao capital britânico e que levaram o Governo brasileiro a solicitar o primeiro *Funding Loan* em 1898 e o segundo em 1914. Por menos industrialista que fosse a classe dominante brasileira – ela o foi pouquíssimo antes de 1930 – a substituição de importações era a saída que se impunha como única alternativa à estagnação econômica.

Dada a inevitabilidade da industrialização brasileira, só cabia ao capital britânico no país uma alternativa: ou manter-se à margem do processo, assistindo à conquista de seus mercados pelos novos empreendedores, ou dele participar, transformando-se, quando era o caso, de importador em industrial. Não é de espantar que alguns empresários ingleses, em geral representantes de empresas familiares (como, por exemplo, a Clark Shoe Company, que era administrada no Brasil pessoalmente por membros da família proprietária), tenham optado pela segunda opção. De qualquer maneira, esta não foi a escolha da maioria dos capitais britânicos aqui atuantes, sobretudo dos maiores, pois, caso contrário, a indústria que se vinha formando no Brasil antes da Primeira Grande Guerra teria sido predominantemente inglesa, como era o comércio importador. Na realidade, considerando-se que o importador tinha o melhor acesso ao mercado interno, era, por isso, o candidato natural a operar a substituição de importações, a participação britânica na industrialização acabou sendo surpreendentemente reduzida. Os ingleses tomaram parte nela, entre 1889 e 1930, principalmente como fornecedores de equipamentos, porém muito pouco como empresários.

E foi esta a razão principal por que a duradoura e marcante presença do capital inglês no Brasil desapareceu com tanta rapidez e quase sem deixar vestígios, no período de entreguerras. Este desaparecimento pode ser facilmente documentado com os dados de nossas relações comerciais com os principais países capitalistas do período sob estudo. Esses dados constam da *Tabela 4* e se referem aos poucos anos, sobretudo do século passado, para os quais se dispõe de informações. Fica claro que a Grã-Bretanha domina nosso comércio exterior, pelo menos até 1874, fornecendo ao Brasil mais da metade de suas importações e absorvendo de três a quatro décimos de suas exportações. Este quadro muda algo no começo deste século, quando a participação britânica nas exportações brasileiras cai a menos de dois décimos e nas importações a menos de três décimos. A queda da participação nas exportações se explica pela crescente especialização brasileira no café, que não era produto de consumo popular na Grã-Bretanha (o chá já era, como continua sendo, a bebida preferida), mas sim nos Estados Unidos e na Europa Continental. Daí a crescente participação nas exportações brasileiras dos Estados Unidos, que em 1902/4 já assumem o primeiro lugar que mantêm até hoje, e da Alemanha que ocupa o segundo lugar desde então, com exceção dos períodos de guerra e pós-guerra (como em 1920, quando o segundo lugar foi ocupado pela França). Mesmo absorvendo pequena parcela das exportações brasileiras, a Grã-Bretanha continuava desempenhando seu papel estratégico em nosso comércio exterior. Basta lembrar que neste período as principais firmas de exportação de café brasileiro para os Estados Unidos eram inglesas, assim como eram ingleses os bancos que financiavam o tráfico, as estradas de ferro e as companhias de navegação que o transportavam.

TABELA 4

PRINCIPAIS PARCEIROS DO BRASIL NO COMÉRCIO INTERNACIONAL, 1853-1928

	Participação (em %) no Comércio Exterior do Brasil							
	[Grã-Bretanha]		[Alemanha]		[Estados Unidos]		[França]	
Datas	Exp.	Imp.	Exp.	Imp.	Exp.	Imp.	Exp.	Imp.
1853/4 a 1857/8	32,9	54,8	6,0	5,9	28,1	7,0	7,8	12,7
1870/1 a 1872/4	39,4	53,4	5,9	6,5	28,8	5,4	7,5	12,2
1902 a 1904	18,0	28,1	15,0	12,2	43,0	11,5	7,8	8,8
1908 a 1912	17,0	27,5	14,3	16,2	38,2	13,5	8,6	9,4
1920	8,2	21,4	5,8	4,6	42,0	40,6	12,0	5,4
1928	3,4	21,0	11,0	12,3	44,6	26,2	9,0	6,2

FONTES: H. Schlittler Silva, "Tendências e Características Gerais do Comércio Exterior no Século XIX", *Revista de História da Economia Brasileira*, São Paulo, Ano I, n.° 1, junho 1953. V, Valla, "Os Estados Unidos e a Influência Estrangeira na Economia Brasileira: um Período de Transição (1904-1928) (IV) Conclusão" in *Revista de História*, São Paulo, vol. XLV, ano XXIII, n.° 91, julho-setembro de 1972.

A redução da parcela de produtos ingleses na pauta de importação brasileira pode ser atribuída, em parte, ao desaparecimento da hegemonia britânica no capitalismo industrial. Pela *Tabela 4* é fácil de ver que o lugar da Grã-Bretanha foi em parte ocupado pelos seus principais rivais, os Estados Unidos e a Alemanha, que em conjunto forneciam apenas 12 a 13% das importações ao Brasil no século passado, porcentagem que sobe para cerca de 24% em 1902/04 e para quase 30% em 1908/12, alcançando 45% em 1920 e quase 39% em 1928. Como fornecedor de produtos, a maior parte manufaturados, os Estados Unidos superam a Grã-Bretanha a partir do período entreguerras, que marca o declínio definitivo da influência britânica no Brasil. É claro que a conquista de boa parte do mercado brasileiro por produtos americanos e alemães em detrimento dos ingleses decorre da crescente superioridade industrial dos primeiros em relação aos últimos, no plano mundial. Mas este fato não esgota a questão. O refluxo inglês se dá também porque o capital daquele país não soube acompanhar a nova etapa que se abria na história econômica do Brasil com a industrialização de importações. O capital britânico procurou se aproveitar da industrialização brasileira para vender equipamentos, mas aparentemente não confiou em sua continuidade para nela arriscar inversões próprias, a não ser as poucas já mencionadas. Desta maneira, o capital britânico deixou passar uma oportunidade que os americanos e alemães aproveitaram. Lima (1970) arrola nada menos que 32 empresas americanas que, entre 1912 e 1929, "abriram filiais no Brasil, em sua maioria companhias industriais, visando à penetração em nosso mercado". Efetivamente, havia pelo menos 19 indústrias entre elas, embora várias, como as siderúrgicas e as indústrias de máquinas, tenham vindo apenas para melhor exportar ao Brasil seus produtos. Não obstante também se instalaram fábricas aqui – de pneus, frigorífico, de montagem de autoveículos – que puderam se expandir aproveitando-se das condições favoráveis criadas pelo processo de industrialização no Brasil.

Tendo em vista as empresas estrangeiras que vingaram, fez-se um levantamento das indústrias que possuíam capital superior a Cr$ 20 milhões em 1972/3, tendo sido fundadas antes de 1930. Foram encontradas 22, das quais nove americanas, quatro alemãs, três inglesas, três suecas e 3 de outras nações européias. Estas cifras confirmam que o capital britânico foi suplantado pelo americano e alemão no Brasil em boa medida por não ter logrado penetrar na crescente economia industrial do Brasil. Dados referentes à evolução do número de empresas inglesas e de outras nações no Brasil também reforçam esta hipótese. Das companhias estrangeiras autorizadas a operar no Brasil, eram britânicas 76% em 1861/75, 59% em 1876/1890, 44% em 1891/1905 e apenas 31% em 1906/1920. Neste último período, as companhias americanas já representavam 25%, as francesas 11% e as alemãs 7% do total. (Graham, 1973, p. 317.)

Em outros setores de atividades, que não o industrial, o desaparecimento do capital britânico decorreu de sua incapacidade de acompanhar a evolução tecnológica. É o que se pode verificar no caso do transporte. Referindo-se ao período de após a Primeira Guerra Mundial, escreve Lima (1970): "Iniciava-se aí então a era rodoviária, que iria posteriormente desenvolver-se em detrimento das ferrovias e da navegação, apesar de não possuirmos petróleo, nem fabricação de automóveis. Tudo era importado: as máquinas e equipamento para a abertura de estradas, os veículos e suas peças, o combustível e lubrificantes. Inaugurava-se assim a influência norte-americana em nossa economia." Assim, enquanto as grandes companhias automobilísticas americanas, como a General Motors e a Ford, se instalavam no Brasil, "abrindo" um mercado que iria se expandir rapidamente, o capital inglês continuaria investido nas ferrovias, que com o tempo se tornariam deficitárias e acabariam sendo encampadas pelo Governo, a maior parte na década dos 40.

4. O BRASIL E O INÍCIO DA ASCENDÊNCIA AMERICANA NO MERCADO MUNDIAL DE CAPITAIS

Como foi visto no primeiro capítulo deste estudo, o período entre 1870 e 1918 se caracterizou pela disputa da hegemonia na economia capitalista mundial entre a Grã-Bretanha, que a detinha até então, e os países que iam se industrializando, principalmente os Estados Unidos e a Alemanha. Esta disputa terminou ainda antes do fim do período em questão com a vitória dos Estados Unidos, mas os seus efeitos só foram sentidos no período seguinte, após o fim da Primeira Guerra Mundial. Em 1870, o Reino Unido detinha 31,8% da produção industrial de todo o mundo, sendo seguido com 23,3% pelos Estados Unidos, com 13,2% pela Alemanha e com 10,3% pela França. No período 1896/1900, o primeiro lugar já era ocupado pelos Estados Unidos com 30,1%, estando o Reino Unido em segundo com 19,5%, a Alemanha em terceiro com 16,6% e a França em quarto com 7,1%. A queda relativa da Grã-Bretanha se acentua mais com o passar do tempo. Ainda antes da Primeira Guerra Mundial, em 1913, ela cai para o terceiro lugar com 14%, superada tanto pelos Estados Unidos, com 35,8%, como pela Alemanha, com 15,7%. (Ellsworth, 1950, p. 414.)

Ao contrário da Grã-Bretanha, a industrialização dos Estados Unidos se deu, em grande medida, em função do mercado interno. O comércio externo representava, em 1900/09, 26,6% da renda nacional britânica, mas apenas 5,6% da americana. Daí se explica que a preeminência britânica se manteve no plano econômico mundial, mesmo quando a ascendência industrial americana já estava claramente firmada. Em 1899, p. ex., a Grã-Bretanha ainda respondia por 32,5% das exportações mundiais de produtos industriais, contra 22,2% da Alemanha e apenas 11,2% dos Estados Unidos. Aliás, no campo do comércio internacional a Grã-Bretanha continuou ocupando uma posição de destaque muito tempo depois que sua hegemonia econômica já tinha sido destruída. Em 1937, a Grã-Bretanha e a Alemanha lideravam em conjunto a exportação de manufaturas, com 22,4% do total mundial, contra 19,6% dos Estados Unidos. (Kindleberger, 1962, p. 54 e 180.) Somente após a Segunda

Guerra Mundial é que se firmou de modo indiscutível a ascendência dos Estados Unidos na economia capitalista mundial. Embora durante a República Velha a Grã-Bretanha ainda pudesse ter mantido seu papel hegemônico nas relações do Brasil com o resto do mundo, não há dúvida de que em 1889 se inicia um período de ascensão contínua da influência americana no país, que chegará a ameaçar a supremacia britânica durante o período de entreguerras.

Durante o período sob estudo (1889-1930), o caráter do imperialismo americano na América Latina diferiu muito do britânico por duas razões básicas: uma, que certos campos como o da construção ferroviária e o do financiamento público já estavam dominados pelo capital inglês (pelo menos até 1914) e não podiam ser penetrados facilmente pelos imperialismos advindos posteriormente; a outra, que a estratégia do capital americano na América Latina era menos a de explorar "de fora" as linhas de produção, destinadas ao mercado internacional, já preexistentes do que a de desenvolver novas linhas, que ele pudesse dominar desde o início. Isso pode ser facilmente comprovado pelas cifras do capital estrangeiro aplicado na América Latina em 1914. Naquele ano, a dívida pública externa de todos os países da área montava a 2.185 milhões de dólares, dos quais l.481 milhões (68%) eram de credores ingleses e apenas 93 milhões (4%) de americanos. Os investimentos diretos estrangeiros na América Latina, em 1914, alcançavam 7.569 milhões, dos quais 30,9% em ferrovias, 12% em serviços públicos, 7,1% em mineração e 3,4% na agricultura. Dos investimentos ferroviários estrangeiros, nada menos que 71% eram britânicos contra apenas 13% americanos e 6,5% franceses. O predomínio inglês também se verificava nos investimentos em serviços públicos, dos quais 60% provinham da Grã-Bretanha, 14% dos Estados Unidos e 8% da Alemanha. Já dos investimentos agrícolas, a quase totalidade (94%) era americana, o mesmo podendo ser dito do capital estrangeiro investido em mineração, do qual 78% provinham dos Estados Unidos (UN, 1965).

A estratégia do capital americano, na América Latina, assemelhava-se à do capital britânico, francês e de outras procedências, em suas possessões coloniais africanas e asiáticas: a de desenvolver plantações e atividades de mineração, tendo em vista o mercado mundial. Como já visto, não interessava ao capital britânico (assim como o de outras potências metropolitanas) desenvolver a produção de bens primários em outras áreas, que não as do seu império, o que o levou a tentar o cultivo da seringueira no Extremo Oriente, por exemplo, e não no Vale Amazônico, *habitat* natural da planta. Acontece, porém, que esta alternativa não estava aberta ao capital americano, que não dispunha de possessões coloniais, pelo menos até a Guerra Hispano-Americana, e mesmo as que adquiriu então eram muito reduzidas em confronto com suas necessidades de expansão. Daí sua estratégia de investir nos setores de mercado externo de economias coloniais politicamente independentes. As principais áreas de inversão americana, até a Primeira Guerra Mundial, eram Cuba, onde foram aplicados 252,6 milhões de dólares principalmente na agroindústria açucareira, México com 587,1 milhões (mineração sobretudo) e 170,8 milhões no Chile (também a maior parte em mineração). Nestes três países estavam aplicados 1 bilhão de um total de 1.275,8 bilhão de dólares de investimentos diretos americanos na América Latina, em 1914 (UN, 1965). Entre 1914 e 1929, o volume de inversões diretas americanas na América Latina quase triplicou, alcançando no fim do período 3.645,8 bilhões de dólares, dos quais 887 milhões (24,4%) em Cuba, 709,2 milhões (19,4%) no México e 448,4 milhões (12,3%) no Chile. Como áreas novas de inversão surgiram, neste período, a Venezuela, que recebeu inversões no valor de 245,3 milhões (6,7% do total), a maior parte aplicada na extração de petróleo e os demais países da América Central, fora o México, que receberam em conjunto inversões no valor de 250,9 milhões (6,9% do total), aplicadas principalmente em plantações de bananas. Dentro deste quadro de fulminante expansão do imperialismo americano por toda a América Latina, o Brasil ocupa um lugar de incomparável modéstia: até 1924, as inversões diretas americanas não alcançam 5 milhões de dólares e apenas em 1929 elas chegam a 108,4 milhões, cifra apesar de tudo bem pequena, considerando-se o tamanho do país e sua importância relativa na área. (ONU, 1965.)

Esses valores contrastam com o número avultado de companhias americanas que se instalam no Brasil, sobretudo após 1905. Duas hipóteses podem explicar a discrepância: ou as inversões diretas dos Estados Unidos no Brasil se encontram incluídas em sua maior parte no total "não distribuído por país" (47 milhões de dólares em 1914, 356,7 milhões em 1929), ou o capital invertido pelas 138 empresas americanas que se instalaram no Brasil entre 1905 e 1920 era muito reduzido.* Seja como for, o

---

* Uma indicação de que esta última hipótese é pouco verossímil é que em 1907 se teriam instalado sete empresas americanas no Brasil com capital de £ 16.695.545. (Cf. citação de Luz, 1961, por Bandeira, 1973, p. 185.)

capital americano não penetra no Brasil muito cedo. Apesar das condições favoráveis que lhe foram criadas após a Proclamação da República, o capital dos Estados Unidos só passa a ocupar um lugar de destaque na economia brasileira, *enquanto volume de inversão*, a partir de 1950, quando o Brasil passa a ocupar o segundo lugar, junto com Cuba, como recipiente de inversões diretas americanas na América Latina. Mas isso não quer dizer que o imperialismo americano não se tenha feito sentir antes no Brasil. Embora dispondo de limitados fundos próprios, o capital americano soube conquistar ampla influência no Brasil muito antes, usando-a inclusive como meio de assegurar-se a representação de capitais europeus aqui. É o que se verá mais adiante.

Relações entre o Brasil e os EUA   As relações entre o Brasil e os Estados Unidos, depois que ambos se tornaram politicamente independentes, estavam longe de ser estreitas e harmoniosas, sobretudo no período em que o Brasil foi um império escravocrata. Durante a Guerra da Secessão nossas simpatias estavam com o Sul, o que era compreensível, já que as instituições defendidas pelas tropas confederadas estavam em pleno vigor aqui. É claro que a vitória da União, no conflito, não serviu para reforçar os laços entre os dois países. Em compensação, na Guerra do Paraguai, os Estados Unidos apoiaram Solano López, o que tornou as relações com o Brasil ainda mais tensas. (Ver Bandeira, 1973, Capítulos XVI e XVII.)

Com a Abolição em 1888 e a Proclamação da República em 1889, as diferenças entre os dois países pareciam em vias de desaparecer. Para o grupo de republicanos que assumiu o poder, os Estados Unidos constituíam o modelo natural. O nome oficial do país passou a ser Estados Unidos do Brasil e a nova Constituição brasileira seguiu de perto a norte-americana. Por pouco a nova bandeira não se tornou "estrelada, com listas auriverdes, proposta por Lopes Trovão. A diferença consistia nas cores". (Bandeira, 1973, Capítulo XXI.)

A aproximação política entre o Brasil republicano e os Estados Unidos tinha como base, além da comunhão de ideais republicanos, a hostilidade em relação aos velhos centros imperialistas europeus, particularmente à Grã-Bretanha. Esta hostilidade tinha, em ambos os países, origens semelhantes, mas objetivos diferentes. Ambos, como ex-colônias européias, desejavam ver reduzida a influência do imperialismo europeu no continente americano. O Brasil pretendia desta maneira ganhar um controle maior sobre sua própria economia, sobretudo quando este controle estava nas mãos de uma potência como a Grã-Bretanha, que tinha dado todo apoio à Monarquia. Já os Estados Unidos conquistaram sua autonomia de fato com a Guerra da Secessão (o Sul, cujo algodão era exportado à Europa, tinha interesses complementares ao do imperialismo europeu) e almejavam, no final do século passado, competir com as demais potências imperialistas por zonas de influência. É claro que nestas circunstâncias a Proclamação da República no Brasil e o estremecimento nas relações entre o novo regime e a antiga potência dominante, a Grã-Bretanha, só podiam ser interpretados, nos Estados Unidos, como sinal de que o Brasil acabara de cair na sua zona de influência. (Convém recordar, a título de analogia, que a tentativa das potências européias de imporem Maximiliano como Imperador ao México também aproximou este país dos Estados Unidos, abrindo-o à influência americana.)

Embora no plano político, as relações entre o Império brasileiro e a República norte-americana tivessem sido mais do que "difíceis", no plano econômico os Estados Unidos tinham-se transformado no maior cliente do Brasil, como se pode observar na *Tabela 4*: já em 1853/4 a 1857/8 os Estados Unidos absorviam 28% de nossas exportações. O principal produto brasileiro vendido aos Estados Unidos era o café, cujo consumo ganhou grande difusão naquele país. Desta forma criou-se certa interdependência econômica que parece ter evitado que as relações entre os dois países degenerassem ainda mais. Mas nos Estados Unidos havia profunda insatisfação pelo fato de haver pouca reciprocidade no intercâmbio. Como se pode ver na *Tabela 4*, as importações brasileiras dos Estados Unidos até 1870/1 a 1872/4 eram pouco mais que insignificantes, constituindo menos de um décimo do total importado. A balança comercial entre os dois países era amplamente favorável ao Brasil, o que se explicava simplesmente pelo fato de que havia poucos competidores do nosso café no mercado americano ao mesmo tempo em que os produtos americanos não conseguiam competir com os britânicos no nosso.

Para corrigir esta situação e aproximar mais os dois países no plano econômico, celebrou-se em 1891 um tratado entre o Brasil e os Estados Unidos, pelo qual se acertavam concessões tarifárias recíprocas: o Brasil favorecia a entrada de maquinaria e de farinha de trigo americanas e os Estados Unidos davam tratamento idêntico ao nosso café. (Graham, 1973, pp. 317/8.) O propósito do Governo brasileiro era, porém, o de facilitar a venda do nosso açúcar no mercado americano, o qual não foi conseguido, pois no mesmo ano os Estados Unidos assinaram um tratado comercial com a Espanha, favorecendo o produto de suas (então) colônias. O tratado com os Estados Unidos suscitou fortes polêmicas no

Brasil, mas teve pequena influência sobre as trocas comerciais e acabou sendo revogado, unilateralmente e sem aviso prévio, pelos Estados Unidos, em 1894, ao imporem tarifas de 40% sobre o açúcar brasileiro. Apesar do fracasso desta primeira tentativa de incrementar o intercâmbio comercial entre os dois países, os Estados Unidos conseguiram de forma aparentemente unilateral novas concessões tarifárias do Brasil. Em 1904, Rodrigues Alves reduziu em 20% as tarifas para a importação de leite condensado, borracha manufaturada, farinha de trigo, relógios, frutas, tintas e vernizes dos Estados Unidos. Em 1905, estas concessões foram abolidas pelo nosso Congresso, porém no ano seguinte o Presidente as restabeleceu. Em 1910, as mesmas concessões tarifárias foram mais uma vez renovadas e ampliadas para outros produtos, tais como cimento, espartilhos, frutas secas etc. (Bandeira, 1973, Capítulo XXVIII.)

Estas concessões não parecem ter aberto de forma decisiva o nosso mercado aos produtos americanos. Como se vê na *Tabela 4*, nossas importações dos Estados Unidos não passam de 11,5% do total importado em 1902/04, alcançando um pouco mais apenas – 13,5% – em 1908/12: elas se mantêm em nível nitidamente inferior às da Grã-Bretanha, o que se pode atribuir, em boa medida, ao fato de o comércio importador brasileiro ser dominado pelos ingleses. A idéia de que o comércio internacional é regido por livre concorrência, prevalecendo sempre as ofertas de melhor preço e qualidade, não passa de ficção. Predominam no comércio entre as nações os que dominam os canais de intercâmbio por estarem estabelecidos há mais tempo, por poderem conceder mais crédito, por disporem de melhores serviços de entrega e assistência técnica etc. Obviamente a redução de um quinto das tarifas em alguns produtos não bastou para que os americanos pudessem superar, antes da Primeira Guerra Mundial, a preeminência inglesa no mercado brasileiro. Só de 1920 em diante, como o mostram os dados da *Tabela 4*, passam os Estados Unidos a dominar o nosso comércio externo, tornando-se nossos principais fornecedores, além de continuar sendo nossos principais clientes.

Porém, apesar de persistir o predomínio britânico em nosso comércio externo, a aproximação política entre o Brasil e os Estados Unidos continuou quase sem solução de continuidade a partir da Proclamação da República. Em 1893, quando da Revolta da Esquadra, os Estados Unidos prestaram apoio decisivo ao Governo republicano de Floriano Peixoto, ao passo que os britânicos eram tidos como simpatizantes dos revoltosos. (Bandeira, 1973, cap. XXI; Graham, 1973, pp. 318/323.) Na questão do

Acre, em que os interesses dos americanos, como importadores de borracha, coincidiam com os bolivianos, os Estados Unidos acabaram não intervindo no litígio, o que permitiu ao Brasil arrebatar à Bolívia o território em litígio. É significativo que o Brasil tenha, no fim da questão, indenizado não apenas a Bolívia, mas também (com £ 110.000) o Bolivian Syndicate, "uma espécie de companhia colonial que tinha, inclusive, o direito de manter polícia e de equipar uma força armada ou barcos de guerra para a defesa dos rios ou conservação da ordem interna. A sua direção pertencia a W. E. Roosevelt, primo de Theodore Roosevelt, Vice-Presidente, e, logo depois, Presidente dos Estados Unidos". (Bandeira, 1973, p. 157.) O Governo boliviano pretendia entregar ao Bolivian Syndicate a administração do Acre, o que provocou a intervenção armada brasileira e a anexação do território (o qual era predominantemente povoado por brasileiros, os quais estavam em rebelião contra o Governo boliviano). O fato de os Estados Unidos não terem frustrado a ação brasileira certamente alentou a política pró-americana que Rio Branco e Nabuco estavam então pondo em prática. Esta política objetivava aproximar o Brasil dos Estados Unidos não apenas para contrabalançar a influência inglesa, mas também para firmar uma posição hegemônica do Brasil na América do Sul. Assim, o Brasil não apoiou a Colômbia quando os Estados Unidos promoveram a separação do Panamá do mesmo modo como os Estados Unidos não impediram o Brasil de se apoderar do Acre.

Não cabe, nos limites deste trabalho, aprofundar os aspectos políticos da questão, mas verificar suas conseqüências no plano econômico. E estas se fizeram sentir sobretudo no favorecimento ao capital americano, não só na questão tarifária mas também na disputa por concessões. Estas constituíam a forma mais importante de penetração dos capitais dos países industrializados nas economias coloniais, onde a expansão das atividades de mercado exigia a ampliação correspondente da rede de transporte (ferrovias, portos, linhas de navegação) e dos serviços públicos: telefonia, telegrafia, iluminação pública, transporte público urbano (feito principalmente por bondes) etc. Tais atividades, assim como a colonização de terras devolutas, que acompanhavam, em geral, a construção de ferrovias, eram executadas por companhias quase sempre de capital estrangeiro, que obtinham "concessões" do Governo, as quais asseguravam à concessionária exclusividade (isto é, monopólio) na execução do serviço e, muitas vezes, garantia de uma remuneração mínima do capital empregado.

Conforme as condições, tais concessões podiam ser altamente lucrativas, o que levava os empresários a disputá-las arduamente junto às autoridades concedentes, mediante múltiplas formas de adulação e pressão, das quais o suborno de modo algum estava excluído. O ganhador da concessão fundava, em geral, uma companhia para executar o serviço ou construir a estrada, porto etc. objeto da concessão. Para mobilizar recursos de capital, a nova companhia contava inicialmente com alguns meios dos próprios fundadores, mas levantava a maioria deles mediante lançamento de ações ou títulos de dívida (debêntures) nas Bolsas de Londres ou Paris. Para conseguir que suas emissões de títulos encontrassem tomadores a um valor próximo ao par, era preciso que a companhia (ou seus fundadores) fosse conhecida e prestigiada e contasse com o *underwriting* de grandes bancos, os quais subscreviam os títulos (adiantando o dinheiro à companhia) e depois os revendiam ao público, ganhando na operação generosas comissões.

Dentre os numerosos "caçadores de concessões" que atuaram no Brasil, no período em estudo, um deles se destaca pela amplitude de suas operações, que pareceram, em determinado momento, colocar em perigo a própria segurança nacional. Sua extraordinária carreira reflete superlativamente as condições em que os grandes empresários do capital estrangeiro agiam em países como o nosso. Trata-se de Percival Farquhar, cujas atividades no Brasil, trataremos de apresentar resumidamente, principalmente no período 1904-1914, com material da semi-autobiografia elaborada por C. A. Gauld (1964).

As atividades de Percival Farquhar — Percival Farquhar nasceu em 1864, em York (Pennsylvania) numa família *quaker*. Seu pai, Arthur Farquhar, foi um industrial de sucesso, que escreveu uma autobiografia com o sugestivo título de *Primeiro Milhão* (First Million). Percival, depois de concluir o curso preparatório, trabalhou dois anos na indústria de máquinas agrícolas do pai, antes de prosseguir os estudos em Yale, onde cursou engenharia. Yale era uma universidade de elite, onde os contatos sociais que se estabeleciam poderiam ser até mais valiosos ao futuro homem de negócios do que os conhecimentos adquiridos. Farquhar partilhou o alojamento em Yale com Edwin M. Herr, que depois se tornaria presidente da Westinghouse, e William W. Nichols, que seria vice-presidente da Allis-Chalmers. Depois de formado, Farquhar voltou a York, onde passou mais um ano trabalhando com o pai. Este o fez então sócio da firma em Nova York que exportava as máquinas agrícolas para a América Latina. Desta maneira, o jovem Farquhar aproximou-se do continente onde iria se desenrolar sua carreira. Mas antes consolidou sua base político-financeira nos Estados Unidos: "Ele rapidamente se tornou bem conhecido em Wall Street e nos círculos dos clubes, principalmente através de ricos amigos de Yale como os Thornes." (Gould, 1964, p. 5.) Depois de presidir uma empresa de mineração de carvão, Farquhar meteu-se na política e durante alguns anos (1890-92) foi Deputado estadual em Nova York, graças ao apoio da máquina eleitoral democrática do Tammany Hall. Após 1893, Farquhar foi infeliz em especular na alta em Wall Street (Farquhar sempre mostrou ser um *bull* e seu otimismo excessivo mais de uma vez lhe custou caro), mas conheceu figuras de prestígio nas altas rodas financeiras. Graças a um destes contatos sociais, o do jornalista George Harvey, com o qual jogava pôquer, Farquhar tornou-se Vice-Presidente da Atlantic Coast Electric Railway Co. e da Staten Island Electric Railway Co., o que o aproximou de um dos serviços públicos mais lucrativos da época: o dos bondes elétricos.

Em 1898, com o fim da Guerra Hispano-Americana e ocupação de Cuba por tropas americanas, um enxame de *promoters* se dirigiu à ilha, ansiosos por abocanhar concessões. Farquhar foi um dos primeiros a chegar. Ele estava atrás da concessão dos serviços de bondes de Havana, que pretendia eletrificar, em sociedade com Harvey e Fred S. Pearson, que era engenheiro da Manhattan Street Railway Co. Após numerosas peripécias e em aliança com políticos cubanos, Farquhar conseguiu as concessões não só do serviço de bondes, mas também do abastecimento de energia elétrica. Uma vez obtidas as concessões, Farquhar e seus associados levantaram o capital necessário no Canadá (onde Pearson tinha contatos) e em Paris, cuja Banque Internationale apoiava Castañeda, o sócio cubano da empresa. Farquhar tornou-se um dos diretores da Compañia de Electricidad de Cuba e obteve ações da companhia de bondes como pagamento pelos seus serviços.

Em 1899, "Farquhar se empenhou na construção de uma ferrovia que ligasse Santa Clara a Havana, destinada a abrir o leste da ilha ao desenvolvimento. The Cuba Co. foi incorporada em Nova Jersey, em 1900, e Farquhar conseguiu colocar na sua presidência Van Horne, famoso construtor da Canadian Pacific Railway. Farquhar tornou-se seu assistente e participou como *trouble shooter* (quebra-galho) da construção da estrada, que foi financiada por 20 milionários de Wall Street e terminada em 1902. No ano seguinte, Farquhar se associou a Minor C. Keith, da United Fruit Co., e a Van Home para completar a construção da ferrovia que ligaria

Puerto Barrios na costa do Caribe à capital da Guatemala, de modo a abrir terras férteis à cultura da banana. Farquhar tornou-se Vice-Presidente da Guatemala Railway em 1904 e obteve a concessão do Presidente Estrada Cabrera. Restava apenas conseguir quem financiasse o empreendimento, mas Wall Street estava desinteressada na América Latina até depois da Primeira Guerra Mundial" (Gauld, 1964, p. 53), de modo que Farquhar teve que recorrer ao Deutsche Bank de Berlim, que acabou, em 1905, financiando a construção. Ao que parece, data daí a persistente ligação de Farquhar com o capital europeu. As 135 milhas de ferrovias já construídas foram reformadas e outras 60 foram construídas até 1907. Depois de completar a ferrovia até a cidade de Guatemala, a companhia adquiriu a linha Huntington-Hubbard no vertedouro do Pacífico da Guatemala, onde havia produção de café, além de algumas ferrovias em El Salvador, e construiu uma linha ligando os dois sistemas e dando assim ao café de El Salvador uma saída direta por Puerto Barrios.

Porém, na altura em que a Guatemala Railway estava sendo completada, Farquhar já estava envolvido em outros negócios. Decididamente, a América Central era muito pequena para as suas atividades. Depois de considerar a eletrificação de Constantinopla, da qual desistiu ao saber que o Sultão Abdul Hamin II achava que a eletricidade era obra do diabo, Farquhar voltou seus olhos para o Brasil. Em 1904, agentes do seu pai no Brasil deram-lhe informações acerca da situação dos serviços públicos do Rio de Janeiro: o serviço de bondes, iniciado por americanos em 1868-1883, tinha cerca de 200 milhas, dividido em quatro sistemas de bitolas diferentes e sem ligação entre si. Uma das linhas tinha sido adquirida pelo Deutsche Bank em 1899. A concessão da iluminação pública e privada (e garantia do monopólio da mesma) era de uma companhia belga, falida, a Société Anonyme du Gaz de Rio de Janeiro. Finalmente, a concessão da energia hidroelétrica do então Distrito Federal tinha sido adquirida em 1899 por William Reid.

Farquhar decidiu não perder tempo e em maio de 1904 incorporou a Rio de Janeiro Light & Power Co. em Nova Jersey, sem jamais ter vindo ao Brasil nem contar ainda com apoio financeiro. Em seguida tratou de convencer Pearson, que havia no meio-tempo desenvolvido a Mexico Power & Light Co., e a São Paulo Tramway Light & Power Co., a juntar-se a ele. Pearson e seus associados de Toronto levantaram 3 milhões de dólares e Van Horne e W. Lamnan Bull (de Wall Street) se comprometeram com mais 2 milhões. Este dinheiro foi enviado por via telegráfica a

Alexander Mackenzie, sócio de Pearson na São Paulo Light, o qual discretamente adquiriu o controle acionário das linhas de bonde e a concessão hidroelétrica de Reid. Farquhar, em início de 1905, foi à Europa e em contrato com o Deutsche Bank obteve o financiamento para a Guatemala Railway e ao mesmo tempo adquiriu uma das linhas de bonde. Para vendê-la, no entanto, o banco impôs a condição de que a Rio Light também ficasse com a diminuta companhia telefônica Brasilianische Elektrizitatsgesellschäft. Daí se originou a Companhia Telefônica Brasileira, que até há poucos anos dispunha do monopólio do serviço telefônico no Rio e em São Paulo. Em Bruxelas, Farquhar conseguiu salvar a Société Anonyme de bancarrota para que Pearson pudesse adquiri-la pouco depois. Nesta ocasião Pearson teve que ouvir eloqüente discurso em francês, que mal compreendia, numa reunião de acionistas, ao cabo da qual perguntou: "Qual é o preço?" Não há dúvida de que, nesta altura, o grupo americano-canadense de Pearson e Farquhar tinha uma visão muito mais audaciosa das possibilidades decorrentes da unificação de todas as concessões de serviços públicos do Rio em uma companhia poderosa do que os representantes do capital europeu que os antecederam.

A captura das concessões dos serviços públicos urbanos pela Rio Light esteve longe, no entanto, de ser pacífica. Cândido Gaffrée e Eduardo Guinle Jr., concessionários das Docas de Santos, onde fizeram fortuna, também disputavam as mesmas concessões. Sendo brasileiros, vestiram suas pretensões com roupagens nacionalistas e desencadearam uma campanha de imprensa contra o grupo de Farquhar. Mas o Presidente Rodrigues Alves e o Ministro Lauro Müller, após uma intervenção do Embaixador Thompson, dos Estados Unidos, a favor da Rio Light, resolveram reconhecer seus direitos de exclusividade sob as concessões adquiridas. Apesar do financiamento canadense, a Rio Light era encarada então pelo Departamento do Estado como sendo uma companhia americana.*

Ainda em 1905, Farquhar organizou, em Portland, Maine, a Bahia Tramway, Light & Power Co., usando os mesmos métodos que aplicou no Rio; associou-se a Pearson e a Mackenzie, com os quais levantou 3,5 milhões de dólares em ações e outro tanto em debêntures; passou a adqui-

---

* Farquhar esteve no Rio em 1905 e se entrevistou com Lauro Müller e Thompson. Este lhe disse que recebeu ordens do Departamento de Estado para defender a Rio Light contra Gaffrée e Guinle.

rir concessões: dos alemães uma linha de bondes na cidade baixa, dos britânicos a Bahia Gas Co. e, através do financista Alfred Loewenstein em Bruxelas, a Companhie d'Eclairage de Bahia. Também na Bahia, Farquhar encontrou a concorrência de Gaffrée e Guinle, que adquiriram duas pequenas linhas de bonde em Salvador e desencadearam uma campanha contra o grupo de Farquhar. A animosidade popular contra a Bahia Light devia estar crescendo (e talvez não apenas, como crê Gauld, por causa das manobras dos Guinle), pois explodiu em 1909, quando um bonde matou um cego: a multidão, depois de quase linchar o gerente da companhia, destruiu 10 bondes, 4 reboques, 800 lâmpadas e postes de iluminação a gás, a usina de gás e a usina elétrica. Após tentar inutilmente obter indenizações das autoridades locais, Farquhar decidiu vender, em 1913, a companhia à municipalidade de Salvador.

No mesmo ano de 1905, Farquhar adquiriu a concessão das obras do porto de Belém, que tinha uma garantia de juros de 6% sobre o capital, e a companhia que explorasse o porto receberia uma taxa-ouro de 2% sobre todas as importações. No auge do ciclo da borracha, a concessão parecia apresentar perspectivas de alta lucratividade. A mobilização de recursos foi repartida entre bancos franceses, belgas e ingleses e a emissão de debêntures se fez através de um banco canadense e outro americano. "Farquhar fez de Paris seu mercado principal de capitais em 1907-1912, em grande medida porque esta cidade se tinha especializado em financiar projetos apoiados por garantias governamentais de juros." (Gauld, 1964, p. 94.) Farquhar empregou engenheiros americanos – Lavandeyra e Corthell – e uma firma britânica – S. Pearson & Sons – para levar a cabo a construção.

Mas as atividades de Farquhar na Amazônia apenas começaram com a construção e exploração do porto de Belém. Em 1907, ele adquiriu a concessão das obras da E. F. Madeira–Mamoré, que o Brasil se comprometeu a construir para prover a Bolívia de uma saída para o Atlântico, em troca do território do Acre. Devido às dificílimas condições ecológicas, ninguém se tinha interessado pela concessão, que acabou sendo praticamente dada ao engenheiro Joaquim Catramhy em 1906, que no ano seguinte a revendeu a Farquhar por 750.000 dólares em ações. Este formou sua Madeira–Mamoré Railway Co. no Maine, com um capital de 11 milhões de dólares, o qual ele dividiu igualmente entre duas outras companhias suas, a Brazil Railway Co. (da qual trataremos mais adiante) e a Port of Para. A construção da ferrovia foi uma epopéia sobre a qual já se escreveu bastante. Farquhar participou dela apenas de longe, escolhendo os principais responsáveis e participando das decisões mais importantes, enquanto tomava parte em mil outros negócios. Isso era típico de Farquhar (e homens como ele): escolhia, entre as muitas ofertas que lhe faziam, os empreendimentos que lhe interessavam, tentava integrá-los entre si, cuidava do seu "lançamento" legal, político e financeiro e depois passava a dedicar-lhes apenas uma atenção esporádica, geralmente quando havia alguma crise. Enquanto tudo andava normalmente, o empreendimento não prendia a atenção de Farquhar, que imediatamente se lançava em outra aventura.

Em 1906 teve lugar no Rio a 3.ª Conferência Pan-Americana, com a participação de Elihu Root, tendo sido esta a primeira vez que um Secretário de Estado americano se ausentava do seu país. Nessa Conferência propôs-se a construção de uma ferrovia pan-americana, o que entusiasmou Farquhar e o levou a conceber o seu projeto mais grandioso: o de constituir um grande sistema ferroviário unificado, sob sua direção, na América do Sul. Para dar início à execução deste plano, Farquhar fundou, com apoio de um sindicato poderoso, integrado por Van Horne, Pearson, Keith e Mackenzie, a Brazil Railway Co. com um capital de 50 milhões de dólares. Esta companhia estava destinada a ser a firma *holding* do seu império ferroviário.

No mesmo ano de 1906, Farquhar adquiriu para a Brazil Railway a Estrada de Ferro São Paulo–Rio Grande (SP-RG), que tinha a concessão que permitia interligar todo o Sul do Brasil, além de terras no Paraná e em Santa Catarina, numa extensão de 6 milhões de acres, para fins de colonização. Farquhar pagou a Roxoroiz, o detentor da concessão, 1 milhão de dólares por uma ferrovia que ainda estava longe de ter sido concluída, apesar de a concessão datar de 1889. O Sul do Brasil estava, nessa altura, ainda pouco povoado, principalmente o Paraná, o que não permitia que houvesse muita carga para ser transportada por ferrovia. Farquhar tinha esperança de desenvolver a agricultura comercial na área (tendo em vista abastecer São Paulo) e a exportação de madeira, via Paranaguá.

No ano seguinte (1907) houve pânico nos mercados financeiros de Londres e América do Norte, o que ameaçou os empreendimentos de Farquhar. Este se encontrava em Londres (dado o desinteresse de Wall Street) tratando de levantar recursos através do financista escocês Robert Fleming, do Barão Schroeder, de Sir Edgard Speyer e dos Rothschild.

Dada a impossibilidade de levantar capitais em Londres devido ao pânico, Farquhar se dirigiu a Paris, onde a situação continuava normal. Através da Banque de Paris et des Pays Bas e da Société Generale de Paris, em combinação com A. Loewenstein, de Bruxelas, Farquhar conseguiu levantar recursos para a Rio Light, que estava em pleno progresso, poder completar a Usina do Ribeirão das Lajes, salvando desta maneira a companhia de ameaça de bancarrota. Ao mesmo tempo, Farquhar levantou em Paris fundos para a Brazil Railway, no valor de mais de 1 milhão de dólares.* Desde este momento, os banqueiros franceses tornaram-se os principais financiadores de Farquhar. Quando eles se recusavam a adiantar mais fundos, exigindo menos demora nas construções e lucros mais rápidos, como chegou a acontecer, Farquhar e seus engenheiros eram obrigados a ceder, ainda que isso viesse a comprometer a qualidade das obras.

Ainda antes de partir para a Europa, Farquhar se entrevistou com o Governador de São Paulo, Jorge Tibiriçá, tendo em vista arrendar a E. F. Sorocabana para interligá-la com o Sul do país, mas não obteve nenhum resultado concreto então, pois o Governador esperava que com a valorização do café o Estado não precisasse arrendar a estrada. Com o pânico de 1907, no entanto, a situação financeira de São Paulo piorou e Farquhar leu no *Times* que Tibiriçá tinha oferecido o arrendamento da Estrada de Ferro Sorocabana ao grupo britânico da São Paulo Railway, por 2 milhões de libras. Farquhar resolveu imediatamente apresentar uma proposta idêntica e efetivamente conseguiu a estrada porque, em igualdade de condições, "S. Paulo se opunha ao fortalecimento do controle britânico sobre o transporte". (Gauld, 1964, p. 173.) Nessa ocasião, como também em outras, Farquhar se beneficiou por ser americano e representar um grupo de americanos, embora trabalhando com capital europeu. Farquhar levantou os recursos para arrendar a E. F. S. também em Londres (apesar do pânico) e em Paris.

Ainda em 1907, Farquhar junto com o banqueiro parisiense Hector Legru persuadiu o Príncipe André Poniatowsky, chefe do Banco Franco-Americano, a cuidar da emissão no valor de 3.600.000 libras de debêntures para financiar as obras do porto de Belém. Também com Legru e outros banqueiros franceses, Farquhar criou a Companhia Française du

---

* Como se viu mais acima, parte desta soma, assim como os demais recursos levantados para a *holding* Brazil Railway, serviu para financiar a construção da E. F. Madeira–Mamoré.

Port de Rio Grande do Sul e levantou 100 milhões de francos-ouro para financiar as obras portuárias do Rio Grande.

Durante os anos seguintes, Farquhar fez de Paris seu quartel-general, mantendo nesta cidade um escritório que, no auge de suas atividades, chegou a ocupar os quatro andares do prédio onde trabalhavam 130 pessoas. Ele passou a residir em Paris também, levando vida de milionário, numa mansão com 14 criados, fazendo diariamente equitação no Bois de Bologne. Neste período Farquhar dispunha de extraordinário poder de persuasão sobre os banqueiros, que nunca deixavam de financiar os seus projetos. Atribui-se a um banqueiro britânico, após haver debalde tentado resistir a uma proposta de Farquhar, o desabafo: "Graças a Deus não sou mulher." Era esta capacidade de levantar fundos nos principais mercados de capitais europeus a grande arma de Farquhar para conquistar sempre novas concessões e desta maneira construir um império.

Prosseguindo em seus planos de dominar o parque ferroviário sul-americano, em 1908 Farquhar reuniu capitais, em Londres e Paris, para adquirir 27% das ações da Mogiana e 38% das da Paulista, passando a controlar as duas ferrovias. Farquhar manteve na Presidência da Paulista o Conselheiro Antônio Prado, com o qual se entendia em conversas informais, nomeando apenas um novo diretor. Ao controlar simultaneamente a Sorocabana, a Mogiana e a Paulista, Farquhar dominava a parte principal do sistema ferroviário de São Paulo, com exceção da São Paulo Railway (SPR), que monopolizava a saída para o exterior, via Santos. Farquhar tentou também obter o controle da SPR, mas em vão: em 1912 ele começou a comprar ações da companhia na Bolsa de Londres com recursos franceses, mas a eclosão da Primeira Guerra dos Bálcãs, naquele ano, abalou os círculos financeiros da França, e ele não conseguiu levantar bastante dinheiro.

Não obstante, Farquhar aproveitou a situação para superar a rivalidade entre as três ferrovias que controlava e fez com que se interligassem em Campinas.

A partir de 1909, Farquhar começou a expandir sua rede de companhias interligadas na Amazônia formando a Companhia de Navegação do Amazonas, que tomou o lugar da antiga companhia britânica, a Amazon River Steam Navigation Co., que dominava o transporte fluvial no Amazonas. Farquhar desejava melhorar a navegação no rio para aumentar as rendas da Port of Pará. Encomendou, portanto, 12 novas embarcações de l. 000 toneladas em estaleiros holandeses, além de 14 embarcações menores de 40 a 160 toneladas. Afora disso, ele criou a Amazon Development Co. e a Amazon Land & Colonization Co., a qual recebeu, após uma visita de Farquhar a Belém em 1911, uma doação de 60.000 km² de terras que hoje constituem o território do Amapá. Farquhar mandou fazer levantamento na área, prometeu plantar seringueiras (o que poderia ter evitado a *débâcle* do Brasil no mercado mundial da borracha... se tivesse sido tentado 20 anos antes), mas suas atividades não passaram da fase do planejamento.

Em 1910 continuou a expansão do seu império ferroviário no Sul do Brasil, adquirindo ferrovias no Rio Grande do Sul e uma linha no Uruguai, da fronteira com o Brasil até Montevidéu. Farquhar estava ansioso para inaugurar o serviço internacional entre o Rio da Prata e São Paulo e Rio, mas a queda da ponte em Marcelino Ramos impediu-o de fazê-lo antes de 1913. As ferrovias gaúchas, que se estendiam por 2.100 km, pertenciam à Compagnie Auxiliaire des Chemins du Fer du Brésil, de capital belga. Através de Loewenstein, em Bruxelas, Farquhar comprou mais de 70% de suas ações. Em 1/1/1911, Farquhar arrendou a ferrovia à Brazil Railway. Entre 1911 e 1918, Farquhar ligou o sistema gaúcho mediante uma ponte e dois sistemas de balsas a várias estradas de ferro uruguaias e argentinas, cujo controle ele adquiriu através de outras companhias suas: a Argentina Railway, Co. e a Uruguai Railway Co.

Em 1910, ainda, Farquhar adquiriu para a Brazil Railway a E. F. Parana de 360 km, E. F. Norte do Paraná de 42 km e a E. F. Dona Teresa Cristina de 100 km em Santa Catarina. Em 1910 e 1911, a Brazil Railway iniciou a colonização ao longo de SP-RG, nos vales do Rio do Peixe e do Iguaçu. Farquhar contratou os serviços de Francis Cole para dirigir o departamento de terras e colonização da Brazil Railway. Cole desempenhou funções semelhantes na Cuba Railroad e Farquhar instruiu-o para seguir a política posta em prática com sucesso pela Canadian Pacific: ajudar os colonos a financiar a aquisição de sementes, implementos, animais etc., vender propriedades de 50 a 60 acres por 4 até 18 dólares o acre. Farquhar esperava desta maneira apressar a ocupação das áreas doadas à SP-RG e tornar esta ferrovia lucrativa. Na realidade, os esforços de colonização assim empreendidos deram magros resultados, pelo menos a curto prazo.

Em 1909, Farquhar iniciou com a sua Southern Lumber & Colonization Co. a exploração madeireira em grande escala: ele adquiriu 560.000 acres de pinheirais, fez construir, em 1910, uma serraria em Calmon e outra, a maior do Brasil de então, em 1911, em Jaguariaíva, a qual chegou a empregar 800 trabalhadores.

Em 1912, Farquhar também tinha grandes fazendas de gado — 4 milhões de acres com 140.000 cabeças em cinco ranchos, em Descalvado, no Pantanal — em nome da Brazil Land, Cattle & Packing Co. O gado era industrializado localmente numa charqueada, sendo parte da produção exportada para Assunção e Buenos Aires.

Em 1910, Farquhar adquiriu a ferrovia Paraguay Central, assim como a Asunción Tramway, Light & Power Co. de interesse britânico. Farquhar completou a construção da estrada de ferro e, em 1913, inaugurou o serviço entre Buenos Aires e Assunção. Em 1912 ele comprou a Compañia Industrial Paraguaia, a qual possuía 2.000.000 ha, cerca de um quinto do Chaco paraguaio. Ali sua Paraguay Land & Cattle Co. possuía 1.687.000 ha e criava 45.000 cabeças de gado. Em 1912 ainda, Farquhar adquiriu ações da Antofagasta & Bolivia Railway, em Londres, tendo em vista construir uma linha transcontinental de Antofagasta no Chile a São Francisco (SC) no Brasil.

Farquhar também fundou o primeiro frigorífico do Brasil, em sociedade com um grupo de Chicago, os Sulzberger. Estabeleceu-o em Osasco, junto aos trilhos da E. F. Sorocabana. Esperava que a SPR adquirisse vagões-frigoríficos para exportar carne frigorificada via Santos, mas os britânicos se recusaram, pois os termos de sua concessão limitavam o lucro a 12% do capital, o que o transporte do café já lhes proporcionava. Foi então que Farquhar tentou adquirir o controle da SPR, sem sucesso. Afinal o frigorífico começou a funcionar em 1914, mas os Sulzberger, céticos em face das chances de o Brasil poder competir com a Argentina e o Uruguai no mercado mundial da carne, retiraram-se do negócio. Farquhar vendeu então o frigorífico a Wilson, outra firma de Chicago.

Outro empreendimento iniciado por Farquhar no Brasil foi uma rede de hotéis de luxo, que pretendia estabelecer no centro do Rio e de São Paulo e em outras cidades. Chegou a construir (ou adquirir?), em 1917, um hotel no Guarujá, com cassino, mas o restante dos planos ficou na intenção. Farquhar também comprou, em 1911, a Compagnie du Port de Rio de Janeiro, companhia francesa que tinha arrendado o porto do Rio e, ao que parece, pretendia arrendar também a Central do Brasil.

No ápice de sua extraordinária carreira, Farquhar, em 1912/13, controlava os sistemas de transporte da Amazônia (porto de Belém, navegação no Amazonas e E. F. Madeira–Mamoré) e do Centro-Sul do país (os portos do Rio, Paranaguá e Rio Grande, as estradas de ferro Paulista, Mogiana, Sorocabana, SP-RG e Auxiliaire), serrarias, fazendas de gado, frigorífico e hotel. Não é de espantar que tal concentração de controle e propriedade nas mãos de um estrangeiro, ou melhor, de um grupo estrangeiro – o Sindicato Farquhar – deveria provocar uma reação defensiva, de caráter nacionalista de parte dos que temiam, com razão, o domínio total de nossa economia por interesses alienígenas. É preciso acrescentar que, embora Farquhar nunca tivesse participado da S. Paulo Light e já tivesse então deixado a direção da Rio Light, o fato de que era o mesmo grupo que controlava as empresas de Farquhar e as duas Light tornava a ameaça ainda mais real.

Por volta de 1912 houve efetivamente uma vasta campanha de imprensa contra o Sindicato Farquhar, na qual participaram conhecidas figuras de nossas letras, como Alberto Torres e Alberto de Faria. Gauld (1964, p. 237) insinua que os que atacavam Farquhar estavam sendo pagos por Guinle, embora a campanha tivesse ampla justificação nos fatos. Hanson (1937) considerava que as atividades de Farquhar "deram ímpeto ao movimento em prol da propriedade estatal das ferrovias e apressou a legislação antitruste. Elas causaram uma eclosão extraordinária de medo da expansão territorial americana no Brasil e incrementou a crescente ansiedade latino-americana a respeito do imperialismo ianque".

Farquhar na sua ânsia de expansão não provocou protestos apenas no Brasil. Também na Argentina houve uma campanha de imprensa contra o magnata e, coisa curiosa, até "os importadores britânicos em cinco repúblicas se queixavam da perda de vendas de material ferroviário para os amigos americanos de Farquhar". (Gauld, 1964, p. 240.)

Colapso das empresas do grupo Farquhar   As campanhas contra Farquhar não chegaram a dar resultados concretos, pois o complexo de empresas por ele dominado tinha pés de barro e, precisamente a partir de 1912, começou a ruir. A sua força básica – a unificação de empreendimentos complementares permitindo o aproveitamento mútuo de economias "externas" – era também a sua fraqueza, pois os prejuízos das empresas mais fracas engoliam os lucros das mais fortes. Do ponto de vista financeiro, Farquhar, como os demais empresários da época, se comprometia pesadamente com papéis de rendas fixas (debêntures – os famosos *bonds* que deram o nome aos carris urbanos no Brasil) e aplicava o dinheiro em empreendimentos que só poderiam ser lucrativos a longo prazo, dado o tempo necessariamente grande consumido na construção de ferrovias, portos, frigoríficos e no estabelecimento de colônias etc. Quando o serviço de juros começou a absorver os lucros das poucas empresas terminadas, Farquhar era obrigado a levantar novos fundos até que, num momento de pânico financeiro, seu crédito se esgotou e o conjunto todo veio abaixo.

Com a *débâcle* da borracha brasileira no mercado mundial, a partir de 1912, as empresas de Farquhar na Amazônia ficaram comprometidas: a E. F. Madeira–Mamoré, recém-acabada, não tinha mais o que transportar, pois fora feita quase que exclusivamente para escoar a borracha do Acre, além de abrir à Bolívia uma via para o mar; o mesmo se dava com a Cia. de Navegação do Amazonas e com a Port of Para, pois sem a exportação da borracha a vida econômica na Amazônia tinha que se voltar à produção de subsistência, paralisando-se as atividades dirigidas para o mercado. Farquhar com seu otimismo voraz não tinha previsto nada disso. Enquanto todo o sistema de transporte se paralisava por falta de carga, a Cia. de Navegação continuava recebendo barcos novos da Holanda. Em Belém houve demonstrações de desempregados contra as companhias estrangeiras.

Farquhar, pressionado pela campanha nacionalista e provavelmente também já sem fundos, devolveu ao Estado do Pará a concessão de 60 mil km^2 de terras no Amapá. Mas a Port of Para se sustentava ainda graças ao pagamento de juros por parte do Governo brasileiro. Em 1915, finalmente, ela foi (após a Brazil Railway) também para a curadoria, embora Farquhar ainda tenha permanecido por décadas como diretor da companhia.

Em começos de 1913, Farquhar descobriu que estava arruinado. Ele tinha jogado pesadamente na Bolsa, com seus próprios títulos, os quais comprava primeiro para preservar o controle de sua firma *holding*, a Brazil Railway, e, depois, para manter a sua cotação. Em breve, tinha liquidado suas ações da Compañia de Electricidad de Cuba, da Cuba Railroad, da Guatemala Railway e da Rio Light e estava devendo milhões de libras (3 milhões em 1915) que não tinha como pagar. Farquhar entregou aos seus banqueiros suas propriedades e forçou-os a assumir suas dívidas. A partir deste momento, ele passou a ser um mero diretor assalariado (ganhando a "miséria" de 25 mil dólares anuais) de suas empresas.

Farquhar veio então ao Brasil para tentar pelo menos salvar suas empresas da insolvência. A Brazil Railway, a E. F. Madeira–Mamoré e a Port of Para tinham 10 milhões de dólares a receber do Governo brasileiro, mas este não tinha como pagar a dívida, devido à crise na Europa e à queda dos preços do café e da borracha. Farquhar imediatamente iniciou negociações para um empréstimo internacional de 30 milhões de dólares ao Brasil, a ser dado por um conjunto de bancos de Londres, Paris e Berlim, de modo que o nosso Governo pudesse pagar às suas empresas. A tentativa gorou quando, em agosto de 1914, eclodiu a Primeira Guerra Mundial. Em outubro do mesmo ano a Brazil Railway e a Madeira–Mamoré foram entregues a um curador, W. Cameron Forbes, ex-Governador das Filipinas.

Seria ingenuidade pensar que a falência das empresas de Farquhar tivesse sido causada fundamentalmente pela incapacidade do Governo de saldar seus débitos para com elas ou mesmo pela crise conjuntural de 1913/1914, que se prolongou, do ponto de vista do comércio internacional, até o fim da Primeira Guerra Mundial. Farquhar representava uma forma de penetração imperialista que estava sendo superada. Sua falência justamente em 1914, ano em que começa a Primeira Grande Guerra, simboliza a passagem de uma época a outra. Depois da Guerra, as concessões no Brasil deixam cada vez mais de serem lucrativas, basicamente porque os interesses da nova burguesia industrial em ascensão requeriam serviços chamados de "infra-estrutura" – transporte, energia, comunicações etc. – baratos. Para favorecer a industrialização do país era indispensável conter as tarifas ferroviárias, de energia elétrica, telefônicas etc., o que evidentemente não era compatível com a exploração em bases capitalistas privadas destes serviços, a maior parte dos quais acabou sendo estatizada, sobretudo a partir da Segunda Guerra Mundial.

Só para exemplificar, examine-se o caso da energia elétrica: "Antes da vigência do Código de Águas, em 1934, as tarifas de energia elétrica eram baseadas parte em ouro, parte em papel, a fim de que as empresas concessionárias se protegessem contra a depreciação cambial. Isso implicava reajustes mensais nas tarifas e, quando a depreciação cambial era forte, o consumo de energia elétrica baixava" (Villela & Suzigan, 1973, p. 381). Tal situação poderia ser tolerável, talvez, enquanto a energia elétrica constituísse essencialmente um bem de consumo, utilizado quase só para iluminação e para movimentar bondes. Em 1907, apenas 4,2% da força motriz utilizada pela indústria era elétrica. Mas, quando esta porcentagem atingiu 47% em 1919 (Villela & Suzigan, 1973, p. 82), obviamente a questão era outra. Os interesses dos concessionários estrangeiros – as duas Light canadenses e a Bond & Share americana – e os da indústria nacional passaram a se chocar frontalmente. Em 1927 foi, ao que parece, a última vez que se deu, no Brasil, uma investida do tipo da representada por Farquhar.

A Companhia Brasileira de Eletricidade, subsidiária do truste americano Electric Bond & Share Co., adquiriu concessões e serviços de fornecimento de energia elétrica em nada menos que 10 Estados brasileiros: Rio Grande do Norte, Pernambuco (inclusive os serviços de bondes e de telefones do Recife), Alagoas, Bahia, Espírito Santo, Minas Gerais, Rio de Janeiro, São Paulo (o interior), Paraná e Rio Grande do Sul.* O plano consistia em unificar estes serviços e expandi-los, o que requeria, porém, um aumento das tarifas. Efetivamente, estas passaram de uma média de 400 réis por kw/h para um mil-réis. (Chaves Neto, 1956.) A reação contra este aumento, que naturalmente veio a ferir os interesses da indústria nacional, foi provavelmente um dos fatores que levou o Governo revolucionário a adotar o Código de Águas, que extinguiu a cláusula-ouro dos contratos de concessão de serviços de energia elétrica, limitou em 10% o lucro sobre o capital investido e instituiu o princípio do custo histórico na avaliação do capital das concessionárias (Villela & Suzigan, 1973). Adotou-se, assim, uma medida essencial para assegurar que a industrialização do país não seria obstaculizada pela falta de energia elétrica ou pelo seu preço excessivo. Não é exagero dizer que o Código de Águas foi o primeiro passo de uma caminhada que passou pelas grandes inversões públicas na geração de energia (iniciadas com a Usina de Paulo Afonso, nos anos 40) e que culminou com a estatização quase completa da indústria de energia elétrica nos anos 60.

O mesmo pode ser demonstrado em relação às ferrovias. Enquanto estas mantinham o monopólio do transporte entre certas regiões, muitas atividades voltadas para o mercado dependiam dos fretes pagos. A pecuária e a extração madeireira são exemplos de subsidiamento tarifário. Esta situação conferia às companhias concessionárias dos serviços ferroviários quase que um poder de vida ou morte sobre a vida econômica de zonas que serviam. É fácil de imaginar que o exercício de tal poder era pouco compatível com o caráter capitalista privado das companhias. A necessidade de o Estado assumir estas funções se fez sentir bastante cedo no

---

* A Cia. Brasileira de Eletricidade era subsidiária da Foreign America Power Co. (por sua vez subsidiária da Bond & Share), a qual, na mesma época, também adquiriu serviços de energia elétrica no México e em outros países da América Latina.

Brasil. Já em 1929, os Governos Federal e dos Estados possuíam 67% da extensão total de nossas ferrovias. (Villela & Suzigan, 1973, p. 398.)

A volta de Farquhar, ao Brasil, após a Primeira Guerra Mundial, foi como que um anticlímax em relação à sua meteórica carreira anterior. Ele, obviamente, não tinha tomado conhecimento de que a era dos grandes negócios, baseados em concessões de monopólios, estava terminando. Desta vez ele vinha com um contrato-opção com um grupo britânico que possuía a Itabira Iron e o controle da ainda não terminada E. F. Vitória–Minas. De acordo com este contrato, Farquhar teria o controle da companhia se obtivesse um contrato de concessão do Governo brasileiro, se pudesse levantar 82 milhões de dólares de capital e se pudesse obter contratos de compra do minério por parte de siderurgias inglesas, alemãs e americanas.

Tipicamente Farquhar se lançou à empresa com ímpeto total, começando por obter de Epitácio Pessoa, Presidente da República, um contrato que lhe dava praticamente o monopólio de exportação do minério de ferro do Brasil. Mas os tempos eram outros. A oposição nacionalista, encabeçada pelo então Governador de Minas Gerais e depois Presidente da República, Artur Bernardes, bloqueou o contrato da Itabira até pelo menos 1927. Com Washington Luís na Presidência e Antônio Carlos no Governo de Minas, finalmente o contrato, depurado de alguns privilégios monopolísticos, passou pelo Congresso e foi assinado pelo Presidente em 1928.

Cumprida a primeira condição do contrato-opção, Farquhar passou à execução da segunda, a de mobilização do capital. O seu banqueiro Dillon pediu, no entanto, que fossem feitas novas prospecções geológicas e, quando estas foram completadas, em 1930, o grande *crash* de 1929 havia eliminado as possibilidades de lançar novos títulos nos mercados de capitais dos países industrializados. A grande depressão dos anos 30 encerrou de uma vez as perspectivas de negócios como o de Farquhar no Brasil, já que desaparecia o grande atrativo dos empresários do capital estrangeiro, que era precisamente o de poder reunir volumosos recursos de capital e atacar deste modo obras gigantescas. Após o interlúdio da Grande Depressão e da Segunda Guerra Mundial, esta função passou para as agências financeiras intergovernamentais, como o BIRD e o BID, que financiam, na maioria das vezes, empresas estatais ou mistas na área dos serviços públicos.

O ano de 1930 encerra desta maneira uma etapa de penetração imperialista no Brasil, cujo fim foi marcado por mais um fracasso (este menor, entre tantos) de Farquhar. Ele haveria de continuar persistindo por mais uma década na realização do seu projeto da Itabira, até que em plena Segunda Guerra Mundial ele é desapropriado e a execução do projeto acaba sendo confiada a uma sociedade de economia mista, a Companhia do Vale do Rio Doce. Mas isso não quer dizer que a penetração imperialista no Brasil tenha acabado. Na realidade, ela muda de estilo e volta com ímpeto renovado a partir dos anos 50, sob a forma de investimentos industriais.

BIBLIOGRAFIA

BALLINGER, R., *A History of Sugar Marketing*, US Dept. of Agriculture, Washington, 1971.

BANDEIRA, M., *Presença dos Estados Unidos no Brasil (Dois Séculos de História)*, Civilização Brasileira, Rio, 1973.

BARRAT-BROWN, M., *After Imperialism*, Heinemann, Londres, 1963.

BRITO, J. do Nascimento, *Economia e Finanças do Brasil 1822-1940*, Livraria Editora Freitas Bastos, Rio, 1945.

CARONE, E., *A República Velha (Instituições e Classes Sociais)*, Difusão Européia do Livro, São Paulo, 1970.

CHAVES NETO, Elias, "Plano Nacional de Eletrificação", *Revista Brasiliense*, n.º 2, nov.-dez. de 1956.

DELFIM NETTO, A., *O Problema do Café no Brasil*, Faculdade de Ciências Econômicas e Administrativas – USP, São Paulo, 1959.

ELLSWORTH, P. T., *The International Economy, Its Structure and Operation*, The Macmilian Co., N. Y., 1950.

GAULD, Charles A., *The Last Titan Percival Farquhar, American Entrepreneur in Latin America*, Institute of Hispanic American and Luso-Brazilian Studies, Stanford University, Stanford, 1964.

GRAHAM, R., *Grã-Bretanha e o Início da Modernização do Brasil 1850-1914*, Editora Brasiliense, São Paulo, 1973.

HANSON, S. G., "The Farquhar Syndicate in South America", *Hispanic American Historical Review*, Duke University, 1937 (citado por Gauld, 1964).

JOBIM, J., *O Brasil na Economia Mundial*, Centro de Estudos Econômicos, Rio, s/d.

KINDLEBERGER, Charles P., *Foreign Trade and The National Economy*, Yale University Press, New Haven, 1962.

LIMA, Heitor Ferreira, *História Político-Econômica e Industrial do Brasil*, Companhia Editora Nacional, São Paulo, 1970.

LUZ, Nícia Vilela, *A Luta pela Industrialização do Brasil (1808-1930)*, Difusão Européia do Livro, 1961.

SILVA, A. Schlittler, "Tendências e Características Gerais do Comércio Exterior no Século XIX", *Revista da História da Economia Brasileira*, São Paulo, Ano I, n? 1, junho 1953.

SINGER, P., *Desenvolvimento e Crise*, Difusão Européia do Livro, São Paulo, 1968a.

SINGER, P., *Desenvolvimento Econômico e Evolução Urbana*, Editora Nacional, São Paulo, 1968b.

STRACHEY, J., *The End of Empire*, Frederic A. Praeger, N. Y., 1959.

UN, *External Financing in Latin America*, N. Y., 1965.

VILLELA, A. V. & SUZIGAN, W., *Política Econômica e Crescimento da Economia Brasileira 1889-1945*, IPEA/INPES, Rio, 1973.

ZISCHKA, A., *A Guerra Secreta pelo Algodão*, Livraria do Globo, Porto Alegre, 1936.

CAPÍTULO VI

A EMERGÊNCIA DO MODO DE PRODUÇÃO DE MERCADORIAS: UMA INTERPRETAÇÃO TEÓRICA DA ECONOMIA DA REPÚBLICA VELHA NO BRASIL

1. HERANÇA ECONÔMICA DO SEGUNDO IMPÉRIO

A ECONOMIA da República Velha ou Primeira República, no Brasil, que vai de 1889 a 1930, é geralmente entendida como uma extensão da economia do Segundo Império, do ponto de vista da completa inserção da economia brasileira no padrão da divisão internacional do trabalho "produtores de manufaturas *versus* produtores de matérias-primas", padrão esse que tem na crise de 1929 seu ponto de inflexão ou de ruptura; a própria crise é vista como o momento crucial da inviabilidade daquele padrão, embora suas conseqüências mais profundas realmente apenas passem do estado virtual à concretização no segundo pós-guerra.

O magnífico mural traçado por Celso Furtado em sua *Formação Econômica do Brasil*,[1] que completaria a visão fornecida por Caio Prado Jr.,[2] Roberto Simonsen[3] e Sérgio Buarque de Holanda,[4] no que se refere à formação da economia colonial e sua continuidade Império adentro, desdobra a partir daquele processo de inserção a continuidade da economia

---

[1] Celso Furtado, *Formação Econômica do Brasil,* particularmente a Quarta e a Quinta Partes, São Paulo, 8ª Edição, Cia. Editora Nacional, 1968.
[2] Caio Prado Jr., *História Econômica do Brasil,* 4ª edição, São Paulo, Brasiliense, 1956, e *Formação do Brasil Contemporâneo,* 5ª edição, São Paulo, Edit. Brasiliense, 1957.
[3] Roberto Simonsen, *A Evolução Industrial do Brasil,* São Paulo, Revista dos Tribunais, 1939.
[4] Sérgio Buarque de Holanda, *História Geral da Civilização Brasileira,* 7 vols., São Paulo, Difusão Européia do Livro, 1960-72.

da Primeira República, ressalvando os aspectos correlatos de expansão da renda monetária e criação do mercado interno. Posteriores estudos e contribuições, particularmente as de Carlos Manuel Peláez[5] e Annibal Villela e Wilson Suzigan,[6] particularizaram, com riqueza de reconstituição de séries históricas e investigação mais detalhada de certos componentes da política de governo, aspectos cruciais da economia da República Velha, a partir do que se torna possível, agora, reexaminar o real significado daquele período em perspectiva histórica e teórica.[7]

Para além de propósitos de conciliação teórica, importa ver *cum grano salis* o avanço do conhecimento que se logra através das várias contribuições, de resto todas elas marcadas pela filiação teórica e doutrinária dos seus autores. Aqueles filiados a perspectivas teóricas que se pode genericamente enquadrar como histórico-estruturalista ressaltaram o aspecto de formação do mercado interno, via expansão da renda monetária das exportações, principalmente do café, que se dava mediante a reiteração e o aprofundamento da própria economia agroexportadora; aqueles filiados à teorização neoclássica e marginalista ressaltaram o processo de alocação dos fatores econômicos e sua distribuição entre produção para exportação e produção para o mercado interno. A mais radical proposição dos neoclássicos e marginalistas é a de Carlos Manuel Peláez, que pretende refutar as teses de Celso Furtado quanto ao papel da economia exportadora no processo de formação do mercado interno e, especialmente, quanto à especificidade da política de sustentação dos preços do café naquilo que Celso Furtado chamou "a defesa do nível do emprego e a concentração da renda", negando qualquer validade àquela política como prelúdio do processo de industrialização. Mesmo Villela e Suzigan chegam a afirmar, no estilo cauteloso com que se propuseram reconstituir a

---

[5] Carlos Manuel Peláez, "Conseqüências Econômicas da Ortodoxia Monetária, Cambial e Fiscal no Brasil – 1889-1945", *Revista Brasileira de Economia, n.º 3*, vol. 25 (1971), Fundação Getúlio Vargas, Rio de Janeiro. Também "Análise Econômica do Programa Brasileiro de Sustentação do Café – 1906-1945: teoria, política e medição". *Revista Brasileira de Economia, n.º 4*, vol. 25 (1971), Fundação Getúlio Vargas, Rio de Janeiro.
[6] Annibal Villanova Villela e Wilson Suzigan, *Política do Governo e Crescimento da Economia Brasileira 1889-1945*, Rio, IPEA, Série Monográfica, Monografia n.º 10, 1973.
[7] Importante para a recolocação de certos aspectos da situação colonial, é um recente trabalho de Fernando Novaes, constante de sua tese de doutoramento *Portugal e Brasil na Crise do Antigo Sistema Colonial,* cujo segundo capítulo foi publicado sob o título "Estrutura e Dinâmica do Antigo Sistema Colonial", Caderno 17, *CEBRAP,* São Paulo, Editora Brasileira de Ciências Ltda., 1974.

história econômica do período 1889-1945, que a política econômica do período chamado liberal da economia brasileira sem lugar a dúvidas obstaculizou o processo de industrialização do país.

Uma breve consideração metodológica deve servir de introdução à nossa própria discussão da economia da República Velha. Há um fundo teleológico comum nas posições antagônicas citadas: o de que a economia brasileira estava destinada a etapas superiores de atividades econômicas, pela existência de recursos naturais, mão-de-obra, vastidão continental, mercado interno; chegar ou não a essas etapas superiores é, nas interpretações mais citadas, ora uma distorção na alocação de recursos, ponto de vista dos neoclássicos, ora uma decorrência natural da renda produzida pelas exportações, ponto de vista dos histórico-estruturalistas. Nossa própria posição é diferente: há que se ver o movimento das forças sociais em ação, e as diversas situações não devem ser entendidas nem como desvios nem como uma decorrência natural. O único destino – no sentido trágico da expressão – que se pode legitimamente aceitar no caso da economia brasileira é seu ponto de partida: uma economia e uma sociedade que foram geradas a partir de um determinado pressuposto: este é, concretamente, seu nascimento e sua inserção *no bojo da expansão do capitalismo ocidental.* Portanto, o desenvolvimento, no sentido de expansão, da economia brasileira, consistirá na reafirmação ou na negação da forma de produção do valor *específica* do capitalismo; as diversas situações são, pois, expressões da dialética de produção dessa forma de valor. Não há nenhum *destino* quanto ao ponto de chegada.

O legado econômico do Segundo Império à Primeira República apresenta-se, pois, mesmo à simples vista, como o de uma economia que se expandia rapidamente, havendo encontrado seu lugar na divisão internacional do trabalho já caracterizada, e, como a crise da Abolição premonitoriamente anunciava, cujos limites eram dados precisamente tanto pela expansão quanto pelas suas formas. Repassando rapidamente, sem intuitos de fornecer uma nova explicação, há que reconhecer entretanto que, embora o crescimento econômico do Segundo Império se apresentasse *nas aparências* com o mesmo estilo do crescimento colonial, fundado na produção e exportação de matérias-primas e produtos agrícolas, tanto o conteúdo quanto as formas desse crescimento haviam mudado substancialmente. A diferença essencial estava em que, enquanto na Colônia, até certo ponto, o Estado português através das concessões havia fundado uma classe dominante cujas atividades econômicas (e a opção entre elas) se subordinavam estritamente aos interesses da Metrópole, no Império e principalmente no Segundo, essa relação se inverte. De classe dominante fundada pelo Estado, o baronato brasileiro (mais no sentido da propriedade e posse dos meios de produção que no sentido da às vezes ridícula e sempre pretensiosa aristocracia) passava à condição de classe dominante que repudiava um tipo de Estado estranho aos seus interesses e, portanto, hostil. De posse do principal meio de produção – a terra – essa classe detinha a total virtualidade de mediar o emprego da mão-de-obra – escrava, decerto – e portanto de autonomizar-se em relação ao Estado.

A Abolição é o fim do Império, um truísmo de há muito proclamado pelos historiadores e que, segundo consta, não havia escapado à percepção dos políticos da época.[8] Não é "um raio num dia de céu azul", na frase famosa de Marx; é o resultado de uma contradição entre a estrutura de produção e as condições de realização do produto. A expansão das culturas de exportação, sobretudo e indiscutivelmente do café, leva consigo uma expansão mais que proporcional do capital constante, constituído seja pelo próprio estoque de capital empatado nos escravos, seja pelos meios de subsistência dos mesmos escravos. Principalmente a expansão dos últimos significava um incremento das importações que punha constantemente em risco a estabilidade da forma de valor do produto: a moeda estrangeira e principalmente a taxa de câmbio. Além disso, a base de infra-estrutura necessária para a expansão das culturas de exportação – as ferrovias e os portos – requeria também doses incrementadas de moeda externa, com o que as crises cambiais chegam quase a um estado crônico. A Abolição resolve um dos lados da contradição, transformando o trabalho em força de trabalho.

2. O AUGE DA ECONOMIA DE EXPORTAÇÃO

A economia da República Velha aproveitará tanto da tendência à profunda inserção da economia brasileira no padrão de divisão internacional do trabalho vigente quanto da metamorfose operada nas relações de produção; a rigor, a continuidade da expansão, que culminará com o auge da

---

[8] Cotegipe, chefe do Gabinete conservador imediatamente anterior ao de João Alfredo, que preparou a Lei Áurea, teria dito, advertindo a Princesa Regente: "Redime uma raça, mas perde o trono."

produção e exportação do café nos anos 20, é assegurada sobretudo por aquela transformação nas relações de produção, e pelos seus correlatos: a ruptura da autarcia das unidades de produção e o conseqüente nascimento de um quase-campesinato no Brasil, com o que se dá um rebaixamento do custo de reprodução da força de trabalho. Paradoxalmente apenas para leituras lineares da história, a formação do campesinato no Brasil *se dá concomitantemente* à instauração das formas do trabalho livre; essa é uma das especificidades do processo de economias que nasceram como uma reserva de acumulação primitiva da expansão do sistema capitalista em escala mundial.

A transformação de um baronato que nascera das sesmarias, e, portanto, subordinado ao Estado colonial, para uma classe social que monopolizava a terra e o emprego da força de trabalho, contém, em si mesma, a virtualidade da acumulação, mas não ainda as condições plenas de sua realização. Em outras palavras, o que passa virtualmente ao controle dessa nova classe social é aquilo que na Colônia constituía o "exclusivo", como salienta Fernando Novaes, isto é, o monopólio do excedente econômico. O aburguesamento da economia brasileira dependerá, em última instância, da qualidade do controle do excedente, assim como da quantidade ou do volume do excedente que passa a ser controlado.

A Primeira República herda, pois, uma economia cujas condições de acumulação e de crescimento haviam sido grandemente potencializadas. Em primeiro lugar, avançam os processos de acumulação primitiva, que a nova classe revertia agora *pro domo suo*, e que significavam, não apenas a ampliação da posse e propriedade da terra, mas o controle das nascentes trocas entre unidades de produção distintas, desfeita a autarcia anterior, por intermédio de todas as instituições que depois vão caracterizar a estrutura política e social da República Velha, como o coronelismo, o complexo latifúndio-minifúndio, os agregados. Em segundo lugar, a instauração do trabalho livre no coração das próprias unidades produtivas do complexo agroexportador significa uma inversão da situação da economia escravocrata, predominando agora o capital variável e fazendo crescer a rentabilidade das explorações. Quantitativamente, pois, o volume do excedente sob controle dos "barões do café" (assim como dos "barões do açúcar" e dos outros barões) era, agora, maior que em épocas anteriores.

Restava um segmento do processo de acumulação cujo controle escapava, no entanto, à nova classe social burguesa-agrária brasileira. Este se situava na esfera da circulação. Na forma, o "exclusivo" comercial da Colônia havia sido substituído pelos lucros da intermediação comercial dos produtos de exportação, agora pela Inglaterra e logo após pelos Estados Unidos da América do Norte (para citar apenas os dois principais) e pela intermediação financeira da City, que financiava a comercialização interna e externa dos produtos de exportação.

Nenhum entendimento linear seria capaz de dar conta da contradição que se havia instaurado. De um lado, as condições para a produção do excedente e a passagem do seu controle para uma classe social interna, e, de outro, o estratégico posicionamento da intermediação comercial e financeira a cortar as possibilidades de sua plenitude. Dialeticamente, no entanto, soa inteligível que a ruptura da Abolição potencialize a acumulação e o crescimento,[9] enquanto a intermediação comercial e financeira contribua para fazer abortar o avanço da divisão social interna do trabalho e, com isso, negar o processo de acumulação e crescimento. Entretanto, o enunciado de um processo dialético não equivale à sua demonstração.

As condições herdadas pela Primeira República, já pormenorizadas, levam à reiteração da "vocação agrícola" do país, atingindo o auge da exportação de café entre 1910 e 1925. Essa reiteração se dá tanto pelas novas relações de produção internas quanto pelo papel que naquela desempenhava a intermediação comercial e financeira. Ao mesmo tempo, essa reiteração aprofunda a *virtualidade* da diferenciação crescente da divisão social interna do trabalho, não tanto pelo efeito-renda – que Celso Furtado privilegiou na *Formação* –, mas principalmente pelo efeito-troca, cuja base está nas novas relações de produção, na destruição da autarcia das próprias unidades produtivas da agroexportação e na conseqüente formação de um quase-campesinato na agricultura brasileira de bens alimentícios, conhecida como a agricultura de "subsistência". Olhando-se mais de perto, a ruptura das relações escravocratas e a instauração do trabalho assalariado não podiam, jamais, elevar a renda derivada do trabalho; o nível global da renda permanecia constante, mudando a sua *forma*. Mas, isto sim, a passagem para o trabalho assalariado *expulsou* para fora dos custos de produção do café a manutenção da massa trabalhadora (ainda que a produção dos bens de subsistência possa ter permanecido

---

[9] O fato, tantas vezes ressaltado, de que a Abolição tenha dado início a uma crise que a República herdará e tentará resolver mediante emissão monetária não nega o incremento do potencial de acumulação.

dentro das fronteiras do latifúndio); no proceder-se a essa mudança de forma da produção dos meios de subsistência, procedia-se, concomitantemente, a uma mudança de conteúdo fundamental, para a existência de um modo de produção de mercadorias, pois antes, ainda que existisse, a produção de subsistência pelos próprios escravos não fundava nenhuma troca. Mesmo no caso quase geral da agricultura brasileira, de persistência de uma fraca monetarização das relações de troca – fenômeno largamente existente ainda hoje – a própria reiteração das relações de troca acaba por escolher uma mercadoria-padrão, que se metamorfoseia em dinheiro; virão a ser o sal, o querosene, o pouco vestuário e calçado, enfim, elementares artigos da cesta de consumo dos novos produtores da agricultura de subsistência, que quase tomam o lugar do dinheiro nas novas relações de troca – o arquiconhecido esquema dos "barracões" da zona açucareira do Nordeste e das zonas de colonato no Sul. O importante é que *também* esses elementares produtos nem são produzidos pelas unidades da agroexportação nem pelas unidades da chamada agricultura de "subsistência", o que forceja a diferenciação da divisão social do trabalho em *outros segmentos* do sistema econômico.

O papel central da economia da República Velha reside na intermediação comercial e financeira da agroexportação. É aqui que vai desaguar a nova vitalidade conferida à economia pela mudança nas relações de produção e as contradições que essa mesma nova vitalidade colocava para a diferenciação da divisão social do trabalho. O binômio "intermediação comercial e financeira" é uma unidade indissolúvel no contexto da economia da Primeira República. E esse binômio é de realização quase que totalmente *externa*. Em primeiro lugar, a intermediação comercial e financeira retira da economia uma parte ponderável do excedente produzido, que não será reinjetado nela, mas serve à acumulação na economia dos países que a realizam; é, em outros termos, uma repetição de fenômeno sempre presente à economia brasileira, desde os dias da Colônia. Sua importância não é desprezível, quantitativamente falando, aspecto que sempre foi enfatizado pelos historiadores econômicos. Porém, é sua importância qualitativa que joga um papel central na dialética produção-acumulação interna.

Em primeiro lugar, a intermediação comercial e financeira por realizar-se inteiramente na forma de divisas estrangeiras torna a preservação dessa forma de valor *vital* para a realização completa do circuito "produção-financiamento-comercialização-acumulação-produção"; daí que a política cambial se tenha convertido, ao longo da história da Primeira República, na determinante fundamental do arremedo do que se poderia chamar de "política econômica" do Governo e núcleo das controvérsias e das lutas econômicas, sociais e políticas *no seio* da própria classe dominante. A estabilidade da forma de valor "divisas" se constituía em elemento fundamental na formação da renda dos produtores da agroexportação e, ao mesmo tempo, na realização do circuito já mencionado, particularmente no que diz respeito ao financiamento da comercialização externa dos produtos da agroexportação. A reiteração da "vocação agroexportadora" do país e as formas pelas quais se financiava essa "vocação" chegaram ao ponto de converter a libra esterlina, então a moeda internacional por excelência, quase em moeda interna; não apenas a renda dos próprios produtores da agroexportação se expressava em moeda externa, como as transações importação-exportação podiam fazer-se diretamente sem necessidade de conversão à moeda nacional, como os depósitos de nacionais no exterior e, principalmente, os pagamentos – na maior parte dos casos *retenção* de parte dos empréstimos – do financiamento da comercialização realizavam-se completamente à margem do sistema financeiro-monetário, interno; mesmo os impostos governamentais sobre a importação, então a principal fonte de recursos públicos, realizavam-se parcialmente em ouro ou, o que é o mesmo, em moeda externa. O controle do câmbio e o monopólio da compra/venda de divisas são episódicos nas primeiras décadas da República. A questão da taxa cambial, ponto sobre o qual muito se tem enfatizado, é menos uma decorrência ou uma necessidade determinada pelo circuito da "produção-financiamento-comercialização-acumulação-produção" e muito mais a forma pela qual a ausência de um sistema financeiro *interno* projetava sua sombra nos períodos de oscilação da demanda externa dos produtos da agroexportação. É principalmente devido aos problemas financeiros do Governo que a relação mil-réis/libra esterlina começa a privilegiar-se como ponto nodal da política cambial, levantando a ponta do véu das contradições entre o aprofundamento da agroexportação e a diferenciação da divisão social do trabalho interna.

A política cambial será, ao longo da história da República Velha, para usar uma imagem tomada de empréstimo à música, de estruturação contrapontística. Alternam-se períodos de elevação a períodos de baixa da taxa cambial, e os próprios acordos de sustentação, *por financiar-se externamente*, não fazem mais que reforçar essa estruturação pontocontraponto. Ausente da determinação *explícita* da taxa cambial está, sempre, a questão da divisão social do trabalho interna; são sempre, de um lado, a necessidade de preservação da forma de valor privilegiada da produção agroexportadora e, de outro, os problemas financeiros do Governo; mas, por fora, à semelhança de corridas de cavalo, corre um ganhador potencial, que força, como tendência, uma relação declinante mil-réis/libra esterlina.

Essa tendência declinante não cria nem amplia o chamado mercado interno; ela se traduz, apenas, em maiores quantidades de moeda interna com relação à mesma quantidade de moeda externa. Do ponto de vista da formação da renda interna, não há, portanto, nenhum efeito considerável: se a renda era concentrada em termos de moeda externa, continuará sendo em termos das maiores quantidades de moeda interna. Também ela não deixa de criar nem portanto de ampliar o mesmo mercado interno; longe de um simples jogo de paradoxos, a dialética desse processo desloca o eixo da controvérsia Furtado-Peláez, que se centra em torno da questão da desvalorização cambial como dinamizador-inibidor da formação do mercado interno para outro ponto. Vendo-se a questão do ponto de vista da formação de capital e da importação de bens de capital, pode-se chegar ao seguinte paradoxo: tanto uma taxa de câmbio alta como baixa são neutras em relação ao preço dos bens de capital importados *se não atuam fatores internos de intermediação financeira*, pois se no primeiro caso exigem-se menos mil-réis por libra esterlina enquanto no segundo se dá o contrário, o resultado é o mesmo para *uma dada disponibilidade interna de recursos reais* a serem transformados em bens de capital importados. Mas em termos de recursos financeiros a conversa é outra: a questão nevrálgica passa a ser o custo do capital-dinheiro interno.

Como regra geral, a política de valorização do café realizou-se através de empréstimos *externos e retenção* de parcelas do valor da saca, o que equivalia, na prática, a um imposto sobre a própria produção cafeeira, no que têm razão Peláez, Villela e Suzigan. Por esse mecanismo não se efetuava nenhuma transferência de renda entre grupos exportadores e grupos importadores, em favor dos segundos, ao contrário da suposição de Furtado. É apenas quando *coincidem temporalmente* retração da demanda externa do café, com a conseqüente contração da receita em divisas, *et pour cause*, queda da receita governamental com a contração das importações, aumento ou mesmo simples continuidade do serviço da dívida externa e em conseqüência déficit das receitas correntes do Governo, que se impõe a desvalorização cambial; subsidiariamente, à maneira já referida do cavalo que corre por fora, cresce a necessidade de aumentar os meios de pagamento tanto externos quanto internos.

Nesse momento, para financiar a desvalorização cambial, o Governo emite e, na passagem, cria a necessária intermediação financeira que reduz temporariamente o custo do capital-dinheiro interno, dando alento à realização do valor das mercadorias internas, com o que potencializa também os níveis da formação de capital interno, apesar de que a desvalorização *em si mesma* pudesse elevar os custos de importação; o crucial aqui será o diferencial que vier a se estabelecer entre o custo do capital-dinheiro interno e a elevação em mil-réis dos preços dos produtos de importação.

Restabelecidos os níveis de exportação, reforçados os empréstimos externos, reativadas as importações e portanto as receitas governamentais, o Governo pratica quase sempre uma política contracionista, retirando com isso os mecanismos de intermediação financeira interna que havia temporariamente criado, bloqueando a formação interna de capital nos outros *segmentos* da economia, que não o exportador, assim como a realização interna da produção e restabelecendo o financiamento quase que exclusivamente externo da economia. A estrutura contrapontística é posta e reposta continuamente, sendo portanto, também, intermitentes os auges da formação interna de capital e o avanço da divisão social do trabalho cristalizado no setor de indústrias de transformação. *In extremis*, o Governo romperá definitivamente – já para além da Revolução de 30 – devido à profundidade da crise cambial, com o esquema de financiamento externo da valorização do café, passando a financiá-la internamente. E, surpreendentemente apenas para quem não estiver atento ao processo descrito, confere extraordinário alento ao setor de indústrias de transformação, cuja *performance* irá atenuar os efeitos negativos globais que se projetaram sobre a economia, derivados da crise mundial e especificamente da crise cambial proveniente tanto da contração da demanda externa do café quanto da queda dos preços. De novo aqui o que é crucial é não o nível da taxa cambial *per se*, nem o fato de que a defesa do café tenha-se feito com destruição dos estoques, mesmo que esse procedimento pudesse ser assimilado, como o faz Peláez, a um imposto sobre a própria atividade cafeeira: o crucial é a *forma interna de financiamento*, em contraposição à externa dos períodos anteriores.

Forçando a desvalorização cambial, a longo prazo, existem mais dois elementos cuja interferência se faz necessário aclarar. O primeiro e mais importante, cujo tratamento requer secção à parte, é o da diferenciação da divisão social do trabalho interno; o segundo refere-se aos capitais estrangeiros que se aplicavam sobretudo na implantação da infra-estrutura de ferrovias e portos, necessária para a própria reiteração da "vocação agrícola" do país. Este elemento tem um efeito substancial na composição da dívida externa do país e, influi, portanto, na determinação da taxa de câmbio. A implantação da infra-estrutura de transportes significou, sem dúvida, um aumento na produtividade do trabalho do setor agroexportador, e a velocidade de sua implantação nos últimos decênios do século XIX e primeiros do século XX responde também pelo aprofundamento da "vocação agrícola" do país; dificilmente, tanto a importância que o café chegou a ter na economia brasileira, quanto o próprio papel da economia brasileira na divisão internacional do trabalho do capitalismo, típica dos fins do século XIX e que se prolonga virtualmente até a Segunda Guerra Mundial, poderiam ter sido os mesmos sem as profundas modificações no sistema de transportes: a "tropa de burros" havia ficado definitivamente enterrada nos desvãos da história da acumulação originária. Portanto, o incremento da produtividade do trabalho obtido com o melhoramento do sistema de transportes se corporificava no valor dos produtos da agroexportação, aumentando substancialmente também a massa de valor via incremento das quantidades produzidas e exportadas. Aqui, entretanto, se produzia um certo "descolamento" entre produção do valor e os termos de sua realização; *para o Estado*, que garantia o financiamento externo, seja dos investimentos diretos do capital estrangeiro no sistema de transportes, seja dos empréstimos, produção e realização do valor não coincidiam, necessariamente, o que colocava questões financeiras de extrema gravitação na órbita das finanças governamentais. Ausente do controle dos preços externos dos bens da agroexportação, cuja determinação se dava basicamente pelos mecanismos da própria intermediação comercial e financeira, à medida que a dívida externa aumentava pelo incremento da implantação do sistema de transporte a debilidade do Estado, em face das flutuações da oferta e da demanda e dos preços dos produtos da agroexportação, colocava-o frente a uma rigidez do serviço da dívida externa, cuja margem de manobra se desdobrava freqüentemente em reforçar o endividamento externo, reforçando conseqüentemente o mecanismo já descrito; apenas em condições de retração drástica de sua capacidade de pagamento externa, e também ante a impossibilidade de contratação de novos créditos externos, é que o Estado lançava mão de seu último recurso, desvalorizando o mil-réis em primeiro lugar, recorrendo à ampliação da dívida interna, seja pela simples emissão monetária, seja por títulos representativos da dívida pública, seja autorizando os bancos privados emissores, seja autorizando os próprios Estados a emitirem títulos. Nessas condições extremas, o Estado criava a *intermediação financeira interna* e abria o passo à concretização da diferenciação da divisão social do trabalho interna mediante um reforço à realização do valor das mercadorias internas.

3. A DIVISÃO SOCIAL DO TRABALHO E O MERCADO INTERNO

Da condição de produtor de bens primários para o mercado capitalista mundial em expansão desde o século XVI não decorre, mecanicamente, que o país tenha encontrado fortes obstáculos para dar o salto quantitativo e qualitativo em direção ao capitalismo industrial; bem mais importante que a simples condição de colônia para a existência daqueles obstáculos foi *o tipo de colonização*. Nos termos de Fernando Novaes "... Em outras palavras: não bastava produzir os produtos com procura crescente nos mercados europeus, era indispensável produzi-los de modo que a sua *comercialização* (grifo nosso) promovesse estímulos à originária acumulação burguesa nas economias européias. Não se tratava apenas de produzir para o comércio, mas para uma forma especial de comércio – o comércio colonial; é, mais uma vez, o sentido último (aceleração da acumulação primitiva de capital) que comanda todo o processo da colonização. Ora, isto obrigava as economias coloniais a se organizarem de molde a permitir o funcionamento do sistema de exploração colonial, o que impunha a adoção de *formas de trabalho compulsório* ou, na sua forma-limite, o *escravismo*"[10] (grifos do original). Isto é suficiente para dar conta da oposição entre escravismo e modo de produção de mercadorias auto-sustentado, que é o caso brasileiro. Por oposição, têm-se os casos das colônias chamadas de povoamento, também inseridas no contexto do sistema mercantilista, mas cuja função nesse sistema não era a de promover e ajudar a acumulação primitiva nas metrópoles.

---

[10] Fernando Novaes, *op. cit.*, pp. 42-43.

Na raiz, pois, da impotência da divisão social do trabalho no Brasil, encontra-se o ter sido o país colônia de exploração comercial que adotou formas de trabalho compulsório. Esta é a base ou a ausência de base para o mercado interno, e não simplesmente o da produção de bens primários de exportação. Esta base ou ausência de base, *ao lado da concentração da renda*, tinha como outro componente a ausência de uma economia de trocas ou de produção de mercadorias *interna*. Por oposição cabe lembrar o caso da Argentina, em que o auge da exportação de bens primários (carnes, couros, trigo) coincide, estimulando-a, com a diferenciação da divisão social do trabalho interna no rumo do capitalismo industrial.

O processo de separação entre produtores e meios de produção, que funda a possibilidade de um modo de produção de mercadorias e, na sua exacerbação, do capitalismo como modo de produção de mais-valia, é, no fundo, semelhante em todas as latitudes, mas difere substancialmente em seu modo de realização. O escravismo, como forma de trabalho *compulsório*, alimentava a acumulação primitiva *nas metrópoles* capitalistas em expansão, mas seu efeito interno nas economias coloniais era diferente, obstaculizando a diferenciação da divisão social do trabalho. A acumulação, em economias desse tipo, de que a brasileira é exemplo eloqüente, resulta na ampliação do fundo de terras, sem entretanto produzir renda da terra, e ampliação do fundo de escravos, que corresponde ao capital constante; é uma acumulação de riquezas, mas não de capital. O limite da possibilidade de aumento da produtividade numa economia desse tipo é, no máximo, dada pela fase da cooperação; mais além, o aumento da produtividade mesmo em termos físicos esbarra naquilo que Marx chamou de "transferência da virtualidade técnica do operário para a máquina", pois essa metamorfose, que culmina a subsunção formal do trabalho ao capital em subordinação real, não é possível na ausência do trabalho livre, na ausência da compra da força de trabalho, na ausência da mais-valia. Não há "descolamento" entre o real e o financeiro; no fundo, não há capital-dinheiro. Nessas condições, o avanço da divisão social do trabalho em economias como a brasileira de fins do século XIX será insignificante e incapaz de transformar qualitativamente o padrão econômico de acumulação e crescimento.

Já se mencionou o pano de fundo econômico que prepara a Abolição, como passagem para um regime de trabalho assalariado. Convém repisar no fato de que a vantagem do trabalho livre começou a desenhar-se nitidamente na medida em que os encargos com a subsistência dos escravos, parte portanto do capital constante, ameaçam a própria forma de valor da economia agroexportadora. Essa ameaça não é dada por um aumento dos padrões de consumo da massa escrava; esse surrealismo é permissível apenas em análises neoclássicas e marginalistas. O que ameaça a forma de valor por excelência da economia agroexportadora – a moeda inglesa – é a própria relação que ela – a economia – mantém com os centros metropolitanos capitalistas, já *agora* em pleno capitalismo industrial: estes avançam no sentido da maquinofatura e, portanto, os bens que exportam para os países produtores de matérias-primas contêm agora mais "capital constante" puro; por oposição, na composição orgânica do capital da economia agroexportadora predomina um tipo de capital constante que inclui o escravo, cuja subsistência, também capital constante, força para baixo a taxa de lucro. Noutras palavras, é a *parte importada* do capital constante, a qual toma a forma do fundo de subsistência dos escravos, que ameaça a forma de valor da economia agroexportadora. Em termos modernos, esse mecanismo dará lugar a uma relação de trocas desfavorável à agroexportação.

A Abolição resolve um dos lados dessa contradição, transferindo para fora dos custos de produção dos bens agroexportados, conforme já se assinalou, o fundo de subsistência dos escravos, que transformada em força de trabalho deve cuidar agora de sua própria reprodução. E disto nasce a possibilidade de um modo de produção de mercadorias. Os caminhos que este vai percorrer são, na forma, não completamente clássicos, embora o conteúdo da transformação aponte na mesma direção. O primeiro passo é fundar um campesinato ou quase-campesinato no Brasil, que vai assumir as tarefas de produzir os bens da cesta de consumo do capital variável, de um lado, e, de outro, cumprir, para o nascente modo de produção de mercadorias *interno*, o papel da acumulação primitiva, que a economia colonial havia desempenhado para o modo de produção de mercadorias *externo*. Nascem todas as formas de exploração agrícola e de estrutura agrária tão características ainda hoje do campo brasileiro: as chamadas "culturas de subsistência", produzindo um excedente que vai alimentar o capital variável, e o complexo latifúndio-comercialização-minifúndio, através das mil facetas particulares de cada região e de cada situação – o colonato, o coronelismo – que vai fazer nascer a renda da terra como forma de valor, ao mesmo tempo que *acumula primitivamente* através das relações sociais, políticas e econômicas típicas daquele complexo que se dá sobretudo ao nível da circulação.

A própria agroexportação recebe, com isso, um inusitado alento: nascimento da força de trabalho e do campesinato constituem, agora, os motores que vão acelerar a radicalização da "vocação agrícola" do país, ao ponto de tornar o café o produto primário de maior valor no comércio internacional. Parece contraditório que a separação de produtores e meios de produção, de um lado, que é o que representa a Abolição, requeira necessariamente *no outro pólo uma junção* de produtores e meios de produção: o campesinato ou quase-campesinato. A contradição existe e é real, mas é paradoxal apenas para quem pensa a dialética como um torneio de contrários; a unidade é dada pelo processo mais global e mais abrangente, que é o nascimento do modo de produção de mercadorias e no seu desdobramento, do capitalismo. E onde este nasce, primeiramente, é no próprio campo, na produção dos bens agrícolas e pecuários.

Nas cidades, a diferenciação da divisão social do trabalho tem outras características, outros matizes e outra formação. A passagem para o trabalho livre funda, também, a possibilidade de um modo de produção de mercadorias; a separação entre produtores e meios de produção vai fazer crescer enormemente *uma população para o capital*, com o que a potencialidade da acumulação é reforçada. Entretanto, a conversão dessa potencialidade em real é barrada por uma série de fatores. Em primeiro lugar, a ausência de capitalização anterior na *forma* de máquinas e equipamentos força agora uma capitalização de nível muito baixo: a força de trabalho liberada *não tem*, praticamente, *nenhuma virtude técnica* a transferir para o capital. Sua anterior condição de escravo lhe embotara a capacidade técnica, o domínio do instrumento de trabalho, e portanto ela não tem nada a transferir para o capital senão sua força muscular; a subordinação real do trabalho ao capital está ainda por completar-se. Não é estranho, por isso, que, em meio a uma abundância de força de trabalho, a indústria brasileira nos fins do século XIX e primeiras décadas do século XX tenha que socorrer-se do imigrante estrangeiro, cuja predominância no total da classe operária ainda era absoluta em 1920.

Por outro lado, as novas relações de produção propõem, agora, uma nova configuração para as relações campo-cidade. Ao absorver a força de trabalho, seja agora como assalariados ou semi-assalariados, seja como campesinato ou quase-campesinato, as novas relações de produção radicalizam a especialização anterior: assalariados e semi-assalariados produzem agora *apenas* os bens de exportação, camponeses e quase-camponeses produzem agora *apenas* os bens alimentícios de sua própria cesta de consumo e algumas matérias-primas, cujos excedentes vão para as cidades. O avanço da divisão social do trabalho nas cidades exigirá, pois, a *simultaneidade da industrialização com a urbanização*, cujos resultados serão, quando concretizados, uma autarcização da produção industrial elevando os coeficientes do capital constante a níveis insuportáveis para a frágil formação de capital industrial. A experiência de inúmeros empreendimentos industriais prova à saciedade essa afirmação: as cidades industriais nucleadas por uma grande fábrica, ou melhor, cidades dentro de fábricas, são a regra no Brasil da República Velha. O resultado será um ritmo de acumulação industrial não apenas lento, mas intermitente, e conseqüentemente níveis bastante medíocres para o conjunto da economia industrial como um todo. Importante também é que a divisão social do trabalho na indústria e seu nível de avanço estarão condicionados e, reciprocamente, condicionarão a divisão social do trabalho no campo em cada região brasileira, criando mercados estanques, portanto ausência de um mercado nacional integrado (resultado que somente se logrará já na metade dos anos 50 do século XX) e de novo repercutindo negativamente sobre os ritmos e os níveis gerais da acumulação industrial, principalmente sobre o ramo produtor de bens de capital.

O avanço da divisão social do trabalho interna no rumo do capitalismo industrial, com as restrições anteriormente assinaladas, repousará, portanto, tão-somente sobre as relações que o custo de reprodução da força de trabalho industrial guardará com a própria acumulação industrial, e, secundariamente, sobre o perfil de demanda das débeis camadas médias das cidades; este último ponto, juntamente com o consumo da própria burguesia, foi muito enfatizado por autores como Furtado, levando à construção da famosa tese da industrialização "por substituição de importações" mas, sob o ponto de vista da diferenciação da divisão social do trabalho, não tem aquela importância. O custo de reprodução da força de trabalho manter-se-á baixo pelas transformações que se processam em primeiro lugar no próprio campo, com a criação/expansão do campesinato e formas assimiladas; seu preço será, conseqüentemente, baixo, contribuindo para tanto, ao lado do fator assinalado, a própria concorrência que se instaura entre os assalariados, devida agora ao enorme "exército industrial de reserva". Os poucos itens não-agrícolas da cesta de consumo dos assalariados imporão um caminho à industrialização nascente: ela começará pelos bens não-duráveis, tipo alimentos, calçados, têxteis, e alguns bens intermediários para os quais a existência de recursos naturais no país, os altos custos de transporte da importação e o concurso da mão-de-obra barata os tornarão competitivos (principalmente no ramo de minerais não-metálicos). O tamanho das empresas nesses ramos não será insignificante, principalmente no têxtil, dada a dimensão do mercado constituída por uma massa de valor (a folha de salários) de baixo nível é certo, mas extremamente extensa. O sentido geral da industrialização seguirá, de perto, pois, os níveis, a composição e as modificações no custo de reprodução da força de trabalho; a demanda das classes médias, débeis tanto numérica quanto qualitativamente, bem como da burguesia agrária e urbana, continuará sendo atendida pelas importações. Mesmo essa demanda e ainda os poucos itens que continuarão a ser importados para o consumo da nova classe trabalhadora não ameaçam a forma de valor da agroexportação porque agora ela é *resíduo* do excedente do produto e não parte da acumulação ou do *capital constante*, como acontecia anteriormente.

Com as restrições assinaladas, a diferenciação da divisão social do trabalho interna no sentido do capitalismo industrial não poderia deixar de ser medíocre para o conjunto da economia nacional. Repassando rapidamente, a ausência de uma economia de trocas anterior, uma divisão social do trabalho entre campo e cidade estanque, a concentração da renda historicamente determinada pelo complexo agroexportação/escravismo, a ausência de "virtualidade técnica" da força de trabalho e, com a Abolição, a explosão de uma "população para o capital", marcarão, fortemente, as condições do nascente capitalismo industrial no Brasil da República Velha. Mas, ao lado de todas essas restrições, existirá uma outra que garroteará as possibilidades de financiamento da acumulação de capital: a já assinalada intermediação comercial e financeira externa da economia da República Velha, que privilegiará constantemente a forma de valor da agroexportação, e que se expressa na política de defesa do café. Um negativo dessa restrição pode ser encontrado no episódio do Encilhamento: na ausência dos mecanismos internos de financiamento da formação de capital, a virtualidade das demais condições – que avançam, apesar de tudo – não conseguirá concretizar-se, pelo menos na velocidade esperada pelos agentes sociopolítico-econômicos, que viam na implantação do trabalho livre assalariado o sinal de mudança há tanto tempo esperado. O Encilhamento ficará conhecido como um mero movimento especulativo, castelo de cartas erguido pela imaginação liberal de um Rui Barbosa, quando na verdade ele é a contraprova da ausência de ligação financeira entre as novas condições "liberais" da economia (trabalho livre, capitalismo industrial) e as formas de realização da produção agroexportadora: intermediação comercial e financeira *externa*. Um movimento especulativo *apenas fiduciário mas ainda não financeiro*: uma lição sobre as relações entre dinheiro e capital que Marx gostosa e ironicamente teria aproveitado no *O Capital* ou em algumas de suas farpas, se tivesse sido contemporâneo do episódio. Um pressuposto – os títulos representativos do capital das novas sociedades – que não era reposto no movimento do capital da economia agroexportadora e que, portanto, não chegava a ser *produto*, já que a realização do valor da economia agroexportadora passava necessariamente pela intermediação comercial e financeira *externa*.

4. BURGUESIA AGRÁRIA, REITERAÇÃO AGROEXPORTADORA E OLIGARQUIA ANTIBURGUESA: A DIALÉTICA DA SOCIEDADE DA REPÚBLICA VELHA

O movimento da sociedade na República Velha tem seu ponto de partida na constituição de uma burguesia agrária – o antigo baronato brasileiro – e seu limite na metamorfose daquela classe em seu contrário, que termina por constituir-se numa oligarquia antiburguesa. A luta de classes, nesse movimento, dá-se em dois planos: o primeiro, o do antagonismo fundamental entre proprietários e não-proprietários ou entre exploradores e explorados, e o segundo, o do antagonismo *no seio da própria classe dominante, proprietária e exploradora*. O primeiro antagonismo não dá conta inteiramente da transformação que se opera entre o princípio e o fim da República Velha, embora não lhe tenha sido ausente; uma superestimação desse conflito fundamental, entretanto, teria caráter meramente ideológico, embora sirva para alimentar o segundo antagonismo.

A formação da burguesia agrária brasileira não se dá inteiramente no período circunscrito da República Velha; é claro que desde o Império essa burguesia está se constituindo, conforme se assinalou na primeira parte deste trabalho, no momento em que ela passa a ser a mediadora entre a força de trabalho e as forças produtivas e ao mesmo tempo destrói os mecanismos do "exclusivo comercial". Mas ela somente se completa como burguesia agrária no momento da passagem do trabalho escravo para o trabalho livre, mudando a forma e o conteúdo da apropriação do excedente do produto social, e no momento em que funda *para si* um processo de acumulação primitiva cuja expressão é o campesinato ou o quase-campesinato e onde a apropriação do excedente, essa acumulação primitiva, se dá no nível ou na órbita da circulação, fundando os mecanismos de dominação social e política que repõem o econômico sob formas de coerção não-econômica: o coronelismo e suas seqüelas, a meação, a parceria, o colonato, o barracão.

O antagonismo no seio da própria burguesia agrária não se reveste de formas simples de antagonismo entre proprietários do capital. Daí, que as interpretações da industrialização brasileira, que se baseiam nas crônicas de família, ao estilo Warren Dean,[11] não encontrem antagonismos essenciais entre cafeicultores, comerciantes e industriais pelo fato de serem as mesmas pessoas, as mesmas famílias, e a origem da riqueza ter sido comum. A transformação de pessoas em *personas* do capital *distintas* somente se dá quando se diferencia a forma pela qual o pressuposto é reposto, como salienta José Arthur Giannotti,[12] isto é, quando as diferenças na produção e apropriação do valor geram circuitos distintos de reposição do produto. E é esta questão, a da produção e reprodução do valor, que vai gerar os antagonismos essenciais no seio da burguesia agrária brasileira, levando-a em direção a um ponto no qual se transforma em sua própria oposição.

Concretamente, as condições já assinaladas na segunda parte deste trabalho levam à reiteração da chamada "vocação agrícola" do país, especializando-o ainda mais na produção de mercadorias de realização *externa*. O aprofundamento dessa especialização fez com que o financiamento da realização do valor da economia agroexportadora fosse, também, e não por acaso, *externo*. Este ponto, fundamental para a compreensão do processo, forma uma espécie de círculo vicioso: a realização do valor da economia agroexportadora sustentava-se no financiamento externo e este por sua vez exigia a reiteração da forma de produção do valor da economia agroexportadora. Simultaneamente, o mecanismo de financiamento *externo* bloqueava a produção do valor de mercadorias de realização *interna*. Na exacerbação desse processo, os requirimentos do financiamento externo acabavam por consumir todo o valor da economia agroexportadora, com o que negavam a própria forma de produção; em última análise, o valor gerado pela economia agroexportadora acabou por destinar-se substancialmente a pagar os *custos da intermediação comer-*

---

[11] Warren Dean, A *Industrialização de São Paulo: 1880-1945*. (Tradução de Octavio Mendes Cajado.) São Paulo, Difusão Européia do Livro, 1971.
[12] José Arthur Giannotti, "O ardil do Trabalho", Estudos CEBRAP 4-abril-maio-junho 1973. São Paulo, Edit. Bras. de Ciências, 1973.

A EMERGÊNCIA DO MODO DE PRODUÇÃO DE MERCADORIAS 449

cial e financeira externa, operando-se uma redistribuição da mais-valia entre *lucros internos e lucros e juros externos* completamente desfavorável aos primeiros; em outros termos, uma parcela substancial do produto não podia ser reposta senão através dos mesmos mecanismos de financiamento externo. É esse o significado da política de sustentação e valorização do café com recursos de financiamento externo. O paroxismo dessa autofagia da economia agroexportadora vai se dar na crise dos anos 30, quando a destruição dos excedentes de café se impõe como o último recurso de sustentação, pondo a nu a irracionalidade a que chegara o sistema econômico.

As condições concretas mediante as quais a realização do valor da economia agroexportadora, que passava necessariamente pela intermediação comercial e financeira externa, negava a própria produção do valor, podem ser vislumbradas sinteticamente mediante a análise de algumas relações entre a produção, a exportação, a importação e a dívida externa. A tabela seguinte resume os valores que se quer destacar para dois anos selecionados:

VALORES EM MIL CONTOS DE RÉIS CORRENTES

	1907	1919
1. Exportação de produtos agrícolas (incl. café)	794,7	1.665,1
2. Importação de produtos industrializados	590,1	1.164,1
3. Valor da produção agrícola (incl. café)	1.170,0	4.614,4
4. Valor da produção industrial	731,6	2.989,2
5. Dívida externa, saldo em circulação	1.468,6	2.559,1
6. Relação entre saldo em circulação da dívida externa e exportação de produtos agrícolas (5/1)	1,84	1,54
7. Relação entre saldo em circulação da dívida externa e importação de produtos industrializados (5/2)	2,5	2,2
8. Relação entre saldo em circulação da dívida externa e valor da produção agrícola (5/3)	1,3	0,6
9. Relação entre saldo em circulação da dívida externa e valor da produção industrial (5/4)	2,0	0,9

FONTE: A. Villela e W. Suzigan, *op. cit.*, Tabelas XXVI e II, 3, pp. 451 e 68, respectivamente.

NOTA: Os valores da dívida externa em mil-réis foram obtidos mediante a conversão dos valores em libras esterlinas pelas taxas de câmbio de cada ano.

Os coeficientes 6, 7, 8 e 9 revelam que, para o ano de 1907, o saldo em circulação da dívida externa foi sempre maior que o valor de qualquer das variáveis indicadoras da produção material do país; em 1919, aquele saldo era *ainda* maior que os valores da exportação de produtos agrícolas e da importação de produtos industrializados, sendo menor apenas que os valores totais da produção agrícola e da produção industrial. O que estas relações mostram, para além da simples demonstração de má alocação de recursos, que é o ponto enfatizado por análises neoclássicas do tipo da dos autores Villela e Suzigan, é a total inviabilidade da permanência de um estilo de produção de mercadorias que se consumia no seu próprio financiamento; de fato, a rigor, o saldo em circulação da dívida externa *era já* acumulação financeira – ou, se quiserem os keynesianos, poupança – da própria economia agroexportadora, mas que não reentrava no circuito de produção senão sob a forma de novos empréstimos, isto é, sob a forma de uma distribuição da mais-valia que não se repunha como lucros, mas como juros e que iria aparecer no produto também não como lucros, mas de novo como juros: nos dois anos escolhidos, os novos empréstimos significaram respectivamente 11,3% e 2,0% do valor total das exportações de produtos agrícolas e os pagamentos significaram 14,2% e 11,1% do mesmo valor. Nos períodos 1890-97, 1898-1910, 1911-1914, 1915-1926 e 1927-1930, os novos empréstimos contratados significaram respectivamente 58,4%, 61,2%, 150,1%, 38,4% e 207,2% do saldo da balança comercial; os pagamentos totais significaram, em relação também aos saldos da balança comercial, 77,4%, 41,5%, 145,8%, 63,2% e 209,1%, nos períodos considerados, enquanto o total dos saldos da dívida externa em circulação significou 166,7%, 74,5%, 464,2%, 104,9% e 740,2%.[13] Essas relações não podem deixar margem à dúvida quanto à inviabilidade da permanência de uma forma da produção de valor que se autoconsumia no seu próprio financiamento.

Em segundo lugar, as relações analisadas apontam para a evidência de que, enquanto se inviabilizava em si mesma, a economia agroexportadora bloqueava o avanço da divisão social do trabalho no rumo do capitalismo industrial, na medida em que reiterava os mecanismos da intermediação comercial e financeira externa, que nada tinham a ver com a realização interna do valor da produção de mercadorias dos setores não-exportadores. O financiamento da acumulação de capital nos setores

---

[13] Dados constantes da Tabela D 1, p. 335, Villela e Suzigan, *op. cit.*

não-exportadores não passava pela intermediação comercial e financeira externa típica da economia agroexportadora, que consumia a maior parte do excedente social produzido não apenas pelas atividades de exportação, mas pela totalidade do sistema econômico. As relações já analisadas demonstram cabalmente esse fenômeno, no que são corroboradas pelo exame da gravitação do serviço da dívida externa em relação às despesas totais do Governo Federal: dividindo-se o período 1890-1929 em qüinqüênios, nota-se que a média aritmética dos gastos com a dívida externa em relação ao total de despesas do Governo Federal eleva-se *sistematicamente* de 10,2% em 1890-1894 para 20,3% em 1925-1929.[14] Apoiando-se as receitas federais principalmente nos impostos sobre a *importação* e secundariamente sobre o consumo, verifica-se que, longe de ter havido transferência de recursos ou de renda do setor exportador para os demais setores, houve o contrário, o que reafirma o fato de que a intermediação comercial e financeira externa própria da economia agroexportadora representou uma restrição ao avanço da divisão social interna do trabalho ao próprio tempo em que se negava.

Esse complexo movimento vai separar e distinguir as distintas *personas* do capital, transformando-as em classes sociais com interesses antagônicos. A negação do valor da própria economia agroexportadora implicava necessariamente a negação das demais atividades econômicas, pelos mecanismos já descritos. Na reiteração dessa negação, a burguesia agrária transforma-se em oligarquia antiburguesa. Não é estranho à dinâmica da história, portanto, que a reação a esse quadro, que vai desaguar na Revolução de 1930, tenha começado pela dissidência oligárquica de outras regiões do país em relação à oligarquia hegemônica, a cafeicultora, sediada sobretudo em São Paulo; a quebra do monolitismo oligárquico é condição necessária para a Revolução, mas no seu rastro, terminando por impor-se, serão os *novos* interesses burgueses, será a nova forma de produção do valor, serão as novas condições de reposição do pressuposto fundamental – do lucro, em última instância – que darão, demonstrada *in extremis* a inviabilidade da permanência da economia agroexportadora e de suas relações internacionais com a crise de 1929 e a política de destruição dos excedentes de café, a pauta desde metade da década de 30, quando se reorienta principalmente a intermediação comercial e financeira que de *externa* passa para *interna*. Nesse processo, o Estado vai jogar um

---

[14] Ver Villela e Suzigan; *op. cit.*, Tabelas II e VI, pp. 414/415 e 422/423.

papel fundamental no financiamento da acumulação de capital e na regulação das relações entre o *novo capital* e o *novo trabalho*[15] e, agora, na subordinação dos interesses da oligarquia aos interesses da acumulação industrial.

Ainda que parcialmente, faz-se necessário frisar que a reiteração agroexportadora trava o avanço da divisão social do trabalho não apenas nas atividades não-agrícolas; no campo também essa reiteração produz, no fim, os mesmos efeitos. Nascendo como uma burguesia agrária, quando se fundam na economia brasileira simultaneamente o trabalho assalariado e o campesinato, a classe dominante rural bloqueará o avanço da divisão social do trabalho no campo, em suma a penetração do capitalismo no campo, de uma forma quase total, exatamente porque perpetuou o mecanismo que inicialmente cumpria o papel da acumulação primitiva. Essa perpetuação da coerção extra-econômica que servia para reproduzir o excedente tinha, na origem, o mesmo defeito e a mesma causa: o privilegiamento da forma de produção de valor da economia agroexportadora. Sendo incapaz de ultrapassar os níveis da reprodução simples, pela presença da intermediação comercial e financeira externa já tantas vezes assinalada, o que no fundo bloqueava os mecanismos de elevação da produtividade do trabalho, a burguesia agrária brasileira reproduziu internamente o mecanismo de exploração externa que lhe roubava o excedente. Fixou-se, em suas relações com o nascente campesinato, numa apropriação do excedente ao nível da circulação via mecanismos de controle político e social já descritos, com o que travou o acabamento da formação camponesa e sua subseqüente dissolução. Essa é a origem do controvertido "feudalismo" das relações agrárias brasileiras. Na permanente reiteração dessas condições, a burguesia agrária termina por transformar-se numa oligarquia antiburguesa, e regionalmente cada fração da classe burguesa terminou por configurar-se nas famosas oligarquias regionais. É surpreendente, sob esse aspecto, a homogeneização da sociedade brasileira. No fundo, entretanto, o mecanismo determinante de todo o movimento residia na subordinação de toda a economia, de todos os seus segmentos tanto setoriais quanto regionais, à forma de produção de valor da econo-

---

[15] O exame da economia brasileira pós-30 e das condições da acumulação urbanoindustrial foi realizado por vários autores. Não constitui objetivo deste trabalho aprofundar-se nesse exame. A versão do próprio autor encontra-se em Francisco de Oliveira – "A Economia Brasileira: Crítica à Razão Dualista", *Estudos CEBRAP 2*, São Paulo, Editora Brasileira de Ciências, 1972.

mia agroexportadora e seu xifópago, a intermediação comercial e financeira externa.

O próprio Estado era produto dessa reiteração. Apoiando-se, para a realização de suas receitas e de suas despesas, nos mecanismos de produção do valor da agroexportação, ele perde a autonomia de um ente separado das classes sociais dominantes. Torna-se incapaz de opor à reiteração agroexportadora os interesses das outras classes sociais. Nem é mais um Estado liberal; transforma-se, se é permitida a expressão, num Estado oligárquico. As reações surgidas de dentro do próprio Estado de que o tenentismo é a expressão mais presente e persistente ao longo da história da República Velha podem receber hoje o crédito histórico de elemento dissolvente da República oligárquica e até os louros de futuras transformações. Mas elas são impotentes para transformar a sociedade a partir do seio do próprio Estado; apenas quando a própria unidade oligárquica se fratura é que surge a possibilidade da transformação.

Fica evidente, enunciados todos os teoremas, que tanto o auge quanto a inviabilidade da economia agroexportadora brasileira típica da República Velha e suas seqüelas que marcaram todo o bloqueio do avanço do capitalismo no país não podem ser explicados sem um acurado exame das relações internacionais que a emolduravam. A intermediação comercial e financeira externa, que tanto se enfatizou ao longo deste trabalho, não é um acaso nessa trama de relações: ela é *a relação*. Seu epicentro é a Inglaterra, na fase típica de exportação de capitais; seu nome é *imperialismo*. É claro que o movimento abrange mais que a Inglaterra, mas o centro financeiro por excelência é a City. O imperialismo inglês se estruturou na base da formação de um capitalismo cuja especificidade não pode deixar-se escapar, se se quiser entender corretamente as relações imperialistas em cada fase do capitalismo. Sua especificidade residiu no fato de ter sido a Inglaterra um país carente de matérias-primas e, portanto, a acumulação primitiva, que a Inglaterra promove como potência colonial em primeiro lugar e como potência imperialista em segundo, é precipuamente uma fórmula de baratear o capital constante da sua composição orgânica via imposição de preços coloniais, quer dizer, políticos. A metamorfose do capitalismo inglês em imperialismo é um assunto que escapa aos objetivos deste trabalho; importa reter, entretanto, que ao controlar grande parte do comércio internacional de matérias-primas, cuja origem é a especificidade da composição orgânica do capital na Inglaterra, o sistema financeiro inglês tornou-se o responsável e o beneficiário da realização do valor das mercadorias em escala internacional. É essa sua ligação com a economia brasileira. Pouco importa o argumento de que o café, principal produto da exportação brasileira, não constituísse um elemento do capital constante, nem um item importante na cesta de consumo do trabalhador, que contribuísse para um baixo custo de reprodução da força de trabalho inglesa e metropolitana em geral. No momento em que a moeda e o sistema financeiro ingleses se converteram em internacional, eles se convertem no pressuposto de qualquer produção de mercadorias, em qualquer parte do mundo. E o café chegou a ser o *principal* produto primário do comércio internacional.[16] E, ao funcionar como moeda não-nacional de subsistemas nacionais diferentes, o capitalismo financeiro inglês produziu a reiteração de um padrão de reprodução do tipo do que regeu a economia brasileira desde os dias do Império até a República Velha. Mas, em cada subsistema nacional, ele teve seu irmão siamês, ainda que subordinado: no Brasil, uma nascente burguesia agrária, que reproduzia internamente as condições de sua subordinação externa, e que vai jogar o seu destino, ao igual que o capitalismo inglês, na crise do capitalismo nos anos 30. Crise que é também o nascimento de uma nova hegemonia, cujas relações internacionais levarão a marca da especificidade da constituição do seu capital e cujo imperialismo terá, portanto, outra natureza e outras determinações. A substituição da *pax brittanica* pela *pax americana* é o capítulo que se abre, de curta duração, aliás, se comparada com a longa hege-

---

[16] As diversas posições, dentro do marxismo, se dividem quanto à natureza e às formas do imperialismo. Lenine insiste na sua natureza de exportação de capital, isto é, financeira; Rosa Luxemburgo aponta para as crises de realização nas metrópoles criando a necessidade de novos mercados. Modernamente, teorizações do tipo das de Samir Amin e A. Emannuel e, entre outros brasileiros, Ruy Mauro Marini, enfatizaram os aspectos "barateamento do custo de reprodução da força de trabalho metropolitana" e acumulação, via imposição de uma relação de trocas desfavorável à periferia, isto é, troca desigual de valor. Fernando Henrique Cardoso rejeitou a versão da "troca desigual", sob o argumento de que assim se inverteria a história, já que a expansão das economias capitalistas mais desenvolvidas passaria a ser explicada pela exploração colonial e imperialista. Nega-se validade, também, à teoria da "troca desigual", argumentando que, no caso brasileiro, o café não se constitui em item importante da cesta de reprodução da força de trabalho metropolitana. Creio, pessoalmente, que esta é uma das lacunas mais sérias na teoria marxista: a de explicar a formação do valor em escala internacional; entretanto, todo o esforço teórico até aqui desenvolvido não tocou um aspecto essencial para a resolução da controvérsia, se é que alguma vez será resolvida: exatamente o de como se forma o dinheiro internacional, o dinheiro-capital internacional, e de como ele passa a ser *pressuposto e produto* da formação do valor em qualquer latitude. Parece-me, no fim de contas, que a melhor aproximação a esse desenvolvimento teórico continua a ser o de Lenine. Ver, para o estudo da controvérsia:

monia inglesa; num movimento dialético, a hegemonia oligárquica no Brasil também entra em colapso, e a forma de produção do valor, que começa a expandir-se internamente, manterá com o imperialismo americano um novo tipo de relações, contraditórias por certo, mas certamente diferentes, cujo lugar de exame está fora do período 1889-1930.

LENINE, Vladmir I. – *El Imperialismo: Fase Superior del Capitalismo*. Buenos Aires, Lautáro, 1946.
LUXEMBURGO, Rosa – *A Acumulação do Capital* (tradução de Moniz Bandeira). Rio de Janeiro, Zahar, 1970.
AMIN, Samir – *L'Accumulation à l'échelle mondiale*. Paris, Anthropos et Ifan, 1970.
EMMANUEL, Arghiri – *L'échange inégal*. Paris, Maspero, 1969.
MARINI, Ruy M. – "Dialética de la dependencia: la economía exportadora", *Sociedad y Desarrollo*, 1, enero-marzo 1972, 35-80.
CARDOSO, Fernando H. – "Imperialismo et dépendance en Amerique Latine". *L'Homme et la Société*, (27) e "As contradições do desenvolvimento associado", ESTUDOS CEBRAP 8, São Paulo, Editora Brasileira de Ciências, 1974.

Este livro foi impresso na Divisão Gráfica da
DISTRIBUIDORA RECORD DE SERVIÇOS DE IMPRENSA S.A.
Rua Argentina, 171 - Rio de Janeiro/RJ - Tel.: 2585-2000